Niedersachsen-Lexikon

.

Niedersächsische Landeszentrale
für politische Bildung

# Niedersachsen-Lexikon

Springer Fachmedien Wiesbaden GmbH

VS VERLAG FÜR SOZIALWISSENSCHAFTEN

VS Verlag für Sozialwissenschaften
Entstanden mit Beginn des Jahres 2004 aus den beiden Häusern
Leske+Budrich und Westdeutscher Verlag.
Die breite Basis für sozialwissenschaftliches Publizieren


Bibliografische Information Der Deutschen Bibliothek
Die Deutsche Bibliothek verzeichnet diese Publikation in der Deutschen Nationalbibliografie;
detaillierte bibliografische Daten sind im Internet über <http://dnb.ddb.de> abrufbar.


Redaktion: Peter Hoffmann, Edmund Budrich

Die Veröffentlichung stellt keine Meinungsäußerung der Niedersächsischen Landeszentrale
für politische Bildung (NLpB) dar. Auf Beschluss der Landesregierung wird die NLpB mit
Ablauf des 31.12.2004 aufgelöst.



1. Auflage Dezember 2004

Der VS Verlag für Sozialwissenschaften ist ein Unternehmen von Springer Science+Business Media.
www.vs-verlag.de

Verlag: VS Verlag für Sozialwissenschaften, Wiesbaden
Umschlaggestaltung: Dagmar Marowsky


Gedruckt auf säurefreiem und chlorfrei gebleichtem Papier


ISBN 978-3-531-14403-0     ISBN 978-3-663-10904-4 (eBook)
DOI 10.1007/978-3-663-10904-4

# Inhalt

# Vorwort

Das Niedersachsen-Lexikon kommt kurz *nach* dem 50. Jahrestag der Gründung der Niedersächsischen Landeszentrale für politische Bildung und kurz *vor* ihrer Auflösung heraus. Mit diesem Lexikon beschließt die Landeszentrale die lange Reihe ihrer vielfältigen Veröffentlichungen, so u.a. zu landesspezifischen Themen, die in fünf Jahrzehnten einen wesentlichen Beitrag zur politischen Bildung im Land Niedersachsen geleistet haben.

Das Niedersachsen-Lexikon soll allen, die sich für dieses Bundesland interessieren, eine Hilfe sein, zu vielen Fragen aus den Bereichen Gesellschaft, Recht, Politik und Wirtschaft präzise und knappe Antworten zu finden. Dabei soll auch das Spezifische erkennbar sein, das Niedersachsen von den übrigen Ländern unterscheidet.

Es war nicht einfach, aus der Fülle der gesellschaftlichen, rechtlichen, politischen und wirtschaftlichen Fakten diejenigen herauszusuchen, die für einen großen Benutzerkreis von Interesse sind, und sie dann so in Stichwortbeiträge zu fassen, die bei aller Kürze leicht verständlich, sachlich und genau sind. Deshalb war es notwendig, eine sinnvolle Abgrenzung nach unten, zu dem weniger Wichtigen oder aber auch zu dem allzu Ausgefallenen zu finden. Kein Lexikon kann alles bringen. Deshalb wird jeder Nutzer das eine oder andere für ihn Wichtige vermissen.

Die einzelnen Stichwörter sind nach Haupt- und Untersachthemen geordnet, die es der Leserin und dem Leser ermöglichen, schnell die gewünschten Informationen zu finden. Die Stichwortbeiträge wurden von Autorinnen und Autoren verfasst, die mit dem von ihnen bearbeiteten Thema nicht nur theoretisch, sondern auch praktisch gut vertraut sind. Dies ist für die Nutzer des Lexikons von großem Vorteil.

Ein besonderer Dank gilt allen Autorinnen und Autoren, die in den letzten Monaten trotz aller öffentlichen Diskussionen um das Schicksal der Landeszentrale geholfen haben, das nun vorliegende Standardwerk über Niedersachsen fertig zu stellen.

Abschließend noch einige Hinweise zur Benutzung des Lexikons:

Die Stichwörter folgen dem Alphabet. Aus der Stichwortliste kann das gesuchte Stichwort entnommen und aufgesucht werden. Aber die Gegenstände hinter den Stichwörtern stehen natürlich in Wirklichkeit nie allein. Wer „Sprache" als Stichwort nachschlägt, müsste eigentlich auch „Literatur" oder „Kulturpolitik" und noch manches andere lesen. Erst so nutzt er die Informationen des Lexikons wirklich vollständig. Zu dieser Art der Nutzung bietet das Lexikon dem Leser zwei weitere Hilfen: Die Themenmatrix und die → Verweise im Text.

– Die *Themenmatrix* zeigt, wie Einzelthemen zu Themenfeldern zusammengesetzt werden können.
– Die → *Verweise* im laufenden Text deuten darauf hin, dass zu bestimmten, in einem Stichwort angesprochenen Themen eigene Stichwörter existieren.

Niedersächsische Landeszentrale
für politische Bildung                                        *Peter Hoffmann*

# Stichwortliste

Landesrechnungshof
Landesregierung
Landesverfassung
Landeswappen, Landesfarben,
   Landesorden
Landschaftsverbände
Landtag
Landwirtschaft
Literatur
Lössbörden

**M**aritime Wirtschaft
Menschen mit Behinderungen
Messen
Ministerpräsident
Museen
Musik

**N**ahrungs- und Genussmittelindustrie
Naturschutzgebiete, Nationalparks und
   Naturparks
Neue religiöse Gemeinschaften
Niedersachsen im Bund
Niedersachsen und Europa

**Ö**ffentliche Finanzstruktur
Öffentlicher Dienst
Oldenburg, Land
Opferhilfe
Opposition

**P**arteien, kleinere
Politische Bildung
Polizei
Presse

**R**egionalpolitik
Religion
Rundfunk

**S**chaumburg-Lippe
Schule, allgemein bildende
Sozialdemokratische Partei
   Deutschlands (SPD)
Sozialpolitik
Spielbank/Lotterie
Sport
Sprache
Staatsgerichtshof
Städte
Städtepartnerschaften
Stiftungswesen
Strukturpolitik

**T**echnologietransfer
Terrorismus(bekämpfung)
Theater
Tourismus

**U**mwelt- und Naturschutz
Universität/Hochschule/Fachhochschule

**V**erbände
Vereine
Verfassungsschutz
Verkehr/Verkehrsinfrastruktur
Versicherungen
Verwaltungsstruktur
Verwaltungsmodernisierung

**W**ahlen
Wald- und Forstwirtschaft
Welfen
Wirtschaftspolitik
Wirtschaftsstrukturwandel
Wohnungspolitik

# Themenmatrix: Die Zuordnung der Stichworte zu größeren Fragenkreisen

## Gesellschaft

*Bevölkerung/Sozialstruktur*
Arbeitsmigranten
Asylbewerber
Aussiedler und Spätaussiedler
Bevölkerung
Familien/Familienpolitik
Flüchtlinge und Vertriebene
Frauen/Gleichstellung
Jugend
Kinder
Menschen mit Behinderung

*Bildung/Wissenschaft*
Archive und Bibliotheken
Berufsausbildung und berufsbildende
    Schule
Erwachsenenbildung/Weiterbildung
Politische Bildung
Schule, allgemein bildende
Technologietransfer
Universität/Hochschule/Fachhochschule

*Siedlung/Wohnumwelt*
Dorf
Landesplanung/Raumordnung/
    Siedlungsstruktur
Städte
Städtepartnerschaften
Verkehr/Verkehrsinfrastruktur
Wohnungspolitik

*Kultur & Freizeit*
Architektur
Bildende Kunst
Brauchtum/Tradition
Denkmalpflege
Freizeit
Gärten und Parks
Gedenkstätten
Kulturpolitik
Literatur
Museen
Musik

Sport
Sprache
Stiftungswesen
Theater
Vereine

*Religionen*
Evangelische Kirche
Freikirchliche Gemeinschaften
Islam
Judentum
Katholische Kirche
Neue religiöse Gemeinschaften
Religion

*Recht*
Gerichtswesen/Rechtspflege
Kriminalität und Prävention
Justizvollzug
Staatsgerichtshof

## Politik

*Demokratie*
Bürgerbeteiligung
Bürgerbewegungen/Bürgerinitiativen
Bürgerschaftliches Engagement
Extremismus
Kommunalverfassung
Landesverfassung
Opposition

*Öffentliche Finanzen*
Gemeindefinanzen
Landeshaushalt
Landesrechnungshof
Öffentliche Finanzstruktur

*Land*
Berg- und Hügelland
Braunschweig, Land
Friesen
Friesland (Landkreis)
Geest
Hannover, Land
Harz

Küstenland
Landesbewusstsein
Landesgeschichte
Landeswappen, Landesfarben,
   Landesorden
Lössbörden
Naturschutzgebiete, Natioanlparks,
   Naturparks
Oldenburg, Land
Schaumburg-Lippe
Welfen

*Das Land im größeren Zusammenhang*
Jugendaustausch
Niedersachsen im Bund
Niedersachsen und Europa
Städtepartnerschaften

*Die organisierten Interessen*
Arbeitgeber- und Unternehmens-
   verbände
Gewerkschaften
Verbände

*Parteien/Wahlen*
Bündnis 90/Die Grünen
Christlich-demokratische Union (CDU)
Freie Demokratische Partei (FDP)
Parteien, kleinere
Sozialdemokratische Partei
   Deutschlands (SPD)
Wahlen

*Staatsaufbau/Staatsorgane*
Bundeswehr und alliierte Streitkräfte
Datenschutz/Datenschutzbeauftragter
Gemeinden/Landkreise/
   Region Hannover
Katastrophenschutz/Feuerwehr &
   Rettungsdienst
Landesregierung
Landschaftsverbände
Landtag
Ministerpräsident
Öffentlicher Dienst
Polizei
Verfassungsschutz
Verwaltungsstruktur
Verwaltungsmodernisierung

*Probleme der Gesellschaft und Aufgaben*
*des Staates*
Arbeitsmarkt(politik)
Bildungspolitik
Drogenpolitik und Suchthilfesystem
Energiepolitik
Gesundheitspolitik/-wesen
Kriminalität und Prävention)
Opferhilfe
Regionalpolitik
Sozialpolitik
Strukturpolitik
Terrorismusbekämpfung
Umwelt- und Naturschutz
Wirtschaftspolitik

**Wirtschaft**

*(Ausgewählte) Industrien,*
*Wirtschaftszweige und -bereiche*
Dienstleistungssektor
Fischerei
Handel
Handwerk
Industrie/Verarbeitendes Gewerbe
Kammern
Landwirtschaft
Maritime Wirtschaft
Messen
Nahrungs- und Genussmittelindustrie
Spielbank/Lotterie
Tourismus
Wald- und Forstwirtschaft
Wirtschaftsstrukturwandel

*Geldwirtschaft*
Banken und Sparkassen
Börse
Landesbank
Versicherungen

**Kommunikation**

Buchverlage
Fernsehen
IuK-Technologien
Presse
Rundfunk

# Arbeitgeber- und Unternehmerverbände

**Organisationsstruktur und Aufgaben** – Die unternehmerische Interessenvertretung ruht in Deutschland auf drei Säulen: *Kammern, Arbeitgeberverbände* und *Unternehmerverbände*. Im Gegensatz zu den → Kammern basiert die Mitgliedschaft von Unternehmen und/oder Betrieben in *Arbeitgeberverbänden* bzw. in einem oder mehreren *Fachverbänden* auf dem Prinzip der Freiwilligkeit. Auf der Branchenstruktur baut ein vertikales Organisationsnetzwerk von der Fachabteilung über Arbeitsgemeinschaften, Fachverbände und Fachspitzenverbände bis zur Ebene der Spitzenverbände auf. Horizontal erfolgen Zusammenschlüsse auf der Landes- und Bundesebene.

Der *Bundesverband der Deutschen Industrie* (BDI) ist eine Dachorganisation, die sich bundesweit aus 36 Spitzenverbänden mit etwa 500 Landes- und Fachverbänden zusammensetzt, die rd. 100 000 private Unternehmen bei einem Organisationsgrad von ca. 90 % umfassen. Die *Bundesvereinigung der Deutschen Arbeitgeberverbände* (BDA) ist Spitzenverband der zahlreichen, fachlich und regional gegliederten Arbeitgeberverbände. Die BDA schließt wie der *Deutsche Gewerkschaftsbund* (DGB) (→ Gewerkschaften) selbst keine Tarifverträge ab, sondern überlässt diese Aufgabe seinen mehr als 1 000 Mitgliedsverbänden. Sie nimmt die Interessenvertretung ihrer Mitglieder nach außen sowie interne Koordinationsfunktionen wahr und stellt innerverbandliche Serviceleistungen bereit. Der Aufgabenbereich der BDA beschränkt sich auf die unternehmerischen Funktionen als Arbeitgeber. Alle sonstigen unternehmerischen Interessen (z.B. in der → Wirtschafts- und Steuerpolitik) werden von anderen Verbänden bzw. den Kammern vertreten (auf Bundesebene: BDI, Zentralverband des Deutschen Handwerks, Deutscher Industrie- und Handelskammertag (DIHT)).

Sowohl der BDI als auch die BDA gliedern sich in Fach- und Landesverbände. Wirtschafts- und sozialpolitische Interessen können auf der Landesebene entweder getrennt voneinander oder zusammengefasst vertreten werden. Letzteres ist in Nds. der Fall. Hier wird die Landesvertretung von BDI und BDA von den *Unternehmerverbänden Niedersachsen e.V.* (UVN) wahrgenommen. Als Dachverband kennen die UVN lediglich Verbandsmitgliedschaften, sodass die unmittelbare Mitgliedschaft von Einzelunternehmen ausgeschlossen ist. Die UVN bilden die Dachorganisation für 67 nds. Arbeitgeber- und Wirtschaftsverbände. Die Mitglieder sind Fachverbände aus den Bereichen → Industrie, → Handel, → Dienstleistungen, → Handwerk und → Landwirtschaft. Über ihre Mitgliedsverbände sind den UVN rund 35 000 nds. Unternehmen mittelbar verbunden. Als Spitzenorganisation vertreten die UVN in erster Linie die wirtschafts- und sozialpolitischen Interessen der nds. Wirtschaft gegenüber den gesellschaftlich relevanten Gruppen und Institutionen auf Landesebene. Darüber hinaus bilden die Bereiche Umwelt-, Verkehrs-, Europa- und Medienpolitik weitere Schwerpunkte der Verbandsarbeit. Im Vordergrund steht dabei Kontaktpflege zu → Landesregierung, → Landtag, politischen Parteien, anderen wichtigen gesellschaftlichen Gruppen sowie zu den Medien und der Öffentlichkeit. Zu den Aufgaben gehören darüber hinaus die Repräsentation der Arbeitgeberinteressen in den Landesorganen der sozialen Selbstverwaltung sowie unterstützende, beratende und koordinierende Funktionen gegenüber den Mitgliedsverbänden. Auch auf

Ebene der Europäischen Union sind die UVN präsent. Sie unterhalten ein Büro in der nds. Landesvertretung in Brüssel. Vertreter der UVN sind in einer Vielzahl von Gremien, Ausschüssen und Beiräten auf der nds. Landesebene vertreten. Gemeinsam mit organisierten Interessen aus anderen gesellschaftlichen Bereichen sind die UVN hier meist in öffentlich-rechtliche Körperschaften und Anstalten eingebunden (z.b. Rundfunkrat Norddeutscher Rundfunk (NDR), Versammlung Niedersächsische Landesmedienanstalt (NLM), Verwaltungsrat Allgemeine Ortskrankenkassen (AOK) Niedersachsen, Vertreterversammlung Landesversicherungsanstalt (LVA), Beirat NBank, Landeskreditausschuss etc.).

**Geschichte** – Die Geschichte der unternehmerischen Interessenvertretung in Nds. nach dem Zweiten Weltkrieg ist durch zahlreiche Veränderungen charakterisiert. Bereits im Juni 1945 wurde mit dem Aufbau einer wirtschaftlichen Interessenorganisation begonnen, die zunächst mit großen Schwierigkeiten als Kontaktstelle zur britischen Militärverwaltung diente. Sowohl die Erweiterung des Aufgabenspektrums als auch die Erhöhung des Organisationsgrades führten in der Nachkriegszeit zu verschiedenen Organisationsbezeichnungen. 1951 wurde mit der „Landesvereinigung der Niedersächsischen Arbeitgeberverbände" der eigentliche Dachverband gegründet. Die Zusammenfassung des bestehenden Verbandes mit der Landesvertretung der BDI erfolgte 1972. Diese Verschmelzung beider Verbände auf Landesebene wurde auch im Namen der Organisation nachvollzogen, die fortan „Landesvereinigung der Niedersächsischen Arbeitgeber- und Wirtschaftsverbände e.V." hieß. Aus Vereinfachungsgründen beschloss die Mitgliederversammlung 1983 die Änderung des Na-

mens der Dachorganisation in „Unternehmerverbände Niedersachsen e.V.".

*Ralf Kleinfeld*

## Arbeitsmarktpolitik

Arbeitsmarktpolitik bezeichnet die Gesamtheit der staatlichen Maßnahmen, die auf die Gestaltung des unmittelbaren Arbeitsmarktgeschehens und seiner Rahmenbedingungen abzielen. Man unterscheidet zwischen a) passiver Arbeitsmarktpolitik, die sich auf Einkommensersatzleistungen infolge von Arbeitslosigkeit bezieht, und b) aktiver Arbeitsmarktpolitik, die durch Information, Beratung, Qualifizierung, Beschäftigungsmaßnahmen etc. das Angebot an und die Nachfrage nach Arbeitskräften zu beeinflussen versucht. Aktive Arbeitsmarktpolitik zielt darauf ab, Ausgleichsprozesse auf dem Arbeitsmarkt zu fördern, die Entstehung von Arbeitslosigkeit zu vermeiden, vorhandene Arbeitslosigkeit abzubauen und die Beschäftigungsmöglichkeiten für alle Arbeitssuchenden zu verbessern. In einem weiteren Verständnis kann unter Arbeitsmarktpolitik auch die staatliche Beschäftigungspolitik verstanden werden, die auf die Beeinflussung des Gesamtniveaus der Beschäftigung durch Maßnahmen der Finanz- und → Wirtschaftspolitik sowie der → Regional- und → Strukturpolitik abzielt. Neben der allgemeinen Arbeitsmarktpolitik spielt auch die betriebsbezogene Arbeitsmarktpolitik eine wichtige Rolle: Ihr Ziel ist, die Qualifikation von Arbeitslosen direkt auf die Bedarfe der örtlichen Betriebe auszurichten.

Im Zuge der wachsenden Beschäftigungs- und Arbeitsmarktprobleme seit Mitte der 90er Jahre haben sich die Ziele der Arbeitsmarktpolitik, ihre instrumentelle und finanzielle Ausgestaltung und ihre Abstimmung mit anderen Politikfeldern erheblich verändert. Dabei haben neben der Bundesebene auch andere Handlungsebenen, wie die Europäische Union (EU), die Bundesländer oder → Städte und → Landkreise an Bedeutung gewonnen.

Die Arbeitsmarktpolitik liegt hauptsächlich in der Verantwortung des Bundes. Dieser verfügt aufgrund der bundesstaatlichen Kompetenzordnung über die gesetzgeberische Zuständigkeit und legt die rechtlichen und finanziellen Rahmenbedingungen fest. Die praktische Umsetzung der Arbeitsmarktpolitik obliegt der Bundesagentur für Arbeit (BA) (bis 31.12.2003 Bundesanstalt für Arbeit) mit ihren Regionalsekretariaten (vormals Landesarbeitsämtern) und 181 örtlichen Agenturen für Arbeit (vormals Arbeitsämtern). Ihre Aufgaben sind im Sozialgesetzbuch III – Arbeitsförderung festgelegt. Die Finanzierung der Arbeitsmarktpolitik erfolgt weit gehend über Beitragsmittel von Arbeitgebern

und Arbeitnehmern sowie allgemeinen Steuermitteln, die durch EU-Fördermittel (Europäischer Sozialfonds [ESF]) ergänzt werden.

Die Bundesländer hingegen ergänzen mit eigenen Sonderprogrammen die Aktivitäten der Bundesagentur für Arbeit und des ESF. Die Kommunen wiederum sind zuständig für Maßnahmen im Rahmen der Sozial- und Jugendhilfe (→ Jugend) und haben in den vergangenen Jahren neue Organisations- und Handlungsformen lokaler Arbeitsmarktpolitik jenseits formaler Zuständigkeiten etabliert.

**Arbeitsmarktpolitik in Nds.** – Mit dem Ausklingen der vereinigungsbedingten Sonderkonjunktur und dem verschärften wirtschaftlichen Strukturwandel ist die Arbeitslosigkeit in Nds. bis 1997 kontinuierlich bis auf über 400 000 Arbeitslose im Jahresdurchschnitt angestiegen.

Die wirtschaftliche Erholung in den Folgejahren ließ die Arbeitslosigkeit bis 2001 sinken. Aufgrund der schwachen konjunkturellen Entwicklung nahm seit-

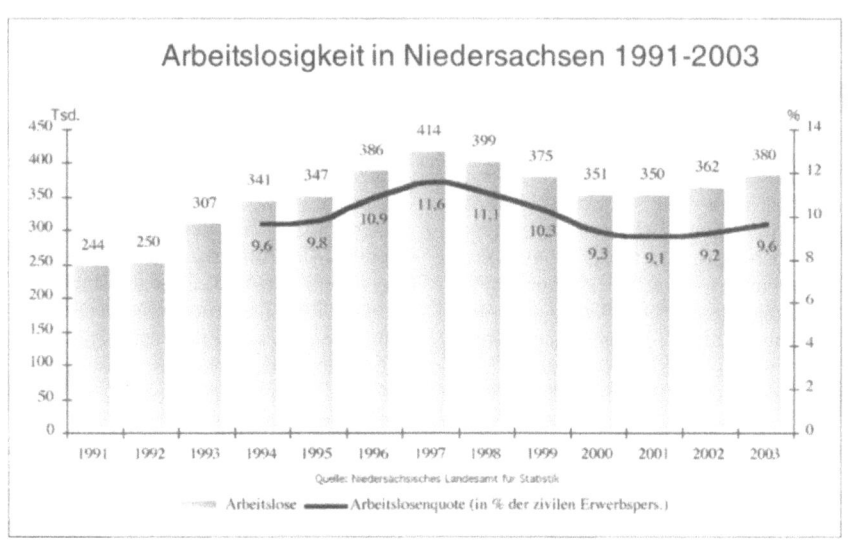

Arbeitslosigkeit in Niedersachsen 1991-2003

Quelle: Niedersächsisches Landesamt für Statistik

Arbeitslose ▬▬ Arbeitslosenquote (in % der zivilen Erwerbspers.)

her die Arbeitslosigkeit zu, wenngleich sie deutlich unter dem Höchststand von 1997 liegt. Mehr als ein Drittel der Erwerbslosen ist langzeitarbeitslos (34 %). Dieser Wert liegt über dem Durchschnitt der westdeutschen Länder (31 %).

Die Lage am Arbeitsmarkt in Nds. ist jedoch regional sehr unterschiedlich. Gegen Ende der 80er Jahre waren die räumlichen Unterschiede besonders ausgeprägt. Die größte Arbeitslosigkeit hatten die Regionen des Küstenraumes sowie die nordwestdeutschen Großstadtregionen, wobei sich die Arbeitslosigkeit in den Kernstädten konzentrierte. Auch die südnds. Regionen und der nordöstliche Grenzraum waren durch überdurchschnittliche Probleme gekennzeichnet. Demgegenüber war die Arbeitsmarktlage in den ländlichen Regionen des westlichen und mittleren Nds. sowie im südlichen Umland von Hamburg vergleichsweise günstig. An diesem Bild hat sich tendenziell nicht viel geändert. Allerdings hat sich der Abstand zwischen den Regionen mit der günstigsten und schlechtesten Arbeitsmarktsituation in den 90er Jahren halbiert.

**Arbeitsmarktpolitische Leistungen** – Der größte Teil der arbeitsmarktpolitischen Leistungen wird von der BA erbracht. Dazu gehören

a) Leistungen an Arbeitnehmer: Arbeitsvermittlung und -beratung, Eingliederungshilfen, Lohnkostenzuschüsse, Förderung einer Beschäftigungsaufnahme bzw. einer beruflichen Selbstständigkeit, der beruflichen Aus- und Weiterbildung, Entgeltersatzleistungen wie Arbeitslosengeld und -hilfe, Kurzarbeitergeld oder Unterhaltshilfe.

b) Leistungen an Arbeitgeber: Hilfen zur Eingliederung von Arbeitnehmern, Förderung der beruflichen Ausbildung, Eingliederungszuschüsse.

c) Leistungen an Träger: Förderung der Berufsausbildung, Zuschüsse zu Sozialplanmaßnahmen, Förderung von Arbeitsbeschaffungs- und Strukturanpassungsmaßnahmen.

Die Leistungen der Arbeitsagenturen zielen darauf ab, Arbeitslosigkeit durch Berufsberatung, Arbeitsvermittlung oder Förderung der beruflichen Aus- und Weiterbildung möglichst zu vermeiden, oder diese durch eine Reihe von Maßnahmen (z.B. Vermittlung, Trainingsmaßnahmen, Weiterbildung, Übernahme von Bewerbungs- und Reisekosten, aber auch Eingliederungszuschüsse) rasch zu beenden. Entsprechend haben Leistungen der Vermittlung und aktiven Arbeitsförderung Vorrang vor den Entgeltersatzleistungen. In Nds. werden die Aufgaben der Arbeitsförderung vom Regionalsekretariat in Hannover und von 21 örtlichen Agenturen für Arbeit (AA) mit ihren Nebenstellen wahrgenommen.

Im Land Nds. wurden im Jahr 2002 für Leistungen der passiven Arbeitsmarktpolitik 4 Mrd. € ausgegeben, davon für Arbeitslosengeld 2,6 Mrd. € und für Arbeitslosenhilfe 1,4 Mrd. €. Die Ausgaben der aktiven Arbeitsmarktpolitik betrugen 1,1 Mrd. €. Davon wurden 59 % für Maßnahmen, die die Chancen auf dem Arbeitsmarkt verbessern (v.a. Maßnahmen der beruflichen → Weiterbildung), 20 % für beschäftigungsbegleitende Hilfen (Eingliederungs- und Einstellungszuschüsse, Überbrückungsgelder), 12 % für beschäftigungsschaffende Maßnahmen (Arbeitsbeschaffungs- und Strukturanpassungsmaßnahmen), 7 % für die Förderung der Berufsausbildung (ausbildungsbegleitende Hilfen, außerbetriebliche Ausbildung) sowie 2 % für sonstige Leistungen (Freie Förderung) aufgewendet.

Tendenziell sind die Leistungen der aktiven Arbeitsförderung rückläufig. Auch werden vermehrt Kurzfristmaßnahmen gewährt. Entsprechend hat sich

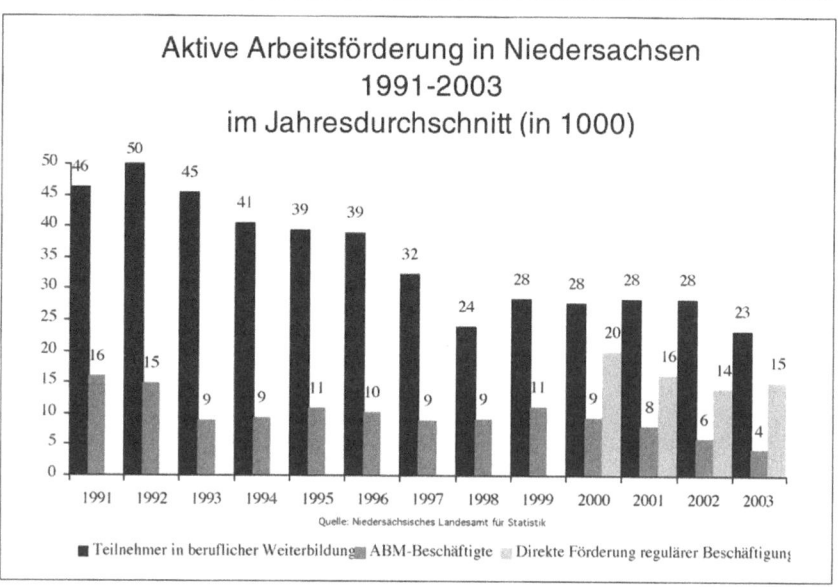

**Aktive Arbeitsförderung in Niedersachsen 1991-2003 im Jahresdurchschnitt (in 1000)**

Quelle: Niedersächsisches Landesamt für Statistik

■ Teilnehmer in beruflicher Weiterbildung ▨ ABM-Beschäftigte ▨ Direkte Förderung regulärer Beschäftigung

die Zahl der Teilnehmer an beruflichen Weiterbildungsmaßnahmen seit ihrem Höchststand Anfang der 90er Jahre mehr als halbiert. Ebenso haben die Teilnehmerzahlen an Arbeitsbeschaffungsmaßnahmen deutlich abgenommen. Aber auch die neu eingeführten Maßnahmen zur direkten Förderung regulärer Beschäftigung sind angesichts der Haushaltskrise der BA und der schwachen Konjunktur rückläufig.

**Landesarbeitsmarktpolitik** – Die nds. Arbeitsmarktpolitik bezieht sich einerseits auf die Rahmenbedingungen des Arbeitsmarktes (Reform des Arbeits- und Tarifrechts) und zum anderen auf marktnahe Programme und eine effektivere Zielgruppenorientierung (insb. auf Jugendliche; → Jugend). → Wirtschafts- und Arbeitsmarktpolitik sollen miteinander verzahnt werden. Die bislang unzureichende Auswertung von Arbeitsmarktprogrammen soll zukünftig durch eine neue Wirksamkeits- und Effizienzkontrolle beendet werden.

Insgesamt gab das Land Nds. für seine Arbeitsmarktpolitik 77,5 Mio. € aus. 48 % der Mittel entstammen dem Europäischen Sozialfonds (ESF). Der Mitteleinsatz der Arbeitsmarktpolitik des Landes konzentrierte sich ähnlich wie der des Landesarbeitsamtes auf die Bereiche Qualifizierung und Integration in den ersten und den zweiten Arbeitsmarkt. Im Vergleich zur Arbeitsmarktpolitik der BA legte die Landesregierung ihren Schwerpunkt jedoch weniger auf Weiterbildung, sondern auf die berufliche Erstausbildung. Schließlich wandte die Landesregierung 10 % ihrer Mittel für arbeitsmarktpolitische Infrastrukturmaßnahmen auf (z.B. Landesberatungsgesellschaft für Integration und Beschäftigung, Regionale Arbeitsstellen zur beruflichen Eingliederung junger Menschen in Nds.), um die Vielzahl von arbeitsmarktpolitischen Programmen und Akteuren zu vernetzen.

**Perspektiven nds. Arbeitsmarktpolitik** – Die Rahmenbedingungen der Landesarbeitsmarktpolitik haben sich in den vergangenen Jahren im Zuge der „Hartz-Gesetzgebung" massiv verändert. Ein großer Teil der Arbeitsmarktpolitik des Landes findet in einem Netzwerk unterschiedlichster Institutionen statt (Sozialversicherungsträger, Kommunen, Wohlfahrtsverbände, Selbsthilfegruppen, private Leistungserbringer, Unternehmen). Das Land fungiert hierbei nur scheinbar in der passiven Rolle des „Zuschussgebers". Es kann die Arbeitsmarktpolitik zwar nur indirekt beeinflussen, doch über Information, Koordination, Monitoring etc. kann es Innovationen auf kommunaler Ebene anstoßen und über die Mitwirkung an der Gesetzgebung auf Bundesratsebene die arbeitsmarktpolitischen Rahmenbedingungen beeinflussen. *Henning Schridde*

## Arbeitsmigranten und Einwanderer

In der Entwicklung von Bevölkerung und Wanderung nimmt Nds. zu Beginn des 21. Jh. im Vergleich der Bundesländer in vielerlei Hinsicht eine Mittelposition ein. Mit einer → Bevölkerung von knapp 8 Mio. stellt es fast 10 % aller Bundesbürger und führt damit die Reihe der Bundesländer mittlerer Größe an. Auch im Blick auf die Ausländerbevölkerung in der BRD nimmt Nds. eine mittlere Position ein: Die 478 053 Ausländer (Stand Ende 2003) entsprechen einem mittleren Anteil von 6 % der Gesamtbevölkerung. In der BRD gibt es rund 82,5 Mio. Einwohner, der Ausländeranteil liegt mit 7,3 Mio. bei fast 8,9 % (Stand Ende 2003).

**Phasen der Zuwanderung** – In der zweiten Hälfte der 50er Jahre begann im Zeichen des „Wirtschaftswunders" auf der Grundlage von Anwerbeverträgen die Zuwanderung der ausländischen Arbeitnehmerinnen und Arbeitnehmer, die in der öffentlichen Diskussion „Gastarbeiter" genannt wurden. Die Hochkonjunktur im Zeichen des Wiederaufbaus ließ die Nachfrage nach Arbeitskräften immer weiter ansteigen. Anders als bei der Aufnahme von → Flüchtlingen und Vertriebenen gehörte Nds. aber nicht zu den Bundesländern mit den höchsten Zuwanderungsraten: Von 1961, dem Jahr des Mauerbaus, der die weitere Zuwanderung von Arbeitskräften aus der DDR blockierte, bis zum „Anwerbestopp" 1973 stieg die Zahl der Ausländer in Nds. von 39 000 auf 266 036. Der Ausländeranteil an der Gesamtbevölkerung wuchs damit von 0,1 auf 3,7 %, im Bundesdurchschnitt lag der Ausländeranteil aber 1973 schon bei 6,4 %.

Anfang der 60er Jahre dominierten Italiener, Spanier und Griechen unter den ausländischen Arbeitswanderern beiderlei Geschlechts in Nds. Seit Mitte der 60er Jahre stellten Jugoslawen und Türken die größten Zuwandererkontingente. 1973 kamen 29,2 % aller Ausländer in Nds. aus der Türkei. Italiener stellten 14,2 %, Jugoslawen 12,6 %, Spanier 9,3 % und Griechen 3,1 %. Schwerpunkte der Zuwanderung waren → Städte und Kreise mit hoher Industriequote im Südosten von Nds.: Wolfsburg, Salzgitter, Hannover und Braunschweig. Nur in Wolfsburg lag 1973 der Ausländeranteil an der Bevölkerung über 10 %. Ausländer konzentrierten sich vorrangig im Produktionsbereich mit Schwerpunkten in der Eisen- und Metallerzeugung bzw. -verarbeitung, dem verarbeitenden Gewerbe und dem Baugewerbe. Sie waren hauptsächlich als un- oder angelernte Arbeitskräfte beschäftigt, zumeist auf Arbeitsplätzen mit hoher körperlicher Beanspruchung und gesundheitlicher Belastung.

Der „Anwerbestopp" 1973 ließ zwar zunächst die Zahl der beschäftigten ausländischen Arbeitskräfte in Deutschland sinken, und auch in Nds. fiel sie von 1973 bis 1977 um 25 %. Zugleich sank auch der Umfang der ausländischen Wohnbevölkerung in der BRD zwischen 1974 und 1978 von 4,1 auf 3,9 Mio. Seit Ende der 70er Jahre aber wuchs die Ausländerbevölkerung wieder über das Niveau von 1973 hinaus an und erreichte 1981/82 in Nds. eine Zahl von rund 300 000. Vor dem Hintergrund der im Ergebnis gescheiterten Rückkehrförderungspolitik der Bundesregierung 1983/84 sank zwar erneut die Ausländerzahl auch in Nds. leicht auf 275 000 ab. Seither nahm sie aber, vor allem ab 1990, wieder verstärkt zu. Bis 1993 stieg die Zahl der Ausländer in Nds. auf 446 000. Seither hat sich der Anstieg verlangsamt.

Auch in Nds. wächst die Bevölkerung seit langem nur noch aufgrund von Zuwanderungen. Im Jahre 2000 lag die Zahl der Geburten um 3 465 unter der Zahl der Sterbefälle. Bei einer Zuwanderung, die über dem Niveau der 80er Jahre, aber unter dem hohen Niveau der frühen 90er Jahre läge, würde nach Modellrechnungen des Nds. Landesamtes für Statistik die Bevölkerung in Nds. aller Voraussicht nach bereits ab 2007/2008 sinken. 2016 dürfte die Bevölkerung des Bundeslandes unter der Ziffer für das Jahr 2000 liegen, fortan dürfte sich der Rückgang bei einem starken Anstieg der Zahl älterer Menschen in verschärftem Tempo vollziehen. Arbeitsmigrationen und die daraus resultierenden Probleme für Zugewanderte und Einheimische werden allen Voraussagen zufolge auch die nächsten Jahrzehnte des Landes Nds. mit bestimmen.

*Jochen Oltmer*

# Architektur

**Architektur als gesellschaftlicher Wert** – Architektur ist eine der wesentlichsten Kulturformen. Das Bauen ist ein Urtrieb des Menschen. Durch Architektur gestalten wir die Kulissen unseres Lebens. Deshalb ist Bauen gleichermaßen eine kulturelle wie soziale Aufgabe. In Nds. planen 10 000 (2004) Architekten, Innenarchitekten, Stadtplaner und Landschaftsarchitekten unsere gebaute Umwelt: Städte, Grünanlagen, Häuser, Wohnungen. Der Wunsch nach einer gut gestalteten Umwelt ist groß. Menschen definieren sich über die Art ihres Zuhauses. Auch die Gesellschaft drückt ihre Kultur durch Architektur aus. Der Zeitgeist, der persönliche wie der politische Wille oder die Weltanschauung offenbaren sich in den gebauten Zeugnissen unserer Gesellschaft. Im günstigsten Fall entsteht durch Architektur ein soziales Umfeld, das stimulierend auf das Leben wirkt, im ungünstigsten Fall können durch verantwortungslose Planungen („Bausünden") Brennpunkte sozialer Isolation und Kriminalität geschaffen werden. Architektur steht immer in einem Spannungsverhältnis zur Natur. Auch wenn Nds. ein Flächenland mit großartigen Naturräumen ist, so wächst die Bedeutung der städtisch geprägten Umwelt kontinuierlich. Die sog. „Stadtlandschaft", d.h. das Ausgreifen städtischer Siedlungen in das Umland der alten Kernstädte, führt infolge des Wunsches nach dem eigenen „Häuschen im Grünen" zu schwerwiegenden Umweltzerstörungen (→ Umwelt-/Naturschutz). Mit der zunehmenden Verstädterung der Landschaft werden Flächen versiegelt und Lebensräume für Tiere und Pflanzen zerstört. Der mit dem Städtewachstum verbundene Ausbau der Verkehrswege verstärkt diesen Verbrauch von Landschaft. Mit der Flucht der Bewohner aus den Kernstädten einher geht die soziale Entmischung der → Bevölkerung und führt zu einer funktionalen Verarmung der Stadt. Paradoxerweise geht mit einer weiteren Verstädterung der Landschaft ein Verlust an Urbanität einher, deren wesentliches Kennzeichen soziale und funktionale Vielfalt ist.

**Entwicklungslinien der nds. Architektur**
– Eine typisch nds. Architektur im Sinne eines regionstypischen Bauens gab und gibt es nicht. Für Wohn- und Bauernhäuser prägte in früheren Jahrhunderten zwar Fachwerk das äußere Erscheinungsbild, je nach Region mit unterschiedlichsten Materialien für die Ausfachungen. Nds. war jedoch nie das Backsteinbaugebiet, das heute gern als so typisch in den Fertighauskatalogen dargestellt wird. Die stilistischen Vorlieben der Jahrhunderte führten besonders in den → Städten zu einem bunten Nebeneinander von mittelalterlichen Stein- und Fachwerkbauten, formenreichen Weserrenaissance-Fassaden, strengen klassizistischen Putzbauten, historisierenden Natur- und Ziegelsteinfassaden und einer aufkommenden Industriearchitektur mit großzügigem Einsatz von Glas- und Eisenkonstruktionen. Die ersten Jahre nach der zum Teil vollständigen Zerstörung der Städte im Zweiten Weltkrieg waren durch den Wiederaufbau bestimmt. Mit der Abkehr vom Bild der traditionellen steinernen Stadt des 19. Jh. und den monumentalen Inszenierungen der nationalsozialistischen Planungen ging ein neues stadtplanerisches Leitbild einher: einer gegliederten, durch Grün aufgelockerten und autogerechten Stadt. In den 50er Jahren des 20. Jh. begriff man den Verkehr als eine Chance und ein Zeichen des Fortschritts. Entsprechend gestaltete sich der Wiederaufbau. Große Verkehrsstraßen wurden durch die kleinteilig parzellierten Altstädte gelegt. Die neuen Bauten

wurden meist mit einigem Abstand solitärartig in Grünräumen platziert. Das viel beachtete Vorbild für diese Art des Wiederaufbaus waren die Planungen des Hannoveraner Stadtbaurates Rudolf Hillebrecht (Waterlooplatz Hannover). Nach dem Muster der „gegliederten und aufgelockerten Stadt" gestalteten sich die meisten Wohnsiedlungen in Hannover, Braunschweig, Osnabrück, Oldenburg oder Göttingen. Vater dieser städtebaulichen Idee war der Braunschweiger Stadtbaurat Johannses Göderitz. Ebenso typisch für den architektonischen Ausdruck der 50er und 60er Jahre war die Neuplanung des Regierungsviertels in Hannover. Vor allem die Bauten des Architekten Dieter Oesterlen sind hervorzuheben. Im Gegensatz zu den „Tabula-rasa"-Konzepten seiner Berufskollegen verstand er es, vorhandene Reste der Vorkriegsarchitektur zu integrieren und trotzdem etwas Neues entstehen zu lassen (Nds. Landtag im ehemaligen Leineschloss, Hannover, 1957–62). Während in den Klein- und Mittelstädten eher konservativ im Sinne traditionellen Bauens mit Satteldach und Backsteinfassaden gebaut wurde, suchten einige Architekten durch eine kompromisslose moderne Architektur einen Aufbruch in eine neue, bessere Zukunft zu signalisieren. Insbesondere die Bauten des Braunschweiger Architekten Friedrich Wilhelm Kraemer (Kaufhaus Flebbe, Braunschweig 1957–58, und Verwaltungsgebäude der Unterharzer Berg- und Hüttenwerke, Goslar 1957–59) und Walter Henn (Mensa der TH Braunschweig 1961–62) sind ausdrucksstarke Zeugnisse dieser Aufbruchstimmung. Architekten wie Kraemer und Oesterlen wurden zu national und international anerkannten Vertretern einer Generation von Architekten, die den Anschluss an die internationale Entwicklung des Bauens fanden. Als Hochschullehrer prägten sie gemeinsam mit

Die 1911 von Walter Gropius gebaute Fabrik, das Fagus-Werk in Alfeld, ist als erstes Objekt des Neuen Bauens weltberühmt.

Dieter Oesterlen durch die sog. „Braunschweiger Schule" eine ganze Architektengeneration.

Nach der euphorischen Wiederaufbauzeit machte sich Ende der 60er Jahre eine gewisse Ernüchterung breit. Im Bauboom der Nachkriegsjahre wurde das architektonische Vokabular der Moderne durch rationelle Fertigungsmethoden banalisiert. Im sog. „Bauwirtschaftsfunktionalismus" verdrängten seriell produzierte Bauten individuelle Lösungen für komplexe architektonische Aufgaben. So entstanden u.a. unmaßstäbliche und monotone Wohnviertel wie z.b. das Ihme-Zentrum in Hannover (Kloss und Kolb, 1971–75). Dass es auch qualitätsvolle Architektur in diesen Jahren gab, zeigen insbesondere die Sakral-, Kultur- und Bildungsbauten, ob die Hochschule für Musik in Hannover (R.-D. Ramcke, 1970–73) oder das Wolfsburger Theater (Hans Scharoun, 1968–73). Dort hatte man schon sehr früh mit Alvar Aaltos Kulturzentrum (1958–62) und dessen Heiliggeistkirche (1959–62) versucht, sich aus dem Mittelmaß provinzieller Architektur zu verabschieden. Alle genannten Wolfsburger Bauten sind Ausdruck einer reflektierten, auf den Menschen bezogenen Moderne, die den jeweiligen Ort respektiert und Bezüge zum Umfeld aufnimmt. Damit stellen sie herausragende Beispiele der Architektur der Nachkriegsmoderne in Nds. dar.

Eine abflauende Baukonjunktur Ende der 70er Jahre war die Ursache einer verstärkten Selbstreflexion der Architekten über ihr Metier. In der Postmoderne war der lange Zeit verpönte Rückgriff auf historisches Formenvokabular wieder ebenso erlaubt wie stilistische Variationen: „alles ging". Durch den Rückgriff erhoffte man, die verloren geglaubte „Sprache der Architektur" wiedergefunden zu haben und dadurch die Architektur der breiten Masse verständlicher zu machen. Neue Architektur sollte wieder rücksichtsvoller mit dem historischen Bestand umgehen. In Hildesheim wurde in der zweiten Hälfte der 80er Jahre gar unter Preisgabe eines Baues der Moderne der 50er Jahre die Rückführung des Marktplatzes in seinen früheren Vorkriegszustand gefordert. Dies war gewissermaßen der Beginn einer bis heute andauernden Retrodesign-Welle. Der Wunsch nach „ungebrochener" Geschichte offenbart auf besonders drastische Weise das mit dem Projekt der Braunschweiger Schlossarkaden verbundene Konzept, in die Rekonstruktion des ehemaligen Braunschweiger Residenzschlosses eine Einkaufsmall zu integrieren. In den 80er und 90er Jahren sowie aktuell zeigt sich, wie stark die Architektur zu einer über die Medien verbreiteten internationalen Kunst geworden ist. Rationalistische Aspekte einer autonomen, einen unabhängigen Ort definierenden Architektur (EKD Verwaltungsgebäude, Hannover, Bangert, Jansen, Scholz, Schultes, 1983–84) stehen neben Beispielen von Architekturen, die aus der inhaltlichen Aufgabenstellung ein gestalterisches Leitbild entwickeln (Felix-Nußbaum-Haus, Osnabrück, Daniel Libeskind, 1995–98) oder durch ihre sichtbar gemachten Konstruktionen sich der sog. „Hightech-Architektur" verpflichtet fühlen (Tagungszentrum der Messe in Hannover, Storch und Ehlers, 1988–89). Bei den Expo-Messehallen in Hannover (Thomas Herzog bzw. von Gerkan, Marg und Partner, 1998–2000) dominieren weit gespannte Konstruktionen große Räume für multifunktionale Nutzungen. Die EXPO 2000 in Hannover war so etwas wie eine Weltausstellung der Architektur. Neben bemerkenswerten Ausstellungshallen zeigten die Länderpavillons einen internationalen Querschnitt der Architektur der Jahrtausendwende. Im Gegensatz zu diesen temporären Bauten blieben die

zeitgleich auf dem benachbarten Kronsberg aus dem Boden gestampften
Wohnsiedlungen erhalten. Diese Model-
le für den zukünftigen Massenwoh-
nungsbau thematisieren eine ganzheit-
liche Konzeption: ökologische Bauwei-
sen (Niedrigenergiehausstandard), nut-
zungsoffene Grundrisse, gemeinschaftli-
che Einrichtungen sowie Orte multikul-
tureller Begegnung (Habitat-Siedlung,
Planungsbüro Schmitz und Solar-City,
Argyrakis + GBH, Hannover Kronsberg
1998–2000).

**Ausblick** – Gegenwärtig ist das Bauwe-
sen im Zuge der Konjunkturschwäche in
eine schwerwiegende Krise geraten. Da
es im Gebäudebestand in vielen Bereichen Überkapazitäten gibt und die öffentliche Hand als ehemals bedeutendster Bauherr wegen der Finanzknappheit
nahezu ausfällt, wird auch langfristig nur
eine geringe Nachfrage nach Neubauten
existieren. Bauaufgaben der Zukunft
werden in erster Linie Umnutzungen bestehender Bauten (Pelikan-Viertel, Hannover, Dieter Neikes, 1998) sein oder
die Sanierung von vorhandenen Gebäu-
dehüllen, um den Energieverbrauch zu
minimieren, sowie die Verdichtung und
Stärkung innerstädtischer Areale (Ge-
schäftshäuser Neuer Weg in Norden,
Helmut Riemann, 2002 bzw. Nord/LB-
Zentrale, Hannover, Behnisch und Partner, 2002). Auch das Thema der
„schrumpfenden Städte", d.h. der Rückgang der Bevölkerung in wirtschafts-
schwachen Städten und der damit verbundene Rückbau ganzer Wohnviertel,
um drohender sozialer Verwahrlosung
zu begegnen, wird die Architektur in
Nds. in Zukunft genauso beschäftigen
wie die Wiederbelebung von innerstädti-
schen Citybereichen mit neuen Formen
des Handelns und des Wohnens (→
Wohnungspolitik), um im Wettbewerb
der Städte zu bestehen.
*Holger Pump-Uhlmann*

# Archive und Bibliotheken

**Bibliotheken** – Als Informationsinfrastruktur sind Bibliotheken ein entscheidender Faktor für die wissenschaftliche
und wirtschaftliche Entwicklung, die
Leistungsfähigkeit von Universitäten,
Hochschulen und Forschungseinrichtungen, aber auch für das Bildungsniveau
der jungen Generation und den Infor-
mationsstand der gesamten Bevölkerung. Wissenschaftliche und Öffentliche
Bibliotheken sind öffentliche Einrichtungen, die besonders intensiv genutzt
werden. Keine andere kulturelle Einrichtung hat so viele Nutzer aus allen
Schichten der Bevölkerung und allen
Altersgruppen wie die Bibliotheken.

Wissenschaftliche und kommunale
öffentliche Bibliotheken bilden ein Netz
der Literaturversorgung, das durch Spe-
zialbibliotheken und kirchliche Bibliotheken sowie Bibliotheken in privater
Trägerschaft ergänzt wird.

**Wissenschaftliche Bibliotheken** – Die
vom Land Nds. unterhaltenen Hochschulbibliotheken weisen einen Bestand
von etwa 18,3 Mio. Bänden/Medienein-
heiten, die Landesbibliotheken einen
Bestand von etwa 3,5 Mio. Bänden/Me-
dieneinheiten, die Fachhochschulbibliotheken einen Bestand von etwa 1,1 Mio.
Bänden/Medieneinheiten auf. Zusam-
mengenommen stehen in den wissenschaftlichen Bibliotheken des Landes
zurzeit also fast 22,9 Mio. Bände/Me-
dieneinheiten zur Verfügung, darunter
in den Landesbibliotheken und den älteren Universitätsbibliotheken wie Göttingen und Braunschweig Handschriften
und alte Drucke von herausragendem
Wert und kultureller Bedeutung für
ganz Europa.

Nationale Aufgaben erfüllen im Rahmen der Sammlung Deutscher Drucke
(Verteilte Deutsche Nationalbibliothek)

die Herzog August Bibliothek Wolfenbüttel für das 17. Jh. und die Nds. Staats- und Universitätsbibliothek (SUB) Göttingen für das 18. Jh.; diese betreut darüber hinaus über 20 Sondersammelgebiete im Rahmen des nationalen Programms der überregionalen Literaturversorgung der Deutschen Forschungsgemeinschaft. Weitere Sondersammelgebietsbibliotheken sind die Bibliothek der Universität Braunschweig (Pharmazie) und der Tierärztlichen Hochschule (Veterinärmedizin.) Die Technische Informationsbibliothek Hannover ist Zentrale Fachbibliothek für Technik und Naturwissenschaften.

Mit diesen verteilten Beständen, die sich in optimaler Weise ergänzen, hat die Region Nds. eine herausragende Bedeutung bei der Fernleihe der Deutschen Bibliotheken und nationalen Dokumentlieferdiensten. Auch vor Ort sind die Serviceleistungen der Bibliotheken stetig verbessert worden. Das Schaffen großer Freihandbestände auch in den älteren Hochschulen – herausragend ist hier die Forschungsbibliothek der SUB Göttingen zu nennen, die auch historische Bestände Wissenschaftlern frei zugänglich macht – und das Zusammenführen von Klein- und Kleinstbibliotheken zu leistungsfähigeren Einheiten haben die Zugänglichkeit der Literatur wesentlich verbessert. Ein weiterer entscheidender Schritt war die Einführung der EDV, die mit der Möglichkeit der Online-Bestellung, -Fristverlängerung und -Vormerkung ausgeliehener Literatur den Buchumsatz optimieren half. Die Bestände der Bibliotheken im Lande sind inzwischen fast vollständig online verfügbar.

Nächster Schritt ist die Bereitstellung von Literatur in digitalisierter und digitaler Form. Den Bibliotheken der Hochschulen wächst hier die neue Aufgabe zu, mit den Rechenzentren gemeinsam die Literaturproduktion digital bereitzu-

halten und dauerhaft zu sichern. Die Einbeziehung von multimedialen Lehr- und Lernmaterialien und die Integration der Angebote in moderne Lernsysteme sind eine weitere Herausforderung. Die Innovationskraft der nds. Bibliotheken zeigt sich auch daran, dass die SUB Göttingen wegen ihrer vorbildlichen Entwicklungen neuer Dienstleistungen im Bereich der Digitalen Bibliothek und ihrer erfolgreichen nationalen und internationalen Kooperation die Auszeichnung Bibliothek des Jahres 2002 erhalten hat. Ein anderes Beispiel ist die erfolgreiche Bewerbung des BIS Oldenburg bei der Ausschreibung innovativer Lösungen für die Informationsinfrastruktur der Universität. Umfangreiche Altbestände wurden an der HAB Wolfenbüttel und der SUB Göttingen (über 2 Mio. Seiten) digitalisiert, wo sich ein überregionales Kompetenzzentrum für Digitalisierung befindet. Virtuelle Fachbibliotheken werden in Braunschweig, Göttingen (SUB) und Hannover (TIB, TiHo) für eine große Zahl von Spezialbereichen aufgebaut. Neue nationale Dienstleistungen werden unter Federführung der TIB Hannover mit Beteiligung u.a. von Braunschweig und Göttingen geschaffen; aber auch der Büchertransport wurde mit einem nationalen Containerdienst von Nds. aus (SUB Göttingen) neu organisiert.

**Übersicht** – 24 wissenschaftliche Bibliotheken werden in Nds. vom Land finanziert. Es sind neben der Nds. Staats- und Universitätsbibliothek drei Landesbibliotheken, zwölf Hochschulbibliotheken und acht Fachhochschulbibliotheken. Einige der Hochschulen sind inzwischen Stiftungen öffentlichen Rechts, so die Universität Göttingen, die Universität Hildesheim, die Fachhochschule Lüneburg sowie die Fachhochschule Osnabrück.

**Bibliotheken von überregionaler Bedeutung**
- Nds. Staats- und Universitätsbibliothek Göttingen: 4,45 Mio. Bände sowie 2,1. Mio. weitere Medieneinheiten,
- Universitätsbibliothek und Technische Informationsbibliothek Hannover: 7,25 Mio. Medieneinheiten.

**Hochschulbibliotheken**
- Bibliothek der Technischen Universität Carolo-Wilhelmina Braunschweig: 1,36 Mio. Medieneinheiten,
- Bibliothek der Hochschule für Bildende Künste Braunschweig: 97 000 Medieneinheiten,
- Universitätsbibliothek Clausthal: 465 000 Medieneinheiten,
- Bibliothek der Hochschule für Musik und Theater Hannover: 177 000 Bände,

- Bibliothek der Medizinischen Hochschule Hannover: 249 000 Medieneinheiten,
- Bibliothek der Tierärztlichen Hochschule Hannover: 232 000 Medieneinheiten,
- Universitätsbibliothek Hildesheim: 539 000 Medieneinheiten,
- Universitätsbibliothek Lüneburg: 424 000 Medieneinheiten,
- Bibliothek- und Informationssystem der Universität Oldenburg: 1,27 Mio. Medieneinheiten,
- Universitätsbibliothek Osnabrück: 1,37 Mio. Medieneinheiten,
- Bibliothek der Hochschule Vechta: 424 000 Bände.

**Landesbibliotheken**
- Nds. Landesbibliothek Hannover: 1,65 Mio. Medieneinheiten,
- Landesbibliothek Oldenburg: 684 000 Medieneinheiten,

Die Herzog August Bibliothek in Wolfenbüttel – eine international bedeutende Bibliothek und Forschungsstätte. Im 17. Jahrhundert galt sie als die größte Bibliothek Europas und wurde als achtes Weltwunder bezeichnet.

– Herzog August Bibliothek Wolfenbüttel: 1,15 Mio. Medieneinheiten.

**Fachhochschulbibliotheken**
– Bibliothek der Fachhochschule Braunschweig/Wolfenbüttel (mit weiteren Standorten in Wolfsburg und Salzgitter): 139 000 Bände,
– Fachhochschulbibliothek Hannover (mit weiterem Standort in Nienburg): 235 000 Medieneinheiten,
– Bibliothek der Fachhochschule Hildesheim/Holzminden (mit weiterem Standort in Göttingen): 120 000 Bände (1993),
– Bibliothek der Fachhochschule Nordostniedersachsen (mit Standorten in Lüneburg, Suderburg und Buxtehude): 174 000 Bände,
– Bibliothek der Fachhochschule Oldenburg (mit weiterem Standort in Elsfleth): 74 000 Medieneinheiten,
– Bibliothek der Fachhochschule Osnabrück: 153 000 Bände,
– Bibliothek der Fachhochschule Ostfriesland (mit Standorten in Emden und Leer): 131 000 Medieneinheiten,
– Bibliothek der Fachhochschule Wilhelmshaven: 76 000 Bände.

**Öffentliche Bibliotheken** – Die öffentlichen Bibliotheken im Lande Nds. werden von kommunalen Trägern (Städten, Gemeinden, Landkreisen) oder von den Kirchen unterhalten. Insgesamt 1 154 Bibliotheken stehen den Bürgern in Nds. offen.

In den Großstädten Hannover, Braunschweig, Wolfsburg und Salzgitter finden sich ausgebaute Systeme mit einer Zentrale und einer größeren Zahl von Stadtteilbibliotheken. Spezifische Angebote für Kinder- und Jugendliche oder (teilweise) Musikbibliotheken machen die Bibliotheken zusätzlich attraktiv.

Als Beispiele für Systeme öffentlicher Bibliotheken in Nds. seien genannt:

– Stadtbüchereien Hannover mit Stadtbibliothek und Öffentlicher Bücherei: 3,31 Mio. Bände und Medieneinheiten in Zentrale und 17 Stadtteilbüchereien, Musikabteilung, Literaturarchive, Buchkunst-Sammlung und bedeutender historischer Buch- und Handschriftenbestand. 8,06 Mio. Entleihungen.
– Städtische Bibliotheken Braunschweig mit Stadtbibliothek und Öffentlicher Bücherei: 2,16 Mio. Bände und Medieneinheiten, sieben Stadtteilbüchereien, Musikbibliothek, Fahrbibliothek. Bedeutender historischer Buch- und Handschriftenbestand. 5,81 Mio. Entleihungen.
– Stadtbibliothek Wolfsburg: 254 000 Bände und Medieneinheiten, fünf Stadtteilbüchereien, Kinder- und Jugendbibliothek, Fahrbibliothek, Musikbibliothek, außerdem Schul- und Patientenbibliotheken. 785 000 Entleihungen.
– Stadtbibliothek Salzgitter: 141 000 Bände und Medieneinheiten, zwei Stadtteilbüchereien, Fahrbibliothek. 778 000 Entleihungen.

Auch viele mittelgroße Orte, insbesondere Kreisstädte, haben gute, fachlich geleitete Bibliotheken. Die Versorgung in der Fläche erfolgt nach Möglichkeit durch Fahrbüchereien, die teilweise auch von den Landkreisen unterhalten werden. Das Angebot kleinerer Gemeindebüchereien oder vieler kirchlicher Büchereien wird meistens durch den Einsatz ehrenamtlicher Mitarbeiter ermöglicht.

Die Öffentlichen Bibliotheken des Landes Nds. verfügen insgesamt über einen Buch- und Medienbestand von 10,6 Mio. Einheiten und konnten im Jahre 2003 27,7 Mio. Entleihungen verbuchen. Sie leisten damit einen entscheidenden Beitrag zur Leseerziehung von → Kindern und Jugendlichen ebenso wie zur kulturellen Bildung, zur beruflichen

Fortbildung und der allgemeinen Information der Erwachsenen. Durch ihre Online-Kataloge und Internetangebote tragen sie auch zur Verbreitung der Fähigkeit bei, moderne Technologien gezielt für Information und → Weiterbildung einzusetzen. Durch den Anschluss an den Gemeinsamen Bibliotheksverbund können gezielt Dienstleistungen auch der wissenschaftlichen Bibliotheken abgerufen werden; Gemeinschaftsprojekte wie die Deutsche Internetbibliothek zeigen, wie Qualität und Umfang der Auskunftsdienste im Internetzeitalter kooperativ verbessert werden können, damit auch die kleinste öffentliche Bibliothek ihren Nutzern keine Antwort schuldig bleiben braucht.

Dabei erweist es sich als Problem, dass Bibliotheken trotz ihrer bedeutenden Rolle in Kultur und Bildung nur zu den freiwilligen Leistungen der Kommunen gehören und ihr Erhalt nicht zu den Pflichtaufgaben im Rahmen der allgemeinen Daseinsfürsorge zählt.

Ein Beispiel für eine kreative Reaktion in schwieriger Lage ist die Büchereizentrale Lüneburg. Getragen vom Büchereiverband Lüneburg-Stade e.V. kann sie durch eigene Einnahmen und eine Unterstützung des Landes Dienstleistungen und Modernisierungshilfen für kleinere öffentliche Bibliotheken anbieten, die nach der Auflösung der Staatlichen Fachstellen 1989 zusammenzubrechen schienen.

**Gemeinsamer Bibliotheksverbund (GBV)** – Als Ausgründung der Nds. Staats- und Universitätsbibliothek Göttingen wurde aus dem Bibliotheksrechenzentrum Niedersachsen 1999 die Verbundzentrale des Gemeinsamen Bibliotheksverbundes der Länder Bremen, Hamburg, Mecklenburg-Vorpommern, Niedersachsen, Sachsen-Anhalt, Schleswig-Holstein und Thüringen, dem auch die Staatsbibliothek zu Berlin angeschlossen ist.

Insgesamt gehören ihm 767 Bibliotheken – darunter auch viele Öffentliche Bibliotheken – an. Der über das Internet zugängliche Gemeinsame Verbundkatalog (GVK) enthält mehr als 22 Mio. Titel und 45 Mio. Nachweise, die überwiegend auch über die Online-Fernleihe bestellt werden können. Darüber hinaus werden 15 Mio. Zeitschriftenaufsätze und große Mengen digitalisierter oder digitaler Literatur nachgewiesen.

**Archive** – Die staatlichen, kommunalen, kirchlichen und weitere Archive in Nds. verwahren die schriftlichen Quellen (Urkunden, Akten, Karten, Pläne, moderne Daten- und Informationsträger usw.) aus dem Lande. Sie sind damit die unentbehrliche Grundlage für die Erforschung der Geschichte des Landes und seiner Regionen. Sie haben auch die Aufgabe, das bis ins Hohe Mittelalter zurückreichende Archivgut zu erhalten. Kontinuierlich nehmen sie neues Archivgut auf, damit ein möglichst lückenloses Bild entstehen kann.

**Staatsarchive** – Die sieben nds. Staatsarchive (Hauptstaatsarchiv Hannover mit Magazin Pattensen, Aurich, Bückeburg, Oldenburg, Osnabrück, Stade, Wolfenbüttel) arbeiten auf der Grundlage des *Niedersächsischen Archivgesetzes (NArchG)* vom 25.5.1993. Außer dem → Landtag sind alle Einrichtungen des Landes zum Angebot ihres Schriftguts an die Staatsarchive verpflichtet. Auch kommunales oder privates Archivgut wird aufgenommen. Für die Sicherungsverfilmung wertvoller Bestände und die Restaurierung und Konservierung gefährdeter Archivalien wurden im Staatsarchiv Bückeburg zentrale Werkstätten eingerichtet.

**Weitere Archive** – Das Archivgesetz stellt es den Kommunen frei, eigene Archive zu unterhalten oder ihr Archivgut

den Staatsarchiven zu übergeben. In Nds. gibt es 20 Kreisarchive und 127 Stadt- und Gemeindearchive. In kleineren Kommunen werden sie oft neben- oder ehrenamtlich betreut.
Kirchenarchive:
– Evangelisch-lutherische Landeskirchen in Hannover, Braunschweig und Oldenburg,
– Katholische Bistümer in Hildesheim und Osnabrück,
– Evangelisch-reformierte Kirche in Nordwestdeutschland in Leer,
– Schaumburg-Lippischen Landeskirche im Staatsarchiv Bückeburg,
– Jüdische Gemeinden im Zentralarchiv zur Erforschung der Geschichte der Juden in Deutschland in Heidelberg,
– Lokale Archive i.d.R. bei den evangelischen Pfarrgemeinden und den Kirchenkreisen (Ephoralarchive).
Private Archive und Nachlässe sind oft in den Staats- oder größeren Kommunalarchiven deponiert. Universitätsarchive bestehen an fast allen Hochschulen.                                      *Elmar Mittler*

## Asylbewerber

**Grundgesetz und Asyl** – „Politisch Verfolgte genießen Asylrecht" lautete der 1948/49 entwickelte Art. 16, Abs. 2 GG. Die BRD schuf mit diesem subjektiven Recht auf Asyl das weltweit liberalste Asylrecht als Symbol für die Neubegründung eines demokratischen Staatswesens in möglichst weitreichender Abgrenzung zum Nationalsozialismus. Je mehr aber das Recht auf Asyl in Anspruch genommen wurde, desto stärkeren Einschränkungen unterlag in der Praxis die Asylgewährung. Mithilfe vieler Maßnahmen und Verordnungen ist das vor allem seit den 70er Jahren geschehen. Im Juli 1993 wurde dann durch Art. 16a GG das Grundrecht auf Asyl selbst deutlich begrenzt, vor allem durch die Konstruktion der „verfolgungsfreien Herkunftsländer" und „sicheren Drittstaaten", die eine Einreise von Asylsuchenden fortan sehr erschwerte. Heute ist die BRD für asylsuchende Flüchtlinge auf dem Landweg legal kaum mehr zu erreichen, weil sie von „sicheren Drittstaaten" lückenlos umgeben ist. Auch der Weg über die Flughäfen ist für Asylsuchende weithin eingeschränkt.

Asylbewerber haben in der BRD nicht das Recht auf Freizügigkeit, sie werden nach einem bestimmten Schlüssel auf die einzelnen Bundesländer verteilt. Nds. ist verpflichtet, rund 10 % aller Asylbewerber aufzunehmen. Bei den ausländischen Flüchtlingen handelte es sich in den 50er und 60er Jahren vornehmlich um Osteuropäer. Vor allem der Ungarn-Aufstand 1956, das Ende des „Prager Frühlings" 1968 und das Kriegsrecht in Polen 1980 führten viele mit der politischen Situation in ihren Herkunftsländern im „Ostblock" unzufriedene und politisch bedrohte Menschen in die BRD.

**Entwicklung der Zuwanderung** – Seit den 70er Jahren waren die Asylantragszahlen in der BRD deutlich in die Höhe gegangen und überstiegen 1980 – auch vor dem Hintergrund eines Militärputsches in der Türkei – erstmals die Schwelle von 100 000. Damit verbunden war ein Wandel der Herkunftsregionen, der immer mehr Menschen aus nichteuropäischen Staaten nach Westdeutschland führte. 1986 stammte nur noch rund ein Viertel der Flüchtlinge aus europäischen Ländern, dagegen drei Viertel aus Afrika und Asien. In der Folge sorgten die Einschränkungen des Zugangs zum Asyl zwar wieder für ein deutliches Absinken der Asylbewerberzahlen. Mit der Krise in Osteuropa und der Öffnung des „Eisernen Vorhangs" Ende der 80er

1984 wurden 1 000 vietnamesische *boat people* vom Land Niedersachsen aufgenommen.
(Vierter Erwachsener von rechts der damalige niedersächsische Ministerpräsident Albrecht)

Jahre aber kam der stärkste Anstieg der jährlichen Asylbewerberzahlen: 1988 wurden abermals mehr als 100 000 erreicht, 1992 lag der Spitzenwert vor dem Hintergrund der Kriege um Ex-Jugoslawien bei fast 440 000.

In Nds. überschritt parallel dazu die Zuwanderung von Asylbewerbern 1986 mit 11 513 erstmals die Grenze von 10 000, um bis 1992 auf 42 000 zu steigen. Nach der Einschränkung des Asylgrundrechts 1993 gingen die Zahlen im Folgejahr 1994 auf fast ein Drittel dieses Spitzenwertes zurück (14 241), sanken bis 1997 weiter bis auf rund 10 000 ab, um in den Folgejahren die Marke von 10 000 zum Teil deutlich zu unterschreiten (1999: 8 588, 2001: 8 248).

Eine im Vergleich der Bundesländer besondere Situation zeigt sich in Nds. mit der relativ hohen Zuwanderung vietnamesischer Flüchtlinge (boat people),
die nach dem Ende des südvietnamesischen Staates in der zweiten Hälfte der 70er Jahre mit Booten über das Südchinesische Meer flohen. Zwischen dem Aufnahmesignal durch den damaligen nds. Ministerpräsidenten Ernst Albrecht im Dezember 1978 und August 1990 kamen 5 299 vietnamesische Flüchtlinge nach Nds., womit das Aufnahmekontingent wesentlich überschritten wurde. Nds. hatte damit eine Vorreiterrolle für die Aufnahme von „boat people" in der BRD übernommen.

Vor allem die relativ hohe Zuwanderung von Flüchtlingen und Asylsuchenden Ende der 80er und Anfang der 90er Jahre veränderte auch die Zusammensetzung der nds. Ausländerbevölkerung (→ Arbeitsmigranten und Einwanderer) in den 90er Jahren: Der Anteil der Ausländer aus den „Gastarbeiterländern" sank zwischen 1980 und 1993 von drei

Fünfteln auf zwei Fünftel, gleichzeitig stieg der Anteil von Zuwanderern aus Afrika und Asien. Hinzu kam vor dem Hintergrund der Öffnung des „Eisernen Vorhangs" eine erhebliche Zunahme der Zahl polnischer und ex-jugoslawischer Staatsangehöriger. *Jochen Oltmer*

## Aussiedler und Spätaussiedler

Nach dem Ende von Flucht und Vertreibung (→ Flüchtlinge und Vertriebene) hatten in Ost-, Ostmittel- und Südosteuropa 1950 noch rund 4 Mio. Deutsche und „Deutschstämmige" gelebt. Zwischen 1950 und 1987 kamen rund 1,4 Mio. von ihnen als „Aussiedler" vornehmlich aus Polen, Rumänien und der UdSSR in die BRD. Mit „Glasnost" und „Perestrojka" in der UdSSR, vor allem aber mit der Öffnung des „Eisernen Vorhangs" 1989 stieg die Zahl der Aussiedler sprunghaft an: 1988–2003 erreichten weitere 2,9 Mio. von ihnen Deutschland, mehr als zwei Drittel davon kamen nun aus der Sowjetunion bzw. ihren Nachfolgestaaten. Insgesamt bildete die Zuwanderung der Aussiedler nach den Zuwanderungen der Flüchtlinge und Vertriebenen in der Nachkriegszeit sowie der ausländischen Arbeitsmigranten seit der Mitte der 50er Jahre die drittstärkste Migrationsbewegung in der Geschichte der BRD.

**Zuwanderungsentwicklung** – 1987 hatte die Aussiedlerzuwanderung noch bei knapp 79 000 gelegen, ging mit rund 200 000 im Jahre 1988 scharf in die Höhe und erreichte bis Ende 1989 dann sogar 377 000. Das Spitzenjahr war 1990 mit rund 397 000 zugewanderten Aussiedlern. 1991–1995 ging die jährliche Aussiedlerzuwanderung auf 220 000–230 000

zurück. 1998 bis 2002 lag sie um 100 000 und sank danach weiter deutlich ab (2003: 72 885). Die Entwicklung für die BRD insgesamt spiegelte sich auch in den Angaben über die Zuwanderung von Aussiedlern bzw. Spätaussiedlern nach Nds.; denn sie werden nach einem Verteilungsschlüssel den einzelnen Bundesländern zugewiesen. Nds. ist danach verpflichtet, 9,2 % der jährlichen Neuzuwanderer dieser Gruppe aufzunehmen. Entsprechend der jeweiligen Bevölkerungszahlen in den Bundesländern haben nur Nordrhein-Westfalen (21,8 %), Bayern (14,4 %) und Baden-Württemberg (12,3 %) eine höhere Quote.

**Zuwanderungszentren** – Wie sich allerdings die Aussiedlerbevölkerung in den einzelnen Bundesländern im Laufe der Jahrzehnte entwickelte, lässt sich aus dem Verteilungsschlüssel nicht erfassen. Viele Aussiedlerfamilien zogen es vor, sich dort anzusiedeln, wo sich bereits Familienangehörige oder Bekannte niedergelassen hatten. Vor allem mit dem erheblichen Anstieg der Aussiedlerzuwanderung am Ende der 80er Jahre führten solche Kettenwanderungen zur Entwicklung von Siedlungsschwerpunkten der Aussiedler. Einige Bundesländer – neben Nds. vor allem Hessen, Rheinland-Pfalz und Baden-Württemberg – waren deshalb trotz des länderspezifischen Verteilungsschlüssels stärker von der Aussiedlerzuwanderung betroffen als andere.

In Nds. bildete vor allem der Landkreis Osnabrück ein solches Zuwanderungszentrum. 1996 hatte die Aussiedlerzahl hier rund 28 000 erreicht und lag damit bei 7,9 % der Gesamtbevölkerung des Landkreises, wobei der Anteil der Aussiedler an der Bevölkerung in einzelnen Gemeinden des Nordkreises noch wesentlich darüber lag. Neben dem Landkreis Osnabrück bildete der

Landkreis Emsland ein weiteres Zuwanderungszentrum in Nds. Der Bevölkerungsanteil der Aussiedler erreichte hier mit rund 7 % beinahe den Wert des Landkreises Osnabrück. Weitere Schwerpunkte der Aussiedlerzuwanderung in Nds. sind die Landkreise Gifhorn und Cloppenburg sowie die Stadt Hannover.

Den Rückgang der Aussiedlerzuwanderung seit 1991 bedingten vornehmlich verschiedene Maßnahmen zur Beschränkung der Zuwanderung: Das galt vor allem für die begrenzende Wirkung des Kriegsfolgenbereinigungsgesetzes vom 1.1.1993, das die Anerkennung als „Spätaussiedler" auf die bis 31.12.1992 Geborenen beschränkte und nur noch bei Antragstellern aus den Nachfolgestaaten der Sowjetunion erfahrene Benachteiligungen aufgrund der deutschen Herkunft voraussetzt, ohne dass diese belegt werden müssen. Wirksam ist zudem seit Juli 1996 die abschreckend wirkende Barriere der Sprachprüfungen als Hürde auf dem Weg zum Aufnahmebescheid. Sie gilt allerdings nur für die Antragsteller deutscher Herkunft, nicht aber für die mitreisenden Familienangehörigen nichtdeutscher Herkunft, die 2002/2003 ca. 75 % dieser Zuwanderergruppe stellten und folglich nicht als „deutsche Einwanderer", sondern als mitreisende reguläre ausländische Einwanderer zu verstehen sind. Indirekt einschränkend wirkte zunächst vor allem die 1992/93 festgeschriebene Begrenzung der Aufnahmebescheide auf ca. 225 000 als Höchstgrenze. Seit dem 1.1.2000 ist die Aussiedlerzuwanderung durch eine reguläre Kontingentierung auf 100 000 Personen pro Jahr beschränkt.

**Probleme der Eingliederung** – Proteste der Bundesländer gegen die mit der Herausbildung von regionalen und lokalen Zuwanderungsschwerpunkten bzw.

-brennpunkten wachsenden Belastungen führten 1989 zum „Gesetz über die Festlegung eines vorläufigen Wohnortes für Aussiedler und Übersiedler", wonach Aussiedler für drei Jahre einer bestimmten Gemeinde zugewiesen wurden. Die Neufassung des Wohnortzuweisungsgesetzes von 1996 knüpfte die Inanspruchnahme sozialer Leistungen an den Verbleib am zugewiesenen Wohnort. Seither sind Aussiedler verpflichtet, zwei (seit dem Jahre 2000 drei) Jahre nach der Einreise am zugewiesenen Wohnort zu bleiben. Ein Umzug ohne den Nachweis eines Arbeits-, Ausbildungs- oder Studienplatzes am Zuzugsort kann zum Verlust der Ansprüche auf Eingliederungshilfen führen. Da der weitaus überwiegende Teil der Aussiedler zunächst auf öffentliche Unterstützung angewiesen ist, hat das Gesetz nicht nur die Einhaltung der länderspezifischen Verteilungsschlüssel erleichtert, sondern auch innerhalb der einzelnen Bundesländer dazu beigetragen, dass die Zuwanderung in regionale Aussiedlerschwerpunkte an Bedeutung verlor.

Die starke Aussiedlerzuwanderung und deren Konzentration in besonderen Schwerpunkträumen wurden gerade auch in Nds. zu einer schwierigen politischen und gesellschaftlichen Herausforderung. Leistungen für Eingliederungshilfen wurden gekürzt, die Dauer der Sprachkurse drastisch verringert, obgleich die Deutschkenntnisse der Zuwanderer deutlich schlechter geworden waren und die angespannte Arbeitsmarktlage bei geringen beruflichen Qualifikationen und mangelnder Sprachfertigkeit immer weniger Chancen bot. Demotivierung und Desorientierung sowie Spannungen zwischen Aussiedlern bzw. Spätaussiedlern und Einheimischen, aber auch zwischen jugendlichen Spätaussiedlern und jungen Ausländern der zweiten oder dritten Generation nahmen in den 90er Jahren zu und haben trotz des Rückgangs der Aussiedlerzuwanderung seit Mitte der 90er Jahre erst schrittweise an Bedeutung verloren.

*Jochen Oltmer*

## Banken und Sparkassen

Das deutsche Bankensystem gliedert sich in ein Geschäftsbankensystem und ein Zentralbankensystem (→ Landeszentralbank). Banken und Sparkassen bilden zusammen das Geschäftsbankensystem, welches in Nds. aus knapp 5 000 Bankstellen (Hauptstellen, Filialen, Zweigstellen) besteht. In rechtlicher Hinsicht zählen Banken und Sparkassen zu den Kreditinstituten im Sinne des Gesetzes über das Kreditwesen (KWG).

Banken und Sparkassen bieten Dienstleistungen rund um das Thema Geld an und handeln dabei als Finanzintermediär. Im traditionellen Bankgeschäft werden fremde Gelder angenommen (Einlagengeschäft) und in Form von Darlehen an andere Kunden weitergeleitet (Kreditgeschäft). Das Diskont-, Finanzkommissions-, Depot-, Investment-, Garantie-, Giro-, Emissions- sowie E-Geldgeschäft vervollständigen die von Banken und Sparkassen angebotenen Bankgeschäfte.

Zum Jahresbeginn 2004 hatten gut 200 Banken und Sparkassen ihren Hauptsitz in Nds. Mehr als 90 % dieser Kreditinstitute zählen zu den Universalbanken, da sie grundsätzlich das gesamte Spektrum möglicher Bankgeschäfte abwickeln. Abzugrenzen sind Spezialbanken, deren Geschäftstätigkeit sich im Wesentlichen auf einzelne Bankgeschäfte beschränkt. In Nds. sind dies u.a. Realkreditinstitute, Bausparkassen und Kapitalanlagegesellschaften.

Differenziert nach der Rechtsform und dem Ziel der Geschäftstätigkeit gibt es in Deutschland drei Bankgruppen: die *Kreditbanken*, den *Sparkassen*sektor und den *Genossenschaftsbanken*sektor.

Zu den Kreditbanken zählen Großbanken, Regionalbanken (einschließlich Privatbankiers) und Zweigstellen ausländischer Kreditinstitute. Kreditbanken sind privatwirtschaftlich organisierte Kreditinstitute, deren Geschäftätigkeit primär auf Gewinnmaximierung ausgerichtet ist. Im Gegensatz zu den regional tätigen Sparkassen und Genossenschaftsbanken sind insbesondere die Großbanken überregional und international tätig. Zudem verdienen sie ihr Geld stärker mit sog. außerbilanziellen Geschäften, und die Refinanzierung ausgegebener Kredite erfolgt zu einem vergleichsweise hohen Anteil über den Geld- und Kapitalmarkt (→ Börse). Zum nds. Sparkassensektor gehören rund 50 Sparkassen und eine Landesbank/Girozentrale. Bei den Sparkassen handelt es sich um Anstalten des öffentlichen Rechts, die i.d.R. von → Gemeinden und Kreisen (→ Gemeinden/ Landkreise/Region Hannover) als Gewährträger unterhalten werden. Die Ziele der Sparkassen sind historisch bedingt eher gemeinnütziger Natur. So haben Sparkassen möglichst alle Bevölkerungsschichten des regional begrenzen Geschäftsgebietes mit Bankleistungen zu versorgen und ihren Gewährträger zu unterstützen. Die Nord/LB Hannover gehört als Zentralinstitut der Sparkassen in Nds., Mecklenburg-Vorpommern und Sachsen-Anhalt zum Verbundsystem des Sparkassensektors. Auch wenn die Nord/LB mittlerweile zu den international tätigen Universalbanken zählt, ist sie ihrem Ursprung entsprechend immer noch → Landesbank und Girozentrale.

Der Genossenschaftssektor besteht in Nds. aus ca. 140 Kreditgenossenschaften (Volks- und Raiffeisenbanken), die in der Rechtsform der eingetragenen Genossenschaft firmieren. Das Ziel der Genossenschaftsbanken ist auf die Förderung der Mitglieder ausgerichtet. Hinsichtlich des regional beschränkten Geschäftsgebiets und des Kundenstamms ähneln sich Sparkassen und Genossenschaftsbanken sehr stark. Dies gilt auch für ihr Hauptrefinanzierungsinstrument, die Einlagen der privaten Kundschaft. Selbst der Aufbau des Genossenschaftsbankensektors als Verbundsystem mit überregional- bzw. international tätigen Zentralbanken ist mit dem des Sparkassensektors vergleichbar. In Nds. hat aber keine dieser Zentralbanken ihren Hauptsitz.

Zum Jahresbeginn 2004 hatten die nds. Universalbanken Kredite in Höhe von über 134 Mrd. € an Nichtbanken vergeben und Einlagen von rund 114 Mrd. € von Nichtbanken hereingenommen. Die Marktanteile im Kreditgeschäft (Einlagengeschäft) teilten sich wie folgt auf: 31 % (24 %) Kreditbanken, 48 % (47 %) Sparkassensektor und 21 % (29 %) Genossenschaftsbankensektor. Ein kurzer Vergleich soll die Größenordnung verdeutlichen: Wenn Sie in jeder Sekunde einen 50-Euro-Schein aus dem Fenster werfen würden, wären Sie knapp 85 Jahre rund um die Uhr beschäftigt, um auf die Kreditsumme vom 134 Mrd. € zu kommen!

*Andreas Bruns*

## Berg- und Hügelland

Gegenüber der nahezu waldlosen Weite der → Lössbörden ist das nds. Berg- und Hügelland eine durch Becken, Täler, Höhenrücken, Hochflächen, Bergkuppen und Hügel kleinräumig gekammerte Landschaft. Es umfasst große Teile des südlichen Nds., wobei die Gebirgsgruppen des Weserberglandes zwischen Porta Westfalica im Norden und dem Zusammenfluss von Fulda und Werra im Süden daran den weitaus größten Anteil haben. Dass es sich in der Regel mehr um Hügel als wirkliche Berge handelt, kommt auch in den Höhen der Bergkuppen zum Ausdruck, die kaum über 500 m hinausgehen (Große Blöße im Solling mit 528 m als höchste Erhebung).

**Erdgeschichte** – Das Berg- und Hügelland verdankt seinen Formenreichtum verschiedenen erdgeschichtlichen Vorgängen. Die Bergzüge sind durchweg aus Sedimentgesteinen aufgebaut, die einst im Meer abgelagert wurden; von Süden (Buntsandstein, Muschelkalk) nach Norden (Jura, Kreide) werden diese immer jünger. Infolge tektonischer Bewegungen wurden die Sedimentschichten in Schollen zerlegt und in unterschiedlicher Weise gekippt. Aus den schräg gestellten Gesteinspaketen wurden dann durch selektive Verwitterung und Abtragung die weicheren Schichten ausgeräumt und zu Tälern und Becken umgeformt, während die härteren Schichten als Schichtstufen, Schichtkämme, Einzelberge oder steinige Hochflächen stehen blieben. Wiehengebirge und Teutoburger Wald, Ith und Hils sind Beispiele für das charakteristische Landschaftsbild der Schichtstufen und -kämme, die sich als lange, relativ schmale, allerdings in der Regel wenig hohe Bergzüge in west-östlicher bzw. nordwest-südöstlicher Ausrichtung darstellen. Mit einer Strecke von rund 120 km ist der Teutoburger Wald der längste unter den Höhenzügen des Berg- und Hügellandes. Besonders markante Schichtkämme finden sich im Weser- und Wiehengebirge, die 200 – 300 m über das Wesertal aufsteigen und zum Teil von mächtigen Klippen gekrönt werden (Luhdener Klippen, Hohenstein).

Bäuerliche Anwesen im Teutoburger Wald

**Vegetation** – Das Berg- und Hügelland ist eine waldreiche Landschaft. Rund 45 % sind mit Wald bestanden, der über Höhen von 300 m und dort, wo das Relief zu steil wird, in den Vordergrund tritt; insgesamt nimmt die Bewaldung von Norden nach Süden zu. Auf allen Höhenzügen stockt dabei von Natur aus ein Buchenwald, der die nährstoff- und besonders kalkreichen Böden sowie das niederschlagsreiche, kühle Klima des Berg- und Hügellandes bevorzugt. Auch heute noch ist der Buchenwald durch weit gehend naturnahe Bestände vertreten und vermittelt durch seine relative Geschlossenheit den Eindruck einer echten Waldlandschaft.

**Nutzung** – Wo kein Wald ansteht, wird auf den fruchtbaren Böden der Täler und Becken, die während der letzten Eiszeit mit *Löss* ausgekleidet wurden, ertragreicher Ackerbau betrieben. Wo

der *Löss* besonders mächtig ist, ist der Wald selbst an steileren Standorten verdrängt worden. Grünlandflächen deuten auf feuchte Standorte hin, die als Viehweiden genutzt werden. Aufgrund seiner abwechslungsreichen Landschaft mit ihren vielfältigen naturräumlichen und kulturellen Elementen gelten große Teile des Berg- und Hügellandes als besondere Anziehungspunkte für Naherholung und Fremdenverkehr (→ Tourismus). Insgesamt fünf Naturparks wurden hierfür als Vorranggebiete ausgewiesen und erfahren als solche eine spezielle Förderung (z.B. Weserbergland, Schaumburg-Hameln, Solling-Vogler). Auf der Basis zahlreicher Thermal- und Solquellen entwickelte sich eine Reihe von Heilbädern (z.B. Bad Iburg, Bad Rothenfelde, Bad Oeynhausen, Bad Pyrmont) sowie zahlreiche Luftkurorte, die auch überregionale Bedeutung besitzen.                                 *Ingo Mose*

## Berufsausbildung und Berufsbildende Schule

Die große Mehrzahl der Absolventinnen und Absolventen allgemein bildender Schulen beginnt mit einer Berufsausbildung, entweder im sog. *„Dualen System der Berufsausbildung"*, an einer *„Beruflichen Vollzeitschule"* oder in einer *„Sondermaßnahme für besondere Zielgruppen"*.

*Berufsbildende Schulen* bieten berufsorientierende Bildungsgänge an sowie auf berufliche Inhalte bezogene Bildungsgänge, die zu allgemeinen Bildungsabschlüssen führen.

**Duales System der Berufsausbildung** – Ein zentrales Merkmal der Dualen Berufsausbildung in Deutschland ist die Ausbildung an zwei Lernorten. Die Ausbildung findet i.d.R in Industrie- oder Handwerksbetrieben, in der Verwaltung, in Büros, Praxen oder Kanzleien einerseits und in der Berufsschule andererseits statt, d.h. im Dualen System führen i.d.R. privatwirtschaftliche Betriebe und staatliche Berufsschulen die Ausbildung gemeinsam durch.

Der betriebliche Teil der Ausbildung wird durch das Berufsbildungsgesetz bzw. die Handwerksordnung bundeseinheitlich und der schulische Teil durch das nds. Schulgesetz geregelt. Berufsbildungsgesetz und Handwerksordnung legen die Rechte und Pflichten der Ausbildungsbetriebe und der Auszubildenden fest, während das Schulgesetz die Arbeit in den Berufsschulen regelt. Betriebe bieten die Ausbildungsplätze freiwillig an, während die Berufsschulen schulpflichtige Jugendliche (→ Jugend) unterrichten müssen.

Eine Berufsausbildung kann zurzeit in 345 anerkannten Ausbildungsberufen stattfinden und dauert zwischen zwei und dreieinhalb Jahren. In den Betrieben wird die Ausbildung von qualifizierten Ausbildern und Meistern nach bundeseinheitlichen Ausbildungsrahmenplänen durchgeführt. In der Berufsschule unterrichten Berufsschullehrerinnen und Berufsschullehrer nach Lehrplänen, die, basierend auf bundeseinheitlichen Rahmenlehrplänen, vom nds. Kultusministerium erlassen werden.

Die Aufnahme einer Berufsausbildung ist nicht an einen bestimmten Schulabschluss gebunden. Von den Ausbildungsbetrieben werden aber häufig eigene Auswahlkriterien festgelegt, die meist Schulabschlüsse und Zeugnisnoten einschließen.

Obwohl es 345 Ausbildungsberufe gibt, konzentrieren sich die Ausbildungsverhältnisse auf wenige Berufe. So wurden in Nds. im Jahr 2002 annähernd 20 % aller Jugendlichen in nur fünf Ausbildungsberufen ausgebildet, und zwar als:

– Kraftfahrzeugmechaniker/in (7 860),
– Kauffrau/Kaufmann im Einzelhandel (7 168),
– Arzthelfer/in (4 936),
– Elektroinstallateur/in (4 880),
– Industriekauffrau/-kaufmann (4 538).

Auszubildende erhalten eine Ausbildungsvergütung, die branchenspezifisch sehr stark variiert. Die durchschnittliche monatliche Ausbildungsvergütung betrug im Jahr 2002 in Nds. 598 €, wobei z.B. Zimmerer/innen 833 €, Friseure/innen 414 € und Damenschneider/innen nur 197 € erhielten.

In den vergangen Jahren nahmen in Nds. und im Bundesdurchschnitt ungefähr 65 % eines Altersjahrgangs nach Abschluss ihrer allgemein bildenden Schule eine Berufsausbildung auf, d.h. in Nds. wurden ca. 150 000 bis 160 000 Auszubildende pro Jahr dual ausgebildet.

Die einzelnen Wirtschaftsbereiche beteiligen sich unterschiedlich an der Ausbildung. So waren 2003 die Bereiche

**Die Anzahl der Auszubildenden in Nds. pro Jahr nach Wirtschaftsbereichen**

| Jahr | Auszubil-dende insgesamt | Davon im Ausbildungsbereich | | | | | | |
|------|------|------|------|------|------|------|------|------|
| | | Industrie u. Handel | Handwerk | Landwirt-schaft | Öffentli-cher Dienst | Freie Berufe | Städti-sche Hauswirt-schaft | See-schifffahrt |
| 1996 | 150 167 | 56 061 | 62 285 | 3 708 | 7 314 | 19 233 | 1 414 | 152 |
| 1997 | 153 483 | 59 678 | 62 799 | 4 024 | 6 939 | 18 398 | 1 462 | 183 |
| 1998 | 155 479 | 62 027 | 62 869 | 4 352 | 7 247 | 17 181 | 1 594 | 209 |
| 1999 | 160 459 | 67 517 | 64 012 | 4 425 | 5 716 | 16 920 | 1 695 | 174 |
| 2000 | 161 596 | 70 258 | 63 429 | 4 361 | 5 066 | 16 596 | 1 716 | 170 |
| 2001 | 158 350 | 70 443 | 60 251 | 4 157 | 5 043 | 16 624 | 1 680 | 152 |
| 2002 | 151 091 | 68 405 | 54 649 | 3 903 | 5 543 | 16 773 | 1 657 | 161 |
| 2003 | 147 116 | 67 455 | 52 439 | 4 169 | 4 733 | 16 538 | 1 613 | 169 |

Quelle: Statistisches Bundesamt.

Industrie/Handel mit 45,6 %, das Handwerk mit 35,7 %, die Freien Berufe mit 11,2 %, der Öffentliche Dienst mit 3,2 %, der Agrarbereich mit 2,8 % und der hauswirtschaftliche Bereich mit 1,1 % beteiligt.

Am Ende der Ausbildung im Dualen System findet eine Abschlussprüfung vor den zuständigen → Kammern (z.B. Handwerkskammer, Industrie- und Handelskammer) statt. Erfolgreiche Absolventen erhalten dann einen Gesellen- oder Facharbeiterbrief.

**Ausbildung in beruflichen Vollzeitschulen** – Neben der Ausbildung im Dualen System kann ein Beruf auch in beruflichen Vollzeitschulen erlernt werden. Berufsfachschulen führen zu einem beruflichen Abschluss in vielen Assistenten-Berufen, wie z.B. Chemisch-technische(r) Assistent/in, oder kaufmännische(r) Assistent/in für Fremdsprachen und Korrespondenz oder in Berufen wie Kosmetiker/in oder Altenpfleger/in. Die Ausbildung in den meisten an den Berufsfachschulen angebotenen Berufen setzt einen Realschulabschluss voraus. Für Jugendliche mit Hauptschulabschluss bestehen vor allem Ausbildungsgänge in Kosmetik, Kinderpflege, Heil-

erziehungshilfe oder Altenpflegegehilfe an zweijährigen Berufsfachschulen.

Eine gewisse Sonderstellung nehmen die Ausbildungen in einigen Gesundheitsfachberufen (z.B. Krankenpflege, Physiotherapie, Logopädie) ein, die an staatlich anerkannten, meist privaten Berufsfachschulen angeboten werden und bundeseinheitlich geregelt sind. Die praktische Ausbildung in diesen Berufen wird überwiegend in Kooperation mit geeigneten Institutionen wie Krankenhäusern, Pflegeheimen und anderen Einrichtungen durchgeführt.

Neben dem Berufsabschluss können an Berufsfachschulen gleichzeitig weiterführende Schulabschlüsse erworben werden.

Die quantitative Bedeutung aller Berufsfachschulen in Nds. ist in den letzten Jahren stark gestiegen. Während im Jahr 1990 ca. 30 000 Schülerinnen und Schüler an einer Berufsfachschule in öffentlicher oder freier Trägerschaft beruflich qualifiziert oder vorbereitet wurden, hat sich Zahl bis zum Jahr 2003 auf ca. 54 000 kontinuierlich erhöht.

**Berufliche Sondermaßnahmen für besondere Zielgruppen** – Für Jugendliche mit besonderem Förderbedarf gibt es

eine Vielzahl von besonderen Förder-
und Stützmaßnahmen, die fast vollständig von privaten Trägern angeboten und
aus Bundesmitteln finanziert werden.
Als förderungsbedürftig gelten nach
dem dritten Sozialgesetzbuch (Arbeitsförderung) lernbeeinträchtigte und sozial benachteiligte sowie behinderte Personengruppen.

Zu diesen Maßnahmen gehören Be-
rufsausbildungen in anerkannten Ausbildungsberufen, die als *„außerbetriebliche Berufsausbildung"* durchgeführt
werden, *„Ausbildungsbegleitende Hilfen"* für Jugendliche in betrieblichen
oder außerbetrieblichen Ausbildungen
und *„berufsvorbereitende Maßnahmen"*.

Im Jahr 2003 wurden in Nds. 3 487
Jugendliche, das entspricht ca. 6 % aller
Auszubildenden, in anerkannten Ausbildungsberufen in Form einer *außerbetrieblichen Berufsausbildung* ausgebildet.
Durchgeführt wurden diese Maßnahmen
in besonderen Ausbildungsstätten, die
zu annähernd 96 % nach dem Gesetz
zur Arbeitsförderung und zu ca. 4 %
durch das Sofortprogramm der Bundesregierung gegen Jugendarbeitslosigkeit
gefördert wurden.

*Ausbildungsbegleitende Hilfen* werden förderungsbedürftigen Jugendlichen
zur Unterstützung ihrer betrieblichen
oder außerbetrieblichen Ausbildung angeboten. Ausbildungshilfen beziehen
sich auf Stützunterricht, der Defizite der
theoretischen Ausbildung ausgleichen
soll, auf sozialpädagogische Betreuung,
um private oder berufliche Probleme
aus dem Weg zu räumen oder zu reduzieren und auf besondere Förderung in
der fachpraktischen Ausbildung.

*Berufsvorbereitende Maßnahmen* sind
solche, die förderungsbedürftigen Jugendlichen den Eintritt in eine Berufsausbildung oder in das Erwerbsleben erleichtern sollen. Da der Anteil der Jugendlichen ohne Berufsausbildung unter
den derzeit ca. 50 000 Arbeitslosen bis

zum 25. Lebensjahr in Nds. relativ hoch
ist (58 %), konzentrieren sich die berufs-
vorbereitenden Maßnahmen überwiegend auf den Eintritt in eine Ausbildung. Dazu bestehen in Nds. Einzelpro-
gramme, wie „RAN" (Regionale Arbeitsstellen zur beruflichen Eingliederung junger Menschen in Nds.), „Ra-
batz" (Regionale Arbeits- und Bildungs-
Angebote für die Zukunft langzeitar-
beitsloser Jugendlicher), „Jugendbüros"
oder „AQ's" (Arbeit und Qualifizierung
sofort).

Berufsvorbereitende Bildungsmaßnahmen und Ausbildungsbegleitende
Hilfen sind ebenfalls iim dritten Sozialgesetzbuch geregelt. Sie werden überwiegend von freien Trägern durchgeführt und aus öffentlichen Mitteln über
die Bundesagentur für Arbeit finanziert.
Bildungsträger, wie beispielsweise Bil-
dungswerke der Wirtschaft und der →
Gewerkschaften, kirchliche oder kommunale Träger, freie Bildungseinrichtungen oder Selbsthilfeorganisationen
bewerben sich um die Durchführung
dieser Maßnahmen. Über die Vergabe
entscheiden die regionalen Arbeitsäm-
ter.

Jugendliche, die an einer der Maßnahmen teilnehmen wollen, melden sich
bei der Berufsberatung des Arbeitsamtes, die nach Einzelfallprüfung festlegt,
ob und an welchem Programm ein Jugendlicher teilnehmen darf und weist
eine entsprechende Maßnahme zu.

Als besondere nds. Programme werden für den Zeitraum von 2000 bis 2006
für insgesamt 31 500 Teilnehmerinnen
und Teilnehmer Maßnahmen angeboten, mit denen benachteiligte junge
Menschen durch berufliche und allgemeine Bildungsmaßnahmen („Jugend-
werkstätten") in Ausbildung oder Beschäftigung integriert werden sollen.
Diese Programme, für die 387 Mio. € zur
Verfügung stehen, werden aus Mitteln
des Landes und des Europäischen So-

zialfonds (20 %), aus Bundesmitteln (71 %) und aus privaten Quellen (9 %) finanziert.

Von 2004 an werden in Nds. die Fördermöglichkeiten in „Pro-Aktiv-Centren" (gegenwärtig 44) gebündelt und aufeinander abgestimmt, um die Jugend- und Sozialhilfe mit der Arbeitsförderung zu vernetzen.

**Berufsbildendes Schulwesen in Nds.** – Innerhalb des berufsbildenden Schulwesens werden Jugendliche auf den Abschluss ihrer Berufsausbildung vorbereitet (Duales System), können sie eine Berufsausbildung abschließen, sich in ihrem Beruf weiterbilden und/oder alle allgemeinen Bildungsabschlüsse erreichen. Dabei sind alle berufsbildenden Schulen auch an den Allgemeinen Bildungsauftrag der Schulen, wie er im nds. Schulgesetz formuliert ist, gebunden.

Schulformen innerhalb des berufsbildenden Schulwesens sind *Berufsschulen* (einschl. *Berufsgrundbildungsjahr* und *Berufsvorbereitungsjahr), Berufsfachschulen, Fachoberschulen, Berufsoberschulen, Fachgymnasien* und *Fachschulen*, die häufig als Berufsbildende Schulen in regionalen Zentren zusammengefasst sind. Derzeit gibt es in Nds. 142 öffentliche Berufsbildende Schulen, in denen ca. 255 000 Schülerinnen und Schüler von 11 950 hauptamtlichen Lehrkräften unterrichtet werden, und 119 Berufsbildende Schulen in freier Trägerschaft mit ca. 16 500 Schülerinnen und Schülern, an denen 987 Lehrkräften beschäftigt sind.

**Berufsschule (BS)** – Alle Auszubildenden im Dualen System sind nach den Bestimmungen des nds. Schulgesetzes verpflichtet, neben der Ausbildung im Betrieb eine Berufsschule zu besuchen. Berufsschulen vermitteln die für einen Ausbildungsberuf erforderlichen theoretischen Kenntnisse. Mit erfolgreichem Abschluss der BS können Jugendlichen je nach Bildungsvoraussetzung höhere allgemeine Bildungsabschlüsse verliehen werden. BS werden in Teilzeit und Vollzeitform geführt und gliedern sich in Grund- und Fachstufen. In Teilzeitform besuchen die Auszubildenden die BS an ein bis zwei Tagen pro Woche; in Vollzeitform wird eine auf ein Berufsfeld bezogene Grundbildung i.d.R. in Form eines Berufsgrundbildungsjahres durchgeführt.

**Berufsgrundbildungsjahr (BGJ)** – Im Berufsgrundbildungsjahr, das ebenfalls in Teil- oder Vollzeitform angeboten wird, werden neben allgemein bildenden Inhalten Grundkenntnisse und Grundfertigkeiten in einem Berufsfeld vermittelt. In einigen Ausbildungsberufen ersetzt der Besuch des BGJ ganz oder teilweise das erste Ausbildungsjahr. Als „Schulisches BGJ" wird die Vollzeitform und als „Kooperatives BGJ" die Teilzeitform bezeichnet. Im Schulischen BGJ wird die Theorie und Praxis in der Berufsschule vermittelt, während im Kooperativen BGJ die praktische Ausbildung in Betrieben erfolgt. Der Besuch des Kooperativen BGJ setzt einen Ausbildungsvertrag mit einem Ausbildungsbetrieb voraus. Unter bestimmten Voraussetzungen können im BGJ der Hauptschulabschluss oder der Realschulabschluss erworben werden.

**Berufsvorbereitungsjahr (BVJ)** – Als Berufsvorbereitungsjahr werden einjährige vollzeitschulische Ausbildungsgänge bezeichnet, die insbesondere Jugendliche ohne Hauptschulabschluss und Abgänger von Förderschulen aufnehmen. Neben allgemein bildenden Inhalten werden den Schülerinnen und Schülern fachtheoretische und fachpraktische Grundqualifikationen in zwei Berufsfeldern vermittelt. Dadurch sollen ihre individuellen Fähigkeiten gefördert werden, um sie zu befähigen, berufliche Perspektiven zu entwickeln.

Eine nds. Besonderheit ist das BVJ-A für Schülerinnen und Schüler ausländischer Herkunft oder Aussiedler, die wegen unzureichender deutscher Sprachkenntnisse noch nicht in eine betriebliche Ausbildung oder in andere berufliche Vollzeitschulen eintreten können. Unter bestimmten Voraussetzungen kann der Hauptschulabschluss erlangt werden.

**Berufsfachschulen (BFS)** – Berufsfachschulen vermitteln als berufliche Vollzeitschulen allgemeine und fachliche Inhalte und führen Schülerinnen und Schüler in einen oder mehrere Berufe ein oder bilden sie für einen Beruf aus.

*Einjährige BFS* vermitteln eine berufsbezogene Grundbildung (vergleichbar einem Schulischem BGJ), wobei die fachtheoretische und fachpraktische Ausbildung in der Schule erfolgt. Erfolgreiche Absolventen und Absolventinnen können in das zweite Ausbildungsjahr einer entsprechenden dualen Ausbildung übergehen und erhalten unter bestimmten Voraussetzungen den Haupt- oder der Realschulabschluss.

*Zweijährige BFS* führen entweder zu einem schulischen oder einem beruflichen Abschluss. Zweijährige BFS, die zu einem schulischen Abschluss führen, nehmen insbesondere Absolventinnen und Absolventen von Hauptschulen auf und vermitteln ihnen den Realschulabschluss oder den erweiterten Sekundarabschluss I. Der Abschluss dieser BFS berechtigt häufig auch zum Übergang in das zweite Jahr einer Dualen Berufsausbildung.

Zweijährige BFS, die zu einem beruflichen Abschluss führen, bieten, wie bereits erwähnt, Ausbildungen in sog. Assistenten- und Pflegeberufen an und ermöglichen den Erwerb höherer allge-

meiner Bildungsabschlüsse. Aufnahmevoraussetzung ist i.d.R. der Realschulabschluss.

Auch staatlich geprüfte Informatikerinnen/Informatiker werden in Nds. in einer zweijährigen BFS ausgebildet, in die aufgenommen werden kann, wer zum Studium an einer nds. Hochschule berechtigt ist.

**Fachoberschulen (FOS)** – Fachoberschulen umfassen die Klassen 11 und 12 und führen in verschiedenen Fachrichtungen zur Fachhochschulreife. In die 11. Klasse kann aufgenommen werden, wer den Realschulabschluss erlangt hat. Die Ausbildung in der 11. Klasse umfasst ein Praktikum in außerschulischen Einrichtungen, das an vier Tagen in der Woche durchgeführt wird, und einen Schultag. In die 12. Klasse kann aufgenommen werden, wer die 11. Klasse oder wer eine Realschule und eine mindestens zweijährige Berufsausbildung erfolgreich abgeschlossen hat.

**Berufsoberschulen (BOS)** – Berufsoberschulen (Klasse 12 und 13) haben zum Ziel, orientiert an bestimmten beruflichen Fachrichtungen, eine fachgebundene Hochschulreife zu vergeben. Die fachgebundene Hochschulreife kann zu einer allgemeinen Hochschulreife erweitert werden, wenn Kenntnisse in einer zweiten Fremdsprache nachgewiesen werden.

In Nds. wird die 12. Klasse als FOS geführt. Der Besuch der Klasse 13 setzt eine abgeschlossene Berufsausbildung und die Fachhochschulreife voraus.

**Fachgymnasien (FG)** – Fachgymnasien vermitteln in drei Jahren eine allgemeine Hochschulreife. Der Bildungsgang zielt auf eine vertiefte Allgemeinbildung und bezogen auf die Fachrichtungen Wirtschaft, Technik sowie Gesundheit und Soziales berufsrelevante Grundqualifikationen. Zugangsvoraussetzung ist der erweiterte Sekundarabschluss I.

**Fachschulen (FS)** – Fachschulen bieten berufliche Weiterbildung an, die als eineinhalb- bis dreijährige Vollzeitausbildungsgänge eingerichtet sind. Ihr Besuch setzt eine berufliche Erstausbildung und i.d.R. Berufserfahrung voraus. FS schließen mit einer staatlichen Prüfung (z.b. als Staatlich geprüfte(r) Techniker/in) ab. Die Fachhochschulreife kann durch Teilnahme an einem Zusatzangebot gleichzeitig erworben werden.
*Informationsquellen:*
www.bibb.de;
www.mk.niedersachsen.de;
www.ms.niedersachsen.de
*Udo Börchers, Klaus Rütters*

## Bevölkerung

**Gesamtentwicklung** – Die Bevölkerung Nds. ist von 1990 bis 2001 von 7,39 Mio. auf 7,96 Mio. Einwohner angestiegen. Der Anteil der Frauen an der Gesamtbevölkerung betrug am Ende des Jahres 2001 51,1 %. Der Anteil der nichtdeutschen Bevölkerung an der Gesamtbevölkerung Nds. ist von 5,1 % im Jahr 1990 auf 6,7 % im Jahr 2001 angestiegen.

*Der Anteil der Älteren nimmt zu* – Die Altersgruppe der über 57-Jährigen hat im Jahr 2001 im Vergleich zu 1990 einen um 23 Prozentpunkte höheren Anteil. Zwar verzeichnet die Gruppe der unter 17-Jährigen eine leichte Zunahme (+15 Prozentpunkte), jedoch ist bei der nachfolgenden Gruppe der 17- bis unter 30-Jährigen im Vergleich zu 1990 ein Rückgang um 25 Prozentpunkte feststellbar.

*Die nicht deutsche Bevölkerung ist jünger* – Der Anteil der unter 26-jährigen deutschen Bevölkerung lag im Jahr 2001 bei 27,8 % aller Deutschen, bei der nichtdeutschen Bevölkerung lag der Anteil mit 37,9 % deutlich höher. Die über 60-jährigen Deutschen sind mit 25,4 % an der gesamten deutschen Bevölkerung beteiligt, bei der gesamten nichtdeutschen Bevölkerung verzeichnen die über 60-Jährigen nur einen Anteil von 9,3 %.

*Regionale Unterschiede bei der jungen Bevölkerung* – die unter 18-Jährigen hatten im Jahr 2001 insgesamt einen Anteil von 19,7 %. Regional gibt es Unterschiede zwischen den städtisch geprägten Regionen und den ländlichen. So haben die kreisfreien Städte die niedrigsten Anteile junger Bevölkerung. Die höchsten Anteile der unter 18-Jährigen an der Gesamtbevölkerung weisen die ländlichen Regionen im Regierungsbezirk Weser-Ems auf (z.B. Cloppenburg mit rund 26 %, Vechta: 24,4 % und Emsland: 24 %). In den ebenfalls eher ländlichen Kreisen im Nordosten Nds., in Lüneburg, Uelzen und Lüchow-Dannenberg sind die Anteile der unter 18-Jährigen an der Gesamtbevölkerung jedoch deutlich niedriger (rund 19 %).

*Geburten* – Im Jahr 1970 wurden rund 103 000 Lebendgeborene registriert. Bis zum Jahr 1985 gab es einen Geburtenrückgang auf 67 000. Im Zeitraum von 1986 bis 1993 nahmen die Lebendgeburten zu, dann aber wieder ab. Im Jahr 2001 liegt die Geburtenhäufigkeit bei rund 75 200 Lebendgeborenen. Dies entspricht 9,5 Lebendgeborenen je 1 000 Einwohner, im Vergleich dazu kamen im Jahr 1970 noch 14 Lebendgeborene auf 1 000 Einwohner.

*Die Nettoreproduktionsrate* – das Größenverhältnis einer Folgegeneration zu ihrer Elterngeneration – geht seit 1972 auf Werte unter 1 zurück. Die Folgegenerationen bleiben also zahlenmäßig unterhalb der Elterngeneration. Im Jahr 2001 betrug die Nettoreproduktionsrate 0,698, das bedeutet, dass die nachfolgende Generation um 30,2 % (1 − 0,698) kleiner als die Elterngeneration sein wird.

**Prognosen** – Bei der Vorausberechnung der Bevölkerung wird bis zum Jahr 2008 eine Zunahme um 1,2 Prozentpunkte auf 7,96 Mio. Einwohner (1999: 7,86 Mio.) prognostiziert. Ab 2009 ist ein Rückgang bis auf 7,88 Mio. Einwohner im Jahr 2016 zu erwarten. Dabei nimmt die jüngere und mittlere Bevölkerung ab und die ältere und alte zu. Ein besonderer Rückgang wird bei den jüngeren Altersgruppen (bis unter 15-Jährige) erwartet, deren Anteil voraussichtlich im gesamten Zeitraum von 1999 bis 2016 von 1,31 Mio. auf 1,06 Mio. (−18,1%) sinken wird. Die ältere Bevölkerung (über 65-Jährige) wird im gleichen Zeitraum um 30,2 %, der Anteil der über 80-Jährigen um 49,2 % zunehmen.

*Redaktion*

## Bildende Kunst

Die nds. Kunstlandschaft ist vielgestaltig und vielseitig im Flächenstaat Nds. verteilt. Ihrer breiten Präsenz in den Städten und auf dem Land entsprechend, folgt die Unterstützung seitens des Ministeriums für Wissenschaft und Kultur dem Prinzip dezentraler Kulturförderung. Das Land versteht sich als Garant für die Freiheit der Kunst und wahrt das Gleichgewicht zwischen städtischer Repräsentations- und Innovationskultur sowie regionaler Basis- und Bildungsarbeit.

**Ausbildung** – Vier Hochschulen und Universitäten bieten das Studium zur Freien Kunst, Kunstgeschichte, Kunst- und Bildwissenschaften an. Die Hochschule für Bildende Künste Braunschweig ist eine international orientierte, künstlerisch-wissenschaftliche Hochschule, an der Freie Kunst, Kunst- und Medienwissenschaften, Kommunikationsdesign, Industrial Design sowie in den Lehramtstudiengängen Kunst, Gestaltendes Werken und Darstellendes Spiel belegt werden können. Im Zentrum steht die Freie Kunst mit 22 künstlerischen Klassen, in denen Malerei, Bildhauerei und Druckgrafik, künstlerischer Film, Performance sowie die Neuen Medien vertreten sind. Die Hochschule ist zu einer der führenden Kunsthochschulen in Deutschland zu zählen. Die klassische Kunstgeschichte wird an der Universität Göttingen gelehrt und umfasst die Wissenschaft von der historischen Entwicklung der Bildenden Kunst Europas und der europäisch beeinflussten Kulturen von der Völkerwanderung bis zur Gegenwart. Innerhalb des Studiengangs Angewandte Kulturwissenschaften der Universität Lüneburg eröffnet das Fach Kunst- und Bildwissenschaften zwei unterschiedliche Zugänge zu Kunst und visueller Kultur mit besonderem Schwerpunkt auf der zeitgenössischen Kunst. Im Studiengang Kulturwissenschaft der Universität Hildesheim werden Bildende Kunst des 20. Jh., Theorie und Praxis der Malerei, Kunst- und Kulturpädagogik, Spiel und Bühne: Lichtkinetik und Schattenspiel angeboten.

**Produzenten** – Traditionell bietet die Herbstausstellung im Kunstverein Hannover einen Überblick über die Arbeiten junger nds. Künstlerinnen und Künstler. 2004 gab es knapp 350 Einreichungen. Die einjurierten Werke zeigen eine inhaltliche und mediale Breite der regionalen Kunstszene, die auch im bundesweiten Vergleich bestehen kann. Die Landesausstellungen des Berufsverbandes bildender Künstlerinnen und Künstler (BBK) geben alle zwei Jahre eine breit gefächerte Bestandsaufnahme künstlerischen Schaffens in Nds. Der BBK vertritt die kulturpolitischen, sozialen und rechtlichen Interessen Bildender Künstlerinnen und Künstler, im Landesverband sind rund 600 Mitglieder organisiert. Nach wie vor ist jedoch die Abwanderung von Künstlerinnen und Künstlern aus Nds. groß. Nicht nur der Nachwuchs ist begrenzter als in einigen anderen Bundesländern, auch die Voraussetzungen für eine lebendige Kunstszene sind trotz eines guten staatlichen Fördersystems nicht ausreichend. Denn Nds. hat kaum kommerzielle Galerien, keine mit herausragendem Profil und keine nennenswerten Sammler oder Mäzene, die junge Talente langfristig binden könnten.

**Vermittler** – Bildende Kunst bedarf in besonderem Maße der Vermittlung, zu der die Präsentation, die Information und die Interpretation gehören. Durch ihre besondere Verankerung in Stadt und Land stellen die verschiedensten Institutionen die kontinuierliche Teilhabe an der Bildenden Kunst wie auch die Vermittlung von kultureller Bildung sicher. Diese Aufgabe übernehmen öffentliche → Museen und städtische wie private Galerien und insbesondere viele unterschiedliche Kunstvereine, denen in Nds. eine besondere kulturpolitische Bedeutung zukommt.

*Museen:* In fast 650 unterschiedlichen Museen und Heimatstuben werden Kunstwerke von der frühen Neuzeit bis zu zeitgenössischer Kunst gesammelt, bewahrt, erforscht und vermittelt. Das Land unterhält sechs Landesmuseen in Hannover, Braunschweig und Oldenburg und unterstützt die zahlreichen nichtstaatlichen, in unterschiedlicher Trägerschaft organisierten privaten und kommunalen Museen, Kunstvereine und ähnliche Institutionen.

Die größten Museen sind: Das Herzog Anton Ulrich-Museum, Braunschweig; das Sprengel Museum Hannover; das Kunstmuseum Wolfsburg; die Kunsthalle in Emden; das Roemer- und Pelizaeus-Museum Hildesheim; die Städtische Galerie Nordhorn; das Felix-Nussbaum-Haus, Osnabrück; das Kunstmuseum Celle; das Museum für Photographie Braunschweig.

*Kunstvereine:* Das kulturpolitische Förderinteresse des Landes liegt vorrangig in der Unterstützung der aktuellen zeitgenössischen Kunst. Hierfür sind die Kunstvereine die zentralen Vermittlerinstanzen. Von über 250 Kunstvereinen in der gesamten BRD liegen allein ca. 45 in Nds. Die größten Kunstvereine befinden sich in Hannover, Braunschweig, Wolfsburg, Lüneburg und Hildesheim; sie verzeichnen mit ihren Ausstellungen überregionale und internationale Erfolge. Darunter befindet sich auch das Mönchehaus-Museum für Moderne Kunst in Goslar, das seit 1975 zusammen mit der Stadt Goslar einen Preis von internationalem Rang verleiht: den Goslarer Kaiserring.

Zu den Vermittlern gehören auch die Schulen, Kunst- und Volkshochschulen sowie die museumspädagogischen Dienste. Außerdem ist die Bundesakademie für kulturelle Bildung in Wolfenbüttel ein Forum für kunst-, kultur- und gesellschaftspolitische Diskussionen.

**Förderung** – Stipendien und Kunstpreise sind das Sprungbrett der weiteren Entwicklung junger Künstlerinnen und Künstler. Das Land stellt hier eine breite Palette an Förderungen zur Verfügung: von der Vergabe von Arbeits-, Jahres-, Aufenthaltsstipendien und Preisen bis hin zu projektgebundenen Zuwendungen, die vorwiegend aufgrund der Empfehlungen der nds. Kunstkommission gewährt werden. Stipendien werden für den Aufenthalt in nds. Künstlerstätten in Bleckede und Worpswede vergeben, für die Deutsche Akademie Villa Massimo in Rom sowie die ausländische Künstlerstätte Cité Internationale des Arts in Paris. Seit April 2000 ermöglicht es außerdem einer/m nds. bildenden Künstler/in auf Antrag einen einjährigen Aufenthalt in New York, der an das International Studio and Curator Program (ISCP) angebunden ist. Ein Aufenthalt in der Casa Baldi in Olevano Romano soll vornehmlich jüngeren Künstlerinnen und Künstlern die Möglichkeit bieten, für einen zusammenhängenden Zeitraum von drei Monaten in Olevano bei Rom zu arbeiten. Außerdem vergibt das Land jährlich Kunst- und Förderpreise. Jedoch zieht sich auch in Nds. die Politik aufgrund des finanziell engeren Spielraums immer weiter aus die Finanzierung der Bildenden Kunst zurück. Ausstellungen und Ankäufe müssen heute nicht selten über Drittmittel finanziert werden. Hier werden → Stiftungen und Sponsoren zu wichtigen Förderern: Niedersächsische Lottostiftung, Stiftung Niedersachsen, Niedersächsische Sparkassenstiftung u.a. Ohne eine landesbezogene Basisförderung lässt sich jedoch die Bildende Kunst – als Ort der künstlerischen Produktion und Innovation, des regionalen, aber auch internationalen kulturellen Austausches und des öffentlichen Diskurses sowie als Faktor, der Image und Bekanntheitsgrad von Land und Städten erheblich beeinflusst, nicht aufrechterhalten. *Carina Herring*

## Bildungspolitik

**Begriffe** – „Bildung" als Begriff hat eine doppelte Bedeutung. Zum einen kann darunter ein Vorgang verstanden werden: In der Auseinandersetzung mit den Gegenständen der natürlichen und kulturellen Umwelt prägen Menschen ihre individuellen körperlichen und geistigen Anlagen aus und formen diese – ein Mensch „bildet sich" bzw. „wird gebildet". Zum anderen wird insbesondere im deutschen Sprachraum mit Bildung auch das Ergebnis dieser Bildungsprozesse bezeichnet: Ein Mensch „ist gebildet", er „hat Bildung". In einem weiten, umfassenden Verständnis werden „Bildung" auch Erziehung und Ausbildung zugerechnet.

„Bildungspolitik" wiederum ist Teil der Kulturpolitik. Mit Bildungspolitik wird jener Bereich politischen Handelns bezeichnet, in dem auf die rechtlich-administrative, die strukturelle und die inhaltliche Gestalt eines Bildungssystems Einfluss genommen wird. Auf bildungspolitischen Entscheidungen beruhen der Strukturaufbau des Bildungswesens von der Vorschulerziehung bis zur Erwachsenenbildung, die Ziele und Inhalte von Lehr-, Lern- und Ausbildungsplänen (Curricula) und nicht zuletzt der Umfang und die Verteilung der Finanz- und Sachmittel, die für Bildungseinrichtungen und das dort eingesetzte Personal bereitgestellt werden.

Da Bildungsfragen stets auch eng mit Vorstellungen von der Gestaltung der Gesellschaft zusammenhängen, ist Bildungspolitik durch eine intensive politisch-ideologische Auseinandersetzung zwischen den Parteien und sonstigen gesellschaftlichen Kräften und Einflussgruppen geprägt.

**Bildungspolitik und Föderalismus** – In der BRD zählt die Bildungspolitik zu

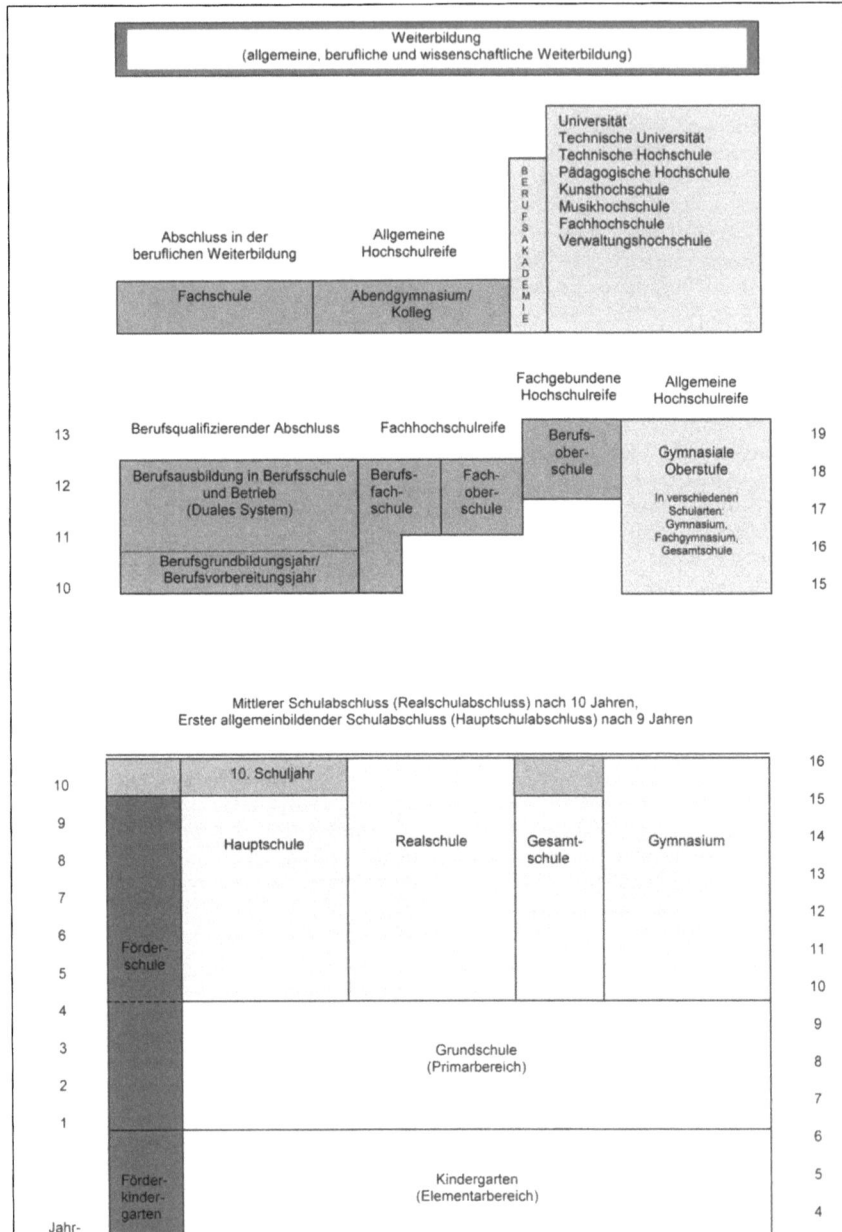

den Kernbereichen der Eigenstaatlichkeit der Bundesländer. Gleichwohl hat auch die Bundesebene Möglichkeiten der Einflussnahme, dies insbesondere über die Setzung von Recht z.b. im Bereich der beruflichen Bildung und im Hochschulwesen oder die finanzielle Förderung der Ausbildung und des Studiums (BAföG). Dessen ungeachtet sind den Ländern die zentralen Bereiche des Bildungswesens zur Gestaltung überlassen („Kulturhoheit der Länder"), und so findet sich in Nds. ein Bildungssystem, das mit keinem der anderen Bundesländer identisch ist. Allerdings bemühen sich die Länder vor allem über die Ständige Konferenz der Kultusminister der Länder der Bundesrepublik Deutschland (KMK) und ihre Gremien um eine Abstimmung bildungspolitischer Grundsatzentscheidungen. Die nds. Landesregierung strebt eine Reform der KMK an.

**Schulpolitik in Nds.** – Die wichtigsten bildungspolitischen Einflussmöglichkeiten sind, wie erwähnt, vor allem über die Formulierung bildungsrechtlicher Vorschriften und die für Bildung bereitgestellten Haushaltsmittel gegeben. Bildungspolitik in Nds. kann am Beispiel der Entwicklung des allgemein bildenden Schulwesens schlaglichtartig verdeutlicht werden. Ihre Prägung erfuhr die Schulpolitik zum einen durch die Vielfalt der im Verlauf von nahezu sechs Jahrzehnten initiierten Reformansätze und -programme und zum anderen durch den Umstand, dass die nds. Landespolitik im Gegensatz zu der anderer Länder durch häufigere Wechsel der die Regierung führenden Partei geprägt ist. In historischer Perspektive führten bereits die ersten bildungspolitischen Entscheidungen in dem im November 1946 konstituierten Land Nds. zu grundlegenden Festlegungen insbesondere mit Blick auf die Strukturen des Schulwesens. Bereits in der Amtszeit Adolf Grimmes, des ersten nds. Kultusministers (1945–1948), wurde das vertikal versäulte Schulwesen wiederhergestellt, das bis heute den Kern des Bildungssystems bildet.

Mit der Volksschule – sie wurde in den 60er Jahren in allen Ländern in Grund- und Hauptschule aufgegliedert, der Mittelschule (später: Realschule) und dem Gymnasium erhielt das allgemein bildende Schulwesen bereits bei Gründung des Landes eine Struktur, die es im Wesentlichen bis heute beibehalten hat. In den ersten Jahren nach Kriegsende griffen auch die Kirchen noch intensiv in die Bildungspolitik ein, indem sie auf die Wiedereinführung bekenntnisgebundener Volksschulen drängten. Aber auch sie blieben erfolglos. Mit dem „Gesetz über das öffentliche Schulwesen in Niedersachsen" vom September 1954 wurde die von → Kindern aller Konfessionen gemeinsam zu besuchende Gemeinschaftsschule als Regelschule festgelegt. Eine endgültige Regelung in dieser Frage erfolgte jedoch erst zum Ende der 60er Jahre.

Ein weiterer Gegenstand bildungspolitischer Kontroverse war der 1951 eingerichtete, 1964 eingestellte „Schulversuch Differenzierter Mittelbau", mit dem die Konzeption der späteren integrierten Gesamtschule partiell vorweg genommen wurde. Hier ging es darum, in den Klassen 5 bis 8 Möglichkeiten einer gemeinsamen, gleichwohl differenzierten Unterrichtung der Schülerinnen und Schüler über die Grundschule hinaus zu erproben. Mit dem Versuch war auch das Interesse verbunden, die in der Klassenstufe 4 abzugebende, oftmals fehlerhafte Empfehlung zum Übergang auf eine weiterführende Schule auf einen späteren Zeitpunkt zu verschieben und damit das Leistungspotenzial der Lernenden sicherer einschätzen zu können. Gerade mit Blick auf diesen Aspekt belebte sich die bildungspolitische Diskussion zu Beginn der 70er Jahre neu. Über die zu dieser Zeit intensive Gesamtschuldiskussion hinaus, die auch in Nds. mit großem Engagement geführt wurde, war die Einführung der Orientierungsstufe ein weiterer Gegenstand kontroverser Debatten. Nds. ist das einzige Bundesland, in dem zu Beginn des Schuljahres 1971/72 die Orientierungsstufe in schulart-unabhängiger Form in den Klassenstufen 5 und 6 eingeführt wurde, womit sich die gemeinsame Unterrichtung der Kinder über die Grundschulzeit hinaus um zwei Schuljahre verlängert. Ungeachtet der – anhaltenden – Skepsis und fortdauernder Kontroversen um die Erhaltung selbstständiger Orientierungsstufen etablierte sich diese Schulart mit zuletzt mehr als 500 Einrichtungen, bis nach dem Regierungswechsel vom Februar 2003 die neue → Landesregierung deren Auflösung zum Ende des Schuljahres 2003/04 beschloss. Mit dieser Entscheidung wird ein rund 30 Jahre dauernder schulpolitischer Konflikt beendet und zugleich die umfassendste Strukturveränderung im nds. Schulwesen seit dessen Wiederaufbau nach Kriegsende eingeleitet.

Weitere bildungs- bzw. schulpolitische Entscheidungen sind durch die aktuellen Lernleistungsuntersuchungen beeinflusst. Vor allem die nur unterdurchschnittlichen Ergebnisse, die nds. Schülerinnen und Schüler im Ländervergleich bei PISA 2000 (Programme for International Student Assessment) erreichen, führen in Nds. – wie auch den anderen Bundesländern – zu Überlegungen, Bildungsstandards einzuführen und weitere qualitätssichernde Maßnahmen in den Bildungseinrichtungen zu realisieren. Zu den Reformschritten infolge der PISA-Diskussion zählen neben anderen die Einführung des Zentralabiturs ab 2006 sowie landesweit einheitlicher Abschlussprüfungen an Haupt- und Realschulen ab 2007.                    *Hans-Werner Fuchs*

## Börse

**Begriff** – Unter Börse versteht man einen Ort, an dem sich Kaufleute regelmäßig treffen, um nach festgelegten Regeln Waren, Dienstleistungen oder Rechte (Wertpapiere/Aktien) zu kaufen oder zu verkaufen.

Der traditionelle Auftritt der Händler auf dem „Parkett" wird allerdings zunehmend ersetzt durch den Computerhandel, bei dem sämtliche Kauf- und Verkaufsaufträge im Computer verarbeitet werden. Dies ist schneller, kostengünstiger und transparenter.

An Börsen werden nicht nur Aktien und Wertpapiere gehandelt, sondern auch Devisen, Gold, Energie, Waren aller Art (z.B. Rohöl, Getreide, Schweine) und verschiedenste Finanzkontrakte (z.B. Optionen). Je nach Art des gehandelten Gegenstandes stehen unterschiedliche Börsensysteme zur Verfügung: Devisenbörsen, Aktienbörsen, Energiebörsen usw.

**Aktuelle Bedeutung** – Die wichtigste Funktion der Börse ist die tägliche Ermittlung des Kurses (Preises) der gehandelten Güter. Bei der Preisfestlegung spielen neben dem Angebot der Waren auch Spekulationen und politische/gesellschaftliche Ereignisse eine Rolle, weshalb Börsenkurse häufig als ein Indiz für die Lage der gesamten Wirtschaft eines Landes angesehen werden. Um einfacher über das Geschehen an der Börse berichten zu können, werden die Kurse besonders wichtiger dort gehandelter Gegenstände zu einem Index zusammengefasst, z.B. dem Dow Jones Index für die Börse in New York oder dem DAX (Deutscher Aktien Index). Die gehandelten Gegenstände selbst werden an der Börse nicht ausgetauscht. Dies findet im Hintergrund statt (durch sog. „Clearing"-Häuser).

Der meiste Umsatz wird an Wertpapierbörsen gemacht. Die weltweit wichtigste Börse ist die New York Stock Exchange (NYSE) an der Wall Street in New York City (USA). Die wichtigsten Börsen in Europa befinden sich in London und Frankfurt/Main. Letztere ist die Hauptbörse in Deutschland. Daneben existieren noch mehrere regionale deutsche Wertpapierbörsen.

**Die Börse Hannover** – Sie wurde im Jahre 1787 gegründet. 1858 wurde der erste Kurzettel herausgegeben, 1901 der amtliche Handel mit einer staatlich genehmigten Börsenordnung aufgenommen. Zunächst wurden hauptsächlich Waren sowie Geld, Wechsel und Staatsanleihen gehandelt, seit dem Beginn der Industrialisierung dann auch verstärkt Aktien. Während des Ersten Weltkriegs blieb die Börse in Hannover geschlossen. Als 1935 die ehemals 22 Regionalbörsen zu neun zusammenlegt wurden, wurde die Börse in Hannover offiziell zur „Niedersächsischen Börse zu Hannover". Zu diesem Zeitpunkt überwogen noch die fest verzinslichen Wertpapiere (124) die Anzahl der in Hannover gehandelten Aktien (36). Um im stärker werdenden Wettbewerb mithalten zu können, gründeten die Börse in Hannover und in Hamburg 1999 eine gemeinsame Trägergesellschaft („Börse AG"). An der Börse in Hannover werden sowohl große nationale Aktien als auch insbesondere Aktien von mittelgroßen Unternehmen aus Nds. gehandelt. Durch umfangreiche Unterstützung kleiner und mittlerer Unternehmen beim Börsengang sowie günstigen Konditionen versucht die Börse in Hannover,

neue Aktien an die Börse zu bringen und den Handel auszuweiten. Mit 6 600 gelisteten Wertpapieren sind die Börsen in Hannover und Hamburg zusammen die drittgrößte deutsche Regionalbörse.

*Kai Brackschulze*

## Brauchtum / Tradition

**Begriff** – Nds. besteht aus einer ganzen Reihe ehemals eigenständiger Regionen, die ihre historischen Traditionen bis in die Gegenwart bewahrt haben und weiterhin pflegen. Es gibt daher kaum Brauchtum, das im ganzen Land in gleicher Weise heimisch ist, wohl aber eine Vielzahl von Sitten und Gebräuchen, die nur in einzelnen Teilen des Landes oder gar nur an bestimmten Orten zu Hause sind. Eine auch nur annähernd vollständige Aufzählung ist an dieser Stelle nicht möglich; nur wenige Beispiele können stellvertretend für manche andere genannt werden.

**Schützenvereine** – Gemeinniedersächsisch ist das Schützenfest, das auch in anderen Teilen Deutschlands gefeiert wird, aber hier sicherlich einen besonderen Stellenwert besitzt. Über 1 600 Schützenvereine mit mehr als 180 000 Mitgliedern gibt es in Nds. Die Stadt Hannover rühmt sich, alljährlich den größten Schützenumzug der Welt zu veranstalten. Ursprünglich aus dem städtischen Freischießen hervorgegangen, hat das Schützenwesen im 19. Jh. auch das Land erobert; neben den Erntefesten bilden die Schützenfeste mit dem Ausschießen des Schützenkönigs in vielen Orten den Höhepunkt des dörflichen Gemeinschaftslebens. Volksfestartigen Charakter haben auch die Jahrmärkte in den Marktorten, in katholischen Gemeinden bisweilen auch die Kirchweihfeste. Der

Karneval als öffentliche Veranstaltung hat trotz mancher Bemühungen nur in wenigen Dörfern und Städten wirklich Fuß fassen können, am intensivsten in jüngster Zeit in Braunschweig.

**Sprache** – Die niederdeutsche → Sprache ist seit langem auf dem Rückzug, wird aber im mittleren und nördlichen Nds. auf dem Lande noch gesprochen und in ihren unterschiedlichen Dialekten durch Plattdeutsche Vereine und Theatergruppen lebendig gehalten. Stark gefährdet ist auch das Friesische am Küstensaum. Im → Harz ist die oberdeutsche Sprachfärbung, die Bergleute im 16. Jh. aus dem Erzgebirge mitgebracht hatten, nur noch in Anklängen zu spüren.

**Baustil** – Die ländliche Baukultur wird in der nordnds. Ebene geprägt vom niederdeutschen Hallenhaus, in dem Menschen und Vieh ursprünglich unter einem Dach lebten. Ostfriesland weist mit dem Gulfhaus einen eigenständigen Haustyp auf. Im Bergland Südnds. finden sich andere Haus- und Gehöftformen, die von den Nachbarregionen Hessen und Thüringen beeinflusst sind. Vorherrschend ist fast überall das Haufendorf. Die erst spät für die Siedlung erschlossenen Gebiete werden dagegen durch das langgestreckte Reihendorf geprägt. Eine Besonderheit sind die Rundlinge im Hannoverschen Wendland, die mit der Landnahme durch sorbische Zuwanderer im Hohen Mittelalter in Zusammenhang gebracht werden. An der Küste stehen vielfach Häuser, bisweilen auch ganze Dörfer auf Wurten oder Warften, künstlich aufgeworfenen Hügeln, die vor Überflutung bei Deichbrüchen schützen sollen.

**Trachten** – Eine einheitliche Volkstracht existiert in Nds. nicht, wohl aber gibt es an verschiedenen Stellen lokale oder regionale Trachten, die aus der bäuerlichen Alltags- und Festtagskleidung entwickelt worden sind, in der heutigen Gestalt bisweilen erst im 19. Jh. Bekannteste Beispiele sind die Schaumburger oder Bückeburger und die Scheeßeler Tracht. In den Trachtengruppen werden oft auch noch traditionelle Volkstänze gepflegt. Als friesischer Nationalsport gilt das Bosseln, ein vor allem im Winter auf Straßen und Feldwegen betriebenes Mannschaftsspiel, bei dem eine mit Blei gefüllte hölzerne Kugel mit möglichst wenig Würfen in ein Ziel geschleudert werden muss.

**Verschiedene Feste** – Weniger einem alten Herkommen als der Tourismuswerbung verdanken die Heideblütenfeste in Schneverdingen und Amelinghausen, jeweils mit der Wahl einer Heidekönigin verbunden, ihre Entstehung; mittlerweile gehören sie jedoch zum festen Kanon nds. Brauchtums. Ähnlich verhält es sich mit den Aktivitäten, die sich in Hameln um die Sage vom Rattenfänger und in Bodenwerder um die Abenteuer des „Lügenbarons" Münchhausen entfaltet haben. Im Harz hält sich auch nach dem Erlöschen des Bergbaus die Jahrhunderte alte bergmännische Tradition in der → Bevölkerung; das Züchten der „Harzer Roller", der für den Gesang abgerichteten Kanarienvögel, hat jedoch ein Ende gefunden.

**Speisen** – Aus dem insgesamt eher schlichten Speisenangebot vergangener Zeiten haben sich einige Gerichte bis heute gehalten, die als typisch nds. gelten, etwa „Grünkohl und Pinkel" (Brägenwurst) im Oldenburgischen oder Buchweizengrütze und -torte in der Lüneburger Heide. Zu besonderen Festen wird als Vorspeise eine besondere „Niedersächsische Hochzeitssuppe" gereicht. Die „Welfenspeise", ein gelb-weißes Dessert, hält die Erinnerung an das hannoversche Königshaus wach. In Hannover und Umgebung trinkt man „lütje Lage", indem man Bier und Korn aus getrennten Gläsern gleichzeitig in den Mund rinnen lässt. In Ostfriesland ist eine spezielle Zeremonie des Teetrinkens verbreitet; hier nimmt man aber auch die „Ostfriesische Bohnensuppe" zu sich, einen Schnaps, dessen Schärfe durch darin schwimmende Rosinen gemildert wird. *Dieter Brosius*

## Braunschweig, Land

**Geschichtliches** – Gebiet im Südosten Nds., auch genannt „Gebiet zwischen Harz und Heide".

Erste Ansiedlungen entstanden im Lössgebiet (→ Lössbörde) und an den Flüssen. Im 10. Jh. bildeten sich erste Handelsplätze (Wik-Orte). Die Brunonen (reiche sächsische Grafen, Aufstieg 11. Jh.) beherrschten den Siedlungskomplex zu Braunschweig (Brunswik) und residierten wie auch Heinrich der Löwe (1129–1195, Welfenherzog; → Welfen) in der Burg Dankwarderode. Letzterer errichtete 1166 den bronzenen Löwen, die erste Freiplastik (Wahrzeichen Braunschweigs). Auf ihn geht auch das Herzogtum Braunschweig (Kernbereich des Braunschweiger Landes) zurück, das 1918 Freistaat wurde. Das „Gebiet zwischen Harz und Heide" bleibt verwaltungsmäßig bis zur Gebietsreform 1977/78 uneinheitlich (Bezirke Braunschweig, Hildesheim und Lüneburg).

Das Gebiet schließt die drei kreisfreien Städte Braunschweig, Salzgitter und Wolfsburg, die Landkreise Helmstedt, Peine und Wolfenbüttel vollständig ein und teilweise die Kreisgebiete Goslar und Gifhorn (Abb. 2). Der Regierungsbezirk Braunschweig umfasst auch die Landkreise Gifhorn und Goslar vollständig sowie die Landkreise Northeim, Osterode a. H. und Göttingen. Bezirkshauptstadt ist Braunschweig, sie war die meiste Zeit auch Residenzstadt (1432–1753 war es Wolfenbüttel).

**Struktur und Wirtschaft** – Das Braunschweiger Land stellt den zweitgrößten nds. Agglomerationsraum dar. Die gesamte Fläche beträgt ca. 3.432 km², d.h. mehr als 42 % des Regierungsbezirks und mehr als 7 % Nds. Hier lebt ca. 1 Mio. Menschen. Dabei nehmen die Großstädte Braunschweig, Salzgitter und Wolfsburg gemeinsam auf einem Fünftel der Fläche des Braunschweiger Landes fast die Hälfte der Bevölkerung auf.

Das Gebiet gehört zu den wirtschaftlichen Gunsträumen Nds. Wirtschaftliche Schwerpunkte bilden das Oberzentrum Braunschweig, die Industriestädte Wolfsburg, Salzgitter (Rüstungszentren während des Zweiten Weltkriegs), Peine und Helmstedt sowie Wolfenbüttel und Gifhorn.

Trotz der Tradition im Landwirtschaftsbereich (das Ostbraunschweigische Lösshügelland (→ Lössbörde) besitzt die hochwertigsten Bodenqualitäten Deutschlands) befinden sich im Gebiet zwischen Harz und Heide im Vergleich zum Land erheblich höhere Beschäftigungsanteile im nichtlandwirtschaftlichen Bereich (besonders Produzierendes Gewerbe). Wesentlich kennzeichnend sind Stahlerzeugung (Preussag Stahl AG) bei Salzgitter und Straßenfahrzeugbau (Volkswagen AG) in Wolfsburg (1938 als „Stadt des KdF-Wagens" gegründet – somit ist die Entstehung der jüngsten Stadt Nds. untrennbar mit dem größten Automobilwerk Europas verbunden). Aber auch die Nordzucker AG (Zuckerindustrie) mit Sitz in Braunschweig zählt zu den 30 größten Industrieunternehmen Nds. (1997). Nach dem Zweiten Weltkrieg

Heinrich der Löwe aus dem Geschlecht der Welfen baute Braunschweig zu seiner Residenzstadt um und ließ dort 1166 das Löwendenkmal und die Burg Dankwarderode errichten.

verlagerte sich das Schwergewicht des städtischen Wirtschaftsleben von der gewerblichen Produktion hin zu tertiärwirtschaftlichen Arbeitsstätten. Die Stadt Braunschweig (→ Städte) ist heute ein bedeutendes Zentrum naturwissenschaftlicher und technischer Forschung („Stadt der Forschung"). In diesem Zusammenhang sind zahlreiche renommierte Institute zu nennen, z.b. Physikalisch-Technische Bundesanstalt (Atomuhr), Gesellschaft für Biotechnologische Forschung, Forschungsanstalt für Luft- und Raumfahrt, Institut für Angewandte Mikroelektronik sowie überregional bedeutende Schulen und Hochschulen, z.B. die älteste Technische Universität Deutschlands (Carolo Wilhelmina, seit 1745) und die Hochschule für Bildende Künste (eine der wichtigsten deutschen Kunstakademien).

In Wolfenbüttel entstand die erste protestantische Kirche (Marienkirche), eine der größten Kirchen Nds. Eine einmalige Sammlung zur europäischen Kulturgeschichte von der späten Antike bis zum 18. Jh. enthält die weltberühmte „Bibliotheka Augusta" (auch Wolfenbüttel), die u.a. von G.W. Leibniz und G.E. Lessing geleitet wurde; Lessings reifste Werke („Emilia Galotti", „Nathan der Weise") entstanden hier. In Braunschweig öffnete 1754 das älteste Museum Deutschlands (Anton-Ulrich Museum), und 1576 wurde in Helmstedt die „Academia Julia" gegründet, die zu ihrer Zeit den Ruf der bedeutendsten evangelischen Hochschule genoss. Das Land besitzt den größten Buchenwald Norddeutschlands, den Elm, Teil des → Naturparks Elm-Lappwald und Geburtsort Till Eulenspiegels.

*Cordula Englert*

## Buchverlage

**Überblick** – Die größten und umsatzstärksten Verlage in Nds. sind die Schulbuchverlage Schroedel/Westermann, die allen Schülern bekannt sind: Der Linder Biologie oder der Diercke Weltatlas haben in jeder Schultasche ihren Platz.

Aber auch Fachverlage wie der Kallmeyersche Verlag in Seelze mit seinem pädagogischen Schwerpunkt, oder der Hogrefe Verlag aus Göttingen, der als anerkannter Fachverlag für Psychologie im Jahr 1999 sein 50-jähriges Jubiläum feierte, sind weit über Nds. hinaus bekannt.

Die ältesten Verlage des Landes sind über 200 Jahre alt. Schon im Jahr 1988 feierte der Vandenhoeck & Ruprecht Verlag aus Göttingen sein 250-jähriges Bestehen, 1997 zog die Schlütersche Verlag und Druckerei mit dieser Zahl gleich. Der Gerstenberg Verlag und die Niemeyer Buchverlage können seit 1992 bzw. 1997 auf 200 Jahre Verlagstradition zurückblicken.

Der Hildesheimer Olms Verlag bestand im Jahr 1995 seit 50 Jahren, der Merlin Verlag in Vastorf feierte 1997 sein 40-jähriges Jubiläum, und im Jahr 2003 wurde der Lappan Verlag aus Oldenburg 20 Jahre alt.

Die Buchprogramme zeigen eine bemerkenswerte Mischung: Ostfriesische Krimiautoren aus dem Leda-Verlag, biografische Romane aus dem Igel Verlag in Oldenburg und die Comic- und Humorbücher des Brücke-Verlags aus Hildesheim. Bücher mit regionalen Bezügen vom Isensee Verlag in Oldenburg und Literatur aus der Dritten Welt vom Lamuv Verlag, Göttingen. Bibliophile Kinderbücher aus dem Bilderbuch-Verlag Bettina Cramm, Bücher, die zum Nachdenken anregen, von der Leibniz-Bücherwarte aus Bad Münder und esoterische Literatur aus dem Verlag Esoterische Philosophie in Hannover.

Weitere Verlage mit charakteristischem Programm: Der Verlag Hahnsche Buchhandlung, (Monumenta Germaniae Historica), der Landbuchverlag (u.a. Kochbücher). Bekannt durch das Verlegen des Literaturnobelpreisträgers ist der Steidl Verlag in Göttingen. Der Wallstein Verlag und der zu Klampen Verlag gehören zu den interessantesten Verlagen der letzten Jahre.

**Kleine Verlage** – Auf den zweiten Blick zeigt sich, dass Nds. auch eine Vielzahl von kleinen Verlagen aufzuweisen hat. Die Wirkung dieser Verlage geht in die Tiefe – und eher nicht in die Breite.

Historisch gesehen waren die Vorläufer der Kleinverlage die Verlagspressen, handwerkliche Druckereien also, die nicht vom Kommerz bestimmt waren. Der später eingeführte Begriff der „Privatpresse" deutet auf den Charakter der Pressen hin: Sie waren und blieben Unikate, deren Auflagen sehr gering, dafür in der Ausführung eher bibliophil waren. Anfang des 20. Jh. setzte eine Gründungswelle ein. Julius Rodenberg verzeichnet in seinem Standardwerk 36 Privatpressen zwischen 1907 und 1930. Der Übergang von den Privatpressen hin zu den Kleinverlagen erfolgte schleichend: Die Avantgarde des Expressionismus wurde seiner Inhalte wegen oft von etablierten Verlagen abgewiesen und geriet in die Isolation. Die Folge waren Kleinstverlage, auch Selbstverlage. Selbstverleger, die bereits seit dem 18. Jh. nachweisbar sind, haben eine besonders starke Motivation, die sich bis heute kaum geändert hat. Diese Verlage pflegen eine enge Bindung an den Autor – dieser an den Verleger, der Verleger an den (Nischen-)Markt. Damit haben Kleinverlage eine wichtige Korrektivfunktion, denn sie übernehmen das Erkennen neuer Strömungen und die Ni-

schensuche. Damit ist die Unterrepräsentanz der Titel ihre wahre Stärke.

Ein Kleinverleger, der nach dem Krieg eine besondere Programmatik an den Tag legte, war *Victor Otto Stomps*. Er wurde sozusagen Vorbild für die alternativen, aber auch literarischen Kleinverlage. Seine Eremitenpresse war, mit seinem Credo, nämlich den Nonkonformismus zu leben und in seinem Rahmen zu fördern, nicht nur Vorgänger der gesamten Kleinverleger. Durch seine direkte Förderung in Form von Textgesprächen und Vermarktungsstrategien, eingebunden in eine Diskussionsplattform, kann er auch als Mentor der später gegründeten Literaturbüros gelten. (Unvergessen sind die von ihm angeregten Literarischen Pfingstmessen der Pressen und Kleinverlage von 1963 und 1964).

Seinem Beispiel folgend nannten sich ab Mitte der 50er Jahre viele Kleinverleger „Pressen", obwohl sie eher als literarische Kleinverlage mit unterschiedlich ausgeprägtem bibliophilen Engagement anzusehen sind.

Der Name *San Marco Handpresse* weist heute noch auf diese Wurzel. Auch das *Bücherhaus Bargfeld* und der *Librist*, dem seine Leidenschaft fürs Büchermachen als „Tätigkeit persönlicher Lebensführung" durch „das Fehlen einer Gewinnerzielungsabsicht" vom Finanzamt attestiert wird, sind mit ihren Büchern organische, nds. Nachfolger von V.O. Stomps.

**Wirtschaftliche Bedeutung** – Der Literaturmarkt ist mit 40 % der Umsätze der wichtigste Teilbereich der nds. Kulturwirtschaft (Nds. Institut für Wirtschaftsforschung). Und mit 18 % der Unternehmen im Kulturbereich steht der Literaturmarkt nach der Unternehmenszahl an zweiter Stelle hinter dem Bereich Kunst, Design und Werbung.

Dabei liegt der Schwerpunkt in Nds. im Bereich Druck sowie Zeitungsverlage (→ Presse). Fast die Hälfte des erfassten Umsatzes von 3,9 Mrd. € entfällt auf Druckereien. Allein die Anzahl der Druckereien – ohne Berücksichtigung von Zeitungsdruckereien – beträgt für Nds. 1 064 Unternehmen. Im Bundesvergleich ist das eine überdurchschnittliche Anzahl.

Auch mit 112 im Jahr 1999 erfassten Buchverlagen – ohne Berücksichtigung von Adressbuchverlagen – liegt Nds. unter dem Bundesdurchschnitt.

Verlage haben eine Affinität zu Medienstandorten. München mit 253 Verlagen, Berlin mit 195 Verlagen und Hamburg mit 135 Verlagen kann Hannover mit seinen 24 Verlagen nicht das Wasser reichen. Doch Nds. kann in anderer Beziehung als Leseland gelten. Mit 494 Unternehmen im Einzelhandel mit Büchern und Fachzeitschriften und seinen Leihbüchereien und Lesezirkeln liegt es im Bundesvergleich über dem Durchschnitt.

Die Kulturpolitik reagierte auf die nds. Verlagslandschaft mit Verve: 1996 hat sie als erstes Bundesland einen Verlagspreis gestiftet. Damit steht neben der klassischen Autorenförderung nun auch die gezielte Unterstützung der kulturwirtschaftlichen Vermittler im Vordergrund. Dieser mit 12 500 € dotierte Preis wird auf Vorschlag der nds. Literaturkommission jährlich wechselnd an besonders ambitionierte Buchhandlungen und an inhaltlich herausragende Verlage in Nds. verliehen: Träger waren u.a. bereits der Wallstein Verlag aus Göttingen, der zu Klampen Verlag aus Springe und der Merlin Verlag aus Gifkendorf. Der letztjährige Preisträger ist der Verlag Schuster in Leer, der für seine Bücher zur Pflege der niederdeutschen Sprache und Literatur geehrt wurde.

*Angelika Busch*

# Bundeswehr und alliierte Streitkräfte

Die Bundeswehr ist heute in fünf Organisationsbereiche gegliedert, die in Nds. derzeit insgesamt 55 Standorte mit rund 38 000 Soldatinnen und Soldaten unterhalten. Dabei ist das Heer trotz tiefer Einschnitte nach wie vor am stärksten repräsentiert. In Hannover liegt der Stab der 1. Panzerdivision in seiner traditionellen Garnisonsstadt und führt die Panzerlehrbrigade 9 in Munster sowie die Panzerbrigade 1 in Hildesheim. Die in Oldenburg beheimatete Luftlandebrigade 31 gehört zu den modernen Einsatzverbänden, die binnen weniger Tage weltweit verlegt werden können. Zur Ausbildungsorganisation des Heeres gehören die Panzertruppenschule in Munster sowie die Heeresfliegerwaffenschule in Bückeburg. Die Offizierschule des Heeres wurde 1998 als Beitrag zur deutschen Einheit von Hannover nach Dresden verlegt.

Die Luftwaffe ist mit dem Stab der 4. Luftwaffendivision in Aurich präsent. Zu den zahlreichen Verbänden der Division gehören in Nds. das für die Sicherung des deutschen Luftraums zuständige Jagdgeschwader 71 „Richthofen" in Wittmund, das Jagdbombergeschwader 38 in Schortens/Jever, welches 2005 jedoch aufgelöst wird, sowie die Luftabwehrraketengruppe 24 in Oldenburg. In Wunstorf ist der größte fliegende Verband der Bundeswehr, das Lufttransportgeschwader 62 ansässig, der unterstellte Einheiten an fünf Standorten in Nord- und Ostdeutschland führt. Die Ausbildungsorganisation der Luftwaffe umfasst in Nds. die Technische Schule III in Fassberg sowie das Luftwaffenausbildungsregiment in Goslar. Die Marine konzentriert sich auf Wilhelmshaven als Standort der Zerstörerflottille sowie des Kommandos der Marineführungssysteme und Nordholz, von wo aus das Marinefliegergeschwader 3 „Graf Zeppelin" weltweit Aufklärungseinsätze (etwa am Horn von Afrika) durchführt. Als wichtigste Einrichtung des Zentralen Sanitätsdienstes steht in Bad Zwischenahn ein Bundeswehrkrankenhaus. Die Streitkräftebasis umfassende Logistik-, Führungs- und Ausbildungsorganisation der Bundeswehr betreibt in Wilhelmshaven das Logistikzentrum der Bundeswehr, das Logistikregister in Lingen an der Ems. Nachdem Nds. keinen eigenen Wehrbereich mehr bildet, wird die zivilmilitärische Zusammenarbeit in Nds. maßgeblich über die drei Verteidigungsbezirkskommandos (VBK) in Hannover (VBK 23), Lüneburg (VBK 25) und Oldenburg (VBK 24) organisiert.

Alle zivil-administrativen Angelegenheiten der Bundeswehr in Nds. werden durch die Wehrbereichsverwaltung Nord bearbeitet, zu deren Zuständigkeitsbereich noch Bremen, Hamburg, Mecklenburg-Vorpommern und Schleswig-Holstein gehören. Von Hannover aus werden zudem 29 Standortverwaltungen und 17 Kreiswehrersatzämter koordiniert. In Nds. arbeiten noch ca. 14 000 zivile Beschäftigte der Bundeswehr.

Wie die Bundeswehr sind auch die in Nds. stationierten alliierten Streitkräfte nach dem Ende der Blockkonfrontation massiv reduziert worden. Der größte britische Verband ist die Panzerbrigade 7 in Bergen-Hohne. Das britische Kontingent umfasst noch ca. 9 000 Soldaten und zivile Mitarbeiter, die sich auf die Standorte Bergen-Hohne, Celle, Fallingbostel, Hameln und Osnabrück verteilen.

Ab 2005 wird die niederländische Präsenz in Nds. der Vergangenheit angehören. Die 41. Mechanisierte Brigade gibt nach über 40 Jahren ihren Standort in Seedorf auf, wohin sie 1963 nach dem ersten beiderseitigen Truppenstationie-

rungsabkommen, das Deutschland mit einem anderen Staat abgeschlossen hat, gekommen war.

Insgesamt wird die Zukunft der Streitkräfte auch in Nds. durch stärkere Konzentration auf die Herausforderungen weltweiter Einsätze wie auch auf wirtschaftlich tragfähige Standorte gekennzeichnet sein. Nach der Ende 2004 vorgelegten neuen Standortkonzeption wird Nds. bis zum Jahr 2010 voraussichtlich weitere elf seiner 55 Standorte verlieren.

*Sven Gareis*

## Bündnis 90/Die Grünen

**Entstehung und Entwicklung** – Nds. ist das Bundesland, in dem sich aus → Bürgerinitiativen und Bewegungen, die sich seit den 70er Jahren insbesondere gegen die Atomkraft richteten, erstmals die neue Partei herausbildete. Im Mittelpunkt stand zunächst der Widerstand gegen das geplante Kernkraftwerk in Grohnde sowie die in Aussicht genommenen Entsorgungszentren, u.a. in Gorleben. Die gewaltsamen Auseinandersetzungen zeigten aber die Grenzen eines außerparlamentarischen Protestes auf. Es kam 1977 zur Gründung der Umweltschutzpartei Nds. (USP). In Grohnde konnte eine linke, eher außerparlamentarisch ausgerichtete Wählerinitiative gegen das Kernkraftwerk 1977 erstmals einen Sitz im Kreistag gewinnen. Die USP fusionierte mit der „Grünen Liste Umweltschutz" (GLU) noch im gleichen Jahr. Bei den Landtagswahlen (→ Wahlen) 1978 gelang es der „Grünen Liste" bereits, 3,9 % der Stimmen zu erzielen, wobei die besten Ergebnisse in Gorleben (17,8 %) und in Universitätsstädten verzeichnet werden konnten. 1981 nahm die GLU offiziell den Namen „Die Grünen" an.

Der Einzug in den → Landtag erfolgte erstmals 1982, als die neue Partei 6,5 % der Stimmen auf sich vereinigen konnte. Auf der Bundesebene waren die nds. Grünen seit 1983 in der Lage, die Fünf- Prozent-Hürde deutlich zu überspringen. In Kommunen und auf der Kreisebene konnten sie ab 1986 fast landesweit einzelne Mandate gewinnen. In den Landtagswahlen nahm der Stimmenanteil fast kontinuierlich zu, wobei die Prozentanteile zwischen 7,0 und 7,6 % lagen. Einen Einbruch erlebten die Grünen nur 1990, als sie nach der Vereinigung mit nur 5,5 % (LTW) bzw. 4,5 % (BTW) der Stimmen einen ähnlichen Vertrauensverlust wie in anderen Bundesländern und in der alten BRD insgesamt erlitten. In den Jahren 1994 bis 2003 konnten sich die Grünen (bei Abwesenheit der FDP im Landtag) als dritte Kraft im Parteiensystem Nds. etablieren, fielen aber 2003 wieder hinter die FDP zurück.

Die Wählerresonanz war in den Universitätsstädten keineswegs in gleicher Weise vorhanden. Zur eindeutigen Hochburg des grün-alternativen Milieus entwickelte sich Göttingen, während in Oldenburg die starke DKP den Aufschwung der Grünen zunächst behinderte. Insgesamt kommen die Wähler der Grünen eher aus bildungsbezogenen Bevölkerungsteilen, die aber vor allem im tertiären Sektor tätig sind. Das Interesse ihrer Wähler an Politik ist stärker als das derjenigen anderer Parteien. Auch in Nds. konnten die Grünen vor allem junge Wähler mit postmaterialistischen Wertvorstellungen an sich binden.

Die Entwicklung des Landesverbandes in Nds. erfolgte im Vergleich zu denen anderer Bundesländer „bruchlos". Die „realpolitische Mitte" war – bedingt durch die wertkonservative Ausrichtung der GLU – eindeutig dominant. Erst allmählich erfolgte eine Integration der Linken (aus ehemaligen K-Grüpplern),

während der rechte Rand abbröckelte. Linke Orientierungen dominierten vor allem in Göttingen und Hannover.

Die Grünen waren angetreten, sich positiv von den etablierten Parteien zu unterscheiden. Die wesentlichen Innovationen (Ämterrotation und Basisdemokratie) wurden durch die Einbindung in den Politikprozess und die dadurch bedingten Zwänge schrittweise in Frage gestellt. Der vorgesehene Austausch von Landtagsabgeordneten (Rotation) innerhalb der Legislaturperiode führte 1984 zu einem Verfassungskonflikt, der dadurch gelöst wurde, dass nur ein Teil der Abgeordneten aufgrund ihrer Gewissensentscheidung ausgewechselt wurde. Inzwischen ist die Rotationsregel weit gehend außer Kraft gesetzt. Die Basisdemokratie wurde auch durch die relativ geringe Zahl der Mitglieder und deren zeitintensive, dauernde Einbindung in Aktivitäten vor Ort (Rats- und Ausschussmitgliedschaften in den Kommunen und Kreistagen) geschwächt. Allerdings tagt auf Landesebene regelmäßig der ständige Ausschuss der Kreisverbände.

**Programmatik** – Schwerpunkte der Grünen waren zunächst die Umweltpolitik bzw. die ökologische Erneuerung. Erst später kamen andere Themenschwerpunkte hinzu, sodass aus der anfangs als Einpunkt-Bewegung bezeichneten Gruppierung eine alle gesellschaftlichen Probleme aufgreifende Partei wurde. Auf Landesebene arbeiten 20 Landesarbeitsgemeinschaften zu einzelnen Politikfeldern an der Weiterentwicklung der Positionen der Partei. Der Landesverband und an der Spitze der Landesvorstand sowie die Landesdelegiertenkonferenz bewahrten sich ihre Unabhängigkeit von der Landtagsfraktion. Letztere wurde zwar wichtiger – bedingt auch durch die für Fraktionen zur Verfügung stehenden öffentlichen Ressourcen.

Auch den Grünen in Nds. haben die staatlichen Subventionen (damals noch für „Wahlkampfkosten", heute als Organisationszuschüsse) den Start und die Etablierung sehr erleichtert. Bei der Rekrutierungskraft (Parteimitglieder in Prozent der Beitrittsberechtigten ab 16 Jahren) liegen die Grünen in Nds. sogar etwas über dem Durchschnitt der Landesverbände. Dennoch ist die Partei vor allem auf die Mandatsträgerabgaben angewiesen. Diese und die öffentlichen Zuschüsse erlaubten es der Partei, im Land eine flächendeckende Organisation aufzubauen.

Die politischen Karrieren wurden insbesondere aus der Landtagsfraktion heraus gestartet. Bei der Übernahme der Regierungsverantwortung in der ersten Regierung Schröder (1990) kam es kaum zu Kontroversen. Dies lag aber auch am linkeren Profil der SPD unter dem SPD-Vorsitzenden Schröder, u.a. an den Positionen zur Kernkraft. Die Grünen konnten den Minister für Europaangelegenheiten (Jürgen Trittin) und die Frauenministerin (Waltraud Schoppe) stellen. Diese Koalitionspartnerschaft führte aber zu Problemen mit der Basis, die nach der Satzung prinzipiell Vorrang haben soll (Präambel). Unter der SPD-Alleinregierung (1994–2003) und seit dem Machtwechsel zur CDU/FDP-Regierung sind die Grünen eine Oppositionspartei.

**Bundespolitische Bedeutung** – Einige nds. Grüne können nach dem Machtwechsel 1998 die Bundespolitik maßgeblich mitgestalten, so Jürgen Trittin als Bundesumweltminister und Thea Dückert als sozialpolitische Sprecherin der Bundestagsfraktion der Grünen.

*Hiltrud Naßmacher*

## Bürgerbeteiligung

**Begriffe:** *Bürgerbeteiligung* ist der Oberbegriff für eine Vielzahl von Möglichkeiten der Bürger, außerhalb von → *Wahlen* Einfluss auf die inhaltliche Gestaltung der Politik zu nehmen. Bürgerbeteiligung hat also mit politischer Partizipation zu tun. Hierbei lassen sich konventionelle und unkonventionelle Formen unterscheiden.

*Konventionell* ist eine Partizipation, wenn sie rechtlich erlaubt und gesellschaftlich allgemein anerkannt ist. Typisch hierfür sind die Mitgliedschaft in Parteien und Verbänden, die Wahrnehmung des Petitions- und des Demonstrationsrechts sowie – mittlerweile – die Aktivitäten in → *Bürgerinitiativen*. *Unkonventionell* ist eine Partizipation, wenn sie neu und ungewöhnlich ist und sich im Grenzbereich von Legalität und Illegalität bewegt. Typisch hierfür sind Boykottaufrufe, unfriedliche Demonstrationen, Sitzblockaden, Gebäudebesetzungen und Formen des zivilen Ungehorsams. Unkonventionelle Partizipationsformen stehen fast immer in Spannung zur repräsentativen Demokratie und deren Entscheidungen. Die sog. → *Bürgerbewegungen* bedienen sich gern unkonventioneller Formen, eröffnet dies doch gute Chancen auf ein breites Medienecho.

Zu den konventionellen Formen der Bürgerbeteiligung zählen auch *direktdemokratische (plebiszitäre)* Partizipationsinstrumente. Diese Instrumente dienen der unmittelbaren Einflussnahme auf Sachentscheidungen. Sie ergänzen insofern die Wahlen. Man kann diese Instrumente nach ganz verschiedenen Kriterien einteilen. So danach, ob die Initiative von der gewählten Vertretungskörperschaft oder von den Bürgern ausgeht, ob das Instrument den Bürgern oder darüber hinaus auch den Einwohnern zusteht, ob das Instrument die Vertretungskörperschaft nur anregen soll oder selbst eine verbindliche Entscheidung erzeugt.

Im Folgenden werden die direktdemokratischen Partizipationsformen auf Landes- und kommunaler Ebene vorgestellt.

**Bürgerbeteiligung auf Landesebene** – Das Grundgesetz (GG) sieht aufgrund der Erfahrungen in der Weimarer Republik mit Ausnahme von Art. 29 (Neugliederung des Bundesgebietes) keine direktdemokratischen Einflussmöglichkeiten für die Bürger vor. Hierin unterscheidet sich das GG deutlich von allen 16 Landesverfassungen.

Nds. führte relativ spät, nämlich 1993, mittels einer Verfassungsänderung drei direktdemokratische Instrumente in die Landespolitik ein, nämlich die *Volksinitiative*, das *Volksbegehren* und den *Volksentscheid*. 1994 folgten die Ausführungsbestimmungen im Nds. Volksabstimmungsgesetz. Dieses Gesetz bestimmt, dass das Recht *abzustimmen* denen vorbehalten ist, die an der Wahl des → Landtages teilnehmen dürfen. Das sind Deutsche, die das 18. Lebensjahr vollendet haben.

1. Mit einer *Volksinitiative* wird verlangt, dass sich der Landtag im Rahmen seiner verfassungsmäßigen Zuständigkeit mit bestimmten Gegenständen der politischen Willensbildung befasst. Die Volksinitiative bewirkt also nicht mehr, als dass sich der Landtag mit einer Sache befassen muss. Ob der Landtag über die Sache abstimmt und wie er dabei entscheidet, bleibt ihm überlassen. Die Volksinitiative ist also ein recht schwaches Beteiligungsinstrument. Eine Volksinitiative kommt zustande, wenn die Initiatoren innerhalb von zwölf Monaten 70 000 Unterschriften gesammelt haben.

2. Ein *Volksbegehren* ist darauf gerichtet, ein Gesetz im Rahmen der Zuständigkeit des Landes zu erlassen, zu ändern oder aufzuheben. Bestimmte Gegenstände sind allerdings vom Volksbegehren ausgeschlossen, so der → Landeshaushalt, öffentliche Abgaben (Steuern) sowie Dienst- und Versorgungsbezüge. Die Initiatoren eines Volksbegehrens müssen einen mit Gründen versehenen Gesetzentwurf ausarbeiten, über den dann abgestimmt wird. Sie müssen auch angeben, welche Kosten ihr Entwurf verursachen wird. Die Initiatoren müssen in sechs Monaten 25 000 Unterschriften sammeln, damit die → Landesregierung die Zulässigkeit des Begehrens feststellen kann. Dann haben sie weitere sechs Monate Zeit, insgesamt 10 % der Wahlberechtigten (= Abstimmungsberechtigten) dazu zu bewegen, das Begehren mit ihrer Unterschrift zu unterstützen. Das bedeutet, dass etwa 590 000 Unterschriften zusammenkommen müssen. Ist dies erreicht, wird der Gesetzentwurf dem Landtag zugeleitet.

3. Ein *Volksentscheid* kommt zustande, wenn der Landtag, d.h. die Mehrheit des Landtages, den Gesetzentwurf eines erfolgreichen Volksbegehrens nicht innerhalb von sechs Monaten angenommen hat. Beschließt der Landtag den Gesetzentwurf, hat das Volksbegehren den gewünschten Erfolg gehabt und die Sache ist erledigt. Stimmt der Landtag mit dem Entwurf des Begehrens nicht überein, ist innerhalb der nächsten sechs Monate der Volksentscheid durchzuführen. Der Landtag kann dabei dem Volk einen eigenen, also konkurrierenden Gesetzentwurf zur Entscheidung vorlegen. Das Volk stimmt dann über zwei Entwürfe ab. Ein Gesetz ist durch Volksentscheid beschlossen, wenn die Mehrheit der abstimmen-

den Personen dem entsprechenden Entwurf zustimmt. Diese Mehrheit muss zugleich mindestens ein Viertel der Stimmberechtigten umfassen.

**Bürgerbeteiligung auf kommunaler Ebene** – Die Nds. Gemeindeordnung (NGO) entfaltet seit der Reform der → Kommunalverfassung von 1996 ein breites Angebot an Formen der Bürgerbeteiligung. Diese Formen stehen aber jeweils unterschiedlichen *Personengruppen* offen. Auch sind sie hinsichtlich der von ihnen ausgehenden *Wirkungskraft* sehr unterschiedlich.

In der NGO ist die Rede von Bürgern, Einwohnern und Personen. *Bürger* sind die zur Wahl des Rates und des Bürgermeisters berechtigten Einwohner. Das sind Deutsche und Angehörige von EU-Staaten, die das 16. Lebensjahr vollendet haben. Man kann nur in *einer* Gemeinde Bürger sein (Hauptwohnsitz). *Einwohner* sind Personen, die in der → Gemeinde ständigen Wohnsitz haben, aber nicht Bürger sind. Faktisch handelt es sich um Ausländer und um minderjährige Deutsche. Personen sind alle. Es können Bürger oder Einwohner sein, aber auch Ortsfremde.

Hinsichtlich der Wirkungskraft lassen sich vier Partizipationstypen unterscheiden. Am unverbindlichsten ist der *Anspruch auf Information*. Schon wirkungsvoller ist die *Anhörung*. Dahinter verbirgt sich das Recht, von den Organen der Gemeinde in einer bestimmten Angelegenheit gehört zu werden. Allerdings müssen die Organe nicht so handeln, wie es die Angehörten vorgeschlagen haben. Noch bedeutsamer ist das *Initiativrecht*. Dies verleiht den Anspruch, dass die zuständigen Organe der Gemeinde eine Angelegenheit auf die Tagesordnung setzen müssen. Mit Abstand am wichtigsten ist aber das *Entscheidungsrecht*, weil die Berechtigten

hier eine Angelegenheit abschließend und verbindlich entscheiden können.

1. Eine Bedingung dafür, dass die Gemeindebevölkerung von ihren Beteiligungsrechten überhaupt vernünftigen Gebrauch machen kann, ist ihre *Informiertheit*. § 62 NGO verpflichtet daher den Bürgermeister, die *Einwohner* in geeigneter Weise über wichtige Angelegenheiten der Gemeinde zu unterrichten. Die Unterrichtung hat er so vorzunehmen, dass Gelegenheit zur Äußerung und Erörterung besteht. Der Bürgermeister soll zu diesem Zwecke *Einwohnerversammlungen* durchführen.

2. Jede *Person* hat gemäß § 22c NGO ein *Petitionsrecht* auf kommunaler Ebene. Sie kann sich einzeln oder in Gemeinschaft mit anderen schriftlich mit *Anregungen* und *Beschwerden* in Angelegenheiten der Gemeinde an den Rat wenden. Sie hat einen Anspruch darauf, über die Art der Erledigung der Anregung und Beschwerde unterrichtet zu werden. Das Petitionsrecht ist ein Einfallstor für Bürgerinitiativen. Sie können mit Unterschriftenlisten (Sammelpetition) Druck auf den Rat ausüben.

3. Der Rat hat gemäß § 22d NGO die Möglichkeit, in Gemeindeangelegenheiten eine *Bürgerbefragung* zu beschließen. Zwar geht die Initiative hierzu vom Rat und nicht von den Bürgern aus, und das Ergebnis verpflichtet den Rat rechtlich zu nichts, faktisch aber geht vom Ergebnis bei großer Beteiligung und eindeutigem Ausgang ein großer politischer Druck auf den Rat aus.

4. Der Rat hat gemäß § 43a NGO das Recht, in seinen öffentlichen Sitzungen eine *Einwohnerfragestunde*, eine *Sachverständigenanhörung* sowie eine *Einwohneranhörung* durchzu-

führen. Man kann davon ausgehen, dass die *Einwohnerfragestunde* von den meisten Räten praktiziert wird. Sie steht für guten demokratischen Stil. Beschließt der Rat eine *Anhörung*, gibt er zu erkennen, dass er in einer Fachfrage nicht genügend eigenen Sachverstand besitzt. Sachverständiger kann dabei jede Person sein, also auch ein Auswärtiger.

5. Der Rat kann gemäß § 51 NGO *andere Personen*, d.h. Nichtmitglieder des Rates, zu Mitgliedern der Ratsausschüsse berufen. Diese haben allerdings kein Stimmrecht und nur ein eingeschränktes Antragsrecht. Der Sinn der Regelung ist klar: Der Rat kann sich den Sachverstand außen stehender Personen nutzbar machen.

6. Seit 2001 sind die Gemeinden verpflichtet, → *Kinder* und *Jugendliche* bei Planungen und Vorhaben, die ihre Interessen berühren, in angemessener Weise zu *beteiligen*. § 22e NGO lässt den Gemeinden einen Spielraum, welche Verfahren sie hierfür vorsehen wollen. Eine Möglichkeit ist die Einführung eines *Jugendparlaments* (→ Jugend). Dieses darf aber nicht endgültig beschließen, sondern nur Empfehlungen für den Rat aussprechen.

7. Die Gemeinde hat die Hoheit über die Planung ihres Gebietes. Im kommunalen *Bauleitplanverfahren* wird die Nutzung der Gemeindeflächen vorbereitet und geleitet. Die Gemeinde ist nach dem Baugesetzbuch (BauGB) verpflichtet, ihre planerischen Absichten der Gemeindeöffentlichkeit darzulegen. Die Einwohner haben gemäß § 3 BauGB das Recht, ihre Vorstellungen hinsichtlich der Gestaltung ihrer Gemeinde zu artikulieren sowie ihre Anregungen der Gemeinde zur Kenntnis zu bringen. In § 3 BauGB ist die Beteiligung der Bevölkerung am Bauleitplanverfahren genau geregelt.

Weil der Flächennutzungsplan für das Wohlbefinden der Gemeindebevölkerung von sehr hoher Bedeutung ist, findet die Bauleitplanung immer ein großes Interesse.

8. Analog zur Volksinitiative auf Landesebene gibt es auf kommunaler Ebene den *Einwohnerantrag*. Der Einwohnerantrag ist ein Anregungsverfahren, mit dem die Einwohner den Rat verpflichten, sich mit einer bestimmten Angelegenheit zu befassen. Wie die Bezeichnung schon andeutet, reicht der Kreis der Antragsberechtigten über die Bürger hinaus. Die Einwohner müssen gemäß § 22a NGO aber das 14. Lebensjahr vollendet haben. Je nach Gemeindegröße müssen 2,5 bis 5 % der Einwohner den Antrag mit Unterstützungsunterschriften versehen.

9. Ebenfalls analog zur Regelung auf Landesebene gibt es im kommunalen Bereich die Instrumente *Bürgerbegehren* und *Bürgerentscheid*. Die beiden Instrumente sind zwei selbstständige Abschnitte eines Verfahrens, das die *Entscheidung* einer Gemeindeangelegenheit durch die Bürger zum Ziel hat.

In § 22b NGO wird der Verfahrensablauf detailliert geregelt. So ist festgelegt, dass 10 % der Bürger mit ihrer Unterschrift das Anliegen des Bürgerbegehrens unterstützen müssen. In größeren Gemeinden ist das Unterstützungsquorum allerdings niedriger. Es sinkt bis unter 5 %. Es gibt eine Liste von Themen, für die Bürgerbegehren ausgeschlossen sind. Den Kern dieser „unberührbaren" Gegenstände bilden Haushalts- und Steuerfragen sowie die Bauleitplanung. Die Gemeinde prüft die Zulässigkeit des Begehrens. Hat das Bürgerbegehren die erforderliche Unterstützung erfahren, ist über die begehrte Sachentscheidung ein Bürgerentscheid herbeizuführen, es sei denn, der Rat wendet das Begehren dadurch ab, dass er zuvor im Sinne des Begehrens selbst entscheidet. Das Begehren ist angenommen, wenn es beim Bürgerentscheid die Mehrheit der abgegeben Stimmen erhält und diese Mehrheit mindestens ein Viertel der Abstimmungsberechtigten umfasst.

Die Instrumente Bürgerbegehren und Bürgerentscheid bilden eine große Herausforderung für die repräsentative Willensbildung und Entscheidungsfindung des Rates. Denn diese Instrumente sind fast immer gegen die Politik des Rates, d.h. der Ratsmehrheit, gerichtet.

10. Rechtlich nicht geregelt sind weitere Formen der Bürgerbeteiligung. Viele Gemeinden eröffnen in Gestalt von *Beiräten* bestimmten Gruppen der Einwohnerschaft die Möglichkeit, ihre jeweiligen Belange dem Rat gesondert zu Gehör zu bringen. Beiräte dürfen nur beraten, nicht aber entscheiden. Beiräte werden vorzugsweise für Personengruppen eingerichtet, die als benachteiligt gelten. Zu diesen zählen insbesondere *alte Menschen* und *Ausländer* (→ Arbeitsmigranten; → Asylsuchende). Deshalb gibt es viele Senioren- und Ausländerbeiräte.

Die rechtliche Lage ist ähnlich für Ansätze der *projektorientierten Bürgerbeteiligung*. Das bekannteste Beispiel ist die *kommunale Agenda 21*, die auf der Agenda 21 von Rio de Janeiro beruht.

**Bewertung der Bürgerbeteiligung** – Die Nds. haben bisher nur zurückhaltend Gebrauch von den plebiszitären Möglichkeiten gemacht. Eine direktdemokratische Massenmobilisierung, wie von manchen befürchtet, ist nicht eingetreten.

Für die Landesebene liegen folgende Erfahrungen vor: Seit 1993 sind erst acht Volksinitiativen zustande gekommen. Zwei Initiativen – darunter die *Volksinitiative Verantwortung vor Gott und den Menschen in die Verfassung* – brachten den Landtag dazu, im Sinne der Initiatoren eine Entscheidung zu fällen.

Seit Inkrafttreten des Volksabstimmungsgesetzes sind nur sechs Volksbegehren initiiert worden. Sie wurden mit sehr unterschiedlichem Erfolg durchgeführt. Drei Begehren scheiterten bereits an dem Zulassungsquorum von 25 000 Unterstützungsunterschriften. Das Begehren *Gentechnikfrei aus Niedersachsen* wurde von den Initiatoren zurückgezogen, weil die Bundesregierung in ihrem Sinne tätig wurde. Das Volksbegehren *WIR gegen die Rechtschreibreform* erreichte nicht das Erfolgsquorum von 10 % der Abstimmungsberechtigten. Einzig das Begehren *Kindertagesstätten-Gesetz Niedersachsen* kam zustande. Der Landtag machte sich den Gesetzentwurf des Begehrens zu Eigen und beschloss ihn mit geringen Änderungen.

Aus dem Schicksal der Volksbegehren ergibt sich, dass ein Volksentscheid in Nds. bisher nicht stattgefunden hat.

Für die kommunale Ebene liegen folgende Erfahrungen vor: Von 1996 bis zum Frühjahr 2004 sind 82 Bürgerbegehren gestartet worden. 38 dieser Begehren wurden als unzulässig zurückgewiesen. Von den 44 zulässigen Begehren wurden zwei von den Initiatoren zurückgezogen. Acht Begehren wendeten die Räte durch einen sinnentsprechenden Beschluss ab. Auf diese Weise kam es nur zu 34 Bürgerentscheiden. Dies ist sehr wenig. Zum Vergleich: In Bayern gab es im vergleichbaren Zeitraum weit über 600 Bürgerentscheide.

Der zurückhaltende Gebrauch direktdemokratischer Instrumente in Nds. hat seine Ursache in den hohen Hürden, die überwunden werden müssen. Die Unterschriften- wie auch die Zustimmungsquoren sind relativ hoch. Die Initiatoren müssen viel Kraft für Organisation und Kommunikation aufwenden. Motivationshemmend kommt hinzu, dass wichtige Themen von direktdemokratischen Entscheidungen ausgeschlossen sind.

Es ist eine umstrittene Frage, ob plebiszitäre Entscheidungen die Qualität der Politik erhöhen. Es ist ebenso umstritten, ob solche Entscheidungen das Interesse an der Politik erhöhen und der sog. Parteienverdrossenheit entgegenwirken können. Nicht umstritten ist, dass allein die Möglichkeit von Plebisziten die Vertretungskörperschaften dazu anhält, stärker darauf zu achten, welche Reaktionen ihre Beschlüsse in der Bevölkerung auslösen. *Joachim Detjen*

## Bürgerbewegungen / Bürgerinitiativen

**Begriff** – Der Begriff *Bürgerinitiative* ist eine Übersetzung der in der amerikanischen Bürgerrechtsbewegung geprägten Bezeichnung *citizens' initiative* ins Deutsche. Er wird etwa seit Anfang der 70er Jahre verstärkt zur Kennzeichnung von Gruppen verwendet, die sich zur Verfolgung gemeinsamer Ziele und Interessen zusammenschließen. Bürgerinitiativen entstehen als demokratische Selbsthilfeorganisationen, um auf staatliche Stellen, politische Parteien und andere Repräsentanten der politischen Führung Einfluss auszuüben.

Folgende fünf Merkmale können für Bürgerinitiativen als typisch angesehen werden:
1. Bürgerinitiativen sind autonom, da sie sich von → Parteien und → Verbänden unabhängig organisieren;
2. Bürgerinitiativen sind plebiszitär, weil sie Demokratie unmittelbar verwirklichen wollen und basisdemokratisch sind;
3. Bürgerinitiativen sind spontan, weil sie eine unmittelbare Betroffenheit voraussetzen, und relativ kurzlebig, weil
4. begrenzt, d.h. sie konzentrieren sich meist auf sozial und sachlich eng umgrenzte Problematiken („Einpunktorganisationen"), und
5. Bürgerinitiativen sind aktionsorientiert, da sie mittels öffentlichkeitswirksamer und unkonventioneller Aktionen ihr Anliegen durchsetzen wollen. Das Spektrum reicht von legaler Einflussnahme (Unterschriftensammlung, Demonstrationen, Leserbriefaktionen, Volksbegehren) bis zu illegalen Formen zivilen Ungehorsams (Blockaden, Besetzungen).

Bürgerinitiativen sind meist lockere Interessenkoalitionen und partielle Aktionsgemeinschaften, deren Zusammenhalt zunächst eher negativ begründet ist – durch Missstände, die gemeinsam wahrgenommen und bekämpft werden: Mobilfunkanlagen, Umgehungsstraßen, Autobahnausbau, Windenergie, Müllverbrennungsanlagen, Tiefflug, Massentierhaltung, umweltbelastende Großtechnologie, kinderfeindliche Schulwege und anderes mehr. Meist sind es freie, nicht verfasste Gruppierungen. Daneben finden sich aber auch → Stiftungen des privaten Rechts und → Vereine. Das Besondere der Aktivitäten liegt darin, dass sie sich unter Umgehung der üblichen institutionellen Vermittlungsinstanzen der Verbände, Parteien und Parlamente direkt an die für sie jeweils zuständige Planungs- und Genehmigungsbehörde wenden.

Als *Bürgerbewegung im engeren Sinn* werden die oppositionellen Kräfte bezeichnet, die seit Ende der970er Jahre in den Staaten des Ostblocks auf demokratische Veränderung drängten und unter Berufung auf die KSZE-Schlussakte von Helsinki (1975) die Beachtung der in den nationalen Verfassungen formell verankerten Menschen- und Bürgerrechte forderten. Die bekanntesten waren dafür die tschechoslowakische Gruppe „Charta 77" mit ihrem Sprecher, dem späteren Staatspräsidenten Václav Havel, und die polnische Gewerkschaft Solidarność. Für die Deutsche Demokratische Republik vertrat die „Initiative Frieden und Menschenrechte" ab 1985/ 86 umfassendere politische Konzepte. 1989 führten dann das „Neue Forum" und andere Gruppen die DDR zur friedlichen Revolution.

**Geschichte** – Zu den sozialen Protestbewegungen lässt sich der Protest gegen Wiederbewaffnung und Atomwaffen in den 50er Jahren zählen. Seit den 60er Jahren setzte sich das Engagement der Bürger für den Frieden mit der Ostermarsch-Bewegung fort. Die Diskussion um die Notstandsgesetze und die Große Koalition aus → CDU und → SPD auf Bundesebene ließ die Außerparlamentarische Opposition (APO) entstehen, die 1968 ihren Höhepunkt erreichte.

Die Ursachen für das Entstehen der Bürgerinitiativen seit den 70er Jahren sind vielfältiger Natur: ein verbreitetes Unbehagen gegenüber der mangelnden Bürgernähe bei den großen Parteien und unzureichende Mitwirkungsmöglichkeiten für den Einzelnen, die Abneigung gegenüber konventionellen Formen politischer Betätigung. Das Engagement in Bürgerinitiativen vermittelt aufgrund der vielfach sehr konkreten Anliegen vor Ort eher Erfolgserlebnisse

als das Wirken innerhalb schwerfälliger Parteiapparate, die sich zudem auf Sachzwänge berufen. Auch können die Volksparteien mit ihrer notwendigerweise allgemeineren Programmatik ganz spezifische Interessen vielfach nicht befriedigen.

Daneben kam es zu einem Wertewandel: Die Grenzen des Wachstums, die Schattenseiten des technischen Fortschritts wurden sichtbar und machten den Bürger empfänglich für neue Politikfelder. Insbesondere der → Umweltschutz schien von der traditionellen Politik kaum erfasst. So wurde schon 1972 als Zusammenschluss von Bürgerinitiativen der „Bundesverband Bürgerinitiativen Umweltschutz e.V." gegründet. Der Landesverband Nds. betreut heute in über 100 Gruppen mehr als 10 000 Mitglieder. Hierin zeigt sich auch eine Verschiebung der Interessen von Bürgerinitiativen. Waren 1972 noch 58 % der Bürgerinitiativen völlig isoliert, so sind gegenwärtig nur noch 8 % ohne solche Außenkontakte. Ähnliches gilt auch für die Erweiterung des Zielhorizontes. Inzwischen geben zwei Drittel der Umwelt-Bürgerinitiativen an, neben konkreten Einzelanliegen auch allgemeine Ziele zu verfolgen.

In Nds. gründeten sich 1976 mehrere Bürgerinitiativen, als der Plan für eine zentrale Atommüllwiederaufbereitungsanlage und Endlagerstätte bekannt wurde. Am 22.2.1977 schlug der damalige nds. Ministerpräsident Albrecht den Ort Gorleben als Standort für eine Wiederaufbereitungsanlage (WAA) vor. Die erste Großkundgebung mit ca. 20 000 Teilnehmern in Gorleben fand dann am 12. März statt. Seit damals ist der Name der Gemeinde Gorleben im Landkreis Lüchow-Dannenberg ein Symbol des Protests gegen Atomenergieerzeugung und Endlagerung. Dennoch dient das Gebäude am Salzstock seit 1995 als Trockenlager für die Zwischenlagerung von ausgedienten Brennelementen und hochradioaktiven Abfällen in Castor-Behältern. Die Bundesregierung beabsichtigt nach der Vereinbarung zum Atomausstieg, durch ein Moratorium die weitere Erkundung für längstens zehn Jahre zu unterbrechen. Dieses Moratorium ist jedoch nach dem Willen der amtierenden → Landesregierung aufzuheben.

**Bewertung** – Bürgerinitiativen werden politisch und wissenschaftlich unterschiedlich bewertet. Manche sehen sie als Element der politischen Erneuerung und der notwendigen Kritik. Andere betonen die durch sie hervorgerufene Verzögerung oder Blockierung von Entscheidungsprozessen. Daneben besteht auch die Gefahr des Nimby-Prinzips (Abk. für engl. „not in my backyard – nicht in meinem Hinterhof"), d.h. dass Bürgerinitiativen lokale Interessen auf Kosten gesamtgesellschaftlicher Anforderungen durchsetzen wollen.

Einerseits ist das Thema Umweltschutz nicht nur von der Partei → Bündnis90/Die Grünen, sondern auch von anderen Parteien aufgegriffen und in Verbänden wie dem „Naturschutzbund Deutschland (NABU)" oder „Greenpeace" institutionalisiert worden. Andererseits ist Nds. in gewisser Hinsicht „grünes Stammland", denn hier bildeten sich 1977 nach Schleswig-Holstein die ersten grünen Listen auf lokaler Ebene. Das Zusammenspiel zwischen Bürgerinitiativen und dem politisch-administrativen Bereich hat sich etabliert. So sind die Dachverbände der Bürgerinitiativen in die parlamentarische Beratungs- und Gesetzgebungsarbeit eingebunden.

Auffällig ist, wie sehr die Bedeutung von Bürgerinitiativen von den aktuellen politischen Rahmenbedingungen abhängt. So konnte die Friedensbewegung im Jahr 2002/03 anlässlich des Irak-Krieges mehr Zulauf zu Demonstrationen verzeichnen.

Die globalisierungskritische Bewegung ATTAC (frz. Abkürzung für: „Vereinigung für eine Besteuerung von Finanztransaktionen zum Wohle der Bürgerinnen und Bürger"), die 1998 in Frankreich gegründet wurde, ist v.a. auch in den Städten Nds. zu finden. Sie ist in so weit etwas Neues, als sie lokales Engagement in Gruppen vor Ort mit einer weltweiten Vernetzung untereinander und Beziehungen zu klassischen → Verbänden wie der Dienstleistungsgewerkschaft Verdi, der → Gewerkschaft Erziehung und Wissenschaft (GEW) und der katholischen Friedensbewegung Pax Christi verbindet.

Bürgerinitiativen bilden heute einen festen und akzeptierten Bestandteil des politischen Systems. In der → Bevölkerung erreichen sie eine hohe Akzeptanz. Die Bereitschaft zur Mitarbeit in einer Bürgerinitiative ist bundesweit von 13 % in den 50er Jahren bis zu 70 % in den 90er Jahren angestiegen. Das positive Image wird besonders deutlich, wenn nach der Kompetenzzuweisung gefragt wird. Hierbei erwarten 48 % der Befragten den wirkungsvollsten Beitrag zum Umweltschutz von den Bürgerinitiativen. Nur 8 % vertrauen dabei den Parteien.

*Andreas Bohm*

## Bürgerschaftliches Engagement

**Begriffliche Klärung** – *Bürgerschaftliches Engagement* ist der Oberbegriff für ein weites Spektrum von freiwilligen, nicht auf materiellen Gewinn gerichteten und am Gemeinwohl orientierten Tätigkeiten, die weder zur individuellen

Privatsphäre noch zum staatlichen Aufgabenspektrum gehören.

Das bürgerschaftliche Engagement steht in einem engen Zusammenhang mit der Idee der *Bürgergesellschaft*. Gemäß dieser Idee ist die Vorstellung von der Allzuständigkeit des Staates überholt und tragen die Bürger in großem Maße selbst Sorge für die Geschicke ihres Gemeinwesens. Das bürgerschaftliche Engagement umfasst sowohl die Freiwilligenarbeit und die Übernahme von Ämtern und Funktionen in herkömmlichen Vereinen und Organisationen als auch Aktivitäten in selbstorganisierten Initiativen, Projekten und informellen Netzwerken. *Traditionell* ist das Engagement in den festen Organisationsstrukturen des → Sports, des Wohlfahrtswesens und der Einrichtungen der Katastrophenabwehr. Diese Organisationen erwarten eine dauerhafte Bindung und ein langfristiges Engagement.

Als *neu* gilt das Engagement jenseits der klassischen Vereins- und Verbandsarbeit in eher kurzfristigen, themenorientierten und selbstbestimmten Formen. Typisch für das neue Engagement sind Nachbarschaftshilfen, Stadtteilinitiativen, Selbsthilfegruppen, Ehrenamtsbörsen, Freiwilligenagenturen und Selbsthilfekontaktstellen. Das neue Engagement zeigt sich u.a. in der Kinder- oder Seniorenbetreuung, der Mitarbeit in einer Hospizgruppe oder Obdachloseninitiative, der Unterhaltung eines Museums, der Tätigkeit in einem Dritte-Welt-Laden oder der Beratung von Menschen in einer Suchthilfegruppe.

**Praxisfelder des bürgerschaftlichen Engagements** – 1. Nach wie ist der *Verein* die Form, in der sich der größte Teil des bürgerschaftlichen Engagements abspielt. Der Aktivitätsgrad der Vereinsmitglieder hängt aber stark von der Größe des Vereins ab: Je kleiner der Verein ist, umso größer ist der Anteil aktiver Mitglieder.

2. Die großen *Wohlfahrtsorganisationen* (Deutsches Rotes Kreuz, Arbeiterwohlfahrt, Caritasverband, Diakonisches Werk u.a.) können ihre Dienste nur mithilfe ehrenamtlicher Helfer anbieten. Ähnlich ist die Lage bei den *Organisationen* der *Katastrophenabwehr* (Feuerwehr, Technisches Hilfswerk).

3. *Selbsthilfegruppen* sind vor allem im Sozial- und Gesundheitsbereich aktiv. Sie kümmern sich um Alte, Einsame und chronisch Kranke und helfen bei Problemen in Familie und Partnerschaft. Die Selbsthilfe besteht zum einen in Gesprächen Gleichbetroffener, zum anderen in selbstorganisierten Aktivitäten. In Nds. wird die Zahl der Selbsthilfegruppen auf 5 000 bis 7 000 geschätzt.

4. *Wohnumfeldentwicklung:* So kümmern sich Bürger im Rahmen der *kommunalen Agenda 21* um eine nachhaltige, d.h. sozial, ökonomisch und ökologisch verträgliche und stabile Wohnumgebung. In → Städten und Gemeinden mit negativer Entwicklung, in denen ein sozialer und baulicher Niedergang herrscht und die ethnische Segregation zunimmt, baut bürgerschaftliches Engagement quartiersbezogene Beteiligungsstrukturen und Kommunikationsnetzwerke auf. Die Formen der Mitsprache reichen von *Runden Tischen* und *Bürgerforen* bis zu *Zukunftswerkstätten* und *Planungszellen*.

5. Die *Öffnung der Schule* nach außen und innen: Öffnung nach außen heißt: Die Schule nutzt neue Ressourcen, indem sie das Engagement von Elternfördervereinen aufgreift und Partnerschaften mit Vereinen, der örtlichen Wirtschaft und Behörden eingeht. Öffnung nach innen heißt, die Schüler als Mentoren für Gewaltprävention, Verkehrserziehung, Sport und Jugendarbeit zu aktivieren.

6. *Bürgerstiftungen* sind von Bürgern über Spenden oder Zuwendungen finanzierte Institutionen zur Förderung gemeinnütziger und mildtätiger Zwecke im lokalen Bereich. Sie betreibt einen langfristigen Vermögensaufbau, um aus den Erträgen Beiträge zum örtlichen Gemeinwohl zu leisten. Sie versteht sich als Initiator, Koordinator und Katalysator gemeinnütziger Aktivitäten in ihrer Gemeinde. Nds. verfügt mit den Bürgerstiftungen in den Großstädten Hannover (die erste bundesweit), Braunschweig, Osnabrück, Göttingen, Salzgitter und Hildesheim sowie in einer Reihe kleinerer Städte über ein ausgebautes Netz an Bürgerstiftungen.

7. *Freiwilligenagenturen* fungieren als Informations- und Vermittlungsagenturen für Freiwillige sowie als Beratungsagenturen für bürgerschaftliche Organisationen und Initiativen. Freiwilligenagenturen haben ganz unterschiedliche Träger, z.B. Wohlfahrtsverbände, eigenständige Vereine und die Kommunen. Große Freiwilligenagenturen gibt es in Oldenburg (:ehrensache: Agentur für freiwilliges Engagement) und Hildesheim (BONUS). Nds. hat sogar eine eigene Weiterbildungsstätte für das bürgerschaftliche Engagement, die 2001 gegründete *BONUS Freiwilligen-Akademie Niedersachsen* in Goslar. Die Akademie erhält finanzielle Unterstützung vom Land Nds.

**Niedersächsische Engagementpolitik** – Empirische Analysen aus dem Jahr 2000 zeigen, dass in Deutschland etwa ein Drittel der Bürger in irgendeiner Form bürgerschaftlich engagiert ist. Die Länder unterscheiden sich gleichwohl deutlich in der Engagementquote: Baden-Württemberg weist mit 40 % den höchsten und Berlin mit 24 % den niedrigsten Wert auf. Nds. liegt mit 31 % eher im unteren Bereich. Nicht zuletzt daraus

erklärt sich, dass die nds. Landesregierung, ungeachtet ihrer parteipolitischen Zusammensetzung, um eine Förderung des bürgerschaftlichen Engagements bemüht ist.

Die nds. Engagementpolitik steht unter dem Motto „Bewährtes erhalten, neues Engagement stützen". Die von der Landesregierung gestartete Offensive „Bürgerschaftliches Engagement für Niedersachsen" aus dem Jahr 2001 stützt sich auf vier Säulen, nämlich auf (1.) Information, Beratung und Vernetzung von bürgerschaftlichen Aktivitäten, (2.) die Förderung neuer Formen bürgerschaftlichen Engagements, (3.) die Qualifizierung von Freiwilligen und (4.) die Stärkung einer Kultur der Anerkennung freiwilligen Engagements.

1. Die Landesregierung initiierte im Jahr 2001 den *Niedersachsen-Ring*. Dieser Beirat dient dem Informationsaustausch zwischen der Landesregierung und gesellschaftlich relevanten Gruppen. Er berät die Gruppen in Fragen der Zielsetzung und Strategie zur Förderung bürgerschaftlichen Engagements. Ein Landeswettbewerb *Dialog der Generationen* unterstützt die Verständigung zwischen jüngeren und älteren Menschen. Das Land fördert das Netz der Kontakt- und Informationsberatungsstellen zum Ausbau der Selbsthilfe mit finanziellen Mitteln.

2. Das Land fördert neue Formen des bürgerschaftlichen Engagements durch eine *Anschubfinanzierung*. Die Landesregierung stiftet weiterhin einen jährlichen Preis für vorbildliches neues bürgerschaftliches Engagement. Im Rahmen der Aktion „Niedersachsen – Ein Land für → Kinder" schreibt das Land einen jährlichen Wettbewerb aus, der Kinderfreundlichkeit im Bereich des örtlichen Miteinanders vorstellt und als positiven Standortfaktor bekannt macht.

3. Das Land will, aufbauend auf der BONUS Freiwilligen-Akademie Nieder-

sachsen, zusammen mit bestehenden Einrichtungen der Erwachsenenbildung ein flächendeckendes Netz von *Qualifizierungsangeboten* für Nds. knüpfen.

4. Das Land will seine Politik fortsetzen, bürgerschaftlich Engagierte mit Ehrungen, Auszeichnungen und Empfängen zu *würdigen*. Das Land will prüfen, ob bürgerschaftliches Engagement *finanziell vergünstigt* werden kann in Gestalt von steuerlichen Freistellungen, Aufwandsentschädigungen und Kostenerstattungen.                *Joachim Detjen*

## Christlich-Demokratische Union (CDU)

**Gründung und Entwicklung** – Die CDU wurde nach dem Zweiten Weltkrieg von unterschiedlichen Gründerkreisen gebildet. Deren Vorstellung war es, eine überkonfessionelle bürgerliche Partei zu schaffen. Der Gründungsprozess stieß allerdings in Nds. an die Grenzen der Regionalparteien. In den katholischen Gebieten (im Emsland und Südoldenburg) konnte sich die Zentrumspartei wieder neu formieren, sodass hier zunächst kaum Raum war für die interkonfessionell angelegte CDU. Weiterhin hatte die CDU anfangs mit anderen Parteien im bürgerlichen Lager zu rechnen, so mit der → FDP, der Nds. Landespartei (NLP), die sich 1947 in Deutsche Partei (DP) umbenannte (→ Parteien, kleinere) und dem Gesamtdeutschen Block/BHE. Die Repräsentanten dieser Regionalparteien waren sich einig in der Ablehnung einer „bürgerlichen" Sammlungspartei unter Einschluss des politischen Katholizismus, weil eine solche Partei als landfremd galt. 1947 erhielt die CDU nur 19,9 % der Stimmen. Die ersten Annäherungen an die DP erfolgten über Wahlabsprachen und 1951 über

ein Wahlbündnis unter dem Namen Niederdeutsche Union (NU) als Gegenkraft zur → SPD, das aber nur 23,7 % der Stimmen erzielte. Erst nach sozioökonomischem Wandel und den damit verbundenen Wanderungsbewegungen sowie dem Abebben der NPD-Erfolge (→ Parteien, kleinere) konnte die CDU genügend Sogkraft entwickeln. Auch der Übertritt von DP-Bundesministern zur CDU 1961 wirkte als ein positives Signal für die Akzeptanz der CDU auch auf der örtlichen Ebene. Die Zersplitterung des bürgerlichen Lagers wurde überwunden. 1974 ging die CDU erstmals als Mehrheitspartei mit 48,8 % der Stimmen aus der Landtagswahl hervor.

Wesentlich für den Integrationserfolg war aber vor allem die Regierungspolitik der CDU auf Bundesebene. Als langjährige Regierungspartei präsentierte sich die CDU als Kanzlerpartei, wobei bundespolitische Themen, z.B. die Einordnung der BRD in das westliche Bündnissystem, absolut dominant waren. In Nds. hatten unmittelbare Nachkriegsprobleme (Zuwanderung) und die wirtschaftliche Entwicklung (Abbau des Süd-Nord-Gefälles) die Tagesordnungen der Politik beherrscht, die alle Parteien bewältigen wollten. Dies führte zur Mitbeteiligung der CDU in den meisten SPD- und DP-geführten Regierungen. In der Zeit der sozialliberalen Koalition auf Bundesebene wurde die CDU auch in Nds. in die Opposition verwiesen. In dieser Phase begann in der CDU eine verstärkte programmatische Diskussion.

Die CDU konnte die SPD/FDP-Regierung allerdings 1976 eher zufällig ablösen, als die Übergabe des Amtes des Ministerpräsidenten von Alfred Kubel in der Mitte der Wahlperiode an einen Nachfolger aus der SPD bei knapper Mehrheit dieser Koalition scheiterte. Ernst Albrecht (CDU) wurde Ministerpräsident. 1978 zogen nur die beiden großen Parteien in den Landtag ein. Die

CDU blieb bis 1990 Regierungspartei. Sie konnte in den Landtagswahlen 1978 bis 1986 mit 48,7, 50,7 bzw. 44,3 % der Stimmen die meisten Sitze gewinnen.

Die Hochburgen der CDU wurden der agrarisch geprägte Nordwesten (Region zwischen Elbe und Aller) und die katholischen Gebiete des Emslandes und Südoldenburgs (Gebiete der Bistümer Münster und Osnabrück). Hier konnte die CDU zum Teil über 70 % der Stimmen auf sich vereinigen. Aber auch in den industrialisierten Gebieten Südostniedersachsens gelang es der CDU seit Mitte der 70er Jahre, zahlreiche Wahlkreise zu gewinnen. 2003 war die CDU nicht nur in der Lage, ihr Stammwählerpotenzial auszuschöpfen (Landwirte, Selbstständige, Katholiken), sondern konnte zudem in allen Alters- und Berufsgruppen zulegen.

**Organisation** – Die CDU Nds. untergliedert sich in drei Landesverbände (Hannover, Braunschweig und Oldenburg). Unterhalb dieser Ebene unterhält sie in den Kreisen ein flächendeckendes Netz von Geschäftsstellen. Sie steht mit ihrer Fähigkeit, Mitglieder zu gewinnen (als Prozentsatz der Beitrittsberechtigten ab 16 Jahre) nach dem Saarland und Rheinland-Pfalz sehr gut da und konnte sogar zwischen 2000 und 2001 einen Mitgliederzuwachs verzeichnen, als alle anderen Landesverbände Mitglieder verloren. Zunächst als Partei des katholischen, ländlichen Raumes mit Repräsentanten aus der Agrar- und Forstwirtschaft agierend, gewann die Partei auch Mitglieder aus allen Bevölkerungskreisen, wobei allerdings die Selbstständigen und höheren Beamten dominieren.

Nach dem erdrutschartigen Wahlsieg im Jahre 2003 (48,3 % der Stimmen) konnte Christian Wulff, der zuvor zweimal an Gerhard Schröder gescheitert war, eine Regierung mit der FDP bilden. Für die Regierungsarbeit seit 2003 hat die CDU ihre Priorität auf das wirtschaftliche Wachstum (durch Impulse für den Mittelstand, Bürokratieabbau, Förderung der Forschung und gezielte Ergänzung der Infrastruktur) und die Sanierung der Finanzen gelegt. Die Wiederherstellung des dreizügigen Schulsystems (Abschaffung der Orientierungsstufe) und die Förderung der Familien, u.a. durch die Einrichtung von Mehrgenerationenhäusern, sind weitere Schwerpunkte. Mit dem Thema Sicherheit können auch rechte Wähler angesprochen werden.

**Bundespolitische Bedeutung** – Repräsentanten der nds. CDU haben auf Bundesebene mehrmals wichtige Rollen gespielt. Schon früh wurde der nds. Protestant Hermann Ehlers Präsident des Deutschen Bundestages (1950–1954), eine Position, die Rita Süssmuth 1988 bis 1998 ebenfalls innehatte, nachdem sie als fachlich kompetente Seiteneinsteigerin zuvor Bundesministerin für Jugend, Familie und Gesundheit (1985/86) bzw. Jugend, Familie, Frauen und Gesundheit (1986–1988) gewesen war. Erster Bundesminister (für Arbeit und Sozialordnung von 1949 bis 1957) wurde der Gewerkschafter Anton Storch aus Nds., mit dem Adenauer auch die linken Kräfte in der CDU binden konnte. Kurt Schmücker engagierte sich bei der Nachfolge Adenauers für Ludwig Erhard und wurde in dessen Kabinett 1963 Wirtschaftsminister, im Anschluss daran in der Großen Koalition Schatzminister (bis 1969). Ernst Albrecht konnte auch bundespolitisch einige Bedeutung erlangen, indem er 1980 als CDU-Kandidat für die Kanzlerkandidatur gehandelt wurde, dann allerdings Franz-Josef Strauß den Vortritt lassen musste. Auch setzte sich Albrecht durch Kooperation mit sozialdemokratisch geführten Ländern dafür ein, für finanzschwache Länder mehr Zuweisungen des Bundes herauszuholen. Schließlich spielte Rudolf Seiters als Minister für besondere Aufgaben (ab 1989) und 1991–1993 als Bundesinnenminister im Kabinett Kohl im deutschen Vereinigungsprozess eine wichtige Rolle.

*Hiltrud Naßmacher*

## Datenschutz / Datenschutzbeauftragter

Nach der EU-Verfassung (Art. II-8 Abs. 1) hat jeder Mensch das Recht auf Schutz der ihn betreffenden personenbezogenen Daten. Aus dem allgemeinen Persönlichkeitsrecht des Grundgesetzes (Art. 2 Abs. 1 GG) und der Unantastbarkeit der Menschenwürde (Art. 1 Abs. 1 GG sowie Art. 3 Abs. 2 Satz 1 NdsVerf) ergibt sich, dass alle Menschen in Nds. wie in ganz Deutschland über ihre persönlichen Daten selbst bestimmen dürfen. Dieses „Recht auf informationelle Selbstbestimmung" ist ausdrücklich im sog. „Volkszählungsurteil" vom Bundesverfassungsgericht 1983 festgestellt worden. Datenschutz bedeutet daher, dass Betroffene vor missbräuchlicher Verwendung ihrer personenbezogenen Daten geschützt werden. Dabei dürfen die staatlichen Organe einerseits selbst keinen Datenmissbrauch betreiben und müssen andererseits verhindern, dass Private die Daten missbräuchlich – zum Beispiel zu wirtschaftlichen Zwecken – verwenden.

Das Recht auf informationelle Selbstbestimmung gewährleistet allen die Befugnis, grundsätzlich selbst über die Preisgabe und Verwendung ihrer Daten zu bestimmen. Ob dies immer gewährleistet ist, ist angesichts von „Großem Lauschangriff" und „Rasterfahndung" fraglich.

Aufgabe des Datenschutzes ist es deshalb, alle Bürgerinnen und Bürger vor unbegrenzter Erhebung, Speicherung, Verwendung und Weitergabe ihrer persönlichen Daten zu bewahren. Hinsichtlich jeder Einschränkung dieses Schutzes hat der Gesetzgeber – für Nds. also der → Landtag in Hannover – eine Rechtsgrundlage zu schaffen. Die Bestimmungen darin müssen den Grundsätzen der Normenklarheit und der Verhältnismäßigkeit genügen.

Maßgeblich für die heutige Rechtslage in Nds. ist die Richtlinie 95/46/EG von 1995 der Europäischen Union. Ihre Inhalte wurden für ganz Deutschland in das Bundesdatenschutzgesetz (BDSG) und speziell für Nds. in das Nds. Datenschutzgesetz (NDSG) einbezogen. Grundsätzlich hat die öffentliche Verwaltung in Bund und Ländern für den Datenschutz eine Eigenkontrolle eingerichtet. Nach dem NDSG muss jede öffentliche Stelle, die personenbezogene Daten automatisiert verarbeitet, eine Beauftragte oder einen Beauftragten für den Datenschutz bestellen. Das Land Nds. geht aber so weit, zur Durchsetzung des Datenschutzes eine „Landesbeauftragte oder einen Landesbeauftragten für den Datenschutz" (LfD) verfassungsmäßig in Art. 62 NdsVerf zu verankern. Parallel zur Institution der/ des „Bundesbeauftragten für den Datenschutz" wurde die/der LfD als zusätzliches Fremdkontrollorgan eingeführt. Bei der Ausübung ihres Amtes sind Datenschutzbeauftragte grundsätzlich unabhängig und nur dem Gesetz unterworfen. Hauptaufgabe ist es, Regierung und Parlament im Gesetzgebungsverfahren datenschutzrechtlich zu beraten, den Umgang der Behörden mit personenbezogenen Daten zu kontrollieren und diesen Behörden Empfehlungen zur Verbesserung des Datenschutzes zu geben. Alle zwei Jahre erstattet die/der LfD dem Landtag einen Tätigkeitsbericht. Alle Bürgerinnen und Bürger, die sich durch öffentliche Stellen des Landes in ihren Datenschutzinteressen verletzt fühlen, können sich an den LfD wenden.

*Martin H.W. Möller*

## Denkmalpflege

**Begriff** – Denkmalpflege ist die kulturell begründete und im Denkmalschutz gesetzlich geregelte Bewahrung und Pflege von Bauten, Grünanlagen sowie von Menschenhand geschaffener Sachen, die Aufschluss über das Leben in vergangenen Zeiten geben und deren Erhaltung wegen ihrer geschichtlichen, künstlerischen, wissenschaftlichen oder städtebaulichen Bedeutung im öffentlichen Interesse liegt. Nachdem schon im 19. Jh. eine Denkmalschutzbewegung in deutschsprachigen und anderen europäischen Ländern in Gang gekommen war, erließen im Gebiet des heutigen Nds. die Länder Oldenburg 1911 ein erstes Denkmalschutz- und Braunschweig 1934 ein Heimatschutzgesetz. Für Baudenkmäler schloss die nds. Bauordnung von 1974 die bis dahin offen gebliebenen Lücken im gesetzlichen Denkmalschutz. Erst in dem 1979 in Kraft getretenen nds. Denkmalschutzgesetz wurde auch die archäologische Denkmalpflege gesetzlich verankert. Über die Geschichte der Denkmalschutzgesetzgebung in den Bundesländern geben die zahlreich erschienenen, allgemein verständlichen Gesetzeskommentare Auskunft.

**Ziele und Verfahren** – Als Ziel der Denkmalpflege – in zahllosen wissenschaftlichen und publizistischen Texten veröffentlicht – ist die Bewahrung der kulturellen Identität in den Kulturdenkmälern für die Menschen von heute und morgen definiert. Zum Schutz und zur Pflege gehört im Rahmen der Möglichkeiten auch die wissenschaftliche Erforschung und das Zur-Wirkung-Bringen der Kulturdenkmäler, wie es im Eingangsgrundsatz des nds. Denkmalschutzgesetzes festgeschrieben ist. Immer setzt sich die Denkmalpflege dafür ein, Gefahren für die substanzielle Existenz der Kulturdenkmäler abzuwenden oder deren unnötige Zerstörung zu verhindern. Zugleich hat sie jedoch auch den technischen und ästhetischen Wandel in den Anforderungen zu berücksichtigen.

Denkmalfachbehörden stellen fest, warum etwas ein Denkmal ist. Denkmalpfleger und Restauratoren beraten Bauherren, Architekten und Planer, welche Maßnahmen im Bauverlauf konservatorisch und bautechnisch sinnvoll sind. Dazu sind Kenntnisse nicht nur aus der Kunstgeschichte und der Archäologie notwendig, sondern auch aus dem Bauhandwerk und vor allem den Ingenieur- und Naturwissenschaften, um in Fragen der Instandhaltung und Reparatur, in Fragen von Herstellungstechniken, Materialverwendung und Formgebung Auskunft geben zu können. Spezielle Kompetenzen müssen dafür in den Fachbehörden vorgehalten werden, während die kommunale Denkmalpflege vor Ort den Vollzug denkmalpflegerischer Anforderungen gegenüber Eigentümern, Architekten und Handwerkern zu regeln hat.

Durch Denkmalverzeichnisse und -kartierungen, Handlungsanleitungen und die Veröffentlichung von Untersuchungsergebnissen werden Fachinformationen an die zahlreichen Partner der Denkmalpflege und andere Behörden vermittelt. Die Grenzen denkmalpflegerischer Auflagen für die Bauherren sind sowohl durch die Erhaltungsfähigkeit der Objekte als auch durch die wirtschaftliche Zumutbarkeit der Erhaltung begrenzt. In den Planungsverfahren werden verschiedene öffentliche Interessen gegeneinander abgewogen. Somit können auch andere als denkmalpflegeri-

Auf einer Fläche von 135 Hektar legten die hannoverschen Kurfürsten und Könige vom 17. bis ins 19. Jahrhundert die Herrenhäuser Gärten an, ein für Europa einmaliges Gartengebiet

sche Interessen das Schicksal von Kulturdenkmälern entscheidend beeinflussen.

Nach der flächendeckenden Erfassung gibt es in Nds. 83 000 Bau- und Kunstdenkmäler, darunter 10 000 sog. Gruppen baulicher Anlagen. Das macht im gesamten Bundesland einen Anteil von weniger als 5 % an der Bausubstanz insgesamt aus. Die archäologische Denkmalpflege hat bisher ca. 110 000 Fundstellen im nds. „Bodenarchiv" entdeckt und verzeichnet, in deren Umfeld Zeugnisse aus vorgeschichtlicher oder geschichtlicher Zeit zu erwarten sind. Im Fall von Baumaßnahmen deckt sie durch Rettungsgrabungen Relikte von Siedlungen und Befestigungen, Arbeitsstätten, Gräberfeldern und anderen Hinterlassenschaften auf, die bis weit in die Altsteinzeit hinein reichen und als Dokumente der Menschheitsgeschichte vielfältige Erkenntnisse versprechen.

Traditionell gehören zu den Bau- und Kunstdenkmälern in großer Zahl die Kirchen und Klöster, Rathäuser und Stadtbefestigungen, Schlösser und Herrensitze, nicht selten mit Nebengebäuden, → Gärten, Parkanlagen oder Alleen. Einen großen Anteil der verzeichneten Baudenkmäler machen heute städtische Wohnhäuser aus, zu denen der Siedlungsbau und manches Stadterweiterungsgebiet gehört. Ländliche Anwesen mit Scheunen, Ställen, Backhäusern oder anderen Wirtschaftsbauten prägen Orte und ganze Landstriche. Für Nds. sind sowohl das niederdeutsche Hallenhaus als auch das friesische Gulfhaus charakteristisch. Auch Gewerbe- und Industriebauten gehören zum historischen Bild von Stadt und Landschaft. Windmühlen zählen zu den Landmarken der norddeutschen Tiefebene. Anlagen des Bergbaus haben die Harzlandschaft entscheidend beeinflusst.

*Reiner Zittlau*

## Dienstleistungssektor

**Grundlagen** – Zwei Drittel der Wirtschaftsleistung Nds. werden im tertiären oder Dienstleistungssektor erbracht (→ Wirtschaftsstruktur). Dieser Sektor trug im Jahr 2003 insgesamt 66,8 % zur Bruttowertschöpfung (BWS) bei. Trotzdem ist er in Nds. relativ unterrepräsentiert: Bundesweit lag sein Anteil 3,5 Prozentpunkte höher. Der Sektor gliedert sich in den → Handel einschl. der Reparatur von Kfz und Gebrauchsgütern, der einen Anteil von 9,7 % an der gesamten BWS erwirtschaftete; Gastgewerbe (→ Tourismus) mit einem BWS-Anteil von 1,3 %; Verkehr und Nachrichtenübermittlung (6,7 %), Kredit- und Versicherungsgewerbe sowie unternehmensnahe Dienstleister (26,3 %); öffentliche und private Dienstleister (22,8 %).

**Entwicklung** – Während → Landwirtschaft und → Industrie rückläufige Beschäftigung und niedriges Wachstum aufweisen, gibt es im Dienstleistungssektor weiterhin Wachstum und steigende Beschäftigung. Paradoxerweise wird der *Anteil* des Dienstleistungssektors *unter-*,

das *Tempo* des Prozesses aber *überschätzt:* Der Dienstleistungsanteil der Volkswirtschaft wird unterschätzt, weil mittlerweile in mehr als einem Drittel (38 %) der industriellen Arbeitsplätze Dienstleistungen erbracht werden. Dazu gehören Büroberufe, Techniker und Ingenieure. Oft werden dienstleistende Unternehmensteile durch Outsourcing verselbstständigt, wodurch eine statistische Überzeichnung des Tempos der Tertiärisierung entsteht: Die Masse der statistischen Daten bezieht sich auf Unternehmen. Wenn ein Industrieunternehmen z.B. aus seiner Fortbildungsabteilung oder den Finanzierungsdienstleistungen selbstständige Unternehmen bildet, werden die dort Beschäftigten nicht mehr im industriellen Sektor, sondern im Dienstleistungssektor gezählt – ohne dass sich deren Tätigkeiten geändert hätten.

Der Dienstleistungssektor ist eine Frauendomäne. Während in Industrie und Landwirtschaft männlich geprägte Berufe überwiegen, lag der Frauenanteil im Dienstleistungssektor Mitte 2003 bei fast zwei Dritteln (62,9 %). Die von Männern geprägten produzierenden Berufe stehen unter einem scharfen Rationalisierungsdruck, während zahlreiche dienstleistende Tätigkeiten sich kaum oder zumindest schwerer rationalisieren lassen. Aufgrund dessen liegt die Arbeitslosenquote der Frauen in Nds. mittlerweile (Juni 2004: 9,0 %) deutlich niedriger als die der Männer (11,1 %).

**Wirtschaftsbereiche** – Der Dienstleistungssektor ist vielfältig untergliedert. Nicht alle Teilbranchen sind Wachstumsträger, und das Wachstum anderer wird auch kritisch gesehen. Eher rückläufige Tendenzen gibt es z.B. im → Handel und im → öffentlichen Dienst. Das Wachstum z.B. des → Gesundheitswesens verursacht zugleich steigende Kosten und höhere Kassenbeiträge.

Umweltschutz und Verwertung von Abfällen: Recycling führt Wertstoffe zurück in den Kreislauf.

Unter den der Wertschöpfung (= Umsatz minus Vorleistungen) nach 50 größten Unternehmen des Landes gibt es 14, die dem Dienstleistungssektor zuzuordnen sind (siehe Tabelle).

Dazu kommen vier Umsatzmilliardäre aus dem Handelsbereich, von denen keine Wertschöpfungsdaten vorliegen: MDL Metro (3 575,3 Mio. €), hagebau Handelsgesellschaft (2 595,0 Mio. €), RHG Nord (Raiffeisen, 1 747,4 Mio. €) und expert AG (1 063,2 Mio. €).

Der Wirtschaftsbereich *Handel, Gastgewerbe und Verkehr* ist in Nds. durchschnittlich vertreten: Er erwirtschaftet bundesweit 18,0 % der BWS, in Nds. 17,7 %. Am 30.6.2003 waren hier 566 065 sozialversicherungspflichtig Beschäftigte tätig. Von diesen arbeiteten 377 479 im Handel, 66 644 im Gastgewerbe und 121 942 im → Verkehr und der Nachrichtenübermittlung. In diesem Wirtschaftsbereich sind im Vergleich zum Jahr 2000 die Beschäftigtenzahlen um 3,7 % bzw. 21 594 Personen rückläufig. Vor allem der Handel verlor, nicht zuletzt aufgrund der allgemeinen Konsumschwäche, etwa 20 000 Arbeitsplätze und das Gastgewerbe ca. 3 500. Lediglich der Verkehrssektor wuchs um gut 1 000 Arbeitsplätze.

Der Wirtschaftsbereich *Kredit- und Versicherungswesen und unternehmensnahe Dienstleistungen* ist in Nds. unterrepräsentiert. Bundesweit entfallen auf diese Branche 31,5 % der BWS, 5,1 % Prozentpunkte mehr als in Nds. Das ist für das Land ein Problem, denn gerade die unternehmensnahen Dienstleistungen enthalten das größte Zukunftspotenzial und weisen kurz- wie mittelfristig die größten Zuwachsraten auf. Der Grund dafür ist, dass das Flächenland Nds. arm an Großstädten ist und keine Metropole oder Millionenstadt aufweist. Der Finanzsektor (→ Banken und Spar-

| Name | Wertschöpfung 2002 (Mio. €) | Branche |
|------|------|---------|
| TUI AG | 2777,5 | Touristik |
| HDI Versicherungen | 760,4 | Versicherungen |
| VW Financial Services AG | 775,0 | Finanzdienstleistungen |
| NORD/LB | 727,6 | Kreditinstitut |
| BHW Gruppe | 382,8 | Bausparkasse |
| Piepenbrock Dienstleistungsgruppe | 249,9 | Dienstleistungen für Unternehmen, Verpackungstechnik |
| Verlagsgesellschaft Madsack | 217,1 | Verlag, Medien |
| Sparkasse Hannover | 193,3 | Kreditinstitut |
| Paracelsus-Kliniken | 166,1 | Gesundheitswesen |
| Dirk Rossmann GmbH | 160,1 | Groß- und Einzelhandel |
| Unternehmensgruppe Hellmann | 156,6 | Verkehrsgewerbe |
| Versicherungsgruppe Hannover (VGH) | 140,5 | Versicherungen |
| TÜV Nord Gruppe | 131,6 | Technische Dienstleistungen |
| Ihr Platz-Gruppe | 126,3 | Einzelhandel |

Quelle: Nord LB

kassen) und die unternehmensnahen Dienstleistungen, zu denen u.a. Werbeagenturen, Wirtschafts- und Rechtsberater, Datenbanken, EDV-Dienstleister, Forschung und Entwicklung, aber auch Gebäudereiniger gehören, konzentrieren sich aber in den großen Zentren. Hier finden sie ihre Kunden und auch gut ausgebildete und kreative Arbeitskräfte.

Am 30.6.2003 arbeiteten im nds. Kreditgewerbe 62 185 sozialversicherungspflichtig Beschäftigte, 1,8 % weniger als 2000. Erhebliche Rationalisierungen und die durch Internet-Banking u.ä. möglich gewordene Schließung von Bankstellen sind für diesen Rückgang verantwortlich. Im Versicherungsgewerbe waren 16 761 Personen tätig, gegenüber 2000 ein kleines Plus von 3,8 %. Die Landeshauptstadt Hannover ist Sitz bedeutender Versicherungsunternehmen (→ Versicherungen). In den unternehmensnahen Dienstleistungen waren schließlich 229 597 sozialversicherungspflichtig Beschäftigte tätig, 3,0 % bzw. 6 773 Personen mehr als 2000.

Zum Wirtschaftsbereich *Öffentliche und private Dienstleister* gehören der staatliche Sektor und die Sozialversicherungen, Kirchen, Parteien, → Gewerkschaften, → Kammern, das Gesundheits- und Ausbildungswesen, Kultur (→ Kulturpolitik), → Sport und Unterhaltung, Abwasser- und Abfallentsorgung und schließlich private Haushalte. Der Wirtschaftsbereich ist in Nds. durchschnittlich vertreten: Bundesweit hält er einen Anteil von 21,7 % an der BWS, in Nds. sind es 1,1 Prozentpunkte mehr. Insgesamt waren am 30.6.2003 hier 260 615 Personen in sozialversicherungspflichtigen Beschäftigungsverhältnissen, gegenüber 2000 ein Rückgang um 0,8 % bzw. 2 043 Arbeitsplätzen. Die wichtigste Branche dieses buntgemischten Wirtschaftsbereiches ist das Gesundheits- und Sozialwesen (→ Sozialpolitik) mit 300 954 Arbeitsplätzen am 30.6.2003. Diese Branche konnte im Vergleich zu 2000 ein Plus von 6,4 % bzw. 8 006 Arbeitsplätzen erzielen. Weitere Steigerungen sind aufgrund der demografischen Entwicklung und des dadurch steigenden Pflegebedarfs zu erwarten. Auch in der Branche „Erziehung und Unterricht" mit 83 546 Arbeitsplätzen konnte gegenüber 2000 ein Zuwachs von 6,5 % erzielt werden. Der staatliche Sektor ist demgegenüber zwar ein bedeutender Arbeitgeber und Wirtschaftsfaktor, weist aber aufgrund der Sparanstrengungen der öffentlichen Haushalte sowie des Bemühens um Deregulierung und Entbürokratisierung kein Beschäftigungswachstum aus. Beim Land Nds., den Gemeinden und Landkreisen und kommunalen Zweckverbänden sowie beim Bund waren am 30.6.2003 in Nds. insgesamt 394 055 Personen beschäftigt, 2,4 % weniger als 2000. Unter diesen gab es 160 814 Beamte und Richter, die nicht der Sozialversicherungspflicht unterlagen. *Lothar Eichhorn*

## Dorf

**Entwicklung** – Nach dem Ende des Zweiten Weltkrieges hat sich das Dorf in Nds. grundlegend verändert. Die traditionellen dörflichen Strukturen (Dominanz der alten Eliten: Gutsherr, Großbauern, Bauern, Pastor, Lehrer) wurden durch eine Reihe von Entwicklungsfaktoren aufgebrochen und großenteils aufgehoben. Die Zuwanderung von Flüchtlingen in der Folge des Krieges, deren teilweise Abwanderung und teilweise Integration veränderten die sozialen Strukturen. Die Modernisierung des Dorfes durch Maßnahmen vom Schulneubau bis zum Wasserleitungs- und Kanalisationsbau wertete die Wohnqualität und den Lebensstandard im Dorf wesentlich auf. Insbesondere der Schulbau führte zu besseren Bildungschancen für die Landbevölkerung. Die gleichzeitige Modernisierung der Landwirtschaft zielte auf eine leistungs-

stärkere, technisierte Produktion und versuchte sowohl den vollbäuerlichen als auch den kleinbäuerlichen Betrieben eine Existenzsicherung zu geben. Zugleich mit der Modernisierung setzte aber eine starke Abwanderung von Arbeitskräften ein, die schließlich auch zum Rückgang der Anzahl der bäuerlichen Betriebe führte.

Die Gemeindereform von 1971, die darauf zielte, durch Vergrößerung der Gemeinden effizientere Verwaltungseinheiten zu schaffen, hat wesentlich dazu beigetragen, dass sich die Anzahl der Gemeinden in Nds. von über 4 000 im Jahr 1946 auf knapp über 1 000 reduzierte. Besonders die kleineren Gemeinden, vor allem aber eben auch die Dörfer, gingen in größeren Einheiten auf. Während 1946 noch 40,5 % der nds. Bevölkerung in Gemeinden mit weniger als 2 000 Einwohnern lebten, sind es heute nur noch rund 7 %.

**Aktuelle Situation** – Aus den größeren Siedlungen sind die Bauernhöfe nach und nach verschwunden. Viele Ortschaften wurden zu Pendlerwohnorten. Suburbanisierung durch Fortzug aus der Stadt und Zuzug in die ländlichen Siedlungen ließ Stadt und ehemals dörfliches Umland verschmelzen. Die Menschen, die jetzt hier leben, kennen die alten dörflichen Verhältnisse nicht mehr, sie haben keine Beziehung mehr zum realen alten Dorf, sondern nur noch zu einem „idealtypischen", fiktiven Dorf.

Diesen strukturellen Veränderungen und Brüchen versucht besonders die Dorferneuerung zu begegnen. Die Dorferneuerungsprogramme haben das Ziel, die Vielfalt der dörflichen Lebensformen in Lebensräumen mit sicherer wirtschaftlicher Grundlage und hoher Umweltqualität zu entwickeln. Siedlungsstrukturelle Mängel sollen beseitigt und die Wohn- und Arbeitsverhältnisse verbessert werden. Die Dorferneuerung

Im Treppenspeicher des bäuerlichen Anwesens (17. Jh.) wurde Korn gelagert, vor allem im oberen Teil. Die reine Holzkonstruktion sorgte für Trockenheit im Inneren und war so dicht verbohlt, dass sie *„mäusesicher"* war.

will Perspektiven zur Lösung ökonomischer, sozialer und ökologischer Probleme für einzelne Dörfer aufzeigen und die räumlich-kulturelle Vielfalt der Regionen stärken. Zu den Initiativen, das Dorf attraktiver zu machen, gehört auch der Bundeswettbewerb „Unser Dorf soll schöner werden – Unser Dorf hat Zukunft", der 2004 zum 21. Mal eröffnet wurde. *Redaktion*

## Drogenpolitik und Suchthilfe

**Ausgangslage und Zahlen zur Situation in Nds.** – Die öffentlichen und politischen Debatten um die Drogen- und Suchtgefährdungen vermitteln häufig den Eindruck, dass die sog. illegalen Drogen das Hauptgefährdungspotenzial in unserer Gesellschaft darstellen. Die tatsächlichen Zahlen zeigen jedoch ein ganz anderes Bild. Der größte Anteil von Menschen mit Drogenproblemen findet sich nämlich im Bereich der legalen Drogen Tabak, Alkohol und Medikamente. Die negativen Wirkungen des Drogenkonsums werden in folgenden Schätzwerten für das Bundesland Nds. sichtbar – sie entsprechen in der Tendenz denen für die ganze BRD:
- So gibt es ca. 190 000 therapiebedürftige Alkoholabhängige,
- ca. 2 000 bis 3 000 Menschen, die an alkoholbedingter Leberzirrhose oder anderen Folgekrankheiten des Alkoholkonsums sterben,
- etwa 30 000 – 50 000 behandlungsbedürftige Medikamentenabhängige,
- 1 690 erstauffällige Konsumenten harter Drogen (z.B. Heroin, LSD),
- insgesamt ca. 12 000 Konsumierende harter Drogen,
- mehr als 5 000 Substituierte und

– ca. 100 Todesfälle pro Jahr durch den Konsum harter Drogen (2002: 120).
Besonders gefährdet beim missbräuchlichen Konsum von Tabak- und Alkoholprodukten sind Jugendliche in der Altersgruppe von 12 bis 24 Jahren. Hinzu kommt, dass Drogenkonsum, Drogenabhängigkeit und Rauschgiftkriminalität in einem engen Zusammenhang stehen. In der Rauschgiftkriminalität sind die Fallzahlen in Nds. seit 1993 von rund 11 000 auf im Jahr 2002 26 103 Fälle gestiegen. Diese Entwicklung beruht fast ausschließlich auf dem Anstieg von Konsumentendelikten wie Besitz und Konsum von Betäubungsmitteln. Diese Entwicklungen einer großen und wachsenden Gesundheitsgefährdung und steigender Kriminalitätszahlen (→ Kriminalität), die mit dem Drogenkonsum verbunden sind, haben alle Verantwortlichen zu einer Neubestimmung der Drogenpolitik gezwungen. Sie kommt heute in drei zentralen Bereichen der Drogenpolitik zum Ausdruck:
1. Veränderte Rechtsnormen im Umgang mit Drogen;
2. Gesundheitsförderung und Prävention;
3. Beratung und Behandlung durch die Suchthilfe.

**Zu 1:** Die Weltgesundheitsorganisation (WHO) hat den nach wie vor sehr geläufigen Begriff der „Sucht" im Jahr 1964 durch den Begriff der „Abhängigkeit" ersetzt. „Abhängigkeit", konkret Drogenabhängigkeit, bedeutet, dass es dem Betroffenen entweder gar nicht oder nur unter starken Unlustgefühlen möglich ist, auf den Konsum der Droge zu verzichten. Abhängigkeiten sind behandlungsbedürftige Krankheiten. Dies hat das Bundessozialgericht (BSG) 1968 erstmals für die „Trunksucht" anerkannt. Später hat die Rechtsprechung es auf andere Suchtkrankheiten ausgeweitet. Den wichtigsten Rechtsrahmen für den Umgang mit Drogen bildet das Betäubungsmittelgesetz (BtMG). Es definiert in seinen Anhängen in einer Positivliste die psychoaktiven Substanzen, die einem Konsum-, Verschreibungs- und Verkehrsverbot (Herstellung, Besitz, Handel usw.) unterliegen (z.B. Cannabis, Kokain). Diese werden qua Rechtsdefinition zu illegalen Drogen – unabhängig von ihrem Sucht- und gesundheitlichen Gefährdungspotenzial. Im Zusammenhang mit der besonderen Gefährdung von Jugendlichen wird das BtMG insbesondere durch das Jugendschutzgesetz (JÖSchG) ergänzt, das neu überarbeitet am 1.4.2003 in Kraft trat. Hier ist bspw. ein gänzliches Abgabeverbot von Tabak an Kinder und Jugendliche enthalten. Zuwiderhandlungen sind als Ordnungswidrigkeit definiert und mit Bußgeldern belegt.

**Zu 2:** Die WHO definiert Gesundheit als Zustand körperlichen, psychischen und sozialen Wohlbefindens. Gesundheitsförderung umfasst dementsprechend Maßnahmen und Strategien, die auf die Herstellung und Erhaltung von Gesundheit angelegt sind. Richtet sich Prävention primär auf die Vermeidung von Krankheiten (z.B. Alkoholabhängigkeit) und Risiken, setzt Gesundheitsförderung an, bevor der Mensch krank wird. In beiden Konzepten sind strukturelle und verhaltensbezogene Maßnahmen vorgesehen. Letztgenannte betreffen kommunikative Maßnahmen bzw. Programme, die auf eine stabile und lebensbejahende Persönlichkeit abzielen. Das Land Nds. fördert solche Programme über die Nds. Landesstelle gegen die Suchtgefahren (NLS) und finanziert u.a. 30 Suchtpräventionsfachkräfte (2002), die in 23 von 46 Landkreisen und kreisfreien Städten zur Verfügung stehen.

Seit 1992 wurden bei den Fachstellen Sucht in Nds. weitere Fachkräfte für Suchtprävention eingestellt. Hierfür gibt es eine finanzielle Förderung aus Landesmitteln und kommunalen Mitteln (→ Gesundheitswesen. Im Mittelpunkt dieser gesundheitsfördernden und präventiv orientierten Arbeiten steht die Absicht, die Lebenskompetenz der jungen Menschen zu fördern. Das Konzept berücksichtigt insbesondere, dass das Erlernen des Umgangs mit Suchtmitteln zu den Entwicklungsaufgaben von Jugendlichen gehört.

Zu den Präventionsprojekten, die im Land Nds. flächendeckend durchgeführt werden, gehören bspw. die „Kampagne Alkohol. Verantwortung setzt die Grenze" und das „Bausteinprogramm schulische Suchtprävention (BASS)".

**Zu 3:** Das dritte Standbein der Drogenpolitik ist die Suchthilfe im engeren Sinne. Hier sind Suchtberatung und -behandlung verankert. Diese Ebene der Drogenpolitik und -arbeit umfasst Maßnahmen für Missbraucher und Abhängige wie auch deren Angehörige. Es geht darum, die Betroffenen möglichst frühzeitig in die richtige Hilfe zu vermitteln und die richtige Intervention einzuleiten. Dazu gibt es in Nds. Angebote durch niedergelassene Ärzte, (Landes-)Krankenhäuser, ambulante Fachstellen Sucht, Fachkliniken bis hin zu Übergangswohnheimen. Häufige Anlaufstelle für Menschen mit Suchtproblemen sind die Fachstellen Sucht, von denen es in Nds. ein flächendeckendes Netz von insgesamt 86 Hauptstellen mit 35 Nebenstellen mit unterschiedlichen Beratungs- und Behandlungsangeboten gibt. Die Finanzierung der Fachstellen erfolgt im Rahmen freiwilliger Zuwendungen der Kommunen und des Landes sowie durch zum Teil erhebliche Eigenmittel der Träger.

Neben den ambulanten Angeboten für Drogenabhängige stellen stationäre und tagesklinische Angebote einen wesentlichen Bereich der Hilfen dar. Der

Ausbau solcher Stationen für Hart-Drogenabhängige ist in Nds. seit 1990 ebenfalls forciert worden. In 17 Einrichtungen stehen heute 210 Plätze zur Verfügung. Während sich die Entgiftung primär auf die körperliche Abhängigkeit richtet, geht es in der Entwöhnung um die Bewältigung der psychischen Abhängigkeit. Die Wahl der Hilfe (ambulant, tagesklinisch oder stationär) erfolgt individuell für den Betroffenen.

**Perspektiven** – Eine wirkungsvolle Drogenpolitik bedarf unter präventiven wie therapeutischen Zielvorstellungen einer engen Koordination und eines grundsätzlichen Konsenses aller beteiligten Ebenen und Institutionen – unbeschadet der Vielfalt der Aufgaben und Zuständigkeiten. Das setzt aber die Bereitschaft vor allem der Politik voraus, dafür die notwendigen Ressourcen zur Verfügung zu stellen. Im Interesse der potenziellen Suchtgefährdeten, der akuten Suchtkranken, aber auch der Gesellschaft als Ganze bedarf es gerade unter finanziell eher schlechteren Rahmenbedingungen einer effektiven Organisation aller Ressourcen aus Politik, Einrichtungen der Kinder- und Jugendarbeit (u.a. Kindergarten, Schule; → Kinder, → Jugend), der Suchthilfe und der Strafverfolgungsbehörden.

*Knut Tielking, Wolf-Dieter Scholz*

## Energiepolitik

**Allgemeines** – Energiepolitik ist die Gesamtheit der politischen Aktivitäten zur Versorgung einer Region – in der Regel eines Landes – mit Energie.

Die Energiepolitik ist ein Teilbereich der → Wirtschaftspolitik und steht damit in einem engen Zusammenhang mit der Umweltpolitik und der Gesellschaftspolitik. Sie hat insofern im Grundsatz keinen eigenständigen Charakter und ist vielmehr unter wirtschafts- und gesellschaftspolitische Ziele zu subsumieren. Sie soll ein ausreichend hohes Wirtschaftswachstum sichern helfen und darf nicht zu Beeinträchtigungen einer lebenswerten Umwelt führen (z.B. durch schädliche Abgase, Strahlung etc.).

Die Energiepolitik ist eingebettet in das politische Verhalten derjenigen Länder/Regionen, mit denen eine enge politische Verbindung besteht. Z.B. kann ein deutsches Bundesland nur begrenzt eine eigenständige Energiepolitik gegenüber der Bundesrepublik verfolgen. Dies wird besonders deutlich bei der Kernenergienutzung. Die BRD wiederum ist an die energiepolitischen Rahmenbedingungen der Europäischen Union gebunden.

Allgemeine Ziele der Energiepolitik sind in diesem Kontext
Energie
– jederzeit und in ausreichender Menge (Aspekt der Versorgungssicherheit),
– zu akzeptablen Kosten (Aspekt der Preiswürdigkeit),
– bei möglichst geringen Umweltbelastungen und gesellschaftlicher Akzeptanz
bereitzustellen.

**Energiewirtschaftliche Basis** – Die Energiewirtschaft unterscheidet zwischen Primärenergieträgern und Sekundärenergieträgern. Primärenergieträger sind Energieträger bzw. Energiequellen, die ohne Umwandlungsprozesse in der Natur vorkommen. Hierzu zählen Stein- und Braunkohle, Erdöl, Uran, Wind, Sonnenstrahlung, Erdwärme und weitere. Sekundärenergieträger sind Energieträger, die durch einen oder mehrere Umwandlungsschritte aus Primärenergieträgern erzeugt worden sind. Hierzu zählen Strom, Benzin, Dieselkraftstoff, Koks und weitere.

In der Vergangenheit war Energiepolitik zumeist angebotsorientiert, d.h. Bereitstellung verschiedener Primär- u. Sekundärenergieträger in ausreichender Leistung und Menge. In den letzten Jahrzehnten hat die Bedarfsseite eine ständig steigende energiepolitische Bedeutung gewonnen. Unter dem Aspekt der Energiedienstleistung stellt sich die Aufgabe, den gewünschten Nutzen der Energieverwendung wie Licht, Raumwärme, Kraft mit möglichst geringem Energieeinsatz zu erzielen.

Als eine pragmatische Zusammenfassung der angebots- und nachfrageorientierten Energiepolitik kann das Drei-Sektoren-Konzept der Energiepolitik gelten. Dabei werden die Sektoren Stromerzeugung, Wärmeerzeugung (Raumwärme und Prozesswärme) und Mobilität unterschieden. In diesem Konzept sind sowohl angebotsorientierte Aspekte enthalten als auch der Aspekt der Energiedienstleistung (Wärme, Mobilität).

Neben diesen drei Energiesektoren besteht in der → Industrie häufig noch Bedarf an mechanischer Kraft, die bei diesem Konzept jedoch durch Einsatz von Elektromotoren weit gehend auf den Strombedarf und auf Krafterzeugung durch Verbrennungsmotoren zurückgeführt werden kann.

Von besonderer Bedeutung ist dabei, dass sowohl die Stromerzeugung als auch die Wärmeerzeugung auf eine breite Palette von Energieträgern zurückgeführt werden können, während bei der Mobilität eine außerordentliche Abhängigkeit von flüssigen Kohlenwasserstoffen, die ganz überwiegend aus Erdöl gewonnen werden, besteht.

Die Bruttostromerzeugung in Nds. beruhte 2002 nach vorläufigen Angaben zu 62 % auf Kernenergie, zu 24 % auf Stein- und Braunkohle, zu knapp 5 % auf Öl und Gas und zu 9 % auf erneuerbaren Energien.

Bei der Raumwärmeerzeugung wird in Nds. überwiegend Erdgas eingesetzt – weit mehr als 50 % der Haushalte heizen mit Erdgas –, gefolgt von Heizöl, Fernwärme und Strom. Kohlen werden nur noch in geringem Umfang eingesetzt.

Die Energiewirtschaft ist in Deutschland weit gehend privatwirtschaftlich organisiert. Der Einfluss der → Städte und Landkreise über Beteiligungen an Stadtwerken und regionalen Energieversorgern ist jedoch häufig bestimmend. Das Land Nds. ist an keinem Energieversorgungsunternehmen direkt beteiligt. Sowohl bei der Stromerzeugung als auch in geringerem Umfang bei der Mobilität stehen den vielen Nachfragern klassische Oligopole gegenüber.

**Landespolitik im Rahmen von Bund und EU** – Der ordnungspolitische Rahmen für die Energiepolitik in Deutschland ist im letzten Jahrzehnt von der Bundesregierung weit gehend neu definiert worden. Im Konsens mit den Zielen der EU wurde begonnen, die alten Gebietsmonopole bei der Strom- und Erdgasversorgung durch liberalisierte Märkte zu ersetzen. Die in der BRD sehr ausgeprägten Eingriffe in das Marktgeschehen werden von der Bundesregierung damit begründet, dass so volkswirtschaftlicher Schaden in der Zukunft abgewendet werden soll. Solche Schäden, auch wenn sie nur potenzieller Natur sind, werden in den Risiken der Kernenergie, in der Importabhängigkeit, in einer drohenden Energieressourcenverknappung und einer Änderung des Klimas gesehen.

Die Möglichkeiten der Energiepolitik sind auf nationaler und stärker noch auf Landesebene sehr eingeschränkt. Der überwiegende Teil der energiepolitischen Maßnahmen wird heute in Deutschland von der Europäischen Union vorgegeben. Zu nennen sind z.B.:

Ende 2003 waren 3 922 MW Spitzenleistung in Windkraftanlagen in Niedersachsen installiert, soviel wie in keinem anderen Bundesland.

– Richtlinien zur Liberalisierung der Versorgung mit Strom und Gas,
– Richtlinien zur Förderung und Verwendung erneuerbarer Energien,
– Richtlinien zur rationellen Energieverwendung und Energieeinsparung.

Die maßgebenden politischen Regelungen für die Energieerzeugungs- und Verteilungsstrukturen werden durch die Bundesregierung in Form von Gesetzen und Verordnungen (z.B. Energiewirtschaftsgesetz, Energiesicherungsgesetz, Energieeinspargesetz, Erneuerbare Energien Gesetz etc.). getroffen. Dazu gehört auch die innerhalb von jeweils zwei Jahren notwendige Umsetzung von EU-Richtlinien in nationales Recht.

Die Bundesländer haben keine Gesetzgebungskompetenz im Energiebereich. Sie können jedoch im Rahmen des Gesetzgebungsverfahrens über den Bundesrat Gesetz- und Verordnungsentwürfe mitgestalten. Ihnen obliegt der Vollzug bestimmter Bundesgesetze, z.B. zur Zeit noch die Genehmigung der Aufnahme der Energieversorgung durch entsprechende Unternehmen und in Zukunft nach Änderung des Energiewirtschaftsgesetzes die Genehmigung von Energieversorgungsnetzen. Sie nehmen darüber hinaus in verschiedener Form Einfluss auf die Gewinnung von Energieträgern. Dies betrifft sowohl die fossilen Energieträger als auch die erneuerbaren Energieträger und geschieht u.a. durch Abbaugenehmigungen, Förderzinssätze, Raumordnung bis hin zur Festlegung von Flächennutzungen auf Gemeindeebene.

Weiterhin verfolgen die Bundesländer energiepolitische Ziele durch Förderung bestimmter Energietechnologien und Energiegewinnungsformen. Nds. fördert z.B. die Entwicklung von Brennstoffzellen im Rahmen einer Brennstoffzelleninitiative sowie die Erzeugung von Kraftstoffen aus Biomasse sowie allgemein Innovationen bei Energieerzeugung, -verteilung und -einsparung.

**Energieerzeugung und Bedeutung des Energiesektors in Nds.** – In Nds. werden in bedeutendem Umfang die Energieträger Erdöl, Erdgas und Braunkohle gewonnen. Nds. trug im Jahr 2003 mit 35 % zur deutschen Erdölförderung entsprechend gut 1,3 Mio. Tonnen bei, das ist knapp 1 % des Bedarfs der BRD. Die Förderung ist wegen Erschöpfung der Quellen seit Jahrzehnten rückläufig.

Die deutsche Erdgasförderung entfällt dagegen mit 91 % entsprechend 19,2 Mrd. cm weit gehend auf Nds. Nds. kann damit knapp 20 % der deutschen Erdgasversorgung abdecken. Die Grundtendenz der Erdgasgewinnung ist jedoch ebenfalls abnehmend. In der Zukunft sollen vorhandene bekannte, aber schwierig zu fördernde Erdgaspotenziale

durch Kombination und Weiterentwicklung neuer Fördertechniken erschlossen werden.

Braunkohle wird zurzeit noch im Helmstedter Revier im Tagebau Schöningen abgebaut und im Kraftwerk Buschhaus zur Stromerzeugung genutzt. Die Förderkapazität beträgt mehr als 2 Mio. t Braunkohle pro Jahr. Nachdem die Tagebaue Alversdorf und Treue 1991 und 1993 erschöpft waren, wurde der Kraftwerksstandort Offleben sukzessive stillgelegt. Auch der verbliebene Tagebau Schöningen wird in absehbarer Zeit erschöpft sein.

Die Bruttostromerzeugung der öffentlichen Kraftwerke betrug im Jahr 2002 in Nds. über 750 TWh und beruhte zu über 60 % auf der Kernenergie, die in den vier Kernkraftwerken bei Stade, Grohnde, Esenshamm und Lingen genutzt wird. In Zukunft wird der Kernenergieanteil in Nds. sinken, da das Kernkraftwerk Stade Ende 2003 stillgelegt wurde.

Die Tabelle gibt einen Überblick über die öffentliche Stromerzeugung in Nds. gegliedert nach Energieträgern.

**Bruttostromerzeugung öffentlicher Kraftwerke in Nds. 2002**

| Stromerzeugung aus | Gwh | Anteil in v.H. |
|---|---|---|
| Kernenergie | 35 304 | 61,8 |
| Stein- und Braunkohle | 13 840 | 24,2 |
| Erdgas/Heizöl | 2 690 | 4,7 |
| Erneuerbare Energieträger | 5 248 | 9,2 |
| davon: | | |
| Wasserkraft | 458 | 0,8 |
| Windkraft | 4 233 | 7,4 |
| Photovoltaik | 21 | 0,03 |
| Deponiegas | 43 | 0,8 |
| Klärgas | 7 | 0,0 |
| Biogas | 170 | 0,3 |
| Feste Biomasse | 66 | 0,1 |
| Sonstige erneuerbare Energien | 0 | 0,0 |
| Abfälle | 249 | 0,4 |
| Gesamt | 57 082 | 100,0 |

Bei den erneuerbaren Energieträgern nimmt Nds. bei der Windenergie eine bundesweite Spitzenstellung ein. Ende 2003 waren 3 922 MW Spitzenleistung in Windkraftanlagen in Nds. installiert, soviel wie in keinem anderen Bundesland. Für die Zukunft wird mit einem weiteren deutlichen Anstieg der Stromerzeugung aus Windkraftanlagen in Nds. gerechnet. Dieser resultiert zunächst aus dem Ersatz älterer kleiner Windkraftanlagen. Darüber hinaus wird für die Zukunft durch Windenergienutzung in der Nordsee ein Leistungspotenzial von 20 000 bis 25 000 MW für möglich gehalten.

Im Gegensatz zur Windkraft ist das Wasserkraftpotenzial in Nds. weit gehend ausgeschöpft.

Ein erheblicher Zuwachs wird in der Zukunft bei der Stromerzeugung aus Biogas erwartet. In Nds. erzeugen Ende 2003 knapp 300 Biogasanlagen Strom aus Biogas, das überwiegend aus tierischen Exkrementen (Gülle) und biogenen Abfällen erzeugt wird. Eine Steigerung auf 1 000 GWh Strom aus Biogas scheint in den nächsten Jahren erreichbar zu sein.

Darüber hinaus wird in Nds. Dieselkraftstoffersatz aus Rapsöl produziert. Entsprechend den Vorgaben der Europäischen Union soll die Erzeugung von biogenen Kraftstoffen in der Zukunft stark ausgebaut werden. *Wolfgang Oest*

# Erwachsenenbildung / Weiterbildung

**Begriffsklärung** – Erwachsenenbildung beinhaltet alle organisierten Bildungsmaßnahmen nach einer Erstausbildung und ggf. einem Hochschulstudium. Zur Erwachsenenbildung gehören also sowohl Alphabetisierungskurse als auch weiterbildende Studienangebote und Arbeitskreise für Senioren und Seniorinnen.

Die Begrifflichkeit hat sich im Lauf der Zeit gewandelt: Von Mitte des 19. Jh. bis Mitte des 20. Jh. wurde überwiegend von *Volksbildung* gesprochen. Da der Begriff Volk durch den Nationalsozialismus in Misskredit gebracht wurde (vgl. „Volksgemeinschaft", „völkisch"), setzte sich nach dem Zweiten Weltkrieg der unverfänglichere Begriff *Erwachsenenbildung* durch. Die Bezeichnung ist heute noch gültig, wird aber häufig durch *Weiterbildung* ersetzt. Erwachsenenbildung verweist eher auf das lernende Individuum, Weiterbildung mehr auf den vierten Sektor des Bildungssystems (nach Primarbereich, Sekundarstufe, Hochschulbereich). Dennoch werden beide Begriffe häufig synonym verwendet (engl. adult education/continuing education). Seit einigen Jahren breitet sich – international – der Begriff „lebenslanges Lernen" (lifelong learning) aus, der nicht nur institutionalisierte Bildungsangebote, sondern auch informelle und selbstorganisierte Lernprozesse umfasst.

**Entstehungsgeschichte** – Die Entstehungsgeschichte der neuzeitlichen Erwachsenenbildung ist eng mit Modernisierungsprozessen im ersten Drittel des 19. Jh. verbunden. Damals wurden Lesegesellschaften, Arbeiterbildungsvereine, berufsorientierte Sonntags- und

Abendschulen gegründet. Anfangs wurden diese Bildungsreformen nicht nur begrüßt, sondern oft – u.a. von Handwerksmeistern – verhindert.

Die Gründung von Bildungsvereinen ist auf unterschiedliche ökonomische, soziale, demografische und kulturelle Veränderungen zurückzuführen, insbesondere
- *Industrialisierung* der Wirtschaft – incl. neue Chemikalien in der Landwirtschaft –, die mit neuen Qualifikationsanforderungen an die Beschäftigten verbunden war
- *Demokratisierungsprozesse* – u.a. Emanzipationsbestrebungen des neuen vierten Standes, des Industrieproletariats –, die politisches Wissen und Urteilsfähigkeit aller Bürgerinnen und Bürger erforderte
- Entwicklung der *Schriftkultur*, und zwar einerseits durch die verbilligte Produktion von Printmedien (Bücher, Zeitschriften), andererseits durch die Alphabetisierung der Mehrheit der Bevölkerung
- *Urbanisierung*, d.h. immer mehr Menschen wohnen in Städten, in denen Bildungseinrichtungen überhaupt erst zugänglich sind
- *wissenschaftlicher Fortschritt* – vor allem die Naturwissenschaften produzieren immer mehr Wissen, das die Lebensverhältnisse, die Arbeitswelt und den Alltag der Menschen beeinflusst. Damit ist eine hohe „Veralterungsrate" des in der Schule erworbenen Wissens verbunden.

Die Komplexität und Dynamik der Gesellschaft nehmen zu, sodass Aktivitäten wie Erziehung und berufliche Qualifizierung aus der alltäglichen Lebenswelt ausgegliedert und in eigenständigen, professionalisierten Subsystemen (Erziehungssystem, Weiterbildungssystem) übertragen werden.

Nds. hat seit Beginn des 20. Jh. eine Schrittmacherrolle in der Erwachsenenbildung wahrgenommen.
- Seit 1900 wurden an der Universität Göttingen und an der Technischen Hochschule Hannover *„Ausschüsse für volkstümliche Hochschulkurse"* eingerichtet, die Einzelvorträge, Vortragsreihen und Kurse für die „nicht akademische" Bevölkerung anboten. Die Veranstaltungen wurden überwiegend von Professoren geleitet, die Nachfrage war erstaunlich. An der TH Hannover waren im Wintersemester 1901/02 60 % der „Hörer" Arbeiter.
- Im Jahr 1955 gründete die Universität Göttingen als erste deutsche Universität eine „Zentralstelle für auswärtige Seminarkurse"; erster Leiter dieser Arbeitsstelle für universitäre Erwachsenenbildung war Prof. Dr. Willy Strzelewicz, der – zusammen mit den späteren Oldenburger Professoren Wolfgang Schulenberg und Hans-Dietrich Raapke – zu den Nestoren der wissenschaftlichen Erwachsenenbildung in Nds. gehörte.
- 1919 – also unmittelbar nach dem Ersten Weltkrieg und mit der Gründung der Weimarer Republik – wurde in ganz Deutschland eine neue Bildungseinrichtung ins Leben gerufen: die *Volkshochschule*, die einen Beitrag zur politischen Bildung, zur Förderung des kulturellen Niveaus, aber auch zur beruflichen Qualifizierung u.a. der Kriegsheimkehrer und Erwerbslosen leisten sollte.

Leiter der 1919 gegründeten Volkshochschule Hannover war der Philosoph Theodor Lessing, der als Jude, aber auch als kritischer Journalist, von den Nationalsozialisten diffamiert, zur Flucht gezwungen und in Marienbad ermordet wurde. Nds. kann auch als Stammland der deutschen Heimvolkshochschule gelten. Die Idee einer solchen ländlichen Bildungsstätte, in der junge Menschen vor allem in den Wintermonaten zusammen lebten und lernten, stammt von dem dänischen Philosophen und Theologen N.F.S. Grundtvig. Das dänische Vorbild beeinflusste zu Beginn des 20. Jh. die Gründung ähnlicher Einrichtungen insbesondere in Norddeutschland. Auch heute noch sind die Heimvolkshochschulen unverzichtbarer Bestandteil der nds. Erwachsenenbildung.

Die Trägerschaft und die Konzeption der zurzeit 25 Heimvolkshochschulen sind unterschiedlich: es gibt katholische, evangelische, gewerkschaftliche, „grüne" und „ungebundene" Einrichtungen.

– Zu den Pionierleistungen der nds. Erwachsenenbildung gehört auch die Gründung der Arbeitsgemeinschaft des Deutschen Gewerkschaftsbundes und Volkshochschulverbands *„Arbeit und Leben"* 1948 in Celle. „Arbeit und Leben" – inzwischen in fast allen Bundesländern etabliert – hatte zum Ziel, die traditionelle Kluft zwischen bürgerlicher Volksbildung und proletarischer Arbeiterbildung zu überbrücken. Schwerpunkt der Bildungsarbeit von „Arbeit und Leben" war und ist die politische Bildung, vor allem in Bildungsurlaubsseminaren.

– Eine weitere Besonderheit ist die *ländliche Erwachsenenbildung* in Nds. Ursprünglich mit Kreisvolkshochschulen verknüpft, hat sich die Landesarbeitsgemeinschaft seit 1951 verselbständigt und den Strukturwandel des ländlichen Raumes begleitet und durch Bildungsangebote für die Landjugend, für Landfrauen und Landwirte unterstützt.

– Der Dachverband *„Niedersächsischer Bund für freie Erwachsenenbildung"* wurde 1953 zur Koordinierung und Kooperation der Einrichtungen und Verbände und zur politischen Interessenvertretung eingerichtet. Bereits

1945 war ein „Bund für Erwachsenenbildung in Hannover" gegründet worden, der eine Zeit lang von dem Kultusminister Adolf Grimme geleitet wurde. Der nds. Bund kann seit den 60er Jahren als maßgebliches verbandsübergreifendes Steuerungsgremium der Erwachsenenbildung gelten.

**Struktur der Erwachsenenbildung seit 1970** – Das Selbstverständnis der Erwachsenenbildung ist geprägt durch eine reformpädagogische Kritik am Schulsystem und an Tendenzen der Verschulung sowie durch eine Distanz gegenüber staatlicher Reglementierung. Andererseits wurde in den 60er Jahren die Forderung nach staatlicher Finanzierung der Erwachsenenbildung angesichts der wachsenden gesellschaftlichen Herausforderungen immer nachhaltiger. 1960 erschien das Gutachten des Deutschen Ausschusses für das Erziehungs- und Bildungswesen *„Zur Situation und Aufgabe der deutschen Erwachsenenbildung"*, das eine Qualifizierung des pädagogischen Personals und eine finanzielle Planungssicherheit durch Landesgesetze forderte.

Daraufhin wurde vom nds. Kultusministerium 1961 eine unabhängige *Studienkommission* ernannt, die ein Konzept für ein zukunftsfähiges System der Erwachsenenbildung und für ein Erwachsenenbildungsgesetz erarbeitete. Eckpunkte dieses Gutachtens waren:

– Ausbau einer pluralistischen Struktur der Erwachsenenbildung, d.h. einer Vielfalt der Verbände

– finanzielle Verpflichtung der Landesregierung bei Wahrung der pädagogischen Autonomie der Einrichtungen

– Vorrang der Bildungsbedürfnisse der Erwachsenen

– Verbesserung der pädagogischen Qualität durch mehr hauptamtliches, wissenschaftlich qualifiziertes Personal

– Errichtung eines wissenschaftlichen Instituts für Erwachsenenbildung.
Es dauerte fast zehn Jahre, bis ein entsprechendes Gesetz am 1.1.1970 in Kraft trat. Trotz der Meinungsverschiedenheiten in vielen Details wurde es letztlich von allen Parteien gemeinsam verabschiedet und hat die Gesetzgebung in mehreren anderen Bundesländern nachdrücklich beeinflusst. Das Gesetz garantiert die bestehende Pluralität der → Verbände und Landeseinrichtungen, es garantiert eine finanzielle Grundausstattung der anerkannten Einrichtungen, es fördert die Personalisierung durch Übernahme der Personalkosten und es betont die Gemeinwohlorientierung der öffentlichen Erwachsenenbildung durch bevorzugte Förderung der → politischen Bildung und der Schulabschlusskurse.

Gleichzeitig wurde der damals erste Lehrstuhl für Erwachsenenbildung an der damaligen Pädagogischen Hochschule Niedersachsen, Abt. Hannover, eröffnet. 1973 folgte ein weiterer Lehrstuhl in Oldenburg.

Nach dem Gesetz, das in der Folgezeit mehrfach novelliert wurde, wurden folgende Einrichtungen und Verbände anerkannt und gefördert:
– Bildungsvereinigung Arbeit und Leben
– Bildungswerk der DAG (neuerdings Verdi)
– Bildungswerk der Wirtschaft
– Evangelische Erwachsenenbildung
– Katholische Erwachsenenbildung
– Volkshochschulen
– Heimvolkshochschulen
– Verein nds. Bildungsinitiativen
– universitäre Zentralstellen
Die gesetzlich geregelte Garantie der finanziellen Zuschüsse führte in den 70er und auch noch in den 80er Jahren zu jährlich zweistelligen Zuwachsraten der Kursangebote, der Teilnehmerzahlen, des haupt- und nebenamtlichen Personals, der Landeszuschüsse. Diese Wachstumsraten wurden seit den 90er Jahren nicht nur reduziert, sondern die Landeszuschüsse wurden teilweise prozentual und absolut gekürzt. Konnte man früher von einer Faustformel 1/3 Landeszuschüsse, 1/3 Trägermittel, 1/3 Teilnehmergebühren ausgehen, so haben inzwischen die Mittel der Bundesagentur für Arbeit, aber auch Mittel des Europäischen Sozialfonds deutlich zugenommen. Besonders gefördert wird aus Landesmitteln die sog. Gemeinwohlorientierte Bildung; dazu gehören u.a. politische Seminare, Veranstaltungen über Werte und Normen, Schulabschlusskurse, Alphabetisierungsmaßnahmen, Deutsch für Einwanderer, Seminare für Behinderte.

Landestypisch ist – neben dem Erwachsenenbildungsgesetz – das *Bildungsurlaubsgesetz*, das seit 1974 die bezahlte Freistellung von Arbeitnehmern und Arbeitnehmerinnen (zurzeit zehn Tage in zwei Jahren) für berufliche, politische und allgemeine Weiterbildung ermöglicht. Zwischen den Tarifpartnern war dieses Gesetz lange Zeit umstritten. Da aber jährlich nur ca. 2 % der Anspruchsberechtigten an einem Bildungsurlaubsseminar teilnehmen, und da viele Arbeitgeber inzwischen die Vorteile solcher Seminare anerkennen, ist dieses Gesetz zurzeit unstrittig.

Vereinfacht lassen sich die *Entwicklungen* seit 1970 wie folgt beschreiben:
– Die Grundstruktur der öffentlichen Erwachsenenbildung in Nds. hat sich nur unwesentlich verändert.
– Verändert haben sich aber die Mikrostrukturen der Einrichtungen: neue Rechtsformen, neue Kooperationsformen (z.B. Volkshochschulen mit Krankenkassen, regionale Netzwerke), E-learning, neue Zielgruppen (z.B. „Deutsch als Fremdsprache"), neue Angebotsformen (z.B. Stadtteilprojekte), neue Lernorte (z.B. Hauptschulabschlusskurse im Strafvollzug).

Die *Struktur der Erwachsenenbildung* in Nds. lässt sich vereinfacht wie folgt darstellen:

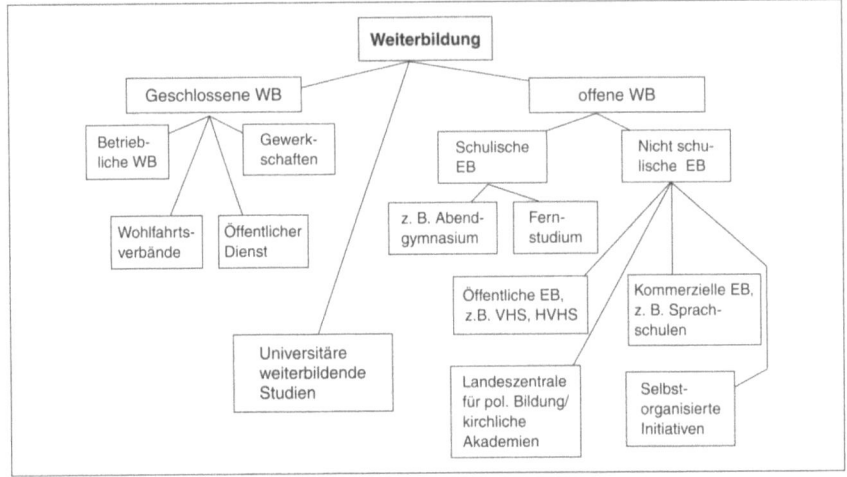

– Die Intensität der Lernberatung hat zugenommen, u.a. auch, weil die Bildungsangebote unübersichtlicher geworden sind.

– Die Bemühungen zur Qualitätssicherung, Selbstevaluation, Profilierung durch Leitbilder, neue Formen des Non-profit-marketing sind verstärkt worden.

– Die seminaristische Bildungsarbeit wird durch vielfältige Formen des selbstgesteuerten Lernens ergänzt.

– Die Zeit der permanenten Steigerungsraten scheint vorüber zu sein. Aus unterschiedlichen Gründen sind die Angebots- und Teilnehmerzahlen – von Ausnahmen abgesehen – rückläufig.

– Andererseits ist festzustellen: die informellen Lernaktivitäten außerhalb oder am Rande des institutionalisierten Weiterbildungssystem nehmen zu (z.B. als Lernen im Prozess der Arbeit, Lernen in Bürgerinitiativen und Selbsthilfegruppen, Lernen mithilfe neuer Medien).

– Computerunterstützte Lernprogramme scheinen überwiegend ergänzend, nicht an Stelle von Seminaren genutzt zu werden.

– Das Anspruchsniveau der Adressaten – hinsichtlich der pädagogischen Kompetenzen, der Beratung, der Ausstattung der Räume, des „Services" – scheinen zu wachsen (was auch mit den steigenden Gebühren zusammenhängt).

**Angebotsformen** – Das thematische Spektrum umfasst sowohl schulische Unterrichtsfächer und berufliches Fachwissen als auch Politik, Kultur, Gesundheit, Identität, fernöstliche Heilkunde und Meditation. Öffentliche Einrichtungen wie die VHS wenden sich an alle Bevölkerungsgruppen, aber zahlreiche Angebote sind an spezielle Zielgruppen adressiert, z.B. alleinerziehende Mütter, Berufstätige im Vorruhestand, Jugendliche im Strafvollzug. Während in der beruflichen Weiterbildung die Männer überrepräsentiert sind, überwiegen in der allgemeinen und kulturellen Erwachsenenbildung die Frauen. Obwohl in den vergangenen Jahren immer mehr ältere Menschen an Seminaren teilnahmen, sind die über 50-Jährigen insgesamt unterrepräsentiert. Das gilt auch für ausländische Bevölkerungsgruppen. Generell gilt weiterhin: Je höher die Schulbildung, desto größer die Weiterbildungsbeteiligung.

Im Jahr 2002 nahmen 1,6 Mio. Niedersachsen an Weiterbildungsveranstaltungen der öffentlichen Erwachsenenbildung teil, davon 600 000 in Volkshochschulen. Kennzeichen der Erwachsenenbildung sind nicht nur die Vielfalt der Themen und Zielgruppen, sondern auch das Spektrum der Veranstaltungsformen und der bildungsorganisatorischen Netzwerke. Zu den *klassischen Angebotsformen* gehören:
– Vorträge und Vortragsreihen
– Abendkurse und Lehrgänge
– Tages- und Wochenendseminare
– Fernstudien
– Gesprächs- und Arbeitskreise
– Podiumsdiskussionen und „Runde Tische"
– Konferenzen, Kongresse, Tagungen
– Unterweisungen am Arbeitsplatz.
*Besondere Veranstaltungsformen* sind:
– Workshops (z.B. Geschichts-, Schreibwerkstatt)
– Übungsfirmen
– Info-Mobile (z.B. gegen Rassismus und Drogen, Beratung zur beruflichen Wiedereingliederung)
– Kampagnen (z.B. zur Agenda 21)
– Outdoor-Seminare (z.B. Survival-Training)
– Sokratische Gespräche
– Lern-Tandems
– Wissens-/Wissenschaftsbörsen
– Bildung auf Bestellung
– Studienzirkel (weitgehend selbstorganisiert)
– Internet-Cafés
– Selbstlernzentren.

Bis in die 70er Jahre war Weiterbildung Erwachsener eher die Ausnahme. Das hat sich grundlegend geändert. Lebenslanges Lernen und kontinuierliche Beteiligung an Weiterbildungsseminaren sind inzwischen zum Normalfall geworden.                    *Horst Siebert*

# Evangelische Kirche

Seit der Reformation, symbolisch seit dem berühmten Thesenanschlag Luthers im Jahre 1517, ist Deutschland in zwei Lager geteilt: ein katholisches und ein evangelisches/protestantisches. Seither durchzieht die Konfessionsspaltung die deutsche Geschichte, mit teilweise blutigen Religionskriegen und oft erbitterten Auseinandersetzungen bis in die zweite Hälfte des 20. Jh. hinein. Auch in Nds. sind diese Strukturen der Zweiteilung noch in vielerlei Formen erkennbar, wenn bis heute im eigentlichen Zentrum von Hannover keine katholische Kirche anzutreffen ist, oder wenn Besuchern in Celle berichtet wird, dass wegen des landesherrschaftlichen Prinzips („cuius regio, eius religio", d.h. die Bevölkerung hat stets die Religion ihres Fürsten) manche Menschen aufgrund von Herrscherwechseln bis zu fünf Mal in ihrem Leben die Religion wechseln mussten. Die Folge davon war, dass es Abweichler immer schwer hatten, sich zu behaupten. Das Ideal war eine religiös homogene Region gewesen, in der es für Andersgläubige keinen Platz gab, was in der Geschichte die Juden immer wieder zu spüren bekamen und neuerdings in abgewandelter Form ab und zu mit Blick auf Muslime in unserem Land aufkommt, wenn es um Moscheebau oder islamischen Religionsunterricht geht.

Die landesherrschaftliche Verfassung der evangelischen Landeskirchen ist bis

St. Michael, 1010 bis 1022 von Bischof Bernward von Hildesheim erbaut, ist ein Schlüsselwerk der mittelalterlichen Kunst. Seit 1985 stehen Dom und St. Michael auf der Welterbeliste der UNESCO.

heute erhalten geblieben, obwohl die Landesherren seit langem politisch keine Bedeutung mehr haben. Es sind dies die Evangelisch-lutherischen Landeskirchen Braunschweig, Hannover, Oldenburg und Schaumburg-Lippe. Zudem gibt es einige evangelische Kirchengemeinden der Evangelischen Kirche von Westfalen, deren Gebiet sich teilweise auf Nds. erstreckt, sowie evangelisch-lutherische Kirchengemeinden der Bremischen Evangelischen Kirche mit Gebietsteilen im Land Nds. Sie alle werden durch die staatliche Verwaltung der Kirchensteuer ebenso erfasst wie die Evangelisch-reformierte Kirche, die Evangelisch-reformierte Gemeinde in Braunschweig, die Reformierte Gemeinde in Göttingen und die Evangelisch-reformierten Kirchen in Bückeburg und Stadthagen.

Die Vielfalt der Benennungen und Kirchen weist auf die interne Geschichte des Protestantismus seit der Reformation hin. Sie verweist zum einen auf Martin Luther (1483–1546) und die sich auf ihn berufenden Kirchen, dann auf die Reformation von Johannes Calvin (1509–1564) und die ihm folgenden Evangelisch-reformierten Kirchen sowie auf Versuche der Vereinigung beider Richtungen.

Typisch für die lutherische Richtung ist die ausschließliche Berufung auf Gottes Gnade (*sola gratia*, alles wird dem Menschen allein durch Gottes Gnade zuteil), allein auf den Glauben (*sola fide*) kommt es an und dieser ist allein in der Schrift (*sola scriptura*), d.h. im Alten und Neuen Testament, grundgelegt. Tradition und Lehre der Kirche müssen sich diesen Kriterien beugen, wenn sie authentisch sein wollen. Unter Berufung auf den Römerbrief (Kap. 13) im Neuen Testament besteht Luther auf der Achtung der Obrigkeit und auf dem Gehorsam ihr gegenüber. Ganz anders Calvin. Er betont, dass das Evangelium das ganze Leben des Menschen prägen muss, dazu gehört auch, Missstände in der Welt zu benennen und sie aktiv zu beseitigen helfen. Charakteristisch ist für all diese Richtungen die Ablehnung einer hierarchisch gegliederten Kirche, wie es die katholische Kirche ist. Die Gemeindestrukturen sind durch das Wahlprinzip und die Beteiligung der Gemeindeglieder geprägt. Der Gottesdienst wird seit jeher in deutscher Sprache gehalten, er entspricht meist dem Wortgottesdienst der katholischen Kirche (also ohne Abendmahlfeier) und legt besonderen Wert auf das Hören des Wortes Gottes in der Schrift (Bibel) und auf die Predigt. Der Gottesdienstraum ist in der evangelisch-reformierten Kirche kein sakraler Raum, er ist geprägt von nüchterner Sachlichkeit ohne Kreuz oder Kruzifix, ohne Altar und Bilder. Demgegenüber wirken evangelisch-lutherische Kirchen bereits geradezu üppig, obwohl sie im Vergleich zur katholischen Kirche ihrerseits recht nüchtern erscheinen. An Sakramenten gibt es zwei: die Taufe und das Abendmahl, wobei Luther lehrt: Brot und Wein *sind* Fleisch und Blut Christi, während Calvin ihnen nur eine symbolische Aussagekraft zugesteht.

In Nds. hatten 2002 die evangelischen Landeskirchen (Referat Statistik des Kirchenamts der EKD = Evangelische Kirche in Deutschland) in Hannover insgesamt 4 229 329 Mitglieder, davon besuchten insgesamt 125 523 den Gottesdienst an Sonn- und Feiertagen. Dieser geringe Prozentsatz macht deutlich, dass für viele Mitglieder andere Kriterien wichtiger sind als die regelmäßige Teilnahme an Kulthandlungen. Die vierte EKD-Erhebung über Kirchenmitglied-

schaft, 2003 vom Kirchenamt der EKD in Hannover veröffentlicht, analysiert daher sehr detailliert die Lage und nennt die wichtigsten Erwartungen der Mitglieder an ihre Kirche: Begleitung der Mitglieder an Wendepunkten des Lebens (Taufe, Konfirmation, Trauung, Beerdigung), Betreuung Alter, Kranker und Notleidender sowie Gottesdienst. Mithilfe einer Typisierung, die von „religiös und kirchennah" über „wenig religiös und kirchennah", „religiös und kirchenfern" und „etwas religiös und etwas kirchenah" bis zu „nicht religiös und kirchenfern" reicht, entsteht ein facettenreiches Bild kirchlicher Mitgliedschaft, das der enormen Bandbreite sozialer Milieus, die die Kirche bedient, entspricht. Von daher ist einleuchtend, dass es ein einheitliches Pastoralkonzept für diese Vielfalt nicht geben kann, sondern verschiedene Wege gegangen werden müssen, wenn die evangelische Kirche in Zukunft weiterhin all diesen unterschiedlichen Interessen entsprechen will.

*Peter Antes*

## Extremismus

Der von den Verfassungsschutzbehörden verwendete Extremismusbegriff orientiert sich an der Rechtsprechung des Bundesverfassungsgerichts, das in seinen Verbotsurteilen gegen die Sozialistische Reichspartei (SRP) und die Kommunistische Partei Deutschlands (KPD) die Wesensmerkmale der freiheitlichen demokratischen Grundordnung bestimmte: Grund- und Menschenrechte, Volkssouveränität, Gewaltenteilung, Verantwortlichkeit der Regierung, Gesetzmäßigkeit der Verwaltung, Unabhängigkeit der Gerichte sowie das Mehrparteienprinzip mit dem Recht auf Bildung und Ausübung einer Opposition.

Vereinfacht lässt sich sagen, dass ein Personenzusammenschluss als extremistisch zu bewerten ist, wenn sich seine politischen Bestrebungen gegen diese Wesensmerkmale der verfassungsmäßigen Ordnung richten.

**Linksextremismus** – Ideologisch berufen sich linksextremistische Organisationen in mehr oder weniger modifizierter Form auf die beiden ideengeschichtlichen Grundströmungen linken Denkens des 19. Jh., Marxismus und Anarchismus, die in radikal zugespitzter Form zurückgreifen auf das Freiheits- und Gleichheitspostulat der Französischen Revolution und der Aufklärung. Im Gegensatz zum Rechtsextremismus hat linksextremistisches Denken eine utopische Komponente und verfolgt als Ziel die Schaffung einer klassen- und herrschaftslosen Gesellschaft.

Die Propagierung der revolutionären Überwindung der bestehenden Gesellschaftsordnung gehört daher zum politischen Forderungskatalog aller linksextremistischen Organisationen und ist ein konstitutiver Bestandteil linksextremistischer Ideologie. Allerdings differieren die Ansichten über den einzuschlagenden revolutionären Weg. Kommunismus und Anarchismus unterscheiden sich in der Bewertung der Freiheitsrechte. Während der weit gefasste Gleichheitsbegriff kommunistisch ausgerichteter Organisationen individuelle Freiheitsrechte überdeckt, lehnen anarchistische Gruppierungen staatliche Organisation und damit Machtstrukturen generell ab.

Organisationen wie die Deutsche Kommunistische Partei (DKP), die Marxistisch-leninistische Partei Deutschland (MLPD) und die Kommunistische Plattform (KPF) der PDS halten an der Idee einer die Diktatur des Proletariats implizierenden Revolution der Arbeiterklasse als revolutionärem Subjekt fest. Demgegenüber propagieren anarchistische Gruppierungen die Überwindung des bestehenden politischen Systems auf dem Wege massenhaften zivilen Widerstands und vorbildhafter Selbstorganisation.

Orthodox-kommunistische Parteien wie die DKP und die MLPD verharren in überkommenen theoretischen Diskussionen, ohne die geringste Ausstrahlungskraft zu entwickeln. Einen zentralen ideologischen Fixpunkt bildet nach wie vor das Staats- und Gesellschaftssystem der ehemaligen DDR. Die PDS hat nach fünfjähriger Diskussion ein neues Parteiprogramm verabschiedet, das einen Konsens zwischen den verschiedenen Parteiflügeln und Plattformen herzustellen bestrebt ist, wegen seines Kompromisscharakters aber kein eindeutiges Bekenntnis zur freiheitlichen demokratischen Grundordnung beinhaltet. Während die PDS auf Bundesebene erneut deutlich an Mitgliedern verlor (von 78 000 auf 70 000), hat sie ihren, allerdings nur geringen, Mitgliederstand in Nds. auf etwa 700 Mitglieder leicht steigern können. Die in den 80er Jahren über 40 000 Personen zählende DKP stagniert bundesweit bei 4 700 und auf nds. Ebene bei weniger als 400 Parteimitgliedern.

Eine weitere Richtung linksextremistischen Denkens stellen trotzkistische Gruppen wie die Gruppierung Linksruck dar. Charakteristisch für trotzkistische Gruppen ist die Taktik des Entrismus, der konspirativen Infiltration von Parteien und Massenorganisationen mit dem Ziel, diese von innen auszuhöhlen und zu desorganisieren. Die Zahl der Mitglieder ging bundesweit auf kaum noch 500 zurück. In Nds. bildet Hannover den Aktionsschwerpunkt der Gruppierung. Mit dem Abflauen der Antikriegsbewegung verschob sich auch der Schwerpunkt der Aktivitäten von Linksruck. Die taktisch äußerst flexible Organisation erhob den Kampf gegen Sozialabbau zum beherrschenden Thema.

Als auffälligste und dynamischste Erscheinung des Linksextremismus kann nach wie vor der Bereich Autonome und sonstige gewaltbereite Linksextremisten gelten, dem auf Bundesebene ein Potenzial von 5 400 (2002: 5 500) und in Nds. von unverändert 680 Personen zuzurechnen ist. Die Angehörigen des autonomen Spektrums betätigen sich als „Trittbrettfahrer" bürgerlicher Demonstrationen, u.a. gegen die Sozialpolitik der Bundesregierung und den Irak-Krieg, um quasi aus der Deckung heraus Straftaten zu verüben. Die im Jahr 2001 von der militanten gruppe (mg) aus Berlin angestoßene Militanzdebatte über die Anwendung und Rechtfertigung personenbezogener Anschläge indes hat im Umfang und in der Bedeutung nachgelassen, da sie vom überwiegenden Teil des autonomen Spektrums nicht mitgetragen wird.

Im Gegensatz zur anarchistischen Graswurzelbewegung verfügen Gruppierungen des autonomen Spektrums über keine geschlossene Gesellschaftskonzeption. Autonome Aktionen sind vielmehr geleitet durch eine eklektische Weltanschauung. Prägend für die Aktionen der Autonomen ist die Annahme von der Unterdrückung des Menschen durch Kapitalismus, Patriarchat und Rassismus. Von herausgehobener Bedeutung für diesen Bereich des Linksextremismus ist nach wie vor das Themenfeld Antifaschismus, wie autonome Gegenmobilisierungen anlässlich von NPD-Demonstrationen in Nds. deutlich machten. Die in den letzten Jahren dominierenden Aktionsfelder Anti-Globalisierung und Anti-Castor hingegen haben für die autonome Bewegung an Bedeutung verloren, nicht zuletzt, weil sich die mediale Präsenz auf andere Themen wie Irak-Krieg und Sozialabbau verlagerte.

**Rechtsextremismus** – Der Rechtsextremismus kann als eine Ideologie der Ungleichheit bezeichnet werden, wobei Ungleichheit im Sinne von Ungleichwertigkeit zu verstehen ist. Diesem Oberbegriff sind folgende Ideologieelemente zuzuordnen:
– aggressive, menschenverachtende Fremdenfeindlichkeit,
– Antisemitismus,
– Rassismus,
– Unterscheidung von „lebenswertem" und „lebensunwertem" Leben,
– Überhöhung von Volk, Nation und Staat bei gleichzeitiger Abwertung anderer Nationen und Völker (Nationalismus),
– Orientierung an einer rassistisch verstandenen homogenen Volksgemeinschaft (Volksgemeinschaftsdenken),
– Individualrechte verneinendes, dem Führerprinzip verpflichtetes Kollektivdenken (Antipluralismus),
– Behauptung natürlicher Hierarchien (Biologismus),
– Betonung des Rechts des Stärkeren (Sozialdarwinismus),
– Ablehnung demokratischer Regelungsformen von Konflikten,
– Übertragung militärischer Prinzipien und Verhaltensformen auf die zivile Gesellschaft (Militarismus),
– Revisionismus (die Relativierung und Leugnung der Verbrechen des Nationalsozialismus, u.a. Auschwitz-Lüge).

Der Rechtsextremismus hat in den letzten zehn Jahren einen Strukturwandel erfahren, in dessen Verlauf die rechtsextremistischen Parteien sowohl in Hinsicht auf das Mitgliederpotenzial als auch in Hinsicht auf das Erscheinungsbild des Rechtsextremismus an Bedeutung verloren haben. Das Hauptaugenmerk der Sicherheitsbehörden gilt dem gewaltbereiten Rechtsextremismus – in erster Linie rechtsextremistische Skinheads –, der rechtsextremistischen Musikszene und den neonazistischen Kameradschaften. Die Anzahl gewaltbereiter Rechtsextremisten hat sich auf Bundesebene erstmals seit Mitte der 90er Jahre wieder verringert (von 10 700 auf 10 000 Personen). In Nds. konnte sogar ein zweites Mal nacheinander ein Rückgang des gewaltbereiten Personenpotenzials (von 1 050 auf 1 000) verzeichnet werden. Trotz dieser erfreulichen Entwicklung stellt die latente und damit unkalkulierbare Gewaltbereitschaft diffus rechtsextremistisch geprägter Jugendlicher weiterhin eine zentrale Herausforderung für Staat und Gesellschaft dar.

Die rechtsextremistische → Musik ist das zentrale Transportmedium für rassistische, fremdenfeindliche und antisemitische Botschaften. Die Gefahr besteht weniger in der Förderung eines dauerhaften politischen Engagements, als vielmehr in der Unterminierung des Wertesystems der verfassungsmäßigen Ordnung. Da sich die Wirkung der rechtsextremistischen Musik nicht auf intellektuellem, sondern auf emotionalem Wege entfaltet, lassen sich die Folgen nicht unmittelbar einschätzen. Die Dynamik des rechtsextremistischen Musikwesens lässt sich daran ablesen, dass in Nds. innerhalb kurzer Zeit zahlreiche Bands neu entstanden sind, mittlerweile werden mindestens zehn rechtsextremistische Skinhead-Bands registriert. Der Handel mit rechtsextremistischen CDs ist nach wie vor ein lukratives Geschäft. Rechtsextremisten haben ein ausgeklügeltes, über die Grenzen Deutschlands hinausreichendes Vertriebsnetz aufgebaut. Im Jahr 2003 sind ca. 100 rechtsextremistische CDs neu erschienen, von denen etwa 10 % strafrechtsrelevante Inhalte aufweisen. Die Hassbotschaften solcher Musik entfalten ihre Wirkung insbesondere auf Jugendliche.

Das neonazistische Personenpotenzial ist auf Bundesebene deutlich angestiegen, von 2 600 auf 3 000 Personen. Nds. ist von diesem Trend ausgenom-

men; unverändert werden 350 Neonazis registriert. Die meisten Neonazis sind in Kameradschaften organisiert, die in ihrer Gesamtheit kein einheitliches Bild abgeben. Während insbesondere im Osten Deutschlands stark politisierte Kameradschaften dominieren, überwiegen in Nds. ideologisch weniger gefestigte Kameradschaften, die sich aus Skinheads und Neonazis zusammensetzen. Die Anzahl der Kameradschaften in Nds. fluktuiert zwischen 20 und 25. Aktive Kameradschaften finden sich in den Gebieten Weserbergland, Osnabrück, Salzgitter und Göttingen. Der Raum Lüneburg, der jahrelang einen Schwerpunkt neonazistischer Aktivitäten bildete, hat inzwischen an Bedeutung verloren. Dies ist ein Indiz für die Fluktuation im Kameradschaftsbereich und lässt Rückschlüsse zu hinsichtlich der Bedeutung von Führungsfiguren, derer es bedarf, um das rechtsextremistische Potenzial, das es in allen Teiles des Landes gibt, zu mobilisieren.

Der parteigebundene Rechtsextremismus stellt in Nds. derzeit keine zentrale Herausforderung dar. Die Republikaner (REP) befinden sich seit Jahren in einem Abwärtstrend, der sich 2003 fortsetzte. Die Mitgliederzahl hat ein weiteres Mal deutlich abgenommen. Derzeit zählt die Partei nur noch 400 Mitglieder (2002: 550 Personen), sodass von einer politischen Handlungsfähigkeit kaum noch gesprochen werden kann. Die REP erscheint personell, organisatorisch und finanziell ausgeblutet.

Die Deutsche Volksunion (DVU) stellt in Nds. nach wie vor eine Schattengröße dar. Überdies ist die Mitgliederzahl erneut gesunken (von 1 000 auf 900 Personen). Wegen innerer Zerstrittenheit und mangelnder Mobilisierungsfähigkeit ist die DVU in Nds. so gut wie nicht kampagnefähig.

Eine Sonderstellung nimmt die Nationaldemokratische Partei Deutschlands (NPD) ein. Seit der Übernahme des Parteivorsitzes durch Udo Voigt im Jahr 1996 hat sich die NPD konsequent modernisiert und den Anschluss an neue Erscheinungsformen des Rechtsextremismus (Freie Nationalisten, Skinhead-Musik) gesucht. Das gescheiterte Verbotsverfahren hat diesen Prozess zwar zwischenzeitlich ins Stocken gebracht, ihn aber nicht zu unterminieren vermocht. Als einzige der rechtsextremistischen Parteien hat die NPD unter Einbeziehung neonazistischer Ideologieelemente eine explizit systemüberwindende Programmatik entwickelt, die sie für Neonazis attraktiv erscheinen lässt. Zwar war im vergangenen Jahr ein deutlicher Mitgliederrückgang zu verzeichnen (von 6 100 auf 5 000 Mitglieder), nichtsdestotrotz ist der NPD derzeit – unabhängig von Wahlergebnissen – von allen rechtsextremistischen Parteien das größte Entwicklungspotenzial zuzubilligen. Auch ihre Virulenz resultiert aus ihrer Einflussnahme auf Jugendliche. Entgegen dem Bundestrend ist die Mitgliederzahl des nds. Landesverbandes mit 450 Personen konstant geblieben.

Das Internet hat als Kommunikationsmittel für Rechtsextremisten eine immer größere Bedeutung gewonnen. Nach einem zwischenzeitlichen Rückgang steigt die Anzahl rechtsextremistischer Homepages inzwischen wieder an. Chat-Rooms und Diskussionsforen, wie das Wikinger-Forum oder das Nationale Forum, haben für den Zusammenhalt der Szene einen immer größeren Stellenwert erlangt. Zum Teil gelingt es Rechtsextremisten auf diesem (virtuellen) Weg, Organisationsverbote zu unterlaufen und Kontakte bis auf die internationale Ebene zu knüpfen.

*Volker Homuth*

# Familie / Familienpolitik

In Nds. leben etwa 3 Mio. Familien; d.h. Ehepaare mit und ohne Kinder sowie allein Erziehende, die mit ihren ledigen Kindern zusammenwohnen (Grafik 1). Dieser Familienbegriff zeigt, dass dem Strukturwandel von Familie Rechnung getragen wird und nicht allein Verheiratete oder zumindest Paare mit Kindern als Familie gelten. Seit Mitte der 70er Jahre sinkt der Anteil der Familien mit Kindern kontinuierlich, dagegen nimmt die Anzahl der Ehepaare ohne Kinder und die Familienform „allein Erziehende" zu. Ein-Eltern-Familien sind von 1974 bis 2001 um fast 50 % angestiegen, heute besteht jede fünfte Familie aus einem allein erziehenden Elternteil, wobei 78 % der allein Erziehenden aus Mutterfamilien und nur 22 % aus Vaterfamilien bestehen (Grafik 2). Dennoch waren 2001 79 % der Paare mit Kindern verheiratet!

Als Modernisierungsstrategien von Elternschaft kann die gewandelte Familienzusammensetzung und die Verschiebung des Erstgeburtsalters interpretiert werden. Nahezu die Hälfte aller Familien in Niedersachsen hat heute ein Kind, bei Ehepaaren ist am häufigsten (41 %) die Zwei-Kind-Familien anzutreffen, nur jede vierte allein Erziehende hat zwei Kinder. Waren 1980 die Frauen am häufigsten 26 Jahre bei der Geburt ihres Kindes, so verschob sich 1990 das Geburtsalter auf 28 Jahre und betrug 2001 sogar 30 Jahre; d.h. es fand ein starker Trend zur späten Mutterschaft statt, der sich auch bundesweit widerspiegelt. Über die Ursachen und Gründe der gewandelten familialen Lebensrealitäten gibt es unterschiedliche Auffassungen: Fest steht, dass die berufliche Ausbildung einen größeren Zeitrahmen von Frauen und Männern beansprucht und Elternschaft zugleich voraussetzungsrei-

**Grafik 1: Familien mit Kindern nach Familientyp und Altersgruppe der Kinder in Niedersachsen 2001**

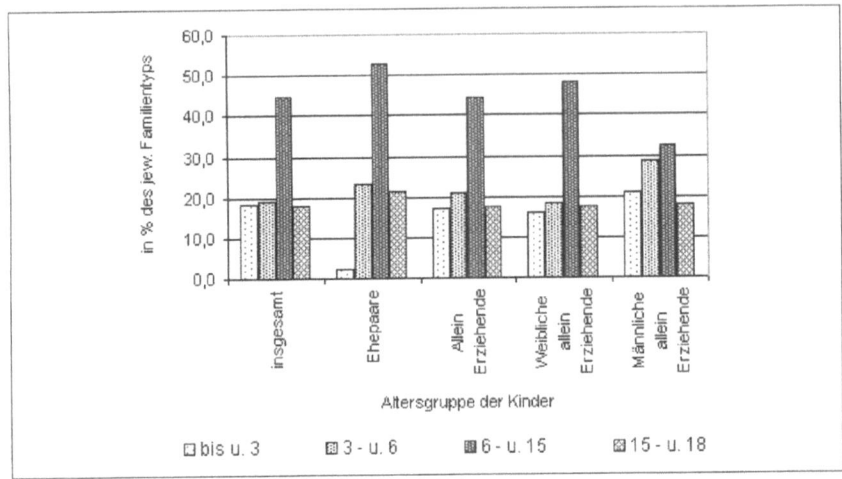

Anmerkung: Mehrfachnachweis möglich.
Quelle: Niedersächsisches Landesamt für Statistik, Haushalte und Familien, Ergebnisse des Mikrozensus (April 2001), eigene Berechnungen

**Grafik 2: Allein Erziehende mit Kindern nach Geschlecht des Haushaltsvorstands und allein erziehende Frauen nach Anzahl der Kinder in Niedersachsen 2001 (in % an allen allein Erziehenden bzw. allein erziehenden Frauen)**

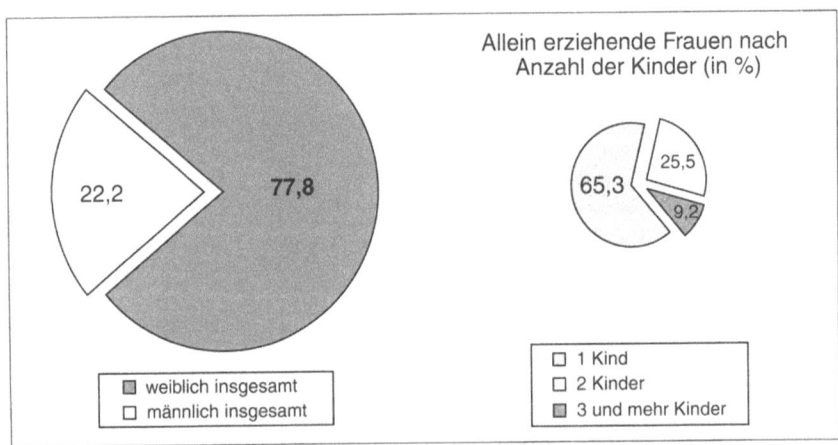

Quelle: Niedersächsisches Landesamt für Statistik, Haushalte und Familien, Ergebnisse des Mikrozensus (April 2001), eigene Berechnungen

cher und anspruchsvoller geworden ist. Darüber hinaus bedarf das Hausfrauenmodell mit traditioneller Arbeitsteilung zwischen den Geschlechtern zunehmend der Legitimierung. Auch die Familienpolitik betont in den letzten Jahren die Bedeutung des Vaters in der Entwicklung des Kindes und versucht mit der „Elternzeit" nicht nur – wie zuvor – die Vereinbarkeit von Erwerbsarbeit und Mutterschaft zu forcieren.

Dennoch zeigen sich die Väter recht veränderungsresistent: Nur 2 % aller Väter lassen sich auf dieses Experiment ein, und hier liegt Nds. wieder im Bundestrend! Möglicherweise ist es noch zu früh, um diesbezüglich weiter gehende Prognosen für die Zukunft privater Lebensformen zu stellen. Zumindest in puncto Scheidungen zeigen sich neuartige Tendenzen: Während seit 1985 in Nds. und auch in vergleichbaren anderen Bundesländern die Anzahl der Ehescheidungen um rund zwei Drittel zu-

nahm – allein im Jahre 2002 wurden 19 500 Ehen in Nds. geschieden, 54 % davon mit minderjährigen Kindern (insgesamt waren 17 300 Kinder betroffen) –, lässt sich eine rückläufige Entwicklung bei Geschiedenen mit minderjährigen Kindern beobachten (Graifk 3). Umgekehrt bedeutet das aber auch: Auch eine Scheidung nach einer Ehedauer von 20 und mehr Ehejahren ist kein Tabu mehr. In Nds. beträgt dieser Anteil an späten Ehescheidungen mehr als ein Viertel.

Obwohl die Doppelorientierung bei jungen Frauen inzwischen als selbstverständlicher Bestandteil ihrer Biographie angesehen werden kann, sind längst nicht alle Mütter in Nds. erwerbstätig. Vielmehr gilt: Je jünger die Kinder und je höher die Anzahl der Kinder, desto seltener ist selbst eine Teilzeitbeschäftigung der Mütter. Knapp die Hälfte der verheirateten Mütter mit zwei Kindern ist heutzutage in Nds. berufstätig. Und

**Grafik 3: Geschiedene Personen insgesamt und nach Anzahl der Kinder in Niedersachsen 1985 bis 2002 (in % an allen Geschiedenen)**

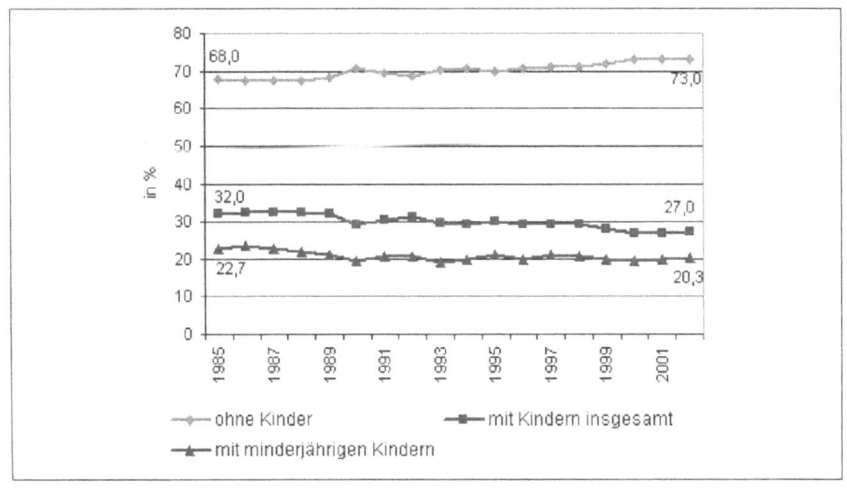

Quelle: Niedersächsisches Landesamt für Statistik, Ergebnisse des Mikrozensus, eigene Berechnungen

hier dürften nicht nur kulturelle Leitbilder vom Ideal der „guten Mutter" erwerbshemmend wirken, sondern strukturelle Bedingungen andere Lösungen vereiteln. Dass Familienpolitik hier als ein wichtiges Steuerungsinstrument von Nöten wäre, um Familien in ihren vielfältigen Ausprägungen, Wünschen und Bedürfnissen nach Individualität weiterhin lebbar zu machen, scheint außer Frage. Ein Blick über die nationalen Grenzen, etwa nach Schweden oder Frankreich, zeigt, dass sich Berufstätigkeit und Mehrkindfamilien durchaus verbinden lassen.

Erste Schritte zur Veränderung struktureller Barrieren stellen politische Diskussionen zur Ganztagsschule und Ganztagsbetreuung von Kindern dar, die z.t. auch verbunden sind mit der Forderung nach einer besseren Qualität von Erziehungsleistungen und Kooperationsangeboten mit Institutionen, die mütter-, väter- und kinderfreundliche flexible Lösungsstrategien anstreben.

*Dorothea Krüger*

## Fernsehen

**Definition** – Laut Definition im Rundfunkstaatsvertrag ist Fernsehen Teil des Rundfunks (→ Rundfunk). Das ist rechtlich von Relevanz, entspricht aber auch der institutionellen Entwicklung. Umgangssprachlich wird unter Rundfunk allerdings ausschließlich Hörfunk (Radio) verstanden.

**Geschichte** – Ab 1925 erste Fernsehvorführungen in Deutschland. Erst die Nationalsozialisten, die die Propagandawirkung des Fernsehens erkannten, förderten die Entwicklung. Der erste regelmäßige Fernsehprogrammbetrieb der Welt startet am 22.3.1935 in Deutschland. 1936 Berichterstattung über die Olympischen Spiele in Berlin. Der Krieg stoppt die weitere Entwicklung. 1948 beschließt der NWDR (→ Rundfunk), das Fernsehen weiterzuentwickeln. 1950 sendet der NWDR das erste deutsche Fernsehbild nach dem Krieg. Ende November 1950 wird aus Hamburg ein regelmäßiges Versuchsprogramm gesendet. Die vom NWDR entwickelte Norm von 625-Zeilen für das Fernsehbild wird 1952 von neun europäischen Ländern übernommen. Am 25.12.1952 startet der NWDR mit täglichen Sendungen. 1953 Beschluss der 1950 gegründeten ARD (Arbeitsgemeinschaft der öffentlich-rechtlichen Rundfunkanstalten der Bundesrepublik Deutschland) über die Errichtung des Deutschen Fernsehens. 1.11.1954 offizieller Beginn des Ersten Deutschen Fernsehens. 1957 starten der NDR und der WDR ein Regionalprogramm. 1960 Einweihung des Fernsehstudios in Hannover. 1963 nimmt das ZDF den Sendebetrieb auf. 1965 offizieller Start des III. Fernsehprogramms (N 3). Kabel- und Satellitentechnik sowie die Deregulierung des Rundfunks in Europa Anfang der 80er Jahre des letzten Jh. führen zur Entstehung des dualen Systems, des Nebeneinander von öffentlich-rechtlichem und privatem Rundfunk. Sat 1 und RTL plus starten mit dem Kabelpilotprojekt Ludwigshafen 1984. Am 24.5.2004 startet das digitale Antennenfernsehen (DVB-T) zunächst in den Regionen Hannover/Braunschweig sowie Bremen/Unterweser mit 15 TV-Programmen und einem Mediendienst. Ab November 2004 folgen acht weitere Programme. Der Empfang erfordert einen DVB-T-Decoder. Nach Berlin sind die Ballungsräume in NRW und Nds. die ersten Gebiete, die auf das digitale Antennenfernsehen umgerüstet werden. Hessen folgt 2005. In den nächsten Jahren soll der DVB-T-Empfang in Nds. flächendeckend und 2010 soll Rundfunk in Deutschland ausschließlich digital sein.

**Die Programme** – Die Vier-Länder-Anstalt NDR produziert gemeinsam mit Radio Bremen das NDR Fernsehen (III. Programm). 90 % werden vom NDR gestaltet. Im Rahmen dieses Programms produzieren die jeweiligen Landesstudios Landesprogramme (Hannover: Hallo Niedersachsen, 19.30 – 20.00 Uhr). Nach dem WDR und dem SWR liefert der NDR mit 8,4 % Programmanteil (ARD Jahrbuch 2003) den drittgrößten Beitrag für das gemeinsame Programm der ARD. Nicht eingerechnet sind darin die als Gemeinschaftsprogramme im Auftrage aller ARD-Länderanstalten unter der Verantwortung des NDR produzierten Sendungen (Tagesschau, Tagesthemen, Wochenspiegel, Nachtmagazin etc.). Der NDR steuert auch Sendungen zum Programm von 3sat, Arte, PHOENIX und dem Kinderkanal bei.

1987 erhält RTL eine Lizenz zur bundesweiten Ausstrahlung über Satellit (1999 Verlängerung bis 2003 und erneut verlängert bis 2008). 2003 wird das digitale Programmbouquet RTL World lizenziert. 1987 werden die beiden landesweiten niedersächsischen Fensterprogramme „RTL Nord" (18.00 Uhr – 18.30 Uhr) und „Sat 1 17.30 Live" (17.30 Uhr – 18.00 Uhr) zur terrestrischen Verbreitung zugelassen. Beide Programme bringen aktuelle regionale Nachrichten und Informationen. § 26 Abs. 5 des Rundfunkstaatsvertrags verpflichtet RTL, Sendezeit für unabhängige Dritte einzuräumen. 1998 erhält DCTP (SPIEGEL TV, STERN TV) die 120-minütige und AZ Media TV (future TREND, Die große Reportage) die 60-minütige Sendezeitschiene (wurden 2003 für fünf Jahre verlängert). Im Jahr 2000 wurde als drittes Fensterprogramm GIGA TV lizenziert. Die Lizenzen erteilt die Nds. Landesmedienanstalt für privaten Rundfunk (NLM).

Im Rahmen der Bürgerfunkmedien wurden 2002 zwei reine TV-Projekte sowie drei Hörfunk/TV-Projekte lizenziert. Sie sind nur lokal verbreitet, und ihr Programm besteht in der Ergänzung des lokalen publizistischen Angebots.

*Volkhard Schuster*

## Fischerei

Seit urgeschichtlicher Zeit wird in Nds. Fischerei betrieben. Obwohl ihre Bedeutung abgenommen hat, ist sie vor allem an der Küste nach wie vor wichtig: Mitte 2003 gab es in Nds. noch 472 sozialversicherungspflichtig Beschäftigte in der Fischerei und Fischzucht. Dazu kommen 216 Selbstständige (Stand 1987) sowie zahlreiche Beschäftigte, die in Betrieben Bremens und Bremerhavens tätig sind. Die Produkte der Fischerei bilden die Rohstoffe für 15 Betriebe der fischverarbeitenden Industrie (→ Nahrungs- und Genussmittelindustrie). Die Fischerei umfasst die Binnenfischerei, die Kleine Hochsee- und Küstenfischerei und die Große Hochseefischerei.

**Binnenfischerei** – Binnenfischerei wird an Flüssen, Seen und Teichen betrieben, zum Teil auch nichtgewerblich. Vielfältige Gewässertypen, die von schnellen, sauerstoffreichen Gebirgsbachen bis nährstoffreichen Seen sowie langsam fließenden Stromunterläufen reichen, liefern dafür die Grundlage. Binnenfischerei wird heute meistens als Teichwirtschaft betrieben. Der relativ hohe Verschmutzungsgrad der Fließgewässer sowie der Ausbau der Ströme als Wasserstraßen behinderten die Fischerei und ließen Wanderfische wie Lachs und Stör selten werden. Mit zunehmender Gewässergüte und durch gezielte Maßnahmen tauchen selten gewordene Fischarten allerdings seit einiger Zeit wieder auf.

Die nds. Binnenfischerei erzeugt pro Jahr etwa 4 000 t Fisch. Sie bestand 1999 noch aus insgesamt 94 Haupterwerbsbetrieben. Diese erzeugten in der Seen- und Flussfischerei 160 t Fisch, in der Karpfenteichwirtschaft 425 t und in der Forellenwirtschaft 2 170 t. Die Fluss- und Seenfischerei fängt vor allem Aal, Hecht, Zander und Weißfische.

**Große Hochseefischerei** – Als Große Hochseefischerei gilt die Fischerei mit großen Fahrzeugen auf entfernt gelegenen Fanggebieten. Der Fang, vor allem Hering, wird an Bord verarbeitet und gefrostet oder geeist, Abfälle werden zu Fischmehl oder -öl verarbeitet. Die Bestände sind weltweit von Überfischung bedroht. So sind z.B. die Dorschbestände der östlichen Ostsee und die Kabeljaubestände der Nordsee stark gefährdet. Die Flotte der Großen Hochseefischerei und ihre Anlandungen sind stark zurückgegangen, seitdem Länder wie Island als Schutz vor Überfischung Befischungsgrenzen für ausländische Fischer festlegten und später die EU Fangmengen und Fangquoten einführte. Von diesem Niedergang ist die Region um Cuxhaven und Bremerhaven stark betroffen. So verringerte sich von 1970 bis 2003 die Cuxhavener Flotte von 21 auf zwei Schiffe. Die Große Hochseefischerei landete 2003 in Cuxhaven nur noch 1 109 t an. 1980 waren es noch 77 870 t.

**Kleine Hochsee- und Küstenfischerei** – Die kleine Hochsee- und Küstenfischerei wird von Hochseekuttern, deren Schiffsführer meist zugleich Eigner sind, betrieben. Gefangen werden Seelachs, Plattfische, Muscheln und Krabben. 1982 bestand die Kutterflotte Nds. aus 186 Schiffen, 2003 waren es 169 Schiffe, davon 142 Krabbenkutter. Die Anlandungen der Kleinen Hochsee- und Küstenfischerei sind in der Summe relativ stabil geblieben. 1981 wurden 28 096 t

angelandet, 2001 waren es 24 218 t. Abgenommen hat der Fang von Kabeljau, Dorsch und Schellfisch, zugenommen der von Seelachs und Muscheln. 2001 wurden 6 630 t Seelachs, 6 643 t Miesmuscheln, 4 919 t Krabben und 13 290 t Scholle angelandet. Die größten Erlöse erzielten die Krabben. Wichtigster nds. Hafen ist Cuxhaven, von Bedeutung ist aber auch Greetsiel. In kleineren Häfen wie Norddeich, Neuharlingersiel und Ditzum werden jeweils weniger als 1 000 t angelandet.                    *Lothar Eichhorn*

# Flüchtlinge und Vertriebene

**Folgen des Zweiten Weltkriegs** – In den Ostgebieten des Deutschen Reiches und in den deutschen Siedlungsgebieten in Ost-, Ostmittel- und Südosteuropa hatten vor Beginn des Zweiten Weltkriegs rund 18 Mio. Reichsdeutsche und „Volksdeutsche" gelebt. Der weitaus überwiegende Teil von ihnen, etwa 14 Mio., flüchtete in der Endphase des Krieges in Richtung Westen oder wurde nach Kriegsende vertrieben bzw. deportiert. Die Bilanz dieser millionenfachen Fluchtbewegungen und Vertreibungen spricht aus den Daten der Volkszählungen von 1950 in der BRD und in der DDR: Danach waren insgesamt knapp 12,5 Mio. Flüchtlinge und Vertriebene aus den ehemaligen Reichsgebieten östlich von Oder und Neiße und aus den Siedlungsgebieten der „Volksdeutschen" auf das Gebiet der beiden deutschen Staaten gelangt; weitere 500 000 lebten in Österreich und anderen Ländern. Mindestens 1 Mio. Menschen hatten Flucht und Vertreibung nicht überlebt.

**Zuwanderung nach Nds.** – Nds. war in den deutschen Westzonen neben Schles-

Die Flüchtlingssiedlung Neugnadenfeld wurde 1946 auf Betreiben der Herrnhuter Brüdergemeine in dem ehemaligen Barackenlager für russische Kriegsgefangene Alexisdorf gegründet. Innerhalb weniger Monate kamen Hunderte Flüchtlinge in das Lager, das bald mehr als 1 000 Menschen beherbergte.

wig-Holstein und Bayern eines der drei Hauptaufnahmegebiete von Flüchtlingen und Vertriebenen ("Hauptflüchtlingsländer"): Die aufgrund geringerer Zerstörungen in den ländlichen Distrikten vergleichsweise günstige Ernährungs- und Wohnungssituation in Nds. ließ die Alliierten die Ströme von Flüchtlingen und Vertriebenen aus dem Osten gerade auch hierher lenken. Im Oktober 1946 wurden in Nds. 1 475 500 Flüchtlinge und Vertriebene gezählt, die 22,9 % der Bevölkerung stellten. Bis 1949 nahm ihre Zahl noch weiter zu und erreichte 1,82 Mio. (26,4 % der Bevölkerung). Vornehmlich die Flüchtlingszuwanderung führte dazu, dass die nds. Bevölkerung trotz der Kriegsverluste um ca. 50 % anwuchs – von 4,5 Mio. 1939 auf 6,8 Mio. 1950.

Der weitaus überwiegende Teil der Flüchtlinge und Vertriebenen in Nds. kam mit rund einem Drittel aus Schlesien. Es folgten Ostpreußen und Danzig mit rund einem Fünftel sowie Ostpommern und Ostbrandenburg mit rund einem Siebtel. Damit stammten in Nds. fast drei Viertel dieser Zuwanderer aus den ehemaligen Reichsgebieten östlich von Oder und Neiße. Deutsche Siedlungsgebiete jenseits der deutschen Staatsgrenzen vor Beginn der nationalsozialistischen Expansion seit Ende der 30er Jahre bildeten nur in vergleichsweise geringem Umfang Herkunftsgebiete der Zuwanderer: Das galt für die UdSSR und Polen (8,5 %), das Baltikum und das Memelland (1,7 %) sowie Jugoslawien, Rumänien, Ungarn, Österreich und die Tschechoslowakei (5,5 %).

**Wanderungen innerhalb der BRD** – Innerhalb Nds. ergaben sich dabei klare Ungleichgewichte mit einem sehr deutlichen Ost-West-Gefälle: Die grenznahen Regierungsbezirke und Kreise im Osten nahmen wesentlich mehr Flüchtlinge und Vertriebene auf als die mittleren und westlichen. Einheimische stellten 1946 in den westlichsten Regierungsbezirken Aurich und Osnabrück drei Viertel, in den Bezirken Braunschweig, Hannover, Hildesheim, Oldenburg und Stade zwei Drittel, im Regierungsbezirk Lüneburg aber nur noch die Hälfte der Bevölkerung.

Nach der Gründung der BRD und vor allem nach dem Beginn der Hochkonjunkturphase Anfang der 50er Jahre lassen sich bei den Flüchtlingen und Vertriebenen klare Bewegungsmuster ausmachen: Starke Abwanderungen erfolgten aus den ländlichen Regionen, die nach Kriegsende aufgrund der vergleichsweise besseren Ernährungs- und Wohnungssituation die wichtigsten Aufnahmeräume gewesen waren. Vor allem auf der Suche nach adäquaten Arbeitsplätzen zielte diese Bewegung auf städtisch-industrielle Räume. „Verlierer" war Nds., „Gewinner" Nordrhein-Westfalen und hier vor allem das Ruhrgebiet. Zwischen 1949 und 1956 wurde auf der Basis von fünf Umsiedlungsprogrammen des Bundes rund 1 Mio. Flüchtlinge und Vertriebene in andere Bundesländer umverteilt. Nds. war daran mit etwa 325 000 Menschen beteiligt. Dennoch blieb Nds. eines der „Hauptflüchtlingsländer" in Westdeutschland: Auch Mitte der 50er Jahre lebten hier noch rund 20 % aller Flüchtlinge und Vertriebenen. Der Großteil der Flüchtlinge und Vertrieben blieb also in Nds. und trug ganz erheblich zu Wiederaufbau und „Wirtschaftswunder" bei. *Jochen Oltmer*

# Frauen / Gleichstellung

In Nds. leben rund 4 Mio. Frauen, das entspricht 51 % der Gesamtbevölkerung des Landes. 3,2 % der Frauen sind Ausländerinnen, wobei der Frauenanteil unter der ausländischen Bevölkerung (48 %) fast ebenso hoch ist wie der männliche.

**Soziale Situation und Erwerbsbeteiligung** – Die Mehrheit der Frauen an der Gesamtbevölkerung wird besonders ab dem 65. Lebensjahr deutlich; 2003 betrug der Frauenanteil der 82- bis 83-Jährigen 69 %! Überproportional häufig sind Frauen in Nds. Sozialhilfeempfängerinnen, bei den 60-Jährigen und Älteren sind 63 % betroffen, sodass von einer sozialen Ungleichheit gesprochen werden kann. Das Armutsrisiko stellt aber nur eine, wenn auch wichtige Dimension ungleicher Lebensverhältnisse von Frauen und Männern dar. Die Reproduktion traditioneller Rollenverteilung in der Familie belegt die Erwerbstätigenquote: Bereits ab dem 25. Lebensjahr sinkt die Erwerbstätigenquote gegenüber derer der Männer und nähert sich erst ab der Altersgruppe der 40- bis 45-Jährigen wieder an (Tabelle 1). Im Jahr 2003 waren 1 055 257 Frauen in Niedersachsen sozialversicherungspflichtig beschäftigt, das sind 44 %, wobei die Teilzeitquote erwartungsgemäß hoch ist (30 %). Bei der Aufschlüsselung der Erwerbsarbeit nach Wirtschaftsbereichen fällt auf, dass öffentliche und private Dienstleistungen Frauendomainen darstellen, während das produzierende und verarbeitende Gewerbe sowie der Bergbau männliche Ressorts sind. Bei einem Vergleich der Bruttomonatsverdienste zeigt sich in allen Wirtschaftszweigen der niedrigere Verdienst der Frauen (Tabelle 2). Auch die Differenzierung nach Leistungsgruppen belegt, dass das

**Tabelle 1: Erwerbstätige und Tätigkeitsquote 2003 nach Alter und Geschlecht (Mikrozensus)**

| Alter von ... bis unter ... Jahre | Erwerbstätige (je 1 000) | | | Tätigkeitsquote[1] (in %) | | |
|---|---|---|---|---|---|---|
| | insgesamt | männlich | weiblich | insgesamt | männlich | weiblich |
| 15 – 20 | 97,9 | 52,4 | 45,4 | 23,0 | 24,4 | 21,5 |
| 29 – 25 | 256,6 | 132,1 | 124,5 | 61,6 | 63,0 | 60,1 |
| 25 – 30 | 286,9 | 151,7 | 135,2 | 70,2 | 74,0 | 66,4 |
| 30 – 35 | 414,8 | 239,1 | 175,7 | 77,3 | 85,9 | 68,1 |
| 35 – 40 | 528,0 | 298,6 | 229,4 | 79,0 | 88,7 | 69,1 |
| 40 – 45 | 519,7 | 284,4 | 235,3 | 80,9 | 87,6 | 74,0 |
| 45 – 50 | 440,9 | 241,6 | 199,3 | 80,5 | 86,6 | 74,1 |
| 50 – 55 | 401,8 | 217,2 | 184,5 | 75,3 | 82,0 | 68,7 |
| 55 – 60 | 257,3 | 158,6 | 108,7 | 59,0 | 69,3 | 48,5 |
| 60 – 65 | 138,5 | 93,5 | 45,1 | 23,8 | 31,8 | 15,6 |
| 65 und älter | 37,9 | 23,5 | 14,4 | 2,5 | 3,5 | 1,6 |
| **Insgesamt** | **3 390,4** | **1 892,9** | **1 497,5** | **42,5** | **48,4** | **36,8** |

[1] Erwerbstätige in % der Bevölkerung – Gesamtergebnis berechnet auf die jeweilige Bevölkerung.
Quelle: Statist. Taschenbuch Niedersachsen 2004: 72.

**Tabelle 2: Bruttomonatsverdienste der Arbeitnehmer im April 2004**

| Wirtschaftszweig | insgesamt | Männer | Frauen |
|---|---|---|---|
| | € | | |
| Produzierendes Gewerbe | 2 954 | 3 043 | 2 454 |
| Verarbeitendes Gewerbe | 2 963 | 3 068 | 2 440 |
| *darunter* | | | |
| Ernährungsgewerbe und Tabakverarbeitung | 2 457 | 2 676 | 1 949 |
| Metallerzeugung und -bearbeitung, Herstellung von Metallerzeugnissen | 2 860 | 2 891 | 2 569 |
| Herstellung von Büromaschinen, Datenverarbeitungsgeräten und -einrichtungen; Elektrotechnik, Feinmechanik und Optik | 3 102 | 3 286 | 2 467 |
| Energie- und Wasserversorgung | 3 480 | 3 599 | 2 806 |
| Hoch- und Tiefbau | 2 666 | 2 679 | 2 370 |
| Vorleistungsgüterproduzenten (ohne Energie) | 2 843 | 2 937 | 2 381 |
| Investititionsgüterproduzenten | 3 288 | 3 264 | 2 923 |
| Gebrauchsgüterproduzenten | 2 844 | 2 983 | 2 357 |
| Verbrauchsgüterproduzenten | 2 552 | 2 771 | 2 091 |

Quelle: Statist. Taschenbuch Niedersachsen 2004: 177.

weibliche Geschlecht in den höheren Leistungsgruppen unterrepräsentiert ist, d.h. insgesamt konzentriert sich die Erwerbsbeteiligung von Frauen eher auf geringere Qualifikations- und Einkommensstufen. Die Frauen- und Geschlechterforschung führt diese Benachteiligungen von Frauen auf die sog. „doppelte Vergesellschaftung" zurück, die den Frauen die gleiche Teilhabe an gesellschaftlichen Ressourcen verwehrt. Solange die geschlechtsspezifische Arbeitsteilung – so die Argumentation – die bezahlte und unbezahlte Arbeit asymmetrisch auf Frauen und Männer verteilt, bedeutet auch die Zunahme der Erwerbsarbeit lediglich die Erweiterung der traditionellen Frauenrolle, nicht aber die Beseitigung der männlichen Privilegien.

Die Arbeitsquote belegt, dass sich die wirtschaftliche Rezession nicht allein auf den Dienstleistungsbereich fokussiert: bis 1999 lag die Quote der Frauen höher (10,6 % gegenüber 9,1 % der Männer), heute beträgt sie in Nds. 9,5 % (Männer 11,7 %). Differenziert nach Regierungsbezirken zeigt sich eine relativ gleichmäßige Verteilung der Betroffenheit von Arbeitslosigkeit bei Frauen zwischen 42 % in Hannover und Weser-Ems bis zu 46 % in Braunschweig.

**Bildung** – In den allgemein bildenden Schulen haben die Mädchen „die Nase vorn". 97 752 Mädchen und 77 128 Jungen besuchten 2003 ein Gymnasium, in der Realschule sind die Geschlechter gleich verteilt, in der Hauptschule dominieren mit 58 % die Jungen. In den Berufsfachschulen befinden sich zu 65 % junge Frauen, an Fachgymnasien macht ihr Anteil nur 48 % aus, in Teilzeitberufsschulen sogar 42 %. Interessanterweise verfestigt sich der Bildungsvorsprung der Frauen noch beim Studium. Im Wintersemester 2003/2004 waren 53 % der immatrikulierten Studierenden weiblich, bei den Erstsemestern stieg ihr Anteil sogar auf 56 %. Bei den Studienfächern zeigt sich eine deutliche Geschlechterpräferenz: Die weicheren, weniger prestigeträchtigen Fächer werden überwiegend von Frauen gewählt (Sprach- und Kulturwissenschaften 73 %, Sozialwissenschaften an Fachhochschulen zu 60 %), in den Bereichen Ingenieurwissenschaften gab es 2002 nur 21 % weibliche Absolventinnen und ebenso viele in Mathematik und Naturwissenschaften an Fachhochschulen. Die zunächst so positiven Studienanfängerinnenzahlen relativieren sich demnach bei der starken geschlechtsspezifischen Fächerwahl, sodass die Zweigeschlechtlichkeit weiterhin reproduziert wird. Auch

bei den Promotionsabschlüssen in Nds. sind Frauen unterrepräsentiert, wenn auch in den Jahren 1990 – 2001 eine Steigerung um 9 % stattgefunden hat. Den Habilitationsabschluss erreichen nur 14 % Frauen, eine C 4-Professur in Niedersachsen haben 9 % Frauen inne.

**Gleichstellung** – An dieser Diskrepanz zwischen einer weiblichen Dominanz an Gymnasien und einer hauchdünnen Schicht (hoch-)qualifizierter Frauen, der fehlenden Genderperspektive in Unterricht und Schule sowie der Armutsbekämpfung besonders älterer Frauen setzen Aktionen, Programme und Studien der kommunalen Frauenbeauftragten in Nds. an. Ihr Ziel ist es, Diskriminierungen von Frauen abzubauen und die Gleichstellungspolitik voranzutreiben. Die rechtliche Grundlage auf Bundesebene liefert das neue Gleichstellungsgesetz vom Dezember 2001, für den öffentlichen Dienst von Ländern und Kommunen gilt das Landesgleichstellungsgesetz. Realiter sind die Gleichstellungsstellen (nicht nur) in Nds. personell und finanziell so ausgestattet, dass die Veränderungsmöglichkeiten sehr begrenzt sind und vielfach hauptamtliche Stellen durch ehrenamtliche ersetzt werden (vgl. aktuelle Diskussion in Burgdorf). Bessere Bedingungen zur institutionellen Gleichstellungspolitik finden sich in Ministerien, Parteien und Verbänden, die sich für die Interessen von Frauen in allen gesellschaftlichen Bereichen einsetzen. Problematisch bleibt, dass die Idee der Frauenförderung auf einem Defizitmodell basiert und individuelle Qualifikationsdefizite voraussetzt, ohne die Ursachen der geringeren Berufschancen von Frauen zu thematisieren. Auch bezüglich einer neuen Verteilung von Führungspositionen fehlen positive Ansätze, um die Frauenförderung für Männer interessant zu machen. Erst wenn Geschlechterpolitik zur Gemeinschaftsaufgabe von Politikern und Führungskräften wird – und nicht allein Aufgabe der Frauenbeauftragten bleibt –, könnte eine Sensibilität für die Gender-Problematik entstehen, die soziale Ungleichheiten zwischen den Geschlechtern wahrnimmt und eine gleiche Teilhabe als Voraussetzung zur Gleichberechtigung anerkennt.

*Dorothea Krüger*

# Freie Demokratische Partei (FDP)

**Entstehung und Entwicklung** – Die FDP konnte nach dem Zweiten Weltkrieg an Traditionen anknüpfen, die die Zeit des Nationalsozialismus überlebt hatten. In der nds. FDP dominierte zunächst eindeutig die wirtschaftsliberale, national eingestellte Richtung der Partei. In der Wiedergründungsphase galt es, die Abgrenzung vom Nationalsozialismus zu bewältigen, der insbesondere im kleinbürgerlichen Milieu, den regionalen Hochburgen der Vorläuferparteien DDP und DVP, frühe und weitverbreitete Resonanz gefunden hatte.

Die FDP in Nds. hatte zunächst deutlich erkennbare Hochburgen, in denen sie sogar als Mehrheitspartei dominierte, so in Ostfriesland und im ehemaligen Großherzogtum Oldenburg. Hier konnte sich die Partei auf ein relativ geschlossenes Sozialmilieu stützen, in dem die aktiven Kader aus der traditionellen örtlichen Elite (Landwirte, Landhändler und Handwerksmeister) die Kristallisationskerne bildeten. Hinzu kam Göttingen als städtische Hochburg, wo das Besitz- und Bildungsbürgertum die wesentliche Basis der Partei war. Die Direktmandate im ersten → Landtag vertraten Westerstede im Ammerland und die Universitätsstadt Göttingen. Somit kann

die FDP dem Parteityp der Honoratiorenpartei zugeordnet werden. Durch die ernannten und später vom Gemeinderat bestätigten Bürgermeister war die Partei jahrzehntelang in der Lage, wichtige Autoritäten im ländlichen Bereich zu stellen, die die Kontinuität der Wählerresonanz sicherten. Eine weitere Sicherung ihrer Position erfolgte durch die enge Verknüpfung der Partei mit den wirtschaftsbezogenen Interessenverbänden (→ Verbände) und sonstigen für die lokale Kommunikation wichtigen → Vereinen und Kommunikationsmedien. Landesweit erreichte die Partei 1947, 1951 und 1955 mit 8,8, 8,3 und 7,9 % der Stimmen überdurchschnittliche Werte.

Aufgrund sozialstruktureller Umwälzungsprozesse, u.a. in der Landwirtschaft, erfuhr die westdeutsche Gesellschaft grundlegende Veränderungen. Dabei schwand die Bedeutung des „alten Mittelstandes" im ländlichen Raum und damit das traditionelle Wählerpotenzial der FDP. Diese Veränderungen erlegten der Partei eine völlige Wandlung auf: Im programmatischen Profil dominierte nun das einer demokratischen, sozialen und innovativen Partei, also die linksliberale Strömung der Partei. Die FDP wurde zur F.D.P. Besonders im ländlichen Raum hatte es die Partei schwer, den neuen Mittelstand zu gewinnen. Die inzwischen älteren Eliten vor Ort konnten offenbar den programmatischen Wandel nicht problemlos mittragen, sodass das überörtliche Erscheinungsbild, getragen von einer jüngeren, akademisch vorgebildeten Elite aus Beamten und Angestellten, nicht mehr dem vor Ort entsprach. Es kam zu einer Entfremdung zwischen Wählern und Repräsentanten der höheren Ebenen. 1970 war die FDP erstmals nicht mehr im Landtag vertreten.

In Nds. stellte sich das bürgerliche Lager zunächst stark fragmentiert dar (→ Parteien, kleinere). In den Mehrparteienregierungen unter sozialdemokratischer Führung (Kopf, Diederichs, Kubel) war die FDP meistens vertreten. Grundsätzlich erlaubten die unterschiedlichen Flügel und die Programmatik auf manchen Politikfeldern eine Zusammenarbeit sowohl mit der → SPD als auch mit der → CDU. Schließlich konnte auch in Nds. die FDP als die Partei wirken, die trotz Machtwechsel wieder an der Regierung beteiligt war. Erst die Regierungen unter Ernst Albrecht, CDU (1976 1990), brachten die für die Bundesebene bis 1966 übliche Konstellation mit der CDU als Mehrheitspartei und der FDP als Koalitionspartner hervor. CDU und FDP bilden unter dem Ministerpräsidenten Christian Wulff (CDU) seit 2003 wieder eine Koalitionsregierung, nachdem die FDP nach erfolglosen Versuchen 1994 und 1998 erneut den Sprung in den Landtag geschafft hatte. Die FDP stellt mit Walter Hirche den Minister für Wirtschaft, Arbeit und Verkehr sowie mit Hans-Heinrich Sander den Umweltminister. Die FDP konkurriert mit den → Grünen um die Position als „dritte Kraft" und war dabei mit 8,1 % der Stimmen 2003 erfolgreich.

**Profil** – Bei der Rekrutierungsfähigkeit von Mitgliedern (Parteimitglieder in Prozent der Beitrittsberechtigten ab 16 Jahren) liegt die FDP unter den Landesverbänden im Mittelfeld und noch vor dem anderen ehemaligen Stammland der Liberalen Baden-Württemberg. Aufgrund des persönlichen Engagements der Funktions- und Mandatsträger der Partei und der Bereitstellung von Ressourcen (private Büroräume, Telefon- und Faxgeräte sowie Computer) ist trotz geringer Mitgliedszahlen auch bei der FDP in Nds. eine flächendeckende Organisation von Orts- und Kreisverbänden vorhanden, die in

acht Bezirksverbänden zusammengefasst sind.

Die FDP setzt sich für größtmögliche Freiheit des Einzelnen ein, allerdings sieht sie in der Freiheit auch Mitverantwortung für andere. Eigenverantwortung und Engagement in der Bürgergesellschaft sind dabei untrennbar verbunden. Schwerpunkte im Wahlkampf 2003 waren die Themen Bildung und Arbeit – hier unter Betonung der Mittelstandsförderung.

In der Bundespolitik konnte die FDP sowohl bei andauernden Dominanz des bürgerlichen Lagers als auch in der sozialliberalen Koalition als „liberales Korrektiv" agieren. Dies hatte zur Folge, dass aufgrund der Möglichkeiten des Zwei-Stimmen-Wahlsystems im Bund und des strategischen Wahlverhaltens der Bürger die Stimmenanteile der FDP in Nds. bei Bundestagswahlen häufig besser ausfielen als bei Landtagswahlen (→ Wahlen). Allerdings gab es keine Spitzenpolitiker der FDP im Bund aus Nds. *Hiltrud Naßmacher*

# Freikirchliche Gemeinschaften

Freikirchliche Gemeinden sind protestantische Kirchen und Gruppierungen, die sich am Rande des offiziell staatlich organisierten Protestantismus entwickelt haben. Sie unterscheiden sich daher von den „Staatskirchen" (→ Evangelische Landeskirche), indem sie ihre Angelegenheiten unabhängig von staatlichen Obrigkeiten lösen. Gleichzeitig stehen sie im Gegensatz zur „Volkskirche", weil sie ihre Mitglieder durch freiwilligen Beitritt gewinnen und deshalb meist die Kindertaufe ablehnen und nur Erwachsene als Gemeindemitglieder aufnehmen. Die genaue Grenzziehung zu anderen aus dem Protestantismus hervorgegangenen Bewegungen (z.b. Neuapostolische Kirche, Heilsarmee, die Kirche Jesu Christi der Heiligen der Letzten Tage [Mormonen], Siebenten-Tag-Adventisten, Christliche Wissenschaft, Quäker, Zeugen Jehovas) ist keineswegs eindeutig.

Die bekanntesten Freikirchen in Nds. sind die Baptisten und die Methodisten.

Die Baptisten sind eine aus dem englischen Calvinismus hervorgegangene protestantische Gruppierung, die seit dem 19. Jh. weltweit Mission betreibt und auch in Deutschland Anhänger gefunden hat. Sie zeichnet sich durch ein reges Gemeindeleben aus, verlangt von ihren Mitgliedern, dass sie sich in der Gemeinde taufen lassen, auch wenn sie vorher als Kinder in einer anderen Evangelischen Kirche getauft worden waren. In Nds. sind die Baptisten als Körperschaft des öffentlichen Rechts anerkannt.

Die Methodisten haben wie die Baptisten ihren Ursprung in England. Sie gehen auf eine Gruppe von Bibellesern zurück, die sich vor allem um Arme und Kranke kümmerten und Strafgefangene besuchten. Wegen ihrer konsequenten Haltung wurden sie bald als „Methodisten" verspottet. Im 18. Jh. schlossen sich der Bewegung der Dozent und Pfarrer John Wesley und sein Bruder Charles an. Sie begannen öffentlich unter freiem Himmel zu predigen und zogen zahlreiche Menschen an. Nach Deutschland wurde diese Bewegung durch zurückgekehrte Auswanderer gebracht und konnte mancherorts Fuß fassen. Auch in Nds. gibt es eine Evangelisch-methodistische Kirche.

Beide Gruppierungen unterstreichen die Vielfalt evangelischer Frömmigkeitsformen, und sie leisten einen wichtigen Dienst bei der Aufnahme und Betreuung für Notleidende. Als ein Beispiel

unter vielen sei hier der vorbildliche Einsatz der Evangelisch-freikirchlichen Gemeinde Hannover K.d.ö.R. – Baptisten in der Hildesheimer Straße in Hannover – bei der Betreuung des in der Nähe gelegenen Asylbewerberheimes genannt. *Peter Antes*

## Freizeit

**Begriff** – Der Ursprung der Freizeit ist in der Sklavengesellschaft der griechischen Antike zu suchen. Es war ein Privileg der Herrschenden („der freien Griechen"), eine Zeit der Muße zu haben, was jedoch keineswegs Untätigkeit bedeutete. Vielmehr eröffnete sie ihnen die Möglichkeit, sich der Regelung der öffentlichen Angelegenheiten, der Kultur, den Künsten, der Wissenschaft und der Lehre zu widmen. Man suchte den Kontakt zu Gleichgesinnten, um sich im Dialog, in Rede und Gegenrede zu üben. Der griechische Kalender umfasste etwa 150 Feiertage, an denen größtenteils nicht gearbeitet wurde. Während dieses Zeitraums wurden u.a. auch die Spiele in Olympia durchgeführt sowie zahlreiche Wettkämpfe, die sich bei allen Volksschichten größter Beliebtheit erfreuten.

**Heutige Situation** – In den folgenden zwei Jahrtausenden war die Freizeit dann einer Vielzahl von Veränderungen unterworfen. Einige erfolgten dabei freiwillig, andere wurden angeordnet und wieder andere wurden hart erkämpft. Selbst in den vergangenen Jahrzehnten hat es noch einige grundsätzliche Erneuerungen gegeben. So waren vor 50 Jahren der sog. „Baby Boom" und die Sechs-Tage-Woche dafür verantwortlich, dass „mit den Kindern spielen" und am „Sonntag einmal gründlich ausschlafen" häufige Freizeitaktivitäten waren. Und

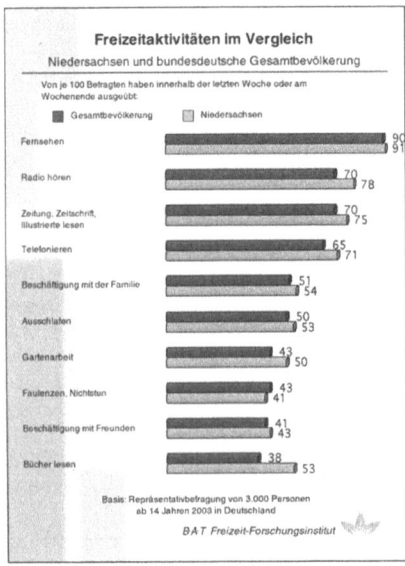

statt „in den Fernseher zu schauen", wurde „aus dem Fenster geschaut". In den 70er Jahren fand dann ein wesentlicher Bruch im Freizeitverhalten statt, der auch heute noch wirkt: Der Medienkonsum zwischen Radiohören, Zeitunglesen und TV-schauen prägt seitdem unsere freie Zeit. In der Gegenwart finden sich in den Top 10 der häufigsten Freizeitaktivitäten neben diesen noch das Telefonieren, die Beschäftigungen mit der → Familie und mit Freunden, das Ausschlafen und Faulenzen, die Gartenarbeit und das Bücherlesen. Natürlich sind Unterscheidungen in der Freizeitgestaltung von Jugendlichen und Ruheständlern, von Frauen und Männern, von Berufstätigen und Arbeitslosen oder von Stadt- und Landbewohnern feststellbar. So erfreuen sich z.B. das Musikhören, die Computer- und Internetnutzung einer großen Beliebtheit bei den 14- bis 17-Jährigen. Vier von fünf nutzen regelmäßig ihren CD-, MP3- oder DVD-Player (Ruheständler 12 %), über die Hälfte der Jugendlichen be-

schäftigt sich zudem wenigstens einmal die Woche mit dem PC (Ruheständler 5 %), immerhin zwei von fünf Personen dieser Altersgruppe surft im Internet (Ruheständler 3 %) und fast jeder Zweite spielt Videospiele (Ruheständler unter 1 %). Im Gegensatz zu den Jugendlichen beschäftigen sich Ruheständler deutlich häufiger mit dem Zeitungs- und Zeitschriftenlesen (79 % – 44 %), sind im Garten aktiv (54 % – 12 %); beschäftigen sich mit Handarbeiten (17 % – 4 %), gehen ins Theater oder in die Oper (6 % – 1 %) oder besuchen den Gottesdienst (29 % – 7 %).

Das Freizeitverhalten der Nds. unterscheidet sich nur wenig vom Bundesdurchschnitt. Lediglich in einigen Bereichen sind Differenzen nachweisbar: So hören Nds. mehr Radio als im Bundesdurchschnitt (78 % – 70 %) und telefonieren häufiger (71 % – 65 %), nutzen dafür weniger häufig ihren CD-, MP3- oder DVD-Player (32 % – 37 %) und lesen auch weniger Bücher (34 % – 38 %). Bei den außerhäuslichen Aktivitäten sind die Bewohner Nds. etwas zurückhaltender beim Essen- (20 % – 26 %) und in die Kneipe gehen (13 % – 17 %) sowie beim Theater- (3 % – 5 %) und Museumsbesuch (3 % – 6 %). Dafür gehen sie häufiger ins Kino (14 % – 11 %), sehen sich mehr Sportveranstaltungen an (16 % – 11 %) und gehen öfter in einen Freizeitpark (7 % – 5 %). Und bei einer Freizeitaktivität sind die Nds. deutlich aktiver als die Durchschnittsbürger: beim Fahrradfahren (56 % – 38 %).

Das Sich-zu-Hause-Wohlfühlen ist ebenfalls wieder „in". Besonders in Nds. hat in den letzten zehn Jahren eine Vielzahl von „Inhouseaktivitäten" einen Aufschwung erhalten. Immer mehr Bewohner empfinden Ausschlafen (1994: 47 % – 2003: 53 %), Nichtstun (33 % – 41%) und seinen eigenen Gedanken nachgehen (24 % – 34 %) als eine Steigerung des persönlichen Wohlbefindens. Auch die Familie erfreut sich einer wachsenden Beliebtheit. Beschäftigten sich vor zehn Jahren 44 % in ihrer Freizeit mit dem Partner und den Kindern, waren es 2003 10 % mehr. Und Freunde werden ebenfalls immer wichtiger. Unternahm 1994 jeder Dritte regelmäßig etwas mit Freunden, sind es zehn Jahre später 43 % der Nds. Die Gründe hierfür liegen auch in dem reichhaltigen Angebot. Ob in der VW Autostadt, dem Takka Tukka Land, dem → Nationalpark Wattenmeer, dem Heidepark Soltau, dem Regenwaldhaus oder dem Erlebniszoo Hannover – die Möglichkeiten sind vielfältig.

Heute und in Zukunft erfreuen sich kulturelle Angebote einer großen Beliebtheit. Prognosen gehen von einer Verdoppelung des Kulturinteresses bis zum Ende der nächsten Dekade aus. Ob Burgen und Schlösser (z.B. Celler Schloss), → Museen (z.B. Deutsches Marinemuseum), Altstädte im Stil der Renaissance (z.B. Hameln – Stadt des Rattenfängers), Museumsbahnen (z.B. Harzer Schmalspurbahn) oder sehenswerte Windmühlenlandschaften (Nds. Mühlenstraße) – Nds. ist hierfür gerüstet.

Sport, Wellness und Gesundheit sind Felder, die in Zukunft zusammenwachsen werden. Der (Vereins-)→ Sport der Vergangenheit wird dagegen Verluste hinnehmen müssen. Gerade die → Jugend ist immer weniger bereit, sich dauerhaft an feste Strukturen zu binden. Individuell und flexibel sollen die Angebote gestaltet sein und Abwechslung (gestern Inlineing, heute Volleyball und morgen Freeclimbing) ebenso wie Geselligkeit bieten. Die Verbreitung von Wellnessangeboten wird schnell an enge Grenzen stoßen. Als zu teuer und vor allem als zu zeitintensiv wird dieses von der Mehrheit der Bevölkerung gesehen. Gesundheit oder besser Präventionsmedizin wird dagegen vermehrt nachgefragt werden. Die Gesundheitsreform einerseits, andererseits die demografische Entwicklung in Deutschland sind hierfür verantwortlich. Die Zukunft wird daher Anbietern gehören, die Mannschaftssportangebote ebenso offerieren wie aktuelle Trendsportarten, gleichzeitig aber auch Kurse und Angebote für den Geist und Körper anbieten.

Als letzter großer Zukunftsbereich ist die → Weiterbildung in der Freizeit anzuführen. Ob das Erlernen einer Sprache, die Vertiefung eines Hobbys, der Computerkurs, Rhetorik- oder Bewerbungstraining – vieles wird außerhalb von Schule und Beruf stattfinden. Schon heute bildet sich fast jeder siebte Bundesbürger in seiner Freizeit weiter (Vergleich 1994: 10 %). *Ulrich Reinhardt*

## Friesen

In keinem Landesteil ist das Bewusstsein der regionalen Eigenständigkeit so stark entwickelt wie in Ostfriesland. Das hat historische Gründe, die bis in das Mittelalter zurückreichen. Als einziger Teil Nds. war der Siedlungsraum der Friesen nicht in den sächsischen Stammesstaat einbezogen. Zwar dehnte Karl der Große seinen Machtbereich auch auf die Küstenzone an der Nordsee aus; 802 ließ er das friesische Volksrecht aufzeichnen. Doch tritt die Reichsgewalt dort kaum in Erscheinung. Bei der Abwehr der Normanneneinfälle und der Sicherung der Küstenlinie durch die Anlage von Deichen waren die Friesen weit gehend auf sich allein gestellt. Der Spruch „Gott schuf das Meer, der Friese die Küste" kennzeichnet das Selbstbewusstsein, das aus dem Deichbau erwuchs. Die Mitwirkung daran war verpflichtend, und sie gewährte die persön-

Um 1100 n. Chr. begannen die Menschen mit dem Deichbau, wodurch sie anfänglich kreisförmige Gebiete vor den Überflutungen schützten (Ringdeiche). Diese wurden später durch weitere Deiche verbunden, sodass im 13. Jahrhundert ein zusammenhängender Seedeich entstand.

liche Freiheit; Unterschiede der rechtlichen Stellung, wie sie bei den Sachsen bestanden, wurden eingeebnet. Die Legende führte diese „friesische Freiheit" später auf eine Verleihung durch Karl den Großen selbst zurück.

Im friesischen Bereich entwickelte sich daher auch keine übergreifende Landesherrschaft. Vielmehr bildeten sich einzelne „Länder", bäuerliche Republiken mit gewählten Richtern an der Spitze. Gemeinsame Interessen vertrat eine jährliche Versammlung am Upstalsboom bei Aurich, der bis heute als Symbol der friesischen Freiheit gilt. Geschwächt wurde diese freiheitliche Verfassung jedoch durch das Aufkommen von „Häuptlingen", einzelnen wohlhabenden Bauern, die in ihren Gemeinden die Führungsrolle an sich zogen und sie an ihre Nachkommen weitergaben. Teils verbündeten sich diese Häuptlingsfamilien miteinander, teils stritten sie sich um

die Vorherrschaft im Land. Schließlich setzten sich die Cirksena aus Greetsiel durch. 1464 wurde Ulrich Cirksena von Kaiser Friedrich III. in den Reichsgrafenstand erhoben und mit Ostfriesland belehnt. Damit hatte sich auch hier die monarchische Staatsform durchgesetzt; die Bedeutung der Stände, der Vertretung des Landes, wurde zunehmend eingeschränkt. Im Selbstverständnis der Ostfriesen nahm die Erinnerung an die geschichtliche Sonderrolle jedoch weiterhin einen zentralen Platz ein, auch nach dem Anfall an Preußen 1744 und dem Übergang an Hannover 1815. Sie lebt fort in der „Ostfriesischen Landschaft", die die Tradition der einstigen Ständeversammlung fortsetzt, in ihren Aufgaben allerdings auf den kulturellen Bereich beschränkt ist. Sie versteht sich als eine parteiübergreifende Vertretung friesischer Interessen auch gegenüber der → Landesregierung in Hannover und hält über die Grenzen hinweg die Verbindung zu den West- und Nordfriesen in den Niederlanden und in Schleswig-Holstein. Die eigenständige friesische Sprache, einst der wichtigste Träger friesischen Selbstbewusstseins, fristet allerdings nur noch ein Nischendasein und droht trotz aller Wiederbelebungsversuche ganz auszusterben. *Dieter Brosius*

## Friesland (Landkreis)

Der Landkreis Friesland liegt im Norden von Nds. im Regierungsbezirk Weser-Ems mit Verwaltungssitz in Jever. Der 608 qkm große Küstenkreis wird im Norden von der Insel Wangerooge begrenzt, welche rund 7 km vom Festland entfernt liegt. In Richtung Süden erstreckt sich der Landkreis über das Wangerland bis zur Friesischen Wehde. Die Ostgrenze bildet neben der kreisfreien Stadt Wilhelmshaven der Jadebusen. Der Landkreis Wittmund stellt die westliche und der Landkreis Ammerland die südliche Grenze dar.

**Struktur** – Das ursprüngliche Friesland umfasste das gesamte von → Friesen bewohnte Gebiet von Brügge bis Jütland. Geographisch gehört der heutige Landkreis zur ostfriesischen Halbinsel, welche sich vom Dollart bis zum Jadebusen erstreckt. Historisch setzt sich der Landkreis größtenteils aus den Gebieten Wangerland, Östringen und Rüstringen zusammen, welche die meiste Zeit von freien Bauern und ihren Häuptlingen regiert wurden. In der Bevölkerung gibt es eine deutliche Abgrenzung zwischen Friesland und Ostfriesland, die von Auseinandersetzungen zwischen der Grafschaft Ostfriesland und der Stadt Jever aus dem 16. Jh. herrührt. Diese Abgrenzung ist noch heute vorhanden. Bei der Zusammenlegung der ostfriesischen Ge-

meinden im Rahmen einer Verwaltungsreform verhinderte der Widerstand der Bevölkerung 1977 die Vereinigung von Wittmund und Jever.

1933 entstand unter der Oldenburgischen Verwaltungsreform durch das Zusammenlegen der Amtsbezirke Varel und Jever der „Amtsverband Friesland", der seit dem 1.1.1939 als „Landkreis Friesland" bezeichnet wird und seitdem, von kleinen Veränderungen abgesehen, unveränderte Grenzen besitzt.

Das Kreisgebiet lässt sich in drei naturräumliche Einheiten gliedern:
– Die Insel Wangerooge und die für die Nordsee typischen Watten, welche Teil des → Nationalparks Wattenmeer sind. Diese einzige Insel des Landkreises entstand vor etwa 2000 Jahren. Die natürliche Ostwanderung der Düneninsel wird heute von einer Strandbefestigung unterbunden, sodass sich Lage und Gestalt kaum verändern (→ Küstengebiete).
– Die Festlandfläche besteht aus Marschen (55 %) und der
– Ostfriesisch-Oldenburgerischen Geest (→ Geest) (35 %). Hierzu kommen noch 10 % Moor.
Zum Schutz des Landes, das dem Meer abgerungen wurde (Marsch), sind Landesschutzdeiche am Jadebusen und an der Nordsee (47 km) und Inseldeiche (5,9 km) erforderlich. Diese wurden nach Sturmfluten in den Jahren 1962 und 1976 mit erheblichem finanziellem Aufwand erhöht oder neu gebaut (→ Umwelt-/Naturschutz).

Die rund 101 700 Einwohner des Landkreises (Stand: 31.12.2000) leben in acht kreisangehörigen Städten und Gemeinden, von denen die beiden Städte Jever mit ca. 14 000 Einwohnern und Varel mit ca. 25 000 Einwohnern die größten sind.

**Nutzung** – In den dünn besiedelten Bereichen außerhalb der Städte spielt die

Im *Nationalpark „Niedersächsisches Wattenmeer"* findet man eine auf der Erde einzigartige Tier- und Pflanzenwelt mit einem Ökosystem, das vielen Vögeln als Brut-, Rast- und Nahrungsgebiet dient; auch Seehunde leben hier.

Landwirtschaft eine große Rolle. Etwa 920 Betriebe bewirtschaften über 45 000 ha landwirtschaftliche Nutzfläche.

Produzierendes Gewerbe und die → Dienstleistungen befinden sich dagegen eher bei den Siedlungsschwerpunkten. Die Bedeutung des produzierenden Gewerbes (→ Industrie/Gewerbe) ist aufgrund der schlechten Standortlage gering. Weitaus bedeutender ist der Dienstleistungsbereich, der sich überwiegend auf den → Tourismus bezieht.

Der Landkreis Friesland bietet ein vielseitiges touristisches Angebot. Diverse Kureinrichtungen an der Küste werden durch Urlaubsangebote auf Bauernhöfen im Inland komplettiert. 422 000 Gäste und über 3,3 Mio. Übernachtungen (2002) verdeutlichen den hohen Stellenwert des Tourismus.

Die Natur und Landschaft stellt für den Tourismus eine wichtige Ressource dar, was dazu beigetragen hat, dass ca. 810 ha unter Naturschutz und fast

4 000 ha unter Landschaftsschutz gestellt wurden. *Anne-Katrin Jacobs*

## Gärten und Parks

Aufgrund der geschichtlichen Entwicklung Nds. sowie der unterschiedlichen topografischen wie klimatischen Bedingungen in den einzelnen Regionen entstand eine bemerkenswerte Vielfalt privater wie öffentlicher Gärten. Vom Park einer fürstlichen Residenz über den ländlichen Garten, den Hausgarten, die Wallanlage bis hin zum Kurpark sind unterschiedlichste Beispiele der Gestaltung zu finden. Bereits seit dem Mittelalter entwickelte sich ausgehend von den vielen Klöstern eine Gartenkultur, die dem Nützlichen diente, aber auch Orte des Vergnügens und der Meditation schuf. Stets bestimmten die gesellschaftlichen, wirtschaftlichen und technischen Möglichkeiten Nutzung und Form der Gärten. Sie waren immer künstlich geschaffene, zur Natur abgegrenzte und nur durch kontinuierliche Pflege zu erhaltende Teile des menschlichen Lebensraumes. Bezeichnungen für einzelne Orte in der Landschaft wie z.B. „Rosengarten" südlich von Wildeshausen weisen noch heute darauf hin, dass umhegte Bereiche wohl bereits in vorchristlicher Zeit entstanden. Spuren gärtnerischer Nutzung sind durch Pollen-Analysen für das Umfeld von mittelalterlichen Burganlagen nachweisbar. Die ältesten erhaltenen Überreste eines Nutzgartens befinden sich in Greetsiel, wo ein befriedender Graben das im 15. Jh. entstandene Gartenland einer längst zerstörten ostfriesischen Häuptlingsburg umfasst.

Größere repräsentative Gärten sind für das späte 16. Jh. nachweisbar. Landesherren wie Graf Anton Günter von Oldenburg oder Herzog Heinrich Julius von Wolfenbüttel ließen zu Beginn des 17. Jh. nahe ihrer Residenzen in Delmenhorst, Neuenburg und Ovelgönne bzw. Wolfenbüttel regelmäßig geformte und reichhaltig ausgestattete sog. Lustgärten anlegen. Bedingt durch die Wirren des Dreißigjährigen Krieges entwickelte sich eine überregional bedeutende Gartenkunst des Barock hier erst in der 2. Hälfte des 17. Jh. Die welfischen Sommerresidenzen in Wolfenbüttel-Salzdahlum (1688 – 94) und Hannover-Herrenhausen (um 1700) wurden zu Leitbildern der Gartengestaltung. Gestalterischer Höhepunkt einer landesweiten und erfolgreichen Entwicklung wurde 1747 die Fertigstellung des Jagdschlosses Clemenswerth in Sögel. Geleitet von Gedanken der Aufklärung und orientiert an der Entwicklung der Gartengestaltung in England, finden sich in der Mitte des 18. Jh. in Nds. bei vielen Herrensitzen früheste Ansätze sog. englischer Landschaftsgärtnerei. Die Parks in Destedt (1756), Marienwerder (1760), Wrisbergholzen (1779), Rastede (ab 1785) oder Lütetsburg (1790) u.v.a. zeugen noch heute vom Beginn eines Wandels hin zur Natur, der alle Bereiche von Gartengestaltung und Gartenkunst erfasste, über 150 Jahre dauerte und erst zu Beginn des 20. Jh. von einer neuen Strömung abgelöst wurde. Herausragendes Beispiel dieser wieder mehr an den Bedürfnissen der Menschen orientierten Gestaltungsphase und deshalb formalistisch aufgebaut ist der Rüstringer Stadtpark (1914 – 20) in Wilhelmshaven.

Große Gartenkunst und individuelle Gartengestaltung prägen bis heute die Gartenkultur Nds. Von den vielen Kurparks wie jenem in Bad Pyrmont (ab 1667), einem der ältesten Deutschlands, über die Gärten der Bauern im Artland mit imposanten figürlich geschnittenen Eibenformationen, den kontinuierlich bestellten Gärten der zahlreichen evan-

Das Jagdschloß Clemenswerth wurde 1737–47 für den Kurfürsten und Erzbischof Clemens August von Köln erbaut, eines der reizvollsten kulturgeschichtlichen Denkmäler des Spätbarock in Nordwestdeutschland – heute ein Ausstellungszentrum

gelischen Damenklöster, z.B. in Medingen oder Isenhagen, den sehr alten botanischen Gärten der Universitäten in Braunschweig und Göttingen, bis hin zu neuesten Schöpfungen wie dem sog. „Schwarzen Garten" in Nordhorn oder dem Museumsgarten beim Felix-Nussbaum-Haus in Osnabrück, spiegelt sich auch die reichhaltige kulturelle Entwicklung des Landes wider. In Hannover fand 1951 die erste Bundesgartenschau statt. Seit den 50er Jahren des 20. Jh. gibt es z.B. an der Universität Hannover ein Institut für Grünplanung und Gartenarchitektur. Hier wurde als erstes in Deutschland ein Lehrgebiet für die Geschichte der Gartenkunst eingerichtet. Auch die Beschäftigung mit historischen Gärten hat eine lange Tradition. Seit 1991 wird sogar eine landesweite Fachberatung für Fragen zum Erhalt denkmalgeschützter Gärten beim Nds. Landesamt für → Denkmalpflege angeboten. Städte wie → Oldenburg und Hannover werben mit ihrem Reichtum an privaten bzw. historischen Gärten. Andere wie Wolfsburg (2004) reichern ihre Infrastruktur an, indem sie im Rahmen einer Landesgartenschau neue Gärten schaffen und damit eine Imagekampagne betreiben. Aktueller Ausdruck des Interesses an Gärten und Parks sind derzeit Initiativen wie die „Offenen Pforte" in Hannover zur Präsentation privater Gärten sowie Tourismusprogramme wie die „Route der Gartenkultur" in der Weser-Ems-Region.        *Reiner Schomann*

# Gedenkstätten

Auf dem Gebiet des Landes Nds. gab es zwischen 1933 und 1945 eine Vielzahl Lager und Terrorstätten, darunter Konzentrationslager der SA und der SS, sog. Arbeitserziehungslager der Geheimen Staatspolizei (Gestapo), Kriegsgefangenenlager der Wehrmacht sowie Lager für ausländische Zwangsarbeiter. Mehr als 100 000 Menschen sind in den Lagern umgebracht worden, nahezu eine Million wurden bei Kriegsende befreit. Allein in den Massengräbern von Bergen-Belsen liegen mehr als 70 000 Tote, jeweils tausende in Oerbke, Wietzendorf, Sandbostel und auf den Friedhöfen der Emslandlager. Überlebende und Vertreter der Militärregierung errichteten auf den Friedhöfen bald nach der Befreiung Mahnmale und Grabsteine für die Umgekommenen.

Erinnerungsstätten für deutsche Opfer des NS-Regimes wie für die deportierten und in den Vernichtungslagern ermordeten deutschen Juden wurden mit großem zeitlichen Abstand errichtet. Ihrem Gedenken dienen an den Orten der einstigen Synagogen Mahnmale oder Gedenktafeln, die fast ausnahmlos erst ab den 70er Jahren entstanden. Den weiteren Opfern des NS-Regimes wie den Sinti und Roma, den politischen Gegnern oder den Opfern der NS-Justiz wurde durch Denkmalsetzungen im öffentlichen Raum erst Jahre später gedacht.

Die Gedenkorte blieben von wenigen Ausnahmen abgesehen 40 Jahre lang ohne erläuternden Kontext. Ausstellungen über das Geschehen an den historischen Orten und ein Besucherdienst wurden seit Ende der 80er Jahre eingerichtet. Seit 1990 informiert die Ausstellung der international bedeutenden Gedenkstätte Bergen-Belsen über die Geschichte des Konzentrationslagers und des Kriegsgefangenenlagers, die an diesem Ort von 1940 bis 1945 bestanden. Weitere Gedenkstätten mit historischen Ausstellungen und einem Besucherdienst sind an anderen, historisch bedeutenden Orten der Verfolgung entstanden:

– Mahn- und Gedenkstätte Ahlem der → Region Hannover (jüdische Gartenbauschule, Sammelstelle für die Deportation von Juden sowie von Sinti und Roma, Gestapodienststelle), seit 1987
– KZ-Gedenkstätte Moringen (Männer-KZ 1933, Frauen-KZ 1933 – 38 sowie Jugend-KZ 1940 – 45), seit 1993
– Dokumentations- und Informationszentrum zur Geschichte der Emslandlager in Papenburg (KZ Börgermoor, KZ Esterwegen, KZ Neusustrum; Kriegsgefangenlager und Strafgefangenenlager der Justizlager), seit 1994
– Gedenk- und Dokumentationszentrum KZ Drütte in Salzgitter (Zusammenhang von Rüstungsindustrie und KZ-Zwangsarbeit), seit 1994
– Dokumentations- und Gedenkstätte Sandbostel (sowjetisches Kriegsgefangenenlager und Deportationsziel für KZ-Häftlinge aus Neuengamme), seit 1998
– Gedenkstätte in der Justizvollzugsanstalt Wolfenbüttel (Verbrechen der NS-Justiz) seit 1990
– Gedenkstätte „Alte Pathologie" im Landeskrankenhaus Wehnen (Ermordung geistig und körperlich Kranker), seit 2004

Weitere Einrichtungen wie die KZ-Gedenkstätte Esterwegen sind im Entstehen. Eingang gefunden hat die Erinnerung an die Verbrechen des NS-Staates und der NS-Gesellschaft in diverse → Museen. Auch Industriebetriebe stellen sich ihrer Rolle während der NS-Zeit. Zum Beispiel zeigt das VW-Werk in Wolfsburg eine Austellung zur Zwangsarbeit.

Die Fraktionen des nds. → Landtages trugen zum Aufbau der Erinnerungsarbeit mit einem breiten Konsens bei. 1985 beschloss der Landtag einstimmig den Ausbau der Gedenkstätte Bergen-Belsen und 1990 ebenfalls einstimmig die politische Unterstützung und finanzielle Förderung der Gedenkstätten von regionaler Bedeutung sowie die Einrichtung der zentralen Dokumentationsstelle zur Geschichte von Verfolgung und Widerstand auf dem Gebiet des heutigen Landes Nds. Die Dokumentationsstelle unterstützt die Gedenkstätten und die Gedenkstätteninitiativen bei ihrer Arbeit. Sie ist Teil der vom Land 2004 eingerichteten Stiftung Niedersächsische Gedenkstätten mit Sitz in Celle.

*Wilfried Wiedemann*

## Geest

**Begriff** – Das Wort „Geest" ist eine Substantivierung des niederdeutschen Adjektivs *gest:* „trocken, unfruchtbar".

Bei der Geest (Altmoränengebiet) handelt es sich um eine eiszeitlich geprägte flachwellige Landschaft, die trockene, sandige, nährstoffarme Böden aufweist und vielfach verheidet oder vermoort ist. Dieser in Nds. am weitesten verbreitete Landschaftstyp bildet einen ca. 100 bis 170 km breiten Gürtel zwischen der Marsch (→ Küstengebiete) im Norden und den → Lössbörden im Süden, der bei Cuxhaven (→ Städte) und am Jadebusen direkt bis zur Nordsee reicht.

Während des Pleistozäns (Eiszeitalter) formten zwei der drei großen nordischen Inlandvereisungen, die Elster- und Saale-Eiszeit (vor ca. 355 000 bzw. 240 000 Jahren), deren Vorstöße etwa die Mittelgebirgsschwelle erreichen, die

Naturschutzgebiet Lüneburger Heide, einer der zwölf Naturparks in Niedersachsen

*Glaziale Serie* (Abb. 1). Diese bestimmt noch heute das Landschaftsbild der Geest.

**Struktur** – Die Glaziale Serie setzt sich aus *Grund-* und *Endmoräne, Sander* und *Urstromtal* zusammen. Der Boden der Grundmoräne ist wegen des Gewichts der ehemals darüber liegenden Eismassen sehr dicht. Diese Flächen werden meist als Ackerland bewirtschaftet. Die Endmoräne besteht aus dem Gesteinschutt, der am Gletscherende abgelagert wurde und auf diese Weise kleine Höhenzüge erzeugte (z.b. Dammer Berge, Fürstenauer Berge, Wilseder Berg). Auf dieser „Hohen Geest" wachsen vor allem Eichen-/Birkenwälder, Kiefern- oder seltener auch Buchenwälder.

Das Moränenmaterial (Geschiebemergel) besteht i.d.R. aus einem Gemisch aller Korngrößen (Ton, Schluff, Sand, Kies und Steine). Für viele Geschiebe lassen sich die Herkunftsorte ermitteln – im Hümmling befinden sich einige Findlinge (große Steine) aus Norwegen, in der Lüneburger Heide liegen mehr Geschiebe schwedischen und finnischen Ursprungs.

Die Sanderflächen, die vom Schmelzwasser im Gletschervorfeld abgelagerten Sandpartikel, gelten als die unfruchtbarsten Böden. Hier wachsen zumeist Kiefern. Die Urstromtäler waren während der Kaltzeiten die Vorfluter für die Schmelzwasser.

**Nutzung** – Mithilfe neuer Agrartechniken und von Kunstdünger konnte das Gebiet trotz der eher unfruchtbaren Böden eines der größten Überschussgebiete an agrarischen Produkten werden. Das Oldenburger Münsterland hat sogar einen Namen als eines der leistungsstärksten Zentren der Veredelungswirtschaft in Europa (→ Oldenburg, Land).

Die Geest ist durchzogen von zahlreichen Hoch- und Niedermooren, welche heute kultiviert oder abgetorft bzw. teilweise wiedervernässt werden. Ebenfalls typisch sind Wallhecken, die überwiegend vor anderthalb bis zwei Jh. entstanden. Heiden, die sich nach Brandrodung der ursprünglichen Wälder entwickelten, bedeckten zeitweise mehr als die Hälfte der Geest von Dänemark bis Belgien. Die Heidenbauernwirtschaft verlor ab dem 19. Jh. an Bedeutung, sodass Dank des Vereins Naturschutzpark e.V. Heideflächen im heutigen Naturpark bzw. Naturschutzgebiet Lüneburger Heide vor Bebauung, Aufforstung oder Umbruch in Ackerland bewahrt wurden.

Die Wildeshauser Geest ist ein 965 qkm großer → Naturpark (seit 1984), ca. 30 km südwestlich von Bremen gelegen. Es handelt sich um ein waldarmes, von der Hunte durchflossenes Gebiet, in dem sich Heideflächen, Moore, Flusssandfelder sowie Dünen (in Osenbergen bis 23 m hoch) ausbreiten. Im Norden des → Naturparks wurden mehrere → Naturschutzgebiete ausgewiesen, wo in den Flussniederungen und Mooren manche seltenen Vögel zu finden sind (Goldregenpfeifer, Uferschnepfe, Großer Brachvogel). *Cordula Englert*

## Gemeindefinanzen

**Subsidiaritätsprinzip** – Die Stellung der Gemeinden in der deutschen Finanzverfassung ergibt sich aus dem föderalstaatlichen Subsidiaritätsprinzip. Demnach sollen öffentliche Aufgaben von der jeweils niedrigsten Ebene und nur dann von einer höheren wahrgenommen werden, wenn dafür eine sachliche Notwendigkeit besteht. Daher bestimmt Art. 28 Abs. 2 GG, dass die Gewährleistung der kommunalen Selbstverwaltung auch die Grundlagen der finanziellen Eigenverantwortung umfasst. Da die Gemeinden und Gemeindeverbände verfassungsrechtlich als Teil der Länder angesehen werden, müssen die Länder im Rahmen ihres kommunalen Finanzausgleichs für eine adäquate Finanzausstattung der Gemeinden sorgen.

**Einkommensarten** – Die kommunalen Einnahmen setzen sich aus Steuereinnahmen, Finanzzuweisungen, Gebühren und Beiträgen sowie sonstigen Einnahmen wie z.b. Verkaufserlösen, Einnahmen aus wirtschaftlicher Tätigkeit oder Konzessionsabgaben zusammen. Seit 1969 erhalten die Gemeinden (Art. 106 Abs. 5 GG) einen Anteil an der Einkommensteuer, der sich nach dem örtlichen Einkommensteueraufkommen richtet, sowie (Art. 106 Abs. 5a GG) seit 1998 an der Umsatzsteuer. Darüber hinaus steht den Kommunen das Aufkommen der Gewerbe- und Grundsteuer (Art. 106 Abs. 6 GG) zu, dessen Höhe die Gemeinden durch die Festlegung von Hebesätzen beeinflussen können. Allerdings sind Bund und Länder durch die Gewerbesteuerumlage mit an der Gewerbesteuer beteiligt. Gebühren werden für die individuelle Inanspruchnahme bestimmter kommunaler Leistungen z.B. für Müllabfuhr oder Abwasserbeseitigung, aber auch für bestimmte Verwaltungshandlungen, Beiträge vor allem zur Finanzierung von Erschließungsmaßnahmen z.b. in Baugebieten erhoben.

**Kommunaler Finanzausgleich** – Im Jahr 2001 finanzierten sich die Kommunen bundesweit zu etwa 34 % aus Steuereinnahmen, zu 33 % aus Finanzzuweisungen, es folgten Gebühren und Beiträge mit ca. 13,1 %; die restlichen 20 % verteilten sich auf sonstige Einnahmen. Unter den einzelnen Steuereinnahmen war die Einkommensteuer mit ca. 42 % die wichtigste Steuerart, der Anteil der Umsatzsteuereinnahmen lag bei 5,5 %, der Anteil der Gewerbesteuer bei 35 % und

der Anteil der Grundsteuer bei 16,5 %. Eine wesentliche Einnahmequelle der Kommunen resultiert demnach aus dem kommunalen Finanzausgleich: Dabei handelt es sich um einen vertikalen Ausgleich, in dessen Rahmen das Land den Kommunen zusätzliche Mittel zur Verfügung stellt, die so zwischen den Kommunen verteilt werden, dass bestehende Finanzkraftunterschiede bedarfsgerecht geglättet werden. Das Grundgesetz schreibt vor, dass die Länder ihren Kommunen einen von ihnen selbst festzulegenden Prozentsatz ihres Anteils an den mit dem Bund geteilten Gemeinschaftssteuern zufließen lassen müssen; auf freiwilliger Basis können die Länder auch den Kommunen einen Anteil aus den Landessteuern einräumen. Die gesamte Zuweisungsmasse im Land Nds. betrug im Jahr 2003 ca. 2,23 Mrd. €. Die Kommunen erhalten *allgemeine Zuweisungen*, die meist pauschal nach Bedarfsgesichtspunkten gewährt werden, sowie zweckgebundene Zuweisungen, die mit i.d.R. detaillierten Verwendungsauflagen – z.B. in den Bereichen Krankenhäuser oder öffentlicher Personennahverkehr – verknüpft sind. Der quantitativ größte Teil (ca. 70 % der gesamten Zuweisungsmasse) wird allerdings in Form sog. Schlüsselzuweisungen vergeben, deren konkrete Höhe je Gemeinde in einem komplizierten Verfahren errechnet wird.

Landkreise verfügen gegenüber den Gemeinden über keine nennenswerten eigenen Steuereinnahmen, sondern finanzieren sich ausschließlich über die Einnahme bestimmter Gebühren, durch Finanzzuweisungen und über die sog. Kreisumlage, mit der sie auf die Finanzkraft ihrer angehörigen Gemeinden zurückgreifen. Mit einem Anteil von mehr als 40 % ist die Kreisumlage heute die dominierende Einkommensquelle der Landkreise. Zum Anstieg beigetragen hat eine verstärkte Aufgabenübertragung auf die Gemeindeverbände, ohne dass eine ausreichende Kostenerstattung vorgenommen wurde. Die daraus resultierenden zusätzlichen Belastungen konnten die Landkreise nur durch eine Anhebung der Kreisumlage zu Lasten ihrer Gemeinden kompensieren.

Abgesehen von den „Bedarfszuweisungen", die nur aufgrund einer außergewöhnlichen Lage an einzelne Gemeinden gezahlt werden, erhielten die Kommunen im Jahr 2003 im Durchschnitt 274 € je Einwohner in Form von Schlüsselzuweisungen, den sog. „Finanzhilfen für Investitionen" sowie für Aufgaben des übertragenen Wirkungskreises, d.h. staatliche Aufgaben, die im Auftrag des Bundes oder des Landes von den Kommunen ausgeführt werden. Entsprechend der unterschiedlichen Finanzkraft der Gemeinden ergibt sich eine große Spannweite hinsichtlich der an die einzelnen Kommunen abgeführten Zuweisungen: Die ersten Ränge belegen die Stadt Wilhelmshaven mit 469 €, gefolgt von der Stadt Delmenhorst mit 443 €, der Stadt Oldenburg (360 €) und dem Landkreis Leer (359 €). Die finanzstärksten Kommunen erhalten entsprechend unterdurchschnittliche Zuweisungen. Dazu gehören in Reihenfolge der Landkreis Vechta mit 179 € je Einwohner, der Landkreis Diepholz mit 202 €, der Landkreis Verden mit 209 € und der Landkreis Harburg mit 213 €. Gegenüber dem Jahr 2002 sind die gesamten Finanzzuweisungen um 437,6 Mio. € oder 16,4 % gesunken. Ein derart extremes Absinken der Zuweisungsmasse hatte es über Jahrzehnte nicht gegeben. Als Gründe dafür sind zum einen deutlich reduzierte Erwartungen des Landes für 2003 bezüglich der in die Bemessungsgrundlage einfließenden Einnahmen zu nennen. Zum anderen hatte allein die „Steuerverbundabrechnung" für 2002 eine Kürzung der im Jahr 2003 gezahlten Zuweisungen um 241,6 Mio. €

ergeben. Insbesondere aus den Beteiligungen des Landes an der Umsatzsteuer, der Körperschaftssteuer sowie der Einkommenssteuer waren im Jahr 2002 erheblich weniger Beträge in die nds. Kassen geflossen als im → Landeshaushalt veranschlagt worden waren.

**Reformen** – Angesichts der in den letzten Jahren immer stärker angespannten Haushaltslage aller öffentlichen Kassen haben sich die kommunalen Spitzenverbände gegenüber dem Land wiederholt für eine strikte Einhaltung des Konnexitätsprinzips im Sinne der „Wer bestellt, bezahlt"-Regel eingesetzt. Bund und Länder haben immer wieder Aufgaben auf die Gemeinden übertragen, ohne einen entsprechenden Ausgleich der Kosten sicherzustellen. Dies betrifft beispielsweise die Sozialhilfe, die sich in der Vergangenheit zu einer erheblichen Belastung der kommunalen Haushalte entwickelt hat. Ein Beispiel: Angesichts der aktuell vorbereiteten Zusammenführung von Arbeitslosen- und Sozialhilfe ab dem 1.1.2005 (Hartz-IV-Gesetz) im Bereich der Landkreise forderte der Nds. → Städte- und Gemeindebund von der → Landesregierung, einen Rückgriff auf die Kreisumlage zu verhindern. Dies erklärt sich daraus, dass die Landkreise auf die ihnen ggf. zufallenden Aufgaben – im Fall einer gesetzlich nicht abschließend geregelten Finanzierung – mit einer Erhöhung der Kreisumlage reagieren müssten. Dadurch würde der – angesichts der schwierigen öffentlichen Kassenlage – ohnehin begrenzte Spielraum der Gemeinden für freiwillige Selbstverwaltungsaufgaben noch weiter eingeschränkt und negative Auswirkungen auf das öffentliche Angebot im kulturellen und sportlichen Bereich noch wahrscheinlicher.

Die Bundesregierung hat im Jahr 2002 eine Kommission zur Reform der Gemeindefinanzen eingesetzt, die sich im Wesentlichen mit einer Gewerbesteuerreform und der angedeuteten Sozialhilfeproblematik beschäftigen soll.

*Thorsten Bullerdiek*

## Gemeinden / Landkreise / Region Hannover

**Flächen und Einwohner** – Nds. gliedert sich auf kommunaler Ebene in 37 Landkreise, acht kreisfreie Städte und die Region Hannover. Von 1 023 Gemeinden bilden allerdings nur 287 Einheits- sowie 140 Samtgemeinden eigene Verwaltungseinheiten. Die landesweit größte Gemeinde, die Stadt Neustadt am Rübenberge, erreicht eine Ausdehnung von 357 qkm. Derzeit leben in Nds. ca. 7,99 Mio. Einw. und damit je Gemeindeverband durchschnittlich 173 770 Einw. Die Region Hannover sticht mit 1,13 Mio. Einw. hervor, gefolgt vom Kreis Osnabrück mit 358 041 Einw. Am bevölkerungsschwächsten sind die kreisfreien Stadt Emden sowie der Kreis Lüchow-Dannenberg mit 51 445 bzw. 51 624 Einw. Die räumliche Ausdehnung der Landkreise schwankt beträchtlich: Während die Durchschnittsfläche aller Kreise, kreisfreien Städte sowie der Region Hannover bei 1 035 qkm liegt, erreicht der größte Kreis, Emsland, mit 2 881 qkm mehr als die doppelte Ausdehnung. Ebenso ausgeprägte Schwankungen weist die → Bevölkerungskonzentration auf: Die durchschnittliche Einwohnerdichte liegt bei 167,9 Einw./qkm, sie erreicht den Spitzenwert von 1537,9 Einw./ qkm in der kreisfreien Stadt Oldenburg. Der Kreis Lüchow-Dannenberg ist mit 42,3 Einw./qkm am dünnsten besiedelt. Mit ca. 73 % wohnt die große Mehrheit der Nds. in Orten mit weniger als 50 000 Einw., lediglich zwei Städte – Hannover und Braunschweig – haben mehr als

200 000 Einw., und weitere sechs – Göttingen, Hildesheim, Oldenburg, Osnabrück, Salzgitter und Wolfsburg – sind ebenfalls Großstädte mit mehr als 100 000 Einw. Es gibt in Nds. zudem einige gemeindefreie Gebiete, zu denen das Wattenmeer, unbewohnte Inseln, Flächen der Mittelgebirge Harz und Solling sowie größere Waldgebiete im Landkreis Lüchow-Dannenberg und die beiden gemeindefreien Bezirke Lohheide und Osterheide auf dem Truppenübungsplatz Bergen-Hohne gehören.

Die 287 Einheitsgemeinden bestehen aus 220 Gemeinden, 50 „selbstständigen" Gemeinden sowie 17 „großen selbstständigen" und „kreisfreien" Städten. „Selbstständige" Gemeinden sind nach der Nds. Gemeindeordnung (NGO) solche, die mehr als 30 000 Einw. haben. Nds. zählt acht „kreisfreie Städte" – Braunschweig, Delmenhorst, Emden, Oldenburg, Osnabrück, Salzgitter, Wilhelmshaven und Wolfsburg – und sieben „große selbstständige Städte": Celle, Cuxhaven, Goslar, Hameln, Hildesheim, Lingen (Ems) und Lüneburg. Die Landeshauptstadt Hannover und die Universitätsstadt Göttingen nehmen nach den Maßgaben des Gesetzes über die Region Hannover (s.u.) und des Göttingen-Gesetzes einen Sonderstatus ein.

**Kommunale Selbstverwaltung** – Die nds. Verfassung (→ Landesverfassung) bestimmt, dass „Gemeinden und Landkreise [...] ihre Angelegenheiten im Rahmen der Gesetze in eigener Verantwortung" verwalten (Art. 57 Abs. 1). Zur Wahrung der kommunalen Selbstverwaltung im Gesetzgebungsprozess unterstreicht die nds. Verfassung eine verpflichtende Anhörung der kommunalen Spitzenverbände (→ Verbände) (vgl. Art. 57 Abs. 6), denn schätzungsweise 80 % aller Angelegenheiten, durch die die Bürger mit staatlichen Stellen in Kontakt stehen, werden von der Gemeinde erledigt. Die Garantie von verschiedenen Hoheitsrechten gewährleistet die Effektivität der eigenverantwortlichen Selbstverwaltung. Zu ihnen gehören:

- *Aufgabenhoheit:* das Recht der Gemeinden, alle Angelegenheiten der örtlichen Gemeinschaft zu regeln,
- *Gebietshoheit:* das Recht, im Gebiet der Gemeinde gegenüber Personen und Sachen Anordnungen zu treffen,
- *Organisationshoheit:* das Recht zur eigenverantwortlichen Bestimmung des Verwaltungsaufbaus und -ablaufs,
- *Personalhoheit:* das Recht, das erforderliche Personal selbst zu bestimmen,
- *Finanzhoheit:* die Freiheit zur Erhebung von Abgaben und zur Ausgabe der Finanzmittel,
- *Planungshoheit:* das Recht zur eigenverantwortlichen Planung,
- *Satzungshoheit:* das Recht, die eigenen Angelegenheiten durch Rechtsvorschriften zu regeln.

**Freiwillige und Pflichtaufgaben der Gemeinden** – Im Rahmen des sog. *eigenen Wirkungskreises* erfüllen die Gemeinden freiwillige und Pflichtaufgaben: Freiwillige Aufgaben sind u.a. die Einrichtung und die Unterhaltung von → Museen, → Bibliotheken, Musikschulen, → Sport- und Freizeiteinrichtungen, Grünanlagen und die Durchführung von Orts- und Stadtfesten. Zu den Pflichtaufgaben des eigenen Wirkungskreises der Gemeinden gehören z.B. die Schulträgerschaft für Grundschulen oder die Aufstellung und Unterhaltung einer freiwilligen → Feuerwehr. Im eigenen Wirkungskreis können die Gemeinden für die wirtschaftliche, soziale und kulturelle Betreuung ihrer Einwohner öffentliche Einrichtungen schaffen und deren Benutzung durch Satzung regeln und für bestimmte Leistungen, wie z.B. Wasserleitungen, Straßenreinigung, Abfallbeseitigung und Friedhöfe einen An-

schluss- und Benutzungszwang vorschreiben. Daneben sind den Gemeinden im sog. *übertragenen Wirkungskreis* auch staatliche Aufgaben durch Gesetz zugewiesen. Dazu gehören die Ausführung von Bundes- und Landesgesetzen im Auftrag, z.B. auf dem Gebiet Melde- und Ausweiswesen, Unterbringung von Asylbewerbern, Genehmigung von Sammlungen in der Gemeinde, Entgegennahme von Kirchenaustrittserklärungen, Zulassung von Brenntagen bei Gartenabfällen, Regelungen über Sperrzeiten für Gastwirtschaften oder die Ausstellung von Lohnsteuerkarten. Zur Stärkung der Verwaltungskraft können sich Gemeinden zu *Samtgemeinden* zusammenschließen. Eine Samtgemeinde soll nach der NGO mindestens 7 000 Einw. haben und nicht mehr als zehn Mitgliedsgemeinden umfassen. Samtgemeinden nehmen alle Aufgaben des übertragenen Wirkungskreises (s.o.) und wesentliche Aufgaben des eigenen Wirkungskreises ihrer Mitgliedsgemeinden, die in der NGO im Einzelnen genannt werden, wahr.

*Städte, Gemeinden und Landkreise* sind die Verwaltungseinheiten, in denen der Staat und auch die politische Entscheidungsfindung der → Bevölkerung am nächsten stehen: Die Gemeinde regelt im Alltag der Bürger die örtlichen, bürgernahen Angelegenheiten, während der Landkreis die Aufgaben von überörtlicher Bedeutung übernimmt. Nach § 2 der Nds. Landkreisordnung (NLO) sollen die *Landkreise* als Gemeindeverbände überall dort tätig werden, wo der übergeordnete, ergänzende oder ausgleichende Charakter einer Aufgabe in der Natur der Sache liegt, so z.B. bei der Organisation von → Rettungsdiensten, der Errichtung von Krankenhäusern, Sonderschulen, Berufsschulen, im Bereich öffentlicher Gesundheitsdienst, bei der Trinkwasserversorgung, der Abwasserentsorgung, und bei der Organisation von öffentlichem Personennahverkehr (ÖPNV) oder dem Bau von Kreisstraßen. Ergänzungsfunktion hat beispielsweise die Trägerschaft eines Gymnasiums durch den Landkreis, während die Grund-, Haupt- und Realschulen von den Gemeinden getragen werden. Ihre Ausgleichsfunktion sollen die Kreise dadurch ausfüllen, dass möglichst gleichwertige Lebensverhältnisse innerhalb des Kreises bestehen. Dagegen erfüllen die *kreisfreien Städte* neben ihren Aufgaben als Gemeinden auch alle Aufgaben in ihrem Gebiet, die ansonsten den Landkreisen obliegen.

**Region Hannover** – Die am 1.11.2001 per Landesgesetz gegründete *Region Hannover* ist ein Gemeindeverband eigener Ordnung, der neben der Landeshauptstadt 20 regionsangehörige Gemeinden umfasst. Ihr gingen mehrere institutionelle Vorläufer in der Stadtregion Hannover voraus. Gegen Ende der 80er Jahre kam es zur Gründung des „Kommunalverbandes Großraum Hannover" (KGH), dem die Regionalplanung als gesetzliche Pflichtaufgabe übertragen wurde. Das Regionsgesetz wurde im Mai 2001 vom Nds. → Landtag verabschiedet, sodass im September 2001 die ersten Wahlen der Regionsversammlung des Regionspräsidenten stattfinden konnten. Die Region Hannover ist ein kommunalrechtliches Novum, da sie neben den Aufgaben eines Landkreises auch verschiedene Aufgaben in einer Hand bündelt, die bisher in der Zuständigkeit der Bezirksregierung oder von Landesämtern lagen.

**Kommunale Spitzenverbände** – Die kommunalen Gebietskörperschaften haben sich auf Landesebene zu drei *Kommunalen Spitzenverbänden* zusammengeschlossen, die ein verfassungsrechtlich verankertes Anhörungsrecht haben, wenn durch Gesetz oder Verordnung allgemeine Fragen geregelt werden, welche die Gemeinden oder Landkreise unmittelbar berühren (Art. 57 Abs. 6 der Nds. Verfassung). Der *Niedersächsische Städte und Gemeindebund* (NSGB) spricht für 198 kreisangehörige Städte und Gemeinden, 125 Samtgemeinden und 72 Mitgliedsgemeinden in Nds. Ihr Gebiet umfasst drei Viertel der Fläche Nds. mit mehr als 3,2 Mio. Einw. Aufgabe des Verbandes ist die Vertretung der gemeinsamen Belange der kreisangehörigen Städte, Gemeinden und Samtgemeinden gegenüber Gesetzgebung und Verwaltung auf Bundes- und Landesebene. Hinzu kommen im Wesentlichen die Einzelberatung der Verbandsmitglieder sowie der Erfahrungsaustausch. Der Verband setzt sich im Rahmen seiner Öffentlichkeitsarbeit für die Stärkung der freien Selbstverwaltung in den Städten und Gemeinden ein und informiert über Aufgaben und Probleme des kreisangehörigen Raumes. Auf Bundesebene ist er Mitglied im Deutschen Städte- und Gemeindebund. Die Räte der Verbandsmitglieder entsenden Bürgermeister, Ratsmitglieder und Hauptverwaltungsbeamte in die Verbandsgremien. Organe und ständige Ausschüsse sind paritätisch aus dem Ehren- und Hauptamt besetzt. Der Landesverband gliedert sich in vier Bezirksverbände und 38 Kreisverbände. Der *Niedersächsische Städtetag* vertritt 132 kreisfreie und kreisangehörige Städte, Gemeinden und Samtgemeinden, außerordentliche Mitglieder sind die Region Hannover sowie der Zweckverband Großraum Braunschweig. Die 37 Landkreise sowie die Region Hannover sind im *Niedersächsischen Landkreistag* organisiert. Alle drei → Verbände arbeiten in der „Arbeitsgemeinschaft der kommunalen Spitzenverbände Niedersachsens" zusammen. Die Landesverbände sind auf Bundesebene jeweils Mitglieder im „Deutschen Städtetag" bzw. im „Deutschen Landkreistag". *Thorsten Bullerdiek*

## Gerichtswesen / Rechtspflege

In Art. 51 der Verfassung Nds. wird vorgegeben, dass die rechtsprechende Gewalt durch die Gerichte ausgeübt wird und die Richterinnen und Richter unabhängig und nur dem Gesetz unterworfen sind.

„Hüter der → Landesverfassung" ist der → Staatsgerichtshof mit Sitz in Bückeburg. Er ist gerichtsförmiges Verfassungsorgan und gegenüber den übrigen Verfassungsorganen (→ Landtag, → Landesregierung) selbstständig und unabhängig. Ihm gehören neun Mitglieder an und neun stellvertretende Mitglieder, die jeweils ein Mitglied persönlich vertreten. Zuständig ist der Staatsgerichtshof u.a. für Streitigkeiten zwischen den obersten Landesorganen, Streitigkeiten über die Vereinbarkeit von Landesrecht mit der Landesverfassung, Streitigkeiten über Volksabstimmungen und für Kommunalverfassungsbeschwerden (→ Kommunalverfassung). Den Bürgerinnen und Bürgern steht allerdings keine allgemeine Verfassungsbeschwerde zur Verfügung. Im Falle einer Grundrechtsverletzung können sie sich jedoch unmittelbar an das Bundesverfassungsgericht wenden.

Aufgrund bundesrechtlicher Regelungen ist die Gerichtsorganisation in allen Bundesländern gleich. Dementsprechend untergliedern sich die Gerichte auch in Nds. in die *ordentliche Gerichtsbarkeit*, die *allgemeine und die besondere Verwaltungsgerichtsbarkeit* und die *Arbeitsgerichtsbarkeit*.

Ältester und mit 80 % der nds. Richterinnen und Richter auch größter Gerichtszweig ist die ordentliche Gerichtsbarkeit. Sie ist vierstufig aufgebaut: Unterste Instanz sind die 80 Amtsgerichte. Die elf Landgerichte sind den drei Oberlandesgerichten in Celle, Oldenburg und Braunschweig zugeordnet. Oberstes Gericht der ordentlichen Gerichtsbarkeit in Zivil- und Strafsachen ist ein Gericht des Bundes, nämlich der Bundesgerichtshof. Dieser hat bis auf den fünften Strafsenat, der in Leipzig tagt, seinen Sitz in Karlsruhe. Nach differenzierten gesetzlichen Vorgaben sind in diesem Instanzenzug Berufung und Revision zulässig. Die Zuständigkeit der ordentlichen Gerichtsbarkeit erstreckt sich zum einen auf alle bürgerlichen Rechtsstreitigkeiten. Das sind Streitigkeiten der Bürgerinnen und Bürger untereinander aus allen Bereichen des privaten Lebens, wie Streitfragen über Kauf- oder Mietverträge und Schadensersatzansprüche. Bei den Amtsgerichten bestehen darüber hinaus Familiengerichte, die in Familiensachen (z.B. Ehescheidungen und Unterhaltsklagen) und Kindschaftssachen (z.B. Vaterschaftsanerkennung) entscheiden. Zur ordentlichen Gerichtsbarkeit zählt auch die freiwillige, d.h. nichtstreitige Gerichtsbarkeit. Hierunter fallen Betreuungsangelegenheiten, Nachlasssachen oder auch die Führung des Grundbuchs, des Handels- und des Vereinsregisters.

Ein weiterer Aufgabenbereich ist die Strafrechtspflege. Am Amtsgericht werden die Straf- und Bußgeldsachen vom Strafrichter bzw. Jugendrichter oder vom Schöffengericht bzw. Jugendschöffengericht entschieden. Am Landgericht sind die Strafkammern (z.B. als Jugendstrafkammern, Schwurgerichtskammern oder Wirtschaftsstrafkammern) zuständig, während am Oberlandesgericht die Strafsenate entscheiden. In diesem Bereich sind dabei zahlreiche ehrenamtliche Richter tätig.

Als Strafverfolgungsbehörde besteht an jedem Landgericht eine Staatsanwaltschaft, die auch an den jeweiligen Amtsgerichten tätig ist. Diese elf Staatsanwaltschaften sind den drei Generalstaatsanwaltschaften an den Oberlandesgerichten untergeordnet. Zuständig sind die Strafverfolgungsbehörden für die Leitung von Ermittlungsverfahren, die Erhebung und Vertretung der Anklage und die Strafvollstreckung. Für den → Justizvollzug bestehen in Nds. 19 Justizvollzugsanstalten.

Ein weiterer Gerichtszweig ist die allgemeine Verwaltungsgerichtsbarkeit. Sie wird von den Verwaltungsgerichten ausgeübt. Die Zuständigkeit bezieht sich auf Streitigkeiten zwischen Bürgerinnen/Bürgern und Behörden, so z.B. im Bereich des Baurechts, der → Landesplanung, des Asylrechts und des kommunalen Abgaben- und Gebührenrechts. Als Rechtsprechung in Angelegenheiten der öffentlichen → Verwaltung stellt die Verwaltungsgerichtsbarkeit die Kontrollinstanz der Exekutive dar. Ihr Aufbau ist dreistufig: Sieben Verwaltungsgerichten ist das Oberverwaltungsgericht in Lüneburg als Berufungsinstanz übergeordnet. Für Revisionsstreitigkeiten, in denen die Verletzung von Bundesrecht behauptet wird, ist das Bundesverwaltungsgericht in Leipzig zuständig.

Neben der allgemeinen existiert die besondere Verwaltungsgerichtsbarkeit. Hierunter fallen u.a. die Sozialgerichtsbarkeit und die Finanzgerichtsbarkeit.

Die Sozialgerichtsbarkeit ist zuständig in Angelegenheiten der Sozialversicherungen einschließlich des Kassenarztrechts, der Arbeitsförderung und der Kriegsopferversorgung. Auch sie ist dreistufig aufgebaut: Erste Instanz sind die acht Sozialgerichte. Berufungsinstanz ist das gemeinsame Landessozialgericht des Landes Nds. und der Freien Hansestadt Bremen mit Sitz in Celle und Zweigstelle in Bremen. Revisionen werden am Bundessozialgericht in Kassel verhandelt. Auch in diesem Gerichtszweig sind viele ehrenamtliche Richter tätig.

Die Zuständigkeit der Finanzgerichte besteht in der Kontrolle der Gesetzmäßigkeit der Besteuerung der Bürgerinnen und Bürger durch die Finanzverwaltung. Im Rahmen eines zweistufigen Aufbaus ist das nds. Finanzgericht in Hannover dem Bundesfinanzhof in München als der Revisionsinstanz untergliedert.

Als besondere Fachgerichtsbarkeit existiert des Weiteren die Arbeitsgerichtsbarkeit. An den für Rechtsstreitigkeiten aus dem Arbeitsrecht zuständigen 15 Arbeitsgerichten sind Kammern mit je einem Berufsrichter als Vorsitzendem und zwei ehrenamtlichen Beisitzern der Arbeitgeber- und der Arbeitnehmerseite eingerichtet. Die 15 Arbeitsgerichte sind dem Landesarbeitsgericht in Hannover als Berufungsinstanz zugeordnet. Für Revisionen in diesem Bereich ist das Bundesarbeitsgericht in Erfurt zuständig.

Alle nds. Gerichte unterstehen organisatorisch und dienstrechtlich dem nds. Justizministerium.

Der Bereich der Rechtspflege umfasst außerdem die Berufsgruppen der Rechtsanwälte und Notare. In Nds. sind über 8 000 Rechtsanwälte zugelassen. Über 2 000 von ihnen sind von der Landesjustizverwaltung zu Notaren bestellt und vor allem durch Beurkundung von Rechtsvorgängen i.S.e. vorsorgenden Rechtspflege tätig.          *Henning Maas*

# Gesundheitspolitik / -wesen

Die Sicherstellung der Gesundheitsversorgung ist eine öffentliche Aufgabe. Art. 2 Abs. 2 GG weist dem Staat die Aufgabe zu, die Gesundheit und körperliche Unversehrtheit seiner Bürger zu gewährleisten. Wie nahezu das gesamte Sozialwesen, so ist auch das Gesundheitswesen Gegenstand staatlicher Verantwortung und Gestaltung im Rahmen der konkurrierenden Gesetzgebung des Bundes und der Länder (→ Sozialpolitik). Die Länder haben hier Gesetzgebungskompetenz nur so lange, bis der Bund diese begründet an sich zieht (Art. 72 u. 74 GG). Die politischen Zuständigkeiten verteilen sich auf den Bund, die Länder und die Kommunen und werden zunehmend auch von der Europäischen Union übernommen. Das deutsche Gesundheitswesen ist daher durch eine hochgradige Politikverflechtung gekennzeichnet.

**Aufgaben und Leistungen** – Das Gesundheitswesen umfasst alle staatlichen und nichtstaatlichen Institutionen des Bundes und der Länder, die die Gesundheit der → Bevölkerung erhalten, fördern und wiederherstellen sowie Krankheiten vorbeugen sollen. Hierzu zählen gesundheitsbezogene Dienstleistungen, wie z.B. die ärztliche und zahnärztliche Behandlung, die Versorgung im Krankenhaus, die ambulante und stationäre Pflege und Rehabilitation oder der Gesundheitsschutz durch den öffentlichen Gesundheitsdienst, aber auch die Versorgung mit Arznei–, Heil- und Hilfsmitteln. 234,2 Mrd. € wurden im Jahr 2002 für Leistungen im Gesundheitswesen ausgegeben. Gemessen am Bruttoinlandsprodukt betrugen die Gesundheitsausgaben damit 11,1 %. Nur die USA und die Schweiz geben anteilig

**Gesundheitsausgaben des Landes Niedersachsen 2004 (in Mio. Euro)**

| Krankenhausfinanzierung | 183,9 |
|---|---|
| Maßregelvollzug | 86,2 |
| Landesgesundheitsamt | 10,7 |
| Infektionsschutz | 10,4 |
| Suchtbekämpfung | 7,7 |
| AIDS-Hilfe | 1,4 |
| Krebsregister | 1,3 |
| Seuchenbekämpfung | 1,0 |
| Sonstiges | 5,1 |
| **Summe** | **307,7** |

Quelle: Niedersächsisches Ministerium für Soziales, Frauen, Familie und Gesundheit

mehr Geld für Gesundheit aus. Die volkswirtschaftliche Bedeutung des Gesundheitswesens ist groß: Jeder zehnte Beschäftigte in Deutschland arbeitet im Gesundheitswesen, eine hohe Zahl an Arbeitsplätzen hängt zudem indirekt vom Gesundheitswesen ab.

**Sozialgesetzbücher** – Während die Länder die ursprüngliche Kompetenz für das Gesundheitswesen haben, liegen die Gesetzgebungskompetenzen für die im Sozialgesetzbuch (SGB) V geregelte Gesetzliche Krankenversicherung (GKV) ebenso wie für die Gesetzliche Pflegeversicherung (SGB XI) primär beim Bund. Die Sozialgesetzbücher regeln die Organisation, Finanzierung und Leistungserbringung dieser beiden Institutionen und definieren die Versicherungspflicht und den Zugang der Versicherten zu den Versorgungseinrichtungen. Die GKV als Kerninstitution des Gesundheitswesens, in der fast 90 % der Bevölkerung als Pflichtmitglieder, mitversicherte Familienangehörige, Rentner oder freiwillige Mitglieder versichert sind, finanzierte mit 57 % im Jahr 2002 den bei weitem größten Teil der Gesundheitsausgaben. Demgegenüber ist der Anteil der Steuermittel (Bund, Länder und Kommunen) an den Ausgaben mit 7,9 % vergleichsweise gering und im

Der Kurpark des Heilbades Bad Pyrmont (seit 1667), einer der ältesten Deutschlands

Zeitverlauf gesunken. Bei einem Gesamtvolumen des Landeshaushaltes von 22,3 Mrd. € betrug der Anteil, den die nds. → Landesregierung im Jahre 2004 für den Bereich Gesundheitswesen ausgab, etwa 1,4 %. Er verteilt sich wie folgt:

**Gesundheitswesen im Föderalismus** – Im Rahmen der konkurrierenden Gesetzgebung (v.a. Art. 74 Nr. 19 u. 19a GG) obliegen den Ländern zentrale Gesetzgebungskompetenzen bei der Ausgestaltung des öffentlichen Gesundheitsdienstes, bei Maßnahmen gegen gemeingefährliche und übertragbare Krankheiten bei Menschen und Tieren, bei der Zulassung zu ärztlichen und anderen Heilberufen sowie bei der Krankenhausplanung und Krankenhausfinanzierung.

Während der Bund die Rahmenbestimmungen für den Krankenhaussektor erlässt, steht den Ländern mit dem Instrument der Krankenhausplanung die Entscheidungsbefugnis über die bedarfs-

gerechte und flächendeckende Versorgung der Bevölkerung mit leistungsfähigen und wirtschaftlich arbeitenden Krankenhäusern zu. Auch die Planung des Rettungsdienstes (→ Katastrophenschutz/Feuerwehr/Rettungsdienst), insbesondere die Zulassung der Rettungsdienstträger, erfolgt auf Landesebene. Des Weiteren sind die Länder verantwortlich für die Vorhaltung einer bedarfsgerechten Pflegeinfrastruktur im Rahmen der Pflegeversicherung.

Daneben haben die Bundesländer die Rechtsaufsicht über die landesunmittelbaren gesetzlichen Krankenkassen und ihre → Verbände, die kassenärztlichen und kassenzahnärztlichen Vereinigungen, die unter dem Dach der Krankenkassen angesiedelten Pflegekassen sowie schließlich über die → Kammern der Heilberufe (Ärzte, Zahnärzte, Apotheker und Psychotherapeuten). Wenn man den engeren Bereich der reinen Krankenbehandlung *(health care)*, die durch die GKV erbracht wird, verlässt und die

breitere Perspektive der öffentlichen Erhaltung und Verbesserung der gesundheitlichen Lage der Bevölkerung *(public
health)* einnimmt, dann wird eine weitere wichtige Funktion ersichtlich, die die
Länder im Gesundheitswesen ausfüllen.
Dabei ist v.a. der öffentliche Gesundheitsdienst auf der Ebene der Länder
und Kommunen von Bedeutung. Der öffentliche Gesundheitsdienst nimmt viele
staatliche Gesundheitsaufgaben wahr
und koordiniert zudem Maßnahmen zur
Gesundheitsförderung und Prävention.
Das Landesgesundheitsamt, eine Behörde des Landes Nds., arbeitet auf den Gebieten Gesundheitswissenschaften, Epi-
demiologie, Hygiene sowie Umweltme-
dizin. Auf der Ebene der Kommunen,
die staatsrechtlich zum Land gehören,
werden die Aufgaben des öffentlichen
Gesundheitsdienstes in kreisfreien →
Städten und Landkreisen von den Ge-
sundheitsämtern wahrgenommen, über
die das Land die Dienst- und Fachaufsicht hat.

Weiterhin versuchen die Bundesländer, auf die Gestaltung von gesundheit-
lich relevanten Verhältnissen (etwa in
Schulen oder Einrichtungen) und Ver-
haltensbedingungen (etwa im Bereich
Suchtgefahren durch Alkohol, Rauchen
oder illegale Drogen) Einfluss zu nehmen (→ Drogenpolitik und Suchthilfesystem). Mit Blick auf Prävention und
Gesundheitsförderung haben die Länder
vielfach sog. Landesvereinigungen, Lan-
deszentralen oder Landesarbeitsgemeinschaften für Gesundheit eingerichtet. In
Nds. übernimmt diese Aufgabe die Landesvereinigung für Gesundheit Niedersachsen e.V., die vom Land institutionell
und finanziell gefördert wird. Institutionalisierte Krankheitserhebungen, wie
z.B. das auf dem Krebsregistergesetz
des Bundes beruhende Epidemiologi-
sche Krebsregister Niedersachsen, oder
die regelmäßige Gesundheitsberichter-
stattung über die gesundheitliche Lage

im Land, z.B. in Gestalt des Nds. →
Kinder- und → Jugend-Gesundheitsbe-
richts, spielen in diesem Bereich eine
wichtige Rolle.

**Freiwillige Programme** – Der Kern einer
eigenständigen nds. Landesgesundheits-
politik existiert im Wesentlichen in den
sog. freiwilligen Programmen und zusätzlichen Leistungen, wie der finanziellen Förderung von Organisationen
(z.B. des Selbsthilfe-Büros Niedersachsen oder von lokalen Aids-Hilfen), För-
derprogrammen für die Fortbildung von
spezialisiertem Pflegepersonal oder die
Durchführung von Konferenzen (wie
die Nds. Suchtkonferenzen) und öf-
fentlichkeitswirksamen Kampagnen
(„Rauchfreie Schule"). Die Rahmenbedingungen für freiwillige Leistungen und
Initiativen sind aufgrund der nur begrenzt zur Verfügung stehenden öffentlichen Fördermittel jedoch stets prekär.
Für die Bundesländer stellt sich daher
nicht nur die Aufgabe, durch Dialog und
Kooperation mit gesellschaftlichen
Gruppen neue Handlungspotenziale zu
erschließen. Durch die Einbindung von
unterschiedlichen Initiativen, Verbänden und Trägern sowohl auf der Landes-
als auch auf der lokalen Ebene in pro-
jektbezogene Aktivitäten (wie z.B. dem
„Bündnis für Verantwortung" zur Alko-
holprävention unter der Schirmherr-
schaft des Nds. Sozialministeriums) können die Länder eigene und unmittelbar
lebensweltliche Akzente setzen.

*Wolfram Lamping*

## Gewerkschaften

**Deutscher Gewerkschaftsbund** – Nach
1945 standen die Gewerkschaften auch
in Nds. vor dem Wiederaufbau. Schon
im Mai 1945 versammelten sich in Han-

**Mitgliederzahlen von Gewerkschaften in Niedersachsen und bundesweit**

|  | Mitglieder in Nds. (31.12.2002) | Mitglieder bundesweit (31.12.2002) |
|---|---|---|
| Industriegewerkschaft Bauen-Agrar-Umwelt Landesverband Nds.-Bremen | 49 185 | 461 000 |
| Industriegewerkschaft Bergbau, Chemie, Energie Landesbezirk Nord | 74 005 | 100 000 |
| TRANSNET Region Nds. Bremen/Hamburg | 15 932 | 283 000 |
| Industriegewerkschaft Metall Bezirk Nds. und Sachsen-Anhalt |  | 260 000 |
| Gewerkschaft Nahrung-Genuss-Gaststätten Landesbezirk Nds./Bremen | 28 818 | 236 000 |
| Gewerkschaft der Polizei Landesbezirk Nds. | 15 932 | 181 000 |
| Vereinte Dienstleistungsgewerkschaft Landesbezirk Nds.-Bremen | 270 395 | 2 614 000 |
| **Insgesamt** | **798 551** | **7 699 903** |

nover Betriebsräte, um die Neugründung einer gewerkschaftlichen Interessenvertretung zu beschließen. Nach Gründung des Deutschen Gewerkschaftsbundes (DGB) auf Bundesebene im Jahre 1949 (2003: 7 363 000 Mitglieder) konstituierte sich ein Landesbezirk Nds./Bremen. Nach vielfältigen Organisationsreformen gliedert sich der DGB heute bundesweit in acht Bezirke und 94 Regionen. Dazu kommen noch Landesbüros in Bremen und Sachsen-Anhalt. Der Bezirk Nds./Bremen besteht aus neun mit hauptamtlichen Kräften besetzten DGB-Regionen (Ostfriesland-Nördliches Emsland, Oldenburg-Wilhelmshaven, Osnabrück-Emsland, Elbe-Weser, Nord-Ost-Nds., Süd-Ost, Nds., Nds.-Mitte, Südnds.-Harz). Diese Regionen sind wiederum in ehrenamtlich geführte Kreis- und Ortsverbände untergliedert. In Nds. gibt es rund 140 Ortsverbände des DGB. Insgesamt waren in Nds. im Jahre 2002 813 662 Mitglieder im DGB organisiert, das waren 1,9 % weniger als im Vorjahr. Der Frauenanteil wies mit 29,6 % hingegen eine leicht steigende Tendenz auf.

**Einzelgewerkschaften** – Unter dem Dach des DGB sind in Nds. nach den Fusionen der zurückliegenden Jahre noch acht Einzelgewerkschaften organisiert, deren Geschäftsstellen alle in Hannover angesiedelt sind. Mit der IG Bergbau, Chemie und Energie residiert in Hannover auch einer der Bundesvorstände einer DGB-Einzelgewerkschaft. Mitgliedermäßig größte Einzelgewerkschaft in der DGB-Region Nds./Bremen ist die für den öffentlichen Dienst zuständige „ver.di" (Vereinigte Dienstleistungsgewerkschaft) mit knapp über 300 000 Mitgliedern, gefolgt von der IG Metall mit knapp unter 300 000 Mitgliedern.

**Tarifverträge** – Für die Aushandlung der Tarifverträge sind im deutschen System der Arbeitsbeziehungen die Einzelgewerkschaften zuständig. So handelt die IG Metall Bezirksleitung Hannover Flächentarifverträge für mehr als 20 Branchen mit den jeweiligen → Arbeitgeberverbänden aus, die sich in über 150 einzelnen Tarifverträgen aufgliedern. Hinzu kommen die in Zahl und Bedeutung stark zunehmenden Haustarifverträge zwischen IG Metall und einzelnen Arbeitgebern. Die wichtigsten Tarifgebiete sind die Volkswagen AG mit rund 104 000 Beschäftigten, die Metallindustrie Nds. mit rund 90 000 sowie die Metallindustrie Osnabrück-Emsland mit 16 000 Beschäftigten. Bundesweite Aufmerksamkeit hat in den letzten Jahren vor allem der im Herbst 1993 unterzeichnete Tarifabschluss bei VW erlangt, der zur Einführung der Vier-Tage-Woche führte und mit dem Namen des Arbeitsdirektors Peter Hartz verbunden ist. Mit diesem Tarifvertrag hatten die mehr als 100 000 VW-Beschäftigten einen Beitrag geleistet, um 30 000 bedrohte Arbeitsplätze zu sichern. Die Eckpunkte des Tarifvertrages sahen eine drastische Absenkung der Arbeitszeit von damals 36 Stunden auf 28,8 Stunden bei Sicherung des individuellen Monatsverdienstes vor (aber gleichzeitiger Kürzung des Jahreseinkommens um bis zu 15 %). Die Novität und der Modellcharakter in der deutschen Tariflandschaft ist darin zu sehen, dass dieser Tarifabschluss einen „doppelten Tabubruch" für beide Tarifparteien bedeutete, wobei die Zustimmung für eine Arbeitszeitverkürzung ohne vollen Lohnausgleich seitens der IG Metall gegen den Verzicht auf betriebsbedingte Kündigungen seitens der Arbeitgeberseite getauscht wurde.

Wegen der Überschneidung der Organisationsgrenzen, die eine variable räumliche Einteilung zum Teil mit Bremen und/oder Hamburg, seit der Organisationsreform des DGB auch mit Sachsen-Anhalt vorsieht, fällt die Angabe von Mitgliederzahlen nur für Nds. schwer (so hatte im Jahre 2003 der Bezirk Niedersachsen und Sachsen-Anhalt der IG Metall 298 000 Mitglieder, davon entfielen auf Nds. rd. 253 000). Ein Beispiel für die geografische Ausdehnung: Die regionale Zuständigkeit der IG BCE erstreckt sich im Westen bis zur niederländischen Grenze und der Landesgrenze Nordrhein-Westfalen, im Osten bis zu den Landesgrenzen Sachsen-Anhalt und Mecklenburg-Vorpommern, im Norden bis Dänemark, im Süden wird der Landesbezirk begrenzt durch Hessen. Die Gliederung über mehrere Bundesländer hinweg kann zu Variationen der politischen Strategie führen. So unternahm der DGB nach der Wahl in Nds. im Jahre 2003 keine Aktivitäten, um das landesweite Bündnis für Arbeit zu reaktivieren, während der DGB sich in Bremen auch weiterhin an dem dortigen Bündnis für Arbeit beteiligte.

**Arbeit und Leben Niedersachsen e. V.** – Eine Besonderheit der Gewerkschaftslandschaft in Nds. ist die Bildungsvereinigung „Arbeit und Leben Niedersachsen e. V.", die als gemeinnützige Bildungseinrichtung im Jahr 1948 von den Gewerkschaften und Volkshochschulen gegründet wurde. „Arbeit und Leben" in Nds. ist zwar traditionell in der Arbeitnehmerbildung verankert, hat sich aber dem gewandelten Bildungsbedarf von Arbeitnehmerinnen und Arbeitnehmern angepasst und ist heute sowohl im Bereich der Europabildung und vor allem auch im Hochschulbereich (Kooperationsstellen Gewerkschaften & Hochschule) aktiv. „Arbeit und Leben" verfügt in Nds. über rd. 30 Geschäftsstellen mit fast 350 hauptberuflichen Mitarbeiterinnen und Mitarbeitern. Einrichtungen von „Arbeit und Leben" gibt es inzwischen auch in den meisten anderen Bundesländern, jedoch bildet Nds. nach wie vor den klaren Schwerpunkt dieser Bildungsvereinigung.

**Deutscher Beamtenbund (DBB) Landesbund Nds.** – 1948 nach dem Krieg wieder gegründet als gewerkschaftliche Spitzenorganisation für den öffentlichen Dienst, hat der DBB Landesbund wesentlichen Einfluss genommen auf zentrale Regelungen im Dienstrecht des Landes. Der DBB, dem bundesweit 1 200 000 Mitglieder (2004) angehören, vertritt in Nds. die gewerkschafts- und berufspolitischen Interessen von rd. 60 000 Mitgliedern im öffentlichen Dienst. Intern spiegelt sich im DBB die Vielgliedrigkeit der öffentlichen → Verwaltung wider. Der DBB gliedert sich in knapp 50 Fachgewerkschaften (zum Vergleich: Die DGB-Gewerkschaft ver.di gliedert sich in nur 13 berufs- bzw. branchenbezogene Fachbereiche).

**CGB Landesverband Niedersachsen** – Die im Christlichen Gewerkschaftsbund Deutschlands (CGB) vereinigten Gewerkschaften verstehen sich als der freiwillige Zusammenschluss von Arbeitnehmern und Beamten, die den Grundprinzipien einer christlich-sozialen Ordnungspolitik folgen und deshalb eine selbstständige und unabhängige christliche Gewerkschaftspolitik anstreben. Mit gut 300 000 Mitgliedern ist der Christliche Gewerkschaftsbund Deutschlands nach eigenen Angaben der drittgrößte Gewerkschaftsdachverband in der BRD, der sich aus 16 Einzelgewerkschaften zusammensetzt. Die IG Metall führt seit Jahren einen Rechtsstreit, um den Metallgewerkschaften des CGB das Recht auf Tariffähigkeit abzusprechen.

*Ralf Kleinfeld, Stefan Brieske*

## Handel

Der Handel bildet in Nds. den drittstärksten Wirtschaftszweig nach → Industrie und → Handwerk. In Anlehnung an die amtliche Statistik kann er aus der Perspektive des Binnenhandels und des Außenhandels betrachtet werden. Die Binnenhandelsstatistik versteht Handel im institutionellen Sinn, indem sie alle nds. Unternehmungen betrachtet, deren Wertschöpfung überwiegend oder ausschließlich aus dem Handel mit Waren resultiert. Ein wesentliches Kennzeichen von Handelswaren ist dabei, dass es sich um bewegliche Sachgüter handelt, die fertig bezogen und ohne wesentliche Be- und Verarbeitung weiterveräußert werden. Die Außenhandelsstatistik bildet dagegen den grenzüberschreitenden Warenverkehr ab, ohne dass es hierbei darauf ankommt, ob es sich bei den beteiligten Wirtschaftssubjekten um Handelsunternehmen handelt.

Im Bereich des Binnenhandels weist das Nds. Landesamt für Statistik Daten getrennt für die Bereiche Einzelhandel sowie Handelsvermittlung und Großhandel aus. Im Jahr 2000 erwirtschaftete der Binnenhandel einen Umsatz von insgesamt 94 565 Mio. €. Etwa 60 % entfielen auf die Handelsvermittlung und den Großhandel, knapp 28 % auf den Einzelhandel und gut 12 % auf den Kfz-Handel und Tankstellen. Große Handelsunternehmen mit Sitz in Nds. sind Ihr Platz in Osnabrück (Umsatz 2001: 1 158 Mio. €), Bünting in Leer (dazu gehören z.B. Famila & Combi Märkte; Umsatz 2001: 1 110 Mio. €) und Rossmann in Burgwedel (Umsatz 2001: 928 Mio. €).

**Einzelhandel** – Einzelhandelsunternehmen setzen ihre Handelswaren überwiegend an private Haushalte ab. Die von der amtlichen Statistik ausgewiesenen Daten für den Einzelhandel erfassen auch Apotheken, Augenoptiker und Reparaturbetriebe für Gebrauchsgüter, während Tankstellen und der Handel mit Kraftfahrzeugen gesondert betrachtet werden. Im Jahr 2000 waren im Einzelhandel 224 482 Personen beschäftigt. Seitdem (Basisjahr 2000 = 100) ist die Beschäftigung im Einzelhandel tendenziell rückläufig (→ Arbeitsmarkt). So lag die Beschäftigung im Jahr 2003 durch-

**Die wichtigsten Warengruppen der Ausfuhr Niedersachsens 2002**

| Warenuntergruppe | Ausfuhr Mio. Euro | Anteil an der Gesamtausfuhr % | Veränderungen gegenüber 2001 % |
|---|---|---|---|
| **Ernährungswirtschaft** | | | − |
| Fleisch und Fleischwaren | 771,8 | 1,6 | +11,1 |
| Milch und Milcherzeugnisse | 356,1 | 0,7 | −49,0 |
| **Gewerbliche Wirtschaft** | | | |
| Kraftfahrzeuge und -fahrzeugteile | 15 537,1 | 31,8 | −5,1 |
| Maschinen | 4 657,4 | 9,5 | +1,2 |
| Chem. und pharmazeutische Erzeugnisse | 3 198,6 | 6,6 | +14,8 |
| Chemische Vorerzeugnisse | 2 976,8 | 6,1 | −5,6 |
| Elektrotechnische Erzeugnisse | 2 530,1 | 5,2 | −10,0 |
| Chem. Halbwaren | 2 093,6 | 4,3 | +11,6 |
| Eisen- und Metallwaren (Vorerzeugnisse) | 1 983,5 | 4,1 | −1,6 |

Quelle: Niedersächsisches Landesamt für Statistik

schnittlich bei einem Stand von 97,9 % des Basisjahres. Die Umsätze konnten hingegen seit den im Jahr 2000 erwirtschafteten 25 983 Mio. € leichte Wachstumsraten verzeichnen. Aktuell liegt der (reale) Umsatz bei 103,2 % (Durchschnitt im Jahr 2003).

**Großhandel und Handelsvermittlung** – Großhandelsunternehmen setzen Handelswaren überwiegend an andere Abnehmer als private Haushalte ab (z.B. gewerbliche Betriebe, Einzelhändler). Der Großhändler handelt im eigenen Namen für eigene oder für fremde Rechnung (Kommissionshandel). Handelsvermittlungen führen den An- und Verkauf von Handelswaren dagegen im fremden Namen und auf fremde Rechnung durch (Fremdgeschäft). Die folgenden Zahlen beziehen sich auf beide Bereiche, wobei der Handel mit Kraftfahrzeugen wieder ausgeklammert ist.

Im Jahr 2000 waren im nds. Großhandel und in der Handelsvermittlung 124 225 Menschen beschäftigt. Die Zahl der Beschäftigten sank seitdem auf 91,8 % im Jahresdurchschnitt 2003 (Basisjahr 2000 = 100). Der Umsatz im Großhandel lag im Jahr 2000 bei 56 839 Mio. € und ist seitdem rückläufig. So be-

wegte sich der reale Umsatz 2003 im Jahresdurchschnitt bei 91,6 % des Basisjahres. Die Zahlen verdeutlichen, dass im Großhandel mit deutlich weniger Beschäftigten mehr als das Doppelte des Einzelhandelsumsatzes erzielt wird.

**Außenhandel** – Die Außenhandelsstatistik bildet den grenzüberschreitenden Warenverkehr zwischen Nds. und Staaten außerhalb der BRD ab. Im Jahr 2003 wurden Waren im Wert von 50 850 Mio. € aus Nds. exportiert und Waren im Wert von 46 704 Mio. € eingeführt. Bei der Ausfuhr entfiel dabei ein Anteil von 29 684 Mio. € auf EU-Länder. Zu den wichtigsten Ausfuhrländern zählen die Niederlande, die USA, Großbritannien, Frankreich und Italien. Starke Wachstumsraten sind insbesondere nach mittel- und osteuropäischen Ländern sowie nach China zu verzeichnen. Bei den Einfuhren stammen Waren im Wert von 21 125 Mio. € aus EU-Ländern. Bedeutende Einfuhrländer sind Norwegen, die Niederlande, USA und Frankreich.

Betrachtet man die Außenhandelsstatistik gegliedert nach Warengruppen, stellen Kraftfahrzeuge und -teile mit einem wertmäßigen Anteil von 31,8 % an der Gesamtausfuhr (2002) die bedeu-

**Die wichtigsten Verbrauchsländer der Ausfuhr Niedersachsens 2002 nach Rangfolge**

| Verbrauchsland | Ausfuhr Mio. Euro | Anteil an der Gesamtausfuhr % | Veränderungen gegenüber 2001 % |
|---|---|---|---|
| Niederlande | 4 537,1 | 9,3 | – |
| USA | 4 494,9 | 9,2 | +3,3 |
| Großbritannien | 4 130,1 | 8,5 | +9,1 |
| Frankreich | 4 094,9 | 8,4 | +4,1 |
| Italien | 3 205,6 | 6,6 | +1,7 |
| Belgien | 2 693,3 | 5,5 | –7,5 |
| Spanien | 2 630,5 | 5,4 | +5,1 |
| Österreich | 1 964,1 | 4,0 | –2,4 |
| Polen | 1 381,8 | 2,8 | +8,0 |
| Schweiz | 1 321,1 | 2,7 | –7,6 |
| Tschechische Republik | 1 253,4 | 2,6 | +4,0 |
| Dänemark | 1 160,2 | 2,4 | +6,2 |
| Schweden | 1 155,9 | 2,4 | +8,2 |
| Mexiko | 1 047,4 | 2,1 | –25,0 |
| Volksrepublik China | 956,5 | 2,0 | +18,5 |
| Japan | 873,4 | 1,8 | –17,1 |
| Slowakei | 762,4 | 1,6 | –10,2 |
| Russische Föderation | 724,1 | 1,5 | +2,5 |
| Portugal | 639,2 | 1,3 | +0,4 |
| Ungarn | 500,8 | 1,0 | +12,3 |

Quelle: Niedersächsisches Landesamt für Statistik

tendste Warengruppe dar. Allerdings war der Export innerhalb dieser Warenkategorie in den letzten Jahren rückläufig (2002: –5,1 %, 2003: ca. –7,0 %). Durch die vergleichsweise starke Stellung der → Landwirtschaft in Nds. kommt den Exporten der Ernährungswirtschaft zumindest mengenmäßig eine gewisse Bedeutung zu. 13 % aller deutschen Ausfuhren in der Ernährungswirtschaft (→ Nahrungs- und Genussmittelindustrie) stammen aus Nds.

*Stephan Zielke, Britta Lietke*

## Handwerk

**Bedeutung und Abgrenzung** – Das Handwerk ist einer der vielseitigsten Wirtschaftsbereiche der nds. Wirtschaft. Knapp 71 000 Handwerksbetriebe in

Nds. sind in insgesamt 151 unterschiedlichen Berufen tätig in den Schwerpunktbereichen:

– *Bauhauptgewerbe* (z.B. Maurer, Betonbauer, Zimmerer, Dachdecker, Straßenbauer und Gerüstbauer),
– *Ausbaugewerbe* (z.B. Maler und Lackierer, Klempner, Installateure und Heizungsbauer, Elektrotechniker, Tischler),
– *Kraftfahrzeuggewerbe* (z.B. Karosserie- und Fahrzeugbauer sowie die Kfz-Techniker),
– *Nahrungsmittelgewerbe* (z.B. Bäcker, Konditoren, Fleischer),
– *Gesundheitshandwerke* (z.B. Augenoptiker, Zahntechniker, Hörgeräteakustiker),
– *unternehmensnahe Dienstleistungsgewerbe und Zulieferer* (z.B. Feinwerkmechaniker, Elektromaschinenbauer, Landmaschinenmechaniker, Kälteanlagenbauer),

**Die acht Berufe mit den größten Betriebszahlen am 31.12.2003**

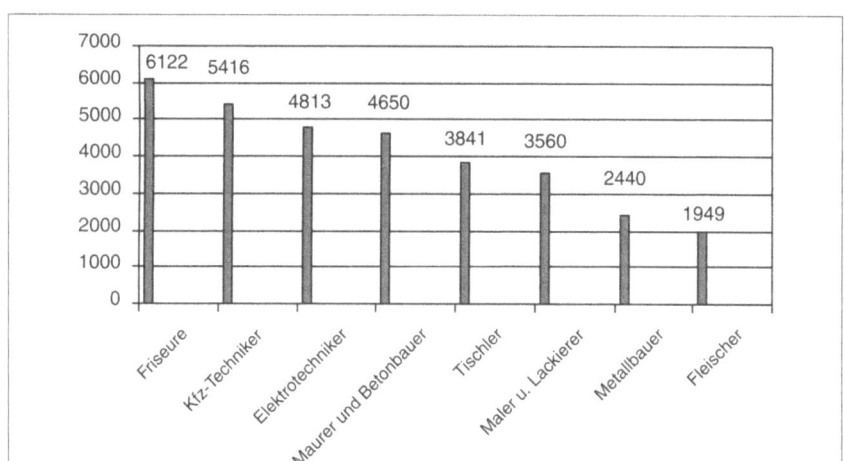

– *personenbezogene Dienstleistungsgewerbe* (z.B. Friseure, Schuhmacher, Uhrmacher, Damen- und Herrenschneider).

Seit der Reform der Handwerksordnung zum 1.1.2004 ist in 41 statt bisher 94 Berufen der Meisterbrief Voraussetzung, um einen Betrieb zu gründen. Allerdings können sich erfahrene Gesellen mit einer sechsjährigen Berufserfahrung, davon vier in leitender Position, auch in den meisten der 41 weiterhin zulassungspflichtigen Handwerksberufen, d.h. den sog. Anlage-A-Berufen, selbstständig machen. Die Anlage B, d.h. die zulassungsfreie Berufe, umfasst seit der Reform zum einen die 53 jetzt zulassungsfreien Berufe sowie die 57 handwerksähnlichen Gewerbe.

Das Handwerk erwirtschaftete in Nds. im Jahr 2003 insgesamt einen Umsatz von 34,1 Mrd. € und verzeichnete 444 500 Beschäftigte. Damit war nahezu jeder siebte der in der Wirtschaft Beschäftigten Mitarbeiter oder Mitarbeiterin eines Handwerksbetriebes.

Häufig wird die Abgrenzung zwischen Handwerk und → Industrie nach der Größe des Unternehmens vorgenommen. In Frankreich oder Italien zählen Betriebe mit bis zu zehn oder 20 Beschäftigten unabhängig von ihrem Betriebsgegenstand zum Handwerk. In Deutschland wird die Abgrenzung des Handwerks nach bestimmten Kriterien, wie z.B. Tätigkeit, Größe, Struktur, Kapitaleinsatz vorgenommen. Mit über 70 % aller nds. Handwerksbetriebe hat der überwiegende Teil der Betriebe aber ebenfalls weniger als zehn Beschäftigte. Nicht einmal 1 % der nds. Handwerksbetriebe verfügt über mehr als 100 Beschäftigte.

**Aus- und Weiterbildung** – Die qualifizierte Ausbildung hat im Handwerk eine große Bedeutung. Im Jahr 2002 waren knapp 55 000 Auszubildende im Wirtschaftsbereich Handwerk in Nds. zu verzeichnen. Das macht einen Anteil von 36 % an allen Auszubildenden in Nds. aus.

Allerdings nehmen die Klagen über die Qualifikation der Lehrstellenbewerber nicht ab. Viele Handwerksbetriebe konnten die von ihnen angebotenen

Lehrstellen nicht mit ausreichend qualifizierten jungen Menschen besetzen. Gerade vor dem Hintergrund der demografischen Entwicklung wird es in den nächsten Jahren entscheidend sein, durch Verbesserungen im Bildungssystem wieder mehr jungen Menschen die erforderliche Ausbildungsreife zu vermitteln.

In der Beliebtheitsskala der handwerklichen Berufe stehen die Kfz-Mechaniker, die Elektroinstallateure, die Friseure, die Metallbauer, die Maler und Lackierer, die Tischler sowie die Gas- und Wasserinstallateure ganz vorn. Der Anteil der weiblichen Lehrlinge im nds. Handwerk ist mit ca. 22 % in den letzten Jahren relativ konstant geblieben. Allerdings weisen die jungen Frauen ein sehr eingeschränktes Berufswahlverhalten auf. Schwerpunktmäßig werden sie in den Gesundheitshandwerken, in den Bekleidungshandwerken und in den kaufmännischen Ausbildungsberufen im Handwerk ausgebildet.

Eine wichtige Grundlage für die vergleichsweise hohe Ausbildungsintensität im Handwerk liegt in der Meisterprüfung. Diese als Voraussetzung für die Existenzgründung im Handwerk bildet vielfach eine starke Motivation für junge Menschen zur Qualifizierung.

Im Jahr 2003 haben in Nds. ca. 2 700 Gesellen ihre Meisterprüfung erfolgreich ablegen können. Der Anteil der weiblichen Teilnehmer an den Meisterprüfungen liegt bei ca. 17 %.

**Interessenvertretung** – Die Interessen des Handwerks werden auf der Landesebene vom Nds. Handwerkstag (NHT), der Vereinigung der Handwerkskammern (VHN) und der Unternehmensverbände Handwerk (UHN) vertreten.

In Nds. gibt es sieben Handwerkskammern. Dazu zählen die Kammern Braunschweig, Hannover, Hildesheim, Lüneburg-Stade, Oldenburg, Osnabrück-Emsland sowie Ostfriesland. Die Handwerkskammern sind Körperschaften öffentlichen Rechts und vertreten die Interessen der Betriebe und Arbeitnehmer des Handwerks. Sie führen die Handwerksrolle, schaffen die Voraussetzungen für eine qualifizierte Berufsausbildung und nehmen Selbstverwaltungsaufgaben des Handwerks wahr. Da fast alle Handwerksunternehmen zum Mittelstand gehören, sind Handwerkskammern das Sprachrohr kleiner und mittlerer Unternehmen und ihrer Beschäftigten. Sie gewährleisten eine uneingeschränkte Interessenvertretung für den Mittelstand und unterhalten Kontakte zu allen wichtigen politischen Ebenen und Behörden. Sie bieten zudem eine breite Palette an Beratungsleistungen für Existenzgründer und bestehende Betriebe. Diese reichen von der betriebswirtschaftlichen Beratung bis zur Innovationsberatung. Bei diesen Aufgaben gibt es eine enge Zusammenarbeit sowohl zu den Kreishandwerkerschaften auf regionaler Ebene als auch zu den berufständisch organisierten Innungen.

Die Betriebe des Handwerks und des Mittelstandes insgesamt stehen vor dem Hintergrund der hohen Abgaben- und Steuerbelastung, der wachsenden Schwarzarbeit, der angespannten Haushaltslage bei Bund, Land und Kommunen sowie der gegenwärtig schwachen Investitionsbereitschaft der Wirtschaft und der Konsumzurückhaltung der Verbraucher vor großen Herausforderungen. Aufgrund der anhaltend schwierigen wirtschaftlichen Lage wirken sich die im Zuge von den sog. Basel II verschärften Kreditvergabebedingungen für den Mittelstand zusätzlich belastend aus.

*Hildegard Sander*

# Hannover Land

**Historisches** – Die heutige Landeshauptstadt Hannover entwickelte sich im Mittelalter an dem Fluss Leine. Ihre drei Wurzeln waren ein Dorf, eine Handelsniederlassung sowie eine Marktsiedlung. Der Name Hannover leitet sich aus „Honovere", das Hohe Ufer, ab. Im Umkreis von Hannover besaßen die Welfen große Macht. Sie drangen seit dem 13. Jh. in das aus zahlreichen kleinen Territorien bestehende Umland zwischen Leine und Weser ein. Gegen Ende des 16. Jh. waren alle bedeutenden, vormals eigenständigen Herrschaftsbildungen in welfischer Hand. Diese wurden 1823 zum Landdrosteibezirk Hannover zusammengefasst.

Georg Ludwig, aus der hannoverschen Linie des Welfenhauses, begründete als König Georg I. von England die Personalunion (1714–1837) zwischen dem Königreich England und dem Kurfürstentum Hannover. Das Kurfürstentum Hannover wurde mit englischer Unterstützung im Jahre 1814 zum Königreich erhoben. Der territoriale Nutzen war für das neue Königreich enorm. Zu den altwelfischen Landesteilen kamen Hildesheim, Osnabrück, das Emsland und Ostfriesland hinzu. Im Jahr 1866 stellte sich Hannover im deutschen Bundeskrieg gegen Preußen und unterlag diesem. Preußen annektierte das Königreich Hannover, welches infolgedessen zu einer preußischen Provinz wurde. Berlin reformierte im Jahre 1885 die hannoversche Verwaltung nach altpreußischem Vorbild. Anstelle der Landdrosteien wurden Regierungspräsidien eingerichtet und die Landkreise zu Organen der kommunalen Selbstverwaltung aufgebaut. Es entstand zum ersten Mal der Landkreis Hannover (→ Land-

Im Westen der Region Hannover liegt der größte Binnensee Norddeutschlands, das Steinhuder Meer, mit eine Fläche von 32 qkm

kreise). Die Provinz Hannover wurde mit der Auflösung im August 1946 ein eigenes Land. Dies· währte aber nur kurz, denn schon im November des gleichen Jahres wurde die Provinz Hannover Bestandteil des Landes Nds. Der Landkreis Hannover und der Kommunalverband Großraum Hannover wurden im Jahr 2001 aufgelöst und zur Gebietskörperschaft Region Hannover (→ Region Hannover) zusammengefasst. Die Region Hannover ist dadurch Rechtsnachfolgerin des Landkreises und des Kommunalverbandes geworden. Das Gebiet umfasst nunmehr den ehemaligen Landkreis und die Landeshauptstadt Hannover.

**Wirtschaftliche Entwicklung** – In Hannover ging die Industrialisierung nur langsam voran. Der Bergbau musste aufgrund der geringen Qualität der Deisterkohle im Vergleich zur Ruhrkohle in den 50er Jahren eingestellt werden. Doch ganz im Gegensatz dazu war die Region reich an Kalilagerstätten. Noch heute wird in der tiefsten Kaligrube der Welt das kostbare Salz erschlossen. Im Jahr 1905 stieß man auf Erdöl, welches bis heute in Laatzen und im Raum Hänigsen gefördert wird. Durch den Kohle- und Kaliabbau bildeten sich zunächst vornehmlich große geologische Spezialbetriebe und Zulieferer der Bohrindustrie. Später konnten zahlreiche moderne → Industrie- und Gewerbebetriebe (Chemie, Pharmazie, Kekse) für Hannover gewonnen werden. Eine Großzahl von Handwerksbetrieben und Einkaufszentren bestimmen ebenfalls die → Wirtschaftsstruktur.

In der → Landwirtschaft werden vor allem Getreide, Kartoffeln und Zuckerrüben angebaut. Zudem hat die Gemüseproduktion einen hohen Leistungsstand erreicht. Zu einem Begriff wurden auch die Uetzer Zwiebeln.

Des Weiteren kann Hannover auf ein großes Freizeit- und Erholungsangebot zurückgreifen. Im Westen der Region Hannover liegt der größte Binnensee Norddeutschlands, das Steinhuder Meer, welches vor mehr als 200 000 Jahren in der Saale-Eiszeit entstand. Es weist eine Fläche von 32 qkm auf. Das Steinhuder Meer ist nicht nur ein beliebtes Ausflugsziel für Surfer und Segler. Im Naturpark Steinhuder Meer (→ Naturpark), der von Mooren, Wiesen und Hügeln umgeben ist, kann der Gast die heimische Flora und Fauna erleben. Im Südwesten, nur 20 km von der Landeshauptstadt entfernt, liegt das Hausgebirge Hannovers, der Deister. Das Gebirge entstand in der Kreidezeit und bildet den Ausgangspunkt zur Norddeutschen Tiefebene. Der 23 Kilometer lange Bergzug ist sehr reich an Fichten- und Buchenwäldern. Seine höchste Erhebung ist mit 405 m der „Bröhn", von dem aus eine gute Aussicht über das Calenberger Land möglich ist. Die Leine, an der die Landeshauptstadt entstand (s.o.), ist ein weiteres Merkmal von Hannover. Das Leinetal gehört zu einem der zahlreichen Natur- und Landschaftsschutzgebiete (→ Naturschutzgebiete) und dient in erster Linie der Naherholung. Im Norden Hannovers liegen die Ausläufer der Südheide bei Fuhrberg und in der Wedemark. Spargelfelder, Wälder und Moore prägen das Burgdorfer Land im Nordosten der Region.                    *Anne-Katrin Jacobs*

## Harz

Der Harz ist als einziger Gebirgszug Nds. ein echtes Mittelgebirge. Mit scharf gezeichneten Umrissen erhebt er sich dabei aus der umliegenden Schichtkamm- und Schichtstufenlandschaft im

Der Harz – steile Hänge und steiniger Boden und je höher, desto unwirtlicher wird das Klima

Norden „mauerartig", im Süden als mehr oder weniger steile Aufbiegung. Die deutliche Abgrenzung gegen das Berg- und Hügelland wird noch durch die fast geschlossene Bewaldung unterstrichen, der das Gebirge auch seinen Namen nach dem mittelhochdeutschen „hart" = Bergwald verdankt. Nur ein Drittel, also der kleinere Teil des Harzes, liegt in Nds.; der größere, östliche Teil gehört zu Sachsen-Anhalt.

**Gestalt und Beschaffenheit** – An seinen Rändern weist das Gebirge dichte, tiefe und meist steile Zertalungen auf, die sich besonders im Südharz stark verästeln. Talaufwärts werden die Hänge zunehmend niedriger und flacher, bis sie im Gebirgsinneren schließlich in weite, flachwellige Hochflächen übergehen. Die ausgeprägteste dieser Hochflächen im nds. Oberharz ist die Clausthaler Hochfläche auf einer Höhe von etwa 550 bis 600 m. Die Hochflächen werden im sog. Hochharz von den Erhebungen

eines zentralen Berglandes überragt, dessen bekannteste Elemente das Brockenmassiv und der Acker-Bruchberg-Kamm sind. Die höchsten Gipfel im nds. Teil des Harzes sind Wurmberg (971 m) und Bruchberg (928 m), während der Brocken als höchste Erhebung mit 1 142 m bereits in Sachsen-Anhalt liegt.

Der gesamte Gebirgskörper setzt sich aus zwei Elementen zusammen: Sedimentgesteinen, die – anders als im Berg- und Hügelland – bereits frühzeitig intensiv gefaltet und zerlegt wurden, und Magmatiten, z.B. dem Brocken-Granit, die aus dem Erdinneren aufgestiegen sind. Seine heutige Kontur erhielt der Harz jedoch erst als Folge phasenhafter Hebungen, in deren Folge sich der gesamte Gebirgsblock um etwa 300 m über das Umland erhob.

**Klima und Vegetation** – Aufgrund des mit der Höhe unwirtlicher werdenden Klimas, aber auch wegen der steilen Hänge und steinigen Böden, kann im

Harz keine ertragreiche Landwirtschaft betrieben werden. Lediglich auf den Rodungsinseln der Hochflächen finden sich wenige Gründlandbetriebe. Das Landschaftsbild des Harzes wird deshalb durch das größte geschlossene Waldgebiet Nds. bestimmt. Rund drei Viertel der Wälder im Westharz sind Nadelwälder, die fast ausschließlich aus Fichten bestehen.

Als potenzielle natürliche Vegetation würde die Buche normalerweise bis mindestens 700 m Höhe, in Form von Buchen-Fichten-Mischwäldern sogar bis 800 m Höhe vorherrschen, jedoch sind die Buchenwälder durch den Bergbau seit Beginn des 16. Jh. und die spätere forstwirtschaftliche Förderung der schnell wachsenden Fichte rücksichtslos abgeholzt und an den Harzrand zurückgedrängt worden. Die heute vielerorts dominierenden Fichtenreinbestände werden nur oberhalb von 700 m teilweise von baumfreien Hochmooren unterbrochen (z.B. bei Torfhaus), die Standorte zahlreicher auf der „Roten Liste" geführter Pflanzen sind. Der Gipfel des Brockens ist ebenfalls baumfrei; oberhalb eines schmalen Krüppelholzsaumes sind hier subalpine Zwergstrauch- und Rasengesellschaften standortbestimmend, unter denen sich Hochgebirgspflanzen wie das Alpen-Windröschen und die Berg-Nelkenwurz finden. Charakteristisch ist der Niederschlagsreichtum des Westharzes. Er ist eine Folge der Steigungsniederschläge, die aus den von Westen herangeführten atlantischen Luftmassen ausfallen. Auf der Westseite des Brockens beläuft sich die jährliche Niederschlagsmenge auf rund 1 600 mm.

Die hohen Niederschläge boten die Voraussetzung für die Anlage mehrerer großer Talsperren, die seit den 30er Jahren entstanden. Sie dienen der Trinkwasserversorgung, aber auch dem Hochwasserschutz und, als Nebenprodukt, der Erzeugung elektrischer Energie.

**Waldschäden** – Die hohen Niederschläge sind aber auch eng mit einem ernsten Problembereich verbunden: dem „Waldsterben". Seit Anfang der 80er Jahre haben die sog. neuartigen Waldschäden im Harz ausgesprochen dramatische Formen angenommen. Große Teile des Waldbestandes im Harz gelten nach wie vor als „krank". Alarmierend ist vor allem die Situation im Oberharz, wo zwischen 60 und 65 % des Waldes geschädigt sind, aber auch die Waldbestände des Unterharzes weisen z.T. erhebliche Schädigungen auf. Hinsichtlich der Schädigungen muss allerdings nach verschiedenen Schadensstufen sowie nach Baumarten unterschieden werden; ebenso schwankt der Gesamtumfang der geschädigten Waldbestände, die seit 1983 jährlich im Rahmen der sog. „Waldschadensuntersuchung" bundesweit einheitlich ermittelt werden. Hauptschadensfaktoren des Waldsterbens sind Luftschadstoffe (Schwefeldioxid, Stickoxide), die vorwiegend durch die Verbrennung fossiler Brennstoffe entstehen. Als Hauptemittenten gelten Industrie und Straßenverkehr. Während die Schadstoffe aus der Industrie z.T. über große Entfernungen in den Harz eingetragen werden, wirkt der Verkehr primär unmittelbar vor Ort als Verursacher von Schädigungen. Großen Anteil hat daran der rege Urlaubs- und Naherholungsverkehr in die Region. Um die Waldschäden zu mildern und die Vitalität des Bestandes zu stärken, wurden und werden verschiedene Maßnahmen ergriffen. Neben der Bodenkalkung, die der Vorbeugung gegen die überhöhte Versauerung des Bodens dient, zählt dazu vor allem die systematische Walderneuerung mit der Anpflanzung von Laubwald-Mischkulturen.

**Wald-Nationalpark Harz** – Um die charakteristische Mittelgebirgslandschaft des Harzes, die für Nds. und Norddeutschland insgesamt einzigartig ist, dauerhaft zu schützen, hat die nds. Landesregierung große Teile des Oberharzes 1994 zum Nationalpark erklärt. Der Nationalpark bezieht das ehemalige Naturschutzgebiet Oberharz ein, das in Teilen bereits seit 1926 unter Schutz steht. Noch vor dem Land Nds. hatte 1990 die letzte DDR-Regierung den östlichen Teil des Hochharzes zum Nationalpark ausgerufen. Als ausgesprochenem Wald-Nationalpark kommt dem Harz vorrangig die Aufgabe zu, langfristig die Entstehung naturnaher, d.h. vom Menschen weit gehend unbeeinflusster Wälder zu ermöglichen. Solche Urwälder „aus zweiter Hand" sind in Deutschland heute nur noch im Rahmen von Nationalparks vorstellbar. Eine intensive Umwelt- und Naturschutzbildung soll dieses hoch gesteckte Ziel in der Öffentlichkeit möglichst breit verankern, wobei der Vermittlung zwischen Naturschutz und → Tourismus eine Schlüsselfunktion zufällt. Schon heute zählt der Harz mit rund 10 Mio. Jahresbesuchern zu den touristisch am stärksten frequentierten Nationalparks Europas. *Ingo Mose*

## Industrie / Verarbeitendes Gewerbe

**Begriff** – Industrie hat seinen Ursprung im lateinischen Wort *industria* (= Fleiß) und meint die gewerbliche Gewinnung von Rohstoffen, die Be- und Verarbeitung von Rohstoffen und Halbfabrikaten, die Veredelung von Sachgütern und schließlich bestimmte Montage- und Reparaturarbeiten. Synonym damit verwendet wird i.d.R. der Begriff des Verarbeitenden Gewerbes aus der amtlichen Statistik in Deutschland. Das Verarbeitende Gewerbe ist der wichtigste Teilbereich des Produzierenden Gewerbes, zu dem ansonsten noch der Bergbau, die Gewinnung von Steinen und Erden, die Energie- und Wasserversorgung sowie das Baugewerbe gehören.

Die amtliche Statistik untergliedert das Verarbeitende Gewerbe in 14 Wirtschaftszweige bzw. Branchen, nach alter Systematik wird jedoch oft noch vom Grundstoff- und Produktionsgütergewerbe, dem Investitionsgüter produzierenden Gewerbe, dem Verbrauchsgüter produzierenden Gewerbe und dem Nahrungs- und Genussmittelgewerbe (→ Nahrungs- und Genussmittelindustrie) gesprochen. Die 14 Wirtschaftszweige sind: Ernährungsgewerbe und Tabakverarbeitung, Textil- und Bekleidungsgewerbe, Ledergewerbe, Holzgewerbe (ohne Herstellung von Möbeln), Papier-, Verlags- und Druckgewerbe, Kokerei, Mineralölverarbeitung, Herstellung von Brutstoffen, Herstellung von chemischen Erzeugnissen, Herstellung von Gummi- und Kunststoffwaren, Glasgewerbe, Herstellung von Keramik, Verarbeitung von Steinen und Erden, Metallerzeugung und -bearbeitung, Herstellung von Metallerzeugnissen, Maschinenbau, Herstellung von Büromaschinen, DV-Geräten und -einrichtungen, Elektrotechnik usw., Fahrzeugbau, Herstellung von Möbeln, Schmuck, Musikinstrumenten usw., Recycling.

Die größten Wirtschaftszweige des Verarbeitenden Gewerbes in Nds. waren im Jahr 2003 Ernährungsgewerbe und Tabakverarbeitung (Anteil Betriebe 20,1 %, Anteil Beschäftigte 14,1 %), Metallerzeugung und -bearbeitung, Herstellung von Metallerzeugnissen (13,1 %, 10,1 %), Maschinenbau (12,6 %, 9,5 %), Herstellung von Büromaschinen, DV-Gerät und -einrichtung, Elektrotechnik (10,3 %, 10,3 %) und vor allem der Fahrzeugbau (4,5 %, 26 %).

In Deutschland waren im Durchschnitt des Jahres 2003 im Verarbeitenden Gewerbe in 48 417 Betrieben 6 132 769 Personen tätig; in Nds. waren es 539 316 Personen in 4 074 Betrieben, was Anteilen am Bundesergebnis von 8,4 % bei den Betrieben und 8,8 % bei den Personen entspricht. Insgesamt erzielte das Verarbeitende Gewerbe bundesweit einen Umsatz von 1 237 Mrd. €. Auf Nds. entfielen davon 138,3 Mrd. €, ein Anteil von 11,1 %. Das Verarbeitende Gewerbe ist bundesweit wie auch in Nds. sehr stark exportorientiert. Bundesweit lag die Exportquote der Industrie 2003 bei 39,4 %, in Nds. waren es sogar 40,5 %.

Die Angaben der amtlichen Statistik über das Verarbeitende Gewerbe beziehen sich i.d.R. auf Betriebe von Unternehmen mit im Allgemeinen 20 und mehr Beschäftigten, die zur monatlichen Abgabe von Meldungen verpflichtet sind. Noch kleinere Unternehmen sind von statistischen Berichtspflichten befreit. Nur in einzelnen Branchen, die sehr stark kleinbetrieblich geprägt sind wie z.B. die Sägewerke, ist die untere Erfassungsgrenze auf zehn Beschäftigte herabgesetzt.

Das Verarbeitende Gewerbe ist gekennzeichnet durch einen stark unterdurchschnittlichen Anteil von Teilzeitarbeit. Lag dieser Anteil im Durchschnitt aller Wirtschaftszweige am 30.6.2003 bei 17,5 %, war es für das Verarbeitende Gewerbe nur 4,6 %. Eng damit verknüpft ist auch der Frauenanteil, der mit nur 24,1 % gegenüber dem Durchschnitt aller Branchen von 44,4 % ebenfalls stark unterdurchschnittlich ist. Die Ursache hierfür ist in Familienstrukturen und spezifischen Lebensentwürfen sowie der körperlichen Schwere der Arbeit zu sehen. Frauen sind in den dienstleistenden Wirtschaftsbereichen erheblich stärker als in den produzierenden Sektoren zu finden. Der Anteil ausländischer Beschäftigter hingegen ist überdurchschnittlich hoch: Am 30.6.2003 standen 5,4 % einem durchschnittlichen Ausländeranteil von 4,3 % in allen Wirtschaftszweigen gegenüber. 6,3 % aller Beschäftigten des Verarbeitenden Gewerbes verfügen über einen Hochschul- oder Fachhochschulabschluss, etwas weniger als im Durchschnitt aller Branchen von 6,9 %.

Das Verarbeitende Gewerbe in Nds. erwirtschaftete im Jahr 2003 eine Bruttowertschöpfung von ca. 38,9 Mrd. € und damit 22,9 % der gesamten wirtschaftlichen Leistung des Landes. Damit hat dieser Sektor in etwa die Bedeutung der Wirtschaftsabteilung Öffentliche und private → Dienstleister (22,8 %). In Deutschland insgesamt entfielen 22,1 % der Bruttowertschöpfung auf das Verarbeitende Gewerbe, das in Nds. also in etwa dieselbe Bedeutung hat wie bundesweit. Insgesamt aber führt der wirtschaftliche Strukturwandel zu einer relativ abnehmenden Bedeutung des industriellen Sektors. Noch im Jahr 1991 trug es in Nds. 26 % zur wirtschaftlichen Gesamtleistung bei. Der Stellenwert des Verarbeitenden Gewerbes zeigt sich unter anderem auch daran, dass sich unter den der Wertschöpfung (= Umsatz minus Vorleistungen) nach 50 größten Unternehmen des Landes nach Angaben der NORD/LB allein 30 aus diesem Bereich befinden und die Plätze eins und zwei von solchen Unternehmen belegt werden. Aus dem Verarbeitenden Gewerbe leisteten Fahrzeugbau, Ernährungsgewerbe und Tabakverarbeitung, Maschinenbau, Metallerzeugung und Bearbeitung, Herstellung von Metallerzeugnissen sowie die Herstellung von Büromaschinen, DV-Geräten und -einrichtungen, Elektrotechnik die höchsten Beiträge zur Bruttowertschöpfung.

**Fahrzeugbau** – Dieser Wirtschaftszweig ist zweigeteilt in die Herstellung von

Kraftwagen und Kraftwagenteilen – also dem, was landläufig unter Automobilindustrie verstanden wird – sowie den sonstigen Fahrzeugbau, der Schiffe, Boote (→ Maritime Wirtschaft) und Bahnen ebenso wie Fahrräder, Krafträder, Behindertenfahrzeuge, aber auch den Luft- und Raumfahrzeugbau umfasst. Der Fahrzeugbau hatte 2003 im Land Nds. einen Anteil von 7,7 % an der Bruttowertschöpfung und ist damit der wichtigste Wirtschaftszweig des Verarbeitenden Gewerbes. In 175 Betrieben arbeiteten 2003 138 054 Personen, wobei die Herstellung von Kraftwagen und Kraftwagenteilen mit 117 Betrieben und 119 194 Beschäftigten den Schwerpunkt bildet. Im Vergleich zum Jahr 2002 ging im Fahrzeugbau die Beschäftigung insgesamt um 1,1 % zurück; betroffen waren alle Bereiche.

Das bei weitem größte Unternehmen des Landes (gemessen an der Wertschöpfung) ist die Volkswagen AG mit Sitz Wolfsburg, einer der weltweit größten Fahrzeugbauer. Die VW AG unterhält nicht nur in Wolfsburg, sondern innerhalb Nds. auch in Braunschweig, Emden, Hannover und Salzgitter Werke. Zum VW-Konzern gehören auch Finanz- und Unternehmensdienstleister. Andere wichtige Unternehmen des Fahrzeugbaus sind die allerdings erheblich kleineren Unternehmen ZF Lemförder Fahrwerktechnik AG & Co. KG (Lemförde) und die Wilhelm Karmann GmbH (Osnabrück).

Von großer Bedeutung sind auch die Zulieferer der Automobilindustrie, die nicht im strengen Sinne dem Fahrzeugbau zuzurechnen sind, sondern verschiedenen Branchen angehören. Hier ist in erster Linie die Continental AG mit Sitz Hannover zu nennen, aber auch die DAUN & Cie. AG (Rastede), die Faurecia Autositze GmbH & Co. KG (Stadthagen) und die WABCO GmbH & Co. OHG (Hannover).

Regionale Schwerpunkte des Fahrzeugbaus liegen in den Räumen Hannover, Osnabrück und v.a. Ost- bzw. Südostniedersachsen. Hier ist insbesondere Wolfsburg als Sitz der Volkswagen AG zu nennen, aber auch die gesamte Region im Dreieck Braunschweig – Wolfsburg – Salzgitter. Diese Region hat einerseits das Problem einer industriellen Monostruktur, weil sie sehr stark vom VW-Konzern und damit der internationalen Fahrzeugkonjunktur abhängig ist. Sie selbst definiert sich heute als „Verkehrskompetenzregion", um ihre ausgeprägte Verdichtung rund um die Mobilitätswirtschaft – und diese umfasst auch z.B. Institutionen und Betriebe der Luft- und Raumfahrt sowie der Forschung und Entwicklung – als Stärke auszuspielen.

Der Raum Wolfsburg, der auch große Teile des sich nördlich anschließenden Landkreises Gifhorn umfasst, gehört auch heute zu den bundesweit dynamischsten Wirtschaftsräumen. Die Stadt Wolfsburg ist ohne VW gar nicht vorstellbar – sie wurde gegründet als „Stadt des KdF-Wagens", dem späteren „Käfers" und erhielt ihren Namen Wolfsburg erst später. Das deutsche „Wirtschaftswunder" nach 1945 ist regelrecht symbolisiert durch die Geschichte des Wolfsburger VW-Werkes, in dem der „Käfer", später der Golf und der Passat hergestellt wurden.

**Maschinenbau** – Drittwichtigster Wirtschaftszweig des Verarbeitenden Gewerbes ist der Maschinenbau. Dies gilt sowohl hinsichtlich der Bruttowertschöpfung des Landes, wozu der Maschinenbau im Jahr 2003 2,0 % beisteuerte als auch der Zahl der Betriebe. Diese 491 Betriebe gaben im Jahr 2003 50 530 Personen Arbeit. Gegenüber 2002 war aber ein Rückgang der Beschäftigtenzahl von 2,8 % zu verzeichnen, wobei die Herstellung von Maschi-

Gleichstromofen im Stahlwerk Georgsmarienhütte. Die 1856 aufgrund lokaler Erz- und Kohlevorkommen gegründete Eisenhütte gehört heute den größten Unternehmen der Branche.

nen für bestimmte Wirtschaftszweige am stärksten betroffen war.

Der Maschinenbau ist so vielfältig wie die Zwecke, für die Maschinen benötigt werden: Maschinen für die Erzeugung und Nutzung mechanischer Energie, Land- und Forstwirtschaftliche (Zug-)Maschinen, Werkzeugmaschinen, wirtschaftszweigspezifische Maschinen z.B. für das Papier- oder das Bekleidungsgewerbe, nicht wirtschaftszweigspezifische Maschinen, aber auch Waffen und Munition sowie Haushaltsgeräte. Der mit 197 Betrieben größten Branche, der Herstellung von Maschinen für sonstige Wirtschaftszweige, stehen Kleinstbranchen wie z.B. die Herstellung von land- und forstwirtschaftlichen Zugmaschinen mit nur einem Betrieb gegenüber.

Bezeichnenderweise findet sich unter den der Wertschöpfung nach 50 größten Unternehmen des Landes laut NORD/LB kein einziges aus dem Maschinenbau. Die größten Maschinenbauer Nds.s sind der hannoversche Baumaschinenhersteller Komatsu-Hanomag AG und der Kranbauer Deutsche Grove GmbH aus Wilhelmshaven, der ehemals zum Krupp-Imperium und jetzt zu einem US-Konzern gehört. Die Hanomag ist mit einem Gründungsdatum von 1835 eines der traditionsreichsten Industrieunternehmen Nds. und gehört heute zum japanischen Komatsu-Konzern.

**Metallerzeugung und -bearbeitung, Herstellung von Metallerzeugnissen** – Dieser Wirtschaftszweig ist grob in die beiden Abteilungen Metallerzeugung und

-bearbeitung und die Herstellung von Metallerzeugnissen gegliedert, wobei beide jeweils vielfältig unterteilt sind. Das Spektrum reicht von der Erzeugung der verschiedensten Metalle und spezifischen Gießereien über Metallerzeugnisse wie Behälter, Heizkörper, Kessel und Werkzeuge bis hin zu Verschlüssen, Drähten, Schrauben und Nieten. Der Anteil dieses Wirtschaftszweiges an der Bruttowertschöpfung in Nds. lag im Jahr 2003 bei 1,9 %. Den klaren Schwerpunkt bildet mit 454 Betrieben die Herstellung von Metallerzeugnissen. Insgesamt waren im Jahr 2003 53 628 Personen in 513 Betrieben beschäftigt; gegenüber 2002 ein Beschäftigungsrückgang von 4,2 %. Die Beschäftigungsentwicklung war allerdings in den einzelnen Bereichen sehr unterschiedlich: So ergaben sich z.B. bei der Herstellung von Stahlrohren und Rohrstücken aus Stahl ein Minus von knapp 50 %, bei der Herstellung bestimmter Metallbehälter, Heizkörper und -kessel für Zentralheizungen ein Plus von rund 58 %.

Die größten Unternehmen der Branche sind die Salzgitter AG (Salzgitter), die Georgsmarienhütte Holding GmbH (Georgsmarienhütte), die KM Europa Metal AG (Osnabrück) sowie die Alcan Deutschland GmbH (Göttingen).

**Herstellung von Büromaschinen, DV-Geräten und -einrichtungen, Elektrotechnik** – Dieser Wirtschaftszweig ist hinsichtlich seiner Bedeutung für die Bruttowertschöpfung des Landes – sein Anteil liegt bei 1,9 % – mit der Metallerzeugung und -bearbeitung bzw. der Herstellung von Metallerzeugnissen auf eine Stufe zu stellen. Der Zusammensetzung nach ist er recht heterogen. Er umfasst die vier Abteilungen Herstellung von Büromaschinen, DV-Geräten und -einrichtungen, die Herstellung von Geräten der Elektrizitätserzeugung, -verteilung u.Ä., Rundfunk- und Nachrichtentech-

nik und schließlich Medizin-, Mess-, Steuertechnik, Optik und Herstellung von Uhren. Die Abteilungen Medizin-, Mess- und Steuertechnik und die Herstellung von Geräten der Elektrizitätserzeugung, -verteilung u.Ä. hatten dabei in puncto Zahl der Betriebe und Zahl der Beschäftigten die größten Anteile an diesem Wirtschaftszweig.

Im Jahr 2003 besaß dieser Wirtschaftszweig 402 Betriebe, in denen 54 529 Personen beschäftigt waren, was gegenüber dem Vorjahr einem Beschäftigungsrückgang von 3,4 % entspricht. In den Bereichen Elektrizitätsverteilung und -schalteinrichtungen sowie der Herstellung von elektrischen Lampen und Leuchten waren sogar zweistellige Rückgänge zu verzeichnen. Positiv auffällig waren hinsichtlich der Beschäftigungsentwicklung allein die Bereiche Herstellung von Elektromotoren, Generatoren und Transformatoren, Herstellung von elektrischer Ausrüstung sowie der Herstellung von medizinischen Geräten und orthopädischen Erzeugnissen.

Mit der Minolta Europe GmbH aus Langenhagen bei Hannover und der Otto Bock HealthCare Gruppe aus Duderstadt befinden sich immerhin zwei Unternehmen aus diesem Wirtschaftszweig unter den der Wertschöpfung nach 50 größten nds. Unternehmen.

*Lothar Eichhorn*

## Islam

Der Islam sieht sich selbst in der biblischen Prophetentradition und als deren Vollendung. Deshalb wird Mohammed (ca. 570–632 n.Chr.) als letzter Prophet angesehen, der nach 24 anderen, darunter Adam, Noah, Abraham, Moses und Jesus, den Menschen Gottes Offenbarung verkündet hat. Diese ist im Koran niedergelegt, sodass jeder, der Arabisch lesen kann, diese göttliche Botschaft ohne jegliche Entstellung verfügbar hat, während die Botschaft früherer Propheten entweder nur mündlich überliefert oder, wenn schriftlich festgehalten, erst nach einer längeren Überlieferungszeit, während der sich Fehler einschlichen, aufgeschrieben worden ist. Das gilt – aus islamischer Sicht – auch für die Botschaften des Moses (Thora) und von Jesus (Evangelium). Die Muslime glauben daher, dass sie allein deren Botschaft in Reinheit bewahrt haben und leiten daraus ihren Anspruch ab, die abschließende, weil fehlerfrei Offenbarung zu besitzen.

Kernaussagen dieser Offenbarung sind: das Bekenntnis zu einen und einzigen Gott (strikter Monotheismus) und der Glaube, dass Mohammed der letzte Gesandte Gottes zu den Menschen ist. Weiter wird gelehrt, dass am Ende der Zeiten Gott alle Menschen zum Gericht versammeln wird, die Taten der Menschen werden auf die Waagschale gelegt, doch kann Gott Gnade vor Recht ergehen lassen. In jedem Falle folgt auf dieses allgemeine Gericht das Paradies für die von Gott Erwählten und die Hölle (zeitlich oder ewig) für die Verdammten. Die Bewertung der Taten erfolgt gemäß den Hinweisen zum richtigen, d.h. Gott wohlgefälligen Handeln, wie sie im Koran der Tendenz nach für alle Lebenslagen festgelegt sind. Tatsächlich aber enthält der Koran jedoch kein System, das systematisch abgeleitete Antworten auf alle neu auftretenden Fragen bietet. Ein solches System wurde erst im Laufe der beiden ersten Jahrhunderte islamischer Zeitrechnung entwickelt, indem man weitere Rechtsquellen (z.B. Prophetenaussprüche = Hadith, Analogieschluss) hinzunahm und auf diese Weise das Ganze perfektionierte. Vier Rechtsschulen sind daraus hervorgegangen, die bis heute dieses Rechtssystem

(Sharia) für die Praxis aufbereiten. Allerdings stellen heute nicht wenige Muslime die Frage, ob alle damals gültigen Antworten auch unter den Bedingungen der Moderne noch aufrecht zu erhalten sind. Dies gilt vor allem für die rechtliche Stellung der Frau in der islamischen Gesellschaft, für die Frage der Verschleierung der Muslima (Kopftuchproblematik), für das Verhältnis von Religion und Staat, für das islamische Strafrecht und für die Religionsfreiheit.

All die zuletzt genannten Fragen werden auch unter Muslimen in Nds. diskutiert. Denn seit den 60er Jahren sind im Zuge von Arbeitsmigration zahlreiche Muslime zunächst alleine – meist aus der Türkei und dem ehemaligen Jugoslawien – gekommen, seit den 70er Jahren setzte der Familiennachzug ein und seither gehen viele → Kinder islamischen Glaubens in nds. Schulen, Muslime sind als Lehrkräfte tätig, und immer deutlicher ist die islamische Präsenz vielerorts sichtbar. Eine große Zahl muslimischer Vereine ist entstanden, die sehr unterschiedliche politische wie religiöse Ausrichtungen vertreten, von streng konservativ bis recht liberal. Die dazu veröffentlichte Literatur ist kaum noch überschaubar und zeigt, dass der Islam bei uns wie weltweit keineswegs ein einheitliches Gebilde oder gar ein monolithischer Block ist, sondern höchst facettenreich erscheint mit sehr verschiedenen politischen Optionen.

Es sind die Forderungen extremer und dialogunwilliger Muslime, die das Islambild in der Öffentlichkeit negativ beeinflussen. Vor allem seitdem immer wieder Terroraktionen auf das Konto der Muslime gehen, sind die Befürchtungen gewachsen, die Muslime wollten den Europäern ihre Weltanschauung aufdrängen und letztlich Europa dem Islam unterwerfen. Gegen diese Angst sprechen jedoch alle Zahlen. Im Ausländerzentralregister sind mit Datum vom

31.12.2003 für ganz Nds. an Ausländern aus der Türkei nur 118 232 Personen aufgeführt, alle weiteren ausländischen Muslime kommen in Nds. auf einige wenige Hundert zusätzlich. Dabei wird in diesem Register keine Zuordnung nach Religionszugehörigkeit vorgenommen, sondern weitestgehend unterstellt, alle Türken seien Muslime, ebenso die Afghanen und die Syrer bzw. Ägypter. Man hat es folglich bei all den Zahlen nur mit sehr groben Schätzungen zu tun, die sich für eine sichere Aussage kaum eignen. Ein Gleiches gilt für die 2 Mio. Muslime aus der Türkei, die ISOPLAN, das Institut für Entwicklungsforschung, Wirtschafts- und Sozialplanung GmbH (Saarbrücken-Berlin-Brüssel) in seinem Schaubild „Muslime in Deutschland" für ganz Deutschland nennt. Hinzu kommt, dass weder die Zahl der Einbürgerungen noch die der Konversionen zum Islam die immer wieder öffentlich bekundete Angst vor einer schleichenden Islamisierung Deutschlands oder konkreter Nds. rechtfertigt.

Angesichts dieser relativ geringen Zahl von Muslimen im Verhältnis zur Gesamtbevölkerung Nds. stellt sich die Frage, warum fast jeder neue Antrag auf den Bau einer Moschee neue Protestaktionen auslöst. Das Gleiche gilt auch für die oft emotional geführten Debatten um das Schächten nach islamischem Ritus, um die Bestattungsriten (ohne Sarg), um die Anerkennung des Islam als Körperschaft des öffentlichen Rechts.                     *Peter Antes*

## IuK-Technologien

Die Abkürzung „IuK-Technologien" steht für Informations- und Kommunikationstechnologien. Damit ist eine breite Palette von Internet-Technologien, Multimedia-DVDs, Computer-Technologie über neue Arten der Handy-Nutzung wie MMS bis hin zu digitalen Fernsehprogrammen gemeint. All diese Anwendungen neuerer Forschungsergebnisse, die für viele Menschen vom Teenager bis Senior heute schon selbstverständlich sind, bezeichnet man mit dem Sammelbegriff „IuK-Technologien". Die technische Entwicklung ist in diesem Bereich besonders schnell und bringt innerhalb weniger Jahre neue Anwendungen zum Einsatz. Aktuelle Beispiele sind UMTS für die Datenübertragung per Handy, DSL und WLAN für den Internetzugang oder die Programmierung mit Freier Software.

Viele Unternehmen sind mittlerweile im Bereich der IuK-Technologien zuhause: international bekannte wie Microsoft, Google oder Amazon, die Deutsche Telekom, SAP oder auch Werbefirmen, die Internet-Seiten herstellen und in jeder größeren Stadt zu finden sind. Deshalb bilden die IuK-Technologien heute schon eine wirtschaftlich bedeutende Branche, die viele Arbeitsplätze bereitstellt. Im Jahr 2003 waren bundesweit bereits ca. 4 % der Beschäftigten in der IuK-Branche tätig. Auch in vielen anderen Branchen wie Finanzen oder Dienstleistungen werden Computer und Internet, also IuK-Technologien, immer stärker eingesetzt, und es ist für die Arbeitnehmer wichtig, entsprechend gut damit umgehen zu können.

Wie andere Bundesländer fördert Nds. deshalb IuK-Technologien besonders, damit Arbeitsplätze erhalten oder neu geschaffen werden können und die Unternehmen mit modernen Technologien kostengünstiger arbeiten können. Seit 1995 gibt es in Nds. die Multimediainitiative des Landes, die Projekte für Unternehmen und die öffentliche Verwaltung unterstützt. Das Land arbeitet bei dieser Initiative mit den Firmen Microsoft, Cisco und Telekom zusammen.

Zwei Bereiche, in denen besonders viele Projekte durch diese Initiative gefördert werden, sind „e-Learning" und „e-Government". Das „e-" steht für „electronic" und bedeutet, dass das Lernen und die Verwaltungsdienste für den Bürger durch den Einsatz von Computern und Internet unterstützt werden. Besonders durch e-Government erhofft man sich Einsparungen und mehr Effizienz in der → Verwaltung. Die Einführung einer „Gesundheitskarte" mit integriertem Chip soll in den nächsten Jahren den Einsatz von IuK-Technologien im Gesundheitswesen voranbringen.

Das Land Nds. hat auch die Initiative „Schulen ans Netz" mit gefördert, die den Schülern den Umgang mit dem Computer und dem Internet erleichtern soll. Auch die Zusammenarbeit zwischen → Universitäten und Fachhochschulen und Firmen wie Intel, Sun oder Cisco wird gefördert, oder Projekte wie die „Info-City" in Wolfsburg und der drahtlose Internet-Zugang über WLAN in an den Hochschulen in Göttingen. Beim Projekt „Info-City" können die Nutzer über den Kabelanschluss für das → Fernsehen im Internet surfen und mehr Radio- und TV-Programme empfangen.

In Osnabrück ist in den letzten Jahren ein Unternehmensverband für die IuK-Branche entstanden, das „IuK Unternehmensnetzwerk Osnabrück e.V.", der die Interessen der IuK-Wirtschaft in der Region Osnabrück gegenüber der Politik und Verwaltung vertritt und die Zusammenarbeit zwischen den Unternehmen und Universität und Fachhochschule fördert. Projekte wie das RECO (Regionalcentrum für electronic commerce Anwendungen Osnabrück) unterstützen besonders kleine und mittlere Unternehmen aus allen Branchen dabei, das Internet und Software im Unternehmen optimal einzusetzen.

In Zukunft werden IuK-Technologien viele Bereiche der Lebens- und Arbeitswelt noch stärker durchdringen als bisher. Produkte und Waren werden statt mit den bisherigen Bar-Codes mit sog. „RFID-Chips" ausgestattet sein, die komplette Herkunftsinformationen enthalten und programmierbar sind. Eine schnellere Datenübertragung und optische Speichermedien werden dazu beitragen, den Zugriff auf Informationen und die Kommunikation zu verbessern. Ein Trend ist auch die Verkopplung verschiedener Informationssysteme und Programme, die bisher isoliert eingesetzt wurden, z.B. über Handy, Internet und Office-Computer.                 *Norbert Schmidt*

## Judentum

Juden gab es schon vor den Christen in Europa, ja das Christentum ist aus dem Judentum selbst hervorgegangen. Es ist ursprünglich jene Richtung innerhalb des Judentums gewesen, deren Anhänger glaubten, dass der in den 30er Jahren nach der Zeitenwende in Palästina hingerichtete Jesus der Messias war. Es ist jene Richtung des Judentums, die trotz Verfolgung durch römische Behörden immer mehr Anhänger gefunden hat, sich schließlich vom Judentum losgesagt und eigenständig entwickelt hat und im 4. Jh. im Römischen Weltreich offiziell als Religion zugelassen und schließlich zur allein anerkannten Staatsreligion geworden ist. Mit ihrem Sieg begann sehr rasch die Verfolgung aller Andersgläubigen. Das haben die Juden immer wieder im Laufe der Geschichte zu spüren bekommen. Im 19. Jh. verband sich diese Negativeinstellung zu den „ungläubigen" Juden mit Rassentheorien, die während des Nationalsozialismus zur systematischen Ausrottung der Juden führten und das jüdische Leben auch in Nds. weitestgehend vernichteten.

Nach dem Zweiten Weltkrieg war die Zahl der in Nds. lebenden Juden sehr klein, es handelte sich um wenige hundert Menschen. Erst allmählich entstand wieder ein bescheidenes Gemeindeleben, mit wenigen Gebetsräumen bzw. Synagogen, die permanent unter Polizeischutz stehen. Allmählich kamen einige mutige Juden wieder zurück oder siedelten sich in Nds. an, sodass die Zahl zwar wuchs, aber alles überschaubar klein blieb. Geändert sich hat sich die Situation nach dem Zusammenbruch des Ostblocks, als sich Deutschland verpflichtete, ab 1991 jährlich eine bestimmte Zahl von Juden aus der ehemaligen Sowjetunion aufzunehmen. Diese Juden, deren Jude-Sein nach sowjetischem Recht durch nationale Zugehörigkeit und nicht durch Religionszugehörigkeit begründet ist, strömten in solch großer Zahl in die bestehenden jüdischen Gemeinden Nds., dass es zu inneren Auseinandersetzungen zwischen den seit langem Ansässigen und den Neuankömmlingen kam und die Mehrheitsverhältnisse innerhalb der jeweiligen jüdischen Gemeinden stark zugunsten der Eingewanderten verschoben wurden. Ihre Vorstellungen vom Leben einer jüdischen Gemeinde waren teilweise so stark konservativ geprägt, dass die deutschen Juden sich schließlich gezwungen sahen, aus der Gemeinde auszuscheiden und eine eigene liberale jüdische Gemeinde zu gründen.

Im Jahre 2004 gibt es somit neben den orthodoxen jüdischen Gemeinden in Nds. sieben liberale Gemeinden, nämlich Hannover mit 450 Mitgliedern, die Jüdische Gemeinde Celle e.V. mit 82 Mitgliedern, die Jüdische Gemeinde Hameln e.V. mit 238 Mitgliedern, die Jüdische Gemeinde Göttingen e.V. mit 280 Mitgliedern, die Jüdische Gemeinde Bad Pyrmont e.V. mit 177 Mitgliedern,

die Jüdische Gemeinde Hildesheim e.V. mit 86 Mitgliedern und die Jüdische Gemeinde Seesen e.V. mit 40 Mitgliedern. Die Zahl der Mitglieder der orthodoxen jüdischen Gemeinden umfasst nach Aussage des Vorsitzenden des Landesverbandes der Jüdischen Gemeinden von Nds., Dr. Michael Fürst, rund 10 000 Personen.

Die spezifische Situation der orthodoxen Gemeinden hat meist dazu geführt, dass ihre Mitglieder nur wenig Kontakt mit der deutschen Bevölkerung oder gar Vertretern der christlichen Kirchen haben. Dies ist ganz anders bei den liberalen jüdischen Gemeinden, die intensiv am interreligiösen Dialog teilnehmen. Dies gilt allgemein im Dialog mit allen Glaubensgemeinschaften wie etwa im Arbeitskreis der → Religionen und Kulturen in Hannover oder speziell im christlich-jüdischen Dialog. Hier führt das Gespräch zu einem besseren Verstehen der Hebräischen Bibel, also jenes Teils der Bibel, den Juden und Christen gemeinsam als Heilige Schrift anerkennen und der christlich in Abgrenzung zum Neuen Testament das Alte Testament genannt wird. Jüdisches Verstehen ist auch sehr willkommen und im christlich-jüdischen Dialog geschätzt, wenn es darum geht, bestimmte Worte Jesu auszulegen und zu zeigen, wie Jesus als Jude dieses wohl gemeint hat.

Was bislang nur zaghaft begonnen wurde, ist der jüdisch-islamische Dialog. Er ist aus politischen Gründen wegen des Nahostkonfliktes nicht immer möglich, obwohl er besonders interessant und vielversprechend sein dürfte, hat doch das Judentum strukturell mit dem Islam (vgl. Talmud und Sharia) mehr gemeinsam als mit dem Christentum, denn sowohl im Judentum als auch im Islam geht es vor allem um das rechte Tun (Orthopraxie) und nicht so sehr wie im Christentum um die rechte Lehre (Orthodoxie).

*Peter Antes*

## Jugend

**Begriff** – Jugend kann zum einen verstanden werden als „soziale Gruppe", als gesellschaftliche Teil- oder (Sub-) Kultur, in der die jungen Leute sich in ihren Handlungen aufeinander beziehen und sich in ihren Normen, Werten und Interessen aneinander orientieren. Zum anderen ist Jugend eine Lebensphase zwischen Kindheit und Erwachsenenalter, in der man nicht mehr die Rolle(n) des Kindes und noch nicht die Rolle(n) des Erwachsenen spielt. Jugend kann demnach einmal in Bezug zur Gesellschaft, zum anderen mehr in Bezug auf das Individuum gesehen werden. In beiden Fällen wird deutlich, dass Jugend von Gesellschaft abhängt („Dialektik von Jugend und Gesellschaft").

Daher kann auch gesagt werden: Wer über „Jugend" redet, sollte „Gesellschaft" (mit-)denken. Die Jugendphase dehnt(e) sich mit dem Komplexerwerden der Gesellschaft kontinuierlich aus, sie beginnt heute mit ca. 10–14 Jahren (Pubertät) und endet, wenn eine relativ stabile Identität aufgebaut ist (Ausbildungsende, Eintritt in das Erwerbsleben, Familiengründung).

→ **Schule** – Jugend ist vor allem Schulzeit. In Nds. gingen im August 2002 982 926 junge Menschen (483 724 Schülerinnen und 74 088 mit nichtdeutscher Herkunft) in allgemein bildende Schulen. Die Verteilung auf die Schulformen (ab 12 Jahre): Hauptschule – 88 884 (37 577 Mädchen, 9 895 „Ausländer"), Realschule – 117 958 (59 496 Mädchen, 5 740 „Ausländer"); Kooperative Gesamtschule – 35 367 (17 658 Mädchen, 1 614 „Ausländer"), Integrierte Gesamtschule – 24 690 (12 412 Mädchen, 1 961 „Ausländer), Gymnasium – 157 394 (88 279 Mädchen, 4 734 "Ausländer"). Die Zahlen sprechen für sich: Bildungs-chancen und Bildungsbeteiligung in Nds. (wie auch gesamtdeutsch; vgl. auch PISA-Studie) sind abhängig vom Geschlecht, von der familiären bzw. sozialen Herkunft und von ethnisch-nationaler Zugehörigkeit. Mädchen haben höhere Bildungsabschlüsse, und Migrantenkinder besuchen häufiger Hauptschulen und Sonderschulen. An Sonderschulen sind 17 % nichtdeutscher Herkunft, an Gymnasien nur gut 3 %. Ohne Hauptschulabschluss blieben 2002 in Nds. knapp 10 % aller Schüler; den Hauptschulabschluss machten 24,4 %, einen Realschulabschluss 45,3 % und die Hochschulreife erlangten (nur) 20,6 %, also weniger als der Bundesdurchschnitt.

Insgesamt leben in Nds. knapp 8 Mio. Menschen, davon etwa zwei Drittel im Alter von unter 30 Jahren. Zwischen 12 und 25 Jahren hatten Ende 2002 etwa 120 000 Menschen oder ca. 90 000 pro Jahrgang ihren Wohnsitz in Nds. Schätzungen besagen, dass sich die Zahl der unter 18-Jährigen von gut 1,6 Mio. im Jahr 2004 auf 1,35 im Jahr 2015 verringern wird. Jugend wird also auch in Nds. ein „knappes Gut", was nicht nur Folgen für den sog. „Generationenvertrag" in der Rentenversorgung haben wird.

Ende 2003 waren in Nds. 364 289 Menschen „arbeitslos" gemeldet, davon waren 40 145 unter 25 Jahren. Als „arm" werden 12,4 % (weniger als 50 % des Durchschnittsnettoeinkommens) als „reich" ( = mehr als 200 %) 4,8 % der → Bevölkerung bezeichnet. Wenn man davon ausgeht, dass Jugend sehr stark von der sozialen Lebenslage (Status, Milieu) bestimmt wird, wird deutlich, wie sehr sich die nds. Arbeitslosenquote von 10,2 % (25 % bei Ausländern, die aber nur 6 % der nds. Bevölkerung ausmachen: 538 051) und das hohe Sozialhilfeniveau (d.h. Armut) der unter 18-Jährigen auf die Persönlichkeitsentwicklung, die Bildungs-, Berufs- und Zukunftschancen der Jugend auswirken.

Labor für Prozessautomatisierung in einer berufsbildenden Schule

**Probleme und Selbsteinschätzungen Jugendlicher** – Problembereiche von Jugendlichen, in denen Jugendarbeit und Jugendhilfe aktiv ansetzen müssen, sind vor allem Ausbildung, Arbeit und Beruf, Familie und Partnerschaft, gesellschaftliche Mitwirkung/Partizipation sowie die Themen Gewalt, Freizeit und Generationensolidarität. Aus der Studie „Jugendkompass Niedersachsen 96" ergeben sich folgende Einschätzungen:

**Lebenssituation** – Am wichtigsten sind den Jugendlichen (Tendenz zunehmend) in erster Linie „ein sicherer Arbeitsplatz" und dann „finanzielle Unabhängigkeit" (dabei kaum Geschlechterunterschied). Während „mit Menschen umgehen" oder „für andere Menschen da sein" überwiegend von jungen Frauen (14–27 Jahre) angegeben wird, zielen junge Männer eher auf „viel Geld verdienen" oder „berufliche Perspektive". In ländlichen Regionen ist eine soziale Haltung „eher noch ausgeprägter als in großstädtischen Räumen".

**Teilnahme an der Gesellschaft** – Politik, Wirtschaft und → Sport bleiben eher „männliche" Interessendomänen. Vereinsaktivitäten unterscheiden sich ebenfalls stark zwischen Mädchen und Jungen: „Sportverein" auf der einen, „Tanzgruppe" und „Chorgruppen" auf der anderen Seite – die gesellschaftliche Geschlechterpolarisierung trifft auch für junge Menschen in Nds. zu. Die Jugend zeigt „großes Interesse an politischen und gesellschaftlichen Fragen" – von „Politikverdrossenheit" kann also nicht die Rede sein. Aber sie ist „verdrossen gegenüber den Formen der Politik", d.h. gegenüber Institutionen (Parteien) und Personen (Politiker und Politikerinnen). Vielleicht wäre es daher angebracht, von einer „Jugendverdrossenheit der Politik(erInnen)" zu reden.

**Generationenbeziehungen** – Als Hauptgrund für „Konflikte mit den Eltern" werden angeführt: „dass ich nicht genug zu Hause helfe" (52 % der Mädchen und 47 % der Jungen) sowie „Schule/schlechte Leistungen" (36 % Jungen und 22 % Mädchen). Insgesamt haben über 50 % „keine Probleme mit den Eltern" (kaum Geschlechterunterschiede). Es lässt sich also kein „Generationenkonflikt" innerhalb der Familien, höchstens innerhalb der Gesellschaft (Alte/Junge) konstatieren.

**Partnerschaft und Familie** – Von den über 22 Jahre alten Jugendlichen leben etwa 50 % in einer festen Partnerschaft, ein Viertel gibt an, „nicht den richtigen Partner zu finden". Der Wunsch zu heiraten geht langsam zurück (69 % im Jahr 1994); andererseits nimmt die Vorstellung zu, „mit festem Partner zusammen leben, ohne zu heiraten" (29 %). Aber nur 2 % wollen „ohne feste Bindung leben" (1984 noch 5 %). Während etwa 90 % angeben (1984 bis 1994), dass sie später „Kinder haben möchten" (10 % wollen keine), wissen wir, dass in der Realität gegenwärtig etwa ein Drittel der Frauen keine Kinder haben wird (bei Akademikerinnen über 40 %). Wunsch und Wirklichkeit klaffen demnach weit auseinander – auch in Nds. In Bezug auf Familiengründung und Kinderwunsch der Jugend offenbart sich ein neuer gesellschaftlicher Grundwiderspruch.

**Kirche** – 20 % der nds. Jugendlichen sind ehrenamtlich tätig, in Sportvereinen (eher Jungen) und in kirchlichen Organisationen (eher Mädchen) sowie in der Jugendarbeit. Etwa 11 % gehen regelmäßig in die Kirche, aber jedes vierte Mädchen und jeder vierte Junge geht „nie in die Kirche". Einer christlichen Kirche gehören in Nds. (1994) zwar immer noch 87 % der jungen Menschen an (Tendenz sinkend), aber nur 57 % „halten sich für religiös" im konfessionellen Sinne. Das heißt nicht, dass junge Menschen nicht religiös sind, vielmehr praktizieren sie eine Kirchen-(Institutionen) Distanz und „basteln" sich ihre eigene (individuelle Patchwork-) Religion, eine Mischung aus Weltreligionen und Naturreligionen.

Ein Versuch seitens der Politik (Ende 2003), mit den Jugendlichen direkter ins Gespräch zu kommen, stellt der Jugend-server-Niedersachsen (www.jugendser ver-niedersachsen.de) dar, eine Internet-Plattform, ein Projekt des Landesjugendrings Nds. e.V., ein „Partizipations-, Phantasie- und Kreativraum zur Entfaltung einer neuen demokratischen Dimension im Internet", welches auch die Jugendarbeit anregen und erweitern soll.
                                                        *Hartmut M. Griese*

## Jugendaustausch

**Begriff** – Jugendaustausch ist in engerem Sinne als ein wechselseitiges Besuchsprogramm von Jugendlichen in verschiedenen Einrichtungen des Bildungs- oder Betreuungsbereichs (Jugendarbeit, Jugendfreizeit, Interessenverbände, Kommunen, Kirchengemeinden) aus verschiedenen Ländern oder Regionen zu verstehen. Für einen Jugendlichen aus den bildungsorientierten Milieus ist es heutzutage in Deutschland ziemlich typisch, dass er/sie bis zum Schulabschluss an einem dreiwöchigen Austauschprogramm seiner Schule im europäischen und im interkontinentalen Raum teilgenommen hat, ferner im Rahmen seiner Heimatgemeinde und seiner besonderen Freizeitbeschäftigungen (z.B. Fußball, Musikgruppe) einige Male im Ausland gewesen ist und auch in seiner Familie Jugendliche von dort für mehrere Tage oder Wochen aufgenommen wurden.

**Praxis** – Gerade im Hinblick auf die manchmal etwas hehren Zielsetzungen hat sich aber auch gezeigt, dass die Realität des Jugendaustausches diesen Zielen nicht unbedingt entsprechen muss: Zum einen ist dieses vor allem auf mangelnde oder unzureichende Betreuung mit Vor- und Nachbereitungen auf beiden Seiten zurückzuführen. Hierzu sind inzwischen auch vielfältige Gesichtspunkte im Internet realisierbar, so z.B. Material zu Trainings in interkultureller Kommunikation (siehe u.a. www.ikud.de) oder auch die inhaltliche Vorbereitung durch Recherchen zu Organisationen, Orten oder Regionen, die besucht werden sollen. Dazu sind inzwischen auch die Portale zu rechnen, die sich mit Jugendarbeit überhaupt befassen; so ist im Jugendserver des Landes Nds. auch Jugendaustausch als Teil von Jugendarbeit auf beiden Ebenen der Ansprache (Jugendliche und Betreuer/-innen) präsent. Zum anderen gibt es eine Reihe von Anzeichen dafür, dass (v.a. kurzfristige) Austauscherfahrungen geradezu Vorurteile oder Störungen produzieren können. Heute begründet sich Jugendaustausch vor allem mit der erwünschten Erfahrung im Umgang mit/in fremden Kulturen und Orientierung in Studium und/oder Beruf. Im Besonderen ist es der Hintergrund europäischer Integration, der zu einer Vielzahl von sehr konkreten Förderungen und Impulsen übernationaler Orientierung in Bildung und Beruf geführt hat.

Tatsächlich ist aber auch zunehmend die Komponente des → Tourismus, des Konsums, zu sehen. „Shopping in London" ist z.B. eine Antwort, die man oft bei der Frage an Jugendliche hört, was sie am Schüleraustausch mit England interessant fanden.

Um den Jugendaustausch lagern sich deshalb institutionelle Angebote von beträchtlichem Ausmaß, d.h. es ist ein beträchtliches Marktsegment entstanden. Spezifika Nds. sind eigentlich nicht zu erkennen, da die großen überregionalen Körperschaften (insb. „Internationaler Jugendaustausch und Besucherdienst der Bundesrepublik Deutschland" oder das „Deutsch-Französische Jugend-

werk" bzw. weitere bilaterale Einrichtungen) hier nicht in den Hauptstellen angesiedelt sind und z.b. auch die kommunale Ebene von Partnerschaften stärker greift als die Länderebene. Gleichwohl sind auf Landesebene sehr rege Angebote zur Aufnahme und Durchführung von Austauschmaßnahmen, insb. im Bildungsserver des Landes, zu verzeichnen. Hier finden sich mittlerweile umfangreiche Hilfestellungen (Tipps, Hinweise, Materialien, Datenbanken etc.).

Einen ganz besonderen Stellenwert haben in Nds. sicherlich das „Haus Sonnenberg" als langjährige internationale Begegnungsstätte und die Initiative „Partnerschaft mit der Dritten Welt".

*Hans-Dieter Haller*

## Justizvollzug

**Allgemeine Grundlagen** – Wer das Leben, die Gesundheit oder das Eigentum seiner Mitmenschen verletzt und das Vertrauen in ein sicheres Zusammenleben innerhalb der Gesellschaft zerstört, muss mit einer Sanktion seitens der Gesellschaft rechnen.

Im Altertum lag das Schwergewicht der Strafen bei den sog. Leibes- (dem Dieb wurde die Hand abgehackt) und Lebensstrafen (wie Rädern, Erhängen usw.). Die moderne Form des Freiheitsentzugs begann im 16./17. Jh. Ausgehend hauptsächlich von den Niederlanden setzte sich ein neues Strafverständnis durch. Man beabsichtigte nun nicht mehr in erster Linie Vergeltung, sondern plante auch die spätere Wiedereingliederung des Delinquenten in die Gesellschaft.

Die Bestrafung der Täter ist entsprechend der geltenden Gesetze den staatlichen Organen vorbehalten (→ Gerichtswesen/Rechtspflege). Privatrache und Faustrecht haben keinen Platz im Rechtssystem der BRD. Mögliche Strafen sind Geldstrafe sowie die Freiheitsstrafe mit oder ohne Aussetzung zu Bewährung, letztere wird aber in den wenigsten Fällen verhängt (Bsp. für das Jahr 2000: 81,5 % aller Verurteilungen von Erwachsenen sind Geldstrafen, 13 % Freiheitsstrafen mit Aussetzung zur Bewährung, 5 % Freiheitsstrafen ohne Aussetzung zur Bewährung.) Als Ziel der Freiheitsstrafe sieht man heute zum einen den Schutz der Allgemeinheit vor weiteren Straftaten, zum anderen, den Strafgefangenen nach Verbüßung seiner Strafe wieder in die Gesellschaft einzugliedern und ihm ein Leben ohne weitere Straftaten zu ermöglichen. Der Strafvollzug ist gem. § 139 StVollzG Ländersache, die Freiheitsstrafen werden in den Justizvollzugsanstalten (JVA) der Länder vollzogen.

**Der Vollzug in Nds.** – In Nds. gibt es 42 verschiedene Einrichtungen des Vollzugs bzw. 19 Hauptanstalten mit 23 auswärtigen Abteilungen, verteilt über ganz Nds. Von den ca. 7 000 Gefangenen im Jahre 2002 waren etwa 1 200 Untersuchungsgefangene. Die übrigen Gefangenen befanden sich zu drei Vierteln im geschlossenen, zu einem Viertel im offenen Vollzug. Die Inhaftierten werden in Zellen für bis zu vier Personen untergebracht. Im Eigenbetrieb können sie je nach Anstalt z.B. Tischler-, Schlosser-, Bäcker- und Malerarbeiten oder Tätigkeiten in Küche, Garten, Wäscherei oder Hausreinigung verrichten. In Unternehmerbetrieben können sie Papier-, Plastik- und Kartonarbeiten ausführen. Teilweise wird eine Ausbildung in den Bereichen Holz, Metall, Gartenbau ermöglicht. Ziel aller Bemühungen ist, die

Inhaftierten in ein freies Beschäftigungsverhältnis oder eine Umschulungsmaßnahme des Arbeitsamtes zu vermitteln. Die Gefangenen werden so aktiv in die Bemühungen zur Resozialisierung einbezogen. Daneben existieren Freizeitangebote wie → Sport, → Fernsehen, Gesprächsgruppen mit ehrenamtlichen Mitarbeitern, Basteln, Gottesdienste (ev., kath. muslem.), Bibelkreise, soziales Training, Alkohol-Abstinenzgruppe und Drogenberatung (→ Drogenpolitik/ Suchthilfe), eine eigene Bücherei u.Ä.

**Besonderheiten** – Häftlinge mit einer Haftstrafe von über acht Jahren Dauer, mit anschließender Sicherheitsverwahrung oder besonders zu sichernde Häftlinge werden, zentral für ganz Nds., in der JVA Celle untergebracht. Hier befinden sich ca. 50 % der Gefangenen wegen eines Tötungsdelikts.
Die Jugendanstalt Hameln ist die einzige Einrichtung in Nds. mit geschlossenem Vollzug für Jugendliche und Heranwachsende. Die Strafdauer der Inhaftierten liegt bei etwa 3,5 bis zehn Jahren. Entsprechend dem Alter der Häftlinge stehen hier hauptsächlich Erziehungsarbeit sowie Bildung, Ausbildung und Heranführung an eine geregelte Arbeit auf dem Programm.
Die JVA Vechta hat ferner eine besondere Frauenabteilung. Hier stehen für alle Vollzugsarten sowohl offene als auch geschlossene Mutter-Kind-Heime zur Verfügung. Da die hier inhaftierten Frauen zumeist drogenabhängig sind und nur geringe Schulbildung haben, ist das Ziel neben der → Drogenberatung die Wissensvermittlung sowie eine Steigerung des Selbstwertgefühls, um diesen Frauen für das Leben nach der Haft zu helfen.                    *Yvonne Pfannenschmid*

# Kammern

**Rechtsform** – Kammern sind von ihrer Rechtsform her Körperschaften des öffentlichen Rechts (KdöR) und werden der mittelbaren Staatsverwaltung zugerechnet, da sie vom Staat delegierte hoheitliche Aufgaben wahrnehmen (geregelt im Nds. Kammergesetz). Sie sind auch heute noch zentrale Elemente in der Wirtschaftsordnung der BRD. Ihre Geschichte lässt sich bis zu den standespolitischen Formen der Organisation in Gilden und Zünfte des Mittelalters zurückverfolgen. Von Wirtschaftsverbänden (→ Arbeitgeber- und Unternehmerverbände) sind Kammern aufgrund des speziellen Mitgliedschaftsverhältnisses zu unterscheiden. In Kammern gilt bis heute eine gesetzliche Zwangsmitgliedschaft. Mitglieder von Kammern können Wirtschaftsunternehmen bzw. Betriebe, aber auch Angehörige bestimmter Berufsgruppen, vornehmlich der freien Berufe, sein. Bei der Zuständigkeit von Kammern kann es durchaus zu Überschneidungen kommen, da besonders die Abgrenzung der freien Berufe zu den Gewerbebetrieben nicht immer trennscharf ist.

**Industrie- und Handelskammern** – Für Unternehmen bzw. Gewerbebetriebe gibt es zunächst eine Pflichtmitgliedschaft in einer örtlichen *Industrie- und Handelskammer (IHK)*. Alle 82 regionalen IHK sind auf Bundesebene im *Deutschen Industrie- und Handelstag (DIHT)* vereinigt. Die Aufgaben der IHK liegen auf dem Gebiet der Selbstverwaltung der Wirtschaft und in der Vertretung der regionalen Interessen aller Branchen und Wirtschaftszweige. Die IHK nehmen auch in der beruflichen Bildung (→ Berufsausbildung und Berufsbildende Schulen) eine herausragende Stellung ein, weil sie die Lehrabschlussprüfungen abnehmen. Nds. ist in sieben IHK-Kammerbezirke aufgeteilt (Braunschweig, Emden, Hannover, Lüneburg, Oldenburg, Osnabrück-Emsland, Stade).

Doch auch in anderen Wirtschaftszweigen gibt es Kammern. Hier sind besonders die → Landwirtschaft und das → Handwerk zu nennen. Zwei *Landwirtschaftskammern* arbeiten auf dem Gebiet Nds. Die Landwirtschaftskammer Hannover ist zuständig für die Regierungsbezirke Hannover, Braunschweig und Lüneburg und betreut rund 32 000 landwirtschaftliche Betriebe, die etwa 1,7 Mio. ha landwirtschaftlicher Nutzfläche bewirtschaften. Die Landwirtschaftskammer Weser-Ems mit Sitz in Oldenburg ist zuständig für den vierten verbleibenden Regierungsbezirk. Neben der Beratung landwirtschaftlicher Betriebe, aber auch der → Forstwirtschaft und des Gartenbaus, erfüllen die Landwirtschaftkammern als öffentlichrechtliche Körperschaften auf Weisung der nds. → Landesregierung auch staatliche Aufgaben, so z.B. nach dem Pflanzenschutzgesetz.

**Handwerkskammern** – Die *Handwerkskammern* bündeln die handwerklichen Betriebe in Nds. In den Bezirken Braunschweig, Hannover, Hildesheim, Lüneburg-Stade, Oldenburg, Osnabrück und Ostfriesland führen sie die Handwerksrolle und organisieren die Berufsausbildung. Auf der Landesebene haben sie sich zur Vereinigung der Handwerkskammern Niedersachsen (VHN) zusammengeschlossen.

Daneben ist die große Gruppe der freien Berufe zu organisieren. Beispielhaft seien hier die Berufe Arzt, Tierarzt, Anwalt, Architekt, Apotheker oder Steuerberater genannt. Angehörigen von freien Berufen wird eine besondere Verantwortung für die Allgemeinheit zugeschrieben. Daher sind seitens des Staates teilweise strenge Berufsregeln erlassen worden. Die Umsetzung dieser Regeln bleibt den jeweiligen Kammern vorbehalten, die auch in Nds. als berufsständische Organisationen präsent sind. So ist es Aufgabe der Kammern, den Zugang zu den Berufen zu überwachen, das Berufsregister zu führen, Fortbildungen zu organisieren oder interne Streitigkeiten zu schlichten. Doch auch die Interessenvertretung gegenüber Politik und Öffentlichkeit sehen die Kammern als ihre Aufgaben an.

In den letzten Jahren hat eine verstärkte öffentliche Debatte über die Frage eingesetzt, ob ´a) die Pflichtmitgliedschaft in einer Kammer und b) der sog. Meisterzwang in der Handwerksordnung noch zeitgemäß und mit EU-einheitlichen Bestimmungen in Übereinstimmung stehen. *Stefan Brieske*

## Katastrophenschutz / Feuerwehr und Rettungsdienst

Eine Katastrophe ist ein Ereignis, bei dem Leben, Gesundheit oder die lebenswichtige Versorgung einer Vielzahl von Menschen oder erhebliche Sachwerte so sehr gefährdet oder schon wesentlich beeinträchtigt sind, dass zur Schadensbegrenzung der koordinierte Einsatz vieler Kräfte und Mittel erforderlich ist. Katastrophen können durch Naturereignisse (z.B. Hochwasser) oder Unglücke (z.B. Eisenbahnunglück) verursacht werden. Der Begriff Katastrophenschutz bezeichnet die Gesamtheit aller Maßnahmen, die *in Friedenszeiten* Kräfte des Bundes, der Länder und der Gemeinden ergreifen, um Gefahren abzuwehren, die sich aus einer Katastrophe ergeben.

Der Katastrophenschutz ist hinsichtlich der Gesetzgebung und des Verwal-

tungsvollzuges grundsätzlich Ländersache. Rechtsgrundlage in Nds. ist das Niedersächsische Katastrophenschutzgesetz (NKatSG). Die grundlegenden Bestimmungen des NKatSG werden für den Katastrophenschutz ergänzt mit Regelungen aus dem Recht der *Feuerwehr* und des *Rettungsdienstes.*

Der Katastrophenschutz ist weder in Nds. noch in den anderen Bundesländern eine konkret abgrenzbare Aufgabe der Gefahrenabwehr, wie z.B. Brandschutz oder Verbrechensbekämpfung. Er wird daher nicht aus Einsatzkräften gebildet, die einer Behörde zugeordnet sind, dauerhaft bestehen und kontinuierlich Aufgaben erledigen. Vielmehr ist der Katastrophenschutz ein Organisationsprinzip für eine Vielzahl von Aufgabenträgern, Einsatzkräften und allen anderen, die zur Gefahrenabwehr bei einer Großschadenslage zum Einsatz kommen können und zentral geleitet werden. Eingesetzt werden können z.B. Kräfte der Bundeswehr, des Bundesgrenzschutzes, der Polizeien mehrerer Bundesländer (Art. 35 Abs. 2 Satz 2 GG) sowie auch in Nds. stationierte ausländische Streitkräfte. Auch eine Vielzahl von privaten Unternehmern, Speditions- und Baufirmen, Herstellern oder Lieferanten von Kühl- oder Wärmeaggregaten, Zelten, Versorgungs- und Busunternehmen ist für den Katastrophenschutz ebenso unentbehrlich wie die vielen Hilfsorganisationen, vor allem Deutsches Rotes Kreuz, Arbeiter-Samariter-Bund, Malteser Hilfsdienst, Johanniter-Unfall-Hilfe, Deutsche Lebensrettungsgesellschaft und Deutsche Gesellschaft zur Rettung Schiffbrüchiger.

Wegen dieser Vielzahl der am Katastrophenschutz Beteiligten müssen alle Katastrophenschutzbehörden und jede Bezirksregierung einen *Katastrophenschutzplan* erstellen. Dieser legt die Zusammenführung der umfangreichen sachlichen und personellen Mittel aus

Katastrophenschutz – die Feuerwehr Hannover

den unterschiedlichsten Bereichen und die Organisation ihres Einsatzes fest. Für besondere, meist örtlich gebundene Gefahrenlagen (z.B. Sturmfluten oder Kernkraftwerksunfälle) gibt es Sonderpläne. Auch bei Industriebetrieben, von denen bei schweren Unfällen Gefahren für die Umgebung ausgehen können, existieren sog. Notfallpläne.

Träger des unmittelbaren Katastrophenschutzes in Nds. sind unter Mitwirkung öffentlicher und privater Einrichtungen, wie Feuerwehren, Technisches Hilfswerk und Hilfsorganisationen (insbesondere deren Rettungsdienste), das Land, die Landkreise, die kreisfreien → Städte und die größeren Städte in den Kreisen, soweit ihnen die Aufgabe der Katastrophenabwehr übertragen wurde. Entsprechend sind die Katastrophenschutzbehörden gegliedert. Die Fachaufsicht, die sich auf die rechtmäßige und zweckmäßige Wahrnehmung der Aufgaben der Katastrophenschutzbehörden erstreckt, üben unmittelbar die Bezirks-

regierungen aus. Oberste Fachaufsicht steht dem Innenministerium zu. Im Katastrophenfalle wird der Einsatz durch eine Katastrophenschutzleitung geführt, die von einer Technischen Einsatzleitung unterstützt wird. Tritt ein Schadensfall ein, ist i.d.R. – wenn nicht andere Behörden damit beauftragt sind – die Gemeinde als Behörde der allgemeinen Gefahrenabwehr zuständig. Erst wenn die Katastrophenschutzbehörde z.B. bei einem Waldbrand oder einem Flugzeugabsturz den Katastrophenfall feststellt, geht die Zuständigkeit automatisch auf diese Behörde über, die dann die zentrale Leitung und Koordinierung der Maßnahmen übernimmt.

Der Bund hat zur Unterstützung des Krisenmanagements der Länder seit dem 1.5.2004 das Bundesamt für Bevölkerungsschutz und Katastrophenhilfe (BBK) in Bonn als Bundesoberbehörde im Geschäftsbereich des Bundesministers des Innern eingerichtet.

*Martin H.W. Möllers*

# Katholische Kirche

Die katholische Kirche ist die christliche Konfession, die unter der Führung des Papstes in Rom weltweit ca. 1 Mrd. Gläubige vertritt. Sie ist in Laien, Priester, Bischöfe, Papst hierarchisch untergliedert. Sie bekennt sich zu Jesus Christus als Stifter und zugleich Gott und Mensch und sieht in ihm eine der drei göttlichen Personen (Vater, Sohn und Hl. Geist), die zum Wesen des einen und einzigen Gottes (Monotheismus) gehören. Grundlage des Glaubens sind die Bibel (d.h. Altes und Neues Testament), die Glaubenslehren der Konzilien und Päpste sowie die sieben Sakramente (Taufe, Firmung, Ehe, Buße, Eucharistie, Priesterweihe, Krankensalbung).

In Nds. sind ca. 10–13 % der → Bevölkerung katholisch. Die räumliche Zuordnung ist jedoch nicht flächendeckend, sondern je nach Region unterschiedlich stark. Hinzu kommt die kirchenrechtliche Zuordnung der Katholiken Nds. Vom Kirchensteueraufkommen in Nds. erhalten Zuwendungen die römisch-katholische Erzdiözese Paderborn und die römisch-katholischen Diözesen Hildesheim, Osnabrück, Fulda und Münster. All die genannten Diözesen reichen territorial über das Land Nds. hinaus und umfassen somit noch weitere, hier nicht zur Debatte stehende Gebiete anderer Bundesländer.

Große Veränderungen bevölkerungspolitischer Art gab es im Verlaufe der gesamten Geschichte der BRD. In Nds. sind – zunächst als Heimatvertriebene und → Flüchtlinge aus dem Gebiet der damaligen DDR und anderer Ostblockländer – Katholiken in evangelische Gegenden und Protestanten in katholische Gebiete Nds. gekommen und haben zu einer größeren regionalen Konfessionsvielfalt beigetragen, als sie als Folge der landesherrschaftlichen Regelungen nach der Reformation der Fall war. Im Zuge der wirtschaftlichen Entwicklung und eines immer stärker expandierenden Bildungswesens sind seit den 60er Jahren mehr Katholiken z.B. nach Hannover gekommen als dies dem Landesdurchschnitt entsprach. Umgekehrt setzte später auch wieder eine Abwanderung, vornehmlich nach Baden-Württemberg und Bayern, ein. Schließlich sind nach dem Ende der DDR und dem Zusammenbruch des Sowjetreiches (also ab 1989) neue Ansiedlungen zu verzeichnen. Nicht unerwähnt sollen auch die Katholiken aus Spanien, Italien, Portugal und dem früheren Jugoslawien bleiben, die als „Gastarbeiter" nach Nds. gekommen sind. Für sie wurden eigene katholische Gemeinden mit einheimischem Klerus eingerichtet. Gerade mit Blick auf diese wird deutlich, dass Katholisch-sein auch Züge ethnischer bzw. regionaler Ausprägung hat, die in einem gewissen Widerspruch zur Lehre von der Universalität der Kirche stehen. Vor allem seit der Einführung der Volkssprache, die ab 1965 bei der Messe in zunehmendem Maße das bis dahin im lateinischen Ritus vorherrschende Latein aufgrund der Liturgiereform des II. Vatikanischen Konzils (1962–1965) ablöste, ist dieser nationalsprachliche Charakter der Religiosität im und durch den Gottesdienst besonders deutlich geworden.

Über die letzten Jahrzehnte hinweg lässt sich in der katholischen Religionspraxis ein gewisser Rückgang feststellen. So stellt die Hildesheimer Bistumsstatistik für das Jahr 2002 am 3.12.2003 fest, dass jeder neunte Katholik zur Messe geht, dass durchschnittlich 11,8 % der Katholiken im Bistum Hildesheim im Jahre 2002 regelmäßig den Sonntagsgottesdienst besuchten, wobei der Gottesdienstbesuch je nach Region sehr unterschiedlich ist. Während im Dekanat Stade mit seinen 16 770 Katholiken 6,7 % sonntäglich zur Messe gehen, kommt im Dekanat Gieboldehausen-Lindau (12 961 Katholiken), das zum traditionell katholischen Eichsfeld gehört, mit 24,8 % noch fast jeder vierte Katholik zum Gottesdienst. Insgesamt ist die Zahl der Katholiken im Bistum Hildesheim rückläufig. Laut Statistik wohnten Ende 2002 genau 677 159 Katholiken auf dem Gebiet des Bistums (2001: 688 102 Katholiken). Bemerkenswert ist, dass im Jahre 2002 die Zahl der Kirchenaustritte (4 437) höher war als die Zahl der getauften → Kinder (4 398). Im Jahre 2001 hatte das Bistum rund 10 800 Katholiken verloren und 5 100 durch Taufen und Wiederaufnahmen gewonnen. Mit 1 168 Trauungen hat sich die Zahl der Paare, die vor den Altar traten, im Vergleich zu 2001 kaum verändert. Ähnliche Statistiken lassen sich auch für die anderen Diözesen in Nds. anführen.

Der Rückgang der Zahl der Katholiken hat langfristig nachhaltige Konsequenzen: Das Kirchensteueraufkommen wird sinken, Finanzknappheit und Priestermangel machen eine neue Seelsorgekonzeption erforderlich, die zudem noch dem Mangel an religiösem Wissen beim Kirchenvolk wie bei den Nichtkatholiken Rechnung tragen muss. Man kann sich nicht mehr mit der „Nachlassverwaltung" (d.h. dem automatischen Nachwuchs in Folge von Taufen) begnügen, sondern muss ein Missionierungskonzept entwerfen, das die Gläubigen über die Inhalte des Glaubens informiert und Außenstehenden die Botschaft verständlich und nachvollziehbar nahe bringt. Dies betrifft vor allem auch die Kommunikation zwischen Kirchenleitung und Basis in Fragen der Moral. Hier herrscht bisweilen eine solche Diskrepanz zwischen der Lehre der Kirche und den Ansichten ihrer Gläubigen (z.B. Wiederverheiratung von Geschiedenen, Akzeptanz von Verhütungsmitteln), dass man geradezu von einem psycholo-gischen Schisma sprechen kann. Die Zukunft wird zeigen, ob es zu mehr Einvernehmen und besserer Kommunikation kommen und welchen Erfolg eine auf Mitgliederwerbung angelegte Pastoralpolitik haben wird. *Peter Antes*

## Kinder

**Begriff** – Im Jahr 1900 erschien das bahnbrechende und bis heute viel diskutierte Buch der schwedischen Pädagogin, Journalistin und Frauenrechtlerin Ellen Key mit dem programmatischen Titel „Das Jahrhundert des Kindes". Knapp 100 Jahre später, Ende des 20. Jh., trat in Deutschland die „UN-Kinderrechts-Konvention" in Kraft, in der zu lesen ist: „Kinderrechte sind Menschenrechte" und „Kinder sind eigenständige Persönlichkeiten". Ferner hat sich seit einigen Jahren eine neue sozialwissenschaftliche Kindheitsforschung entwickelt. „Kinder" sind also ein aktuelles Thema für Politik, Wissenschaft und Medien, obwohl oder gerade weil die Geburtenzahlen in den hoch entwickelten Gesellschaften drastisch zurückgehen und in Deutschland gegenwärtig bei 1,3 Kinder pro Paar stagnieren (2,1 Kinder pro Paar würden den Bevölkerungsstand sichern).

„Kindheit" (im sozialwissenschaftlichen Sinne) ist dagegen ein relativ junges Phänomen. Von Kindheit (als eigenständiger Schonraum für Lernen und Sozialisation) kann erst etwa ab Ende des 18. Jh. gesprochen werden, nämlich im historisch-kulturellen Zusammenwirken von
– „Aufklärung" (vgl. Rousseau: „Emile oder über die Erziehung" 1762 – der Beginn der Pädagogik bzw. eines systematischen Nachdenkens über Erziehung und Kindheit),

– „Industrialisierung" (Einführung der Schulpflicht, um Kinder auf den Beruf vorzubereiten),
– dem Entstehen der sog. „bürgerlich-kapitalistischen Gesellschaft" (Bildung, Lernen und Leistung werden zu hoch bewerteten Gütern).

Mit der „Idee der Kindheit", d.h. der Konstruktion eines Schonraums (Schule) für Lernen und Entwicklung, sowie der gesellschaftlichen Notwendigkeit eines Lebensabschnitts, in dem sich Heranwachsende auf das Leben und Arbeiten in der Gesellschaft und auf die Zukunft unter professioneller Anleitung (durch Pädagogen, Lehrer) vorbereiten sollen, wurden aus Kindern Schüler bzw. Lernende.

**Kinder in der Gegenwartsgesellschaft** – Kinderleben hängt davon ab, was Kindheit jeweils gesellschaftlich ausmacht – und Kinder leben i.d.R. in Familien. Wenn man Kindheit beschreiben will, muss man Kindheit und Familie untersuchen. Diese Themen sollten in einer pluralistischen und komplexen Gesellschaft immer differenziert diskutiert werden. In anderen Worten: Kinder leben in verschiedenen Kindheiten und in unterschiedlichen Familienstrukturen – je nach historischer Epoche, Schicht oder Milieu, Region, Groß-, Kleinstadt oder Dorf, Geschwisterzahl, mit oder ohne Migrationshintergrund, Ein- oder Mehr-Kinder-Familie, Norm(al)familie, allein Erziehende, Drei-Generationen- oder Großfamilie, Adoptions- oder Stieffamilien. Der Wandel der Kindheit und der Familien – und damit der Kinder – spiegelt den Wandel der gesellschaftlichen Lebensbedingungen für Kinder wider.

Kindheitsforscher sprechen daher z.B. von der „Mediatisierung der Kindheit" und von einer „Wirklichkeit aus zweiter Hand" (Anwachsen der Bedeutung der modernen Medien, vor allem von Fernsehen, Computer und Internet),

von „Verinselung der Kindheit" (Leben, Spielen und Lernen an unterschiedlichen Orten), von „Kommerzialisierung der Kindheit" (Kinder als Werbeobjekte bzw. Kunden für Konsumgüter) oder von einer „Pädagogisierung der Kindheit" (betreute und dadurch kontrollierte Kindheit in Institutionen). Symbol der Veränderung ist der Terminkalender. Informelles freies Spielen in der Natur oder eine „Straßensozialisation" sind heute selten geworden. Heute verabredet man sich schon in der Schule oder per Handy und hat zumeist vorgefertigtes und gekauftes Spielzeug im Kinderzimmer. Die Folgen des Wandels der Kindheit sind – tendenziell zutreffend, aber unterschiedlich je nach familiärem Anregungs-Milieu – ein veränderter Sozialcharakter der Kinder, der sich beschreiben lässt als „von außen geleitet", „konsumorientiert", „eher passiv bleibend", medial rezeptiv und wenig(er) ungeplant lernend.

In anderen Worten: Kindheit ist heute überwiegend und zunehmend passiver Massenkonsum von massenmedialen Angeboten und fertig vorproduzierten Massenwaren. So lautet die Überschrift einer Pressemeldung vom August 2004: „Kaufkraft der Kinder steigt. Die gut 6 Millionen Kinder (...) zwischen 6 und 13 Jahren haben in Deutschland inzwischen eine Finanzkraft von mehr als 6 Milliarden Euro. Am liebsten legen Kinder das Geld in Handys und Handy-Guthaben, Süßigkeiten, Comics und Zeitschriften oder Eis an."

**Kinder in Nds.** – In Nds. leben etwa 8 Mio. Menschen. Davon sind (Daten vom Nds. Landesamt für Statistik) knapp 450 000 unter sechs Jahre alt (Kleinkinder, abnehmende Tendenz). So stehen 73 000 Geburten im Jahr 2002 noch fast 90 000 im Jahr 1994 gegenüber. Zwischen sieben und zwölf Jahren (Schulkinder) wohnen etwa 500 000 Kinder in

Nds. Die unter 15 Jahre alten nds. Kinder (schulpflichtige Kinder) machen 16,4 % der → Bevölkerung aus.

Im August 2002 besuchten 4 859 Kinder einen „Schulkindergarten", während 347 410 zur „Grundschule" und 156 419 zur „Orientierungsstufe" (5. und 6. Schulklasse; 2004 in Nds. auslaufend) gingen (weitere Schulbesuchzahlen → Schule). Etwa jedes elfte Grundschulkind hat nichtdeutsche Eltern (über 30 000), im Schulkinderarten jedes vierte bis fünfte Kind, in der Orientierungsstufe etwa jedes 14. Kind. Daraus wird ersichtlich, dass der Anteil der Kinder nichtdeutscher Staatsangehörigkeit/ Herkunft an nds. Schulen zunimmt – allerdings regional recht unterschiedlich. An Gymnasien haben nur noch etwa 3 % der Schüler Eltern mit nichtdeutscher Staatsangehörigkeit, was statistisch die Bildungsbenachteiligung „ausländischer" Kinder belegt (vgl. auch PISA-Studie). Im Vergleich zu 1998 gehen gegenwärtig insgesamt knapp 5 000 „ausländische" Kinder mehr in nds. Schulen.

In Hannover-Innenstadt leben nach Schätzungen nur noch in jedem fünften Haushalt minderjährige Kinder, die City ist quasi „kinderfrei" (in München nur in jedem zwölften). Hohe Mieten und fehlende innerstädtische Wohnqualität (Verkehr) führen dazu, dass Familien mit (kleinen) Kindern aufs Land oder in bestimmte städtische Randzonen ziehen, wo sich dann aber Probleme ballen können (z.B. Armut, ethnische Randgruppen, schlechte Infrastruktur, hohe Arbeitslosigkeit).

Neben dem dramatischen Geburtenrückgang wird das Thema „Kinder in Armut" gegenwärtig sozialpolitisch diskutiert. Mit Blick auf Statistiken über Armut, Sozialhilfe oder „prekäre Lebenslage" kann auch in Nds. von einer „Infantilisierung der Armut" gesprochen werden (ferner „Familialisierung" und „Feminisierung der Armut"). Vor allem

Kinder aus kinderreichen Familien („Kinder als Armutsrisiko"), von allein Erziehenden und „ausländischen" Eltern sind stark armutsgefährdet bzw. häufig Empfänger von Sozialhilfe. Armut, das belegen Studien, führt zu schlechteren Bildungschancen, schlechterer (billiger) Ernährung und zu höherer Krankheitsanfälligkeit sowie zu einem Ansteigen der Kriminalität.

Die schlechte Versorgung mit Krippenplätzen (für Kinder von 1–3 Jahren, Angebot nur für 4 % der Kinder trotz großer Nachfrage) und Hortplätzen (6–10 Jahren) in Nds. (im Gegensatz z.B. zu den neuen Bundesländern) kann die Bildungsbenachteiligung der Kinder aus unterprivilegierten Familien nicht kompensieren. Zwar besteht auch in Nds. seit 1990 ein „Rechtsanspruch auf einen Kindergartenplatz", aber vor allem „ausländische Familien" schicken ihre Kinder aus Kostengründen und Unwissenheit (fehlende Elternaufklärung) wenig in die Vorschuleinrichtungen, was wiederum Folgen für den Spracherwerb und damit die Schul- bzw. Bildungschancen hat. Auch gehört der Kindergarten in Nds. nicht zum Bildungssystem und untersteht dem Sozialministerium.

*Hartmut M. Griese*

## Kommunalverfassung

**Begriff** – Unter Kommunalverfassung versteht man die innere Organisation der Kommunen. Kommunen sind Gemeinden und Gemeindeverbände. In Nds. sind dies Städte, Gemeinden, Landkreise und die → Region Hannover. Diese benötigen Organe, die ihr Handeln nach außen verbindlich bestimmen. Die Einrichtung dieser Organe, ihre Zuständigkeiten und ihr Verhältnis untereinander werden durch das Kommunalverfassungsrecht beschrieben: für Städte und Gemeinden in der Nds. Gemeindeordnung (NGO), für die Landkreise in der Nds. Landkreisordnung (NLO) sowie im Gesetz über die Bildung der Region Hannover.

Alle Kommunen haben drei Organe: einen vom Volk gewählten Verwaltungsleiter, eine gewählte Volksvertretung sowie ein durch die Volksvertretung gewähltes Zwischenorgan. Die Doppelspitze, bei der → Gemeinden und Kreise durch einen von der Volksvertretung gewählten hauptamtlichen Verwaltungsleiter (Gemeindedirektor/Kreisdirektor) und einen ebenfalls von der Volksvertretung gewählten ehrenamtlichen Vorsitzenden der Volksvertretung (Bürgermeister/Landrat) nach außen vertreten wurden, ist 1996 aufgegeben worden. Sie gibt es nur noch in wenigen Gemeinden.

**Die Organisation der Gemeinden** – In den Gemeinden (Städten) besteht Arbeitsteilung zwischen den Organen Bürgermeister als Verwaltungsleiter, Rat als Volksvertretung sowie Verwaltungsausschuss als Zwischenorgan. Die Organe haben eigene Bereiche, in denen nur sie verbindlich Entscheidungen für die Gemeinde treffen. Kein Organ ist die 1996 verbindlich eingeführte Frauenbeauftragte. Nach einem Urteil des → Staatsgerichtshofes (StGH) sind hauptamtliche Frauenbeauftragte nur noch in Gemeinden einer Größe von mindestens 20 000 Einwohnern vorgeschrieben.

Formal ist der Rat das Hauptorgan der Gemeinden. Seine wesentlichen Zuständigkeiten benennt § 40 NGO. Der Rat ist danach insbesondere für das Ortsrecht zuständig. Darunter fallen gemeindliche Satzungen (so z.B. Hundesteuersatzung) und die Bauleitplanung (→ Landesplanung/Raumordnung). Bauleitpläne legen fest, welche Gebiete der Gemeinde und wie diese bebaut werden können, wo also etwa Wohn- oder Gewerbebauten zulässig

sind. Dem Rat obliegt die Finanzplanung. Er stellt jährlich einen Haushalt auf, der alle vorgesehenen Einnahmen und Ausgaben der Gemeinde im Kalenderjahr verzeichnet (→ Gemeindefinanzen). Der Rat wird von allen Einwohnern der Gemeinde gewählt, die mindestens 16 Jahre alt sind und drei Monate in der Gemeinde wohnen. Wahlberechtigt sind Deutsche und Staatsangehörige aus Mitgliedstaaten der EU. Die zum Rat wahlberechtigten Personen bezeichnet man als Bürger. In den Rat gewählt werden können ebenfalls Deutsche oder Staatsangehörige anderer EU-Mitgliedsstaaten, die mindestens 18 Jahre alt sind und seit sechs Monaten in der Gemeinde wohnen.

Bürger und Einwohner können durch Einwohneranträge und Bürgerbegehren auf die Entscheidungen der Gemeindeorgane einwirken oder durch Bürgerentscheid sogar selbst einzelne Fragen entscheiden, für die der Rat zuständig ist. Der Einwohnerantrag steht allen Einwohnern offen, die mindestens 14 Jahre alt sind. Ein Einwohnerantrag zielt darauf ab, dass der Rat sich mit einer bestimmten Materie befasst. Weitergehend zielt das Bürgerbegehren auf einen bestimmten Beschluss des Rates. Einwohnerantrag und Bürgerbegehren setzen eine gewisse Anzahl Unterstützungsunterschriften voraus. Fasst der Rat den beantragten Beschluss nicht, ist ein Bürgerentscheid durchzuführen. Das Bürgerbegehren ist dann angenommen, wenn ihm mindestens 25 % aller Bürger zugestimmt haben.

Nach außen besonders in Erscheinung tritt der Bürgermeister. Er führt die laufenden Geschäfte der Verwaltung und repräsentiert die Gemeinde. Er ist Dienstvorgesetzter der Bediensteten. Dienstvorgesetzter des Bürgermeisters selbst ist der Rat. Der Bürgermeister wird – i.d.R. zeitgleich mit dem Rat – durch die Bürger für fünf Jahre gewählt.

Eine Schnittstelle zwischen Bürgermeister und Rat soll der Verwaltungsausschuss bilden. Er hat die Beschlüsse des Rates vorzubereiten. Zugleich stehen ihm eigene Entscheidungskompetenzen zu. Er entscheidet über Widersprüche, die von Bürgern gegen sie betreffende Entscheidungen der Verwaltung erhoben werden. Außerdem hat der Verwaltungsausschuss eine Auffangkompetenz für Angelegenheiten, die weder Rat noch Bürgermeister zu entscheiden haben.

**Die Organisation der Gemeindeverbände** – In den Landkreisen ist Verwaltungsleiter der gewählte Landrat, Volksvertretung der Kreistag und Zwischenorgan der Kreisausschuss. Die Region Hannover hat einen Regionspräsidenten, eine Regionsversammlung und einen Regionsausschuss. Die Aufgabenverteilung zwischen diesen Organen entspricht im Grundsatz derjenigen in den Gemeinden. Auch in den Landkreisen und der Region Hannover stehen die Möglichkeiten des Einwohnerantrages, Bürgerbegehrens und -entscheids zur Verfügung.

Eine besondere Form des Gemeindeverbandes ist die Samtgemeinde, ein Zusammenschluss mehrerer Gemeinden zur Stärkung ihrer Verwaltungskraft. Zu Samtgemeinden können sich selbstständige Gemeinden des gleichen Landkreises zusammenschließen, die mindestens 400 Einwohner haben. Die Samtgemeinde hat neben den Organen der Einzelgemeinden einen Samtgemeinderat, Samtgemeindeausschuss und Samtgemeindebürgermeister. Die Samtgemeinde entscheidet in Fragen, die für alle Mitgliedsgemeinden einheitlich entschieden werden müssen. Sie führt für alle Mitgliedsgemeinden die Kassengeschäfte und unterstützt diese bei deren Aufgaben.
*Peter Armbrust*

# Kriminalität und Prävention

Im Rechtssinne umfasst Kriminalität (lat. crimen: Verbrechen) alle Handlungen mit strafrechtlichen Rechtsfolgen, als Verbrechen werden im Strafgesetzbuch (§ 12 Abs. 1 StGB) nur besonders schwere kriminelle Handlungen bezeichnet, die im Mindestmaß mit Freiheitsstrafe von einem Jahr oder darüber bedroht sind. Die Soziologie versteht unter Kriminalität alle Formen sozialschädlichen bzw. sozialabweichenden Verhaltens. Kriminalität ist daher die Gesamtheit aller Handlungen, die entweder strafrechtlich missbilligt oder mit einem anderen gesellschaftlichen Unwerturteil belegt werden. In der Literatur wird dafür auch der Begriff *Delinquenz* verwendet.

Die Straftaten werden in der Polizeilichen Kriminalstatistik (PKS) erfasst. Sie ist Ausgangspunkt für Analysen von und Prognosen zur Kriminalität. Das Landeskriminalamt Nds. erstellt jährlich einen Bericht zur PKS, der Aussagen zur Kriminalitätsentwicklung (Straftatenaufkommen, Aufklärungsquote, Häufigkeitszahl), zu einzelnen Deliktsbereichen, zu Tatverdächtigen und zur Schadenshöhe enthält (der Jahresbericht kann von der Homepage des Innenministeriums heruntergeladen werden (www. mi.niedersachsen.de).

In der PKS erfasst werden kann aber nur die Kriminalität, von der die Polizei erfährt. Das Bekanntwerden von Rechtsbrüchen und Abweichungen hängt jedoch weit gehend von der Intensität der Sozialkontrolle, dem Anzeigeverhalten und anderen gesellschaftlichen Faktoren ab. Z.B. ist die Bereitschaft, einen Ausländer anzuzeigen, erheblich höher als die Neigung zu einer Strafanzeige gegen einen deutschen Nachbarn. Das Dunkelfeld kann nur durch Schät-

**Straftaten insgesamt**

| Straftaten insgesamt | 1998 | 1999 | 2000 | 2001 | 2002 | 2003 |
|---|---|---|---|---|---|---|
| Bekannt gewordene Fälle | 567 871 | 547 902 | 564 469 | 566 896 | 608 467 | 593 616 |
| Aufgeklärte Fälle | 284 649 | 275 345 | 299 629 | 298 594 | 324 142 | 317 598 |
| Aufklärungsquote in % | 50,13 | 50,25 | 53,08 | 52,67 | 53,27 | 53,50 |
| Tatverdächtige (TV) | 201 627 | 199 791 | 210 853 | 209 948 | 224 008 | 229 455 |
| Nichtdeutsche TV (NDTV) | 42 358 | 42 457 | 43 034 | 40 790 | 42 334 | 42 427 |
| Anteil NDTV an TV insg. in % | 21,01 | 21,25 | 20,41 | 19,43 | 18,90 | 18,49 |

zung mit in die Kriminalitätsprognosen einfließen.

Für die Kriminalitätsbekämpfung ist in erster Linie die Polizei zuständig. Soweit Straftaten bereits begangen worden sind und die Polizei strafverfolgend tätig wird (*Repression*), ist sie Hilfsorgan der Staatsanwaltschaft. Das Polizeigesetz in Nds., das Nds. Gesetz über die öffentliche Sicherheit und Ordnung (Nds. SOG) legt aber fest, dass eigentliche Aufgabe der Polizei *Prävention* ist, also Maßnahmen zu ergreifen, damit Kriminalität gar nicht erst entsteht.

Bei der Kriminalprävention stehen primär → Kinder und Jugendliche im Zentrum der Untersuchungen. Immerhin stellen sie etwa ein Fünftel aller Tatverdächtigen in Nds. Unter Beteiligung von Menschen aus der Kommune (sog. *Community Policing*) werden Ordnungs- und Sicherheitsprobleme vor allem in Zusammenhang mit Kindern und Jugendlichen in Angriff genommen. Im Mittelpunkt steht die Kooperation zwischen Bürgern, Polizei, Schulen, kommunalen Behörden (insbesondere Jugend- und Sozialamt) sowie anderen Einrichtungen, etwa Wohlfahrtsverbänden. Kooperativ sollen Probleme identifiziert, analysiert und schließlich gelöst werden. Auf der Grundlage der vom nds. Innenministerium erlassenen Leitlinien für die Bearbeitung von Jugendsachen werden besonders fortgebildete Beamtinnen und Beamte eingesetzt mit dem Ziel, die tiefer liegenden Ursachen für Kriminalität zu bekämpfen. Nds. hat

außerdem einen Landespräventionsrat und kommunale Präventionsräte in den Städten und → Gemeinden eingerichtet. In diesen Gremien sollen Bürger gemeinsam mit der Polizei, den kommunalen → Verwaltungen, Schulen, → Vereinen, Kirchen und sonstigen Einrichtungen nach Möglichkeiten der Verhütung von Gewalt und Kriminalität suchen.

So wurde z.B. ein Zusammenhang von Schulschwänzen und Kriminalität bei Kindern und Jugendlichen festgestellt. Als präventive Maßnahme nimmt daher die Polizei während der üblichen Schulzeit zielgerichtete Kontrollen an bekannten Jugendtreffpunkten (z.B. Bahnhöfen, Spielhallen, Gaststätten, Kaufhäusern, Einkaufszentren etc.) vor. Diese Kontrollen werden i.d.R. mit dem Jugendamt abgestimmt. In Nds. wird ferner unter Federführung des Landespräventionsrates ein Programm zur Verhinderung von Schulschwänzen und Schulverweigerung erarbeitet. Im Bereich der Erwachsenenkriminalität steht die Bekämpfung von Rechtsextremismus (→ Extremismus), → Terrorismus, der Organisierten Kriminalität, der Wirtschaftskriminalität und der Korruption sowie der Gewalt im sozialen Nahbereich im Mittelpunkt. Dafür hat die → Landesregierung verschiedene Regelungen und Programme entwickelt, z.B. die „Verwaltungsvorschrift zur Bekämpfung von Korruption in der Landesverwaltung" oder den „Aktionsplan zur Bekämpfung der Gewalt gegen Frauen im häuslichen Bereich".

*Martin H.W. Möllers*

# Kulturpolitik

**Gesetzliche Grundlagen** – Kulturpolitik sei vor allem Kommunalpolitik, stellte 1979 der Deutsche Städtetag fest. In der Tat werden die meisten Ausgaben zur Förderung der Kultur von den → Gemeinden, → Städten und Kreisen aufgewendet. Ihre rechtliche Grundlage findet die kommunale Kulturpolitik in erster Linie im Grundgesetz, Art. 28 Abs. 2 GG, der den Gemeinden gewährleistet, alle Angelegenheiten im Rahmen der Gesetze in eigener Verantwortung zu regeln. Deshalb formuliert auch die Nds. Verfassung in Art. 6: „Das Land, die Gemeinden und die Landkreise schützen und fördern Kunst und Kultur." Ausgangspunkt aller Kulturförderung ist Art. 5 Abs. 3 GG, der die Kunstfreiheit garantiert. Der Staat, also die Länder und die Kommunen, verpflichtet sich zur Förderung von u.a. → Theater, → Literatur, Film, → Musik und → Bildender Kunst, ohne Einfluss auf Inhalte und Gestaltung zu nehmen.

**Förderung auf kommunaler Ebene** – In den Gemeinden, Städten und Kreisen Nds. sind es vor allem die institutionalisierten Einrichtungen der Kultur, die jährlich aus den Kommunalhaushalten ihr Budget erhalten. Das sind u.a. die Stadttheater, die → Museen und die Büchereien, die mehr oder weniger unabhängig von der Politik ihr Programm gestalten. Darüber hinaus betreiben die Kommunen auch Musikschulen, Jugendkunstschulen, → Archive, Kommunale Kinos oder sog. Soziokulturelle Zentren. Städte und Gemeinden sind auch Träger von Volkshochschulen, die nicht nur der Fort- und Weiterbildung, sondern auch der kulturellen → Erwachsenenbildung dienen.

Eher bescheiden sind die kommunalen Mittel für die freie, nicht institutionalisierte Kulturarbeit. → Vereine, die sich der Pflege kulturellen Erbes widmen, Initiativen oder Musik- und Theatergruppen können sich einmal im Jahr um Projektförderung bewerben. Kommunen sind aber auch selbst Veranstalter von Kulturprogrammen, die in den Bürgerhäusern, auf den Marktplätzen oder zu Stadtfesten und Feiertagen stattfinden. Kulturförderung betreiben auch die Kirchen, indem sie zum einen ihre Baudenkmäler erhalten und zum anderen die geistliche Musik in Chören, im Orgelspiel und mit eigenen Ensembles bei Konzerten tradieren. Private Förderer der Kultur sind u.a. die → Sparkassen und die Banken, immer häufiger auch → Stiftungen, die die Zinserträge des Stiftungskapitals in Projekte von Künstlern investieren. Sponsoring von Kultur betreiben Wirtschaftsunternehmen, um einen Imagegewinn durch kulturelle Veranstaltungen zu erzielen. Öffentlichkeitswirksame Projekte, wie z.B. Kunstausstellungen oder Film- und Theaterfestivals, werden dabei finanziell unterstützt, und die beteiligten Firmen dürfen mit ihrem Logo auf Plakaten und Transparenten für ihre Sache werben.

**Förderung auf Landesebene** – Auch in der Landeskulturpolitik sind es die großen Institutionen, die die meisten Mittel erhalten. Dazu zählen ebenso die Staatstheater in Hannover, Braunschweig und Oldenburg, wie auch das Herzog Anton Ulrich-Museum in Braunschweig, das Kestner-Museum in Hannover oder die Herzog August-Bibliothek in Wolfenbüttel. Das Land unterstützt Kunstvereine in den Städten, ein Theaterbeirat berät den Kulturminister, um anspruchsvolle Inszenierungen im Kinder- und Jugendtheater sowie im Freien Theater zu ermöglichen. Neben der Projektförderung für einzelne Theaterproduktionen hat sich mittlerweile auch eine Konzeptionsförderung über drei Jahre für aus-

Im Niedersächsischen Landesmuseum Hannover sind eine Gemälde- und Skulpturensammlung aus neun Jahrhunderten und lehrreiche Exponate aus der Urgeschichte und der Natur- und Völkerkunde zu sehen.

gewählte Truppen bewährt. Besonders ausdifferenziert sind die Förderstrukturen des Landes im Literaturbereich. Gefördert werden Autoren durch Stipendien, Preise und den Ankauf ihrer Bücher, gefördert werden Literaturhäuser, die in den Städten mit Lesungen Produzenten und Rezipienten zusammenbringen, gefördert werden aber auch kleine → Verlage mit originellen Programmen und erfolgreiche Buchhandlungen mit Lese- und Leseraktivitäten. Mit Mitteln des Landes organisiert der Friedrich Boedecker-Kreis außerdem Lesungen von Autoren in Schulen. Die Förderung der Musik wird durch den Landesmusikrat betrieben, und auch die Soziokulturellen Einrichtungen und Projekte erhalten durch die in diesem Bereich zusammengeschlossenen Institutionen ihre Zuschüsse.

Soziokulturelle Zentren wie etwa die Brunsviga in Braunschweig, die Kulturetage in Oldenburg oder aber auch die Kulturfabrik Löseke in Hildesheim müssen ebenso wie die zahlreichen Initiativen auf dem Lande Konzepte vorweisen, die soziale und kulturelle Belange gleichermaßen berücksichtigen und von außerordentlicher Relevanz für das lokale oder regionale Publikum sind. Projekte mit interkulturellem Anspruch, Projekte, die sich gezielt an Randgruppen wenden und Projekte, die die Partizipation vieler unterschiedlicher Menschen zum Ziel haben, werden in der Auswahl als besonders förderungswürdig anerkannt. Das „Forum für Kunst und Kultur e.V." in der kleinen Gemeinde Heersum schafft es z.B., jedes Jahr rund 200 Laien bei einem großen Theaterspektakel zu vereinen, die sich zum

Teil aus Gruppen der Freiwilligen Feuerwehr, des Tischtennisvereins, der Seniorentanzgruppe oder der örtlichen Rockband zusammensetzen. Die Landesfilmförderung hat im Wesentlichen die Nord-Media AG übernommen, die Produktionen unterstützt, Drehbücher fördert, Preise an Schauspieler und Regisseure verleiht, Kurzfilme mitfinanziert, Zuschüsse für Filmfestivals gibt und zusammen mit dem Film- und Medienbüro in Osnabrück auch publizistisch für ein Filmland Nds. wirbt. Auf Landesebene operieren zur Förderung der Kultur neben dem Ministerium für Wissenschaft und Kultur (MWK) auch die Stiftung Niedersachsen sowie die Lotto-Toto-GmbH mit ihren Erlösen aus den diversen Lotterien des Landes.

Eine spezielle Regelung über die kulturelle Bildung von Schülern findet sich nicht in der Nds. Verfassung (→ Landesverfassung). Der Bildungsauftrag im Schulgesetz des Landes sagt, dass die Schüler befähigt werden sollen, u.a. kulturelle Werte zu erkennen und zu achten. Deshalb berücksichtigen die Rahmenrichtlinien für alle Schulformen kulturelle Bildung, insbesonders in den curricularen Vorgaben für die Fächer Deutsch, Kunst und Musik. In der gymnasialen Oberstufe wird vielerorts in Nds. auch Darstellendes Spiel angeboten, an einigen Schulen auch schon in der Sekundarstufe Theaterarbeitsgemeinschaften.

Der Fort- und Weiterbildung von ehrenamtlich Tätigen in der Kulturarbeit, von Kulturschaffenden in allen künstlerischen Bereichen und Kulturverantwortlichen in Politik und Verwaltung, dient das Angebot mit Seminaren und Veranstaltungen der Bundesakademie für Kulturelle Bildung in Wolfenbüttel. Im Aufbau befindet sich auch eine Landesmusikakademie. *Wolfgang Schneider*

## Küstenland

Das nds. Küstenland ist etwa 200 km breit und beinhaltet mit den Watten eine einzigartige Naturlandschaft, die sich vom Festland bis zu den vorgelagerten ostfriesischen Inseln Borkum, Juist, Norderney, Baltrum, Langeoog, Spiekeroog und Wangerooge erstreckt. Das durch die Gezeiten abfließende Wasser ermöglicht es, die Inseln trockenen Fußes zu erreichen. Hinzu kommen die großen Landeinschnitte Dollart und Jadebusen an den Mündungen der Ems und der Weser.

Entstanden ist diese Landschaft durch den Einfluss mehrerer Eiszeiten, welche große Erdmengen bewegten und das Geestland (→ Geest) aufstauten. Durch das Gefrieren und Abtauen der riesigen Eismassen verschob sich der Küstenverlauf mehrere Male. Die letzte Eiszeit ging vor rund 18 000 Jahren zu Ende. Der Küstenverlauf lag zu diesem Zeitpunkt rund 600 km nördlicher als heute. Das abfließende Tauwasser gestaltete die Landschaft um, und es entstanden die heutigen großen Flüsse: Ems, Weser und Elbe. Der Anstieg des Wasserspiegels in der immer noch vorherrschenden Warmzeit führte zu Brackwasserüberflutungen weiter Teile der Geestlandschaft und zur Entstehung der heutigen Landschaftselemente der Inseln, Watten und Marschen.

Die ostfriesischen Inseln sind Barriere-Inseln, die durch ihre vorgeschobene Lage erst eine so große Wattlandschaft ermöglichen, da sie die hintergelagerten Watten vor der Gezeitenabschwemmung schützen.

Durch den steigenden Meeresspiegel und die damit verbundene Küstenverlagerung wurden die Menschen gezwungen, ins Landesinnere auszuweichen. Die älteste Siedlung im deutschen Küstenraum stammt aus dem 10. bis 9. Jh.

Spiekeroog, eine der Ostfriesischen Inseln. Die anderen: Borkum, Juist, Norderney, Baltrum, Langeoog und Wangerooge

v. Chr. Die frühen „Flachssiedlungen" wurden auf den Uferwällen der Flüsse gefunden, die gegen kleine Überflutungen ausreichenden Schutz boten. Eine hohe Fluktuation der Siedlungsplätze lässt auf einen geringen Schutz vor größeren Naturereignissen schließen.

Um die Zeitenwende begannen die Küstenbewohner, ihre Siedlungen auf 5 bis 7 m hohen Warten oder Wurten zu bauen. Diese künstlich aufgeschütteten Erdhügel boten zwar einen gewissen Schutz, konnten aber den natürlichen Überschwemmungen nicht Einhalt gebieten.

Um 1100 n. Chr. begannen die Menschen mit dem Deichbau, wodurch sie anfänglich kreisförmige Gebiete vor den Überflutungen schützten (Ringdeiche). Diese wurden später durch weitere Deiche verbunden, sodass im 13. Jh. ein zusammenhängender Seedeich entstand. Es sind mehrere herbe Rückschläge im Deichbau durch Überflutungen bekannt.

Zu diesen gehören: die Luciaflut 1287, die Marcellusflut 1362 (erste Mannestränke = besonders schwere und folgenreiche Überflutung), die Antoniusflut 1511, die zweite Mannestränke 1634 und die Weihnachtsflut 1717 (→ Umwelt-/Naturschutz).

Durch Eindeichung wurde der ursprünglich überflutete Küstenraum auf ein Viertel reduziert und – zu dem Meer abgerungenen – Polderland. Dieses Gebiet liegt sehr tief und hat durch die Eindeichung keinen natürlichen Abfluss, was durch Niederschlag zu einer Seenbildung führen würde. Aus diesem Grund wurde zur Entwässerung ein komplexes System aus Gräben, Sielen und Schöpfwerken geschaffen.

Der Zweck der Deiche als reine Schutzeinrichtungen wurde ab dem 15. Jh. erweitert. Durch verschiedene bauliche Maßnahmen wurde die Sedimentablagerung in Wattgebieten beschleunigt, um „deichreifes" Land zu schaffen, welches landwirtschaftlich genutzt werden konnte. Der aus Fahrrinnen entnommene Schlick wurde auf dafür angelegten Spülflächen deponiert.

In den letzten Jahrzehnten wurden große Anstrengungen unternommen, um die Deiche zu erhöhen und sicherer zu machen. Neue Gebiete sollen nicht eingedeicht werden, um den Rest der einzigartigen Naturlandschaft Wattenmeer zu erhalten (→ Nationalparks).

*Thorsten Bockmühl*

## Landesbank

**Grundlagen** – Die Deutsche Bundesbank als Zentralbank der BRD unterhält in Hannover eine von neun Hauptverwaltungen (ehemals Landeszentralbank Hannover). Zusammen mit den nationalen Notenbanken des Euroraums und der Europäischen Zentralbank in Frankfurt am Main (EZB) bildet die Bundesbank das Europäische System der Zentralbanken (ESZB). Vorrangiges Ziel des ESZB ist es, die Preisstabilität zu gewährleisten. In diesem Sinne ist die EZB vor allem für geldpolitische Entscheidungen und deren Umsetzung zuständig.

**Funktionen** – Über den EZB-Rat ist die Bundesbank an den Entscheidungen der EZB beteiligt und für die nationale Umsetzung der Geldpolitik verantwortlich. Die Bundesbank selbst erhält wiederum Unterstützung von ihren Hauptverwaltungen.

Aufgabe der Hauptverwaltung Hannover ist es, die Geschäfte der Bundesbank mit den örtlichen Kreditinstituten und den öffentlichen Verwaltungen in den Bundesländern Bremen, Nds. und Sachsen-Anhalt zu führen. Entsprechend ist die Hauptverwaltung Hannover für die in Bremen, Nds. und Sachsen-Anhalt unterhaltenen Filialen der Bundesbank zuständig. In Nds. gibt es – neben der Hauptverwaltung in Hannover – Filialen in Braunschweig, Göttingen, Lüneburg, Oldenburg und Osnabrück.

Die Filialen dienen Banken und öffentlichen Verwaltungen zur Bargeldversorgung sowie zur Abwicklung des bargeldlosen Zahlungsverkehrs. Örtliche Kreditinstitute können über die Filialen Notenbankkredite aufnehmen, und Privatpersonen können dort gebührenfrei und unbefristet D-Mark-Banknoten und -Münzen in Euro tauschen. Darüber hinaus wirkt die Hauptverwaltung Hannover an der Aufsicht der nds. Kreditinstitute (→ Banken und Sparkassen) mit und erfüllt allgemeine Informations- und Öffentlichkeitsaufgaben.

Die Hauptverwaltung wird von einem Präsidenten geleitet, der sich mit einem Beirat aus Vertretern der Kreditwirtschaft und der Wirtschaft abstimmt.

*Andreas Bruns*

## Landesbewusstsein

**Geschichtliche Entwicklung** – Die Einheit des altsächsischen Stammesgebiets wurde mit dem Sturz Herzog Heinrichs des Löwen im Jahr 1180 zerschlagen. Der nordwestdeutsche Raum wurde aufgesplittert in eine Vielzahl von kleineren und kleinsten Herrschaftsgebieten, in denen sich – hier stärker, dort geringer – ein eigenes regionales Selbstverständnis entwickelte. Im Lauf der Jh. reduzierte sich die Zahl der Territorien zwar ständig, aber erst mit der Bildung des Landes Nds. im Jahr 1946 entstand im Kerngebiet Altsachsens wieder ein großflächiger Staat.

Trotz dieser Aufsplitterung hielt sich jedoch in den Nachfolgestaaten des sächsischen Herzogtums das Bewusstsein von einer die territorialen Grenzen überschreitenden Gemeinsamkeit. Es speiste sich aus verschiedenen Quellen. Mit dem Niederdeutschen oder Plattdeutschen hatte man eine gemeinsame Sprache, auch wenn diese in den einzelnen Regionen unterschiedliche Ausprägungen erfuhr. Das sächsische Recht, das Eike von Repgow um 1220 im „Sachsenspiegel" aufgezeichnet hatte, galt in Nordwestdeutschland (und darüber hinaus in weiten Teilen Ostdeutschlands) noch bis in das 16. Jh. und war ein verbindendes Element. Auch von den gemeinsamen geschichtlichen Wurzeln hielt sich lange Zeit ein zumindest rudimentäres Wissen in der Bevölkerung Nordwestdeutschlands. Sächsische Chronisten verklärten den heftigen Widerstand gegen die Unterwerfung und Christianisierung durch Karl den Großen; um den Sachsenherzog Widukind rankten sich Legenden und Volkslieder, die ihn zum ebenbürtigen Gegner des Frankenkaisers hochstilisierten. Das Königtum der Ottonen, der deutschen Herrscher aus sächsischem Stamm, wurde von Roswitha von Gandersheim gepriesen als eine Zeit, in der Sachsen die Führung im Reich übernommen hatte. Auch die königsgleiche Machtstellung Heinrichs des Löwen, seine Absetzung durch Barbarossa und sein Exil lebten in der kollektiven Erinnerung fort als ein Höhepunkt gemeinsächsischer Vergangenheit. Aus all dem konnten ein Herkunftsbewusstsein und ein darauf bezogenes Selbstverständnis erwachsen, die die Zugehörigkeit zu einem der Territorialstaaten des späten Mittelalters überlagerten und zu einem verbindenden Element über die Vielfalt der Herrschaftsbereiche hinweg wurden. Daran änderte auch die Tatsache nichts, dass der Name „Sachsen" ostwärts wanderte und seit dem 14. Jh. die Bezeichnung „Niedersachsen" als Sammelbegriff für die im altsächsischen Raum entstande-

nen Staaten aufkam. Noch der Historiker Albert Krantz († 1517) schrieb eine „Saxonia" genannte Geschichte Sachsens von den Anfängen bis in seine Zeit, die weite Verbreitung fand.

Doch seit Beginn der Neuzeit trat mit dem Erstarken der Landesherrschaft in den einzelnen Territorien die Erinnerung an die gemeinsamen Wurzeln im Sachsenstamm hinter dem sich herausbildenden kleinräumigen Selbstverständnis zurück. Der seit 1495 bestehende „Niedersächsische Reichskreis", vom Deutschen Reich für Verwaltungszwecke geschaffen, konnte dem nicht entgegenwirken, zumal er auch Länder umfasste, die außerhalb des sächsischen Stammesraums lagen, und andere ihm nicht angehörten, die der Kernzone Sachsens zuzurechnen sind. Immerhin trug er dazu bei, den Begriff Nds. im Bewusstsein zu halten. Ein wirkliches Niedersachsenbewusstsein jedoch findet sich in der Frühen Neuzeit allenfalls in den Werken von Historikern und in anderen literarischen Erzeugnissen. Sie knüpften die Verbindung von dem Cheruskerfürsten Hermann, dem Bezwinger der Römer, über Herzog Widukind und das sächsische Kaiserhaus bis hin zu den gegenwärtig regierenden Dynastenhäusern und stellten diese damit in eine Tradition, die zwar mehr Fiktion als historische Realität war, aber ihren Zweck erfüllte, die Legitimität fürstlicher Herrschaft zu untermauern. Besonders die Welfen rühmten sich gern ihrer Abstammung von Heinrich dem Löwen und leiteten daraus ihren Anspruch auf eine Führungsrolle in Nds. ab.

**Romantik** – Das 18. Jh. besann sich in Reaktion auf den Rationalismus der Aufklärung auf das Volkstum als eine geschichtliche Wirkungsmacht und gelangte dabei zu einer Neuentdeckung des nds. Volksstamms. Man schrieb ihm Eigenschaften zu, die ihn als Verkörperung eines idealisierten Germanentums erscheinen ließen: Freiheitsliebe und Kampfesmut, Bodenständigkeit, Treue und Zuverlässigkeit. In Arminius sah man diesen „Stammescharakter" verkörpert. Die Romantik griff das im 19. Jh. auf. Der Name Niedersachsen als Inbegriff der Gesamtheit der auf altsächsischem Boden noch vorhandenen Staaten wurde mit neuem Leben erfüllt. So gab es seit 1835 den heute noch bestehenden Historischen Verein für Nds. Nach der Annexion des Königreichs Hannover 1866 wollte Bismarck im nordwestdeutschen Raum eine „Provinz Niedersachsen" errichten, nahm aber nach Protesten aus dem Lande davon Abstand. Die welfische Bewegung, die für eine Wiederherstellung Hannovers kämpfte, verwies gern auf den besonderen Stammescharakter der Nds., der einer dauernden Vereinigung mit Preußen im Wege stehe.

**Heimatbewegung** – Die um die Wende vom 19. zum 20. Jh. entstehende Heimatbewegung sah den nds. Raum von Anfang an als ein Ganzes und förderte durch Veranstaltungen wie die jährlichen Niedersachsentage und Publikationen wie die Zeitschrift „Niedersachsen" die Fortentwicklung eines besonderen Stammesbewusstseins. Es fand seinen sinnfälligsten Ausdruck in dem viel zitierten Spruch: „Solange noch die Eichen wachsen in alter Kraft um Hof und Haus, so lange stirbt in Niedersachsen die alte Stammesart nicht aus." Auch die Werke des Schriftstellers Wilhelm Raabe, die nds. Charaktere in ihrer heimatlichen Umwelt schildern, trugen zur Ausbildung eines landsmannschaftlichen Selbstverständnisses bei. Die populären Lieder und Erzählungen von Hermann Löns ließen die Lüneburger Heide als ein Reservat unverfälscht über die Zeiten tradierten Germanentums erscheinen.

**Nachkriegsentwicklung** – Der Nationalsozialismus steigerte solche Ansätze zu einem Sachsenkult, der weitab von allen historischen Realitäten ein ideologisch verfälschtes Bild nds. Tugenden und Eigenschaften zeichnete und es seiner rassistischen Politik nutzbar machte. Er verbot aber zugleich, dass die Denkansätze für einen grenzüberschreitenden Kultur- und Wirtschaftsraum Nds., die in den Jahren der Weimarer Republik von Volkskunde, Landesgeschichte und Geographie entwickelt worden waren, weitergeführt wurden. Erst Hinrich Wilhelm Kopf griff sie nach dem Ende des „Dritten Reichs" wieder auf. Schon sein erster Aufruf an die Bevölkerung als hannoverscher Regierungspräsident im Mai 1945 endete mit dem Satz „Gott schütze Niedersachsen!". Sein bewusst zur Schau getragenes Niedersachsentum trug wesentlich dazu bei, dass in dem von ihm gewollten und gegen Widerstände erreichten jungen Bundesland zuerst zögerlich, dann immer rascher ein Landesbewusstsein entstand, welches regionale Vorbehalte und Empfindlichkeiten überlagerte und in die Defensive drängte. Auch die folgenden Regierungen, bürgerliche wie sozialdemokratisch geführte, haben sich erfolgreich bemüht, der Zugehörigkeit zu Nds. über die rein administrativen und politischen Bezüge hinaus auch zur mentalen Akzeptanz zu verhelfen. Im sechsten Jahrzehnt nach der Landesgründung ist das Landesbewusstsein so weit gefestigt, dass es auch durch gelegentliche Bekenntnisse zu regionalen Identitäten, wie sie in einzelnen Landesteilen immer wieder einmal vernommen werden, nicht in Frage gestellt werden kann. *Dieter Brosius*

# Landesgeschichte

**Der Name Niedersachsen** – Der Name Niedersachsen ist um vieles älter als das heutige Bundesland. Bereits 1354 wird der Raum zwischen der Weser und der Ostseeküste erstmals „Niedersachsen" genannt – zur Unterscheidung von dem Gebiet um Dresden und Meißen, auf das sich die Bezeichnung „Sachsen" in der Folge von Herrscherwechseln verlagert hatte. Seit 1512 gab es einen „Niedersächsischen Reichskreis", dem große Teile Nordwestdeutschlands angehörten. Im 19. und frühen 20. Jh. griffen Heimatbewegung und Wirtschaftsverbände den nahezu in Vergessenheit geratenen Begriff wieder auf. Erst eine Verordnung der britischen Besatzungsmacht beseitigte aber die kleinstaatlichen Grenzen und schuf aus der Provinz Hannover und den Freistaaten Oldenburg, Braunschweig und Schaumburg-Lippe das Land Nds.

**Vorgeschichte, Römer, Sachsen** – Vorgeschichtliche Funde in großer Zahl – darunter die als „Hünenbetten" bekannten Großsteingräber – bezeugen, dass der nds. Raum bereits seit der Steinzeit (etwa 10000 v. Chr.) von Menschen bewohnt war. Römische Historiker nennen die Namen germanischer Stämme, die um Christi Geburt zwischen → Harz und Nordsee, Ems und Elbe siedelten: Chauken und Langobarden, Cherusker und Angrivarier. Den Römern gelang es nicht, sie zu unterwerfen; die Niederlage des Varus im Jahr 9 n. Chr. am Teutoburger Wald, wohl bei Kalkriese nördlich von Osnabrück, beendete den Expansionsdrang Roms. Im Zuge der Völkerwanderung drangen seit dem Ende des 3. Jh. die Sachsen, deren Name um 150 n. Chr. erstmals erwähnt ist, von Holstein aus über die Elbe nach Süden vor und überlagerten die dort ansässigen Stämme. Sie bezogen sie in ihren Stammesverband ein, der auch Westfalen und die Altmark umfasste. Nur die Friesen im Küstenbereich der Nordsee konnten ihre Eigenständigkeit bewahren.

**Frankenreich und Christianisierung** – Die fränkische Großreichbildung im 7. Jh. setzte dem sächsischen Stammesstaat ein Ende. Karl dem Großen gelang trotz heftigen Widerstands die Eingliederung in das fränkische Reich, nachdem der Anführer der Sachsen, Herzog Widukind, sich unterworfen hatte. Zugleich wurde die Christianisierung des Landes energisch in Angriff genommen; ein Netz von Bistümern und Pfarrkirchen, dann auch von Klöstern und Stiften entstand, von denen aus die Mission vorangetrieben wurde. Mit dem Verfall des karolingischen Königtums entwickelte sich in Sachsen ein neues Stammesherzogtum, das an die Spitze des sich bildenden deutschen Reichs trat, als Heinrich I. aus der Familie der Liudolfinger oder Ottonen 919 zum König gewählt wurde. Das sächsische Königshaus blieb bis 1024 die bestimmende Kraft in Deutschland. Die enge Bindung Sachsens an das Reich lockerte sich erst unter den salischen Kaisern.

**Die Welfen** – Um 1100 fasste das Geschlecht der → Welfen in Norddeutschland Fuß. Ihm entstammte Heinrich der Löwe, der den Versuch unternahm, sein sächsisches Herzogtum zu einer im Reich einzigartigen Machtposition auszubauen. Damit machte er sich seinen Vetter Friedrich Barbarossa zum Feind, der ihn 1180 entmachtete. Die sächsische Herzogswürde ging an die Askanier über, die sich aber nur in den östlichen Randgebieten durchsetzen konnten. Westfalen und die Altmark sowie Nordelbien wurden anderen Herrschaftsbezügen zugeordnet und schieden auf Dauer aus dem sächsischen Kernraum aus. Das restliche Sachsen zerfiel in etwa 40 kleinere und kleinste geistliche und weltliche Territorien: Bistümer, Grafschaften und Herrschaften, die ihre Souveränität oft nur durch Anlehnung an einen Mächtigeren behaupten konnten. 1235 trug Otto das Kind, ein Enkel Heinrichs des Löwen, die welfischen Eigengüter dem Kaiser zu Lehen auf und erhielt sie von Friedrich II. als neu gebildetes Herzogtum Braunschweig-Lüneburg zurück. Ottos Nachfolger verstanden es, von dieser Basis aus rasch wieder den bedeutendsten Machtkomplex in Nordwestdeutschland aufzubauen. Doch schwächten sie ihr politisches Gewicht und das ihres Landes immer wieder durch die Aufteilung des Herzogtums in einzelne Fürstentümer mit jeweils eigener Landeshoheit. Neben- und nacheinander entstanden so die Linien Lüneburg, Wolfenbüttel, Göttingen, Grubenhagen und Calenberg, zeitweise auch Nebenlinien in Dannenberg, Harburg, Gifhorn und Bevern. Die Einheit des Gesamthauses wurde jedoch nie in Frage gestellt. Man beerbte sich gegenseitig und verteidigte sich im Lüneburger Erbfolgekrieg (1371–1388) gemeinsam gegen den Versuch Kaiser Karls IV., das Fürstentum den Askaniern zuzuwenden. Das schloss nicht aus, dass die welfischen Vettern gelegentlich auch gegen einander zu Felde zogen, wie in der blutigen Hildesheimer Stiftsfehde (1519–1523).

Dem Erzbistum Bremen und den Bistümern Verden, Osnabrück und Hildesheim gelang es, eigene Territorien auszubilden; ihre Bischofsstühle wurden häufig von Angehörigen der benachbarten Fürstenfamilien, besonders der Welfen, besetzt. Auch das Erzbistum Mainz und die Bistümer Münster und Halberstadt hatten Anteil an nds. Gebiet. Viele der kleineren Grafschaften und Edelherrschaften wurden früher oder später von den Welfen beerbt oder aufgekauft: die Grafen von Lüchow, von Dannenberg, Wunstorf, Spiegelberg, Everstein, Hoya, Diepholz, Scharzfeld, Hohnstein, Blankenburg und andere mehr. Im Westen bewahrten die Grafschaften Bentheim und Lingen längere Zeit ihre Selbstständigkeit. Bis in das 20. Jh. gelang das aber nur den Oldenburger und den Schaumburger Grafen. Die Reichsstandschaft konnte von den nds. Städten nur Goslar erlangen; doch hatten auch Braunschweig und Lüneburg, Göttingen und Hildesheim, Osnabrück und Emden im Späten Mittelalter gegenüber ihren Landesherren eine fast unabhängige Stellung; Lüneburg und Braunschweig erzwangen die Verlegung der herzoglichen Residenzen nach Celle und Wolfenbüttel. Reichsunmittelbar waren auch das Stift Gandersheim und das Kloster Walkenried. Vom südnds. Kloster Bursfelde ging im 15. Jh. eine bedeutende geistliche Reformbewegung aus.

**Reformation** – Die Reformation wurde in den meisten der nds. Territorien von den Landesherren rasch durchgesetzt; vor allem der im Fürstentum Lüneburg regierende Herzog Ernst der Bekenner war ihr eifriger Förderer. In Wolfenbüttel allerdings hielt Herzog Heinrich der Jüngere am alten Glauben fest; erst nach seinem Tod wurde das Land dem Luthertum geöffnet. Um 1580 war Nds. bis auf wenige Exklaven evangelisch, wobei in Ostfriesland und Bentheim das reformierte Bekenntnis Fuß gefasst hatte. Erst die Gegenreformation drehte das Rad im Niederstift Münster, im mainzischen Eichsfeld und in Teilen Hildesheims wieder zurück.

**Der Dreißigjährige Krieg und die Folgen** – 1575 gründete Herzog Julius von Wolfenbüttel in Helmstedt die erste Hochschule in Nds.; Fürst Ernst von Schaumburg folgte 1621 mit der Universität Rinteln. Von der kulturellen Blütezeit des späten 16. Jh. zeugen auch die

Schlösser, Rathäuser und bürgerlichen Bauten der Weserrenaissance und die bedeutende Musikpflege besonders an den Höfen in Wolfenbüttel und Bückeburg. Der Dreißigjährige Krieg machte die meisten dieser Ansätze zunichte. Betroffen waren vor allem die Durchzugsgebiete der fremden Armeen, das Leine- und Wesertal und das Lüneburgische; andere Regionen wie die Grafschaft Oldenburg blieben weit gehend verschont. Der Sieg der Schweden über die Kaiserlichen bei Hessisch Oldendorf 1633 beendete die Gefahr einer völligen Rekatholisierung Nds. Die Welfen spielten im Kriegsgeschehen eine im Wesentlichen passive Rolle und konnten daher 1648 lediglich die Alternation im Stift Osnabrück (die abwechselnde Besetzung mit einem katholischen Bischof und einem welfischen Prinzen) und das Kloster Walkenried als Gewinn verbuchen. Die Stifte Bremen und Verden wurden Kriegsbeute der Schweden. Das Schaumburger Grafenhaus war 1640 ausgestorben; 1647 wurde das Land geteilt zwischen der Landgrafschaft Hessen und einer Linie des Hauses Lippe.

In Oldenburg hatte Graf Anton Günther (1603–1667) seine Grafschaft unbeschadet durch den Krieg gebracht. Das Land stand, seit Graf Christian 1448 zum dänischen König gewählt worden war, unter dem Einfluss Dänemarks. Seit 1667 wurde es für ein Jahrhundert von dänischen Statthaltern regiert. Die kleine Herrschaft Jever gelangte 1793 an die russische Zarin Katharina II. und fiel 1818 wieder an Oldenburg zurück.

Hannover, seit 1636 Residenz des welfischen Fürstentums Calenberg, erlebte um 1700 seine „goldenen Tage". Herzog Ernst August erlangte 1692 die Kurwürde; seine Gemahlin Sophie von der Pfalz, die dem welfischen Haus die Anwartschaft auf die Thronfolge in England einbrachte, schuf den Großen Garten von Herrenhausen. Sie regte die geistigen und künstlerischen Bestrebungen an, in deren Mittelpunkt der Universalgelehrte Leibniz stand. 1705 wurde das Fürstentum Lüneburg mit Calenberg vereinigt. 1714 trat der Erbfall in London ein; Sophies Sohn Georg Ludwig bestieg als Georg I. den englischen Thron und begründete die Personalunion zwischen England und Hannover, die bis 1837 Bestand hatte.

Für das Kurfürstentum hatte diese Verbindung Vor- und Nachteile. Zum einen war das Gewicht Englands mitentscheidend für den Gewinn von Bremen und Verden nach dem Ende des Nordischen Kriegs 1720 und auch noch bei den Verhandlungen im Wiener Kongress 1815. Zum anderen wurde Hannover zur Achillesferse Englands auf dem Kontinent, im Siebenjährigen Krieg ebenso wie in den Jahren Napoleons. 1757 schlugen die Franzosen die hannoversche Armee bei Hastenbeck und besetzten das Land, aus dem sie erst durch die Preußen wieder vertrieben wurden. Die innere Entwicklung stagnierte im 18. Jh. auf manchen Gebieten, doch sind auch positive Anstöße wie die Gründung der Universität Göttingen 1737 und das Wirken des Agrarreformers Albrecht Thaer in Celle zu verzeichnen.

In Braunschweig regierte mit Karl I. (1735–1780) ein aufgeklärter Landesherr, der den wirtschaftlichen Aufschwung förderte und mit dem Collegium Carolinum den Vorläufer der Technischen Hochschule gründete. Lessing verbrachte seine letzten Lebensjahre als Bibliothekar in Wolfenbüttel. In Schaumburg-Lippe suchte Graf Wilhelm sein Ländchen zu einem Musterstaat zu formen, berief Thomas Abbt und Herder an seinen Hof und machte sich einen Namen als Militärtheoretiker. In Osnabrück wirkte Justus Möser als Literat und Historiker.

Universitätsstadt Osnabrück. Das historische Rathaus, von dessen Treppen 1648 der Westfälische Frieden, also die Beendigung des dreißigjährigen Krieges verkündet wurde.

**Napoleon und die Zeit nach ihm** – Die Zeit Napoleons bewirkte umfangreiche territoriale Veränderungen. Bei der Aufhebung der geistlichen Staaten 1803 fiel Osnabrück auf Dauer an Hannover. Oldenburg erhielt die münsterschen Ämter Vechta und Cloppenburg, Preußen sicherte sich das Stift Hildesheim, Goslar und das mainzische Eichsfeld. Die Veränderungen der folgenden Jahre – die Besetzung Hannovers durch die Franzosen, dann durch die Preußen, die Errichtung des Königreichs Westphalen, die Annektierung des Küstenbereichs durch Frankreich – wischte der Wiener Kongress beiseite. Hannover wurde in den Rang eines Königreichs erhoben, musste das 1689 erworbene Herzogtum

Lauenburg abtreten und erhielt als Zuwachs Hildesheim, Goslar, das Untereichsfeld, Ostfriesland sowie die Grafschaften Lingen und Bentheim und das kurzlebige Herzogtum Arenberg-Meppen. Braunschweig und Schaumburg-Lippe, seit 1807 Fürstentum, blieben ohne territorialen Gewinn; Oldenburg wurde mit dem entlegenen Birkenfeld westlich des Rheins entschädigt und zum Großherzogtum erhoben.

Die vier verbliebenen nds. Staaten traten dem Deutschen Bund bei. In Hannover war seit 1837 wieder Residenz; König Ernst August begann seine Regierung mit einem Paukenschlag, der Aufhebung des Staatsgrundgesetzes von 1833 und der Entlassung der sieben dagegen protestierenden Göttinger Professoren. Sein Einlenken sorgte aber 1848 dafür, dass die Märzrevolution in Hannover, ebenso wie in den drei anderen Staaten, unblutig verlief. Sein Sohn Georg V., seit dem 12. Lebensjahr blind, führte ein streng konservatives Regiment und ließ der Reaktion freie Bahn. Er weigerte sich, die Vormachtstellung Preußens in Norddeutschland anzuerkennen, ließ es 1866 zum Konflikt kommen und bezahlte seine starre Haltung mit der Annexion Hannovers, das zu einer preußischen Provinz wurde. Braunschweig, Oldenburg und Schaumburg-Lippe dagegen retteten durch rechtzeitiges Einlenken ihre Eigenständigkeit, die auch das Ende der Monarchie 1918 überdauerte; als Freistaaten lebten sie weiter, wenn auch ihre Souveränität immer mehr ausgehöhlt wurde, zuletzt noch durch das Einwirken der Gauleiter im NS-Staat.

**Nach dem Zweiten Weltkrieg** – Der deutsche Zusammenbruch und das Ende Preußens ermöglichten endlich die längst fällige Flurbereinigung. Mit Wirkung vom 1.11.1946 verfügte die britische Militärregierung den Zusammenschluss Hannovers, das kurz zuvor den Länderstatus erhalten hatte, zum Land Nds. Ministerpräsident wurde der Sozialdemokrat Hinrich Wilhelm Kopf, der die Landespolitik der Nachkriegszeit entscheidend prägte. Nur 1955–1959 unterbrochen durch seinen konservativen Gegenspieler Heinrich Hellwege von der Deutschen Partei, regierte Kopf mit wechselnden Koalitionen bis zu seinem Tod 1961. Ihm folgten seine Parteifreunde Georg Diederichs und Alfred Kubel, bis Ernst Albrecht (→ CDU) die → SPD 1976 in die Opposition verwies. 1990 gab es einen erneuten Wechsel zu dem Sozialdemokraten Gerhard Schröder, der von seinen Parteifreunden Gerhard Glogowski (1998) und Sigmar

Gabriel (1999) abgelöst wurde. 2003 schließlich übernahm wieder die CDU mit Christian Wulf die Regierungsverantwortung.       *Dieter Brosius*

## Landeshaushalt

Hauptaufgabe des Landeshaushalts ist es, die Finanzmittel bereitzustellen, die zur Erfüllung der staatlichen Aufgaben des Landes Nds. benötigt werden. In jedem Kalenderjahr steht der Landeshaushalt erneut vor der Herausforderung, einen Ausgleich zwischen der Vielzahl der Bedarfsanforderungen und den begrenzten finanziellen Mitteln des Landes zu schaffen. Kernaufgabe der Haushaltspolitik ist es, alle Bereiche staatlichen Handelns zu berücksichtigen und in das finanzielle Gesamtbild einzuordnen. Dabei gehört es zu den Wesensmerkmalen einer parlamentarischen Demokratie, dass ausschließlich der Gesetzgeber über den zur staatlichen Aufgabenerfüllung erforderlichen Finanzbedarf und über dessen Deckung entscheidet. Auf diese Weise erhält der → Landtag maßgeblichen Einfluss auf die Exekutive und damit auf die Politik im Land. Diese Etathoheit des Parlaments – bisweilen auch als „Budgetrecht" oder „Haushaltsbewilligungsrecht" bezeichnet – ist in Art. 65 Nds. Verfassung verankert. Dort ist bestimmt, dass für jedes Haushaltsjahr alle Einnahmen des Landes nach dem Entstehungsgrund und alle Ausgaben des Landes nach Zwecken getrennt im Haushaltsplan zu veranschlagen sind. Der Haushaltsplan ist in Einnahme und Ausgabe auszugleichen. Er wird im Voraus durch Gesetz festgestellt und erlangt hierdurch seine Rechtswirkung als Ausgabe- und Verpflichtungsermächtigung für die → Verwaltung. Der Haushaltsplan für das

Land Nds. des Jahres 2004 sieht Einnahmen und Ausgaben in Höhe von jeweils 22,2 Mrd. € vor (im Einzelnen siehe → „Öffentliche Finanzstruktur").

**Haushaltsplan** – Der vom Landtag verabschiedete Haushaltsplan stellt das Handlungsprogramm der jeweiligen Regierung und der sie tragenden Regierungsmehrheit im Parlament dar. Er bringt zum Ausdruck, für welche Zwecke und in welchem Umfang Haushaltsmittel für erforderlich gehalten werden. Zugleich ist der Haushaltsplan Grundlage für die gesamte Haushalts- und Wirtschaftsführung sowohl auf Ebene der Regierung als auch im nachgeordneten Bereich der staatlichen Behörden, Ämter und Dienststellen. Die Verwaltung darf nur die im Haushaltsplan veranschlagten Ausgaben leisten und das Land zu Ausgaben in künftigen Haushaltsjahren nur verpflichten, soweit der Haushaltsplan dazu ermächtigt. Schließlich bildet der Haushaltsplan auch den Maßstab für die nach Ablauf des Haushaltsjahres durch den Landtag mithilfe des → Landesrechnungshofs vorzunehmende Finanzkontrolle.

**Haushaltskreislauf** – Der Landeshaushalt durchläuft periodisch bestimmte Entwicklungsstadien, die als „Haushaltskreislauf" bezeichnet werden. Man unterscheidet folgende Phasen:
– Aufstellung des Haushaltsplanentwurfs,
– Haushaltsgesetzgebungsverfahren,
– Ausführung des Haushaltsplans und
– Haushaltskontrolle mit Rechnungslegung, Rechnungsprüfung und Entlastung.

**Haushaltsaufstellung** – Die Aufstellung des Landeshaushalts läuft grob betrachtet in der Weise ab, dass der Entwurf des Haushaltsgesetzes und des Haushaltsplans aufgrund der Bedarfsanforde-

rungen der Ministerien vom Finanzministerium aufgestellt, von der → *Landesregierung* beschlossen und vom *Landtag* gesetzlich festgestellt wird. Dazu gibt das Finanzministerium etwa zwölf Monate vor Beginn des zu planenden Haushaltsjahres ein Haushaltsaufstellungsschreiben an die Ministerien und weitere oberste Landesbehörden heraus, in dem neben allgemeinen Leitlinien und Hinweisen auch Einsparvorgaben, Richtwerte, Kostenansätze und Steigerungsraten, Besonderheiten für einzelne Haushaltskapitel sowie der Termin und die Form der ihm für den Entwurf des Haushalts zu übersendenden Unterlagen, der so genannten Voranschläge, festgelegt werden.

Im Mittelpunkt der Arbeiten zur Aufstellung des Haushaltsplanentwurfs durch die Landesregierung und der *Etatberatungen* des Landtages stehen regelmäßig sowohl die Auseinandersetzungen um die richtigen politischen Ausgabenschwerpunkte als auch die Bemühungen um den erforderlichen Ausgleich zwischen Einnahmen und Ausgaben.

**Kreditaufnahme** – Zu den Einnahmen im Rahmen der öffentlichen Finanzwirtschaft gehören neben Steuern und Zöllen, Gebühren und Beiträgen, Erträge aus wirtschaftlicher Betätigung und Vermögen des Landes sowie Kredite. Gerade die Aufnahme von Krediten bindet das Land über Jahre hinaus und belastet künftige Haushalte in wesentlichem Umfang.

Derartige Vorgriffe auf die Dispositionsmöglichkeiten künftiger Haushaltsgesetzgeber hat die → Landesverfassung deshalb unter ausdrücklichen *Gesetzesvorbehalt* gestellt, um so für den ganz wesentlichen Bereich der Einnahmebeschaffung durch Kreditaufnahme das Budgetrecht des Landtages zu sichern. Die bloße Veranschlagung von Einnahmen aus Krediten im Haushaltsplan reicht nicht aus. Es ist vielmehr eine ausdrückliche, der Höhe nach festgelegte Ermächtigung erforderlich. Die Neuverschuldung, also der tatsächliche Schuldenzuwachs ohne Umschuldung (*„Nettokreditaufnahme"*) darf die für eigenfinanzierte Investitionen und Investitionsfördermaßnahmen veranschlagten Ausgaben nicht überschreiten. Dieser Kreditlimitierung liegt der Gedanke zugrunde, dass laufende Ausgaben nicht aus Krediten finanziert werden dürfen. Die Möglichkeit, auf Kosten der Zukunft zu leben, soll eingeschränkt werden. Eine Ausnahme vom *Übermaßverbot der Kreditfinanzierung* ist nur zur Abwehr einer nachhaltigen Störung des gesamtwirtschaftlichen Gleichgewichts oder zur Abwehr einer akuten Bedrohung der natürlichen Lebensgrundlagen zulässig.

**Ausführung des Haushaltsplans** – Das zweite Stadium des Haushaltskreislaufs ist der Haushaltsvollzug. Nach der Landesverfassung leitet jedes Mitglied der Landesregierung seinen Geschäftsbereich selbstständig und unter eigener Verantwortung. Diese Eigenverantwortlichkeit umfasst auch die Bewirtschaftung der Haushaltsmittel. Der gesetzlich festgestellte Haushaltsplan ermächtigt die Verwaltung, die in ihrem Einzelplan vorgesehenen Ausgaben zu leisten und Verpflichtungen einzugehen.

Da der Finanzminister die Verantwortung für den Haushaltsplan insgesamt und für eine dauerhaft geordnete Haushalts- und Wirtschaftsführung trägt, kommt ihm auch in dieser Phase eine zentrale Funktion zu. Er regelt die Einzelheiten des Haushaltsvollzuges durch *Haushaltsführungserlass*. Auch steht ihm im Falle eines unvorhergesehenen und unabweisbaren Bedarfs ein verfassungsrechtlich verankertes *Notbewilligungsrecht* zu, um den Staat funktionsfähig zu halten. Trotz sorgfältiger

Aufstellung des Haushaltsplanes ist es nämlich nicht zu vermeiden, dass über- und außerplanmäßige Ausgaben bzw. Verpflichtungen erforderlich werden. Zur Sicherung des Haushaltsgleichgewichts oder aus konjunkturpolitischen Gründen kann der Finanzminister im Übrigen auch haushaltswirtschaftliche *Sperren* verfügen.

Ergibt sich im Laufe des Haushaltsjahres, dass die veranschlagten Haushaltseinnahmen erheblich hinter den Ansätzen zurückbleiben oder neue, eine Bagatellgrenze übersteigende Ausgaben erforderlich werden, so muss der Haushaltsplan durch ein *Nachtragshaushaltsgesetz* geändert werden. Nachtragshaushalte wahren das Budgetrecht des Landtages auch während des Haushaltsvollzuges.

**Vorläufige Haushaltsführung** – Für den Ausnahmefall, dass bis zum Schluss eines Haushaltsjahres der Haushaltsplan für das folgende Jahr nicht durch Gesetz festgestellt ist, enthält die Landesverfassung ein *Nothaushaltsrecht*. Es ermächtigt die Exekutive, in der etatlosen Zeit in beschränktem Umfang Ausgaben zu leisten und Kredite aufzunehmen, die zur Fortführung der Staatsaufgaben notwendig sind. Zwar besteht eine verfassungsrechtliche Verpflichtung von Landesregierung und Landtag, dafür Sorge zu tragen, dass der neue Haushaltsplan rechtzeitig festgestellt wird. Aus besonderen Gründen, etwa infolge einer Landtagswahl, kann es jedoch zu unvermeidbaren Verzögerungen und damit einer etatlosen Zeit kommen.

**Rechnungslegung und Entlastung** – Nach dem Demokratieprinzip und dem Grundsatz der Volkssouveränität („jede Staatsgewalt geht vom Volke aus") haben Regierung und Verwaltung eine Treuhänderstellung gegenüber der Gesamtheit der Bürger. Sie wirtschaften für

Rechnung des Volkes. Daraus folgt das Bedürfnis nach einer unabhängigen Rechnungsprüfung. Dieses Verfahren schließt sich im Haushaltskreislauf an.

Die in der Landesverfassung vorgeschriebene Rechnungslegung über Einnahmen, Ausgaben, Verpflichtungen, Vermögen und Schulden durch den Finanzminister hat den Zweck, dem Landtag die Kontrolle und Prüfung der ordnungsgemäßen und wirtschaftlichen Ausführung des Haushaltsplans durch die Exekutive zu ermöglichen. Sie hat im Laufe des nächsten Haushaltsjahres zu erfolgen. Der Landtag wird bei seiner Prüfung durch den Landesrechnungshof, ein unabhängiges, mit verfassungsrechtlichem Sonderstatus versehenes Organ der Finanzkontrolle, unterstützt. Am Ende des Verfahrens steht der Beschluss des Landtages über die Entlastung der Landesregierung.

**Haushaltsgrundsätze** – Das dem Landeshaushalt zugrunde liegende Haushaltsrecht ist geprägt von historisch gewachsenen Haushaltsgrundsätzen, deren Einhaltung für eine geordnete Haushaltswirtschaft unentbehrlich ist.

Nach dem *Grundsatz der Veranschlagungspflicht und Vollständigkeit* dürfen grundsätzlich keine staatlichen Einnahmen und Ausgaben außerhalb des Haushaltsplans bewirtschaftet und so der Beschlussfassung des Landtages entzogen werden. Sonder- und Nebenhaushalte sind unzulässig. Nur so können Einnahmen und Ausgaben vollständig den dafür vorgesehenen Planungs-, Kontroll- und Rechenschaftsverfahren unterworfen werden. Andernfalls könnte der Landtag seiner verfassungsrechtlichen Aufgabe nicht gerecht werden, durch den Haushaltsplan das Finanzgebahren der Landesregierung wirksam zu steuern.

Das *Prinzip der Einzelveranschlagung* gebietet in qualitativer Hinsicht, die Einnahmen nach dem Entstehungsgrund, die Ausgaben und die Verpflichtungsermächtigungen nach Zwecken getrennt zu veranschlagen und – soweit erforderlich – zu erläutern. In quantitativer Hinsicht erfordert dieser Grundsatz, die Einnahme- und Ausgabeansätze der Höhe nach hinreichend genau anzugeben. Im Ergebnis handelt es sich nicht nur um ein bloßes Ordnungsprinzip bei der Aufstellung des Haushaltsplans, sondern ihm kommt eine das parlamentarische Budgetrecht sichernde Funktion zu.

Das *Bruttoprinzip* besagt, dass die Einnahmen und Ausgaben in voller Höhe und getrennt voneinander im Haushaltsplan zu veranschlagen, zu bewirtschaften und in der Haushaltsrechnung nachzuweisen sind. Vorab dürfen weder Ausgaben von Einnahmen abgezogen noch Einnahmen auf Ausgaben angerechnet werden. Das Bruttoprinzip verhindert, das tatsächlich in den Landeshaushalt fließende Einnahmen und damit zusammenhängende Ausgaben verschleiert und der parlamentarischen Kontrolle entzogen werden.

Nach dem *Grundsatz der zeitlichen Bindung* dürfen die Ermächtigungen des Haushaltsplans grundsätzlich nur bis zum Ende des Rechnungsjahres in Anspruch genommen werden, danach verfallen sie.

Aus dem *Fälligkeitsprinzip* folgt, dass im Haushaltsplan nur diejenigen Einnahmen und Ausgaben veranschlagt werden dürfen, die im Haushaltsjahr voraussichtlich fällig und damit kassenwirksam werden. Die Veranschlagung lediglich der reinen Geldbewegungen im Haushaltsjahr hat finanzwirtschaftlich den Vorteil, dass Haushaltsmittel, die erst später fällig werden, nicht blockiert sind und Ausgabereste vermieden werden.

Das *Gesamtdeckungsprinzip* besagt, dass alle Einnahmen als Deckungsmittel für alle Ausgaben dienen. Es sollen nicht Einnahmen aus den allgemeinen Deckungsmitteln herausgelöst und bestimmten Ausgaben zugeordnet werden. Vielmehr wird ein grundsätzliches Verbot der Zweckbindung bei den Einnahmen ausgesprochen. Andernfalls bestünde die Gefahr, dass bei überproportionalem Ansteigen von zweckgebundenen Einnahmen solche Ausgaben getätigt würden, die gegenüber anderen Bedürfnissen weniger dringlich sind. Die Ausnahmen vom Gesamtdeckungsprinzip sind eng begrenzt.

Bei der Aufstellung und Ausführung des Haushaltsplans sind insbesondere auch die Grundsätze der *Wirtschaftlichkeit und Sparsamkeit* zu beachten. Die Ausrichtung jeglichen Verwaltungshandelns nach diesen Grundsätzen soll die bestmögliche Nutzung der vorhandenen Ressourcen bewirken und ist deshalb primäre Aufgabe der handelnden Verwaltung.

**Mittelfristige Finanzplanung** – Nach Bundesrecht ist das Land verpflichtet, seiner Haushaltswirtschaft eine fünfjährige Finanz- und Investitionsplanung zugrunde zu legen. Die Aufstellung und jährliche Fortschreibung der Finanzplanung ist Aufgabe der Landesregierung. Das erste Planungsjahr ist das laufende Haushaltsjahr, sodass der dem Landtag vorgelegte Haushaltsplanentwurf für das bevorstehende Haushaltsjahr jeweils das zweite Planungsjahr ist. In Nds. wird die Finanzplanung mit einer verfassungsrechtlich nicht vorgeschriebenen, politisch wertenden mittelfristigen Aufgabenplanung als „*Mittelfristige Planung Niedersachsen*" (Mipla) vorgelegt. Sie hat den Rechtscharakter eines Kabinettsbeschlusses.     *Lothar Hagebölling*

# Landesplanung / Raumordnung / Siedlungsstruktur

**Grundlagen** – Unter Landesplanung versteht man die räumliche Gesamtplanung eines Bundeslandes entsprechend den ökologischen, wirtschaftlichen, sozialen und kulturellen Erfordernissen. Aufgabe der Landesplanung ist es, übergeordnete, überörtliche und zusammenfassende Pläne aufzustellen sowie alle raumbedeutsamen Planungen und Maßnahmen aufeinander abzustimmen. Als Raumordnung bezeichnet man die Leitvorstellungen (Leitbilder) für die anzustrebende Entwicklung des Raumes, aber auch die Tätigkeit der zuständigen Behörden zur Verwirklichung einer dem Leitbild entsprechenden räumlichen Ordnung und Entwicklung. Hierzu dienen Raumordnungspläne, in denen die angestrebte Raumnutzung mittel- bis langfristig festgelegt wird.

Hiervon zu unterscheiden sind räumliche Fachplanungen, die für bestimmte Sachbereiche in der Zuständigkeit verschiedener Fachressorts (Ministerien) aufgestellt werden. Beispiele in Nds. sind das Landschaftsprogramm (→ Naturschutzgebiete) und das Landesverkehrsprogramm (→ Verkehr). Fachplanungen müssen mit den Zielen der Raumordnung und Landesplanung abgestimmt und förmlich in deren Pläne und Programme integriert werden, um rechtlich verbindlich zu werden.

Die vielfältigen Nutzungsansprüche an den Raum werden innerhalb eines gestuften Planungssystems auf Bundes-, Landes- und Gemeindeebene untereinander und mit den Erfordernissen der Raumordnung abgestimmt. Auf europäischer Ebene koordinieren die Mitgliedstaaten der EU ihre Raumplanung freiwillig auf der Basis des Europäischen

Raumentwicklungskonzepts (EUREK). Im föderalen System der BRD besitzen die Länder die Erstzuständigkeit für die Raumordnung. Dem Bund steht in diesem Bereich lediglich eine Rahmenkompetenz zu. Das vom Bundestag erstmals 1965 erlassene Raumordnungsgesetz (ROG) enthält die bundesweit geltenden Grundsätze der Raumordnung sowie Rechtsvorschriften für die Organisation und Verfahrensweisen der Raumordnung in den Ländern.

Das Nds. Gesetz über Raumordnung und Landesplanung (NROG) in der Fassung vom 18.5.2001 füllt die Rahmenvorschriften des Bundes aus. Es ist ein Verfahrensgesetz, das die Planungsinstrumente zur Bestimmung, Umsetzung und Sicherung der Ziele bzw. Erfordernisse der Raumordnung sowie die für die Landes- und Regionalplanung zuständigen Behörden und Gebietskörperschaften festlegt. In keinem anderen Bereich haben die Länder die rahmenrechtlichen Spielräume des ROG so weit ausgeschöpft wie bei der Organisation der Regionalplanung. In Nds. stellt sie seit 1978 eine kommunale Aufgabe dar. Zuständig sind die → Landkreise, kreisfreien Städte sowie die → Region Hannover und der Zweckverband Großraum Braunschweig. Damit ist Nds. das einzige Bundesland, in dem die Kreise und kreisfreien Städte (oder deren Zusammenschlüsse zu Zweckverbänden) Träger der Regionalplanung sind. In den anderen Ländern wird die Regionalplanung zumeist als staatliche Aufgabe wahrgenommen; die landesrechtlich festgelegten Planungsregionen umfassen i.d.R. mehrere Landkreise und kreisfreie Städte mit mindestens einem Oberzentrum.

**Regionalplanung** – Mit der kreisgebundenen Regionalplanung in Nds. sollte die mittlere Ebene durch weit gehende Dezentralisierung der Raumordnung gestärkt sowie Planung und Vollzug der Raumentwicklung regional zur Deckung gebracht werden. Inzwischen gelten die Landkreise als zu klein, um die wichtige Mittlerfunktion der Regionalplanung zwischen der übergeordneten Landesplanung und der gemeindlichen Bauleitplanung zu erfüllen. Im Verflechtungsbereich kreisfreier Städte, deren Flächennutzungsplan den Regionalplan ersetzt, fehlt eine übergeordnete (regionale) Zuständigkeit zur Koordination der Siedlungsentwicklung in Stadt und Umland. Bei 33 Landkreisen und zwei Zweckverbänden als Planungsträgern leidet die Regionalplanung in Nds. unter zu hohem Abstimmungsbedarf ihrer Pläne mit den jeweils benachbarten Planungsräumen.

Einen Ausweg bilden Regionale Entwicklungskonzepte (REK) zur Bestimmung regionsspezifischer Entwicklungsmöglichkeiten und Koordinationserfordernisse. REK sind zwar nicht an Kreisgrenzen gebunden und können sogar Kommunen benachbarter Länder (wie im Umland der Stadt Osnabrück) einbeziehen, besitzen aber gegenüber anderen Planungsträgern keine rechtliche Verbindlichkeit. Anfang der 90er Jahre drängte die → Landesregierung auf die Bildung Regionaler Kooperationsräume, bestehend aus mehreren Kreisen und kreisfreien Städten, und novellierte das NROG, um die Voraussetzungen zur freiwilligen Übernahme der Regionalplanung im Kooperationsverbund zu schaffen. Nach dem Vorbild des früheren Zweckverbands Großraum Hannover (inzwischen „Region Hannover") wurde 2001 der Zweckverband Großraum Braunschweig gebildet, der seitdem Träger der Regionalplanung ist.

**Planungsinstrumente** – Planungsinstrumente in Nds. sind das Landes-Raumordnungsprogramm (LROP) und die Regionalen Raumordnungsprogramme

(RROP), in denen die angestrebte räumliche und strukturelle Entwicklung des Landes bzw. der einzelnen Planungsräume verbindlich festgelegt wird, sowie das Raumordnungsverfahren (ROV), das dazu dient, die Vereinbarkeit raumbedeutsamer Einzelvorhaben mit den Erfordernissen der Raumordnung festzustellen. Weitere Verfahren zur Sicherung der Raumordnung sind das Zielabweichungsverfahren (zur Prüfung der Zulässigkeit eines Vorhabens abweichend von einem Planungsziel) und die Untersagung raumordnungswidriger Planungen und Maßnahmen (wenn dadurch die Einhaltung bestehender oder die Umsetzung künftiger Ziele der Raumordnung unmöglich gemacht oder wesentlich erschwert würde).

Die Aufstellung des LROP erfolgt durch die Oberste Landesplanungsbehörde (zurzeit Ministerium für den ländlichen Raum, Ernährung, Landwirtschaft und Verbraucherschutz) unter Beteiligung der Träger der Regionalplanung, der übrigen Kreise und kreisfreien Städte, der Gemeinden und kommunalen Spitzenverbände sowie der Naturschutzverbände. Das LROP besteht aus zwei Teilen und ist in der Fassung von 1994 (zuletzt geändert 2002) verbindlich. Teil I des LROP enthält die Grundsätze der Raumordnung zum Schutz der Umwelt und der natürlichen Lebensgrundlagen sowie zur nachhaltigen Entwicklung von Wirtschaft und Gesellschaft, Kultur und Infrastruktur. Die Ziele zur allgemeinen Entwicklung des Landes umfassen u.a. den Ausgleich zwischen Ordnungsräumen (Großstädte mit engerem Umland) und ländlichen Räumen, ein ausgewogenes System zentraler Orte (Festlegung der Ober- und Mittelzentren) sowie die Sicherung flächenbezogener Nutzungen durch Vorrang-, Vorsorge- und Eignungsgebiete. Teil I des LROP wird vom → Landtag als Gesetz

beschlossen. In Teil II werden die Grundsätze und Ziele der Raumordnung näher bestimmt, die für die Entwicklung des Landes und seiner Teilräume von Bedeutung sind. Sie bilden die Grundlage für die Regionalplanung. Die beschreibende Darstellung (Textteil) wird durch Karten ergänzt und räumlich konkretisiert. Das LROP Teil II wird von der Landesregierung als Verordnung beschlossen. Damit soll die notwendige Flexibilität dieses Planteils zur Anpassung an aktuelle Veränderungen gewährleistet werden.

An der Aufstellung Regionaler Raumordnungsprogramme (RROP) durch die Träger der Regionalplanung (s.o.) wirken u.a. die → Gemeinden, die Nachbarkreise, Behörden des Bundes und der Länder sowie → Kammern und → Verbände mit. Über die im LROP enthaltenen konkreten Ziele hinaus können weitere Ziele der Raumordnung festgelegt werden, soweit diese mit dem LROP und den Grundsätzen der Raumordnung im Einklang stehen. Um eine hinreichende Steuerungs- und Bindungswirkung gegenüber der gemeindlichen Bauleitplanung zu entfalten, werden die Vorgaben der Regionalplanung in einem Plan im Maßstab 1:50 000 festgelegt. Regionalpläne enthalten mindestens die Festlegung von Grundzentren (zentrale Orte der Grundversorgung), Aussagen zur Bereitstellung von Wohn- und Gewerbeflächen sowie die Ausweisung vorrangiger Nutzungsansprüche im Raum. Das RROP wird vom Träger der Regionalplanung als Satzung beschlossen und von der Aufsichtsbehörde (Bezirksregierung) genehmigt. Um eine hinreichende Aktualität der Regionalpläne zu gewährleisten, treten sie nach zehn Jahren außer Kraft. In sechs Landkreisen ist das RROP durch Zeitablauf unwirksam geworden, weitere fünf Landkreise haben seit 1978 überhaupt noch keinen Plan aufgestellt. Auch dies zeigt, dass die Kommunen der Regionalplanung auf Kreisebene offenbar nicht den gewünschten Stellenwert beimessen.

**Raumordnungsverfahren** – Das Raumordnungsverfahren (ROV) wurde mit der Novellierung des ROG 1989 für die Länder verbindlich vorgeschrieben und stellt neben den mittel- bis langfristig ausgerichteten Programmen der Landes- und Regionalplanung das wichtigste Instrument der Raumordnung dar. Raumbedeutsame Vorhaben mit überörtlicher Auswirkung sollen daraufhin geprüft werden, ob sie mit den Erfordernissen der Raumordnung übereinstimmen und wie sie in Abstimmung mit anderen raumbedeutsamen Planungen durchgeführt werden können (Raumverträglichkeitsprüfung). Die Notwendigkeit des ROV trotz bestehender Raumordnungspläne ergibt sich daraus, dass diese nur selten so konkret und zeitnah sind, um die Auswirkungen eines Einzelvorhabens (z.B. Planung einer Umgehungsstraße oder Ansiedlung eines großen Fachmarktes) auf die im Plan festgelegten Raumordnungsziele direkt beurteilen zu können. Nur in Ausnahmefällen kann daher von einem ROV abgesehen werden.

Die Bedeutsamkeit des ROV besteht vor allem darin, dass sich die Prüfung der Raumverträglichkeit eines Vorhabens zumeist auf verschiedene Standort- bzw. Trassierungsalternativen dieses Projekts bezieht und dass bei Integration der Umweltverträglichkeitsprüfung (UVP) in das ROV – wie in Nds. – zugleich eine umfassende Ermittlung und Bewertung der Auswirkungen des Vorhabens auf Tiere und Pflanzen, Boden, Wasser und Luft inkl. der Wechselwirkungen stattfindet. Für die Durchführung des ROV sind grundsätzlich die Träger der Regionalplanung (untere Landesplanungsbehörden) und in besonderen Fällen die Bezirksregierungen (obere Landesplanungsbehörden) zuständig. Das Ergebnis des ROV (Landesplanerische Feststellung) entfaltet zwar keine unmittelbare Rechtswirkung gegenüber dem Träger des Vorhabens, stellt aber eine wichtige Vorgabe für das nachfolgende Planfeststellungsverfahren (z.B. Straßenbau) oder für die Erteilung einer Baugenehmigung (z.B. Fachmarkt) dar. *Jürgen Deiters*

## Landesrechnungshof

Der nds. Landesrechnungshof prüft und überwacht die Verwendung aller Einnahmen und Ausgaben des Landes. Der Fachbegriff dafür ist „externe Finanzkontrolle".

Hauptsitz des Landesrechnungshofs ist Hildesheim; Außenstellen gibt es in Braunschweig, Hannover, Lüneburg und Oldenburg. Er beschäftigt etwas über 200 Mitarbeiterinnen und Mitarbeiter; sein jährlicher Etat beträgt knapp 14 Mio. €.

**Rechtliche Grundlagen** – Die rechtliche Grundlage des nds. Landesrechnungshofs findet sich in Art. 70 der *Landesverfassung*. Dort heißt es in Absatz 1:

„Der Landesrechnungshof, dessen Mitglieder richterliche Unabhängigkeit besitzen, prüft die Rechnung sowie die Wirtschaftlichkeit und Ordnungsmäßigkeit der Haushalts- und Wirtschaftsführung. Er berichtet darüber dem Landtag und unterrichtet gleichzeitig die Landesregierung."

In Absatz 2 wird beschrieben, dass der Landtag auf Vorschlag der → Landesregierung Präsident/in und Vizepräsident/in (mit Zwei-Drittel-Mehrheit der Anwesenden, mindestens jedoch der Mehrheit seiner Mitglieder) auf die Dauer von zwölf Jahren wählt. Die weiteren (fünf) Mitglieder des Landesrechnunghofs werden auf Vorschlag der Präsidentin, eine solche hat Niedersachsen seit Juli 2003, mit Zustimmung des → Landtages von der Landesregierung ernannt.

Das Gesetz über den Landesrechnungshof regelt die Organisation des Hofes. So bilden Präsidentin und Vizepräsident gemeinsam mit den fünf weiteren vom Landtag bestätigten Mitgliedern den Senat, der alle die Finanzkontrolle betreffenden Entscheidungen beschließt.

Weitere rechtliche Hinweise finden sich in der Landeshaushaltsordnung (LHO) und im Haushaltsgrundsätzegesetz.

**Aufgaben** – Der erste Teil der Aufgaben, nämlich die „Prüfung der Rechnung" durch den Rechnungshof, ist Teil des Verfahrens zur Entlastung der Landesregierung. Geprüft wird im Wesentlichen, ob alle Einnahmen und Ausgaben vollständig erfasst sind und die Buchungen korrekt erfolgten.

Eine wichtiger werdende Rolle kommt der eigentlichen Finanzkontrolle zu, der Prüfung der Wirtschaftlichkeit und Ordnungsmäßigkeit der Haushalts- und Wirtschaftsführung des Landes.

Dabei liegt das Gewicht zunehmend auf der Wirtschaftlichkeit. Vor allem ist diese Finanzkontrolle aber nicht nur auf die Vergangenheit gerichtet, sondern auf das zukünftige Handeln. Aus Fehlern sollen Folgerungen für ein künftig sparsameres und wirtschaftlicheres Handeln gezogen werden. „Welche Maßnahmen für die Zukunft empfohlen werden", soll laut LHO ausdrücklich vom Landesrechnungshof mitgeteilt werden. Er soll also nicht nur Beanstandungen aussprechen, sondern zugleich geeignete Maßnahmen zur Abhilfe vorschlagen.

Diese Pflicht zur Prüfung beinhaltet nach Meinung vieler auch die Pflicht zur Beratung. Man kann es in einem Satz zusammenfassen: Der Landesrechnungshof ist nicht dann erfolgreich, wenn und weil er „etwas gefunden" hat, sondern er ist dann erfolgreich, wenn es ihm gelingt, die geprüfte Stelle, also die Ministerien oder andere Landesbehörden und eben die Landesregierung und den Landtag, zu überzeugen, dass eine Aufgabe besser – also kostengünstiger oder effizienter – wahrgenommen werden kann.

Seine Prüfungen sollten also nicht als Ausdruck eines institutionalisierten staatlichen Misstrauens betrachtet werden, sondern als Anstoß zum beiderseitigen Lernen. Deshalb ist es gut, dass der Landesrechnungshof über keinerlei Sanktionsbefugnisse verfügt, sondern auf die Überzeugungskraft seiner Argumente setzen muss.

Es geht dem Landesrechnungshof also darum, das Kind nicht erst in den Brunnen fallen zu lassen, sondern vorbeugend tätig zu werden. Am Treffendsten hat das der Britische Rechnungshof, das National Audit Office, formuliert: „Helping the nation spend wisely" („Dem Staat helfen, seine Mittel vernünftig zu verwenden.").

**Verfahren** – Nach erfolgter Prüfung wird das Ergebnis in einem Schriftsatz, der Prüfungsmitteilung, zusammengefasst und der geprüften Stelle sowie den Aufsichtsbehörden übersandt. Diese müssen sich innerhalb einer bestimmten Frist dazu äußern.

Einmal im Jahr legt der Landesrechnungshof seinen Jahresbericht dem Parlament vor, der regelmäßig größere öffentliche Aufmerksamkeit findet. Im Jahresbericht werden neben den für die Entlastung der Landesregierung benötigten Angaben insbesondere Zusammenfassungen der wichtigsten Prüfungsergebnisse präsentiert. Diese werden im weiteren Verfahrensgang im Parlament beraten, das in seinen Beschlüssen dazu ggf. die Landesregierung auffordert, die benannten Missstände abzustellen oder in anderer Weise – etwa durch Änderung von Richtlinien – aktiv zu werden. Im Übrigen nehmen die Mitglieder des Landesrechnungshof aktiv an den parlamentarischen Beratungen des → Landeshaushaltes teil.

Die auch in Nds. herrschende Ebbe in der Landeskasse, die sich in absehbarer Zeit auch nicht beseitigen lässt, führt dazu, dass die Vorschläge des Landesrechnungshofs immer häufiger beachtet und auch umgesetzt werden. Dennoch: Geduld, Augenmaß und ein langer Atem werden von allen benötigt, die in der Finanzkontrolle tätig sind.

*Heinz Thörmer*

## Landesregierung

**Grundlagen** – Die Landesregierung hat, wie andere Exekutiven auch, drei Grundfunktionen zu erfüllen: Erstens soll sie eine Politik im Sinne der parlamentarischen Mehrheit in Form konkreter Gesetzesvorschläge machen. Da sie den politischen Mehrheitswillen auf diese Weise mit gestaltet und über Einzelentscheidungen hinaus ein dem Anspruch nach in sich geschlossenes politisches Programm entwirft, kommt der Regierung eine wichtige *Steuerungs-* und *Führungsaufgabe* zu. Zweitens soll die Regierung durch ergänzende Rechtsetzung, Einzelentscheidungen und Verwaltungsführung dafür sorgen, dass der parlamentarische Mehrheitswille realisiert wird, sie besitzt daher eine *Durchführungsfunktion*. Drittens schließlich hat die Landesregierung die nds. *Interessen nach außen* zu vertreten, sowohl gegenüber dem Bund und der EU als auch im Rahmen der horizontalen Kooperation mit anderen Bundesländern.

**Aufbau** – Regierungschef ist der → Ministerpräsident, der nach der → Landesverfassung die Richtlinienkompetenz gegenüber den übrigen Kabinettsmitgliedern besitzt. Er hat die Organisationsgewalt über die Regierung, indem er Anzahl und Aufgabe der Ministerien bestimmt. Tritt der Ministerpräsident zurück oder wählt der → Landtag einen neuen Regierungschef, bedeutet dies das Ende der gesamten Regierung. Die Minister leiten jedoch im Rahmen der Richtlinienkompetenz ihre Ministerien selbstständig, der Ministerpräsident kann also nicht in ein Ministerium „hineinregieren". Darüber hinaus besitzt auch das Kabinett als Kollektivorgan eigene Rechte. Hierzu gehören Handlungsbefugnisse nach außen, beispielsweise der Beschluss einer Gesetzesvorlage oder die Entscheidung über die Stimmabgabe Nds. im Bundesrat. Das Kabinett verfügt weiterhin über kollektive regierungsinterne Kompetenzen. Es ernennt Beamte und Richter und beschließt die Organisation der öffentlichen → Verwaltung. Die Richtlinienkompetenz des Ministerpräsidenten wird in der Praxis auch durch Gruppierungen seiner eigenen Partei sowie durch den Koalitionspartner, auf die er Rücksicht nehmen muss, beeinflusst. Vor allem im Verhältnis zu den Ministern, die der Koalitionspartner stellt, muss der Regierungschef politisches Geschick beweisen und sich als Chef zurückhalten.

Die nds. Landesregierung besteht institutionell neben der Staatskanzlei des Ministerpräsidenten zurzeit aus neun Ministerien mit unterschiedlicher Größe und Bedeutung (Finanzen; Inneres und Sport; Soziales, Frauen, Familie und Gesundheit; Wissenschaft und Kultur; Schule und Weiterbildung; Wirtschaft, Arbeit und Verkehr; Ländlicher Raum, Ernährung, Landwirtschaft und Verbraucherschutz; Justiz; Umwelt). Die

Führung des administrativ-ausführenden Bereichs, wie etwa Organisation, Koordinierung und Personalangelegenheiten, obliegt einem beamteten Staatssekretär, der auch den Minister in Abwesenheit vertritt. Der Minister selbst kümmert sich um die inhaltlichen Fragen und sorgt für die politische Kommunikation. Auf diese Weise kann er seinen Einfluss im Kabinett bzw. in der Koalition sichern.

Ein Ministerium ist in Abteilungen und Referate gegliedert. Vor allem die Referate besitzen eine wichtige politische Funktion, da auf dieser Ebene die meisten Entwürfe für ein späteres Gesetz entstehen. Vielfach findet hier eine enge Vorabsprache mit den Referaten anderer beteiligter Ministerien oder Abteilungen statt, sodass das Kabinett diese Vorlagen lediglich einem „final political check" unterzieht, sie jedoch oft nicht mehr bis ins Detail durchdiskutiert. Somit stellt sich die Frage, ob das Kabinett wirklich das zentrale politische Steuerungsinstrument ist. Hinzu kommt, dass bei Koalitionsregierungen zusätzliche Gremien eingerichtet werden können, in denen durch Aushandlung zwischen den Koalitionspartnern ein Konsens herbeigeführt wird und Entscheidungen damit faktisch getroffen werden. Im paritätisch besetzten Koalitionsausschuss der CDU/FDP-Landesregierung, dessen Größe variiert, werden Entscheidungen einstimmig getroffen. Das Kabinett und der Landtag bestätigen die erzielten Vereinbarungen oft lediglich. Dem entspricht, dass die Beschlüsse der Landesregierung i.d.R. nicht durch Mehrheitsentscheide herbeigeführt werden, sondern formlos ein Konsens über die Angelegenheit festgestellt wird.    *Tim Gburreck*

## Landesverfassung

Die neue Nds. Landesverfassung (NV) regelt die Organisation des Landes Nds. sowie die Grundrechte der Bürger. Sie ist 1993 durch den nds. → Landtag verabschiedet worden und am 1.6.1993 in Kraft getreten. Bis dahin galt die vorläufige nds. Verfassung von 1951. Nds. hatte sich damals lediglich eine vorläufige Verfassung gegeben, weil das Land die Nachkriegsordnung Deutschlands mit Grundgesetz (GG) und DDR-Verfassung für nur vorübergehend erachtete. Nach der Wiedervereinigung nahm der Landtag folgerichtig die Frage der Verfassung erneut auf. Die neue Landesverfassung hat einen dauerhaften Anspruch. Konfliktpunkt zwischen den damaligen Regierungsfraktionen (SPD/Grüne) und der CDU-Oppositionsfraktion war insbesondere der Gottesbezug in der Präambel der Verfassung. Die jetzige Fassung der Präambel, die den Gottesbezug enthält, ist erst nachträglich (Juni 1994) als Ergebnis einer im Januar 1994 begonnenen Volksinitiative eingefügt worden.

**Organisation, Regierung und Gesetzgebung** – Die NV organisiert die bekannten drei staatlichen Gewalten (→ Regierung/→ Verwaltung, Gesetzgebung und → Rechtsprechung) innerhalb eines parlamentarischen Systems. Der → Ministerpräsident wird vom → Landtag gewählt. Die Landesminister werden vom Ministerpräsidenten berufen. Die Landesregierung als Ganzes, nicht aber die einzelnen Landesminister, bedarf der parlamentarischen Bestätigung durch den Landtag. Nur bei nachträglichen Veränderungen der Regierung ist über die einzelne Entlassung und Berufung von Ministern durch den Landtag abzustimmen.

Das Recht der Gesetzgebung steht grundsätzlich dem Landtag zu. Die NV eröffnet aber auch den Bürgerinnen und Bürgern Möglichkeiten (Volksinitiative, Volksbegehren und -entscheid), auf die Gesetzgebung direkt Einfluss zu nehmen (→ Bürgerbeteiligung). Mit der Volksinitiative, die der Zustimmung von 70 000 Wahlberechtigten bedarf, kann der Landtag gezwungen werden, sich bestimmten politischen Gegenständen zuzuwenden (Art. 47). Bislang gab es in Nds. acht Volksinitiativen. Der ersten Volksinitiative vom Januar 1994 gelang es, den Gottesbezug in der Präambel der Verfassung durchzusetzen. Bis auf eine blieben alle anderen Volksinitiativen allerdings erfolglos. Die „Volksinitiative für Lernmittelfreiheit und freie Schülerbeförderung" läuft derzeit (Stichtag 2.6.2005). Ihr Erfolg ist somit noch ungewiss. Volksbegehren (Art. 48) und Volksentscheid (Art. 49) zielen auf ein bestimmtes Gesetz. Volksbegehren bedürfen der Unterstützung eines Zehntels der Wahlberechtigten. Dem Landtag muss ein ausgearbeiteter Gesetzzentwurf vorgelegt werden. Nur wenn der Landtag diesen Gesetzzentwurf nicht beschließt, ist ein Volksentscheid darüber durchzuführen. In diesem Volksentscheid sind alle Wahlberechtigten aufgerufen, dem Gesetz zuzustimmen oder es abzulehnen. Bislang sind in Nds. sechs Volksbegehren durchgeführt worden. Nur das „Volksbegehren Kindertagesstättengesetz" hat mit 690 793 Unterstützungsunterschriften die notwendige Schwelle von 10 % aller wahlberechtigten Nds. überschritten. Zu einem Volksentscheid kam es in diesem Fall nicht, da der Landtag den vorgelegten Gesetzzentwurf mit lediglich geringen Änderungen im Dezember 2001 verabschiedete.

Der Ministerpräsident leitet die Landesregierung und bestimmt die Richtlinien der Politik. Innerhalb dieser Richtlinien leiten die Minister ihre Bereiche selbstständig (Art. 37 NV). Der Ministerpräsident kann durch den Landtag abgewählt werden, wenn dieser zugleich einen Nachfolger für das Amt wählt (so genanntes konstruktives Misstrauensvotum, Art. 32 NV).

**Grundrechte und Staatsziele** – Die Landesverfassung enthält in ihrem ersten Abschnitt nur wenige eigenständige Aussagen zu Grundrechten. Nach Art. 3 Abs. 1 NV bekennt sich das Volk von Nds. zu den Menschenrechten. Daraus können allerdings keine unmittelbaren Rechte einzelner Einwohner abgeleitet werden. Wichtiger ist, dass durch Art. 3 Abs. 2 NV die Grundrechte des GG in die Verfassung aufgenommen werden. Sie sind damit unmittelbar geltendes Landesrecht. Auf sie können sich daher alle Nds. im Einzelfall berufen. Sie binden alle drei Staatsgewalten (ausführende, gesetzgebende und rechtsprechende Gewalt). Über die Grundrechte des GG hinaus garantiert die NV ausdrücklich das Recht auf Bildung (Art. 4). Als Staatsziele, die durch das Land, → Gemeinden und → Landkreise zu beachten sind, nennt die Landesverfassung die Förderung von Kunst, Kultur und Wissenschaft (Art. 5 und 6). Zudem hebt sie die Verwirklichung der Gleichberechtigung (Art. 3 Abs. 2) und den Schutz der natürlichen Lebensgrundlagen (Art. 1 Abs. 2) und der Tiere (Art. 6b NV) hervor. Nur das Land wird durch Art. 6a NV verpflichtet, darauf hinzuwirken, dass jeder Mensch eine Arbeit und eine angemessene Wohnung findet. Diesen Staatszielbestimmungen kommt im Gegensatz zu Grundrechten aber nur eine geringe Bedeutung zu. Sie sind in erster Linie politische Absichtserklärungen. Der → Staatsgerichtshof (StGH) als Verfassungsgericht des Landes kann aufgrund dieser Bestimmungen nicht etwa die Landesregierung zu einer bestimmten Politik verpflichten. Ein Recht auf Arbeit besteht somit auch nach Art. 6a NV nicht.              *Peter Armbrust*

# Landeswappen, Landesfarben, Landesorden

**Wappen** – Nachdem das junge Land Nds. 1946 aus der Taufe gehoben worden war, stand die erste → Landesregierung vor der Notwendigkeit, ein Landeswappen zu schaffen, mit dessen Symbolgehalt sich die nds. Bevölkerung identifizieren konnte und das zugleich auf die Geschichte des Landes Bezug nahm. Nds. ist aus drei bis dahin selbstständigen Staaten und einer einstmals ebenfalls eigenständigen preußischen Provinz entstanden. Es hätte daher nahegelegen, dem Beispiel anderer Länder zu folgen und den Wappenschild in mehrere Felder aufzuteilen, in denen die traditionellen Wappenzeichen der Entstehungsländer und vielleicht auch noch weiterer historischer Regionen untergebracht werden konnten. Damit hätte man Empfindlichkeiten und Ressentiments wegen einer von manchem befürchteten Majorisierung der kleineren Landesteile durch das übermächtige Hannover begegnen können. In der Tat gab es entsprechende Entwürfe, die aber fast alle zu überladen wirkten. Ministerpräsident Kopf entschied sich für eine andere und einfachere Lösung. Er hatte schon 1945 als Oberpräsident der damaligen Provinz Hannover auf Dienstsiegel und Dienstflagge ein springendes Pferd abbilden lassen, womit er auf ältere Provinzialwappen zurückgriff. Unterstützt von einem Sachverständigenausschuss entschied er sich nun dafür, das „Sachsenross" auch in das neue Landeswappen einzuführen und auf weitere heral-

dische Zutaten zu verzichten. Mit seinem Vorschlag setzte er sich gegen alle Einsprüche durch. Am 8.10.1952 schließlich verabschiedete der Nds. → Landtag das „Gesetz über Wappen, Flaggen und Siegel des Landes Niedersachsen", in dem es heißt: „Das Land führt als Wappen ein nach rechts gewendetes springendes weißes Pferd im roten Felde."

Die Wahl gerade dieses Wappensymbols war leicht zu rechtfertigen. Seit jeher galt das Pferd als ein Sinnbild des sächsischen Stammes, dessen Siedlungsgebiet sich über ganz Nds. – mit Ausnahme Ostfrieslands – und darüber hinaus erstreckt hatte. Die Pferdezucht hatte in Nds. immer eine bedeutende Rolle gespielt; Hannoveraner und Oldenburger gehören zu den bekanntesten Rassen. Die welfischen Herzöge machten sich diese Symbolkraft zunutze; um ihren Herrschaftsanspruch im nds. Raum zu unterstreichen, nahmen sie seit dem 14. Jh. neben ihrem eigentlichen Familienemblem, dem Löwen, auch das Pferd in ihre Staatswappen auf. Als Hoheitszeichen kam es daneben auch in verschiedenen anderen Verwendungen in Gebrauch, etwa auf Siegeln, Münzen und Medaillen. Das Pferd war aber nicht nur dem Herrscherhaus zugeordnet, sondern wurde weit darüber hinaus als geschichtlich überkommenes Identifikationszeichen wahrgenommen. Die gekreuzten Pferdeköpfe als Giebelzier nds. Bauernhäuser sind für eine solche private Aneignung durch die → Bevölkerung ebenso ein Beispiel wie die seit dem 16. Jh. weit verbreiteten gusseisernen Ofenplatten, auf denen das Pferd eines der beliebtesten Motive war. Das Ende des welfischen Königshauses in Hannover änderte daran nichts; auch der hannoversche Provinziallandtag lehnte 1881 andere Vorschläge der preußischen Regierung ab und entschied sich einstimmig für das Pferd als Provinzialwappen. Auch in Braunschweig hielt man bis in die Zeit des Freistaats nach 1918 am traditionellen Ross im Landeswappen fest. So war das für das Land Nds. gewählte Wappenbild dem Großteil seiner Einwohner bereits gut vertraut. Bei der heraldischen Gestaltung war darauf zu achten, dass eine Form gefunden wurde, die sich weder an das hannoversche noch an das braunschweigische Vorbild zu stark anlehnte. Auch von dem steigenden Pferd, das die benachbarte Provinz Westfalen im Schilde führte und das dann in das Wappen des Landes Nordrhein-Westfalen Eingang fand, musste man sich absetzen. Der Heraldiker Gustav Völker lieferte schließlich einen ausgewogenen, einprägsamen und ästhetisch ansprechenden Entwurf, der allgemeinen Beifall fand und bis heute als offizielles und geschütztes Staatssymbol verbindlich geblieben ist. Auf den Briefköpfen der Landesdienststellen wurde das Wappenbild zwar 1991 auf Beschluss der Regierung durch ein modernistisches „Logo" ersetzt, ein aus dem Pferdekopf abgeleitetes grafisches Konstrukt, das aber viel Kritik auf sich zog und 2004 wieder dem Landeswappen weichen musste.

Dessen Verwendung ist auf den hoheitlichen Bereich beschränkt; jeder andere Gebrauch bedarf der ausdrücklichen Genehmigung. Daneben haben jedoch schon seit dem späten 19. Jh. Firmen, → Verbände und Vereinigungen im nordwestdeutschen Raum das nds. Ross in jeweils abweichender Gestaltung als Werbeträger, Markenzeichen oder Emblem adaptiert und tragen so zur Popularisierung des traditionellen Kennzeichens bei, mit dem sich die Bevölkerung des Landes heute ohne Einschränkungen identifiziert und das auch in den anderen Bundesländern eindeutig dem Land Nds. zugeordnet wird.

**Farben** – Eng verbunden mit der Diskussion über das Wappen des jungen Landes war die Frage, aus welchen Farben die ebenfalls neu zu gestaltende nds. Landesflagge bestehen sollte. Die altwelfischen Traditionsfarben waren Gelb und Weiß (noch heute an der „Welfenspeise", einer im Hannoverschen sehr beliebten Süßspeise, abzulesen). Nicht nur das Königreich, auch die preußische Provinz Hannover hatte eine gelb-weiße Flagge geführt. Doch die Übernahme dieser Farbkombination für das Land Nds. konnte nicht in Frage kommen, weil dadurch die Dominanz des größten der vier Gründungsländer zu sehr augenfällig geworden wäre. Aus den drei anderen Landesteilen wurden daher Forderungen laut, auch deren Farben (Braunschweig: Rot-Gelb, daneben auch Blau-Gelb, Oldenburg: Rot-Blau, Schaumburg-Lippe: Blau-Weiß-Rot) müssten in der neuen nds. Flagge vertreten sein. Zahlreiche Entwürfe wurden vorgelegt, viele davon überladen mit Farben und Symbolen und daher unbrauchbar. Auch der Vorschlag eines Sachverständigenausschusses wurde verworfen. Nach heftiger Diskussion setzte der Landtag einen besonderen Flaggenausschuss ein, der sich schließlich auf einen Kompromiss einigte. Er war dem späteren nds. → Ministerpräsidenten Georg Diederichs zu verdanken, der die 1949 eingeführte schwarz-rot-goldene Fahne der BRD zugrunde legte und in deren Mitte das Landeswappen, also das weiße Pferd auf rotem Feld, plazierte. In der Begründung hieß es, damit solle die Bundestreue Nds. zum Ausdruck gebracht und zugleich ein Bekenntnis zum gesamtdeutschen Gedanken abgelegt werden. In Wahrheit war es freilich vor allem darum gegangen, den kaum zu realisierenden Vorstellungen der regionalen Vertreter eine Lösung entgegenzusetzen, bei der keiner von ihnen sich als Verlierer zu fühlen brauchte. Die endgültige Form der Landesflagge wurde durch Gesetz über Wappen, Flaggen und Siegel vom 8.10.1952 geregelt. Die Traditionalisten konnten sich umso eher damit abfinden, als zugleich festgelegt wurde, dass Landesbehörden mit regional begrenzter Zuständigkeit auch weiterhin die Flaggen der vier in Nds. aufgegangenen Länder zeigen durften.

**Orden** – Nds. verleiht seit 1956 als Anerkennung für hervorragende Verdienste die Niedersächsische Landesmedaille. Sie ist die höchste Auszeichnung, die das Land zu vergeben hat; die Zahl ihrer Träger ist auf einen kleinen Kreis führender Persönlichkeiten aus Kultur, Wirtschaft und Politik beschränkt. Im Jahr 1961 wurde für Männer und Frauen, die sich vor allem unter landespolitischen Aspekten um das allgemeine Wohl verdient gemacht haben, der Niedersächsische Verdienstorden geschaffen, der in breiterer Streuung als die Landesmedaille verliehen wird. Die Vergabe erfolgt in drei Stufen als Großes Verdienstkreuz, Verdienstkreuz 1. Klasse und Verdienstkreuz am Bande. Für spezielle Ehrungen stehen außerdem das Feuerwehrehrenzeichen, die Lebensrettungsmedaille, die Sportmedaille und eine Verdienstmedaille für ehrenamtliche Tätigkeit im sozialen Bereich zur Verfügung. *Dieter Brosius*

## Landschaftsverbände

**Begriff** – Der historische Begriff der Landschaften bezeichnete ursprünglich die Vertretungen von Adel, Klerus und Stadtbürgertum, später auch von den Bauern, gegenüber ihrem Landesherrn. Sie hießen auch Landstände, und die aktuellen Versammlungen, zu denen sie sich versammelten, wurden Landtage genannt. Im vormals hannoverschen Landesteil Nds. verblieb der Begriff der

Landschaften noch im staatlichen Bereich, während in den anderen Territorien Nds. wie in Braunschweig, Oldenburg oder Schaumburg-Lippe die Landschaften in den sich im 19. Jh. herausbildenden Parlamenten aufgegangen sind und ihre eigene Existenz daneben verloren haben. In Hannover gab es nur eine zentrale Ständeversammlung, den späteren Landtag. Von ihm hielten sich die Landschaften – zwar um den Preis einer Reduzierung ihrer Kompetenzen – fern, aber sie haben hierdurch auch überlebt. So erfüllen die historischen Landschaften nach wie vor kulturelle und soziale Aufgaben, sind aber vor allem noch als Träger der „Hannoverschen Landschaftlichen Brandkasse" bekannt, die 1957 in der Versicherungsgruppe Hannover (VGH) aufgegangen ist. Von Haus aus hatten die Landschaften keine dezidiert kulturpolitischen Aufgaben, standen aber für neue Aufgaben gleichsam bereit, zumal die von ihnen betreuten Gebiete zugleich historische Kulturräume sind.

**Entwicklung nach 1945** – Nach dem Zweiten Weltkrieg hat sich aus dieser reichen, gewachsenen Gliederung ein fast flächendeckendes System der Kulturförderung durch Landschaften eines neuen Typs oder Landschafts*verbände* entwickelt. Als Vorbild für die weitere Entwicklung erwies sich die Ostfriesische Landschaft, als ständische Mitbestimmung aus vorhannoverscher Zeit die historisch stärkste mit der größten Tradition. Im Jahr 1961 trat das benachbarte Oldenburg in die Reihe der Landschaftsverbände ein: Die Oldenburgische Landschaft wurde als Körperschaft des öffentlichen Rechts durch Gesetz eingeführt und ruht bis heute auf dieser landesgesetzlichen Grundlage. Sie führt auch immer noch Wappen und Flagge des alten Landes, ebenso wie die Ostfriesische Landschaft. 1963 kam es dann

Mit ihrem Artenreichtum und der großen Anzahl an Zugvögeln ist die Elbtalaue ein lohnenswertes Ziel für jeden naturinteressierten Besucher.

zu dem Schritt, der die Tür zur heutigen flächendeckenden Landschaft der nds. Landschaftsverbände aufstieß: In Stade wurde für die historische Landschaft der ehemaligen Herzogtümer Bremen und Verden bzw. für das Land zwischen Elbe, Weser und der Küste ein Landschaftsverband gegründet, der organisationsrechtlich in die Zukunft wies. Man wählte die flexible Form des eingetragenen Vereins, die Landkreise und die Städte des betroffenen Gebietes wurden Mitglieder. Damit war die Landschaft neuen Typus oder der Landschaftsverband als Instrument der Kulturförderung für Nds. geboren. In den folgenden Jahren zogen die anderen historischen Landschaften Althannovers nach: Hildesheim 1971, Osnabrück 1985, 1990 der Verein „Regionale Kulturförderung" für das ehemalige Fürstentum Lüneburg und 1991 der Landschaftsverband Weser-Hunte für die alte Landschaft der Grafschaften Hoya und Diep-

holz. Auch die Kulturräume außerhalb der historischen Landschaften Althannovers schlossen sich dem Stader Modell an: 1979 wurde die Emsländische Landschaft als eingetragener Verein, 1989 der Landschaftsverband Südniedersachsen errichtet, im Jahr 1996 machte der Landschaftsverband Hameln-Pyrmont den Abschluss. Die Braunschweigische Landschaft entstand 1990 und konzentrierte sich auf das Kernland des alten Staates Braunschweig. Allerdings sah man eine Beitrittsmöglichkeit für Kommunen aus den anderen Teilen des ehemaligen Staates vor. Tatsächlich hat nach der Wende die Stadt Blankenburg am Rande des Harzes, frühere Residenz des Fürstentums Blankenburg – zum Herzogtum Braunschweig gehörend – davon Gebrauch gemacht und trägt heute die Braunschweigische Landschaft mit. Der Landschaftsverband des früher selbstständigen Staates Schaumburg-Lippe entstand im Jahre 1992. Lediglich die Region Hannover reiht sich nicht in das ansonsten flächendeckenden System der Kulturförderung durch Landschaftsverbände ein.

**Aufgaben und Finanzierung** – Die Finanzierung ist allen Landschaftsverbänden gemein: Sie erfolgt durch Beiträge, durch Zuschüsse des Landes und durch Spenden. Die Organstruktur ist ebenfalls bei allen nds. Landschaftsverbänden entsprechend geregelt. Die Förderungsaufgabe ist von vornherein subsidiär angelegt: Die Landschaftsverbände sollen die Kommunen und Kommunalverbände nur ergänzen, aber nicht ersetzen. Die Förderungsarbeit der Landschaftsverbände gestaltet sich zweigleisig und besteht einerseits in finanziellen Förder- sowie Beratungsdienstleistungen der Verbände für Projekte seiner Mitglieder. Daneben laufen auch eigene Projekte zur kulturellen Infrastruktur. Hervorzuheben ist hier z.B. die Unterhaltung des internationalen Jugendsinfonieorchesters Elbe-Weser durch den Landschaftsverband Stade, in dem Jugendliche aus allen europäischen Staaten gemeinsam musizieren und auch auf Konzertreisen ins Ausland gehen. Die Ostfriesische Landschaft unterhält ein Plattdütsksbüro, das sich in Kooperation mit Schulen durch Vorträge und gezielte Öffentlichkeitsarbeit für die Erhaltung der Zweisprachigkeit in der Region einsetzt. Daneben gibt es einen Archäologischen Dienst, der Grabungen in Ostfriesland durchführt und seine Arbeitsergebnisse in die wissenschaftliche Aufarbeitung einbringt, der aber auch fachliche Stellungnahmen zu Planverfahren im Auftrag der Denkmalbehörden abgibt. In der Kulturarbeit des Landschaftsverbandes Südniedersachsen ragt der Aufbau der regionalen Datenbank Kultur Südniedersachsen hervor (www. dabakus.de).

Mit ihren Förderaktivitäten tragen die Landschaftsverbände zur regionalen Verwurzelung und Identitätsbildung der → Bevölkerung bei. Als Ausdruck von Traditionen, die über Jahrhunderte gewachsen sind, haben sie heute ihren Platz neben der staatlichen und der privaten Förderung des regionalen Kulturbetriebes. Nds. hat somit – bundesweit einmalig – in den 12 Landschaften und Landschaftsverbänden sowie dem Regionalverband Harz eine einzigartige Organisationsstruktur aufzuweisen, die dem Land als Partner bei der Kulturförderung und -entwicklung auf regionaler Ebene zur Verfügung steht.

Im Nachbarland Nordrhein-Westfalen übernehmen die heutigen Landschaftsverbände eine andere Funktion: Im Gegensatz zu den nds. Landschaftsverbänden zeichnen sich die beiden großen Landschaftsverbände Rheinland und Westfalen-Lippe durch eine vergleichsweise stärkere öffentliche Stellung aus, da sie überörtliche Träger von Verwaltungsaufgaben im Gesundheits-, Schul- und Sozialwesen sind, die sie für die ihnen angeschlossenen Kreise und kreisfreien Städte wahrnehmen. Landesrechtliche Gesetzesgrundlage ist hier die Landschaftsverbandsordnung.

*Thorsten Bullerdiek*

## Landtag

**Grundlagen** – Der Landtag, oberstes Verfassungsorgan des Landes Nds., ist die für jeweils fünf Jahre direkt gewählte Vertretung des Volkes. Da es keine „zweite Kammer" wie auf der Bundesebene (Bundesrat) gibt, erfüllt er allein sämtliche parlamentarischen Funktionen. Der Landtag verabschiedet die Landesgesetze, beschließt den → Landeshaushalt und wählt die Ministerpräsi-

Der Niedersächsische Landtag hat seinen Sitz im Leineschloss, das früher eine königliche Residenz war. Diese geht zurück auf ein im 12. Jahrhundert gegründetes Franziskanerkloster

dentin oder den → Ministerpräsidenten. Außerdem wirkt der Landtag an der Regierungsbildung mit und kontrolliert die → Landesregierung. Von den 155 Abgeordneten werden 100 durch eine Mehrheitswahl in Wahlkreisen gewählt, die verbleibenden 55 Plätze werden über die Listenwahl nach dem Verhältniswahlrecht besetzt (→ Wahlen). Durch die Vergabe von Überhang- und Ausgleichsmandaten wird die Mindestzahl von 155 Sitzen erhöht. Der Landtag ist dadurch i.d.R. größer, derzeit sitzen 183 Abgeordnete im nds. Parlament. Der Landtag ist, ebenso wie andere Parlamente, kein Spiegelbild der Gesellschaft, der Anteil der Frauen unter den Abgeordneten liegt seit 2003 bei etwa einem Drittel. Bei den Berufen dominieren der → Öffentliche Dienst (39%) und die Selbstständigen (30%). Einfache Angestellte und Arbeiter sind unterrepräsentiert.

**Regierung und Opposition** – Entscheidend für die Erfüllung der Funktionen des Landtages, vor allem bei politisch bedeutenden und öffentlich diskutierten Themen, ist der Gegensatz zwischen der Regierungsmehrheit und der → Opposition. Während die Mehrheit die Gesetzgebungs- und Wahlfunktionen des Parlamentes wahrnimmt, erfüllt die Opposition in erster Linie die Aufgabe der Kontrolle. Die Regierung und die sie tragende parlamentarische Mehrheit arbeiten in der Gesetzgebung eng zusammen. Die formale Gewaltentrennung zwischen Legislative und Exekutive wird somit eingeschränkt, allerdings ist dies ein Wesensmerkmal in einem parlamentarischen Regierungssystem.

**Fraktionen** – Wie auch im Bundestag sind die eigentlichen Entscheidungs- und Handlungseinheiten nicht die einzelnen Abgeordneten, sondern die Fraktionen, die jeweils aus mindestens 5 % der Parlamentarier bestehen müssen. In der Praxis schließen sich alle Abgeordneten einer Partei zu einer Fraktion zusammen, damit ein einheitliches und geschlossenes Abstimmungsbild herbeigeführt werden kann. Nur so ist der Landtag entscheidungsfähig. Der einzelne Abgeordnete ist jedoch grundsätzlich in seiner Meinung frei und muss nur seinem Gewissen folgen; es kann daher auch vorkommen, dass es in einer Fraktion „Abweichler" gibt. Die Fraktionen haben bestimmte Rechte, etwa bei der Besetzung von Ausschüssen und Präsidium oder bei der Zuteilung von Redezeiten. Für ihre Arbeit benötigen sie Mitarbeiter in der Verwaltung und Referenten, die sich mit bestimmten Themenfeldern beschäftigen. Hierfür erhalten die Fraktionen aus dem Landtags-Budget bestimmte finanzielle Mittel.

**Gesetzgebung** – Damit ein Gesetz vom Landtag beschlossen werden kann, muss zunächst ein Gesetzentwurf eingebracht werden. Dies geschieht i.d.R. durch die Regierung oder aus der Mitte des Landtages, indem beispielsweise eine Fraktion einen Entwurf einbringt. Anders als auf der Bundesebene kann dies jedoch auch durch ein Volksbegehren (→ Bürgerbeteiligung) geschehen. Dies setzt voraus, dass 10 % der nds. Wahlberechtigten, etwa 590 000 Bürger, dafür votieren. Die Gesetze werden im Landtag in bis zu drei Lesungen behandelt, wobei die intensivste Auseinandersetzung in der zweiten Lesung und in den Ausschüssen erfolgt, in denen die Gesetzesvorlagen oft abgeändert werden. Es können für ein Gesetz, über das abzustimmen ist, mehrere Ausschüsse mit der Beratung beauftragt werden, ein Ausschuss übernimmt dabei die Federführung. Dieser wird dem Plenum nach den Beratungen eine Beschlussempfehlung vorlegen. Derzeit verfügt der Landtag über 14 ständige Ausschüsse und Unterausschüsse sowie sechs Ausschüsse eigener Art, die je nach Bedeutung aus fünf bis 17 Mitgliedern bestehen. Die Zusammensetzung spiegelt die Mehrheitsverhältnisse im Parlament wider. In der ersten Wahlperiode 1947–1951 wurden vom nds. Landtag 144 Gesetzesvorlagen unverändert oder mit Änderungen angenommen, ähnlich viele wie in der letzten abgeschlossenen Legislaturperiode 1998–2003, in der der Landtag 130 Gesetze beschloss. Jedoch handelt es sich gegenwärtig vermehrt um Anpassungs- und Änderungsgesetze.

**Wahl des Ministerpräsidenten** – Die wichtigste Wahlfunktion des Landtages ist die Wahl des Ministerpräsidenten. Der Kandidat für das Amt des Regierungschefs benötigt für die Wahl die absolute Mehrheit. Nachdem der gewählte Ministerpräsident seinen Vertreter und die Minister berufen hat, muss der Landtag die gesamte Landesregierung bestätigen. Weitere Wahlfunktionen des nds. Parlamentes sind die Wahlen der Mitglieder des → Staatsgerichtshofes, des Präsidenten und Vizepräsidenten des → Landesrechnungshofes sowie des Landesbeauftragten für Datenschutz.

**Kontrolle der Regierung** – Eine weitere wichtige Funktion des Landtages ist die Kontrolle der Landesregierung. Hierfür wurde dem Landtag seitens der → Landesverfassung ein umfassendes Auskunfts- und Fragerecht gegeben. Dem entspricht die Informationspflicht der Regierung gegenüber dem Parlament, indem sie Anfragen von Abgeordneten nach bestem Wissen unverzüglich und vollständig zu beantworten hat. Unterschieden wird hier zwischen Großen und

Kleinen Anfragen. Große Anfragen werden von einer Fraktion oder mindestens zehn Abgeordneten an die Regierung schriftlich gerichtet und ziehen eine Debatte im Plenum nach sich. Kleine Anfragen werden von den einzelnen Abgeordneten schriftlich oder mündlich in Fragestunden vorgetragen. Bei bestimmten Angelegenheiten muss die Regierung den Landtag ohne vorherige Anfrage informieren.

Weitere Kontrollmöglichkeiten des Parlaments gegenüber der Regierung sind die „Aktuelle Stunde" und das Recht, Untersuchungsausschüsse einzusetzen, die bestimme Sachverhalte aufklären sollen. Den Kontrollfunktionen sind aufgrund der Mehrheitsverhältnisse jedoch Grenzen gesetzt, da die Landtagsmehrheit i.d.R. auf der Seite der Regierung steht. *Tim Gburreck*

## Landwirtschaft

**Grundlagen** – In Nds. waren im Jahre 2003 in der Landwirtschaft nur noch 3,4 % der Erwerbstätigen beschäftigt. Sie trugen 2,4 % zum Bruttoinlandsprodukt bei. Die wirtschaftliche Bedeutung der Landwirtschaft ist jedoch wesentlich größer, da sie über den Bezug von Produktionsmitteln (z.B. Düngemittel, Pflanzenschutzmittel, Futtermittel und Maschinen) sowie über den Absatz ihrer Produkte an die Ernährungsindustrie (→ Nahrungs- und Genussmittelindustrie) erhebliche Auswirkungen auf vor- und nachgelagerte Wirtschaftsbereiche hat. Die gesellschaftliche Bedeutung der Landwirtschaft wird ferner dadurch unterstrichen, dass sie mit 2,62 Mio. ha 55 % der Gesamtfläche Nds. bewirtschaftet. Sie ist daher unverzichtbar für die Gestaltung und Pflege der Kulturlandschaft. Neben der Erzeugung von Rohstoffen für die Nahrungsmittelherstellung produziert die Landwirtschaft zunehmend auch nachwachsende Rohstoffe für industrielle Verarbeitungsprozesse sowie für die Energieerzeugung (→ Energiepolitik).

**Räumliche Struktur** – In der Agrarproduktion Nds. gibt es unterschiedliche räumliche Schwerpunktsetzungen. In den südlichen und östlichen Landesteilen herrscht der Ackerbau vor mit Getreide und Zuckerrüben (→ Lössbörden), in Ostniedersachsen auch mit Kartoffelbau. Auf den Grünlandstandorten im Küstenraum (→ Küstenland) wird vorwiegend Milch und Rindfleisch erzeugt. Das westliche Nds. ist die Domäne der Schweine- und Geflügelproduktion (→ Geest). Unter Berücksichtigung sowohl der Pflanzen- als auch der Tierproduktion ist Nds. das Bundesland mit der bedeutendsten Agrarproduktion in Deutschland. Der ökologische Landbau dagegen ist unterdurchschnittlich entwickelt. Er hatte im Jahr 2003 mit einem Anteil von 2,1 % an der landwirtschaftlich genutzten Fläche und noch geringeren Anteilen bei der Tierproduktion nur eine völlig untergeordnete Bedeutung. Neben den genannten Hauptproduktionszweigen nutzen die Landwirte vermehrt auch Marktnischen wie den Anbau von Gemüse, Direktvermarktungen, Kommunalarbeiten, Pferdehaltung und Landtourismus.

**Betriebsformen** – In der nds. Landwirtschaft dominiert eindeutig die Rechtsform der Einzelunternehmen. Betriebsgesellschaften haben nur einen geringen, jedoch stetig wachsenden Anteil. Von den Einzelunternehmen wurden im Jahre 2003 rund 56 % im Haupterwerb und 44 % im Nebenerwerb bewirtschaftet. Letztere bearbeiteten jedoch lediglich 14 % der landwirtschaftlich genutzten Flächen, weil sie wesentlich kleiner sind.

Niedersachsen ist das Bundesland mit der bedeutendsten Agrarproduktion in Deutschland.

Nds. liegt bezüglich der Betriebsgrö-ßenstrukturen unter den alten Bundes-ländern nach Schleswig-Holstein an zweiter Stelle. Im Jahr 2003 belief sich die durchschnittliche Betriebsgröße auf 45,5 ha. Betriebe mit mehr als 100 ha machten allerdings lediglich 11 % der Gesamtzahl der Betriebe und 38,7 % der gesamten landwirtschaftlich genutz-ten Fläche aus. Bei den Milchkühen be-lief sich die durchschnittliche Bestandes-größe auf 43 Kühe. Betriebe mit mehr als 100 Kühen hatten lediglich einen An-teil von 5,3 % an der Zahl der Betriebe und 16,3 % am Gesamtbestand. Im Ver-gleich zu wichtigen konkurrierenden Ländern in Europa und in der Welt sind die Betriebsgrößenstrukturen in Nds. als recht ungünstig einzuordnen. Sie ermög-lichen nur unzureichend, Größenvorteile beim Einsatz von Arbeit und Kapital so-wie beim Bezug und Absatz auszunut-zen. Die ungünstigen Betriebsgrößen sind neben den agrarpolitischen Rah-menbedingungen die wichtigste Ursache für die unbefriedigenden Einkommen in der Landwirtschaft. Deshalb wird der Trend zu größeren Betriebseinheiten in der Zukunft unvermindert anhalten. In der Vergangenheit gaben jährlich 3 bis 4 % der Landwirte ihren Betrieb auf. Die Flächen, Lieferrechte und Marktan-teile wurden von den verbliebenen über-nommen. So wird der Strukturwandel (→ Strukturpolitik) noch lange weiter-laufen.                    *Manfred Köhne*

## Literatur

Das Thema Literatur betrifft alle Berei-che rund um die gestaltete Sprache. Vom Schreiben und Übersetzen zum Verlegen von Büchern – aber auch die Bereiche → Theater oder Film – über den Buchhandel und das Bibliothekswe-sen bis zu den Lesern. Lesen ist eine wichtige Voraussetzung für den Wissen-serwerb, doch Lesen bedeutet nicht nur

Lernen, sondern auch Unterhaltung, Vertiefung, Austausch und Entdeckung. Vom Mittelalter bis in die Gegenwart gibt es eine reiche Geschichte der literarischen Kultur im Raum Nds. Ob politische Traktate, philosophische Abhandlungen, Romane, Kurzgeschichten, Essays, Gedichte, Theaterstücke, Drehbücher oder Texte in Mundart oder Dialekt, das literarische Leben in Nds. war und ist vielfältig und lebendig. Zahlreiche Schriftsteller, bedeutende und weniger bekannte, werden in der Literaturgeschichte verzeichnet. Preise tragen ihre Namen wie der Roswitha-Preis, Literaturpreis der Stadt Bad Gandersheim, der Wilhelm-Raabe-Literaturpreis der Stadt Braunschweig oder der Erich-Maria-Remarque-Friedenspreis der Stadt Osnabrück. Es gibt literarische Gedenkstätten wie das Arno-Schmidt-Haus in Bargfeld oder das Hermann-Löns-Zimmer in Walsrode. Auch → Museen erinnern an Dichter und ihre Werke und tragen ihre Namen wie das Wilhelm-Busch-Museum in Hannover oder das Ringelnatz-Museum in Cuxhaven. Und auch solche bekannten Sagenfiguren wie der Rattenfänger von Hameln oder Till Eulenspiegel gehören zur Literaturgeschichte Nds. – eine literarische Produktivität, die bis in die Gegenwart reicht. Heute leben bekannte Autoren wie Walter Kempowski, Arnold Stadler oder Georg Klein in Nds.

**Literaturförderung** – Glaubte man früher nur an das Genie des Autors, so kann man heute kreatives, also literarisches Schreiben sogar studieren. Die Universität Hildesheim bietet seit 1999/2000 den Studiengang „Kreatives Schreiben und Kulturjournalismus" für Interessierte an, die eine besondere Begabung im Bereich Schreiben und Literatur haben. Vor der Zulassung zum Studium muss eine künstlerische Eignungsprüfung abgelegt werden.

Nur wenige Autorinnen und Autoren können vom Verkauf ihrer Bücher leben. Häufig haben sie einen sog. „Brotberuf", um ihren Lebensunterhalt zu bestreiten. Daher wird schriftstellerische Arbeit, also die Produktion von Literatur, gefördert, wenn Talent vorhanden ist. Wie in den anderen Kunstsparten geschieht dies von staatlicher, aber auch von wirtschaftlicher und privater Seite aus.

Die Literaturförderung des Landes Nds. (Ministerium für Wissenschaft und Kultur) berücksichtigt die gesamte Buchkette von der künstlerischen Arbeit über den herstellenden und verbreitenden Buchhandel (Verlage und Buchhandlungen) bis zu literarischen Institutionen und Veranstaltungen sowie die Leseförderung von Kindern und Jugendlichen. Autorinnen und Autoren werden z.B. durch Stipendien und Preise gefördert. Das Land Nds. vergibt Arbeitsstipendien (Autoren erhalten eine Geldsumme, die ihnen für einige Zeit wirtschaftliche Unabhängigkeit ermöglicht) und Aufenthaltsstipendien (Autoren leben für einige Monate in einer Gastwohnung und erhalten einen Betrag zum Lebensunterhalt) z.B. in Lüneburg (Heinrich-Heine-Haus), in Schreyahn, einem Rundlingsdorf im Wendland (Künstlerhof Schreyahn), oder in Worpswede (Künstlerhäuser Worpswede). Die Stelle des Stadtschreibers in Otterndorf ist eine städtische Initiative.

Wie Stipendien bedeuten auch Preise eine Anerkennung des Werkes sowie eine finanzielle Förderung. Das Land Nds. vergibt den mit 15 000 € dotierten Nicolas Born-Preis sowie einen Förderpreis, dotiert mit 7 500 €, der die künstlerische Leistung einer Autorin oder eines Autors nach Abschluss der Ausbildung würdigt. Es gibt aber auch Literaturpreise, die von Städten oder Vereinigungen vergeben werden, wie z.B. der mit 15 000 € dotierte Hoffmann-von-

Fallersleben-Preis für zeitkritische Literatur der Hoffmann-von-Fallersleben-Gesellschaft in Wolfsburg oder der Buxtehuder Bulle für Werke der Jugendliteratur, vergeben von der Stadt Buxtehude, dessen Jury zur Preisvergabe mit elf Jugendlichen (14 bis 17 Jahre alt) und elf Erwachsenen besetzt ist. Der Kinder- und Jugendbuchpreis der Stadt Oldenburg, dotiert mit 7 500 €, wird jedes Jahr im Rahmen der Oldenburger Kinder- und Jugendbuchmesse KIBUM verliehen.

Autorenförderprogramme bietet die Bundesakademie für Kulturelle Bildung in Wolfenbüttel, Fachbereich Literatur. In Zusammenarbeit mit der Stiftung Niedersachsen wird die Arbeit am zweiten Buch in den jährlich wechselnden Gattungsbereichen Prosa, Lyrik und Essay gefördert. Ein weiteres Gemeinschaftsprojekt ist das Literatur Labor Wolfenbüttel für Jugendliche zwischen 16 und 21 Jahren (*www.meine-text.de*). Die Drehbuch- und Filmautoren-Förderung wird aus Mitteln der Filmförderung des Landes Nds. und der Filmförderung des NDR in Nds. bestritten, für Autoren des Bereiches Kinder- und Jugendtheater gibt es eine Dramatiker-Werkstatt.

**Buchverlage** – Die großen Verlagsstädte in Deutschland sind München, Frankfurt a.M., Berlin und Hamburg. Aber auch in Nds. gibt es eine Anzahl Verlage von überregionaler Bedeutung (→ Buchverlage), u.a. Gerstenberg Verlag in Hildesheim, Steidl Verlag und Wallstein Verlag in Göttingen, zu Klampen Verlag in Springe oder Merlin Verlag in Gifkendorf. Das Land Nds. vergibt alle zwei Jahre einen Verlagspreis, der mit 10 000 € dotiert ist, und Verlage haben die Möglichkeit, bestimmte Buchprojekte vom Land fördern zu lassen. Die Vergabe des Verlagspreises erfolgt alle zwei Jahre im Wechsel mit dem Preis für die „Buchhandlung des Jahres". Mit diesem

Preis werden belletristische Buchhandlungen ausgezeichnet, die sich in besonderem Maße für die Literaturvermittlung einsetzen und das Besondere (Nischenliteratur) und das Ausgefallene präsentieren. Auf der „Buchlust", einer Messe für kleinere Verlage und Kunstpressen, präsentieren sich jährlich Verlage aus Nds. und anderen Bundesländern mit ihren Produkten im Künstlerhaus in Hannover.

**Literaturbüros** – Im Bereich der Rezeption von Literatur sind sechs Literaturbüros als Kompetenzzentren in den Regionen tätig. Jedes Literaturbüro hat ein eigenes Profil. Sie organisieren in ihren Städten – Braunschweig, Göttingen, Hannover, Lüneburg, Oldenburg und Osnabrück – literarische Veranstaltungen mit deutschen und internationalen Gästen, beraten Autoren sowie andere Literaturveranstalter aus den Regionen, tragen zur Vernetzung der verschiedenen Kultursparten bei, betreuen Stipendien, unterstützen Buchprojekte und vieles mehr. Sie werden vom Land, den Kommunen und Sponsoren gefördert. Lesungen werden auch von Buchhandlungen und → Bibliotheken, beim → Rundfunk (NDR), in Theatern, beim Literarischen Salon an der Universität Hannover oder von literarischen Gesellschaften und Vereinigungen durchgeführt.

Die Hauptaufgabe des Friedrich-Bödecker-Kreises ist die Förderung und Vermittlung von Kinder- und Jugendliteratur. Der Verein mit Sitz in Hannover organisiert im Jahr rund 1 000 Schullesungen und ermöglicht dadurch Kindern und Jugendlichen die Begegnung mit Autoren. Auch dieser Verein wird vom Land Nds. gefördert.

→ Stiftungen wie die Stiftung Niedersachsen oder die VGH-Stiftung führen eigene literarische Projekte durch und fördern – wie auch die Lottostiftung oder die Stiftung Nds. Volksbanken und Raiffeisenbanken – Projekte verschiedener Veranstalter. All diese Gruppen, Institutionen und Vereine, aber vor allem die Autoren tragen dazu bei, dass die literarische Landschaft in Nds. auch in Zukunft interessant und vielseitig bleibt.

*Kerstin Fischer*

## Lössbörden

**Bezeichnung** – Börde leitet sich von niederdeutsch „bören" her, was soviel heißt wie „tragen, ertragreich" und sich auf die feinkörnigen, steinfreien und leicht kalkhaltigen Lehmböden bezieht, die sich nach der letzten Eiszeit als Schwarzerden oder Parabraunerden auf den Lössstaubschichten entwickelt haben.

**Raum und Kultur** – Die Lössbörden bilden zusammen mit → Geest und → Küstengebiet die Norddeutsche Tiefebene und nehmen etwa vier Fünftel der Fläche Nds. ein.

Seit Jahrhunderten bezieht dieser fruchtbare Landschaftsraum, der als ein mehr oder minder breiter Saum dem Nordrand der Mittelgebirge vorgelagert ist, seinen Wohlstand aus dem Boden, der eine besonders ertragreiche Landwirtschaft ermöglichte. Die Folge war eine hohe Siedlungsdichte mit größeren und zahlreicheren Dörfern und Städten als in der im Norden anschließenden Geest.

In der Börde trafen sich alte und wichtige Handelsstraßen, die Westen und Osten verbanden und sich mit der durch das Leinetal laufenden Nord-Süd-Verbindung kreuzten. Seit dem frühen Mittelalter entwickelte sich die Börde zur wichtigsten Wirtschafts- und Herrschaftsregion in Norddeutschland.

Die Lössbörden, die nördlich von Osnabrück zwischen Wiehengebirge und

Rübenernte auf der Hildesheimer Börde. Hier auf den wertvollsten Böden Deutschlands dominiert die Landwirtschaft.

Mittellandkanal als schmales Band beginnen, verbreitern sich über die Schaumburger, Calenberger und Hildesheimer Börde nach Osten, bis sie im Gebiet von Salzgitter und Helmstedt eine Breite von fast 40 km erreichen.

Die hier auf den wertvollsten Böden Deutschlands dominierende Landwirtschaft hat die ehemalige Waldvegetation bis auf Reste verdrängt. Angebaut werden hauptsächlich anspruchsvolle Feldfrüchte, mit denen Spitzenerträge erzielt werden können (Weizen, Zuckerrüben).

*Redaktion*

## Maritime Wirtschaft

Zur maritimen Wirtschaft gehören die Seehäfen, der Schiffbau, die Hochsee- und Küstenfischerei (→ Fischerei) sowie die Windenergienutzung auf hoher See (Offshore).

**Seehäfen** – Die 15 nds. Seehäfen schlugen im Jahr 2003 insgesamt 57,9 Mio. t Güter um, 2,1 % mehr als im Vorjahr. Seit Ende der 1990er Jahre liegt das Umschlagergebnis der Seehäfen stets bei etwa 60 Mio. t und damit deutlich höher als in der Vergangenheit. 1980 waren es erst 53 Mio. t, 1990 33 Mio. t. Die Ursache liegt in der starken Zunahme der internationalen Warenströme.

Die nds. Seehäfen sind deutlich kleiner als Hamburg (93,6 Mio. t Güterumschlag) und vor allem Rotterdam (328 Mio. t) in den Niederlanden und Antwerpen (143 Mio. t) in Belgien. Die nds. Häfen schlagen aber mehr um als die bremischen Häfen (42,5 Mio. t).

Die nds. Seehäfen sind von unterschiedlicher Bedeutung. Bei weitem größter Hafen des Landes und drittgrößter in Deutschland ist Wilhelmshaven mit 39,4 Mio. t Umschlag. Brake (5,2

Mio. t), Bützfleth (4,2 Mio. t), Emden (3,3 Mio. t) und Nordenham (2,9 Mio. t) sind deutlich kleiner.

Wilhelmshaven ist der einzige Tiefwasserhafen Deutschlands. Ursprünglich im 19. Jh. als preußischer Marinestützpunkt gegründet, ist der Hafen heute spezialisiert auf das Löschen von Öltankern. Von Nds. und Bremen wird hier der Jade-Weser-Port geplant, ein Containerhafen, in dem den Planungen zufolge Schiffe mit bis zu 16 m Tiefgang und 430 m Länge abgefertigt werden können. Dieser Hafen soll 2009/2010 fertig sein. Man setzt auf eine weitere Steigerung des internationalen Containerverkehrs, die auch größere Schiffe erfordern wird. Im Blickpunkt sind dabei vor allem die Länder Osteuropas.

**Schiffsbau** – Die Werftindustrie Nds. steht in einem harten globalen Wettbewerb. Die Werften Nds. versuchen, der starken Konkurrenz z.B. fernöstlicher Schiffbaunationen durch eine Spezialisierung auf den technologisch anspruchsvollen Spezialschiffbau standzuhalten. Im Jahr 1990 gab es im Schiffs- und Bootsbau 26 Betriebe (von Unternehmen mit 20 und mehr Beschäftigten) mit 8 548 Beschäftigten. 2003 waren es immer noch 26 Betriebe, die aber nur noch 6 421 Personen beschäftigten. Etwa ein Viertel der Arbeitsplätze ging verloren.

Neben fünf Betrieben im Boots- und Yachtbau sind vor allem die Betriebe im eigentlichen Schiffsbau von Interesse. Diese Branche umfasste 2003 21 Betriebe mit 5.064 Beschäftigten und erzielte einen Umsatz von 810 Mio. €. Das bekannteste Unternehmen ist die Meyer-Werft in Papenburg (Emsland). Deren etwa 2 000 Mitarbeiter fertigen Spezialschiffe, unter anderem luxuriöse Passagierschiffe. Papenburg liegt an der Ems und relativ weit im Binnenland. Für die Überführung der oft riesigen Schiffe ins

Das Kreuzfahtschiff „Norwegian Dawn" in der Werfthalle und davor. Die Meyer Werft in Papenburg hat einen international ausgezeichneten Ruf für den Bau anspruchsvoller Passagierschiffe.

offene Meer muss die Ems angestaut werden.

**Windenergie – Offshore –** Die Windenergienutzung im *Offshore-Bereich* birgt wegen der Windverhältnisse in der Nordsee große Potenziale, ist aber auf Grund von Nutzungskonflikten nicht unumstritten. „Offshore" bedeutet wörtlich: entfernt von der Küste, der Küste vorgelagert. An Land sind mittlerweile die günstigsten Standorte für Windkrafträder besetzt. Auf See hingegen blasen die Winde stetiger und stärker. Bis 2030 sollen darum Windkraftanlagen mit 20 000 bis 25 000 MW Leistung im Offshore-Bereich installiert werden. Diese sollen etwa 10 % des deutschen Strombedarfs decken und damit einen Beitrag zur Ressourcenschonung, zum Klimaschutz und zur Verringerung der Abhängigkeit von fossiler Energie und Kernenergie leisten. Dabei kann es Konflikte mit dem Naturschutz geben: Seevögel können durch die Rotoren gestört werden; auch der Lebensraum von Meeressäugern und Fischen kann durch die Bautätigkeit auf hoher See beeinträchtigt werden. Außerdem muss die Gefahr von Schiffskollisionen mit den Anlagen vermieden werden, und es werden auch optische Beeinträchtigungen, die dem → Tourismus auf den Inseln schaden könnten, befürchtet. Daher sollen die Anlagen weitab von der Küste und in relativ großen Wassertiefen gebaut werden. Der bereits genehmigte Offshore-Windpark „Borkum Riffgrund" sieht ab 2005 den Bau von zunächst 77 Windenergieanlagen mit 277 MW installierter Leistung 38 km nördlich von Borkum in 23 bis 29 m Wassertiefe vor.

*Lothar Eichhorn*

# Menschen mit Behinderungen

**Begriff –** Menschen mit Behinderungen werden oft unter dem Aspekt „soziale Probleme" in unserer Gesellschaft betrachtet. Behinderte sind unterprivilegiert, sie sind von vielen sozial hochbewerteten Aktivitäten ausgeschlossen. Behinderung bedeutet eine „Andersartigkeit", eine Abweichung von herrschenden Normen, und wird i.d.R. negativ bewertet. D.h. Menschen mit Behinderungen sind Diskriminierungen, Vorurteilen und Stigmatisierungen ausgesetzt. Historisch dominierte die medizinische Sichtweise, in der Behinderung als ein unveränderlich gedachtes Wesensmerkmal einer Person galt, und damit die gesellschaftliche Ausgrenzung der Behinderten legitimierte, die die Sonderpädagogik organisierte und praktizierte. Dies hat Folgen bis heute.

Eine Reihe von Gesetzen betrifft behinderte Menschen: das Grundgesetz (GG), das Schwerbehindertengesetz (SchwbG), das Sozialgesetzbuch (SGB), das Bundessozialhilfegesetz (BSHG), das Gesetz über die Versorgung der Opfer des Krieges (BVG) sowie diverse Steuergesetze.

**Definition von Behinderung –** Die genaue Anzahl von Menschen mit Behinderungen in einer Gesellschaft zu benennen, ist nahezu unmöglich, denn dies hängt entscheidend davon ab, welche Personenkreise man als behindert betrachtet. Dies ist also weitgehend eine Frage der Definition von Behinderung, wobei sich wiederum das Problem ergibt, dass es zahlreiche Definitionen gibt, die erheblich voneinander abweichen, da sie unterschiedlichen Disziplinen entstammen, was außerdem zu unterschiedlichen Konsequenzen führen kann. Die wohl am weitesten verbreite-

te und akzeptierte Definition ist die der Weltgesundheitsorganisation (World Health Organisation – WHO), wonach folgende Dreiteilung vorgenommen wird:
– impairment (Schädigung): Störung auf der organischen Ebene,
– disability (Fähigkeitsstörung): Störung auf der personalen Ebene,
– handicap (soziale Beinträchtigung/Behinderung): Konsequenzen auf der sozialen Ebene.

Den gesellschaftlichen Aspekten von Behinderung wird in der revidierten Fassung der WHO von 2001 mehr Bedeutung beigemessen, und man rückt von der Defizitorientierung ab: So wird von Aktivitäten statt Fähigkeitsstörungen und von Partizipation statt sozialer Beeinträchtigung gesprochen, was den Menschen als Subjekt seiner Fähigkeiten hervorheben soll.

Zur Klärung der Frage, wie viele und welche Personen in Nds. als behindert gelten, greift man aber aus pragmatischen Gründen auf die Zahlen des Nds. Landesamtes für Statistik zurück. Grundlage der Schwerbehindertenstatistik bildet seit 2001 der § 131 SGB IX. Ob eine Behinderung vorliegt, wird auf Antrag des behinderten Menschen vom zuständigen Versorgungsamt geprüft; dabei werden die Auswirkungen auf die Teilhabe am Leben in der Gesellschaft als Grad der Behinderung (20 – 100) festgestellt. In der Statistik werden als schwerbehindert die Menschen mit einem Grad der Behinderung von wenigstens 50 aufgeführt. Danach gibt es im Jahre 2001 in Nds. 676 573 schwerbehinderte Menschen, davon fast die Hälfte, nämlich 315 568, Frauen. Bei ungefähr acht Mio. nds. Einwohnern muss also jeder zwölfte (8,5 %) mit schwer wiegenden gesundheitlichen Beeinträchtigungen leben. Die größte Gruppe machen die Körperbehinderten aus (237 925), gefolgt von Schwerbehinder-

ten mit Funktionsbeeinträchtigungen innerer Organe (185 930), Sehbehinderten (38 459), Sprach- und Hörbehinderten (26 039), psychisch Behinderten (24 752), Lern- und Geistigbehinderten (11 832). Betrachten wir die Altersverteilung aller Behinderungsarten, so wird deutlich, dass die Anzahl der Schwerbehinderten mit fortschreitendem Alter zunimmt: bis 18-Jährige: 19 091, 18- bis 35-Jährige: 33 740, 35- bis 55-Jährige: 115 387, 55- bis 70-Jährige: 198 429, über 70-Jährige: 283 880.

**Rechtliche Regelungen** – Nach Art. 3, Abs. 3 GG besteht ein Recht auf Chancengleichheit. Behinderte und von Behinderung bedrohte → Kinder und Jugendliche (→ Jugend) sollen durch individuelle Hilfen eine ihren persönlichen Möglichkeiten entsprechende schulische Bildung und Erziehung erhalten, um berufliche Eingliederung, gesellschaftliche Teilhabe und selbstständige Lebensgestaltung zu gewährleisten. Um dies zu ermöglichen, gibt es in Nds. seit 1945 ein differenziertes System von Sonderschulen mit besonderen → Schulen für fast jede Behinderungsart (insgesamt für zehn Behinderungsarten). Zusätzlich gibt es, und dies ist eine nds. Besonderheit, zahlreiche Tagesbildungsstätten in der Trägerschaft des Landes, die sozusagen als Ersatzschulen fungieren.

**Pädagogische Maßnahmen** – Mit dem zunehmenden Wissen um die Bedeutung frühzeitiger Erkennung von Entwicklungsverzögerungen, von drohenden oder bestehenden Behinderungen hat sich seit Beginn der 70er Jahre – abgeleitet aus § 39 BSHG – die Frühförderung als ambulante und mobile Dienstleistung aufgebaut. Pädagogische Frühförderung ist eine Eingliederungshilfe gemäß BSHG mit heilpädagogischen Maßnahmen für Kinder, die noch nicht im schulpflichtigen Alter sind.

Sonderschulen sind Bildungseinrichtungen für Kinder und Jugendliche im schulpflichtigen Alter, die wegen ihrer Behinderung auf anderen Schulen nicht ausreichend gefördert werden können. Auf diese Schulen gehen also Kinder, bei denen ein „sonderpädagogischer Förderbedarf" festgestellt wurde. Nach Angaben des Verbandes Deutscher Sonderschulen haben bis zu 6 % aller schulpflichtigen Kinder Entwicklungsprobleme, die im schulischen Unterricht besondere Hilfe erfordern. Dabei stellen die Schülerinnen und Schüler mit sog. Lernbehinderungen (neuerdings „Beeinträchtigungen des Lernens") den größten Anteil dar. Sozialstatistische Untersuchungen belegen, dass über 90 % der Schülerinnen und Schüler in der Schule für Lernbehinderte aus unteren bis untersten sozialen Schichten stammen und Kinder nichtdeutscher Herkunft überrepräsentiert sind.

Aus der Kritik an der Sonderschule, besonders daran, dass sie ihre Ziele einer gesellschaftlichen Integration nicht oder nur teilweise erreicht, ist die Forderung nach zunehmender Integration in Regelschulen entstanden. Im Nds. Schulgesetz von 1993 ist die Integration von Kindern mit sonderpädagogischem Förderbedarf in Regelschulen sogar gesetzlich verankert. Dies hat aber an der weiteren Existenz unterschiedlicher Sonderschulformen nichts geändert. Die politische und auch pädagogische Auseinandersetzung darüber, ob eine Sonderbeschulung oder eine integrative Beschulung von Behinderten besser ist, dauert an.

Nach der Schulzeit stellt sich für alle Behinderten hauptsächlich ein Problem, nämlich das der sozialen und beruflichen Integration. Beides ist nicht getrennt zu sehen, denn bei der zentralen Bedeutung, die der Beruf in unserer Gesellschaft hat, ist eine soziale Integration ohne berufliche Integration kaum möglich. Die größten Schwierigkeiten bestehen dabei für intellektuell Behinderte, insbesondere für geistig Behinderte. Die Hindernisse liegen dabei nicht nur in der aktuellen Arbeitsmarktsituation, sondern auch in Vorurteilen und Stigmatisierungen.

**Berufliche Förderung** – Um die Eingliederung zu erleichtern, ist gesetzlich vorgeschrieben, dass jeder Betrieb ab einer bestimmten Größe einen bestimmten Prozentsatz seiner Arbeitsplätze mit Behinderten besetzen muss. Geschieht dies nicht, ist eine Ausgleichsabgabe zu zahlen. Da viele Arbeitgeber es vorziehen, diese geringe Abgabe (ca. 100 – 260 € monatlich für einen nichtbesetzten Arbeitsplatz) zu zahlen, statt Behinderte zu beschäftigen, ist es nötig, weitere Maßnahmen zur beruflichen Eingliederung zu ergreifen. So werden u.a. die Mittel aus der Ausgleichsabgabe über die Bundesagentur für Arbeit für entsprechende Projekte verwendet. Förderungsfähige Einrichtungen sind nach § 30 der Schwerbehinderten-Ausgleichsabgabeverordnung Berufsbildungswerke und Berufsförderungswerke, in denen nicht nur Schwerbehinderte, sondern auch leichter Behinderte gefördert werden.

Förderungsfähig sind aber auch die Werkstätten für Behinderte (WfB) mit einem Anteil von rund 80 % geistig Behinderter bei den Werkstattmitarbeitern. Diese Einrichtungen sind inzwischen bundesweit sehr gut ausgebaut. Sie wurden 2001 in Werkstätten für behinderte Menschen (WfBM) umbenannt. Es gibt in Deutschland 666 WfBMs, die ein Anerkennungsverfahren bestanden haben, davon 59 in Nds. Nach einer Statistik des Bundesministeriums für Arbeit und Sozialordnung von 2003 gibt es in Nds. 21 470 Werkstattarbeitsplätze. Das sind 4,28 Plätze pro 1 000 Einwohner. Rund 42 % dieser

Plätze sind mit Frauen besetzt. Die Aufnahmevoraussetzungen sind im § 136f des SGB geregelt.

Die WfBMs sind in zwei Bereiche gegliedert. Im Berufsbildungsbereich sollen in einer Zeit von bis zu zwei Jahren vor allem fachliche und soziale Schlüsselqualifikationen vermittelt werden, die dann eine Vermittlung in den allgemeinen → Arbeitsmarkt ermöglichen. Für Personen, denen dies nicht gelingt, steht dann im Anschluss der Produktionsbereich (Arbeitsbereich) zur Verfügung. Hier besteht die Möglichkeit, entweder auf Dauer oder zumindest solange zu arbeiten, bis eine Vermittlung in den allgemeinen Arbeitsmarkt umgesetzt ist. Im Arbeitsbereich hat die Produktion Vorrang vor der pädagogischen Förderung.

Die WfBM erfüllt allerdings die ihr gesetzten Ziele nicht. Nur ungefähr 1 % der Werkstattmitarbeiter konnte bisher in den Arbeitsmarkt vermittelt werden. Diese Situation hat in der letzten Zeit eine verstärkte Diskussion über Alternativen zum Arbeitsbereich der WfBM angeregt. Dazu gehören sowohl die Schaffung von Außenarbeitsplätzen in Betrieben als auch die Einrichtung externer Fachdienste für Integration. Neu ist aber der Weg, den Nds. geht. Statt eines eigenständigen Fachdienstes für Integration ist vorgesehen, dass ab dem Jahr 2000 in jeder WfBM mit mehr als 120 Beschäftigten (Mindestgröße) je ein Beauftragter für Qualifikation und Eingliederung in den allgemeinen Arbeitsmarkt eingestellt werden soll. Die Aufgabe dieser Personen ist es, die Konzepte für die Integration in den Werkstätten zu entwickeln, die Eingliederung vorzubereiten und in den Betrieben dann zu begleiten. Eine andere Überlegung geht dahin, die WfBM als ein marktwirtschaftliches Unternehmen mit einer besonderen Klientel selbstbewusster zu präsentieren. Es ist zu hoffen, dass auf diesen Wegen deutlich mehr behinderte Menschen beruflich und damit auch sozial integriert werden können als bisher. Das ist auch eine wichtige Voraussetzung für den Abbau von Vorurteilen, für Prozesse der Entstigmatisierung und für die gesellschaftliche Partizipation von Menschen mit Behinderungen.

*Dietlinde Gipser und Gerd Laga*

## Messen

Messen zählen für die Wirtschaft zu den wichtigsten Marketinginstrumenten. Sie helfen den Unternehmen, ihre Kompetenz einem breiten Publikum darzustellen und ihr Image zu verbessern. Messen bieten Besuchern den Vorteil, sich konzentriert über das Marktangebot und Produkte informieren zu können. Unterschieden wird nach Leitmessen, Fachmessen und Publikumsmessen. Leitmessen haben eine weltweite Bedeutung und sprechen hauptsächlich ein Fachpublikum an. Fachmessen sind regelmäßig stattfindende Veranstaltungen verschiedener Industriezweige, die ebenfalls Fachbesuchern vorbehalten sind. Publikumsmessen richten sich an Endverbraucher. Die Grenzen zwischen den verschiedenen Messentypen sind jedoch fließend.

**Messestandort Nds.** – Der Messestandort Nds. wird geprägt durch die Deutsche Messe AG, einen der führenden Messeveranstalter weltweit, der seinen Firmensitz in Hannover hat und über das größte Messegelände der Welt verfügt. Es hat eine Gesamtfläche von 1 000 000 qm und bietet in 27 Hallen eine Ausstellungsfläche von 500 000 qm. Einen weiteren Messeschwerpunkt in Nds. bildet die Weser-Ems-Halle Oldenburg GmbH in Oldenburg, die über eine Hallenfläche von 12 000 qm verfügt und sich auf Publikumsmessen für die Nordwest-Region spezialisiert hat. Daneben gibt es eine Vielzahl von Veranstaltern mit lokaler Bedeutung.

Die Deutsche Messe AG wurde 1947 als Deutsche Messe- und Ausstellungs-AG gegründet. Ihre bekanntesten Messen sind die CeBIT, die weltgrößte Fachmesse für Informationstechnologie und Telekommunikation, und die HANNOVER MESSE, die eine Vielzahl internationaler Leitmessen bündelt und die weltgrößte Technologiemesse ist. Aber auch die DOMOTEX, die Weltleitmesse für Teppiche und Bodenbeläge, die IAA Nutzfahrzeuge, die weltweit größte Nutzfahrzeug-Ausstellung, und die LIGNA+, Leitmesse für die → Forst- und Holzwirtschaft, finden in Hannover statt. Das zieht hunderttausende von Menschen in die Region. 2003 verzeichnete der Messeplatz Hannover 1 792 000 Besucher. 276 000 davon kamen aus dem Ausland zu den Veranstaltungen. Die Gesamtzahl der Aussteller lag 2003 bei 23 333 Unternehmen mit einem Auslandsanteil von rund 39 %.

Allein zur CeBIT kommen jährlich über 500 000 Besucher, davon mehr als 20 % aus dem Ausland, nach Hannover. Die Zahl der Aussteller erreichte in Boomzeiten der IT-Technologie mehr als 7 000, heute sind es noch immer weit über 6 000. Auch die HANNOVER MESSE, als zweiter großer Imageträger des Messestandorts Hannover, kann mit ähnlichen Zahlen aufwarten: Jährlich kommen rund 5 000 Aussteller und bis zu 200 000 Besucher, darunter ein gutes Viertel aus dem Ausland, denn jede einzelne Messe unter dem Dach der HANNOVER MESSE ist in ihrer Branche weltweit die Nr. 1. Zum Portfolio der Deutschen Messe AG gehören im Weiteren auch Fachmessen wie die „Altenpflege" oder die dental informa.

Der Messeplatz Hannover ist neben den internationalen Leitmessen auch Standort für eine große Zahl von Endverbrauchermessen wie z.B. ABF, Infa und Pferd & JAGD. Veranstalter dieser Messen ist die inländische Tochtergesellschaft Fachausstellungen Heckmann GmbH.

Nicht nur die Besucher und Aussteller auf der Messe profitieren von diesen Veranstaltungen, sondern die gesamte Region. Das belegen einige sozioökonomische Eckdaten: Allein die in Hannover stattfindenden Messen erwirken einen Kaufkraftzuwachs von mehr als einer Dreiviertelmilliarde Euro als Primäreffekt, also erwirtschaftet durch die Ausgaben von Ausstellern, Besuchern und aufgrund des reinen Messeumsatzes. Der Sekundäreffekt, also das zusätzliche Produktionsvolumen aufgrund von Ausgaben für Messebauunternehmen, Caterern u.a., liegt zwischen 1,3 und 1,6 Mrd. €. Hinzu kommt der Beschäftigungseffekt: Die Messe in Hannover sichert insgesamt etwa 16 000 bis 18 000 Vollarbeitsplätze. Als Wirtschaftsunternehmen hat der Konzern Deutsche Messe AG im Jahr 2003 rund 254 Mio. € umgesetzt.

In die Weser-Ems-Halle nach Oldenburg kommen jährlich rund 350 000 Besucher. Die größten Messen und Ausstellungen sind der Oldenburger Herbst mit 71 000 Besuchern und die Blumenschau mit Frühjahrsmesse, die 65 000 Zuschauer anlockt. Die Weser-Ems-Halle GmbH hat einen Umsatz von rund 5,8 Mio. €, in der Stadt Oldenburg sorgt die Messe für 23 Mio. € zusätzliche Umsätze, weitere 9 Mio. € fließen in die Region Weser-Ems.

Wegen der großen wirtschaftlichen Bedeutung von Messen will die nds. Landesregierung den Kongress- und Messestandort Nds. weiterentwickeln (Ministerpräsident Christian Wulff, Regierungserklärung vom 4.3.2003). Darum fördert das Land Nds. beispielsweise die Teilnahme von nds. Firmen an

Gemeinschaftsständen im Inland sowie Einzel- und Gemeinschaftsbeteiligungen im Ausland. Firmen erhalten zwischen 50 und 80 % Förderung, maximal 3 000 (Inland) bzw. 6 000 € (Ausland) (Quelle: Landesgewerbeförderungsstelle des Nds. Handwerks e.V.). *Sepp D. Heckmann*

## Ministerpräsident

**Grundlagen** – Der Ministerpräsident ist der Chef der → Landesregierung. Wie der Bundeskanzler wird auch er als einziges Regierungsmitglied vom Parlament (Landtag) gewählt. Damit ist auch nur er dem → Landtag für seine Politik verantwortlich. Diesem Verhältnis entspricht, dass der Ministerpräsident die Zahl der Ministerien und deren Organisationsbereiche festlegt, sodass er innerhalb der Landesregierung die Organisationsgewalt hat. Er bestimmt darüber hinaus die Richtlinien der Politik und ernennt und entlässt die Regierungsmitglieder, seine Minister. Ein Sturz der Landesregierung kann nur durch ein konstruktives Misstrauensvotum des Landtages herbeigeführt werden, indem dieser einen neuen Ministerpräsidenten wählt. Tritt dieser von sich aus zurück, so bedeutet dies ebenfalls das Ende der gesamten Landesregierung. Diese kanzlerdemokratische Form soll der Geschlossenheit und Handlungsfähigkeit der Landesregierung dienen.

**Funktionen** – Der Ministerpräsident übt zudem einige Funktionen aus, die denen eines Staatsoberhauptes entsprechen. So steht ihm im Einzelfall das Begnadigungsrecht zu, und er vertritt das Land Nds. nach außen. Zur Erfüllung seiner Aufgaben benötigt der Regierungschef einen ihm zugeordneten Unterbau, die Staatskanzlei. In diesem „Ministerium

des Ministerpräsidenten" werden die Ziele der Landesregierung in konkrete Planungen umgesetzt und an die verschiedenen Ministerien delegiert. Stabsabteilungen kontrollieren den Erfolg und liefern dem Ministerpräsidenten wichtige Entscheidungshilfen. Geleitet wird die Staatskanzlei von einem Staatssekretär, dem als Chef der Bediensteten der administrative Bereich unterliegt, während der Ministerpräsident sich in erster Linie mit politisch-inhaltlichen Fragen befassen sowie Öffentlichkeits- und Repräsentationsfunktionen wahrnehmen kann. Wie die anderen neun Ministerien gliedert sich auch die Staatskanzlei in Abteilungen und Referate. Neben der Abteilung für Ressortkoordinierung gibt es zwei weitere Abteilungen, die direkt dem Chef der Staatskanzlei untergeordnet sind (Recht, Verwaltung, Medien; Europa, Internationale Zusammenarbeit). Eine vierte – ausgelagerte – Abteilung ist die Vertretung des Landes Nds. beim Bund. Diese untersteht einem weiteren Staatssekretär.

**Politischer Prozess** – Aus den formellen Befugnissen des Ministerpräsidenten lässt sich jedoch nicht ableiten, dass er diese auch unbeeinflusst ausüben kann. Der Spielraum hängt in erster Linie von den politischen Umständen ab. Bereits bei der Auswahl der Minister ist der Ministerpräsident eingeschränkt, da dem Koalitionspartner bestimmte Ressorts eingeräumt werden müssen. Dieser bestimmt i.d.R. auch, wer diese Posten besetzt. Die Richtlinienkompetenz des Ministerpräsidenten erscheint daher gegenüber den Ministern des Koalitionspartners kaum einsetzbar. Beeinflusst wird die politische Stellung des Regierungschefs auch von der Position innerhalb seiner eigenen Partei sowie von parteiinternen Machtgruppen, auf die er Rücksicht nehmen muss. Auch hier kann er seine Minister nicht unbedingt nach eigenen Präferenzen wählen, sondern er ist angehalten, bei der Besetzung der Kabinettsitze einen gewissen Proporz zwischen den Machtgruppen zu beachten, damit die Balance zwischen den innerparteilichen politischen Richtungen gewahrt wird. Von seinem persönlichen Geschick hängt es ab, inwieweit er vor diesem Hintergrund auf Fraktionen und Koalitionsparteien einwirken kann, damit seine Ziele auch die der gesamten Regierung werden. *Tim Gburreck*

## Museen

**Allgemeines** – Museen gehören in Deutschland zu den etablierten Kultureinrichtungen. Ihre Aufgabe ist es, originale Zeugnisse der Kultur und Natur zu sammeln, zu bewahren, zu erforschen und zu vermitteln. In Deutschland gibt es zurzeit über 6 000 Museen und Sammlungen. In dieser Statistik sind große international bekannte Museen mitgezählt, aber ebenso eine große Zahl kleiner Museen.

Zentrale Aufgabe der Museen ist die Vermittlungsarbeit durch eine ansprechende Ausstellung (als Dauerausstellung oder wechselnden Sonderausstellungen). In der Ausstellung werden von den Museumswissenschaftlern die herausragendsten Objekte zusammengestellt, präsentiert und Text und Bild erläutert. Zunehmend kommen mediale Vermittlungsformen (Hörstationen, Computer etc.) dazu. Da die Objekte selbst nicht ihre Geschichte erzählen können, ist die wichtigste Form der Vermittlung die Führung durch Personen (Museumswissenschaftler, Museumspädagogen u.a.). Zusätzlich bieten viele Museen museumspädagogische Programme an, in denen Objekte auch einmal angefasst werden dürfen, selbst ausprobiert werden oder selbst etwas hergestellt werden kann. Zur Information, wo welche Museen zu finden sind, dient der regelmäßig aktualisierte „Museumsführer Niedersachsen / Bremen" und der „Museumsführer für Kinder". Viele Museen verfügen über informative Seiten im Internet.

Klassische Museumsarten sind Museen zur Stadt- und Heimatgeschichte, Freilichtmuseen, Kunstmuseen, Archäologische Museen, Völkerkundemuseen, Naturkundliche und Naturwissenschaftliche Museen, Technische Museen, Museen mit historischen Räumlichkeiten in Baudenkmälern (Burgen, Schlösser, Rathäuser, Klöster), Gedenkstätten mit Ausstellungen.

**Niedersachsen** – In Nds. werden im Moment (2004) etwa 650 Museen und Sammlungen gezählt. Davon sind mehr als die Hälfte der Kategorie „Heimatmuseen" zuzurechnen.

Zu den bekanntesten Museen zählen das Herzog Anton Ulrich-Museum in Braunschweig, die Kunsthalle in Emden und das Sprengel Museum in Hannover. Dies sind Kunstmuseen, sie bewahren bedeutende und international bekannte Kunstwerke auf und werden von einem internationalen Publikum besucht. Neben einer Vielzahl Museen zur Landes-, Regional- und Stadtgeschichte gibt es eine große Zahl kleiner Heimatmuseen und Heimatstuben. Diese sind meist von Vereinen gegründet und werden von den Vereinsmitgliedern ehrenamtlich betreut (→ Vereine; → bürgerschaftliches Engagement).

**Geschichte** – Museen haben unterschiedliche Entstehungsgeschichten, die ihre Sammlung und ihre Trägerschaft maßgeblich prägt. Das älteste Museum in Deutschland hat 2004 in Braunschweig sein 250-jähriges Bestehen feiern können: das Herzog Anton Ulrich-

Das Kunstmuseum Wolfsburg – Zugang zu moderner und zeitgenössischer Kunst für ein breites Publikum

Museum geht auf die Kunstkammer der Braunschweiger Herzöge zurück und war bereits 1754 von Herzog Carl I. als „Kunst- und Naturalienkabinett" einer beschränkten Öffentlichkeit zugänglich gemacht worden. Viele Museen in Residenzstädten wie neben Braunschweig in Hannover und Oldenburg gehen auf solche Kunst- und Raritätenkabinette der Adelshäuser zurück.

Die erste bürgerliche Gründungswelle setzt nach der Reichsgründung 1871 in den Städten ein, gefolgt von Gründungen der „Heimatbewegung" ab den 1890er Jahren. Zahlreiche neue Museen entstehen nach der nds. Gebietsreform in den 1970er Jahren. Hinzu kommen bedeutende → Stiftungen von privaten Sammlern, wie Bernhard Sprengel, der seine Sammlung als Grundstock des Sprengel Museums der Stadt Hannover

stiftete und Henri Nannen, der seine Kunstsammlung zur Errichtung einer Kunsthalle in Emden stiftete.

**Heutige Situation** – Das Land Nds. unterhält selbst sechs staatliche Museen: das Nds. Landesmuseum in Hannover, das Braunschweigische Landesmuseum, das Herzog Anton Ulrich-Museum und das Staatliche Naturhistorische Museum in Braunschweig sowie das Landesmuseum für Kunst und Kulturgeschichte und das Landesmuseum für Natur und Mensch in Oldenburg. Träger, d.h. Finanzierende, von Museen sind im Übrigen zum hohen Anteil → Städte und Gemeinden, Vereine, aber auch Stiftungen, die Kirche, Firmen und Privatpersonen.

Entsprechend den naturräumlichen Voraussetzungen des Landes gibt es in

Nds. eine Vielzahl von Bergbau-Museen im → Harz (z.B. in Clausthal-Zellerfeld, in Goslar am Rammelsberg), Museen zu Moorentwicklung und zum Torfabbau, zur Küste (Küstenschutz, Schifffahrt, Hafenwesen). Die Industrie und die Wirtschaftsgeschichte wird zum Teil in museal genutzten Industrieanlagen wie der letzten Saline in Lüneburg im Deutschen Salzmuseum oder der ältesten erschlossenen Ölquelle im Deutschen Erdölmuseum in Wietze sichtbar. In Bramsche und Delmenhorst wird die einst in Nds. bedeutende Textilindustrie in Museen am alten Industriestandort lebendig gehalten.

Ganze Dorflandschaften mit all ihren früher typischen Bauten sind in drei großen Freilichtmuseen – dem Museumsdorf Cloppenburg, dem Freilichtmuseum am Kiekeberg und dem Museumsdorf Hösseringen – wieder entstanden und machen das Leben auf dem Lande anschaulich.

Heute kommen viele Museen mit sehr speziellen Sammlungsbereichen hinzu: Auto-, Eisenbahn- und Schifffahrtsmuseen, Technikmuseen, Museen zu einzelnen Produkten (Glas, Porzellan, Kork, Stroh oder spezielle Handwerkszweige), die für eine Region typisch sind. Andere Museen widmen sich einzelnen Künstlern (Wilhelm Busch in Hannover, Felix Nussbaum in Osnabrück, Horst Janssen in Oldenburg) oder namhaften Sagengestalten (Till Eulenspiegel in Schöppenstedt, Baron von Münchhausen in Bodenwerder, Rattenfänger in Hameln). Schließlich kommen mehr und mehr Spezialmuseen dazu, die die Sammelleidenschaft einzelner Personen widerspiegeln (Autos, Spielzeug, Uhren etc.). Nicht alle Museen werden dem allgemein geforderten Bildungsanspruch gerecht, sondern sind eher als „Sammlermuseen" zu betrachten.

*Hans Lochmann*

# Musik

**Historisches** – Das musikalische Leben im Land Nds. hat heute eine Struktur, die sich sowohl in der Laienmusik als auch im professionellen Bereich durch eine große Bandbreite auszeichnet. Der Blick in die Musikgeschichte dieses Landes lässt eine ganze Reihe bedeutender Namen erkennen. Bereits 1587 gründete Herzog Julius die erste Wolfenbütteler Hofkapelle. Hier wirkten Michael Prätorius (1571 oder 1572–1619, Kirchenmusiker, Komponist, Gelehrter) und Heinrich Schütz (1585–1672) als Hofkapellmeister. Die Reihe der in Hannover tätigen Hofkapellmeister ist beachtlich: Sie reicht von Agostino Steffani (1654–1728) über Georg Friedrich Händel (1685–1759) bis zu Heinrich August Marschner (1795–1861), der nahezu 30 Jahre die Musikgeschichte Hannovers prägte.

Johann Sebastian Bach (1685–1750) kam 1700 für knapp drei Jahre zur Ausbildung nach Lüneburg. Joseph Joachim (1831–1907, Geiger und Komponist) wirkte in Hannover. Louis Spohr (1784–1859, Geiger, Dirigent und Komponist) stammt aus Braunschweig, Johann Joachim Quantz (1698–1773, Flötist und Komponist) aus Scheden bei Göttingen. Arp Schnitger (1648–1719), in der Nähe von Oldenburg geboren, ist einer der bedeutendsten Orgelbauer. Auch die Weltmarke Steinway & Sons hatte ihren Ursprung in Nds.: Heinrich Engelhard Steinweg (1792–1871) stammt aus dem Harz. Er wanderte nach New York aus und gründete dort 1853 die bis heute international führende Klavierbaufirma. Der in Hannover gebürtige Emile Berliner (1851–1929) patentierte 1887 in den USA seine Erfindung der Schallplatte, sein Bruder Joseph eröffnete 1898 in Hannover eine der weltweit ersten Schallplattenfabriken.

**Musikfestivals** – 1920 entstand mit den Händel-Festspielen in Göttingen das erste Musikfestival des 20. Jh.; es besteht bis heute fort.

2002 gab es 106 Musikfestivals (aus allen Bereichen der Musik) in Nds., die bei einem Budget von insgesamt ca. 8 Mio. € rund 450 000 Besucher erreichten.

**Professionelles Musikleben** – Die Musikerinnen und Musiker der Orchester, Chöre, Ensembles, Bands und der Musiktheater sowie die Komponistinnen und Komponisten sind die Träger des professionellen Musiklebens. Acht Berufsorchester mit rund 500 Musikern bestehen in Nds.: die Orchester der Staatstheater Hannover, Braunschweig und Oldenburg, des Stadttheaters Hildesheim, des Theaters Lüneburg und der Städtischen Bühnen Osnabrück, die Radiophilharmonie Hannover und das Göttinger Symphonie Orchester. Mehrere tausend Musiker und Musikpädagogen, Komponisten, Sänger (als Solisten und im Chor an den o.g. Theatern) sowie Dirigenten/Chorleiter, Kirchenmusiker etc. kommen hinzu.

**Musikpädagogik** – Eine musikalische (Grund-)Ausbildung bieten Schulen, Musikschulen, Musikvereine oder auch Privatmusiklehrer an. Allein 80 000 Schülerinnen und Schüler werden an 78 öffentlich geförderten Musikschulen unterrichtet. Schwerpunkte der Musikschulen sind die vorschulische Musikerziehung, der Instrumental- und Gesangsunterricht in allen Altersgruppen (bis hin zur studienvorbereitenden Ausbildung), Ensemble- und Ergänzungsfächer sowie ein vielfältiges Veranstaltungs- und Konzertangebot. Die allgemein bildenden Schulen haben neben dem regulären Musikunterricht eine Reihe neuer Initiativen gestartet. Seit 2001 wird unter dem Titel „Hauptsache: Musik!" eine Kampagne durchgeführt, die die individuelle Talentförderung ebenso wie die soziale Funktion des Lernens beim gemeinsamen Musizieren unterstützt.

Das gemeinsame Musizieren einer Klasse wird zunehmend gefördert und findet vor allem in Form von Bläser-, Streicher-, Chor- oder Keyboard- und Perkussionsklassen statt. So erhalten z.B. alle Schüler einer Bläserklasse zusätzlich zum regulären Musikunterricht Unterricht auf einem Blasinstrument und bilden so bereits nach wenigen Monaten ein spielfähiges Blasorchester bzw. eine Big Band. Für Schülerinnen und Schüler, die ein überdurchschnittliches musikalisches Engagement zeigen, wird an zwölf nds. Gymnasien Musik als Schwerpunktfach mit vier Wochenstunden in den Schuljahrgängen 7 bis 9 angeboten.

Seit 2001 besteht das in seiner Form bundesweit einzigartige Modell „Institut zur Frühförderung musikalisch Hochbegabter" (IFF) an der Hochschule für Musik und Theater in Hannover. Dort werden insgesamt ca. 30 Jugendliche im Alter von 13 bis 18 Jahren von Hochschullehrern unterrichtet. Neben der exzellenten musikalisch-fachlichen Ausbildung ist es ein wesentliches Ziel, die hochbegabten Jugendlichen möglichst im sozialen Kontext der Familie und auf der Basis einer breit angelegten Allgemeinbildung von jenen Schwierigkeiten zu entlasten, die durch die Doppelbelastung Schule und Musikausbildung erfahrungsgemäß entstehen.

**Studium an Hochschule und Universität** – Die Hochschule für Musik und Theater Hannover (HMTH) mit ca. 1 100 Studierenden ist die einzige Musikhochschule Nds. Dort werden Musikerinnen und Musiker, Schauspielerinnen und Schauspieler, Pädagoginnen und Pädagogen sowie Wissenschaftlerinnen und Wissenschaftler für Orchester, Theater,

Schulen, Musikschulen, Hochschulen, für Solokarrieren oder andere freiberufliche Tätigkeiten ausgebildet. Hier lehren international bedeutende Künstlerinnen und Künstler. Die Institute für Musikermedizin, für musikpädagogische Forschung, für Journalistik und Kommunikationsforschung, für Frühförderung musikalisch Hochbegabter, für Jüdische Musik und für Neue Musik geben der Hochschule ein besonderes Profil. Das neugegründete „Popinstitut Hannover" vervollständigt mit seinen Workshops das Angebot der Musikhochschule.

Musiklehrer und Musiklehrerinnen für allgemein bildende Schulen werden auch an den Universitäten in Braunschweig, Hannover, Osnabrück, Oldenburg, Hildesheim und Vechta ausgebildet. Eine Besonderheit weist die Fachhochschule Osnabrück auf: Durch die Integration des früheren Konservatoriums ist es dort möglich, in enger Zusammenarbeit mit der Städtischen Musikschule künftige Musikschullehrer besonders praxisnah auszubilden.

**Wissenschaft, Bibliotheken, Archive** – Die Universitäten in Göttingen, Oldenburg, Osnabrück, Hildesheim und Lüneburg verfügen über musikwissenschaftliche bzw. kulturwissenschaftliche Einrichtungen. In Göttingen sind mit der Händel-Gesellschaft und dem Johann-Sebastian-Bach-Institut zwei wissenschaftliche Einrichtungen beheimatet.

Insgesamt 17 wissenschaftliche → Bibliotheken und Archive sind in Nds. zu verzeichnen, darunter die Herzog-August-Bibliothek mit wertvollen alten Handschriften und Codices und das Archiv der Jugendmusikbewegung (beide in Wolfenbüttel).

Kommunale Musikbibliotheken mit einem Gesamtbestand von rund 200 000 Einheiten gibt es in den Städten Hannover, Braunschweig, Osnabrück, Wolfs-

burg, Wilhelmshaven, Lüneburg, Celle, Cuxhaven und Hameln. Bedeutende Musikinstrumentensammlungen finden sich im Städtischen Museum Braunschweig und an der Universität Göttingen.

Die „Sammlung Laade" (angesiedelt an der HMTH) gilt als eine der größten Privatsammlungen an Klangdokumenten aus allen Teilen der Welt. Das Herzstück des Archivs besteht aus über 44 000 Schallplatten, die verschiedenste Musiktraditionen umfassend dokumentieren. Ferner verfügt das Archiv über mehr als 400 außereuropäische Musikinstrumente, eine umfangreiche Fachbibliothek, eine Videothek sowie Schattenspielfiguren und Tanzmasken.

**Kirchenmusik und synagogale Musik** – Die Entwicklung der Musik in Mitteleuropa ist ohne Kenntnis der Kirchenmusik nicht zu verstehen. Musiker und Komponisten standen im Dienste der Kirche, musikalische Bildung erfolgte im Rahmen der Kirche. Erst im 19. Jh. entstand nach und nach auch eine weltliche (bürgerliche) Musikkultur.

Für die Kirchenmusik ist die Orgel das wichtigste Instrument. Der norddeutsche Kulturraum ist mit seinem wertvollen historischen Orgelbestand von rund 350 Instrumenten aus sechs Jahrhunderten die reichste Orgellandschaft der Welt und damit ein internationales Kulturerbe ersten Ranges. Im Mittelpunkt steht dabei das Werk des bedeutenden Orgelbauers aus und in dieser Region: Arp Schnitger (1648–1719). Heute bemühen sich insbesondere das Organeum in Weener (Ostfriesland) und die Orgelakademie in Stade darum, das allgemeine Interesse für das Musikinstrument Orgel zu erhalten und zu fördern. Im gemeinsamen Netzwerk Nomine (Norddeutsche Orgelmusikkultur in Nds. und Europa) werden Projekte für die Fachwelt, für Forschung und Lehre und für das breite Publikum geplant, abgestimmt und durchgeführt.

Das aktuelle musikalische Leben in den Kirchen des Landes ist vielfältig und von innovativen Impulsen gekennzeichnet. Neben der Pflege der klassischen Kirchenmusik werden neue Formen (Gospel, Jazz, Rock und Pop, liturgischer Tanz, neue Lieder und komplexe Avantgardemusik) erprobt und gefördert. Auch in der Ausbildung spielt die Kirchenmusik eine Rolle: Hauptberufliche Kirchenmusiker werden an der HMTH ausgebildet, nebenberufliche bildet die Kirche selbst aus. Im August 2004 wurde das Zentrum für Gottesdienst und Kirchenmusik in Hildesheim eröffnet – es veranstaltet u.a. Fortbildungsangebote, Tagungen und Seminare und möchte insbesondere für die populäre Musik in der Kirche Akzente setzen.

Das Europäische Zentrum für Jüdische Musik, ein Institut der HMTH, erforscht und dokumentiert seit 1993 die jüdische Musikkultur Mitteleuropas. Der Arbeitsschwerpunkt des Zentrums liegt in der Sammlung bereits verloren geglaubter Belege der synagogalen Musik und deren wissenschaftlicher Bearbeitung. Durch umfangreiche Publikationstätigkeit und eine Vielzahl von öffentlichen Veranstaltungen hat sich das Zentrum seit seinem Bestehen zur zentralen Anlaufstelle sowohl für eine an der eigenen Geschichte interessierten Öffentlichkeit als auch für Vertreter der unterschiedlichsten Kultureinrichtungen entwickelt.

**Preise und Stipendien** – Das Land Nds. vergibt jährlich den „Musikpreis Niedersachsen" als bedeutendste Auszeichnung im Bereich Musik für Künstler aus Nds. Der Spohr-Preis der Stadt Braunschweig ist einer der bedeutendsten Preise für zeitgenössische Komponisten. Der von der Stadt Goslar vergebene Paul-Lincke-Ring zählt zu den wenigen Ehrungen für Verdienste um die deutschsprachige Unterhaltungsmusik.

In den in Nds. vom Land geförderten Stipendienstätten sind für den Musikbereich der Künstlerhof Schreyahn und die Künstlerstätte Worpswede zu nennen. Zwischen 1980 und 2004 sind insgesamt 200 Stipendien vergeben worden, darunter ca. 150 Aufenthaltsstipendien für die beiden Stipendienstätten.

**Musikwettbewerbe** – Eine seit über 40 Jahren bestehende Institution zur Findung und Förderung musikalisch begabter → Kinder und Jugendlicher ist der Wettbewerb „Jugend Musiziert". Jedes Jahr nehmen etwa 1 500 Teilnehmer aus Nds. an diesem Wettbewerb, zunächst auf regionaler Ebene, teil. Rund 500 von ihnen messen sich auf Landesebene, auf Bundesebene sind es durchschnittlich etwa 120 Teilnehmer, von denen viele mit Preisen zurückkehren. Im mehrjährigen Turnus bilden der Nds. Chorwettbewerb und der Nds. Orchesterwettbewerb eine Plattform für die besten nichtprofessionellen Ensembles.

Der Internationale Violinwettbewerb der Stiftung Niedersachsen zählt heute zu den international bekanntesten Musikwettbewerben seiner Art. Bereits seit 1953 wird der Klavierspiel-Wettbewerb der Firma Grotrian-Steinweg ausgetragen. Der Wettbewerb „New Sensation" zielt im Bereich Rock/Pop auf Spitzenförderung. Die Beteiligung von Musikproduzenten am Wettbewerb bedeutet für die Siegerbands wertvolle Starthilfe für ihre weitere Karriere.

**Laienmusik** – Etwa 460 000 Menschen sind in Nds. als sog. Laienmusiker in → Vereinen, → Verbänden, Chören, Orchestern, Kirchen und anderen Institutionen zusammengeschlossen. Rund 40 000 Menschen sind dabei als Ehrenamtliche aktiv in der musikalischen bzw.

organisatorischen Leitung dieser Gruppierungen. Der Landesmusikrat Niedersachsen ist der Dachverband nahezu aller Musikverbände und -Institutionen im Land. Er betreut zahlreiche Initiativen: vom Wettbewerb „Jugend Musiziert" bis zum Nds. Jugendsinfonieorchester, dem Landesjugendchor Niedersachsen, dem Nds. Jugendjazzorchester und dem Jugendblasorchester Niedersachsen.

**Regionale Netzwerke: Kontaktstellen Musik** – Seit 2002 entstehen landesweit regionale Vernetzungsagenturen, sog. Kontaktstellen Musik. Das Kooperations- und Vernetzungsmodell der Kontaktstellen Musik soll die Zusammenarbeit der verschiedenen Institutionen, Verbände und Vereinigungen in den Regionen Nds. befördern und sie bei der Entwicklung gemeinsamer Aufgaben und Zielvorstellungen unterstützen.

**Zeitgenössische Musik** – Mit ambitionierten Konzertreihen und Festivals sind zahlreiche Initiativen entstanden, die sich in Nds. um die Förderung der neuen oder zeitgenössischen Musik bemühen. Die Biennale Neue Musik in Hannover, aber auch zahlreiche Konzertreihen an vielen Orten im Land sorgen ebenso für Verbreitung und Akzeptanz der zeitgenössischen Musik wie auf Neue Musik spezialisierte Ensembles, z.B. Das Neue Ensemble (Hannover), das oh ton Ensemble (Oldenburg) oder das Ensemble L'art pour L'art (Winsen/Luhe). Die Genannten zeichnen sich auch durch intensive Projekte in Zusammenarbeit mit Schulen bzw. Schülern aus. So hat das Ensemble L'art pour L'art eine Kinderkomponistenklasse gegründet, in der Kinder und Jugendliche eigene Werke schaffen und aufführen.

**Jazz, Rock, Pop, Folk und Weltmusik** – Jazz-Festivals wie „Swinging Hannover", das Jazzfestival Göttingen, Jazz-

clubs in Hannover, Oldenburg und an vielen anderen Orten, eine internationale Blues-Szene in Osnabrück, zahlreiche junge professionelle Jazzmusiker, leistungsfähige Schüler-Big-Bands u.v.m. kennzeichnen die vitale Jazz-Szene Nds. Innovative und dezentrale Förderstrukturen (Jazzmobil, Jazzpodium, Wettbewerb und Förderseminare Jugend Jazzt) haben landesweit hochwertige Angebote ermöglicht und dafür gesorgt, dass zahlreiche junge Jazzmusiker aus Nds. auch überregional erfolgreich sind.

Klangvolle Namen der Pop-Branche sind in Nds. zu Hause: Eine der erfolgreichsten deutschen Bands, die „Scorpions", zählt seit Jahren zur internationalen Elite. Kultstatus haben längst auch „Fury in the Slaughterhouse", und Heinz Rudolf Kunze zeigt schon seit vielen Jahren, dass auch bei Songs mit deutschen Texten Intelligenz und Sinnlichkeit mit gut gemachter Rockmusik vereinbar sind. Zur jüngeren Generation erfolgreicher Künstler und Künstlerinnen aus Nds. zählen Sarah Connor, Mousse T. und die Jazzkantine. In der Festivallandschaft sind die Bereiche Rock, Pop, Jazz, Folk und Weltmusik besonders stark vertreten.

**Musikwirtschaft** – Die Zusammenhänge zwischen Kultur und Wirtschaft werden zunehmend erkannt – so hat das Land Nds. 2002 einen ersten Kulturwirtschaftsbericht vorgelegt. Insgesamt wird im Musiksektor mit 2 400 Unternehmen ein Umsatz von 1,5 Mrd. € erzielt.

Klangvolle Namen wie die Klavierbaufirmen Schimmel und Grotrian-Steinweg in Braunschweig, die Universal Manufactoring & Distribution GmbH (früher Deutsche Grammophon Gesellschaft, heute CD-Produzent), der bedeutende Mikrofon- und Kopfhörer-Produzent Sennheiser, junge, international erfolgreiche Musikproduktionsstudios wie Horus-Studios, Peppermint Park/Jam und SPV (alle Hannover), ein überaus erfolgreicher Musikvertrieb wie JPC, das ambitionierte Plattenlabel cpo (beide Georgsmarienhütte), der Verlag Acoustic Music Records in Osnabrück, der alteingesessene Blockflötenhersteller und Verlag Moeck in Celle, der Moeseler Verlag in Wolfenbüttel, Orgelbauer wie Jürgen Ahrend (Leer) sowie die Konzertdirektion Schmid in Hannover sind Bestandteil einer reichen und vielseitigen Musikkultur.

**Rundfunk und Medien** – Ganz wesentlich tragen der öffentlich-rechtliche und der private → Rundfunk dazu bei, dass Musik in all ihren Ausprägungen produziert, verbreitet und gepflegt wird. Grundlage dafür ist bei den öffentlich-rechtlichen Sendern der jeweils in den Staatsverträgen mit unterschiedlichen Akzenten formulierte Grundversorgungsauftrag, zu dem auch die Kultur und damit die Musik gehört. So verbreitet der NDR nicht nur Musik verschiedenster Stile und Richtungen mit seinen unterschiedlichen Programmen, sondern unterhält mit der Radio Philharmonie Hannover auch ein eigenes Orchester mit Sitz im Landesfunkhaus Hannover. Darüber hinaus beteiligen sich sowohl der NDR als auch DeutschlandRadio an Musikfestivals oder anderen Musikveranstaltungen in Nds. Entsprechendes gilt für die privaten nds. Hörfunkveranstalter, wenn auch ganz überwiegend im Bereich Pop/Rock.       *Muchtar Al-Ghusain*

# Nahrungs- und Genussmittelindustrie

Die Nahrungs- und Genussmittelindustrie ist ein Zweig des Verarbeitenden Gewerbes (→ Industrie/Gewerbe). Hierzu gehören das Ernährungsgewerbe sowie die mit nur zwei Betrieben kaum

vertretene Tabakverarbeitung. 2003 gab es im Wirtschaftszweig „Ernährungsgewerbe und Tabakverarbeitung" 787 Betriebe mit 75 167 Beschäftigten. Diese erzielten einen Umsatz von 21,5 Mrd. €, darunter 3 Mrd. € im Ausland. Die Nahrungs- und Genussmittelindustrie ist die zweitgrößte industrielle Branche des Landes. In ihr sind 14 % der Industriebeschäftigten tätig, die 16 % der Umsätze erwirtschaften. Unter den 100 umsatzstärksten Unternehmen Nds. stammen 18 aus dem Ernährungsgewerbe. Bedeutsam ist die Erschließung neuer Märkte, z.B. in Osteuropa. So konnte 2003 der Auslandsumsatz um 7,2 % gesteigert werden, während der Gesamtumsatz um 0,8 % zurückging.

**Regionale Verteilung** – Ungefähr 10 % der Umsätze und Beschäftigten der Industrie Deutschlands entfallen auf Nds. Die nds. Nahrungs- und Genussmittelindustrie kommt auf einen überproportionalen Anteil von 14 %. Dies liegt an der engen Verknüpfung mit Nds. hochproduktiver Landwirtschaft. Die Betriebe konzentrieren sich im Raum Osnabrück-Emsland und im Oldenburger Münsterland. Allein im Landkreis Osnabrück gab es 2003 50 Betriebe mit 8 671 Beschäftigten, wobei vor allem die Stadt Dissen als Sitz von Unternehmen der Fleisch- und Feinkostverarbeitung hervorsticht. Im Landkreis Emsland existierten 41 Betriebe mit 2 848 Beschäftigten, im Landkreis Cloppenburg 39 Betriebe mit 5 510 Beschäftigten und im Landkreis Vechta 40 Betriebe mit 4 340 Beschäftigten. Höhere Zahlen wies nur die Region Hannover (6 418 Personen) auf. In Westniedersachsen liegen agrarische Intensivgebiete – das Oldenburger Münsterland hat europaweit die höchste Viehdichte –, deren Produkte vor Ort weiterverarbeitet und über günstige Verkehrsverbindungen zum Verbraucher gebracht werden.

**Branchengliederung** – Das Ernährungsgewerbe ist vielfältig untergliedert. Zu diesem gehören 206 Betriebe mit 21 980 Beschäftigten in der *Fleischgewinnung und -verarbeitung*, die 5,9 Mrd. € Umsatz erwirtschafteten. Von zunehmender Bedeutung ist die Geflügelschlachterei, deren Umsatz 2003 um 7,7 % anstieg. Das größte nds. Unternehmen in dieser Branche ist die PHW-Gruppe („Wiesenhof") in Visbek (Landkreis Vechta) mit einem Konzernumsatz von 1,1 Mrd. € und weltweit 3 800 Mitarbeitern. Die Firma Gausepohl in Dissen schlachtete 2003 über 1 Mio. Schweine. Die Bedeutung der vor allem in Cuxhaven vertretenen *Fischverarbeitung* ist stark rückläufig (→ Fischerei). 2003 arbeiteten hier 2 287 Beschäftigte in 16 Betrieben und erzielten Umsätze von 510 Mio. €.

In der *Obst- und Gemüseverarbeitung* arbeiteten 5 020 Beschäftigte in 35 Betrieben, die 2003 einen Umsatz von 1,9 Mrd. € erzielten, 12,4 % mehr als im Vorjahr. Hier werden z.B. Pommes Frites, aber auch Gemüsekonserven und Obstsäfte hergestellt. Die Firma Riha aus Rinteln (Landkreis Schaumburg) setzt weltweit 520 Mio. € mit Fruchtsäften, Limonaden und Erfrischungsgetränken um. Die Firma Stöver aus Wildeshausen (Landkreis Oldenburg) erzeugt jährlich 220 000 t Kartoffelfertigprodukte. Ihre Vertragslandwirte in Nds., Sachsen-Anhalt und Mecklenburg-Vorpommern bestellen eine Kartoffelanbaufläche von 7 000 ha.

In der *Milchverarbeitung und Herstellung von Speiseeis* arbeiteten 6 467 Beschäftigte in 36 Betrieben und erwirtschafteten 2003 einen Umsatz von 3,4 Mrd. €. Gegenüber dem Vorjahr nahm die Beschäftigtenzahl um 7,4 % ab, während die Umsätze um 2,7 % stiegen. Bekannt ist das Molkereiunternehmen Frischli aus Rehburg-Loccum (Landkreis Nienburg), dessen bundesweit 500 Mitarbeiter jährlich 580 Mio. l Milch, die von 1 800 bäuerlichen Erzeugern angeliefert wird, verarbeiten.

Insgesamt 19 Betriebe mit 2 638 Beschäftigten und einen Umsatz von 891 Mio. € umfasst die Branche der *Mahl- und Schälmühlen und Stärkeherstellung*. In der *Futtermittelindustrie* sind in 45 Betrieben 3 430 Personen tätig. Der Umsatz von 1,9 Mrd. € war 2003 mit –28,8% stark rückläufig. Das zum Teil handwerklich geprägte *Backwarengewerbe* umfasst 323 Betriebe mit 19 046 Beschäftigten. International bekannt ist die Firma Bahlsen aus Hannover, die mit weltweit 3 900 Mitarbeitern einen Umsatz von 500 Mio. € erzielt. Über die acht *Zuckerfabriken* des Landes sind aus Datenschutzgründen derzeit kaum statistische Daten verfügbar. Braunschweig ist Sitz der Nordzucker AG – des mit weltweit 3 500 Mitarbeitern und 1,1 Mrd. € Umsatz zweitgrößten Zuckerkonzerns Europas. Sie unterhält in Nds. sechs Betriebe. Die geplante Reform der Zuckermarktordnung der EU mit garantierten Mindestpreisen und festen Quoten könnten für diese Branche zur Gefahr werden.

In der *Getränkeindustrie* arbeiteten in 43 Betrieben 3 932 Mitarbeiter. Zu dieser Branche gehören Brauereien wie die hannoversche Brauergilde mit 328 Mio. € Umsatz und Spirituosenbrenner wie die Firma Berentzen aus Haselünne im Emsland, die einen Jahresumsatz von 426 Mio. € erreichte, aber auch 14 Mineralwasserproduzenten mit 1 290 Mitarbeitern.

*Lothar Eichhorn*

# Naturschutzgebiete, Nationalparks und Naturparks

Naturschutzgebiete sind nach dem Nds. Naturschutzgesetz (§ 24 NNatSchG) streng geschützt und werden ausgewiesen, um gefährdete Tier- und Pflanzenarten und Biotope zu erhalten. Hierfür sind Pflege- und Entwicklungspläne erforderlich, worin die Schutzzwecke und die damit verbunden Maßnahmen beschrieben werden. Prinzipiell ist in einem Naturschutzgebiet alles verboten, was das Gebiet selbst oder einzelne Bestandteile bedroht oder gefährdet. Dieses Verbot kann jedoch abgewandelt werden, wenn der Schutzzweck es zulässt. Beispielsweise kann das Betreten eines Gebietes erlaubt werden, wenn die Besucher keine Gefahr für die zu schützende Art darstellen. Hierzu bedarf es einer gründlichen, fortlaufenden Bestandsaufnahme, die das Nds. Landes-

amt für Ökologie durchführt. Die Ausweisung von Naturschutzgebieten ist Aufgabe der oberen Naturschutzbehörden der Bezirksregierungen, während die Kosten für Pflege und Entwicklung beim Land liegen. Die Größe spielt bei der Ausweisung von Naturschutzgebieten keine entscheidende Rolle. Für den Schutz von größeren Gebieten gibt es besondere Schutzausweisungen, die sich in Ursprung und Schutzzweck unterscheiden. Zwei dieser Großschutzgebiete sind die Nationalparks und die Naturparks.

**Nationalparks** – Die ursprüngliche Idee der Nationalparks kommt aus den USA, wo 1872 der Yellowstone-Park als erster Nationalpark geschaffen wurde.

Der Schutzzweck, der im Bundesnaturschutzgesetz festgelegt wurde, bezieht sich auf ein großräumiges Gebiet, das nicht oder wenig menschlich beeinflusst ist und das einen möglichst artenreichen heimischen Tier- und Pflanzenbestand

Der Brocken als höchste Erhebung im Harz mit 1 142 m (liegt aber bereits in Sachsen-Anhalt)

enthält. Mit den Nationalparks „Niedersächsisches Wattenmeer" und „Harz" befinden sich zwei der 13 deutschen Nationalparks in Nds.

Im *Nationalpark „Niedersächsisches Wattenmeer"* findet man eine auf der Erde einzigartige Tier- und Pflanzenwelt mit einem Ökosystem, das vielen Vögeln als Brut-, Rast- und Nahrungsgebiet dient; auch Seehunde leben hier. Das am 1.1.1986 gegründete Schutzgebiet umfasst die Ostfriesischen Inseln, Watt- und Wasserflächen, Salzwiesen, Strände und Dünen. Es erstreckt sich in Ost-West-Richtung vom Dollart bis Cuxhaven und von der seeseitigen Deichlinie bis zu einer Tiefe von 5 – 10 m jenseits der Inseln. Damit umfasst es eine Gesamtfläche von 2 777 qkm, mit 49 % Wattfläche, 44 % permanenter Wasserfläche und 7 % Landflächen (Inseln & Küste). Der Nationalpark ist in drei Schutzzonen eingeteilt, was zugleich dem Schutzgedanken und dem Naturerleben dienen soll:
– Ruhezone (60,7 %)
– Zwischenzone (38,7 %)
– Erholungszone (0,6 %).
Der *Nationalpark Harz* wurde am 1.1. 1994 gegründet. Mit seinen 15 800 ha Fläche komplettiert er den bereits 1990 entstandenen Nationalpark Hochharz im Bundesland Sachsen-Anhalt. Beide bilden mit ihren zusammen ca. 24 700 ha eine naturräumliche Einheit, welche die typischen natürlichen Ökosysteme im → Harz repräsentiert. Der nds. Teil des Nationalparks reicht vom Südrand des Mittelgebirges bei Herzberg über die Hochlagen bis zum Nordrand bei Bad Harzburg.

Die unterschiedlichen Baumarten (95 % des Gebietes sind bewaldet), der große Höhenunterschied von fast 700 m, unterschiedliche Reliefformen, verschiedene geologische Verhältnisse und viele Fließgewässer führen zur Bildung einer Vielzahl verschiedener Biotoptypen.

**Naturparks** – Die Naturparkidee hat ihren Ursprung in der Gründung des Vereins „Naturschutzpark Lüneburger Heide" (1909), der 1956 ein Naturparkprogramm für ganz Deutschland herausgab. 1976 wurden Naturparks erstmalig unter Naturschutz gestellt.

Naturparks müssen überwiegend Landschaftsschutzgebiete oder Naturschutzgebiete sein. In Nds. gibt es zwölf Naturparks:
– Naturschutzgebiet Lüneburger Heide
– Münden
– Harz
– nördlicher Teutoburger Wald – Wiehengebirge
– Solling-Vogler
– Südheide
– Elbufer – Drawehn
– Dümmer
– Weserbergland Schaumburg – Hameln
– Elm – Lappwald
– Wildeshauser Geest
– Steinhuder Meer.
Die Naturparks sollen Naturschutz und Erholung sinnvoll verknüpfen. Sie werden durch die Bundesländer ausgewiesen, die Verwaltung liegt überwiegend bei Vereinen und Zweckverbänden.

*Thorsten Bockmühl*

# Neue religiöse Gemeinschaften

In den 70er Jahren traten in Deutschland und speziell auch in Nds. Vertreter neuer religiöser Gemeinschaften auf und warben mit teilweise gutem Erfolg um Mitglieder. Vor allem die etablierten christlichen Kirchen nahmen durch eigens eingesetzte Sektenbeauftragte dagegen Stellung, indem sie behaupteten, hier würden Jugendliche verführt, man würde illegale Psychomethoden einsetzen, um die jungen Menschen abhängig zu machen. Die Bewegungen selbst nannte man Jugendsekten oder Jugendreligionen, erst später setzte sich der Begriff der neuen religiösen Bewegungen durch. Dieser Sammelbegriff umfasst Gruppierungen unterschiedlicher Herkunft: christliche Sondergruppen wie das Universelle Leben der Gabriele Wittek, (christlich-)koreanische Neuschöpfungen wie die Vereinigungskirche von Rev. Mun, japanische Neureligionen wie Rissho Kosei-kai oder Tenrikyo, indische Bewegungen wie Hare Krishna und die Transzendentale Meditation, Neuheidentum wie die „neuen Hexen" oder keltische Kultpraktiken oder eine US-amerikanische neue Religion wie die Scientology Church. Man hatte den Eindruck, dass eine neue Welle der Religiosität über unser Land brandete, und immer wieder hörte man die Befürchtung, nicht die Säkularisierung des Alltags, sondern eine neue Phase eines religiösen Booms sei im Kommen. Allen Befürchtungen zum Trotz ebbte dann das Ganze doch recht bald ab. In den 90er Jahren kam es zu einer zweiten Welle der Angst vor den neuen religiösen Bewegungen. Sie führte zur Einsetzung einer Enquete-Kommission des Deutschen Bundestages, die „neue religiöse und ideologische Gemeinschaften und Psychogruppen in der Bundesrepublik Deutschland" untersuchen sollte. Das Ergebnis war ernüchternd: Keiner der gegen diese Gruppen erhobenen Vorwürfe konnte konkret erhärtet werden, wobei die Scientology Church bei dieser Prüfung ausgeklammert wurde. Seither ist es erheblich ruhiger um diese Gruppen geworden, obwohl es sie immer noch mit jeweils wenigen Mitgliedern gibt. Auch ihre finanziellen Einkünfte beunruhigen die Öffentlichkeit nicht mehr.

*Peter Antes*

# Niedersachsen im Bund

**Grundlagen** – Nds. ist mit 47 618 qkm hinter Bayern (70 549 qkm) flächenmäßig das zweitgrößte Bundesland, gefolgt von Baden-Württemberg (35 752 qkm) und Nordrhein-Westfalen (34 083 qkm). Damit hat Nds. einen Anteil von ca. 13 % an der gesamten Fläche der BRD. Mit 7 988 820 Einwohnern (Stand: Juni 2003) leben knapp 10 % der Bundesbürger in Nds. Hier liegt Nds. nach den Flächenländern Nordrhein-Westfalen (18 073 296 Einw.), Bayern (12 397 377 Einw.) und Baden-Württemberg (10 680 154 Einw.) an vierter Stelle und ist angesichts seiner räumlichen Ausdehnung damit das am dünnsten besiedelte westliche Bundesland (168 Einw./qkm). Das im Jahr 2003 in Nds. erwirtschaftete Bruttoinlandsprodukt (BIP) betrug 170 227 Mrd. € (in Preisen von 1995) und hatte damit einen Anteil von 8,6 % am BIP Deutschlands, das sich auf 1 987 700 Mrd. € belief. Damit lag Nds. unter den Bundesländern nach Nordrhein-Westfalen, Bayern, Baden-Württemberg und Hessen an vierter Stelle. Bezogen auf den einzelnen Erwerbstätigen ist das nds. BIP mit 48 948 € gegenüber 51 971 € für Gesamtdeutschland allerdings unterdurchschnittlich, womit sich eine relative Strukturschwäche insbesondere gegenüber den übrigen westdeutschen Bundesländern andeutet. Etwa 3,1 Mio. der 34 Mio. Arbeitnehmer in der gesamten BRD waren Bürger Nds., was einem Anteil von 9,1 % entspricht.

**Politische Repräsentation** – Nds. ist auf Bundesebene im Parlament (Bundestag) und in der Länderkammer (Bundesrat) politisch repräsentiert. Nds. Mitglieder des Bundestages sind die in den Wahlkreisen zur Bundestagswahl direkt gewählten Abgeordneten sowie die über die Landeslisten der Parteien gewählten Mandatsträger. Durch Änderung des Bundeswahlgesetzes besteht Nds. seit der Bundestagswahl 2002 aus 29 Wahlkreisen (von 299 bundesweit). Bis zur Bundestagswahl 1998 wurden in 31 Bundestagswahlkreisen von damals bundesweit 328 Wahlkreisen nds. Abgeordnete gewählt. Neben den Wahlkreisgewinnern gelang zur Bundestagswahl 2002 weiteren 34 Listenbewerbern der Einzug in den Bundestag, sodass das Land derzeit mit 63 Abgeordneten im Parlament vertreten ist (→ Wahlen). Deren gemeinsame nds. Herkunft wird jedoch von ihrer Zugehörigkeit zu den Fraktionen ihrer Parteien überlagert. Nds. wirkt darüber hinaus als Land nach Art. 50 GG durch den Bundesrat „bei der Gesetzgebung und Verwaltung des Bundes und in Angelegenheiten der Europäischen Union" mit. Mit mehr als 7 Mio. Einwohnern hat Nds. sechs Stimmen in der 69-köpfigen Versammlung. Bayern, Baden-Württemberg und Nordrhein-Westfalen verfügen als große Flächenländer ebenfalls über sechs Stimmen. Nur die Ministerpräsidenten/innen der Länder selbst sowie Landesminister/-innen können Mitglieder des Bundesrates sein (Art. 51 Abs. 1 GG). Derzeit ist Nds. durch Ministerpräsident Christian Wulff (→ CDU), den stellvertretenden Ministerpräsidenten Walter Hirche (→ FDP), Finanzminister Hartmut Möllring (CDU), Minister für Inneres und Sport Uwe Schünemann (CDU), Justizministerin Elisabeth Heister-Neumann (CDU) und Minister für den ländlichen Raum, Ernährung, Landwirtschaft und Verbraucherschutz Hans-Heinrich Ehlen (CDU) repräsentiert. Die auf das Land entfallenden Stimmen können nur einheitlich abgegeben werden (Art. 51 Abs. 3 GG). Da in Nds. derzeit eine Koalitionsregierung aus Christdemokraten (CDU) und Freien Demokraten (FDP) die Landesregierung stellt, wird

also eine Einigung der Koalitionäre in Sachfragen vorausgesetzt. Bei Uneinigkeit innerhalb der → Landesregierung über das Abstimmungsverhalten im Bundesrat war es in der Vergangenheit in allen Bundesländern üblich geworden, dass sich das Bundesland seiner Stimme enthielt.

Neben der Vertretung des Landes in den Verfassungsorganen der BRD unterhält Nds. wie alle übrigen Bundesländer eine Landesvertretung in Berlin. Über die Vertretung des Landes beim Bund wirkt Nds. bei der Gesetzgebung und Verwaltung des Bundes sowie bei Vorhaben der Europäischen Union mit. Hier wird auch die Bundesratsarbeit mit den nds. Ministerien und darüber hinaus mit den anderen Ländern koordiniert und das Abstimmungsverhalten Nds. in der Länderkammer vorbereitet. Die Landesvertretung organisiert Kongresse, Podiumsdiskussionen, Ausstellungen und Konzerte, ebenso präsentieren sich hier wichtige Unternehmen des Landes und knüpfen Kontakte zu Politikern, Behörden, Botschaftsvertretern und Organisationen. Als Repräsentanten und Lobbyisten für ganz Nds. pflegen die Mitarbeiterinnen und Mitarbeiter intensive Kontakte zu den Institutionen des Bundes, zu Ministerien, Kommissionen, Parlamenten oder Verbänden. Der Leiter der Landesvertretung ist derzeit Wolfgang G. Gibowski. Als Staatssekretär vertritt er Nds. auch im Bundesrat sowie im Bundestag und seinen Ausschüssen. Sein offizieller Titel lautet „Bevollmächtigter des Landes Niedersachsen beim Bund". Einen besonderen Höhepunkt im Jahr bildet das Sommerfest in der Landesvertretung, zu dem üblicherweise hochrangige Vertreter aus allen gesellschaftlichen Bereichen und auch den Medien geladen werden. Hier präsentiert sich das Land mit Künstlerinnen und Künstlern aus der regionalen Kunst- und Musikszene (→ Bildende

Kunst, → Musik, → Theater) sowie durch die Bewirtung mit kulinarischen Spezialitäten aus nds. Regionen von seiner besten Seite.

**Länderfinanzausgleich** – Eine gegenüber den übrigen Bundesländern spezifische Einnahmequelle wächst Nds. aufgrund seiner geologischen Privilegierung mit Erdgas- und Erdölvorräten zu, durch deren Gewinnung das Land wesentlich zur Rohstoffversorgung der BRD beiträgt (→ Energiepolitik): In Nds. werden ca. 20% des inländischen Erdgasbedarfs gewonnen. Das Land besitzt beinahe 96 % der deutschen Erdgasreserven. Von den 53,7 Mio. t sicheren und vermuteten Erdölreserven Deutschlands liegen knapp 17 Mio. t, mithin 1/3 der gesamten Reserven, in Nds. Schleswig-Holstein kommt hier mit 64 % auf den Löwenanteil. Im Jahr 2003 wurden in Niedersachen ca. 20 Mrd. cm Erdgas und ca. 1,3 Mio. t Erdöl gefördert. Aus diesen Förderungen nahm das Land rund 355 Mio. € an Förderabgaben ein. Seit den 70er Jahren waren diese Einnahmen für Nds., das im Vergleich mit anderen Bundesländern als verhältnismäßig armes Agrarland galt, eine sichere Einnahmequelle, da die Förderabgaben nicht als Steuern, sondern als Verleihgebühr galten und somit nicht in den Länderfinanzausgleich einzubringen waren. Im Jahr 1986 entschied jedoch das Bundesverfassungsgericht, dass die Förderabgaben beim Finanzausgleich zu berücksichtigen sind. Diese Verpflichtung, die bergrechtlichen Förderabgaben in den Länderfinanzausgleich einzubringen, bedeutete einen herben finanziellen Rückschlag für Nds.

Die aktuelle Neufassung des Finanzausgleichsgesetzes bedeutet für das Land ferner, ab dem Jahr 2005 im Rahmen des bundesstaatlichen Länderfinanzausgleichs auf eine Anrechnung von Sonderbelastungen, die dem Land aus der Unterhaltung und der Erneuerung des Seehafens Emden erwachsen, zu verzichten. Diese Neuregelung betrifft neben Nds. auch die Küstenländer Hamburg, Bremen und Mecklenburg-Vorpommern. Zusammen mit den übrigen westdeutschen Flächenländern wird Nds. nach dem neuen Finanzausgleichsgesetz eine weitere finanzpolitische Privilegierung einbüßen: Im Rahmen des horizontalen Länderfinanzausgleiches (nach Art. 107 GG) werden Finanzkraftunterschiede der Bundesländer im Sinne einer Annäherung der Lebensverhältnisse ausgeglichen. Dies geschieht dadurch, dass durch ein relativ kompliziertes Verfahren zunächst die tatsächliche steuerliche Finanzkraft eines Landes einem abstrakt berechneten Finanzbedarf gegenübergestellt wird. Dieser Finanzbedarf entspricht der bundesdurchschnittlichen Finanzkraft pro Einwohner multipliziert mit der Einwohnerzahl des jeweiligen Landes. Hier wurde bisher der Sondersituation der Stadtstaaten durch eine stärkere Gewichtung ihrer Einwohnerzahl (135 %) Rechnung getragen. Außerdem wurde der – im Länderfinanzausgleich ebenfalls berücksichtigte – Finanzbedarf der Gemeinden durch eine nach Einwohnerzahl und Siedlungsdichte abgestufte Einwohnerwertung berücksichtigt. Soweit die tatsächliche Finanzkraft eines Landes seinen abstrakten Finanzbedarf letztlich unterschreitet, erhält das Land innerhalb des Ausgleichssystems eine anteilige Kompensation der errechneten Differenz. Nds. abstrakter Finanzbedarf wurde bisher auf Basis einer Gewichtung seiner Einwohner wie ein Bundesland mit 9,7 % bzw. etwa 770 000 mehr Einwohnern behandelt. In Zukunft wird ein abstrakter Mehrbedarf und eine dementsprechende stärkere Einwohnerwertung nur noch in den drei Stadtstaaten und den besonders dünn besiedelten

Flächenländern Mecklenburg-Vorpommern, Brandenburg und Sachsen-Anhalt anerkannt werden.       *Thorsten Bullerdiek*

## Niedersachsen und Europa

Nds. ist mit der EU-Osterweiterung am 1.5.2004 ins Zentrum des vereinten Europas gerückt und hat damit eine Brückenfunktion übernommen. Mit der Vertiefung der europäischen Integration haben die Mitgliedsstaaten der EU bestimmte Souveränitätsrechte übertragen; gleichzeitig schreibt der Unionsvertrag aber das Subsidiaritätsprinzip fest, welches besagt, dass Entscheidungen stets auf der niedrigstmöglichen Verwaltungsebene, d.h. mit größtmöglicher Bürgernähe zu treffen sind. Dahinter steht die Philosophie eines „Europa der Regionen", das seinen Ausdruck in vielfältiger, formeller sowie freiwillig organisierter Zusammenarbeit der Regionen innerhalb und außerhalb der deutschen und europäischen Institutionen findet.

Innerhalb Deutschlands wirkt Nds. im Rahmen der in Art. 23 GG garantierten Beteiligungs- und Mitwirkungsrechte des Bundesrates an der Willensbildung des Bundes in Angelegenheiten der Europäischen Union mit.

Auf europäischer Ebene wird Nds. im Europäischen Parlament (EP) durch zehn – von 99 insgesamt in Deutschland gewählten – Abgeordneten vertreten. Insgesamt umfasst das EP 732 Mitglieder.

**Der Ausschuss der Regionen** – Mit dem Vertrag von Maastricht wurde 1992 der „Ausschuss der Regionen" (AdR) als jüngste der EU-Institutionen geschaffen. Der AdR setzt sich aus 222 Vertretern regionaler und lokaler politischer Instanzen zusammen, wobei auf Deutschland 24 Mitglieder entfallen. Durch den Unionsvertrag (Maastricht-Vertrag) wurde der AdR mit garantierten Anhörungsrechten in einzelnen europäischen Rechtsetzungsverfahren ausgestattet. Die Stellungnahmen des AdR zu EU-Vorhaben mit regionalem Bezug sind insofern von hoher Bedeutung, als etwa drei Viertel der EU-Rechtsvorschriften auf der Ebene der Kommunen und Regionen umgesetzt werden.

**Landesvertretung in Brüssel** – Die stetig gewachsenen Rückwirkungen europäischer Politikformulierung auch auf die Landespolitik führten 1991 zur Gründung der Landesvertretung Nds. in Brüssel. So unterhalten mittlerweile alle deutschen Bundesländer Büros am Sitz der Europäischen Kommission. Die Landesvertretung nutzt ihre intensiven Arbeitskontakte zu allen europäischen Institutionen dazu, frühzeitig aktuelle Informationen zu EU-Gesetzgebungsverfahren und -Förderprogrammen zu beschaffen und nds. Positionen in den europäischen Willensbildungsprozess einzubringen. Daneben vermittelt sie nds. Repräsentanten aus Politik, Wissenschaft, Verwaltung und Wirtschaft Ansprechpartner in Brüssel. In die Landesvertretung sind der Nds. → Städte- und Gemeindebund und der Nds. Städtetag für die Europapolitik der Kommunen organisatorisch eingebunden.

**Der Kongress der Gemeinden und Regionen Europas** – International ist Nds. auch im Kongress der Gemeinden und Regionen Europas (KGRE) vertreten, der als beratendes Organ des Europarates wirkt.

In den KGRE entsendet Deutschland 18 Vertreter, von denen neun durch die kommunalen Spitzenverbände und weitere neun nach einem Rotationssystem durch die Bundesländer benannt wer-

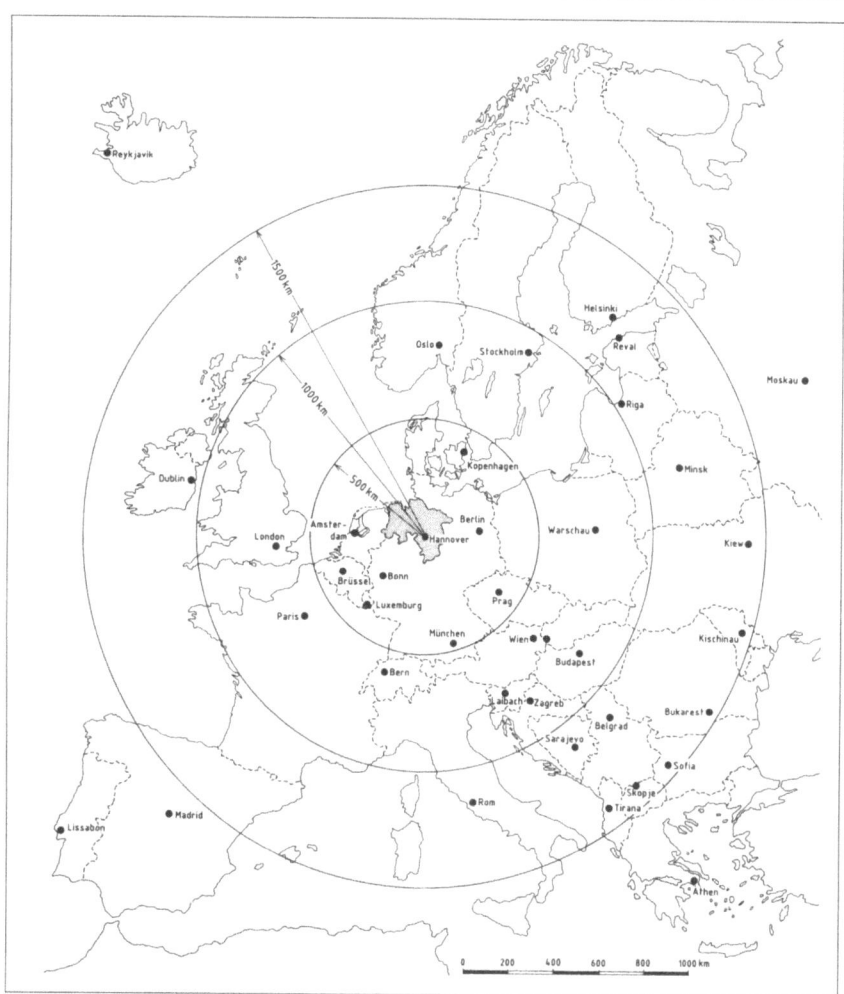

Niedersachsens zentrale Lage in Europa

den. Eines der wichtigsten Projekte des KGRE ist die „Europäische Charta der regionalen Selbstverwaltung", die 1997 vom Kongress verabschiedet wurde.

**Europäische Strukturpolitik** – Neben der vielfältigen Einbindung Nds. in die europäische Politikformulierung profitiert Nds. auch von Mitteln der europäischen → Strukturpolitik, mit der die EU den wirtschaftlichen und sozialen Zusammenhalt in Europa fördert. Aus den sog. Europäischen Strukturfonds erhält Nds. während der laufenden Förderperiode 2000–2006 über 1,6 Mrd. €. Die Fördergelder werden dazu eingesetzt, um insbesondere kleine und mittlere Unternehmen (KMU), einzelne Branchen,

Der Außenhafen von Emden mit der Autoverladung von VW – die zweitgrößte Autoverladung in ganz Deutschland

Arbeitnehmer und Regionen auf die wirtschaftlichen Herausforderungen des Binnenmarktes vorzubereiten. Zu diesem Zweck wurde im April 2001 das nds. EU-Beratungsnetzwerk, dem öffentliche sowie öffentlich geförderte Beratungsinstitutionen angehören, gebildet.

Mit den grenzüberschreitenden Zusammenschlüssen von deutschen und niederländischen Kommunen in der „EUREGIO Gronau" und der „Ems-Dollart-Region" nimmt Nds. auch am EU-Programm INTERREG III teil, dessen Ziel die nachhaltige sozialökonomische Förderung transnationaler Zusammenarbeit in nationalen Randlagen ist.

**Die EU-Erweiterung** – Nds. profitiert bereits heute von der EU-Erweiterung: Die Exporte in die mittel- und osteuropäischen Länder haben sich von 2 Mrd. € im Jahr 1996 auf fast 4,5 Mrd. € im

Jahr 2000 gesteigert. Es wird erwartet, dass Nds. durch seine verkehrsgünstige Lage auch künftig stärker von der Erweiterung profitiert als andere Bundesländer.

Auf partnerschaftlicher Ebene arbeitet Nds. mit der Woiwodschaft Großpolen (Wielkopolska) im nord-westlichen Teil und mit der Woiwodschaft Niederschlesien im südwestlichen Teil der Republik Polen zusammen. Noch zu Zeiten des Ost-West-Gegensatzes standen die Versöhnung und Verständigung zwischen Deutschen und Polen im Mittelpunkt, nach dem Fall des Eisernen Vorhangs unterstützte das Land die Reformen in den Partnerprovinzen und förderte die wirtschaftliche Zusammenarbeit mit Nds.

Ein Schwerpunkt der Zusammenarbeit ist der schulische Bereich. Seit 1991 entsendet Nds. Landesprogrammlehrkräfte nach Großpolen, die dort die Lehreraus- und -fortbildung unterstützen: Im Bereich der Berufsbildung wurden von 1994 bis 1998 jungen Polen im Rahmen eines Lehrlingsausbildungsprogramms Gelegenheit gegeben, die Ausbildung im dualen Berufsbildungssystem Deutschlands kennen zu lernen.

Nds. hilft ferner bei der Umgestaltung der Agrarstruktur, führt Beratungstätigkeiten in ökologischen Bereichen der Abfallwirtschaft und Wasserreinhaltung und stellt Verwaltungshilfe durch Praktikantenaufenthalte von Mitarbeitern der Verwaltungen Großpolens in der Vertretung des Landes Nds. bei der Europäischen Union in Brüssel.

Die Zusammenarbeit mit der Woiwodschaft Niederschlesien konzentriert sich derzeit auf Maßnahmen in den Bereichen Wissenschaft, → Bildung, Kultur und im → Umweltschutz. Dabei ist die Woiwodschaft Niederschlesien Partner in einem von der Europäischen Union geförderten INTERREG-Projekt mit der Neuen Hanse Interregio (NHI).

Erwähnenswert ist weiterhin der Kulturpreis Schlesien, den das Land Nds. seit 1977 jährlich vergibt. Seit 1991 neu ausgerichtet, soll der Kulturpreis Schlesien zur gemeinsamen Pflege und Weiterentwicklung des Kulturgutes Schlesiens und des Kulturschaffens der Schlesierinnen und Schlesier beitragen, sodass auch polnische Künstlerinnen und Künstler den Preis erhalten können, die von einer unabhängigen Jury aus Deutschen und Polen ausgewählt werden.

*Thorsten Bullerdiek*

## Öffentliche Finanzstruktur

**Einnahmen und Ausgaben** – Der vom Nds. Landtag für das Haushaltsjahr 2004 festgestellte Haushaltsplan sieht Gesamteinnahmen in Höhe von insgesamt rd. 22,3 Mrd. € vor. Die Haupteinnahmequelle des Landes bilden mit rd. Zweidrittel der Gesamteinnahmen die *Steuern* und die steuerinduzierten Einnahmen aus dem *Länderfinanzausgleich* und den *Bundesergänzungszuweisungen*.

Hinzu kommen *Bundesmittel* für unterschiedlichste Aufgaben und Zwecke (z.B. Verbesserung der regionalen Wirtschaftsstruktur, Verbesserung der Agrarstruktur und des Küstenschutzes, Ausbau und Neubau von Hochschulen, Miet- und Lastenzuschüsse nach dem Wohngeldgesetz, Ausbildungsförderung) sowie sonstige Einnahmen des Landes aus Gebühren, wirtschaftlicher Tätigkeit und aus Vermögen.

Das Haushaltsgesetz ermächtigt außerdem zur Aufnahme von Haushaltsdeckungskrediten (sog. Nettokreditaufnahme) in Höhe von 2,5 Mrd. €. Die Einnahmen vom Kreditmarkt erreichen damit einen Anteil von 11,5 % an den Gesamtausgaben (sog. Kreditfinanzierungsquote).

Den Gesamteinnahmen stehen im Haushaltsplan Gesamtausgaben in gleicher Höhe von rd. 22,3 Mrd. € gegenüber. Als Folge des besonders personalintensiven Aufgabenstruktur der Länder – Stichworte: Lehrer, Hochschulen, Polizei – stellen die *Personalausgaben* mit rd. 8,7 Mrd. € (einschließlich der Ausgaben für Versorgungsempfänger) den größten Ausgabenblock dar. Es folgen die Zahlungen des Landes an den kommunalen Bereich mit rd. 5 Mrd. €. Mit *Zinsausgaben* in Höhe von insgesamt 2,5 Mrd. € steigt die Zinsausgabenquote auf 11,3 % des Landesbudgets. Die *Investitionsausgaben* erreichen rd. 1,9 Mrd. €, was einer Investitionsquote – also dem Anteil an den Gesamtausgaben ohne besondere Finanzierungsvorgänge – von 8,6 % entspricht. Der deutliche Rückgang der Investitionsquote gegenüber dem Haushaltsjahr 2003 (10,3 %) ist insbesondere darauf zurückzuführen, dass ab 2004 die Krankenhausförderung und

die Finanzierung der Stadtsanierungs-
programme auf die Landestreuhandstelle für das Wohnungswesen übertragen
wurden. Als weiterer großer Ausgabenblock sind die *Sachausgaben* mit rd. 1,2
Mrd. € zu erwähnen.

**Verschuldung** – Besorgniserregend ist
die Entwicklung der Verschuldung des
Landes Nds.
Leider schon fast traditionell wurde
in Nds. ein meist eher durchschnittliches
Ausgabeniveau mit – im Ländervergleich – überdurchschnittlicher Kreditaufnahme finanziert. So ist der Schul-
denstand des Landes seit Jahrzehnten
entsprechend der jeweiligen Nettokreditaufnahme, die zum jährlichen Haus-
haltsausgleich verwendet wurde, auf insgesamt rd. 46 Mrd. € im Jahr 2004 ange-
wachsen. Die Zunahme der Verschuldung bewirkte parallel eine ständige Zunahme der Zinsausgaben. Die Dynamik
der Zinsausgaben war in Nds. deutlich
stärker als die der bereinigten Ausgaben. Daher stieg die Zins-Ausgabenquo-
te, also der Anteil der Zinsausgaben an
den Gesamtausgaben, in Nds. auf fast
11 % an, während die westdeutschen
Flächenländer insgesamt die Zins-Aus-
gabenquote bei knapp 8 % halten konnten. Diese dauerhafte Defizitfinanzie-
rung des Landeshaushaltes hat außerdem dazu geführt, dass der Schulden-
stand schneller wuchs als die Wirtschaftsleistung des Landes – gemessen
in Form des Bruttoinlandsproduktes.
Im Ergebnis hat dies zu einer spürba-
ren Einschnürung der finanzpolitischen
Möglichkeiten des Landes geführt –
Stichwort: Schuldenfalle. Eine auf Nachhaltigkeit ausgerichtete Finanzpolitik
muss deshalb das Ziel verfolgen, dass
die Schuldenquote und auch die Zins-
Steuerquote nicht weiter ansteigen.

**Weitere Entwicklung** – Die Nds. Landesregierung hat mit dem Haushalt 2004

und der Mittelfristigen Planung 2003 –
2007 als zentrales finanzpolitisches Ziel
ein stufenweises Absenken der Nettokreditaufnahme um jährlich 350 Mio. €
beschlossen. Mit dem Haushaltsplanentwurf 2005 und der Mittelfristigen Planung bis 2008 ist dieses ehrgeizige Haus-
haltssanierungskonzept bekräftigt und
fortgeschrieben worden. Das stufenwei-
se Absenken der Nettokreditaufnahme
um 350 Mio. € jährlich auf „nur" noch
1,1 Mrd. € im Jahre 2008 soll die gegenwärtige Ausnahmesituation beenden, in
der die Nettokreditaufnahme über den
Ausgaben für die eigenfinanzierten Investitionen liegt. Nur durch eine solche
konsequent sparsame Haushaltspolitik
zur Defizitreduzierung kann die haus-
haltspolitische Handlungsfähigkeit des
Lands gerade auch für die nachwachsen-
den Generationen dauerhaft gesichert
werden.                    *Lothar Hagebölling*

## Öffentlicher Dienst

**Begriff** – Der Begriff „Öffentlicher
Dienst" kennt zwar kein einheitliches
Deutungsmuster, nach einer verbreiteten Auffassung beinhaltet er aber sowohl die Gesamtheit des Staatspersonals
als auch die besonderen Rechtsverhält-
nisse der Mitarbeiter zu ihrem (öffentlichen) Arbeitgeber bzw. Dienstherren.
Man unterscheidet den unmittelbaren
öffentlichen Dienst (z.B. Landesverwaltung, Gerichte, Kommunen, kommunale
Zweckverbände) und den mittelbaren
öffentlichen Dienst (z.B. gesetzliche
Krankenkassen, Rentenversicherungs-
träger, Bundesagentur für Arbeit). Der
öffentliche Dienst gliedert sich auch in
Nds. in die beruflichen Statusgruppen
der Beamten, Angestellten und Arbeiter. Eine gewisse Sonderolle kommt den
Richtern zu (Richterliche Unabhängigkeit).

**Beschäftigte des Landes 2001 nach Aufgabenbereichen**

| 0 | Allgemeine Verwaltung | | 62 274 |
|---|---|---|---|
| | (davon politische Führung) | 2 828 | |
| | (davon Polizei) | 22 155 | |
| 1 | Bildungswesen, Wissenschaft, Forschung, kulturelle Angelegenheiten | | 82 687 |
| | (davon Schulen und vorschulische Bildung) | 82 687 | |
| 2 | Soziale Sicherung, soziale Kriegsfolgenaufgaben, Wiedergutmachung | | 2 339 |
| 3 | Gesundheit, Sport und Erholung | | 183 |
| 4 | Wohnungswesen, Raumordnung u. kommunale Gemeinschaftsdienste | | 2 861 |
| 5 | Ernährung, Landwirtschaft und Forsten | | 2 037 |
| 6 | Energie- und Wasserwirtschaft, Gewerbe, Dienstleistungen | | 802 |
| 7 | Verkehr- und Nachrichtenwesen | | 4 446 |
| 8 | Wirtschaftsunternehmen | | 2 036 |
| 0 – 8 | Sonderrechnungen* | | 44 782 |

* mit kaufmännischem Rechnungswesen
Quelle: Personal im öffentlichen Dienst am 30. Juni 2001, Statistische Berichte Niedersachsen, Nds. Landesamt für Statistik, 2003, S. 14 ff.

**Personal im Öffentlichen Dienst** – 354 647 Personen stehen im unmittelbaren Dienst des Landes oder des kommunalen Sektors (→ Gemeinden/Landkreise/Region Hannover). Der Anteil der vollbeschäftigten Personen beträgt beim Land ca. 69 % und im kommunalen Sektor ca. 57 %. Die Reformbestrebungen des Landes und der Kommunen führt zu einer Verschiebung und Verringerung der Beschäftigtenzahlen (→ Verwaltungsmodernisierung). Zudem ist in der letzten Zeit der Anteil der Vollzeitbeschäftigten rückläufig.

Darüber hinaus sind in Nds. aber weitere Personen im Öffentlichen Dienst beschäftigt (z.B. Bundesagentur für Arbeit; Krankenkassen, Rundfunkanstalten).

**Dienstrecht** – Die Rechtstellung der Beschäftigten unterliegt unterschiedlichen Regelungen. Das Beamtenverhältnis ist ein öffentlich-rechtliches, durch Beamtengesetze (z.B. Nds. Beamtengesetz,

Laufbahnverordnung) näher geregeltes Dienstverhältnis. Demgegenüber stehen die Angestellten und Arbeiter im Öffentlichen Dienst in einem privatrechtlich geregeltem Dienstverhältnis. Zentrale Bedeutung für diese beiden Statusgruppen haben heute Tarifverträge. So wird das Recht für die Angestellten vor allem durch den Bundesangestelltentarifvertrag (BAT) und für Arbeiter durch Manteltarifverträge geregelt. Trotz Angleichung der beiden Bereiche sind auch gewichtige Unterschiede zwischen den Beamten einerseits und den Angestellten und Arbeitern andererseits zu verzeichnen. Zu nennen sind hier die Bereiche Einstellung (einseitiger Verwaltungsakt – zweiseitiger Vertrag), die Bezahlung (Besoldung aufgrund Gesetz – Gehalt aufgrund Tarifvertrag), das Streikrecht (Streikverbot für Beamte – Streikrecht), der Rechtsweg (Verwaltungsgerichte – Arbeitsgerichte). Darüber hinaus wird bei den Beamten und Angestellten je nach Vorbildung zwi-

Abfallentsorgung – eine der großen kommunalen Aufgaben

schen den Laufbahngruppen des einfachen, mittleren, gehobenen und höheren Dienstes unterschieden. Beförderungen erfolgen rechtlich auf der Grundlage von Eignung, Befähigung und fachlicher Leistung, allerdings im Wesentlichen nur innerhalb einer Laufbahngruppe, und sie sind auch abhängig davon, wie weit entsprechende höherrangige Stellen zur Verfügung stehen. Die rechtlichen und tarifvertraglichen Rahmenbedingungen unterliegen Veränderungsprozessen. Die laufenden Reformbestrebungen haben das Ziel, die beamtenrechtlichen und tarifrechtlichen Vorgaben den veränderten gesellschaftlichen und wirtschaftlichen Rahmenbedingungen anzupassen.

**Aufgaben** – Die Funktion des Öffentlichen Dienstes ist Wandlungen unterworfen. Lag früher der Schwerpunkt bei der Ordnungs- und Eingriffsverwaltung, so steht heute die leistende, planende und steuernde Verwaltung im Vordergrund. Das Land Nds. beschäftigt beispielsweise im Bereich Schulen und vorschulischer Bildung allein 82 687 Personen (Stand: 30.6.2001). Dem Öffentlichen Dienst kommt zudem – in einer von unterschiedlichen Interessen geprägten Gesellschaft – eine Ausgleichsfunktion zu. Bereits 1957 wies das Bundesverfassungsgericht darauf hin, dass das Berufsbeamtentum eine Institution ist, die, gegründet auf Sachwissen, fachliche Leistung und loyale Pflichterfüllung, eine stabile Verwaltung sichern und damit einen ausgleichenden Faktor gegenüber den das Staatsleben gestaltenden politischen Kräften darstellen soll. Auch in einem modernen Staatswesen soll das Berufsbeamtentum Garant der Unparteilichkeit, Uneigennützigkeit und Sachlichkeit sein. Der Beamte ist aber nicht nur der Vollstrecker staatlichen Willens, nicht nur Diener des Staates, sondern zugleich Helfer der Bürger (Bundesgerichtshof 2003). *Holger Weidemann*

## Oldenburger Land

**Geschichtliche Anfänge** – Das Oldenburger Land ist keine ursprüngliche, landschaftlich oder ethnisch vorgeprägte regionale Einheit. Seine Entstehung hatte vorrangig politischen Hintergrund. Die Anfänge der Geschichte des Oldenburger Landes werden auf das 12. Jh. datiert. An der Hunte entstand durch das Adelsgeschlecht des Grafen Egilmar um 1108 jene Burg, die künftigen Herrschern, der Stadt und des Landes ihren Namen verlieh, die „Aldenburg". Es wird vermutet, dass sich die ersten Siedler schon im 8. oder 9. Jh. auf dem von Mooren umgebenen Geestrücken (→ *Geest*) niedergelassen hatten. Es lebten dort die Sachsen und → Friesen. Die Grafen von Oldenburg erweiterten ihr Territorium stetig um Gebiete an der Küste und an der Weser. Rund 800 Jahre lang wurde das Land von den Grafen von Oldenburg und ihren Nachkommen – seit 1774/77 Herzöge, seit 1829 Großherzöge – regiert.

**Struktur** – Bis 1946 war das Land Oldenburg als eines der kleinsten deutschen Länder selbstständig. Es ging im Jahr 1919 aus dem Großherzogtum Oldenburg hervor. Nach dem Ersten Weltkrieg musste der Großherzog von Oldenburg erstmals zurücktreten, da es keinem Mitglied des Adels gestattet war zu regieren. Das Land Oldenburg im politischen Sinne gibt es heute nicht mehr. Seit 1974 existiert die „Oldenburger Landschaft". Sie ist eine Körperschaft des öffentlichen Rechts, die das Kulturerbe des ehemaligen Landes Oldenburg wahren, fördern und weiterentwickeln soll. Als Oldenburger Land wird nunmehr das Gebiet zwischen den Dammer Bergen und der Insel Wangerooge verstanden. Im Norden endet das Oldenburger Land in der südlichen Nordsee.

Zur westlichen Orientierung wird als Grenze im Allgemeinen die Ems betrachtet, und in östlicher Richtung schließt die Weser die nördliche Hälfte des Oldenburger Landes ab. Der südlichste Punkt findet sich am Dümmer See. Hier liegt das Oldenburger Münsterland mit den beiden großen Landkreisen Cloppenburg und Vechta, die erst 1803 dem Oldenburger Land zugeteilt wurden. Die anderen vier Landkreise des Oldenburger Landes sind das Ammerland, die Wesermarsch, → Friesland und Oldenburg. Zudem gibt es die kreisfreien Städte Oldenburg, Wilhelmshaven und Delmenhorst. Im Ammerland sind Hochmoore entstanden, die auf den friesländischen Teil der → Geest übergreifen. Bezeichnend sind zudem die parkähnlichen Landstriche mit Offenland, Flurgehölzen, Waldgebieten und Wallhecken. Auch liegt im Ammerland der mit 526 ha drittgrößte Binnensee Nds., das sog. Zwischenahner Meer. Die Wesermarsch ist von so viel Wasser umrahmt wie kein anderer deutscher Landkreis: Hier verlaufen die Wattküste mit dem Jadebusen und der Nordsee sowie die Ufer der Weser und Hunte. Grüne Weiden prägen das weite Bild der Wesermarsch, und es existiert ein engmaschiges Netz aus Gräben zur Entwässerung der Marschen. Das Friesland besteht dahingegen zu 55 % aus Marsch, zu 35 % aus Geest und zu 10 % aus Moor. Besonders hervorzuheben ist die Insel Wangerooge, die auch als Hausinsel der Oldenburger bezeichnet wird.

Mehr als 80 % des Landkreises Oldenburg gehören zum „Naturpark Wildeshauser Geest" (→ Naturparks). Die Landschaft besteht vornehmlich aus Wäldern, Sanddünen, Wiesen und Wallhecken. Im ansonsten eher von Monokulturen geprägten Oldenburger Münsterland ist besonders das Erholungsgebiet Dammer Berge hervorzuheben. Die Dammer Berge erreichen mit dem Sig-

Das Hochmoor trägt eine einzigartige Flora und Fauna mit einer Vielzahl gefährdeter Arten. Durch künstliche Entwässerung und Torfabbau wurden in Deutschland viele Hochmoore trockengelegt und zerstört.

nalberg eine Höhe von 146 m und klingen in der Dümmerniederung aus. Hier liegt der zweitgrößte Binnensee Nds., der Dümmer. Besonders charakteristisch für diesen Kreis sind auch seine vielen ausgedehnten Moorgebiete.

Das Oldenburger Land ist kein Industriegebiet im Sinne des Ruhrgebietes oder des Frankfurter Raumes. Besonders bezeichnend ist die Verflechtung zwischen der Lebensmittelproduktion und der landwirtschaftlichen Rohstoffproduktion. Das → Handwerk erfüllt eine wichtige Funktion im Oldenburger Land. Die Schwerpunkte liegen vor allem in der Neuanfertigung von Gütern, in den Dienstleistungen und der Repara-

tur industrieller und handwerklicher Produkte. Mit dem Osnabrücker Land, dem Emsland und Ostfriesland bildet das Oldenburger Land den Weser-Ems-Raum. Hier ist die → Landwirtschaft ein bedeutender Wirtschaftsfaktor. Im Oldenburger Land hat sich dieser Sektor von einer primären Selbstversorgung zu einer überregionalen Marktorientierung entwickelt. Sehr wachstumsintensiv im Oldenburger Land ist der → Tourismus. Touristische Schwerpunkte sind die Küstenbadeorte in den Landkreisen Friesland und Wesermarsch sowie Wilhelmshaven und Wangerooge, aber auch das Ammerland ist dazu zu zählen.

*Anne-Katrin Jacobs*

## Opferhilfe

Als Opfer werden Menschen bezeichnet, die durch eine Straftat direkt oder als mittelbar Betroffene (z.b. Angehörige) einen Schaden erlitten haben (z.b. Körperverletzungen, Verlust von Wertsachen, Schmerzen, psychische Traumata).

Während Straftätern nach ihrer Ingewahrsamnahme Hilfen bis hin zur Stellung eines Strafverteidigers gegeben wird, um ein faires Strafverfahren zu gewährleisten, standen die Opfer von Straftaten bis in die jüngste Vergangenheit hinein praktisch ohne staatliche Hilfe da. Die einzige Hilfsorganisation war bundesweit der private WEISSE RING e.v. Die Verpflichtung zur Opferhilfe ergibt sich aber schon aus dem Prinzip des Sozialstaats, da grundsätzlich aus der Pflicht zur Verbrechensbekämpfung auch die Pflicht zur Beseitigung bzw. Milderung der Folgen von Straftaten abzuleiten ist. Unter bestimmten Voraussetzungen gewährt daher das Opferentschädigungsgesetz (OEG) Opfern von Gewaltdelikten bei Gesundheitsschäden Leistungen in Form von Krankenbehandlung, Hinterbliebenenrente und Sterbegeld.

Über die Regelungen des OEG hinaus bedürfen Kriminalitätsopfer aber weiterer Hilfen. Denn Opfer müssen Traumata bewältigen, ihre Würde, insbesondere bei Sexualdelikten, zurückgewinnen und Stigmatisierungen im Umgang mit Polizei, Gerichten und sonstigen Behörden und im anschließenden Strafverfahren überwinden.

Nds. hat daher im Jahre 2001 die *Stiftung Opferhilfe Niedersachsen* gegründet mit dem Ziel, Kriminalitätsopfern außerhalb der gesetzlichen Leistungen und über die Hilfe anderer Opferhilfeeinrichtungen hinaus materielle Hilfe zu gewähren und die Opferhilfe als gesamtgesellschaftliche Aufgabe zu fördern. In allen Landgerichtsbezirken (Aurich, Braunschweig, Bückeburg, Göttingen, Hannover, Hildesheim, Lüneburg, Osnabrück, Oldenburg, Stade und Verden) wurden regionale Opferhilfebüros mit hauptamtlichen Fachkräften eingerichtet. Diese organisieren in enger Zusammenarbeit mit anderen freien Trägern der Opferhilfe, insbesondere mit dem WEISSEN RING e.V., sowie mithilfe von Polizei, Sozialbehörden, Jugendämtern und Rechtsanwälten die notwendige Hilfe für Opfer, die selbst entscheiden können, welche Unterstützung sie brauchen.

In den Opferhilfebüros können finanzielle Hilfen aus Mitteln der Stiftung beantragt werden, insbesondere für den Ausgleich von Schäden, für Betreuungsmaßnahmen oder für Maßnahmen zur psychischen Stabilisierung. Finanziert werden auch Traumatherapien und Schutzeinrichtungen. Darüber hinaus gewähren die Sozialpädagogen der Opferhilfebüros kostenlos und vertraulich eine psychosoziale Betreuung und beraten die Opfer auch bei den Gängen zu Gerichten, Behörden, Rechtsanwälten und Ärzten. *Martin H.W. Möllers*

## Opposition

**Begriff** – Der Begriff Opposition im politischen Sinne umfasst diejenigen Meinungen und Haltungen, die nicht mit der Position der Regierung übereinstimmen bzw. ihr entgegenstehen. Im engeren Sinne ist damit die parlamentarische Opposition gemeint, zu der alle im Parlament vertretenen Parteien gehören, die nicht an der Regierungsbildung beteiligt sind, jedoch i.d.R. das Ziel haben, die Regierung selbst zu übernehmen. Da die Opposition die Minderheit im Parlament darstellt, muss sie die Gesetzgebung der Regierungsmehrheit überlassen. Von 130 Gesetzen, die in der Wahlperiode 1998 – 2003 vom nds. → Landtag verabschiedet wurden, stammt nur ein einziges aus der Reihe der → CDU, die mit → Bündnis 90/Die Grünen die Rolle der Opposition einnahm. Erfolgreich aus Oppositionssicht waren darüber hinaus lediglich neun Initiativen, die fraktionsübergreifend mit der → SPD eingebracht wurden. Weitere 17 Vorlagen der Opposition wurden abgelehnt, während nur je eine Vorlage der → Landesregierung und der SPD-Mehrheitsfraktion kein Gesetz wurde.

**Funktion** – Die Opposition übt in erster Linie die parlamentarische Kontrollfunktion aus. Dabei versucht sie immer wieder, die Schwächen der Regierung offen zu legen oder negative Begleiterscheinungen von Gesetzen der Regierung zu verdeutlichen. Sie macht in diesem Zusammenhang einen intensiven Gebrauch von den formellen Kontrollmöglichkeiten. 73 % der Großen Anfragen stammen von der Opposition, bei den Kleinen Anfragen zur schriftlichen Beantwortung beträgt der Anteil gar 95 %. 85 Aktuelle Stunden, die von der Opposition beantragt wurden, stehen 33 von der Regierungsmehrheit eingebrachten gegenüber. Bei einem von zwei parlamentarischen Untersuchungsausschüssen lag der Vorsitz bei der CDU. Gleichwohl ist die Opposition auch um eine Mitarbeit bemüht. Grundsätzlich steht sie vor der Frage, ob sie alle Gesetzesvorlagen, die die Regierungsmehrheit einbringt, ablehnen oder versuchen soll, in den Ausschüssen durch Beeinflussung die Vorlagen zu modifizieren, um anschließend denjenigen Gesetzen, die zumindest teilweise ihre „Handschrift" tragen, zuzustimmen. Die Opposition bewegt sich daher in einem Handlungsfeld zwischen Konfrontation und Kooperation. In einem Arbeits- und Ausschuss-

parlament wie dem nds. Landtag überwiegt eher die kooperative Oppositionsstrategie, allerdings kommt es bei politisch hochrangigen Fragen i.d.R. zur Austragung öffentlicher Kontroversen. Zu beachten sind dabei jedoch auch Koalitionskonstellationen auf der Bundesebene oder in anderen Ländern. Die konfrontative Strategie ist für die Opposition aber wichtig, denn sie sichert ihr die für sie nötige Beachtung in den Medien. Gegenwärtig versucht die rot-grüne Opposition, sich mit Themen aus der → Bildungspolitik (Beibehaltung der Lehrmittelfreiheit; gegen Einsparungen in der universitären Lehre und Forschung) sowie durch ihre Gegenwehr bei der geplanten Abschaffung der Bezirksregierungen zu positionieren. Die Bemühungen der Sozialdemokraten unter der Führung des ehemaligen → Ministerpräsidenten Sigmar Gabriel werden jedoch überschattet von der Krise der regierenden Bundes-SPD, die letztendlich auch mitverantwortlich für die Niederlage bei der Landtagswahl 2003 war.

*Tim Gburreck*

## Parteien, kleinere

Bei den kleineren Parteien sind solche des linken und rechten Spektrums von jenen zu unterscheiden, die vorübergehende Probleme repräsentierten (wie der Bund der Heimatvertriebenen und Entrechteten (BHE)) oder als Milieuparteien im Zuge des erfolgreichen Sammlungsprozesses der CDU in dieser weit gehend aufgingen (wie die ehemalige Deutsche Partei und die Zentrumspartei mit ihrer Hochburg im katholischen Emsland und oldenburgischen Münsterland). Nach Einführung der Fünf-Prozent-Klausel 1959 wurde die bereits vorher zur Splitterpartei geschrumpfte Zentrumspartei bedeutungslos.

Letzteres galt auch für die als linke Alternative im Parteienspektrum sich anbietende verfassungsfeindliche DKP, die als Nachfolgerin der seit jeher im linken Spektrum existenten Kommunistische Partei Deutschlands (KPD) agierte, aber 1956 als verfassungswidrig verboten worden war.

Immer wieder hatten rechtsextreme Parteien in Nds. beachtliche Resonanz. Dies galt zunächst für die Sozialistische Reichspartei (SRP), die in der Landtagswahl 1951 11 % der Stimmen erzielte, dann aber 1952 als verfassungswidrig verboten wurde. Die Deutsche Reichspartei (DRP) mit ihren Hochburgen in Nds. konnte 1951 und 1955 mit drei bzw. sechs Abgeordneten in den → Landtag einziehen. Sie gilt als Vorläuferorganisation der Nationaldemokratischen Partei Deutschlands (NPD), die die nationalen, konservativen und rechten Wähler ansprechen will und in der krisenhaften Entwicklung Ende der 60er Jahre 1967 mit 7 % der Stimmen und zehn Abgeordneten den Sprung in den Landtag schaffte. In den 90er Jahren haben die Republikaner keine ähnlichen Erfolge erzielen können und blieben weit hinter den Stimmenanteilen von Berlin und Baden-Württemberg zurück. Neuere Versuche der Statt-Partei (1998) und der Schill-Partei (2002), die Protestwähler für sich zu mobilisieren, scheiterten.

Bis in die 60er Jahre konnten auch die kleineren Parteien in den Landesregierungen die Politik mitgestalten. Weil Nds. nach dem Zweiten Weltkrieg zu den klassischen Flüchtlingsländern zählte, konnte der BHE, später Gesamtdeutscher Block (GB-BHE), 1947 mit 14,9 % der Stimmen in den Landtag einziehen. Mit wachsender Integration der Stammwählerschaft sank der Stimmenanteil bis 1959 bereits auf 8,3 %. Das Verhalten der bundespolitischen Reprä-

sentanten bewirkte 1955 letztlich eine Integration in die → CDU.

Die Niedersächsische Landespartei (NLP) hatte 1947 eine ähnliche Wählerresonanz wie die CDU. Ihre Hochburgen waren in den ehemaligen Herzogtümern Calenberg-Hannove bzw. Braunschweig-Lüneburg-Celle. Die Gründer stammten aus Milieus, die sich nach 1866 der preußischen Annexion der Königreichs Hannover widersetzt hatten und sich in den evangelischen Landgemeinden und Kleinstädten gegenüber der als katholisch und landfremd geltenden CDU abgrenzten. Ihre von der Besatzungsmacht eingesetzten Bürgermeister und Landräte spielten beim Wiederaufbau eine Schlüsselrolle. Die Partei gab sich vor Ort als Bewahrerin der örtlichen Interessen und des Brauchtums, also als eine Art politischer Heimatverein. Bald wurde die NLP in Deutsche Partei (DP) umbenannt und konnte 1955–59 mit Heinrich Hellwege sogar den Ministerpräsidenten stellen. Die Änderungen des Parteinamens (Deutsche Partei DP 1947, Gesamtdeutsche Partei GDP beim Zusammenschluss mit dem BHE 1961) haben die Belastbarkeit des eigenen Milieus strapaziert. Die lokalen Eliten resignierten oder gingen gemeinsam mit den DP-Ministern, Bundestagsabgeordneten und Wählern zur CDU über. Insbesondere die Kooperation mit dem BHE löste Irritationen aus, sodass 1963 nur noch 3,7 % der Stimmen auf die GDP entfielen.

*Hiltrud Naßmacher*

## Politische Bildung

Jeder Mensch entwickelt Vorstellungen über die politisch-gesellschaftliche Wirklichkeit. In Lernprozessen entsteht ein politisch-gesellschaftliches Bewusstsein, das der individuellen Orientierung in der sozialen Umwelt dient. Politische Erziehung bezeichnet das organisierte Bemühen, diesen Lernprozess zielgerichtet zu beeinflussen. Politische Bildung wirkt auf den politischen Lernprozess unter der Zielsetzung ein, auf Seiten der Lernenden ein Höchstmaß an Autonomie und Mündigkeit zu entwickeln. Insofern leistet Politische Bildung einen Beitrag zur Fundierung, Legitimation und Reproduktion demokratischer Herrschaft.

Nicht Wissens-, sondern Kompetenzerwerb ist das Ziel Politischer Bildung. Der Erwerb politischer Kompetenz hängt nicht vom Gegenstand, sondern von der Form der Auseinandersetzung mit diesem ab. Für die Themenauswahl orientiert sie sich an den Herausforderungen und Schlüsselproblemen der Gesellschaft. Dieses Auswahlinstrument, das auch die nds. Rahmenpläne für den Politikunterricht prägt, stellt die lebenspraktische Bedeutung der Lerninhalte in den Vordergrund. Politische Kompetenz drückt sich dann darin aus, dass Lernende aktuelle politisch-gesellschaftliche Problemfelder analysieren, beurteilen und beeinflussen können. Typische Problemfelder der Politischen Bildung Nds. lauten: Krieg/Frieden, Umwelt, Gender, Globalisierung, Migration/Interkulturalität, Rechtsextremismus und Arbeit.

Die Politische Bildung ist ein fester Bestandteil der nds. Bildungslandschaft. Ihre Akteure, Institutionen und Programme lassen sich danach unterscheiden, ob die politische Bildung im wissenschaftlichen, schulischen oder außerschulischen Kontext stattfindet. Außerschulische Politische Bildung wird in der Jugend- und der Erwachsenenarbeit betrieben. Sie kann hinsichtlich der Frage unterschieden werden, ob sie im staatlichen oder gesellschaftlichen Auftrag organisiert wird.

**Politische Bildung in der Wissenschaft** – Die Politikdidaktik ist Bestandteil der

Studien- und Prüfungsordnungen der Lehramtsstudiengänge für das Unterrichtsfach Politik. Außerdem werden berufsorientierende Lehrveranstaltungen zur Politischen Bildung in den sozialwissenschaftlichen Studiengängen angeboten. An den nds. Universitäten ist die institutionalisierte Politikdidaktik in den letzten Jahren sukzessive durch die Vergabe von Lehraufträgen ersetzt worden. So mangelt es heute an forschungsfähigen Einheiten, was mittelfristig zu einer Entqualifizierung der nds. Politiklehrerausbildung führen könnte.

Trotzdem haben sich an einigen Hochschulstandorten (zum Teil drittmittelfinanzierte) Forschungsvorhaben zum Demokratie-Lernen, zur Politischen Lehr-Lernforschung und zur Historisch- politischen Unterrichtsforschung etabliert, deren Erkenntnisse bundes- und europaweite Resonanz finden.

Als außeruniversitäre Forschungseinrichtung im Bereich der Politischen Bildung ist das „Georg-Eckert-Institut für internationale Schulbuchforschung" zu erwähnen. Die vergleichenden Analysen und kritischen Studien, die das Institut in den vergangenen Jahrzehnten angefertigt hat, haben Braunschweig zum europäischen Zentrum der Erforschung und Verbesserung von Medien für den historisch-politischen Unterricht werden lassen. Ähnlich der universitären politikdidaktischen Forschung ist derzeit auch die Arbeit des Georg-Eckert-Instituts durch Kürzungsmaßnahmen öffentlicher Haushalte existenziell bedroht.

**Politische Bildung in der Schule** – Die Politische Bildung ist als Unterrichtsfach und als Unterrichtsprinzip in allen Schulformen Nds. fest verankert. Ihre rechtliche Grundlage findet die schulische Politische Bildung im Nds. Schulgesetz. Dort heißt es im § 2 zum „Bildungsauftrag der Schule", dass die Schülerinnen und Schüler befähigt werden sollen, „die Grundrechte für sich und jeden anderen wirksam werden zu lassen, die sich daraus ergebende staatsbürgerliche Verantwortung zu verstehen und zur demokratischen Gestaltung der Gesellschaft beizutragen". Die vorrangige Aufgabe wird in der Bewusstseinsbildung für die Demokratie gesehen.

Politische Bildung in der Schule wird unter den Fachbezeichnungen Politik, Gemeinschaftskunde, Sozialkunde, Gesellschaftslehre, Geschichtlich-soziale Weltkunde und neuerdings Politik/Wirtschaft mit ein bis zwei Stunden auf der Unterrichtstafel angeboten. Außerdem ist die Politische Bildung ein Bestandteil des Sachunterrichts in der Grundschule und des Unterrichtsfaches Geschichte.

Als problematisch muss angesehen werden, dass die Fächer der Politischen Bildung in einem zu hohen Maß durch fachfremde Lehrerinnen und Lehrer unterrichtet werden. Das Lehrerfortbildungsinstitut in Hildesheim und die Landeszentrale für Politische Bildung in Hannover haben diesen unbefriedigenden Zustand bisher durch entsprechende Seminarangebote entspannt. Letztlich müsste dieser Situation aber durch gezielte Aus- und Weiterbildungsmaßnahmen zur Qualifikation von Politiklehrern entgegengesteuert werden.

**Außerschulische Politische Bildung im staatlichen Auftrag** – Politische Bildung im staatlichen Auftrag wird in Nds. aber auch in Volkshochschulen, in → Gedenkstätten, in der Bundeswehr, dem → Öffentlichen Dienst und durch die Landeszentrale für die Politische Bildung geleistet. In den nds. Volkshochschulen werden Seminare zur Politischen → Erwachsenenbildung angeboten. Die Umorientierung von einer demokratietheoretischen zu einer betriebswirtschaftlichen Rechtfertigung der An-

gebote hat den ehemals zentralen Fachbereich jedoch marginalisiert.

An Bedeutung gewonnen hat die historisch-politische Bildungsarbeit an den nds. Gedenkstätten. Die Erinnerungsorte haben sich zunehmend auch als Lernorte etabliert, die eine erfahrungsorientierte Auseinandersetzung mit den Verbrechen des Nationalsozialismus eröffnen. Bei der geplanten Überführung der Gedenkstätten in eine Stiftungsstruktur bleibt ihr Bildungsauftrag erhalten.

Eine zentrale Funktion für die Politische Bildung besaß bislang die Landeszentrale für Politische Bildung. Durch ihre Maßnahmen zur Information, Kommunikation, Multiplikation und Förderung hat sie die politische Bildungslandschaft Nds. maßgeblich vernetzt und mitstrukturiert. Als einziges Bundesland löst Nds. seine Landeszentrale zum Jahresende 2004 auf. Damit verliert die Politische Bildung Nds. eine ihrer wichtigsten Stützen.

Staatliche Steuerungsinstrumente im Bereich der außerschulischen Politischen Bildung stellen das → Kinder- und Jugendhilfegesetz, der Kinder- und Jugendplan, das Nds. Erwachsenenbildungsgesetz sowie die Sonderprogramme des Bundes und der Europäischen Union dar. Förderschwerpunkte sind derzeit in den Themenfeldern Rechtsextremismus, Rassismus, Gewaltvermeidung/Konfliktbewältigung sowie Gendermainstreaming zu erkennen.

**Außerschulische Politische Bildung im gesellschaftlichen Auftrag** – Als bundesweite Interessensverbände (→ Verbände), die sich für die Politische Bildung engagieren, sind die „Deutsche Vereinigung für Politische Bildung" (DVPB), die „Deutsche Vereinigung für Politische Wissenschaft" (DVPW) und die „Gesellschaft für Politikdidaktik und politische Jugend- und Erwachsenenbildung" (GPJE) zu nennen. Der nds. Landesverband der DVPB versteht sich als Berufsverband und veranstaltet jährlich einen Politiklehrertag.

Die außerschulische Politische Bildung spiegelt die gesellschaftliche Pluralität Nds. wider. Zu ihren Trägern und Förderern zählen Parteien, → Gewerkschaften, Wirtschaftsverbände (→ Arbeitgeber und Unternehmerverbände), Stiftungen, Glaubens- und Weltanschauungsgemeinschaften, Medien, Akademien, Freie Träger sowie Initiativen, die Politische Bildung aus → bürgerschaftlichem Engagement betreiben. Diese Einrichtungen und Anbieter leisten einen unübersehbaren und unverzichtbaren Beitrag zur Politischen Bildung in Nds.

Bedingt durch den Rückzug öffentlicher Träger aus der Bildungsfinanzierung hat die Politische Bildung im gesellschaftlichen Auftrag in den letzten Jahren an Bedeutung gewonnen. Sie kann den staatlichen und überparteilichen Bildungsauftrag aber nicht ersetzen. Zwar dient sie insgesamt einer pluralen Willensbildung und Interessenvertretung, jedoch haben einzelne Bildungsangebote auch die berechtigte Funktion der Gestaltung von politischen Sozialisationsprozessen in Interessengruppen und Wertegemeinschaften.

60 Jahre Politscher Bildung in Nds. sind zweifelsohne als Erfolgsgeschichte zu bewerten. Ihre Ziele, Träger, Programme und Methoden sind fest in der nds. Bildungslandschaft verankert. Politische Bildung bleibt aber ein unabgeschlossener Prozess, der die politischkulturellen Grundlagen demokratischen Zusammenlebens beständig reproduziert und erneuert.          *Dirk Lange*

## Polizei

**Begriff** – Der Begriff „Polizei" geht auf das altgriechische Wort „politeía" zurück. Damit wurde einerseits das Bürgerrecht und das politische Leben eines Menschen bezeichnet, andererseits bedeutete „politeía" auch Staat, Staatsgewalt und Staatsverfassung. In Deutschland hatte die Polizei bis in die zweite Hälfte des 20. Jh. nicht nur Sicherheits-, sondern auch Verwaltungsaufgaben. Diese Aufgaben obliegen heute in erster Linie den Ordnungsbehörden, die Polizei ist allerdings immer noch „bei Gefahr im Verzuge" für diese Bereiche zuständig.

Der Begriff „Polizei" steht heute zum einen für die *Polizeigewalt*. Das ist die Abwehr von Gefahren für die öffentliche Sicherheit oder Ordnung und bedeutet damit den Schutz der Bürger sowie die Aufrechterhaltung der freiheitlichen demokratischen Grundordnung in Deutschland. Zum anderen werden mit „Polizei" auch die *Polizeibehörden* sowie alle Polizeibeamtinnen und Polizeibeamten als Schutzorgane für die innere Sicherheit benannt.

**Bereiche** – Unterschieden wird der Polizeivollzugsdienst allgemein nach vier Bereichen: Die *Schutzpolizei* ist für alle polizeilichen Vollzugsaufgaben zuständig, soweit diese nicht den Spezialorganisationen übertragen sind. Dazu gehören vor allem Posten- und Streifendienst, Verkehrslenkung und -überwachung, Verfolgung von Ordnungswidrigkeiten und erster Zugriff bei der Verfolgung von Straftaten. Zur Aufgabe der *Bereitschaftspolizei*, die in Verbänden zusammengeschlossen ist, gehört die Unterstützung des einzeldienstlichen Vollzugsdienstes bei Großeinsätzen (z.B. Katastrophen, Massendemonstrationen). Die *Wasserschutzpolizei* hat schifffahrtspolizeiliche und Umweltschutzaufgaben nach der Bund-Länder-Vereinbarung im Küstenmeer sowie in den inneren und Binnengewässern. Schließlich ist die *Kriminalpolizei* mit Aufgaben der Verbrechensbekämpfung befasst, die besondere Kenntnisse und eine spezielle technische Ausstattung erfordern.

**Föderalismus** – Im föderalen Aufbau der BRD sind Polizeiaufgaben nach der Verfassung grundsätzlich Sache der Länder. Sie regeln die Polizeiorganisation und erlassen die Polizeigesetze. Der Bund hat nur begrenzte Polizeigewalt im Rahmen der bundeseigenen Verwaltung, z.B. Bundeskriminalamt, Bundesgrenzschutz, Strom- und Schifffahrtspolizei für die Bundeswasserstraßen, Luftfahrtbundesamt und Zollverwaltung.

In Deutschland gibt es im Polizeivollzugsdienst insgesamt mehr als 250 000 Personen, allein rund 23 000 Mitarbeiter in Nds. Alle Polizeien in Bund und Ländern gehören zum Geschäftsbereich der jeweiligen Innenministerien bzw. Innenbehörden. Zur Bekämpfung länderübergreifender oder internationaler Straftaten (z.B. bei der Organisierten Kriminalität) sind alle Polizeien zusammengeschlossen in der *Ständigen Konferenz der Innenminister und Innensenatoren des Bundes und der Länder* (IMK). Die IMK ist das für den Bereich der Inneren Sicherheit entscheidende föderale Kooperationsgremium, in dem die sicherheitspolitischen Meinungs- und Entscheidungsbildungen für das Bundesgebiet getroffen werden.

In Nds. werden die Polizeigewalt und die Polizeibehörden nach dem Nds. Gesetz über die öffentliche Sicherheit und Ordnung (Nds. SOG) organisiert.

**Rechtliche Grundlagen** – Den Polizeibeamten ist gesetzlich die Möglichkeit eingeräumt, in die Freiheitsrechte der Bürger einzugreifen, insbesondere in die des Art. 2 Abs. 2 GG (Recht auf Leben und körperliche Unversehrtheit, Freiheit der

Person). Allerdings haben sie von mehreren möglichen und geeigneten Maßnahmen immer diejenige zu treffen, die den Einzelnen und die Allgemeinheit voraussichtlich am wenigsten beeinträchtigt. Eine Maßnahme darf ferner nicht zu einem Nachteil führen, der zu dem erstrebten Erfolg erkennbar außer Verhältnis steht. Sie ist außerdem nur so lange zulässig, bis ihr Zweck erreicht ist oder es sich zeigt, dass er nicht erreicht werden kann. Bei freiheitsbeschränkenden und -entziehenden Maßnahmen sieht Art. 104 GG ausdrücklich Rechtsgarantien vor (z.B. Verbot seelischer und körperlicher Misshandlungen). Alle Grundrechtseingriffe unterliegen dem sog. *„Vorbehalt des Gesetzes"* (Art. 20 Abs. 3 GG, Art. 2 Abs. 2 NdsVerf). Polizisten dürfen also nur Maßnahmen ergreifen, zu denen sie ein Parlamentsgesetz ermächtigt. Außerdem stehen sie unter dem sog. *„Richtervorbehalt"*: Es ist immer ein Richterbeschluss im Vorhinein einzuholen, wenn nicht wegen der Gefahrensituation (sog. „Gefahr im Verzug") ein sofortiges Handeln erforderlich ist.

**Organisation** – Als *Polizeibehörden* sind gesetzlich das Landeskriminalamt, die vier Bezirksregierungen Hannover, Braunschweig, Lüneburg und Weser-Ems (in Oldenburg), die beiden Polizeidirektionen Hannover und Braunschweig sowie die vom Innenministerium durch Verordnung bezeichneten Polizeidienststellen bestimmt. Letztere sind im Wesentlichen die sog. *Polizeiinspektionen*, denen die Polizei- und Autobahnpolizeikommissariate, die Polizeistationen sowie die Zentralen Kriminaldienste nachgeordnet sind. Die nach der Auflösung der Bezirksregierungen für 2005 geplante Neuorganisation findet sich im Internet unter www.polizei.niedersachsen.de. Das *Landeskriminalamt* (LKA) mit seinen ca. 700 Mitarbeitern befindet sich in Hannover. Es ist die zentrale Dienststelle der Landespolizei zur Sicherung der Zusammenarbeit in kriminalpolizeilichen Angelegenheiten mit dem Bund und den anderen Ländern sowie innerhalb des Landes Nds. Eine weitere zentrale Polizeieinrichtung ist das ebenfalls in Hannover angesiedelte *Polizeiamt für Technik und Beschaffung*, das für die Entwicklung, Erprobung, zentrale Instandhaltung und Erfassung der polizeilichen Führungs- und Einsatzmittel zuständig ist. Die *Landesbereitschaftspolizei* hat sechs Standorte, die *Polizeihubschrauberstaffel* fünf, die *Wasserschutzpolizei* sieben.

Zu den zentralen Aus- und Fortbildungseinrichtungen gehört zum einen das *Bildungsinstitut der Polizei* mit seiner Zentrale in Hann. Münden und weiteren acht Standorten. Es ist vor allem für die Fortbildung in allen polizeilichen Feldern zuständig und führt Aufstiegslehrgänge zum gehobenen und höheren Dienst durch. Die *Fachhochschule für Verwaltung und Rechtspflege* (FHVR) – Fachbereich Polizei – mit ihrem Hauptsitz in Hildesheim und weiteren zwei Studienorten führt das Studium zur Diplom-Verwaltungswirtin bzw. zum -wirt (FH) durch. Im Fachbereich Polizei ist dieser Abschluss für die Kommissarlaufbahn Voraussetzung.

*Martin H.W. Möllers*

## Presse

**Definition** – Ursprünglich auf alle Druckerzeugnisse bezogen, wird der Begriff Presse seit dem 19. Jh. ausschließlich auf periodische Druckerzeugnisse, d.h. Zeitungen (Tages-, Wochenzeitungen, Anzeigenblätter und Zeitschriften (Special- Interest-, Publikumszeitschriften etc.) angewandt. Im alltagssprachlichen Gebrauch findet der Begriff seltener auf wissenschaftliche Fachzeitschrif-

ten und schon gar nicht auf Kataloge und Kalender Anwendung. Im Folgenden wird ausschließlich auf die Tageszeitungen eingegangen, da sie unter den Printmedien in Nds. wirtschaftlich und gesellschaftlich die bedeutendste Pressegattung sind. Der Heise-Verlag in Hannover, der sich auf Computer- und Netzkultur-Zeitschriften spezialisiert hat, ist ein Zeitschriftenverlag von großer wirtschaftlicher Bedeutung in Nds.

**Geschichte** – Die älteste nachweisbare Zeitung in Deutschland ist 1605 die *Straßburger Relation*, in Nds. 1609 der *Wolfenbütteler Aviso*. 1617 ist für Hildesheim wieder eine Zeitung nachweisbar. Die erste täglich erscheinende Zeitung ist die *Einkommende Nachrichten* von 1660 in Leipzig. Die *Hildesheimer Allgemeine Zeitung* (1705) ist die älteste noch heute erscheinende Zeitung Deutschlands.

Die Entwicklung des Zeitungswesens in Nds. entspricht der Entwicklung in ganz Deutschland. 1848 im Zuge der Liberalisierung kurzfristig vermehrte Gründung von Zeitungen bis zur Restauration, dann wieder ab den 70er/80er Jahren des 19. Jh. Das Reichspressegesetz von 1872 garantiert erstmals die Pressefreiheit. Inhaltlich vertraten die Tageszeitungen Anfang des 20. Jh. bis zum Ende der Weimarer Republik bestimmte (partei-)politische Richtungen, was auch mit für die große Zahl an Zeitungstiteln verantwortlich war. 1932 gab es in Nds. 278 Zeitungen mit 335 redaktionellen Ausgaben. Über 80 % der damaligen Titel hatten eine Auflage unter 10 000 Ex. Um die 10 % der Titel hatte eine Auflage zwischen 10 000 und 20 000 Ex. Aus publizistischer Sicht vielleicht wünschenswert, ist ein derart strukturierter Zeitungsmarkt in wirtschaftlichen Krisen ökonomisch äußerst instabil. Nachdem die Nationalsozialisten die Presse durch verschiedene politische Maßnahmen in eine publizistische, ökonomische, rechtliche und institutionelle Abhängigkeit gebracht hatten, existierten 1944 in Nds. nur noch 65 Zeitungen mit insgesamt 93 Ausgaben. Die KPD- und SPD-Zeitungen waren 1933 sofort verboten und enteignet worden.

Nach der Kapitulation gaben die Militärbehörden zunächst Mitteilungsblätter zur Information der Bevölkerung aus. Am 8.1.1946 erschien mit der *Braunschweiger Zeitung* die erste Lizenzzeitung. Lizenzen wurden nur an vom „Nationalsozialismus" unbelastete Persönlichkeiten vergeben. Die Altverleger wurden von einer Lizenzerteilung grundsätzlich ausgeschlossen. Am 21.9. 1949 fiel mit der Erteilung der Generallizenz der Lizenzzwang, und auch die Altverleger konnten wieder ihre Zeitungen fortführen.

**Zeitungsmarkt** – Die Zeitungsmarktentwicklung verlief in den alten Bundesländern gleich. Trotz einer Konsolidierungsphase in den 70er Jahren existierte eine vielfältige Zeitungsmarktstruktur, die sich an der lokalen Bindung der Leser orientiert. 50 % der Zeitungstitel hat eine Auflage zwischen 5 001 und 20 000 Ex. und 27 % zwischen 20 001 und 50 000 Ex. Diese Titel können nur durch teilweise Kooperationen im Anzeigen-, Druck- und redaktionellen Bereich wirtschaftlich selbstständig überleben.

2003 gab es in Nds. 51 (BRD: 349) Verlage als Herausgeber mit 127 (BRD: 1 561) Zeitungstiteln, die sich zwölf (BRD: 134) Publizistischen Einheiten zuordnen lassen. Die Auflage betrug rd. 1,8 Mio. (BRD: 22,6 Mio.) Exemplare (Media Perspektiven Basisdaten 2003). Mit *BILD Hannover* gibt es eine Straßenverkaufszeitung in Nds. Die *Blecke-der Zeitung* erscheint 3 × wö. und die *Elbmarsch Post* (Bleckede) 1 × wö.

Zehn Verlage mit zwölf redaktionellen Ausgaben übernehmen den Mantel von Vollredaktionen mit Sitz außerhalb Nds. (*HNA*/Kassel, *Nordsee-Zeitung*/ Bremerhaven). Die *Bremer Nachrichten*/ *Weser Kurier*, *HNA*/*Hessische Niedersächsische Allgemeine*, *Nordsee-Zeitung* – alle mit Verlagssitz außerhalb Nds. – geben fünf Zeitungen mit 17 Ausgaben in Nds. heraus.

Die Verlagsgesellschaft Madsack, Hannover, (*Hannoversche Allgemeine Zeitung*/*Neue Presse*) zählt zu den zehn größten Zeitungshäusern in Deutschland.

Mit ihrem Engagement bei den elektronischen Medien (*radio ffn*) und dem Internet entwickeln sich alle Verlage Nds. vom Zeitungsverlag zu Medienhäusern. Die auflagenstärksten Zeitungen in Nds. sind die *Hannoversche Allgemeine Zeitung*/*Neue Presse* (258 173 Ex.), *Neue Osnabrücker Zeitung* (174 553 Ex.), *Nordwest-Zeitung* (125 336 Ex.), *Braunschweiger Zeitung* (148 758 Ex.) und *BILD Hannover* (121 108 Ex.). Die kleinste Zeitung ist die *Borkumer Zeitung* mit einer Auflage von 1 670 Ex. (Zahlen III: Quartal 2003).

Von den direkt in der Zeitungsbranche beschäftigten rd. 30 000 Mitarbeitern sind ca. 1 600 Redakteure und ca. 180 Volontäre in den Redaktionen tätig. In Verlag und Technik sind rd. 8 500 Mitarbeiter angestellt. Und rd. 20 000 Zusteller sorgen für die tägliche pünktliche Zustellung.

Veränderte Informations- und Lesegewohnheiten insbesondere der Jüngeren aber auch die wirtschaftliche Situation führen zu einem stetigen in den letzten Jahren sich beschleunigenden Auflagenverlust. Von 1993 bis 2003 sank die tägliche Auflage der Tageszeitungen in Nds. von 1,9 auf 1,78 Mio. Ex. (= –6,4 %). Zudem haben die Zeitungen seit vier Jahren mit hohen Anzeigenverlusten zu kämpfen. Setzt man für das Jahr 2000 den Index 100, so liegt er 2003 bei 81,3 für den Nettoanzeigenumfang aller nds. Tageszeitungen. Lebens- und

Existenzgrundlage der Regional- und Lokalpresse sind die Lokalanzeigen, weshalb – im Unterschied zu den überregionalen Titeln, wie z.b. der *Süddeutschen Zeitung, Frankfurter Rundschau* oder *Frankfurter Allgemeinen Zeitung* – die konjunkturelle Situation die Heimatzeitungen zeitverzögert getroffen hat. Liegt die Erlösstruktur bei Tageszeitungen normalerweise bei 30 % Vertrieb und 70 % Anzeigen, machen die Vertriebserlöse inzwischen fast 50 % aus, können aber bei weitem nicht die Verluste im Anzeigengeschäft kompensieren. Hat die Politik durch die Entscheidung für landesweiten privaten Rundfunk in Nds. bei gleichzeitigem Verbot lokaler Werbung im Hörfunk (→ Rundfunk), die Existenzgrundlage der Tageszeitungen berücksichtigt, ist der gegenwärtige Rückgang im lokalen Anzeigengeschäft einerseits ein Reflex auf die wirtschaftliche Gesamtsituation, andererseits aber auch der Abwanderung in die branchenspezifischen Anzeigenportale ins Internet zuzuschreiben.

*Volkhard Schuster*

## Regionalpolitik

**Begriff** – Regionalpolitik entsteht aus dem Zusammenwirken verschiedener Politiken mit dem Ziel der Steuerung regionaler Prozesse. Dies erfolgt über gemeinsame Leitbilder und Interessendefinitionen, die Bündelung von Ressourcen und die Koordination von Handlungen verschiedener Akteure. Im engeren Sinne bedeutet Regionalpolitik „regionale Strukturpolitik" bzw. „regionale Wirtschaftspolitik", die darauf abzielt, die Leistungsfähigkeit der regionalen Wirtschaft zu verbessern (→ Wirtschaftspolitik, → Wirtschaftsstruktur). Die Förde-

rung der Wirtschaft soll prinzipiell zugleich dazu beitragen, ausreichende Erwerbsmöglichkeiten zu erhalten und zu schaffen, soziale und regionale Ungleichheiten zu verringern und der Umwelt zu nützen. Doch in der Praxis steht oft die Förderung der Wirtschaft im Vordergrund. Im weiteren Sinne tragen zur Regionalpolitik auch andere Politiken bei, wie z.B. Städtebaupolitik, Umweltpolitik (→ Umwelt-/Naturschutz) und → Bildungspolitik.

**Entwicklungsphasen** – Im Sinne wirtschaftlicher → Strukturpolitik setzte die Regionalpolitik in der BRD bereits in den 50er Jahren ein, als man sich bemühte, Gewerbebetriebe im ländlichen Raum und im strukturschwachen Gebiet an der innerdeutschen Grenze anzusiedeln. Seit den 60er Jahren traten die Montanregionen als Zielgebiete der Förderung des Strukturwandels hinzu, in den 90er Jahren die neuen Bundesländer. Bereits in den 60er Jahren wurden gemeinsame Aktionsprogramme zur Vergabe der Bundes- und der Landesmittel entwickelt, welche den Ausgangspunkt für die Gemeinschaftsaufgabe „Verbesserung der regionalen Wirtschaftsstruktur" (1971) bildeten; die Gemeinschaftsaufgabe ist im Laufe der Zeit verändert worden, stellt aber bis heute eine wesentliche Basis der Regionalpolitik dar.

Seit mehr als einer Dekade haben die Europäischen Strukturfonds (insbesondere der Europäische Fonds für Regionale Entwicklung, der Europäische Sozialfonds und der Europäische Ausrichtungs- und Garantiefonds für die Landwirtschaft) eine wachsende Bedeutung für die Regionalpolitik erhalten. Regionalpolitik erfordert daher zunehmend die Koordination der verschiedenen Ebenen und die Abstimmung der verzweigten Wirkungsketten von der Europäischen Strukturpolitik über die Bun-

Die Meyer Werft in Papenburg – stark im internationalen Wettbewerb. Hier die „Pont-Aven", eine Fähre für Brittany Ferries.

desebene und die Länder, ggf. die Bezirke oder Kommunalverbände bis zur kommunalen Ebene.

**Strategien** – Die Regionalpolitik steht im Zusammenhang übergreifender Voraussetzungen, Leitbilder und Politiken. Befanden sich in den 70er Jahren noch die Ausweisung und Erschließung von Industrieflächen, der Ausbau der Verkehrsinfrastruktur (→ Verkehr) und erste Ansätze von Investitionsförderung in Unternehmen im Vordergrund, so setzte in den 80er Jahren die innovationsorientierte Regionalpolitik ein. Technologische und organisatorische Innovationen sollen Unternehmen besonders in Hinblick auf den Weltmarkt wettbewerbsfähig machen. Hinzu treten Maßnahmen zur Förderung von Existenzgründern, zur Marketingberatung von Unternehmern, zur Beförderung von Netzwerken zwischen Unternehmen, zur Qualifizie-

rung von Arbeitnehmern und zur Verbesserung der natürlichen Umwelt.

Seit den 80er Jahren wurde der Optimismus, der Staat als zentraler Akteur könne seine Ziele und Maßnahmen wirksam durchsetzen, von einer skeptischen Position abgelöst, die u.a. aus gesamtwirtschaftlich krisenhaften Entwicklungen, Defiziten in den öffentlichen Kassen, aber auch aus dem gesellschaftlichen Diskurs über Dezentralisierung, Flexibilisierung und Bürgernähe resultierte. Es wird nun weniger staatlich Top-down geplant. Steuerung heißt jetzt „Moderation"; die Mittelvergabe erfolgt zunehmend über Wettbewerbe. Heutzutage beschränkt sich der Staat eher darauf, Impulse zu liefern, so dass sich die Regionen von innen heraus, durch ihre „endogenen Potentiale" (ein Konzept der 80er Jahre) bzw. durch die „Stärkung von Stärken" (wie es heute heißt), entwickeln.

**Neue Konzepte** – Die neuen Ziele und die Beteiligung weiterer Akteure zeigen sich auch in der nds. Regionalpolitik. Aktuell verfolgt die nds. → Landesregierung regionale Wachstumskonzepte, die sich durch die Zielsetzungen der Steigerung von Wertschöpfung und Beschäftigung in den Regionen auszeichnen. Dabei sind im Einzelnen folgende Ziele zu verwirklichen: 1. Es soll an vorhandenen Stärken in der Region angesetzt werden, 2. die Zusammenarbeit von Gebietskörperschaften soll angeregt werden, um die Förderung der Wirtschaft nicht an administrativen Grenzen enden zu lassen, 3. durch das Zusammenwirken von Privatwirtschaft und öffentlicher Hand soll die „regionale Managementfähigkeit" verbessert werden, 4. regionale Akteure sollen einen Businessplan für ihre Region aufstellen und renditeorientierte Projekte definieren, und 5. der Wettbewerb von Projekten aus den Regionen um Fördermittel soll angeregt werden. Regionale Akteure haben Projekte in ihrer Region zu Unternehmungen zu machen, die analog zu privatwirtschaftlichen Unternehmen strukturiert sind, ähnliche Funktionsabläufe aufweisen und nach Maßstäben des Wettbewerbs bemessen werden. Als Erfolgsfaktoren werden u.a. die Ausrichtung auf innovative Wachstumsbranchen mit Anspruch auf eine nationale und internationale Spitzenposition, eine starke Innovationsbasis, weiterhin schnelle Selbstverstärkungseffekte und eine Umsetzungsorganisation in Form von Private-Public-Partnerships genannt, wobei Unternehmen als wesentliche Akteure angesehen werden.

Um zwei Beispiele zu nennen: Das *Wachstumskonzept Süderelbe* umfasst den Landkreis Stade, den Landkreis und den Bezirk Harburg und den Landkreis und die Stadt Lüneburg. Mit der 2003 begonnenen Wachstumsinitiative soll in dieser Region die Identifizierung und Förderung zukunftsträchtiger Branchen länderübergreifend in Nds. und Hamburg betrieben werden. Im Mittelpunkt steht dabei die Bildung von Gruppen im Sinne der Verknüpfung von Unternehmen und Kompetenzträgern innovativer Branchen.

Das *Projekt Region Braunschweig* schließt die kreisfreien Städte Braunschweig und Salzgitter sowie die Landkreise Gifhorn, Goslar, Helmstedt, Peine und Wolfenbüttel ein. Das Ziel besteht in der Verbesserung des Lebens- und Wirtschaftsumfeldes durch 17 Einzelprojekte insbesondere im verarbeitenden → Gewerbe sowie im → Tourismus.

In Nds. werden an den unterschiedlichen regionalpolitischen Maßnahmen außerstaatliche Akteure, wie die Investment Promotion Agency Niedersachsen (IPA), die Wirtschaftsförderung und die Industrie- und Handelskammern, Handwerkskammern (→ Kammern), → Gewerkschaften und Hochschulen beteiligt. Einen neuen Akteur bildet zudem die NBank, die am 1.1.2004 ihre Arbeit aufgenommen hat. Die NBank soll die Wirtschaftsförderung in Nds. bündeln und Existenzgründern, Mittelstand und → Handwerk einen zentralen Ansprechpartner für Fragen der Wirtschaftsförderung bieten. Die NBank stellt Kredite zur Verfügung, geht aber über die Aktivitäten einer „Bank" weit hinaus. So strebt sie an, mit dem Programm „Arbeit durch Qualifizierung" Arbeitslose, insbesondere Langzeitarbeitslose, beruflich wieder einzugliedern. Mit dem „Unternehmen Jugend Plus" will die NBank neue sozialversicherungspflichtige Arbeits- und Ausbildungsplätze vor allem für junge langzeitarbeitslose Menschen unter 25 Jahren schaffen, indem Existenzgründer sowie kleine und mittlere Unternehmen mit Sitz in Nds. dazu angeregt werden, neue Arbeits- und Ausbildungsplätze zu schaffen. Außerdem werden u.a. Public-Private-Partnerships im Bereich des kommunalen Hochbaus gefördert, die zu einer Entlastung der öffentlichen Haushalte beitragen und Modellcharakter aufweisen sollen.

*Martina Fuchs*

## Religion

Die Geschichte Deutschlands ist wie die Nds. seit dem 16. Jh. durch den Konfessionsstreit gekennzeichnet. Seit dieser Zeit gibt es ein katholisches und ein evangelisches/protestantisches Deutschland, das nach dem Prinzip („cuius regio, eius religio", d.h. die Bevölkerung hat stets die Religion ihres Fürsten) die beiden Lager auseinander zu halten versuchte. Seither ist die konfessionelle Differenzierung auch ein Merkmal des öffentlichen Lebens: Es gibt dort, wo es keine Konfessionsschulen gibt, getrennten Religionsunterricht für die ansonsten gemeinsam unterrichteten Kinder, die Vertreter der Kirchen gehören zu den wichtigen gesellschaftlichen → Verbänden, die Senderechte in Radio (→ Rundfunk) und → Fernsehen für religiöse Themen sind paritätisch verteilt, kurz: man ist entweder evangelisch oder katholisch.

Angesichts dieser Spaltung Deutschlands in zwei (inzwischen rein statistisch gleichgroße) Lager hat es jeder schwer, der nicht dazu gehört. Das waren klassisch die Juden und seit der Aufklärung auch die Atheisten. Sie mussten noch in neuerer Zeit eigene Vereine (z.B. die freireligiöse Landesgemeinde Nds.) gründen, um ihre Interessen auf Information über Religion (d.h. religionskundlicher Unterricht) wahrzunehmen und um dafür so sorgen, dass Lehrkräften, die keiner Kirche angehörten, keine Nachteile im Dienst und für ihre Beförderung entstehen.

Der Zuzug ausländischer Arbeitskräfte, der sog. „Gastarbeiter" islamischen Glaubens, hat dieses Gleichgewicht ins Wanken gebracht. Langsam wurde deutlich, dass Deutschland von innen heraus durch zahlreiche Austritte aus den Kirchen Ende der 60er und Anfang der 70er Jahre dem Christentum nicht mehr in gewohnter Weise treu geblieben ist und gleichzeitig von außen eine neue Religion (→ Islam) kam, die eine Gleichstellung gegenüber den etablierten Kirchen verlangte. Das Grundgesetz und die Ländergesetzgebungen sprechen bis in die Schulgesetze hinein immer nur von „Religionsgemeinschaften" und „Religionsunterricht" und sichern Religionsfreiheit zu, nirgends ist dies auf die Christen oder gar die christlichen Kirchen allein beschränkt. Die öffentlichen Debatten zeigen, wie schwer es offenbar ist, ein Religionsrecht – losgelöst vom Kirchenrecht – für die staatliche Praxis durchzusetzen. Auch der Werte- und Normen-Unterricht als Fach für die Schüler, die nicht am Religionsunterricht in Nds. teilnehmen, kämpft noch immer de facto um seine Gleichstellung mit dem konfessionellen Religionsunterricht, in Sachen Lehrerausbildung ist die Umsetzung der gesetzlichen Vorgaben noch immer sehr unbefriedigend.

Das Auftreten weiterer bislang nicht in Nds. heimischer Religionen unterstreicht die große Vielfalt religiöser Wirklichkeitsinterpretationen und demonstriert einen Erfahrungsschatz aus vielen Kulturen und Welten, der nicht überall als Bereicherung, sondern nicht selten als Bedrohung empfunden wird. Neben Moscheen gibt es auch schon die erste buddhistische Pagode Nds. in Hannover und einen Hindutempel in Empelde bei Hannover. Yeziden sind in und um Celle anzutreffen. Bahai-Tempel können ebenso besucht werden wie Andachtsstätten neuer religiöser Bewegungen. Selbst innerhalb des Christentums ist die Palette der Möglichkeiten größer geworden. Es gibt nicht mehr nur katholische und evangelische oder evangelisch-freikirchliche Gemeinden, es gibt auch orthodoxe Christen unterschiedlicher Ausrichtung (griechisch-, russisch-, serbisch-, rumänisch-orthodoxe u.v.m.). Die Religion vor Ort ist von einer Vielfalt, wie sie bislang ungeahnt war. Während die Gesellschaft immer weniger christliche Traditionen pflegt und mit dem überlieferten religiösen Wissen kaum noch etwas verbindet, sodass in Kunst (→ Bildende Kunst), → Literatur und → Musik mit Recht vom Kulturabbruch gesprochen werden kann und all dies auf eine weiter gehende Säkularisierung unserer Gesellschaft hindeutet, nimmt der symbolische und religiöse Reichtum der Deutungsmuster in einem Maße zu, dass man andernorts (z.B. Italien) bereits Studiengänge einrichtet, die „Experten für die religiöse Vielfalt in der gegenwärtigen Gesellschaft" heranbilden, damit Stadtverwaltungen und Regierungen sachkundig im Umgang mit dieser Vielfalt und bei zu erwartenden offiziellen Besuchen aus entsprechenden Ländern beraten werden.

*Peter Antes*

## Rundfunk

**Definition** – § 2 Abs. 1 des Rundfunkstaatsvertrages definiert Rundfunk als „die für die Allgemeinheit bestimmte Veranstaltung und Verbreitung von Darbietungen aller Art in Wort, in Ton und in Bild unter Benutzung elektromagnetischer Schwingungen ohne Verbindungsleitung oder längs oder mittels eines Leiters. Der Begriff schließt Darbietungen ein, die verschlüsselt verbreitet werden oder gegen besonderes Entgelt empfangbar sind." Im juristischen und wissenschaftlichen Sprachgebrauch ist Rundfunk definiert als Fernsehen (TV) und Hörfunk. Alltagssprachlich wird Rundfunk mit Hörfunk (Radio) gleichgesetzt (→ Fernsehen).

**Geschichte** – 1923 Beginn des Rundfunks in Deutschland, 1924 in Norddeutschland (*NORAG*, Funkhaus in Hamburg). Am 4.5.1945 übernehmen britische Truppen das Funkhaus in Hamburg und senden ein Programm der alliierten Militärregierung (*Radio Hamburg*). Die durch den Krieg zerstörte Infrastruktur und die durch die NS-Propagandapolitik forcierte Verbreitung von Rundfunkempfangsgeräten (Volksempfängern) – rd. 7 Mio. intakte Geräte soll es damals gegeben haben – machten das Radio zum wichtigsten Informationsmittel für die Bevölkerung. Im September 1945 wird der Rundfunk der britischen Besatzungszone mit den Funkhäusern in Köln und Hamburg in *Nordwestdeutscher Rundfunk* (NWDR) umbenannt. 1.5.1948 Statut des NWDR (Mehrländeranstalt: Schleswig-Holstein, Hamburg, Nds., Nordrhein-Westfalen und Berlin). 1950 Gründung der ARD. 1953 Gründung des SFB, 1954 des WDR. 1955 Staatsvertrag über den NDR (Länder Nds., Hamburg und Schleswig-Holstein). Am 1.3.1992 kommt als viertes Bundesland Mecklenburg-Vorpommern zum Bereich des NDR hinzu. 1986 geht mit *radio ffn* das erste private landesweite Programm auf Sendung (Lizenz erteilt 1985, verlängert 1995). 1989 kam das heutige *Hit-Radio Antenne* (Lizenz verlängert 1999, seit Mai 2000 bundesweite Satellitenlizenz) dazu und 2000 *Radio 21* (Lizenz erteilt Ende 1999), das zunächst nur im Raum Göttingen, Hannover und Braunschweig zu empfangen ist, ab Sommer 2004 auch in Ostfriesland, Ems-/Ammerland und Oldenburg/Delmenhorst. Radio Bremen und der NDR unterzeichnen 2001 einen Kooperationsvertrag über das *Nordwest- Radio* – ein Informations- und Kulturprogramm –, das in Bremen und im nordwestlichen Nds. empfangbar ist. 2001 wird im Nds. Mediengesetz nach einer fünfjährigen Versuchsphase der Regelbetrieb von lokalem, allen Bürgern zugangsoffenem Bürgerrundfunk festgeschrieben. 2002 werden insgesamt 14 lokale Bürgerfunkprojekte zum Regelbetrieb für sieben Jahre lizenziert (2 TV, 11 Hörfunk, 2 Hörfunk/TV). 2003 wird ein weiteres Projekt (Hörfunk) lizenziert.

**Gesetzliche Grundlagen/Struktur** – Die rechtlichen Grundlagen für den Rundfunk sind festgelegt im Rundfunkstaatsvertrag von 1991, im Nds. Mediengesetz (NMedienG) sowie für den NDR im Staatsvertrag über den NDR vom 17./18. 12.1991. Rundfunk ist Ländersache.

Als Organisationsform für den Rundfunk orientierte sich die britische Militärregierung an der britischen BBC: öffentlich-rechtlich organisiert und mit pluralistischen internen Verwaltungs- und Kontrollgremien, die möglichst – dies eine Erfahrung aus dem Dritten Reich – staatsfern sein sollten. Der öffentlich-rechtliche Rundfunk finanziert sich zum überwiegenden Teil aus Rundfunkgebühren und nur zu einem kleinen Teil aus Werbung (nur im Programm von NDR 2 ist Werbung zugelassen).

Der private Rundfunk finanziert sich ausschließlich aus Werbung, Sponsoring und sonstigen Einnahmen. Die Lizenzierung der privaten Rundfunksender und der Bürgermedien in Nds. geschieht durch die Nds. Landesmedienanstalt für privaten Rundfunk (NLM), die auch die Einhaltung der gesetzlichen Vorgaben kontrolliert und Sanktionen aussprechen kann. In Nds. entschied sich die Politik von Anfang an für landesweiten privaten Rundfunk. Da der Gesetzgeber, um die Tageszeitungsvielfalt zu schützen

(→ Presse) bis heute an dem Verbot lokaler/regionaler Werbung im Rundfunk festhält, musste er dafür sorgen, dass die sich aus Werbung finanzierenden privaten Sender ein ausreichendes Reichweitenpotenzial erhalten, um die zum wirtschaftlichen Betrieb erforderlichen Werbeerlöse generieren zu können. In anderen Bundesländern sendet der private Rundfunk lokal bzw. regional.

Der Bürgerrundfunk finanziert sich aus drei Quellen: öffentliche Zuschüsse aus der Rundfunkgebühr (2 % NDR-Anteil; wird über die NLM angewiesen, deckt rd. zwei Drittel der Betriebskosten der einzelnen Projekte), trägereigene und lokal eingeworbene Einnahmen (decken ca. ein Drittel der Betriebskosten). Werbung, Sponsoring und Teleshopping sind nicht erlaubt.

**Die Programme** – Für den NDR gilt der klassische Programmauftrag: Information, Bildung, Beratung und Unterhaltung (NDR-Staatsvertrag). Der öffentlich-rechtliche Rundfunk hat laut Bundesverfassungsgericht die Aufgabe zur Grundversorgung. Wegen der Abhängigkeit von den Werbeerlösen sind an die privaten Rundfunkprogramme geringere Anforderungen zu stellen, sofern die Grundversorgung durch den öffentlich-rechtlichen Rundfunk gesichert ist (Bestandsgarantie).

Der NDR strahlt vier zentrale Vier-Länder-Programme aus (*NDR 2, NDR Kultur, NDR Info* und *N-Joy*) und ein von den Landesfunkhäusern produziertes Regionalprogramm, in Nds. ist es *NDR 1 Niedersachsen*.

*NDR 1 Niedersachsen* (Zielgruppe: > 50 Jahre, regionale Informationen, deutschsprachige Schlager) ist das in Nds. und bundesweit (gemeinsam mit *WDR 4*) am meisten gehörte Programm in Deutschland (Marktanteil in Nds.: 31 % bundesweit: 4,6 %). *NDR Info* (Informationen, Hintergrundberichte) und

*NDR Kultur* (Klassische Musik und Kulturinformationen) sind Minderheitenprogramme. *NDR 2* (Marktanteil in Nds.: 14,4 %) „konkurriert" gegen *radio ffn* und *Hit-Radio Antenne*. *N-Joy* (Marktanteil in Nds.: 4,2 %) richtet sich mit der Musik, den Themen und der Art der Präsentationen an Jugendliche (14 – 24 Jahre).

Die privaten Programme *radio ffn* (Zielgruppe 20 – 39 Jahre, Marktanteil in Nds.: 12 %) und *Hit-Radio Antenne* (Zielgruppe: 20 – 49 Jahre, Marktanteil in Nds.: 14,4 %) bringen zahlreiche Elemente der Hörerbindung (Gewinnspiele, Call-Ins, Comedy). *Radio 21* (Zielgruppe 30 – 60 Jahre, Marktanteil in Nds.: 3,2 %) sendet vorwiegend englischsprachige Musik aus den 60er, 70er und 80er Jahren (Volpers et al.: Hörfunklandschaft Niedersachsen 2001, MA Radio 2004 II).

Die auf kleinräumige lokale Verbreitung festgelegten Bürgermedien sollen das lokale, publizistische Angebot ergänzen. Valide Zahlen zur Nutzung und Reichweite liegen für diese Programme noch nicht vor.

Alle Sender nutzen einen Internetauftritt, um begleitende Programminformationen, Unterhaltung, Zusatzinformationen, kommerzielle Angebote oder interaktive Elemente zur Hörerbindung anzubieten.                    *Volkhard Schuster*

## Schaumburg-Lippe

1946 gründet die britische Militärregierung die Länder Nordrhein-Westfalen, Schleswig-Holstein und Nds., letzteres aus der Provinz Hannover und den Freistaaten Oldenburg, Braunschweig und Schaumburg-Lippe.

**Die Anfänge** – Schaumburg-Lippe ging 1647 aus der alten Grafschaft Schaumburg hervor. Die Grafschaft Schaumburg wurde nach dem Aussterben des letzten Grafen in drei Teile aufgeteilt: Die Ämter Bokeloh und Lauenau wurden als heimgefallene Lehen vom Herzogtum Braunschweig-Lüneburg übernommen, der Rest fiel zu etwa gleichen Teilen an die Landgrafschaft Hessen-Kassel und an eine Nebenlinie der Grafen zu Lippe, die mit diesem Teil des Landes von Hessen-Kassel belehnt wurden.

Der Teilungsrezess war Bestandteil des Westfälischen Friedens. Der mit der lippischen Nebenlinie belehnte Landesteil wurde zur Unterscheidung von dem hessischen Landesteil als Schaumburg-Bückeburg oder Lippe-Bückeburg oder eben als Schaumburg-Lippe bezeichnet.

Mit dem Beitritt zum Rheinbund (1807) wurde die ehemalige Grafschaft Schaumburg-Lippe zum Fürstentum erhoben. Von 1815 bis 1866 gehörte das Fürstentum dem Deutschen Bund an. Es trat 1866 dem Norddeutschen Bund bei und wurde so ein souveräner Bundesstaat im Deutschen Reich. Bis 1946 war es Freistaat.

**Schaumburg-Lippe im 19. Jh.** – Schaumburg-Lippe hatte eine Flächengröße von 340 qkm. Mitte des 18. Jh. lebten hier etwas über 16 000 Menschen, 1815 waren es ca. 20 000, damit lag das Fürstentum im Deutschen Bund an drittletzter Stelle. Seine Hauptstadt war Bückeburg mit 5 500 Einwohnern (1905). Die Menschen im Land gehörten überwiegend der evangelischen Religion an.

Die Kleinheit der Verhältnisse jener Zeit bedingte eine enge, gleichsam patriarchalische Beziehung zwischen Landesherr und Untertan. Dennoch waren die Beziehungen zwischen Untertan und Landesherr komplexer. Im 18. Jh. flohen beispielsweise viele Bauern vor der Verpflichtung zum Wehrdienst, 1848 brach in Schaumburg-Lippe eine respektable kleine Revolution aus, und seit 1912 war die SPD wie im Reich die stärkste Partei im Land.

**Schaumburg-Lippe im 20. Jh.** – Mitte der 20er Jahre des 20. Jh. betrug die Bevölkerungzahl 48 046 Menschen, von denen 68,5 % in Städten unter 2 000 Einwohnern und 31,5 % in Städten von 2 000 – 20 000 Einwohnern lebten. Die Nationalsozialisten hatten mit den Bildern von schaumburg-lippischen Bauerntrachten für das Bild einer ländlichen Region gesorgt. Aber Schaumburg-Lippe war anders. Zwar spielte die Landwirtschaft eine wichtige Rolle, aber Bergbau, Glasindustrie, Ziegeleien und Wanderarbeit hatten im 19. Jh. die Basis für eine schwerindustrielle Entwicklung gelegt. Allerdings waren viele Arbeiter Hausbesitzer und bewirtschafteten etwas Land (bzw. deren Ehefrauen), sodass das ländliche Element weiter bestehen blieb.

Die Zahlen der Erwerbstätigkeit: 23 459 (48,8 %); davon 17,4 % Selbständige, 11,3 % Angestellte und Beamte, 48,5 % Arbeiter und Arbeiterinnen, 18,6 % mithelfende Familienangehörige, 4,2 % Hausangestellte; 3 289 Berufslose (6,8 %).

Die Beschäftigung verteilte sich auf 21,6 % Landwirtschaft, 44,9 % Industrie (besonders Textil- und Holzwaren) und Handwerk, 14,2 % Handel und Verkehr, 4,3 % Verwaltung usw., 1,2 % Gesundheitswesen usw., 2,5 % häusliche Dienste, 11,3 % ohne Beruf.

**Schaumburg-Lippe heute** – Mit der Nds. Verwaltungs- und Gebietsreform von 1977 wurden die Hauptgebiete der beiden Landkreise Schaumburg-Lippe und Grafschaft Schaumburg zusammengelegt. Der neu entstandene Landkreis Schaumburg mit Sitz in Stadthagen weckt Erinnerungen an die mittelalterliche Grafschaft Schaumburg.

Das reizvolle Bückeburg – ehemals Hauptstadt des Fürstentums und Freistaats Schaumburg-Lippe – beherbergt unter anderem das schöne historische Schloss Bückeburg sowie den → Staatsgerichtshof Nds. Ebenso hat hier seinen Sitz der 1992 entstandene → Landschaftsverband des früher selbstständigen Staates Schaumburg-Lippe.

Trotz der relativ dichten Besiedlung wirken weite Teile Schaumburgs ländlich-agrarisch. Doch geben Industrie und Handwerk weiterhin die stärkeren Impulse. Die leistungsfähige, überwiegend mittelständische Wirtschaft des heutigen Landkreises Schaumburg bringt Produkte hervor, die weit über die regionalen und nationalen Grenzen hinaus Absatz finden. Zu den wachsenden Wirtschaftszweigen gehört auch der → Freizeit- und → Tourismussektor.

Es ist nicht allein die Mittellage, die die Situation im Landkreis Schaumburg entscheidend prägt. Politische und wirtschaftliche Veränderungen, wie die Öffnung Osteuropas oder die Vollendung der europäischen Union haben beispielsweise aus der Autobahn A 2 eine Art Ost-West-Achse werden lassen. Die im Schaumburger Land gelegenen Industrie- und Gewerbeflächen haben den Vorteil einer exzellenten Infrastruktur. Die räumliche Nähe zur Landeshauptstadt und Messe-Metropole Hannover stellt sich als äußerst vorteilhaft dar.

*Redaktion*

# Schule, allgemein bildende

Das allgemein bildende Schulwesen in Nds. ist als dreigliedriges Schulsystem organisiert, d.h. die überwiegende Mehrzahl der Schülerinnen und Schüler wechselt nach Abschluss der Grundschule entweder auf eine Hauptschule, eine Realschule oder ein Gymnasium. Diese Schulformen werden ergänzt durch Gesamtschulen und Förderschulen. 95 % aller Schülerinnen und Schüler besuchten 2003 öffentliche Schulen und annähernd 5 % Schulen in freier Trägerschaft (Privatschulen). Dem Pflichtschulwesen sind Kindergärten vorgelagert, die von einer zunehmenden Anzahl von → Kindern besucht werden (zur Schulstruktur → Berufsausbildung und Berufsbildende Schulen). Die Schulpflicht dauert grundsätzlich zwölf Jahre.

**Tageseinrichtungen für Kinder** – Kindergärten sollen nach Aussagen des nds. Kultusministeriums zunehmend in die Bildungsbemühungen einbezogen werden. So soll die Sprach- und Sprechförderung bereits im ersten Jahr des Kindergartens beginnen, wobei Kinder aus Migranten- und Spätaussiedlerfamilien sowie anderer benachteiligter Bevölkerungsgruppen besonders gefördert werden sollen. Formen und Inhalte der Zusammenarbeit zwischen Einrichtungen des Kindergarten- und Vorschulbereichs und des Grundschulbereichs sollen ausgebaut werden. Im Jahr 2001 besuchten annähernd 79 % der drei- bis unter sechseinhalbjährigen Kinder einen Kindergarten oder eine Vorklasse (2,5 %).

**Grundschulen** – In die Grundschule werden i.d.R. alle Kinder eingeschult, die bis zum 30. Juni eines Jahres das 6. Lebensjahr vollendet haben. Die Grundschule umfasst die Jahrgänge eins bis vier und an einigen Schulen auch den Schulkindergarten für nicht schulfähige Kinder. In der Grundschule sollen durch die Vermittlung grundlegender Kenntnisse, Fähigkeiten und Fertigkeiten Grundlagen für die Lernentwicklung und das Lernverhalten geschaffen werden.

Mit Beginn des 3. Schuljahrgangs wird i.d.R. das Fach Englisch angeboten. Am Ende des 4. Schuljahres gibt die Grundschule zwar eine Empfehlung für den Besuch einer weiterführenden Schulform ab, die endgültige Entscheidung über die zu besuchende weiterführende Schulform eines Kindes fällen aber die Erziehungsberechtigten.

Landesweit wurden im Jahr 2003 an 1 873 Schulen knapp 347 700 Grundschülerinnen und Grundschüler von 17 300 Vollzeitlehrkräften (20 Schüler je Lehrer) unterrichtet. Von diesen Schulen befanden sich zehn in freier Trägerschaft, an denen 750 Schülerinnen und Schüler von 43 Lehrkräften unterrichtet wurden.

**Weiterführende Schulen** – Seit dem Schuljahr 2004/05 beginnt der Besuch weiterführender Schulen nicht mehr mit dem Besuch von Orientierungsstufen. Die Orientierungsstufe umfasste die Schuljahrgänge fünf und sechs und hatte vor allem zum Ziel, eine leistungsabhängige Schullaufbahn-Empfehlung für eine der weiterführenden Schulen zu begründen.

Durch die Nicht-Weiterführung der Orientierungsstufe sind zum Schuljahresbeginn 2004/05 Schülerinnen und Schüler aus den Grundschulen und Orientierungsstufen in die 5., 6. und 7. Klassen der weiterführenden Schulen übergegangen, und zwar wechselten knapp 22 % in Hauptschulen, 39 % in Realschulen und 39 % in Gymnasien.

**Hauptschulen** – Die Hauptschule umfasst i.d.R. die Schuljahrgänge fünf bis neun. Es können aber auch 10. Klassen eingerichtet werden, die freiwillig besucht und zum Sekundarabschluss I (Realschul- oder Hauptschulabschluss) oder zum Erweiterten Sekundarabschluss I (Realschulabschluss mit Berechtigung zum Übergang in Gymnasien) führen. Ziel des Hauptschulunterrichts ist es, Grundfertigkeiten, Arbeitshaltungen, elementare Kulturtechniken und selbstständiges Lernen zu fördern. Viele Hauptschulen arbeiten eng mit Betrieben und Berufsbildenden Schulen zusammen, um den Jugendlichen eine berufliche Orientierung durch praktische Erfahrungen in Betrieben, berufsbezogenem Unterricht sowie in praktischer Ausbildung an Berufsbildenden Schulen zu vermitteln (Berufsausbildung).

Landesweit wurden im Jahr 2003 an 508 Schulen ca. 88 800 Hauptschülerinnen und Hauptschüler von ca. 6 000 Vollzeitlehrkräften unterrichtet (14,7 Schüler je Lehrer). Von diesen Schulen befanden sich 19 in freier Trägerschaft, an denen annähernd 3 600 Schülerinnen und Schüler von 366 Lehrkräften unterrichtet wurden.

**Realschulen** – Die Realschule vermittelt ihren Schülerinnen und Schülern in den Schuljahrgängen fünf bis zehn eine erweiterte Allgemeinbildung und ermöglicht individuelle Schwerpunktbildungen, insbesondere in den Naturwissenschaften oder durch eine zweite Fremdsprache. Schülerinnen und Schüler sollen befähigt werden, ihren Bildungsweg berufs- oder studienbezogen fortzusetzen.

Die Realschulen verleihen nach erfolgreicher Abschlussprüfung im 10. Schuljahrgang den Erweiterten Sekundarabschluss I (Berechtigung zum Besuch der Eingangsphase gymnasialer Bildungsgänge) oder den Sekundarabschluss I (Real- oder Hauptschulabschluss).

Landesweit wurden im Jahr 2003 an 417 Realschulen knapp 121 500 Schülerinnen und Schüler von ca. 6 450 Vollzeitlehrkräften unterrichtet (18,8 Schüler je Lehrer). Von den Schülerinnen und

Schülern besuchten annähernd 4 350 den Realschulunterricht an 16 Schulen in freier Trägerschaft, an denen 103 Lehrkräften unterrichteten.

**Gymnasien** – Im Gymnasium werden gegenwärtig Schülerinnen und Schüler des 5. bis 13. Schuljahrgangs unterrichtet. Für Schülerinnen und Schüler, die sich vom Schuljahr 2004/05 an im 5. oder 6. Schuljahrgang befinden, endet das Gymnasium mit der 12. Klasse.

Das Gymnasium vermittelt seinen Schülerinnen und Schülern eine breite und vertiefte Allgemeinbildung, eine allgemeine Studierfähigkeit (→ Universität/Hochschule/Fachhochschule) oder den Einstieg in eine anspruchsvolle Berufsausbildung. Mit dem erfolgreichen Abschluss des 10. Schuljahrgangs (Abschlussprüfung) können der Hauptschulabschluss, der Realschulabschluss oder der erweiterte Sekundarabschluss I erworben werden.

Die reformierte Gymnasiale Oberstufe gliedert sich in eine einjährige Einführungsphase (Klasse 10) und eine zweijährige Qualifikationsphase (Klasse 11 und 12). Der am Gymnasium erworbene Erweiterte Sekundarabschluss I berechtigt zum direkten Übergang in die erste Klasse der Qualifikationsphase (Klasse 11) eines Gymnasiums.

Individuelle inhaltliche Schwerpunktsetzungen im sprachlichen, naturwissenschaftlichen, gesellschaftswissenschaftlichen, musisch-kulturellen oder sportbezogen Bereich sind insbesondere in der Qualifikationsphase möglich. Mit erfolgreichem Abschluss der Gymnasialen Oberstufe werden das Abitur und der schulische Teil der Fachhochschulreife erworben.

Im Jahre 2003 gab es in Nds. 236 allgemein bildende Gymnasien, an denen insgesamt annähernd 165 000 Schülerinnen und Schüler von annähernd 11 000 Vollzeitlehrkräften unterrichtet wurden

(15,1 Schüler je Lehrer). Von diesen Gymnasien befanden sich 30 in freier Trägerschaft, an denen insgesamt knapp 20 700 Schülerinnen und Schüler von ca. 1 400 Vollzeitlehrkräften unterrichtet wurden.

Für befähigte Berufstätige sind in Nds. dreijährige *Abendgymnasien* und für befähigte Erwachsene mit Berufserfahrung dreijährige *Kollegs* (Vollzeitschule) eingereichtet. Nach Besuch dieser gymnasialen Schulformen kann – nach Maßgabe der erreichten Abschlüsse – der Bildungsweg an einer Hochschule oder berufsbezogen Fachhochschule fortgesetzt werden.

2003 waren fünf Abendgymnasien und vier Kollegs eingerichtet. Die Abendgymnasien wurden von 865 und die Kollegs von 845 Schülerinnen und Schülern besucht. Der Unterricht wurde von insgesamt 150 Lehrerinnen und Lehrern erteilt, was einer Schüler-Lehrer-Relation von 11,5:1 an den Abendgymnasien und 9:1 an den Kollegs entsprach.

**Gesamtschulen** – Neben den bisher vorgestellten drei weiterführenden Schulformen sind in Nds. Kooperative und Integrierte Gesamtschulen eingerichtet.

In der *Kooperativen Gesamtschule* (KGS) sind der Hauptschul-, Realschulsowie Gymnasialzweig organisatorisch zusammengefasst, d.h. sie bietet in einer Schule Unterricht für Schülerinnen und Schüler des 5. bis 12. bzw. übergangsweise 5. bis 13. Schuljahrgangs an.

Der Unterricht findet überwiegend in schulzweigspezifischen Klassen nach den Stundentafeln der entsprechenden Schulform statt. Die Schülerinnen und Schüler können dieselben Abschlüsse wie an der Hauptschule, der Realschule und dem Gymnasium erwerben.

Im Jahre 2003 wurden insgesamt 36 600 Schülerinnen und Schüler an 34 KGS von knapp 2 300 Lehrkräften unterrichtet (16 Schüler je Lehrer). Nur eine KGS mit 190 Schülerinnen und Schülern und neun Lehrkräften befand sich in freier Trägerschaft.

In der *Integrierten Gesamtschule* (IGS) werden Schülerinnen und Schüler des 5. bis 13. Schuljahrgangs unterrichtet. Das charakteristische Prinzip einer IGS zeigt sich daran, dass Schülerinnen und Schüler mit unterschiedlichem Leistungsvermögen in einer Schule, nur nach Jahrgangsstufen gegliedert, gemeinsam unterricht werden. Leistungsdifferenzierungen auf mindestens zwei Anspruchsniveau werden in Mathematik und Englisch vom 7., in Deutsch vom 8. und in den Naturwissenschaften vom 9. Schuljahrgang an vorgenommen. Die IGS bietet alle allgemein bildenden Schulabschlüsse an.

Im Jahre 2003 waren 33 IGS eingerichtet, an denen annähernd 27 100 Schülerinnen und Schüler von 2 100 Vollzeitlehrkräften unterrichtet wurden (12,9 Schüler je Lehrer). Fünf dieser Schulen befanden sich in freier Trägerschaft, an denen 1 700 Schülerinnen und Schüler von 93 Lehrkräfte unterrichtet wurden.

**Förderschulen** – Für Schülerinnen und Schüler, die in ihren Entwicklungs-, Lern- und Bildungsmöglichkeiten so eingeschränkt sind, dass sie an einer normalen Schule ohne zusätzliche sonderpädagogische Maßnahmen nicht angemessen gefördert werden können, sind Förderschulen bzw. spezielle Fördermaßnahmen eingerichtet.

Spezielle Fördermaßnahmen gibt es in allen allgemein bildenden Schulen. Dies bietet betroffenen Schülerinnen und Schülern die Möglichkeit, soweit wie möglich mit anderen Schülerinnen und Schülern gemeinsam unterrichtet zu werden.

Nur Schülerinnen und Schüler, die in ihrer zuständigen allgemein bildenden

Schule trotz Fördermaßnahmen nicht unterrichtet werden können, besuchen spezielle Förderschulen. Die Dauer des Besuchs in Förderschulen ist individuell unterschiedlich.

Für die Förderschulen gelten, soweit möglich, die curricularen Vorgaben der anderen allgemein bildenden Schulformen, ergänzt um spezielle Vorgaben.

Bezogen auf das Jahr 2003 wurden ca. 26 000 Schülerinnen und Schüler an 188 Förderschulen von 2 940 Vollzeitlehrkräften unterrichtet (8,9 Schüler je Lehrer). Nur zwei dieser Schulen befanden sich in freier Trägerschaft, an denen knapp 400 Schülerinnen und Schüler von 48 Lehrkräften betreut wurden.

**Freie Waldorfschulen** – Ergänzt wird das Angebot an allgemein bildenden Schulen in Nds. durch freie Waldorfschulen. Im Jahre 2003 waren 15 freie Waldorfschulen eingerichtet, an denen 6 100 Schülerinnen und Schüler in den Schuljahrgängen eins bis 13 von 482 Vollzeitlehrkräften betreut wurden (12,7 Schüler je Lehrer).
Informationsquellen:
www.mk.niedersachsen.de und
www.ms.niedersachsen.de
*Klaus Rütters, Udo Börchers*

## Sozialdemokratische Partei Deutschlands (SPD)

**Wiedergründung und Entwicklung** – Das Gründungspersonal für die Wiedergründung der SPD nach 1945 kam u.a. aus Hannover, eine Gruppe um Kurt Schumacher, den ersten Vorsitzenden der Partei. Kurt Schumacher dominierte als Vorsitzender zunächst in der britischen Zone und dann in den Westzonen. Er lehnte die Westintegration ab und stand auch lange Zeit der sozialen

Marktwirtschaft skeptisch gegenüber. Diese Haltung wurde vom Hinrich-Wilhelm Kopf als Chef breiter Koalitionen abgelehnt. Neben der Beseitigung der unmittelbaren Kriegsfolgen (Integration der Vertriebenen) spielten aber auch Fragen der Neuordnung des Landes, Sozialisierung, Bodenreform, paritätischen Mitbestimmung bzw. das Hinauszögern oder die Verhinderung der alliierten Demontage von Salzgitter eine Rolle. Das Godesberger Programm 1959 bildete dann die Grundlage dafür, dass Weichenstellungen durch die bürgerlichen Regierungen im Bund nicht mehr grundsätzlich in Frage gestellt wurden. Doch erst die beherrschenden bundespolitischen Themen, die Ostpolitik Willy Brandts und die Wirtschaftspolitik Karl Schillers machten die Partei zur Volkspartei. In Nds. wurden die Neugründung und der Ausbau von Hochschulen, die Reform der Lehrerbildung sowie die zweijährige Orientierungsstufe nach der Grundschule vorangetrieben oder eingeführt. Auch der Abbau von regionalen Entwicklungsunterschieden war ein wichtiges Thema. Zu spät reagierte die Partei auf die verstärkte Sensibilität gegenüber der Umweltverschmutzung und insbesondere der Kernkraftnutzung, was zur Konstituierung der Grünen (→ Bündnis 90/Die Grünen) führte. Hatte die SPD seit den 60er Jahren mittlere und höhere Angestellte und Beamte, also Angehörige der neuen Mittelschichten, für die Partei gewinnen können, so verlor sie einen Teil dieser Wählerschaft seit den 70er Jahren wieder an die bürgerlichen Parteien und die Grünen.

Die regionalen Schwerpunkte der SPD in Nds. befinden sich traditionell in den stark industrialisierten Gebieten Südostnds. mit vielen gewerkschaftlich organisierten Facharbeitern. Hinzu kommen im Nordwesten SPD-Hochburgen in Gebieten, die durch landwirtschaftlichen Großgrundbesitz mit vielen abhängig Beschäftigten und die Werftindustrie geprägt waren. In ländlichen Bereichen konnte die Partei in der Nachkriegszeit auch → Vertriebene für sich gewinnen, die allerdings bald vom BHE wieder abgezogen wurden. Begünstigt wurde die Wählerresonanz für die SPD schließlich dadurch, dass Lebensstile der Städte auf dem Lande Einzug hielten.

Bereits 1947 erhielt die SPD 43,4 % der Stimmen und erscheint bis 1976 mit fast kontinuierlich ansteigenden Stimmenanteilen zwischen 33,7 (1951) und 46,3 (1970) % als geborene Regierungspartei. Mit der Ausnahme von 1955–59 stellte sie als stärkste Partei ständig den → Ministerpräsidenten und war auch in der zweiten Koalition Hellwege (DP) ab 1957 an der Regierung beteiligt. Allerdings handelte es sich bei den von Hinrich-Wilhelm Kopf (1946–55 bzw. 1959–61) und Georg Diederichs (1961–70) geführten Regierungen zunächst um Mehrparteienkoalitionen, erst 1970 konnte die SPD unter Alfred Kubel eine absolute Mehrheit erringen und die Regierung 1974 in der Koalition mit der FDP fortsetzen. Der Rücktritt Kubels in der Mitte der Wahlperiode 1976 führte zum Regierungswechsel mit Ernst Albrecht (CDU). Erst ab 1990 konnte die SPD wieder mit Gerhard Schröder den Ministerpräsidenten stellen, zunächst in einer Koalition mit den Grünen, ab 1994 in einer Alleinregierung der SPD. Die Nachfolger Schröders Glogowski (1998/99) und Gabriel (1999–2003) konnten die hohe Zustimmung zur SPD nicht erhalten.

**Organisation** – Aufgrund des Organisationsstatuts der SPD gehören die Bezirke zu den wichtigsten Untergliederungen. Nach anfänglich gemeinsamen Bezirken mit den norddeutschen Stadtstaaten ist Nds. seit 1979 in vier Bezirke gegliedert: Braunschweig, Hannover, Nord-Nds. und Weser-Ems, die zu einem Landesverband zusammengefasst sind. Die Bezirke untergliedern sich flächendeckend in Unterbezirke und Ortsvereine. Der Landesverband Nds. gehört zu den wichtigsten. Bei der Organisationsdichte liegt Nds. im Vergleich zu den anderen Bundesländern im Mittelfeld. Bei der Rekrutierungsfähigkeit von Mitgliedern, d.h. den Parteimitgliedern als Prozentsatz der Parteibeitrittsberechtigten (also der Bevölkerung ab 16 Jahren), nimmt die nds. SPD die vierte Position ein, hinter dem Saarland, Hessen und Rheinland-Pfalz, jedoch noch vor Nordrhein-Westfalen.

**Bundespolitische Bedeutung** – Bei den Wahlen zum Bundestag erzielte die SPD in Nds. durchgängig Stimmenanteile, die um einige Prozentpunkte über dem Bundesdurchschnitt lagen. Der Einfluss auf die Bundespolitik blieb seit Kurt Schumacher lange Jahre auf wenige Politiker beschränkt, die gleichzeitig Führungspositionen auf Landesebene innehatten. Als wichtiger Akteur ist der langjährige Vorsitzende des Bezirks Hannover, Egon Franke, zu nennen, Mitglied des Deutschen Bundestages (1969–1982) und Bundesminister für innerdeutsche Beziehungen (1969–1982). Weitere nds. Sozialdemokraten von bundespolitischer Bedeutung waren Helmut Rohde, Karl Ravens und Herbert Ehrenberg, Mitglieder des Bundestages 1957–1987, 1961–1978 bzw. 1972–1990, Mitglieder des SPD Parteivorstandes und u.a. Bundesminister für Bildung und Wissenschaft (Rohde 1974–1978), für Arbeit und Sozialordnung (Ehrenberg 1976–1982) bzw. für Städtebau und Wohnungswesen (Ravens 1974–1978). Alle hatten ihre Machtbasis in der organisierten Arbeitnehmerschaft und waren eher dem rechten Flügel zuzuordnen. Der Wechsel im Bezirksvorsitz zu Peter von Oertzen, der die Grundwerte-Diskussion der SPD mitprägte, brachte erstmals eine stärkere Linksorientierung mit sich, die von Ravens (1976 als Nachfolger von Kubel vorgesehen) ab 1979 als Landesvorsitzender wieder korrigiert wurde. 1986 (nach zwei verlorenen Landtagswahlen) folgte ihm der damals im linken Spektrum verortete Gerhard Schröder. Auch er unterlag allerdings 1986 als Spitzenkandidat. Nach Wahlsiegen 1990 und 1994 konnte sich Schröder auch bundespolitisch profilieren, u.a. 1990 gegen die Wirtschafts-, Währungs- und Sozialunion und gegen die Kernkraftpolitik der Regierung Kohl. Der Wahlerfolg 1998 war bereits durch die mögliche Kanzlerkandidatur Schröders mitbestimmt. Mit der rot-grünen Koalition im Bund kamen 1998 weitere Sozialdemokraten aus Nds. in bedeutende bundespolitische Ämter, so Peter Struck als Vorsitzender der SPD-Fraktion (1998 – 2002) bzw. ab 2002 als Verteidigungsminister und Edelgard Bulmahn als Bundesbildungsministerin.

*Hiltrud Naßmacher*

## Sozialpolitik

**Grundlagen** – Nach Art. 20 (1) des Grundgesetzes (GG) ist die BRD ein „demokratischer und sozialer Bundesstaat". Gemäß Art. 28 (1) GG muss die verfassungsmäßige Ordnung der Länder „den Grundsätzen des republikanischen, demokratischen und sozialen Rechtsstaates im Sinne des Grundgesetzes entsprechen". Damit sind zwei für Sozialpolitik wesentliche Momente angedeutet: Zum einen wird hierdurch das Sozialstaatsprinzip als normativer Pfeiler der bundesdeutschen Ordnung begründet, zum anderen bezieht sich dieses Sozialstaatsprinzip verpflichtend auf alle Gebietskörperschaften Deutschlands, d.h. auf Bund und Länder sowie die Kommunen, die staatsrechtlich Teil der Länder sind. Viele Landesverfassungen beziehen sich ausdrücklich auf das Sozialstaatsprinzip des GG und sehen zudem, wie die Nds. Verfassung (→ Landesverfassung in Art. 6a, Absichtserklärungen etwa im Bereich der Versorgung mit Wohnraum (→ Wohnungspolitik) oder der → Arbeitsmarktpolitik (→ Wirtschaftspolitik) vor.

Der Begriff der Sozialpolitik hat eine institutionelle, eine politische und eine ideologische Dimension, die untrennbar zusammengehören. Sozialpolitik beinhaltet die wertgeprägten politischen Auseinandersetzungen über die Verteilung von Lebenslagen und Lebenschancen, die daraus folgenden Auseinandersetzungen um die Einrichtung und Finanzierung sozialer Maßnahmen sowie die vielfältigen Prozesse der Planung, Organisation und Erbringung sozialer Leistungen. Normen und Wertvorstellungen spielen daher in der Sozialpolitik ebenso eine große Rolle wie die Mobilisierung von Einfluss und die Durchsetzungsfähigkeit von Interessen sowie schließlich die möglichst effektive und effiziente Erbringung sozialer Leistungen.

**Aufgaben** – Im Laufe der Zeit hat sich staatliche Sozialpolitik entsprechend den sozialpolitischen Bedürfnissen und politischen Kräfteverhältnissen in zahlreiche Bereiche ausdifferenziert, die auf unterschiedlichen gesetzlichen Grundlagen beruhen. Im Ergebnis ist ein umfassendes, unübersichtliches und teilweise in sich widersprüchliches Gebilde von Institutionen, Maßnahmen und Leistungen entstanden, das bestimmte Einkommens- und Lebenslagen vergleichsweise umfassend absichert, in anderen Bereichen jedoch auch Lücken lässt. Zum Sozialstaat gehört der gesamte Komplex von Institutionen, Regulierungen und Verfahren, der die marktliche Steuerung

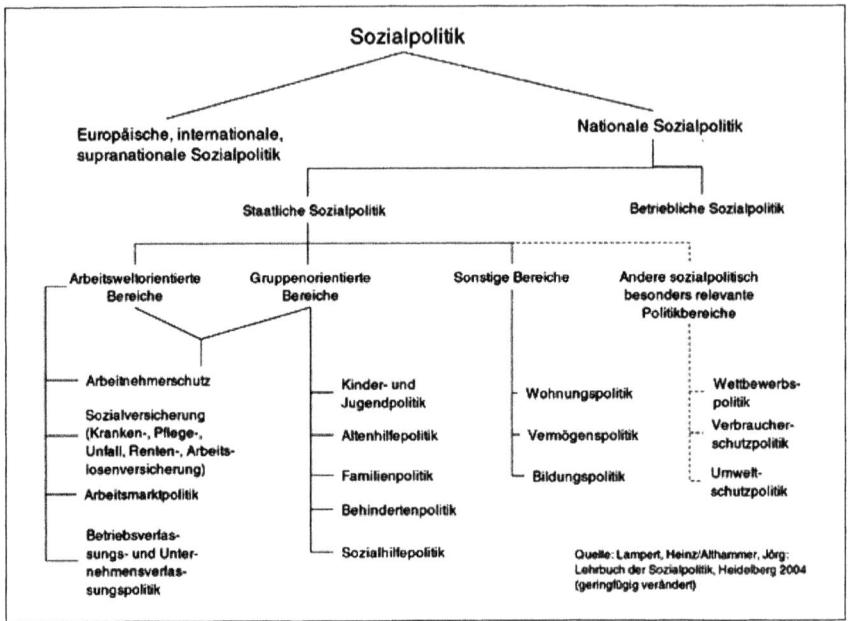

Quelle: Lampert, Heinz/Althammer, Jörg:
Lehrbuch der Sozialpolitik, Heidelberg 2004
(geringfügig verändert)

von Arbeitsmarkt, Einkommen und Lebensbedingungen korrigiert und ergänzt sowie dem Staat und den sozialen Gruppen in Wirtschaft und Gesellschaft eine aktive Rolle zuweist.

**Aufgabenverteilung** – Die Gestaltungs-, Finanzierungs- und Durchführungskompetenz liegt auf verschiedenen politischen Ebenen (EU, Bund, Länder, Kommunen), wobei die Kompetenzen miteinander verschränkt sind (Politikverflechtung). Dies kann zu Entscheidungsblockaden führen, in jedem Fall besteht der Zwang zur Kompromissbildung. Nahezu das gesamte Sozialrecht ist der konkurrierenden Gesetzgebungskompetenz nach Art. 72 und 74 GG zugeordnet. Die Länder haben hier Gesetzgebungskompetenz nur so lange, bis der Bund diese begründungspflichtig, d.h. unter Hinweis auf die „Wahrung der Rechts- und Wirtschaftseinheit" oder mit Bezug auf den verfassungsrechtlichen Auftrag der „Herstellung

gleichwertiger Lebensverhältnisse" an sich zieht. Nicht zuletzt über diesen Weg entwickelte sich Sozialpolitik zu einer nahezu ausschließlichen Zuständigkeit des Bundes mit teilweise erheblichen sozialpolitischen Beteiligungs- und Mitentscheidungsrechten der Bundesländer im Gesetzgebungsprozess. Auf diese Weise befinden sich das Sozialstaatsprinzip und die bundesstaatliche Ordnung in einem ständigen Spannungsverhältnis.

Die Bundesländer verfügen daher über wenig eigene sozialpolitische Kompetenzen (z.B. Bildung, Städtebau). Allerdings üben sie in vielen Fällen die bedeutsame Funktion der Rechtsaufsicht aus (z.B. im Gesundheitswesen) und werden in den Bereichen tätig, die vom Bund nicht oder nur teilweise berücksichtigt bzw. ausgefüllt wurden (z.B. → Kinder- und Jugendhilfe, Altenhilfe, Wohnungspolitik, Pflege). Die vorrangigen sozialpolitischen Gestaltungs- und Einflussmöglichkeiten der Länder liegen im Bereich des verwaltungsmäßigen

Vollzugs von Gesetzen, d.h. sie setzen bundesweite Programme um. Darüber hinaus können sie freiwillig zusätzliche Leistungen anbieten.

**Sozialbudget** – Die Sozialausgaben, die von Bund, Ländern, Kommunen, den Arbeitgebern und Arbeitnehmern sowie den privaten Haushalten jährlich geleistet werden, bilden das Sozialbudget. Es erfasst die Gesamtheit aller Sozialleistungen und ihre Finanzierung. Diese umfassen Beiträge von Arbeitnehmern und Arbeitgebern zur Sozialversicherung (Arbeitslosen-, Kranken-, Pflege- und Rentenversicherung) ebenso wie soziale Leistungen des Staates für z.B. Kinder- und Wohngeld oder Sozialhilfe.

Um den Umfang der Sozialleistungen im Zeitverlauf einschätzen zu können, bietet sich als Indikator die Sozialleistungsquote an. Sie beschreibt das Verhältnis der Sozialleistungen zum Bruttoinlandsprodukt und gibt an, welcher Anteil der Wirtschaftsleistung für soziale Zwecke ausgegeben wird. Seit Mitte der 70er Jahre liegt die Sozialleistungsquote über 30 % und damit auf dem Niveau vergleichbarer europäischer Staaten. Auch in den 90er Jahren ist die Sozialleistungsquote kaum gesunken und beansprucht nahezu ein Drittel der Wirtschaftsleistung. Davon werden fast ein Drittel jeweils von den Unternehmen und den privaten Haushalten, 20 % vom Bund, 8,5 % von den Kommunen und 10 % von den Bundesländern getragen.

**Sozialpolitik des Landes** – Es gilt, zwischen der Sozialpolitik im Land und der Sozialpolitik des Landes zu unterscheiden. Auf die Leistungen der Sozialversicherungen im jeweiligen Bundesland haben die Länder allenfalls über ihre Rechtsaufsicht oder über den Bundesrat Einfluss. Aber auch im Bereich steuerfinanzierter Sozialleistungen ist der Gestaltungsspielraum gering, da viele Sozialleistungen grundsätzlich, bis auf den Bereich der freiwilligen Leistungen, durch Bundesgesetze festgeschrieben sind und von den Kommunen erbracht

**Sozialbudget – Leistungen nach Institutionen und Funktionen (in Mrd. €) 2002**

| | |
|---|---|
| Sozialleistungen insgesamt[1] | 685,1 € |
| pro Kopf | 8306 € |
| Sozialleistungsquote[2] | 32,5 % |
| Allgemeine Systeme | 436,9 € |
| – Rentenversicherung | 232,9 € |
| – Krankenversicherung | 141,2 € |
| – Pflegeversicherung | 17,3 € |
| – Unfallversicherung | 11,3 € |
| – Arbeitsförderung | 71,0 € |
| Leistungssysteme des öffentlichen Dienstes | 52,1 € |
| Leistungssysteme der Arbeitgeber | 56,0 € |
| Entschädigungssysteme | 5,7 € |
| Förder- und Fürsorgesysteme | 55,2 € |
| Ehe und Familie | 101,4 € |
| Gesundheit | 235,1 € |
| Beschäftigung | 66,6 € |
| Alter und Hinterbliebene | 260,3 € |
| übrige Funktionen | 21,8 € |

Quelle: Bundesministerium für Gesundheit und Soziale Sicherung, Bonn.

[1] Berechnungsstand März 2004. „Sozialleistungen insgesamt" nach Konsolidierung der Beiträge des Staates.
[2] Sozialleistungen im Verhältnis zum Bruttoinlandsprodukt.

werden. Bei der Gestaltung ihrer Steuereinnahmen verfügen die Länder und ihre Kommunen nur über einen begrenzten Spielraum. Landessozialpolitik ist schließlich nur das, was eindeutig zur Kompetenz des Landes zählt. Insgesamt werden ca. 12 % des nds. → Landeshaushalts für Zwecke der sozialen Sicherung ausgegeben. Hinzu kommen sozialpolitische Ausgaben im Bereich Gesundheit (→ Gesundheitspolitik), Städtebau und Bildung. Den Kern der eigenständigen Landessozialpolitik bilden die sog. freiwilligen Programme (z.b. Schuldner-, Suchtberatung (→ Drogenpolitik/Suchthilfe), Förderung von Selbsthilfegruppen, Arbeitsförderungsprogramme, Psychiatrie). Insgesamt umfasst dieser Kern nicht mehr als ca. 5 % der Ausgaben des Sozialministeriums. Die Landessozialpolitik erbringt selbst kaum direkte Leistungen. Vielmehr kommt es darauf an, ob und wie die Landesprogramme in dem Netzwerk von Bundespolitik, Kommunen, Wohlfahrtsverbänden (→ Verbände) und Selbsthilfegruppen ihre Wirkung entfalten können. Landessozialpolitik heißt vor allem: Anreize zu bilden sowie die unterschiedlichen sozialpolitischen Programme und Akteure in Nds. zu koordinieren. Hier können die Länder eine durchaus innovative Funktion haben, was sich nicht zuletzt im Bereich sozialer Dienstleistungen (z.B. Sozialstationen) sowie bei der Beschäftigungsförderung zeigen lässt.

Diese Gestaltungsfunktion der Landespolitik dürfte künftig noch stärker gefordert sein, da sich der Sozialstaat auch nach der Jahrtausendwende einem wachsenden Spar- und Reformdruck ausgesetzt sieht. Durch Steuersenkungen, Kürzung von Sozialleistungen und Deregulierungen des Arbeitsmarktes erhofft man sich eine Senkung der Lohnnebenkosten, eine Entlastung der Staats- und Sozialversicherungshaushalte sowie eine gleichzeitige Verbesserung der internationalen Wettbewerbsfähigkeit der deutschen Wirtschaft und der Arbeitsmarktlage. Durch neue soziale Herausforderungen und durch Kürzungen in den sozialen Sicherungssystemen (Rente, Gesundheit, Arbeit) wächst die Bedeutung der Landessozialpolitik. Dies betrifft z.b. die → Bildungspolitik als vorgelagerte Sozialpolitik, aber auch familienpolitische Leistungen des Landes, wie Ganztagsschulen und Kinderbetreuungseinrichtungen. Hoher Kosten- und Ausgabendruck sowie überschuldete öffentliche Haushalte zwingen die Länder und ihre Kommunen darüber hinaus dazu, soziale Leistungen effektiver und effizienter zu erbringen (etwa durch Reformen in den Sozialverwaltungen, Leistungs- und Qualitätsvereinbarungen, → bürgerschaftliches Engagement). Vor diesem Hintergrund ist es wenig zielführend, den Spardruck schlicht an die Kommunen oder die privaten Haushalte weiterzureichen. Vielmehr können die Länder einen erheblichen Beitrag zur Herstellung gesellschaftlichen Zusammenhalts und sozialer Teilhabe leisten, indem sie zusammen mit den Kommunen und den Bürgern, aber auch der Wirtschaft eine kinder-, familien- und altenfreundliche Infrastruktur entwickeln. Dies kann in Gestalt regionaler Bündnisse oder anderen Formen von Zusammenschlüssen organisiert werden und damit einen Beitrag zur Effektivitätssteigerung von Landessozialpolitik leisten.

*Wolfram Lamping, Hening Schridde*

## Spielbank / Lotterie

**Grundlagen** – In Spielbanken werden öffentliche Glücksspiele, das sog. „Klassische Spiel" und/oder das sog. „Automaten-Spiel", angeboten. Neben den

Lotterien, bei denen ein Spieler gegen einen bestimmten Einsatz die Möglichkeit erhält, nach einem vorher festgelegten Spielplan einen Gewinn zu erzielen, gehören auch die (Sport-)Wetten und Ausspielungen zu den öffentlichen Glücksspielen, deren Durchführung ohne behördliche Erlaubnis unter Strafe gestellt und deshalb nach dem nds. Gesetz über das Lotterie- und Wettwesen erlaubnisbedürftig sind. Grundsätzlich darf eine solche „Konzession" für die gewerbsmäßige Durchführung derartiger Glücksspiele nur der Toto-Lotto-Niedersachsen GmbH erteilt werden. Nicht gewerbsmäßig durchgeführte Lotterien und Ausspielungen – nicht also Wetten – können unter erleichterten Voraussetzungen auch von anderen Veranstaltern auf Grundlage einer entsprechenden Genehmigung durchgeführt werden.

**Betrieb** – Der Betrieb einer Spielbank bedarf nach dem nds. Spielbankengesetz ebenfalls einer besonderen Zulassung. In den vergangenen Jahren konnte eine solche nur Gesellschaften erteilt werden, deren sämtliche Anteile unmittelbar oder mittelbar dem Land gehörten. Es ist nunmehr beabsichtigt, die Gesellschaftsanteile zu privatisieren und künftig auch Zulassungen für den Betrieb von Spielbanken an Private zu erteilen. Die Spielbanken Niedersachsen GmbH mit Sitz in Hannover, bisher einziges Spielbankenunternehmen im Land, betreibt an vier Standorten (Hannover, Bad Zwischenahn, Bad Harzburg und Osnabrück) sowohl das „Klassische Spiel" mit Roulette und Black Jack als auch Glücksspielautomaten. Reine Automatenspielbanken befinden sich in Bad Bentheim, Bad Pyrmont, Hitfeld, Wolfsburg sowie auf Norderney und Borkum. Im Wirtschaftsjahr 2002/2003 lag der sog. „Bruttospielertrag", also der Umsatz, bei 115 Mio. €, von denen ca.

80 % an den → Landeshaushalt abgeführt worden sind.

Die in Hannover ansässige Toto-Lotto-Niedersachsen GmbH hat im letzten Wirtschaftsjahr mit einem Vertriebsnetz von 2 517 Verkaufsstellen einen Umsatz von knapp 1 Mrd. € erwirtschaftet. Zum Spielangebot gehören neben dem Zahlenlotto die Sportwetten, die Ziehungslotterie Glücksspirale und die Umweltlotterie Bingo. An Sportwetten werden ODDSET, eine Sportwette mit festen Gewinnquoten, und Fußballtoto mit Ergebnis- und Auswahlwette angeboten. Hinzu kommt ein Angebot in Form einer Rubbelloslotterie sowie als neuestes, internet-gestütztes Angebot: die Sportwette „Quicky".

Neben der Lotteriesteuer hat das Unternehmen eine Konzessionsabgabe zu entrichten, die zum einen unmittelbar dem Landeshaushalt (2003: 103,9 Mio. €) und zum anderen zweckgebunden u.a. den Bereichen → Sport, Kultur, → Umweltschutz und der freien Wohlfahrtspflege (88,6 Mio. €) zugute kommt. Der Kreis derjenigen, die Anteile an dieser Konzessionsabgabe erhält, die sog. „Destinatäre", ist gesetzlich festgelegt. Daneben versteht sich das Unternehmen als Sponsor vieler Sportvereine und -veranstaltungen im Land Nds. Neben den Mitteln aus der Konzessionsabgabe standen im Jahr 2003 noch einmal 1,4 Mio. € für den Sport aus dem Werbeetat des Unternehmens zur Verfügung.

*Christoph Unger*

## Sport

Der Begriff „Sport" umfasst heute Betätigungen vom Babyschwimmen bis zu den Olympischen Spielen, vom Seniorensport zu Extremsportarten, vom Gesundheitssport bis zu den Fußball-Profis.

Allem gemeinsam ist die Bewegung als vorwiegend körperliche Tätigkeit, unterschiedlich sind die Sinnorientierungen wie z.b. Leistung, Gesundheit, Gemeinsamkeit, Geldverdienst, öffentliche Anerkennung oder nur einfach Freude. Die Vielfalt des Sports dokumentiert sich auch in Begriffen wie Spitzensport, Leistungssport, Breitensport, Freizeitsport, aber auch Frauensport, Behindertensport, Familiensport etc. Sport wird vorwiegend in Vereinen betrieben, aber auch privat oder im Rahmen kommerzieller Angebote; in der Schule gehört er zum Pflichtunterricht.

**Sport und Staat** – Der Schulsport in Nds. – wie überall in Deutschland – wird in seinem zeitlichen Umfang und von seinen inhaltlichen Rahmenbedingungen durch das *Kultusministerium* bestimmt. Vorgeschrieben sind generell drei Wochenstunden Sport, gegeben werden i.d.R. zwei Stunden, häufig als Doppelstunde verkürzt. Inhaltlich sollen laut der 1998 erlassenen „Grundsätze und Bestimmungen für den Schulsport" nicht mehr nur wie früher sog. Sportarten betrieben, sondern „Erfahrungs- und Lernfelder" erschlossen werden. Damit will auch Nds. dem Konzept eines „erziehenden Schulsports" entsprechen. Traditionell werden die Wettbewerbe wie „Bundesjugendspiele" und „Jugend trainiert für Olympia" neben alternativen Schulsportfesten angeboten. Seit 1995 besteht ein Aktionsprogramm zur Zusammenarbeit von Schule und Sportverein mit inzwischen mehr als 10 000 Kooperationen.

Die Ausbildung von Sportlehrkräften für die verschiedenen Schularten und das Studium der Sportwissenschaft erfolgt im Zuständigkeitsbereich des *Ministeriums für Wissenschaft und Kultur* an den Universitäten Braunschweig, Göttingen, Hannover, Oldenburg, Osnabrück sowie in Hildesheim, Lüneburg,

Vechta; Streichungen sind aus Sparzwängen vorgesehen.

Das *Innenministerium* ist – wie bei der Bundesregierung – zugleich auch das *Ministerium für Sport*. Es koordiniert alle gesetzlichen Regelungen zum Sport und fördert insbesondere den Vereins- und Verbandssport über den Landessportbund. Durch die Änderung des nds. Gesetzes über das Lotterie- und Wettwesen und eine entsprechende Verordnung vom 1.3.2004 erhält der Landessportbund zurzeit (2004) 26,8 Mio. €, Kürzungen in den Folgejahren sind zu erwarten. Weitere Mittel aus der Glücksspirale sind speziell zur Förderung des Sportstättenbaus vorgesehen.

Angesichts seiner gesellschaftlichen Bedeutung ist der Sport neben Kunst, Kultur und Wissenschaft am 21.11.1997 als staatliche Aufgabe in die nds. Verfassung (→ Landesverfassung) aufgenommen worden. Letztmalig 1992 wurde ein Sportentwicklungsplan unter dem Titel „Freizeitsportland Niedersachsen" geschrieben, dessen Empfehlungen allerdings bis heute nur teilweise umgesetzt wurden.

**Sportvereine und Sportverbände** – In Nds. gibt es (laut Statistik 2004) 9 456 Turn- und Sportvereine mit insgesamt 2 860 348 Mitgliedern. Das entspricht einem Organisationsgrad von 35,95 % der Gesamtbevölkerung (7 956 416). Damit stellt der Vereinssport die größte Personenvereinigung in Nds. Der Anteil von Kindern und Jugendlichen bis 18 Jahre nähert sich der Millionengrenze (961 788), die Männerdominanz früherer Jahrzehnte schmälert sich: 1 637 887 Männer zu 1 222 461 Frauen. Der zahlenmäßig größte Verein mit 7 217 Mitgliedern ist die Eintracht Hildesheim von 1861.

Laut gesetzlicher Regelungen steht die Vereinsarbeit unter dem Prinzip der Gemeinnützigkeit und der Ehrenamtlichkeit. Daher sind die Monatsbeiträge für die Mitgliedschaft gemessen an sonstigen Ausgaben recht gering, besonders für Kinder und Jugendliche. Diese niedrigen Vereinsbeiträge sind auch möglich, weil die Vereine i.d.R. die kommunalen Schulsportstätten kostenfrei bzw. zu günstigen Konditionen nutzen können und die meisten Kommunen im Rahmen ihrer „freiwilligen Leistungen" den Vereinssport finanziell unterstützen. Aber auch hier sind Kürzungen zu erwarten. Doch ohne die Ehrenamtlichkeit wären die Vereinsbeiträge wesentlich höher. Die Zahl der ehrenamtlich Mitwirkenden in Vorständen bis hin zu den Helfern wird in Nds. auf 200 000 geschätzt.

Das inhaltlich-sportliche Angebot der Vereine an die Bevölkerung strukturiert sich traditionell nach den 58 Sportfachverbänden wie z.B. Leichtathletik, Rudern, Badminton, aber auch Aikido oder Dart. Der zahlenmäßig größte Fachverband ist der Nds. Turner-Bund mit 746 862 Mitgliedern in 2 835 Vereinen, gefolgt vom Nds. Fußballverband mit 643 371 Mitgliedern in 2 676 Vereinen.

Die sportpolitische Vertretung gegenüber Staat und Öffentlichkeit sowie die überfachliche Betreuung der Sportfachverbände und Sportvereine obliegt dem nds. Landessportbund (LSB; Sitz Hannover) als Dachverband mit seinen 48 regionalen Kreis- und Stadtsportbünden. Dies betrifft sowohl die Förderung des Spitzensports (10 Bundesstützpunkte mit Olympiastützpunkt, 163 Landesstützpunkte, 23 Landesleistungszentren) als auch infrastrukturelle Hilfen für die Breiten- und Freizeitsportangebote in den Vereinen wie Aus- und Fortbildung, besonders von Übungsleitern, Sportentwicklung, Sportstätten und Umwelt, Sport und Gesundheit, Sport und soziale Arbeit, allgemeiner Vereinsservice etc.

Jährlich werden landesweit 150 000 Sportabzeichen bei den 15 000 Prüfern abgelegt. Nds. gilt als „Sportabzeichenland", denn 1,86 % der Menschen im Lande haben es 2003 wieder erworben. Besondere Initiativen entfaltet die Nds. Sportjugend z.B. in der Jugendbildungsarbeit und Qualifizierung von Führungskräften sowie der Förderung der Bewegungserziehung im Elementarbereich (Bewegungskindergarten). Insgesamt verstehen sich der Landessportbund, die Kreis- und Stadtsportbünde sowie die Sportfachverbände als Serviceleister für die qualitätsorientierten Vereinsangebote an die Bevölkerung letztlich im Sinne eines „Sports für alle". Dies dokumentiert sich auch in dem Leitbild des LSB von 2003 mit dem Titel „Mittendrin – in unserer Gesellschaft".

**Sport: privat bis kommerziell** – Seit der Trimmaktion des Deutschen Sportbundes ab 1970 haben nicht nur die Mitgliedszahlen in den Sportvereinen jährlich sprunghaft zugenommen, auch das private Sporttreiben – Schwimmen, Radfahren, Joggen und neuerdings Walking – gehört bei vielen Menschen inzwischen zum Alltag. Ergänzend werden die vielen Sportangebote von z.B. Volkshochschulen, Krankenkassen, Urlaubsorten bis hin zu den allerorts kommerziell betriebenen Fitness-Studios genutzt. Verlässliche Zahlen über die verschiedenartigen Einrichtungen und ihre Nutzer gibt es nicht. Doch Umfragen haben ergeben, dass heutzutage bis zu zwei Drittel der Bevölkerung (inklusive Vereinssport) in irgendeiner Weise sportlich aktiv sind. Sport ist damit nicht mehr nur „die schönste Nebensache der Welt", sondern inzwischen ein bedeutsamer Bestandteil gesellschaftlicher Aktivitäten geworden. *Jürgen Dieckert*

# Sprache

**Allgemeines** – Wer Nds. bereist und dabei auf Sprachliches achtet, dem begegnet überall ein gut verständliches Hochdeutsch. Sprichwörtlich ist die Rede geworden, dass man in Hannover das beste Deutsch spreche. Wer sich aber länger im Lande aufhält, auch abgelegenere Gegenden besucht und Zugang zu privaten Gesprächsrunden findet, dem begegnen sehr bald andere althergebrachte nds. Sprachen, das Niederdeutsche, das Friesische und bestimmte mitteldeutsche Dialekte.

**Geschichte** – Die dominierende Zweitsprache Nds. ist das Niederdeutsche. Heute wird darunter eine Regionalsprache verstanden, die sich als eine auffällig differenzierte Dialektgruppe präsentiert. Sie kann auf eine tausendjährige Geschichte zurückblicken. Am Anfang steht der „Heliand", eine Evangelienharmonie aus dem 9. Jh. Im Mittelalter entwickelte sich im Rahmen des Hansebundes eine Schriftsprache (das Mittelniederdeutsche) mit einer Verbreitung im gesamten Ostseeraum und darüber hinaus. Sie wurde aber kaum gesprochen, sodass mit der Übernahme des Hochdeutschen diese niederdeutsche schriftsprachliche Tradition abbrach. Das Hochdeutsche erlernte man als eine Art Fremdsprache, was als ein Grund für seine gute und klare Realisation angenommen wird.

**Nds. Dialekte** – Die in Nds. beheimateten niederdeutschen Dialekte gehören zum Westniederdeutschen und lassen sich in drei Dialektverbände einteilen: Nordnds., Ostfälisch, Westfälisch. Das ist auch das Bearbeitungsgebiet des Nds. Wörterbuches, an dem in Göttingen seit vielen Jahren gearbeitet wird. Der größte Dialektverband ist das Nordniedersächsische, der in vier Dialektgebiete gegliedert ist: das Ostfriesische (Emden, Norden, Wittmund), das Emsländische (Lingen, Meppen, Lorup/Hümmling), das Oldenburgische (Oldenburg, Elsfleth, Brake), das Nordhannoversche (Diepholz, Cuxhaven, Soltau). Das Ostfälische wird in diese Dialektgebiete eingeteilt: Heideostfälisch (Uetze [Übergang zum Kernostfälischen], Celle, Gifhorn), Kernostfälisch (Hannover, Braunschweig, Helmstedt), Göttingisch-Grubenhagensch (Uslar, Northeim, Göttingen). Der Anteil Nds. am westfälischen Dialekt bezieht sich auf einen Streifen von Nordhorn bis in den Osnabrücker Raum (je nach der Heranziehung verschiedener Unterscheidungsmerkmale kann aber der westfälische Anteil an den nds. Dialekten etwas anders ausfallen).

Die sprachlichen Unterschiede der nds. Dialektgebiete kann an den Umsetzungen dieses hochdeutschen Satzes gezeigt werden:
*Die Füße tun mir weh, ich glaube, ich habe sie durchgelaufen.*
Ostfriesisch (Emden): *De Fauten doun mi hiel seer, ik glöw, ik heb se dörloopen.*
Emsländisch (Lorup/Hümmling): *Die Föüte dout mi seer, ik glööwe, ik häbbe säi däörlappt.*
Oldenburgisch (Elsfleth): *De Föt kilt mi düchtig, ik glow, ik hew se twai lopen.*
Nordhannoversch (Soltau): *Däi Füat daut mi so bannig weih, ik glöw, ik hef se dörchlopen.*
Heideostfälisch (Uetze): *Die Füate dauet mik gefährlich weih, ik glöbe, ik haww sei dorchlopen.*
Kernostfälisch (Helmstedt): *Dä Feite daut mik hölsch weih, ik globe, ik hebbe se dorchelopen.*
Göttingisch-Grubenhagensch (Göttingen): *De Füate daut mek weih, ek glööbe, ek hewwe se dorelapen.*

Ostwestfälisch (Osnabrück): *De Fööte dooet mi wehe, ik gläube, ik hewwe se duur lopen.*

Danach ist für das Ostfriesische kennzeichnend der verbale Plural Präsens auf -*n*, im Unterschied zu -*t* im übrigen Westniederdeutschen (mit Ausnahme des wendländischen Platt im Landkreis Lüchow-Dannenberg, wo die Endung auch auf -*n* ausgeht): siehe ostfries. *doun*, emsländisch *dout*. Das Emsländische bewahrt auslautendes -*e*, z.B. in *Föte*, das Oldenburgische und Nordhannoversche haben es abgestoßen: *Föt*. Auch das Ostfälische erhält das Schluss -*e*, zeichnet sich aber vor allem durch die personalpronominale Einheitsform für Dativ und Akkusativ auf -*k* aus, während das Nordniedersächsische und das Westfälische Pronomen ohne *k* benutzen: ostfälisch *mik* „mir, mich", nordniedersächsisch/westfälisch *mi* „mir, mich". Typisch für das Ostfälische ist noch die Bildung des Partizip Präsens mit dem reduzierten *e*-Präfix: *elopen* „gelaufen".

**Friesisch** – Die friesische Sprache lebt in Nds. in einer kleinen Sprachinsel im nördlichen Kreis Cloppenburg, in der Gemeinde Saterland. Das hier heute noch von etwas mehr als 2 000 Menschen gesprochene Saterfriesisch ist der letzte Rest des einmal sehr viel weiter verbreiteten Ostfriesischen. Dieses Ostfriesisch darf nicht mit dem ostfriesischen Niederdeutsch verwechselt werden. Das Altostfriesische ist vom 14. Jh. an durch das Niederdeutsche so bedrängt worden, dass es nur in einigen Sprachinseln überleben konnte; im Land Wursten und im Harlingerland bis ins 18. Jh., auf der Insel Wangerooge bis ins 20. Jh., im Saterland bis heute. Hier ist jedoch das Niederdeutsche inzwischen verbreiteter als das Friesische. Es unterscheidet sich deutlich vom Niederdeutschen.

Das bis auf Reste ausgestorbene Ostfriesisch hat im Niederdeutsch Ostfrieslands zahlreiche Spuren hinterlassen, z.B. in Wörtern wie *Fōn* „Mädchen", *Hokke* „Mantel", *quinken* „blinzeln, zwinkern".

**Mitteldeutsch** – Im Harz bildete sich mit der Entwicklung des Erzbergbaus und dem Zuzug aus dem sächsischen Erzgebirge stammender Bergleute eine obersächsische Dialektinsel aus, die vom 16. Jh. an bis zur Einstellung des Harzbergbaus in der Mitte des 20. Jh. bestanden hat. Sie betraf die sieben Bergstädte Glasdōl „Clausthal", Dsallerfal „Zellerfeld", Oldena „Altenau", Onersbarich „St. Andreasberg", Wilnemon „Wildemann", Laudendōl „Lautenthal" und Grune „(Bad) Grund". Eine sehr viel kleinere pfälzische Sprachinsel in Braunschweig-Veltenhof geht auf die Zusiedelungspolitik des braunschweigischen Herzogs Karl I. im 18. Jh. zurück. Auch diese Sprachinsel existiert nur noch in Spuren.

**Umgangssprachen** – Als die übliche mündliche Verkehrssprache tritt in Nds. (wie überall in Deutschland) eine Umgangssprache auf, eine Spielart des Hochdeutschen mit charakteristischen niederdeutschen Merkmalen, was diese Beispiele verraten: z.B. *Tach*, „Tag", *Wēch* „Weg", *Radd* „Rad", *da kann ich nichts für* „dafür kann ich nichts", *außen vor* „draußen, unberücksichtigt". In einigen Städten hat sich auch ein Missingsch ausgebildet. Das ist eine hochdeutsch intendierte Sprache auf niederdeutscher Grundlage. Sie wird vor allem in der humoristischen Literatur gebraucht, wie im Göttinger Messingsch von Ernst Honig (1861–1930). Eine Textprobe: „Ne chute chebratene Chans is 'ne chute Chabe Chottes!" Das iß unser Chöttingenscher Wahrspruch, un wenn se uns auch ßo mankedurch (= zwischendurch) dermit euben (= necken) wollen, aber wahr iß es doch! Szag mich Einer, daß de Chänse dumme Tiere ßind! Konnten se das schönder einrichten, als daß se ßo umme Martendag (= 11. November) rum, wo alle Kejel- und Chänse-Essens ßind, daß se da chrade fett sind? Un weil wir in … Chöttingen ßo chroße Stücke halten auf die Chänse, deshalb hat auch der Marestrat (= Magistrat) das Chänsedenkmal auf den Brunnen stellen lassen. Un eijentlich hätte das Chänselieschen (= Gänseliesel) da mit 'nen Chänsebraten auf ner Schüssel stehen müssen.

**Ethnische Minoritätensprachen** – Die gegenwärtige Sprachsituation in Nds. ist auch durch die Anwesenheit zahlreicher Migrantensprachen geprägt. Die wissenschaftliche Erforschung dieser Sprachen und der von ihnen beeinflussten Sprachsituation befindet sich noch ganz in den Anfängen, muss aber intensiviert werden, um ein wirklichkeitsgetreues Abbild der Sprachen in Nds. zeichnen zu können.

**Sprachentwicklung** – Die dominierende und von allen Nds. beherrschte Sprache ist das Hochdeutsche. Das Niederdeutsche hat sich entgegen pessimistischer Annahmen bis heute erhalten, besser im nördlichen Landesteil als im südlichen, die Grenze ist etwa die zwischen dem Nordhannoverschen auf der einen Seite, dem West- und Ostfälischen auf der anderen. Das Küstenplatt genießt das höchste Ansehen. Aktuelle Zahlen zur Beherrschung des Niederdeutschen gibt es nicht, die letzte repräsentative Umfrage fand 1984 statt; danach haben im nördlichen Nds. knapp 50 % der Befragten sich selbst eine besser als ausreichende niederdeutsche Sprachfähigkeit zugeschrieben, im südlichen Landesteil waren es deutlich weniger. Der für die Zukunft der Regionalsprache kritischste

Umstand ist die ausbleibende direkte Weitergabe der Sprache an die nächstfolgenden Generationen. Demgegenüber kann sich für das Fortleben des Niederdeutschen förderlich auswirken, dass es immer stärker als Sprache der Literatur und der regionalen Identität begriffen wird. Das war an dem einer breiten Bürgerbewegung gleichenden Einsatz für die Aufnahme des Niederdeutschen in die europäische Sprachenschutzcharta zu beobachten. Ihm ist es gelungen, dass auch das Niederdeutsche in die Charta der europäischen Regional- oder Minderheitensprachen, sie ist seit 1999 in Kraft, als die einzige deutsche Regionalsprache aufgenommen worden ist. Das Saterfriesische genießt den Sprachenschutz als eine Minderheitensprache. Inwieweit die Charta wirklich das Überleben der kleinen nds. Sprachen gewährleisten kann, bleibt abzuwarten.    *Dieter Stellmacher*

## Staatsgerichtshof

**Begriff** – Der nds. Staatsgerichtshof ist das Verfassungsgericht des Landes Nds. Er hat seinen Sitz im Bückeburger Schloss und besteht seit 1957.

**Zusammensetzung** – Der Staatsgerichtshof (StGH) besteht aus neun Richtern sowie neun Vertretern, die vom Landtag gewählt werden (§§ 1 Abs. 2, 3 Abs. 1 Gesetz über den Staatsgerichtshof, StGHG). Zum Richter am Staatsgerichtshof sind nicht ausschließlich Juristen wählbar. Lediglich sechs Mitglieder des Staatsgerichtshofes müssen die Befähigung zum Richteramt besitzen. Geleitet wird der Staatsgerichtshof von einem Präsidenten, der durch einen Vizepräsidenten vertreten wird. Diese Personen müssen zwingend aus dem Kreis der sechs Volljuristen stammen. Bei den übrigen Richtern genügt es, wenn sie mindestens 35 Jahre alt und für den Landtag wählbar sind und über Erfahrungen im öffentlichen Leben verfügen.

**Zuständigkeiten** – Die Zuständigkeiten des nds. Staatsgerichtshofes sind in Art. 54 der Nds. Verfassung (NV → Landesverfassung) geregelt. Näheres zum Verfahren und den einzelnen Zuständigkeiten findet sich im StGHG. Beim Katalog des Art. 54 fällt das Fehlen einer individuellen Verfassungsbeschwerde auf, durch die Bürgerinnen und Bürger eine Verletzung der ihnen auch nach der NV zustehenden Grundrechte (→ Landesverfassung 3.) geltend machen könnten. Der nds. → Landtag als Verfassungsgeber hielt eine derartige Zuständigkeit nicht für notwendig. Der Grundrechtsschutz werde in der BRD umfangreich durch das Bundesverfassungsgericht (BVerfG) anhand der Grundrechte des Grundgesetzes (GG) gewährt.

**Praktische Bedeutung** – Die Erweiterung der Zuständigkeiten des StGH durch die neue Nds. Verfassung im Zusammenwirken mit der allgemeinen Finanzmisere in den 90er Jahren des letzten Jahrhunderts hat zu einem Aufschwung in der Tätigkeit des Staatsgerichtshofes geführt. Insbesondere die neue Möglichkeit der kommunalen Verfassungsbeschwerde hat zahlreiche Verfahren bedingt. Dabei hat der StGH mehrfach Eckpunkte für die Verteilung der Finanzen zwischen Land und Kommunen gesetzt und Gesetze des Landes zum Finanzausgleich in Nds. für verfassungswidrig erklärt. Ebenfalls für verfassungswidrig erklärt hat der StGH die verbindliche Einführung einer hauptamtlichen Frauenbeauftragten für alle nds. Gemeinden. Kleinere Gemeinden mit weniger als 20 000 Einwohnern müßten die Möglichkeit haben, die Aufgaben der Frauenbeauftragten ehrenamtlich wahrnehmen zu lassen.

*Peter Armbrust*

## Städte

**Geschichtliche Anfänge** – Die Bildung und Gründung von Städten setzt in Nds. im 10. Jh. ein. In der Frühphase waren physisch-geografische Gegebenheiten von entscheidender Bedeutung für die Anlage von Städten. Bevorzugt wurden beispielsweise Räume mit hoher Bodenfruchtbarkeit und günstiger Lage für Verkehr, Handel und Verteidigung. Vermutlich waren die Keimzellen der neuen Städte zunächst Handelsplätze der Fernhändler. Verkehrsknotenpunkte, Pässe, Furten oder Anlegestellen für Schiffe an den Flüssen boten für den Handel gute Voraussetzungen. Im Zuge der Christianisierung, die von Süden nach Norden und Osten voranschritt, nutzte vermutlich der Klerus die vorhandenen Plätze und baute dort Bischofssitze (Hildesheim, Osnabrück, Verden) und Klöster. Die deutsche Ostkolonisation, die Christianisierung und die Ausbildung eines Rechtssystems waren wichtige Grundvoraussetzungen für das weitere Wachstum von Städten.

**Mittelalter** – Im Mittelalter war der Titel Stadt mit verliehenen Rechten verbunden (z.B. Stadt-, Münz-, Markt-, Stapel-, Brau-, Gilde-, Zunft-, Verteidigungsrecht, Gerichtsbarkeit). Sie sicherten den Bürgern wirtschaftliche Einkünfte und ein gewisses Maß an Selbstständigkeit.

Ein weiterer Kristallisationspunkt für Städte waren Burgen (Braunschweig, Celle, Delmenhorst, Göttingen, Hannover, Lüneburg, Oldenburg, Wolfenbüttel). Etwa 70 % aller Städte oder Markt-

## Städte in Niedersachsen

| Stadt | Stadtrecht seit | Einwohner 1821 | Einwohner 1939 | Einwohner 2004 | Fläche in km² | Einwohner je qkm |
|---|---|---|---|---|---|---|
| Hannover | 1241 | 35 558 | 490 098 | 516 160 | 204,01 | 2 530,1 |
| Braunschweig | Mitte 12. Jh. | 40 054 | 209 837 | 245 076 | 192,09 | 1 275,8 |
| Osnabrück | 889 | 15 499 | 118 335 | 165 517 | 119,80 | 1 381,6 |
| Oldenburg | 1345 | 9 446 | 79 020 | 158 340 | 102,96 | 1 537,9 |
| Göttingen | Anfang 13. Jh. | 16 622 | 67 119 | 122 883 | 117,24 | 1 048,1 |
| Wolfsburg | 1938 | 7 838 | 19 001 | 122 724 | 204,01 | 601,6 |
| Salzgitter | 1942 | 15 284 | 47 115 | 109 855 | 223,96 | 490,5 |
| Hildesheim | um 1300 | 15 379 | 78 412 | 103 245 | 93,02 | 1 109,0 |
| Wilhelmshaven | 1873 | 5 259 | 115 354 | 84 586 | 103,51 | 817,2 |
| Delmenhorst | 1371 | 5 964 | 40 235 | 75 986 | 62,36 | 1 218,5 |
| Celle | 1301 | 11 319 | 43 375 | 71 319 | 175,01 | 407,5 |
| Garbsen | 1968 | 3 655 | 7 716 | 63 309 | 79,31 | 798,2 |
| Emden | 1595 | 14 330 | 40 164 | 51 445 | 112,38 | 457,8 |
| Lüneburg | 956 | 12 190 | 43 381 | 70 614 | 70,34 | 1 003,9 |
| Hameln | um 1200 | 8 874 | 38 159 | 58 902 | 102,33 | 575,6 |
| Cuxhaven | 1907 | 9 502 | 41 085 | 52 876 | 161,91 | 326,6 |
| Wolfenbüttel | 1570 | 11 289 | 30 817 | 54 687 | 78,46 | 697,0 |
| Nordhorn | 1379 | 4 167 | 26 054 | 52 705 | 149,67 | 352,1 |

flecken in Nds. gehen auf eine Burg zurück. Mit den Verteidigungsanlagen an strategisch wichtigen Punkten versuchte die Landesherrschaft, ihr Territorium zu kontrollieren und zu schützen. Nicht immer wuchs aus einer Burg auch eine Stadt. Lagen die Burgen aber an Kreuzungen überregionaler Handelswege, an einer Furt oder einem Hafen, konnten beispielsweise Zölle erhoben werden. Gewerbetreibende siedelten sich an, und die Basis für ein mitunter reges Wirtschaftsleben war gegeben.

In der Renaissance erlebten die Städte eine Blütezeit. Gleichzeitig wurden neue gegründet (Emden, Haselünne, Nordhorn, Neuenhaus, Cloppenburg, Otterndorf, Burgdorf, Königslutter, Schöppenstedt, Seesen, Uslar, Dransfeld). Ursache hierfür ist ein rasantes Bevölkerungswachstum, ausgelöst durch technische Fortschritte und die Kultivierung bisher ungenutzter Böden. Das rege Wirtschaftswachstum führte zunächst zur Binnenverdichtung der Städte in den Grenzen der mittelalterlichen Mauern.

**Fürstenherrschaft** – Im Zeitalter des Absolutismus gewann die Landesherrschaft ihre alte Macht über die Städte zurück, deren Ressourcen nach dem 30-jährigen Krieg verbraucht waren. Nicht mehr die Bürger, sondern die Fürsten kontrollierten die Stadt. Die alten Stadtmauern wurden mit Bastionen und Ravelins (besondere Befestigungen zwischen den Bastionen) verstärkt und bestimmten die städtischen Grenzen. In einigen Städten ist der Bau der neuen Festungsanlagen genutzt worden, das Stadtfeld um eine Neustadt zu erweitern. Im Innern symbolisierten neue Residenzen oder repräsentative Verwaltungsgebäude die Macht des Landesherren.

**Bürgerliches Zeitalter** – Wichtige Faktoren für ein rasantes Wachstum der Städte zu Beginn des 19. Jh. wurden die zunehmende Liberalisierung (Bauernbefreiung, Gewerbefreiheit, Zollfreiheit, Aufhebung der Domizilordnung) und die Industrialisierung seit Mitte des 19. Jh. Das wichtigste Transportmittel der Industrialisierung war die Eisenbahn. Die Lage an der Eisenbahn verschaffte Industrieunternehmen einen großen Vorteil. Gleichzeitig nahm der internationale Warenverkehr über die Schifffahrt zu, und damit wuchsen die Hafenstädte.

**Wirtschaftliche Entwicklung** – Auch wenn sich einige Städte in Nds. zu wichtigen Häfen entwickelten (Brake Stadtrecht 1855, Cuxhaven Stadtrecht 1907, Elsfleth Stadtrecht 1856, Leer Stadtrecht 1823, Nordenham Stadtrecht 1908, Papenburg Stadtrecht 1861, Varel Stadtrecht 1855, Vegesack Stadtrecht 1852, Wilhelmshaven Stadtrecht 1859), dominierten an der Nordseeküste die Hafenstädte Hamburg und Bremen/Bremerhaven.

Im Binnenland kam es aufgrund fehlender Rohstoffe zu keiner Konzentration von Industriebetrieben wie beispielsweise im Ruhrgebiet. Entscheidend für das wirtschaftliche Wachstum war die Lage an Eisenbahn-Knotenpunkten. Eine wichtige Ost-West-Verbindung verlief nördlich der Mittelgebirge, die sich mit nord-südlich verlaufenden kreuzte. Die Eisenbahn und später auch der Mittellandkanal verstärkten diese Bedeutung. In den Mittelgebirgen konnten kleine Kohle-, Eisenerz- und Salzvorkommen abgebaut werden, so-

dass sich hier begrenzte Industrieräume entwickeln konnten. Zwischen 1871 und 1905 verdoppelte sich die Bevölkerung im Deutschen Reich; die Menschen fanden Arbeit in den neu entstehenden Betrieben. In den Städten entstanden neben den neuen Industriegebieten die gründerzeitlichen Wohnviertel für die Arbeiter und Angestellten. In Verbindung mit den ertragreichen → Lössbörden konnte sich zwischen Osnabrück, Hannover, Braunschweig, Wolfsburg ein wirtschaftlicher Schwerpunktraum entwickeln.

Nach 1920 setzte in Nds. eine zweite Gründungsphase der Industrie ein. Die wichtigsten neu gegründeten Industriestädte aus dieser Phase sind Wolfsburg (Volkswagen) und Salzgitter (Stahlwerke).

**Wanderung nach dem Zweiten Weltkrieg** – Im Zweiten Weltkrieg wurden viele Städte zerstört. Gleichzeitig setzte ein Flüchtlingsstrom ein, der 2,5 Mio. Vertriebene nach Nds. trug (→ Flüchtlinge und Vertriebene). Das machte den Wiederaufbau der Städte umso dringlicher. Neue Baumaterialien wurden verwendet und teilweise die alten Straßengrundrisse geändert, um Platz für das Automobil zu schaffen. Diese Veränderungen vieler mittelalterlicher Städte werden heute durchaus kritisch gesehen.

Mit der zunehmenden Automobilisierung seit den 1960er Jahren und dem wirtschaftlichen Aufschwung setzte verstärkt die Abwanderung der Bevölkerung in die Peripherie ein. Neue Wohngebiete entstanden um die Altstadtkerne und führten zu einer flächenhaften Ausdehnung der Städte.

**Land- und Raumordnung** – Der Gegensatz zwischen Stadt und Land hat sich heute abgeschwächt. Das Stadtrecht hat keine Bedeutung mehr. Kennzeichen einer Stadt sind ein kompakter Siedlungs-

Eine touristische Attraktion: Der alte Hafen in Stade

körper mit hoher Wohn- und Arbeits-
platzdichte, eine weit gehend künstlich
gestalteten Umwelt, eine hohe Ver-
kehrswertigkeit sowie die Versorgungs-
funktion für ein Umland mit Gütern und
Dienstleistungen.

Nach der Auflösung der vier Regierungsbezirke 2004 (Braunschweig, Hannover, Lüneburg, Weser-Ems), gliedert
sich Nds. in 37 Landkreise, 1 023 Gemeinden (davon 736 Mitgliedsgemeinden von Samtgemeinden), die Region
Hannover als kommunale Körperschaft
eigener Art sowie 153 Städte.

Von den 7,9 Mio. Einwohnern leben
über 65 % in den Städten, die in Nds.
ungleich verteilt sind. Nördlich des nds.
Berglandes konzentriert sich die Bevölkerung in einem wirtschaftlichen Gunst-
raum. Allein 30 % der Einwohner des
Landes leben in den Stadtregionen von
Osnabrück, Hannover und Braunschweig.

Die heutige → Landes- und Raumordnung in Nds. richtet sich nach dem
zentralörtlichen System in der Abstu-
fung Ober-, Mittel- und Unterzentren.
Die Oberzentren sind Braunschweig,
Göttingen, Hannover, Hildesheim, Lüneburg, Oldenburg, Osnabrück, Wilhelmshaven. Hier werden die wichtigsten administrativen, sozialen, kulturellen
und wirtschaftlichen Einrichtungen für
die Versorgung des Umlandes bereitgestellt. Ziel der Landes- und Raumplanung ist es, in allen Landesteilen eine
gleichmäßige Versorgung der → Bevölkerung sicherzustellen. Die Oberzentren
sind in Nds. so gelegen, dass sie in einer
zumutbaren Entfernung für die Bewohner auf dem Lande liegen. 85 Mittelzentren ergänzen die Oberzentren, wobei
im Ordnungsraum Braunschweig die
Städte Wolfsburg und Salzgitter bereits
Teilfunktionen eines Oberzentrums be-
sitzen.                                    *Martin Pries*

## Städtepartnerschaften

**Überblick** – Neben der Kooperation des Landes Nds. mit seinen Partnerregionen Woiwodschaft Großpolen und Woiwodschaft Niederschlesien bestehen derzeit etwa 654 etablierte Partnerschaften, Freundschaften oder zumindest Kontakte nds. Städte und Gemeinden mit Partnergemeinden und -regionen in aller Welt. Der Löwenanteil davon entfällt auf Verbindungen zu anderen Mitgliedsstaaten der Europäischen Union. Statistisch gesehen unterhält jede zweite der 1 023 Städte und Gemeinden in Nds. mindestens einen partnerschaftlichen Auslandskontakt. Diese freundschaftlichen Bande sind ausnahmslos nach dem Zweiten Weltkrieg entstanden. Eine wesentliche Motivation im Konzept der Städtepartnerschaften lag in der Idee, die Menschen der in der ersten Hälfte des 20. Jh. von Nationalismus und Militarismus geprägten Gesellschaften in den europäischen Staaten einander näher zu bringen und insbesondere durch den Aufbau persönlicher Kontakte zu einem besseren gegenseitigen Verständnis zu gelangen. Damit sollten die Partnerschaften auch einen wichtigen Beitrag zur Aussöhnung und Friedenssicherung leisten.

Die ersten Städtepartnerschaften wurden 1947 von Hannover mit Bristol und 1950 von Wolfsburg mit Luton (beide Großbritannien) ins Leben gerufen. Es folgten in den 50er Jahren einige wenige Kontakte nach Frankreich, Italien und in die Niederlande. Bestanden 1960 erst zwölf Partnerschaften, kam die Entwicklung der Verbindungen im folgenden Jahrzehnt stärker voran, sodass bis zum Jahr 1970 61 neue Partnerschaften gezählt werden können. Mit 37 Kontakten nach Frankreich in diesem Zeitraum wird deutlich, welch besonderen Stellenwert die deutsch-französische Aussöhnung auf kommunaler Ebene bekommen hatte; zur selben Zeit wurden neun weitere Partnerschaften nach Großbritannien und fünf in die Niederlande geknüpft. In den 70er Jahren verdoppelte sich mit 127 neuen Kontakten dann der Zuwachs der Partnerschaften. Die meisten Verbindungen (61) wurden wieder mit Frankreich geknüpft, gefolgt von den Niederlanden (16) und Großbritannien (14). In diesen Jahren entstanden auch die ersten Kontakte (Hameln, Göttingen und Hannover) mit polnischen Partnerstädten sowie die erste Partnerschaft (Stadt Bramsche) nach Israel. Bis 1990 kamen weitere 176 Kontakte hinzu, die meisten erneut nach Frankreich (62), Großbritannien (20) und in die Niederlande (18).

Das Konzept der Städtepartnerschaften hat mit dem Ende der Teilung Europas eindeutig einen erneuten Aufschwung erfahren, was sich daran ablesen lässt, dass allein 56 Neukontakte in den Jahren 1989 und 1990 begründet wurden, neben Polen jetzt auch in die anderen osteuropäischen Länder (Russland, Tschechische Republik, Ungarn, Ukraine, Weißrussland). Seit 1991 hat der Anteil von Partnerschaften nds. Kommunen nach Polen mit 76 ganz erheblich zugenommen, sodass heute, statistisch betrachtet, die zweithöchste Anzahl Partnerschaften (88) mit Polen bestehen. An erster Stelle heben sich die 210 Verbindungen mit französischen Städten und Gemeinden ab, überdurchschnittlich viele Kontakte werden auch in die Niederlande (69) und Großbritannien (64) unterhalten. Darüber hinaus existieren in geringerer Anzahl Partnerschaften in Länder auf allen Kontinenten. Die hohe und stetig gewachsene Anzahl der Städtepartnerschaften ist ein Ausweis für die hohe Bedeutung, die diese Kontakte im öffentlichen Leben der nds. Kommunen erlangt haben. Die Gestaltung der Beziehungen reicht von kulturell ausgerichteten Kontakten über Schüleraustausche bis zu gemeinsam getragenen Projekten z.b. in den Bereichen Umwelt, Verwaltung und wirtschaftliche Entwicklung.

Eine Begegnung besonderer Art war das von der Gemeindekammer Niedersachsen (Städtetag und Städte- und Gemeindebund) ausgerichtete internationale Bürgermeistertreffen auf der EXPO 2000, an dem mehr als 2 000 Bürgermeisterinnen und Bürgermeister aus aller Welt als Gäste ihrer nds. Partnergemeinden beteiligt waren. Die Weltausstellung unter dem Motto „Mensch – Natur – Technik" diente dabei als internationales Forum, auf dem die Kommunalvertreter die wichtige Rolle der kommunalen Selbstverwaltung für eine lokale und bürgernahe Bewältigung der technischen, wirtschaftlichen und sozialen Herausforderungen des 21. Jh. hervorhoben. *Thorsten Bullerdiek*

## Stiftungswesen

**Begriff** – Stiftungen sind Organisationen, die von einem oder mehreren Stiftern mit einem festen Vermögen ausgestattet werden, das auf unbegrenzte Dauer ungeschmälert zu erhalten ist. Das Stiftungsvermögen kann aus Vermögenswerten aller Art bestehen, es muss jedoch Erlöse erwirtschaften, mit denen die vom Stifter festgelegten Stiftungszwecke erfüllt werden können. Der Stiftungszweck wird nach den Vorstellungen des Stifters in einer Satzung festgelegt und ist damit für die Stiftung dauerhaft bindend.

Stiftungen erfüllen gemäß des jeweiligen Stifterwillens unterschiedliche Stiftungszwecke: Sie fördern Soziales, Wissenschaft, Forschung, Bildung, Sport, Umwelt, Kunst und Kultur. Die jeweilige Stiftungssatzung gibt den Stiftungszweck bindend vor. Die Einhaltung der satzungsgemäßen Aufgabenstellung wird von der aufsichtsführenden Landesbehörde regelmäßig geprüft. Über 94 % aller Stiftungen sind gemeinnützig tätig und erfüllen damit eine wichtige gesellschaftspolitische Aufgabe.

**Stiftungen in Deutschland** – In Deutschland existieren über 12 000 Stiftungen (Stand 2004) unterschiedlichster Formen und Zielsetzungen. In den letzten Jahren gab es jährlich durchschnittlich 700 Neugründungen.

Der weitaus häufigste Stiftungstyp ist die selbstständige Stiftung bürgerlichen Rechts gemäß §§ 80 ff BGB, die durch die jeweilige Landesbehörde genehmigt und beaufsichtigt wird. Davon unterschieden werden die unselbstständigen Stiftungen, die treuhänderisch unter dem Dach einer juristischen Person verwaltet werden.

Weiteres Unterscheidungskriterium in der Stiftungstypologie ist die Zuordnung zum privaten oder zum öffentlichen Recht. Entscheidend sind dabei der Funktionskreis und die Trägerschaft, im Rahmen derer die Stiftung tätig ist. Öffentlich rechtliche Stiftungen finden sich vorwiegend in der Trägerschaft öffentlicher Institutionen und dienen ausschließlich öffentlichen Aufgabenstellungen und Interessen wie z.B. die unter Bundeshoheit verwaltete Stiftung Preußischer Kulturbesitz oder die Stiftung Haus der Geschichte der BRD.

Das Stiftungswesen hat eine lange Tradition. Erste Stiftungsgründungen sind bereits aus dem 10. Jh. vorwiegend aus dem kirchlichen Umfeld bekannt. Als älteste noch bestehende Stiftung in Nds. gilt die Johannishofstiftung von 1161 in Hildesheim.

**Stiftungen in Niedersachsen** – Nds. gehört mit derzeit 1 280 Stiftungen nach

Bayern, Baden-Württemberg und Nordrhein-Westfalen zu den Stiftungshochburgen Deutschlands. Einige der größten und bedeutendsten Stiftungen Deutschlands haben ihren Sitz in Nds. Größte öffentlich rechtliche Stiftung in Nds. ist die Klosterkammer Hannover mit fast 25,5 Mio. € Fördervolumen jährlich, die als Landesbehörde dem nds. Ministerium für Wissenschaft und Kultur unterstellt ist. Sie wurde im Jahr 1818 durch Patent des Prinzregenten Georg, des späteren Königs Georg IV. von Großbritannien, Irland und Hannover, gegründet. Initiatorin für die Gründung war jedoch bereits 1542 die welfische Herzogin Elisabeth von Calenberg-Göttingen. Sie bestimmte, dass durch Reformation an den Landesherrn gefallenes Kirchengut für kirchliche, schulische und mildtätige Zwecke gesondert zu verwalten sei.

Die bundesweit ertragreichste privatrechtliche Stiftung, die Volkswagen Stiftung, hat ihren Sitz in Hannover. Sie schüttet jährlich mehr als 99 Mio. € für die Förderung von Wissenschaft und → Forschung aus. Zweitgrößte privatrechtliche Stiftung in Nds. ist die Deutsche Bundesstiftung Umwelt in Osnabrück mit einem Fördervolumen von knapp 44 Mio. €/p.a.

Im Land Nds. sind mit der Stiftung Niedersachsen und der Nds. Lotto-Stiftung zwei große Landesstiftungen vertreten. Sie wurden vom Land Nds. mit dem Ziel gegründet, unabhängig vom → Landeshaushalt kontinuierlich Fördermittel für Gemeinwohl orientierte Zwecke auszuschütten. Die Stiftung Niedersachsen wurde 1986 gegründet mit der Aufgabe, „Wissenschaft, Bildung, Kunst und Kultur im Land Niedersachsen" zu fördern und damit zur „Entwicklung des Landes im Interesse des Gemeinwohls" beizutragen. Die Nds. Lotto-Stiftung wurde 1993 mit vergleichbarer Zielsetzung gegründet. Zur Erfüllung des Stiftungszweckes dienen die jährlichen Zuwendungen aus den Konzessionsabgaben der Toto-Lotto-Niedersachsen GmbH sowie die Erträge aus dem Stiftungskapital (→ Spielbanken/Lotterien).

Seit einigen Jahren entstehen nach amerikanischem Vorbild der „community foundations" zunehmend Bürgerstiftungen. Sie werden als selbstständige Stiftungen von Bürgern gegründet und haben ein breites Förderspektrum mit lokalem oder regionalem Bezug. Das Gründungskapital wird i.d.R. von Bürgern und ortsansässigen Unternehmen eingebracht. Das zu Beginn noch meist geringe Stiftungskapital wird durch Zustiftungen aufgestockt. Bürgerstiftungen sind damit ein gelungenes Beispiel für die Übernahme demokratischer Mitverantwortung und die Förderung → bürgerschaftlichen Engagements. Sie helfen vielfach dort, wo eine Unterstützung durch die Städte und Gemeinden nur eingeschränkt möglich erscheint. Die deutschlandweit erste Bürgerstiftung nach amerikanischem Modell ist die 1997 gegründete Bürgerstiftung Hannover.

In Zeiten knapper öffentlicher Haushalte werden vielfach öffentliche Institutionen in die Trägerschaft einer Stiftung überführt. In Nds. wurden Anfang des Jahres 2003 fünf → Universitäten in eine öffentlich-rechtliche Stiftung überführt. Bei diesen Modellen erhalten die Stiftungen ihre Mittel weiterhin von der öffentlichen Hand, sie sollen jedoch mithilfe der neuen Organisationsform leichter weitere Gelder von Dritten einwerben können. Solche Stiftungsformen werden als Zuwendungsstiftungen bezeichnet, da sie nicht mit einem festen Stiftungskapital arbeiten, sondern ausschließlich mit den zugewendeten Mitteln arbeiten können. Ihr Fortbestand ist eng mit der Zahlungsbereitschaft der Mittelgeber verknüpft. Sie werden daher auch als „unechte" Stiftungen bezeichnet.         *Anja Schmidt*

## Strukturpolitik

**Begriff** – Strukturpolitik ist ein Teilbereich der allgemeinen Wirtschaftspolitik. Ihre Aufgabe ist es insbesondere, wirtschaftlich schwächeren Regionen oder Wirtschaftssektoren (Industrie; Dienstleistungssektor) dabei zu helfen, Standort- oder andere Nachteile abzubauen und Anschluss an die allgemeine Wirtschaftsentwicklung zu halten. Sie stellt das Gegenstück zur → Konjunkturpolitik dar, die sich mit der aktuellen wirtschaftspolitischen Lage – mit konjunkturellen Schwankungen – befasst.

Schon die Vielfalt der unter sektoralem oder regionalem Blickwinkel zu erfassenden wirtschaftlichen Phänomene führt dazu, dass es keine eindeutige Zuordnung zu einzelnen Politikbereichen oder gar Fachressorts gibt, welche durch konkrete Maßnahmen sektorale oder regionale Strukturen beeinflussen. Vielfach haben nämlich allgemeine oder fachspezifische Maßnahmen auch regionale und sektorale Wirkungen, ohne dass diese von der → Wirtschaftspolitik primär angestrebt werden. Allgemeines Ziel aktiver Strukturpolitik ist es dagegen, Strukturen und Trends zu fördern, die im Rahmen zu beobachtender nationaler und globaler Entwicklungen die Teilhabe an Beschäftigung, Wachstum und Einkommen zu sichern versprechen. Konservierende Strukturpolitik setzt dagegen auch gegen solche Trends auf die Stützung und Erhaltung vorgefundener Strukturen – dieses i.d.R. aber unter Hinnahme volkswirtschaftlicher Kosten.

Regionale Strukturpolitik wird vielfach gleich gesetzt mit → Regionalpolitik oder regionaler Entwicklungspolitik.

Neben sektoraler Strukturpolitik (→ Industrie; → Dienstleistungssektor) sei im Folgenden noch auf jene Art von Strukturpolitik eingegangen, die sich in einem weiteren Sinne einer Verbesserung der wirtschaftlichen Rahmenbedingungen verpflichtet fühlt. Dies schließt die Beeinflussung öffentlicher und privater Infrastruktur ebenso ein wie Maßnahmen zur Qualifizierung und Innovation.

**Sektorale Strukturpolitik in Nds.** – In Kenntnis der → Wirtschaftsstruktur des Landes und langfristiger gesamtwirtschaftlicher Entwicklungstrends zielt sektorale Strukturpolitik darauf ab, Branchen zu stärken, auf die das Land bereits spezialisiert ist oder die für die künftige Entwicklung als besonders wichtig eingeschätzt werden. Auch der Abbau von erkannten Schwächen im Branchenspektrum und dessen Erweiterung kann Ziel sektoraler Strukturpolitik sein, da die Dominanz einzelner Branchen für das Land mit wirtschaftliche Risiken birgt. Anders formuliert zielt sektorale Strukturpolitik auf die bessere Ausschöpfung der wirtschaftlichen Möglichkeiten traditioneller Sektoren und den Aufbau neuer Sektoren bzw. Märkte.

Sowohl in Nds. als auch in Deutschland zeigt sich, dass der eindeutige Schwerpunkt der Erwerbstätigkeit im Dienstleistungssektor liegt, das Produzierende Gewerbe mit der Industrie nur noch etwa ein Viertel der Erwerbstätigen beschäftigt und die Bedeutung der → Landwirtschaft zwar gering ist, in Nds. gleichwohl größer als im Bundesdurchschnitt.

Die heutige Verteilung der Erwerbstätigen auf die drei Bereiche ist das Ergebnis einer langfristigen Entwicklung in der Vergangenheit, bei der sich die Bedeutung der einst dominierenden Landwirtschaft zu Lasten des wachsenden Produzierenden Gewerbes verringert

Wilhelmshaven ist der einzige Tiefwasserhafen Deutschlands. Im 19. Jh. gegründet, ist der Hafen heute spezialisiert auf das Löschen von Öltankern.

hat und letzteres wiederum seine ehemals führende Rolle an den Dienstleistungssektor abgegeben hat. Dieser langfristige Entwicklungstrend, der sich aus Veränderungen auf der Angebots- und Nachfrageseite erklärt, kann von der Strukturpolitik im Prinzip nicht umgekehrt werden.

Gleichwohl wäre es verfehlt, Strukturpolitik ausschließlich auf den Dienstleistungssektor auszurichten und dabei Landwirtschaft und Industrie auszublenden. Es gibt nämlich schrumpfende und wachsende Zweige sowohl im Dienstleistungssektor als auch in der Industrie, und es gibt speziell zwischen unternehmensbezogenen Dienstleistungen und Zweigen des Verarbeitenden Gewerbes Verflechtungsbeziehungen. Des Weiteren gewinnen sog. Querschnittsbranchen an Gewicht, die sich in der Gliederung

der amtlichen Statistik nicht direkt ablesen lassen, sondern aus Teilen von Dienstleistungen und verarbeitendem Gewerbe zusammensetzen. Genau genommen ist somit sektorale Strukturpolitik heute sowohl sektorspezifisch als auch sektorübergreifend ausgerichtet und hat damit auch Märkte im Blick. Strukturpolitik in Nds., die an sektorale Stärke anknüpft, findet diese insbesondere im Fahrzeugbau, der damit eng verbundenen Herstellung von Gummi- und Kunststoffwaren sowie in der Ernährungswirtschaft (→ Nahrungs- und Genussmittelindustrie). Im Dienstleistungsbereich hat Nds. im Vergleich zum Bundesdurchschnitt relative Stärken in → Handel und Gastgewerbe sowie im öffentlichen (Staat) und halböffentlichen Bereich (Erziehung und Unterricht, → Gesundheitswesen).

Bei Querschnittsbranchen hat Nds. Spezialisierungsvorteile in der → maritimen Wirtschaft, der Mobilitätswirtschaft, der Gesundheitswirtschaft und in der Umweltwirtschaft. Mit der Förderung der Mobilitätswirtschaft findet sich ein Beispiel für eine Politik, die an Stärken im Fahrzeugbau, speziell im Automobilbau anknüpft, mit einer Erweiterung dieses Kompetenzfeldes aber die wirtschaftlichen Risiken bei Nachfrageausfällen verkleinern will. Dieser Bereich ist im Übrigen durch die Zulieferverflechtungen im Land gewichtiger als nur der Sektor Fahrzeugbau allein.

Ähnlich wie bei den genannten Querschnittsbranchen zielt Strukturpolitik in Nds. auch auf die Förderung einer Verknüpfung von sektoralen Spezialitäten wie zwischen Landwirtschaft und Ernährungswirtschaft. Schwächen im Branchenspektrum und damit Anknüpfungspunkte für strukturpolitische Maßnahmen zeigen sich in Nds. etwa in der biotechnologischen Industrie, in der Querschnittsbranche Informationswirtschaft (→ IuK-Technik) und im Spektrum sog. wissensintensiver Dienstleistungen.

Sektorale Strukturpolitik kann unterschiedliche wirtschaftspolitische Instrumente einsetzen. Neben gesetzlichen Regelungen oder finanziellen Anreizen zur Senkung der Produktions- und Investitionskosten (sofern mit EU-Regelungen verträglich) kann das Land bei den von ihm selbst nachgefragten Gütern und Dienstleistungen Standards verlangen, die über den sog. Stand des technischen Wissens hinausgehen. Auch Maßnahmen, die der Stärkung der außenwirtschaftlichen Beziehungen dienen (Erschließung neuer Märkte, Stärkung der internationalen Wettbewerbsfähigkeit), haben letztlich strukturpolitischen Charakter. Sektorale Strukturpolitik ist aber vielfach auch Ausfluss der nachfolgend behandelten Strukturpolitik im weiteren Sinne.

Die Ansprechpartner direkter sektoraler Strukturpolitik auf Landesebene sind aufgrund der regionalen Verflechtung und der Entscheidungsstrukturen vor Ort im Wesentlichen kleine und mittlere Unternehmen (KMU) einschließlich Unternehmensgründer. Aufgrund von Zulieferverflechtungen zwischen KMU und Großunternehmen sowie deren Bedeutung in nds. Kernbranchen (wie Automobilbau oder Gummi- und Kunststoffwaren) zielt sektorale Strukturpolitik auch auf große Unternehmen. Aufgrund weltweiter Standortalternativen ist der Einfluss der Landespolitik hier allerdings begrenzt.

**Strukturpolitik des Landes im weiteren Sinne** – Zu den wichtigsten Aufgaben einer Strukturpolitik im weiteren Sinne zählen Maßnahmen zur Förderung von → Forschung und → Technologietransfer, die in erheblichem Maße strukturelle Akzente setzen. Die Landespolitik in Nds. setzt speziell auf die Förderung von Schlüssel- und Zukunftstechnologien im universitären und außeruniversitären Bereich, deren Anwendungsbereich in unterschiedlichen Sektoren liegen kann (z.B. Energieforschung, Meeres- und Umweltforschung, Biotechnologie, Lasertechnik, Verfahrens- und Produktionstechnik, Medizintechnik). Des Weiteren wird die Technologiepolitik als elementarer Bestandteil der Wirtschafts- und Industriepolitik des Landes verstanden. Sie zielt neben der Pflege der wirtschaftsnahen Forschungs- und Infrastruktur auf die Intensivierung des Transfers zwischen Forschung und Unternehmen, die Unterstützung vorwiegend mittelständischer Unternehmen bei Entwicklung und Einführung neuer Technologien und die Unterstützung technologieorientierter Unternehmensgründungen und -ansiedlungen.

Grundbedingung für die Bewältigung des innovationsorientierten Strukturwandels sind die Ausbildung und die Aufrechterhaltung eines hohen Qualifikationsniveaus der Arbeitskräfte. Maßnahmen der → Bildungspolitik, die hierauf zielen, sind daher ebenfalls wichtige Elemente einer Strukturpolitik im weiteren Sinne, die zugleich ein Instrument der aktiven → Arbeitsmarktpolitik darstellen, weil Qualifikation und deren Anpassung an ein international wettbewerbsfähiges Niveau eine gute Versicherung gegen Arbeitslosigkeit darstellen.

Ein anderer Aspekt von Strukturpolitik im weiteren Sinne ist die Sicherstellung einer Infrastruktur, die privatwirtschaftliche Aktivitäten ermöglicht bzw. diese unterstützt. Infrastrukturbestandteile sind neben den schon erwähnten Forschungs- und Ausbildungskapazitäten vor allem die in einem Flächenland wichtige → Verkehrsinfrastruktur (Küstenautobahn A 22 oder weiterer Ausbau des schienengebundenen Personennahverkehrs), Telekommunikationseinrichtungen und Gewerbeflächen, aber auch die Garantie von öffentlicher Sicherheit, nachvollziehbarem Verwaltungshandeln und Rechtssicherheit. Die Frage, welche Infrastrukturbestandteile vorrangig staatlich oder privat bereit gestellt werden, ist dabei nicht ein für alle Mal abschließend geregelt. Die Gestaltung der ordnungspolitischen Rahmenbedingungen (Agrarmarktordnung, Wettbewerbsrecht, → Umweltschutz u.a.), die in weitem Sinne ebenfalls strukturpolitische Konsequenzen haben, ist dagegen weniger Sache der Landespolitik, sondern erfolgt vorrangig auf Ebene des Bundes und der EU.

Abschließend sei hier als weit reichendes Vorhaben der geplante Tiefwasserhafen in Wilhelmshaven genannt, an dem exemplarisch die strukturpolitischen „Verzahnungen" deutlich werden. Neben der Schaffung von Arbeitsplätzen (Arbeitsmarktpolitik) wird mit der Realisierung dieses Projektes eine generelle Zunahme im Import- und Exportgeschäft angestrebt (Wirtschaftspolitik). Die Planung, gerade die neuen osteuropäischen EU-Mitgliedsländer dahingehend einzubinden, dass bisherige teure Verschiffungen über die Ostsee nun zeit- und kostengünstiger über Wilhelmshaven transportiert werden können, erfordert zu ihrer Umsetzung umfassende Maßnahmen in der Verkehrsinfrastruktur (Verkehrspolitik). Dieses Projekt des ersten Tiefwasserhafens Deutschlands impliziert dabei Entscheidungen und Maßnahmen, die weit über die nds. Landesgrenzen hinausreichen.

*Rainer Ertel*

## Technologietransfer

**Begriff** – Technologietransfer bedeutet Weitergabe von Technologien und Fachwissen an praktische Anwender; damit sind in erster Linie Forschungs- und Entwicklungsergebnisse gemeint, die in der Wirtschaft angewendet werden, z.B. neue Materialien, neuartige Produktionsprozesse, umweltschonendere Produkte oder wirksamere Medikamente. Der Technologietransfer erfolgt zwischen Wissenschaft und Wirtschaft oder zwischen einzelnen Unternehmen, sowohl innerhalb einer Region, innerhalb Deutschlands oder im internationalen Austausch.

**Verfahren** – Übergeordnetes Ziel des Technologietransfers ist es, die Wirtschaft zu stärken und neue Arbeitsplätze zu schaffen sowie die → Forschung zu fördern. Für Unternehmen stehen Lösungen von (technischen) Problemen im Vordergrund und damit die Verbesserung ihrer Wettbewerbsfähigkeit. Wissenschaftler wiederum suchen Partner aus der Wirtschaft, die Forschungs- und

Entwicklungsergebnisse praktisch erproben und anwenden. Zunehmend gehen Unternehmen strategische Partnerschaften mit Forschungseinrichtungen ein und vereinbaren frühzeitig Ziele, etwa die Entwicklung alternativer Antriebe für Automobile.

Das Land Nds. unterstützt den Prozess des Wissens- und Technologietransfers, u.a. durch finanzielle Förderung. Zudem beschreitet es neue Wege: So können sich die → Hochschulen an privatwirtschaftlichen Unternehmen beteiligen. Für die Umsetzung der Ziele gibt es ein dichtes Netz an Beratungseinrichtungen, das die Suche nach dem richtigen Kooperationspartner erleichtert. Gerade kleine und mittlere Unternehmen ohne eigene Forschungsabteilung erhalten einen schnelleren Zugang zu technischen Entwicklungen.

An allen öffentlichen Hochschulen in Nds. wurden seit Ende der 80er Jahre Technologietransferstellen eingerichtet. Sie vermitteln Kontakte zwischen Forschern und Unternehmen und fördern den Start von Kooperationsprojekten. In Broschüren, auf Messen und Veranstaltungen informieren die Transferstellen Unternehmen über Forschungsergebnisse. Unter anderem erscheint regelmäßig die Broschüre „Technologie-Informationen niedersächsischer Hochschulen" (*www.tt.uni-hannover.de*, Verzeichnis Publikationen).

Die Transferstellen unterstützen und beraten Hochschulangehörige, die ein eigenes Unternehmen gründen wollen, um ihre Entwicklungen zu vermarkten und Dienstleistungen anzubieten. Ihre Erfindungen können die Hochschulen zum Patent anmelden und so die alleinigen Nutzungsrechte sichern. Die Patentverwertungsagentur in Nds. (*www.n-transfer.de*) sorgt für die wirtschaftliche Verwertung der Erfindung, z.B. kann ein Unternehmen die Lizenz erwerben, eine Erfindung nutzen zu dürfen.

In Kompetenzzentren arbeiten Forscher aus verschiedenen Fachgebieten zusammen und in engem Kontakt zu Unternehmen. Sie konzentrieren sich auf ein Technologiefeld, z.B. wie das Kompetenzzentrum Medizintechnik, Biotechnologie, Messtechnik oder das Kompetenznetz Optische Technologien (PhotonicNet). Auch → Kammern wie die Industrie- und Handelskammer (IHK), → Verbände wie der Verein Deutscher Ingenieure (VDI) sowie → Städte und → Gemeinden fördern den Technologietransfer, informieren über kompetente Ansprechpartner und Fördermöglichkeiten. Technologie- und Innovationszentren unterstützen Existenzgründer und Unternehmen etwa mit günstigen Räumen und gemeinsam zu nutzenden Werkstätten wie im Produktionstechnischen Zentrum Hannover. Weitere Informationen und Adressen gibt es unter: *www.forschung-in-niedersachsen.de*

*Christina Amrhein*

## Terrorismus(bekämpfung)

Terrorismus (lat. terror: Schrecken) ist die auf Angst und Schrecken abzielende systematische Gewaltanwendung zur Durchsetzung extremistischer Ziele. Es gibt einerseits den Terrorismus von oben (sog. *Staatsterrorismus*), der zur Stabilisierung eines i.d.R. totalitären Herrschaftssystems eingesetzt wird (z.B. Nationalsozialismus). Andererseits will der Terrorismus von unten ein politisches System beseitigen oder mindestens destabilisieren (z.B. „RAF"). In Deutschland ist Terrorismus „eine Form des politischen → Extremismus, der die

Beseitigung des demokratischen Verfassungsstaates mittels systematischer, massiver Gewaltanwendung zum Ziel hat. Kennzeichen des Terrorismus ist eine nachhaltige Anschlagstaktik durch arbeitsteilig organisierte, grundsätzlich verdeckt operierende Gruppen" (Nds. Verfassungsschutzbericht 2002, S. 186). Der → Verfassungsschutz unterscheidet Terrorismus nach rechts- und linksextremistischen Bestrebungen sowie nach sicherheitsgefährdenden und extremistischen Bestrebungen von Ausländern.

Die Ursachen des Terrorismus in den demokratischen westeuropäischen Staaten sind weit gehend ungeklärt. Im modernen Verfassungsstaat Deutschland ist der Terrorismus bisher chancenlos geblieben. Zum einen gab es keine nennenswerte Solidarisierung relevanter Bevölkerungsgruppen mit den Terroristen, zum anderen haben sich diese durch ihre Unfähigkeit zur politischen Auseinandersetzung selbst diskreditiert. Die Terroranschläge islamistischer Extremisten in den USA vom 11.9.2001 haben die Weltsicherheitslage vom einen auf den anderen Tag nachhaltig verändert und die Verwundbarkeit offener, demokratischer Gesellschaften deutlich gemacht. In Deutschland haben die Anschläge von Madrid am 11.3.2004 aus dem gleichen Milieu wegen der räumlichen Nähe zusätzliche Betroffenheit verursacht. Die Terrorismusbekämpfung in Nds. und in den anderen Bundesländern muss deshalb besondere Aufmerksamkeit auf den islamistischen Extremismus richten.

Terrorismus ist von Professionalisierung und Rücksichtslosigkeit geprägt. Er stellt sich heute umso bedrohlicher dar, als neue Waffen und Sprengstoffe ein vergrößertes zerstörerisches Potenzial besitzen und der Zugang zu Informationen über technologische Entwicklungen bei herkömmlichen Waffen und Sprengstoffen sowie insbesondere bei chemischen, biologischen und nuklearen Waffen mithilfe des Internets immer einfacher wird. Besonders gefährlich erscheint schließlich auch, dass Terrorismus international operativ vernetzt ist. Al Qaida und andere Gruppen unterhalten in mehreren Ländern Stützpunkte oder zumindest Ruheräume.

Obwohl in Nds. bisher keine Schwerpunkte islamistischer Aktivitäten ermittelt wurden, ist dennoch das Nds. Landesamt für Verfassungsschutz personell und materiell verstärkt worden. Ferner will Nds. mit einer gemeinsamen Datei zur Beobachtung und Bekämpfung des islamistischen Extremismus und Terrorismus die deutschen Sicherheitsbehörden zur gegenseitigen Information über Mitglieder und Anhänger derartiger Bewegungen und Organisationen verpflichten. Das sieht ein Gesetzentwurf des Landes über die Errichtung einer sog. Anti-Terror-Datei beim Bundesamt für Verfassungsschutz vor.

*Martin H.W. Möllers*

## Theater

Nds. ist geprägt von einer vielfältigen und qualitativ hochwertigen Theaterlandschaft. Im Vordergrund stehen die drei Staatstheater in Braunschweig, Hannover und Oldenburg. Sie werden vom Land finanziell zu großen Teilen getragen. Daneben werden auch die beiden Landesbühnen (in Hannover und Wilhelmshaven) sowie die zahlreichen kommunalen, nichtstaatlichen und freien Theater sowie Amateur-, Freilicht- und Niederdeutsche Bühnen unterstützt. Das Programmangebot dieser Theater und Bühnen wird durch eine Reihe herausragender saisonaler Angebote – Tanz- und Theaterfestivals wie z.B. das Tanztheater International, die Theaterformen oder die Movimentos – bereichert.

**Die Staatstheater** – Dank einer speziellen historischen Konstellation hat Nds. insgesamt drei Staatstheater: in Hannover, in Oldenburg und in Braunschweig. Zu 100 % wird nur das Hannoversche Haus mit insgesamt 48 Mio. € (2003) finanziert. Das Braunschweiger Staatstheater wird zu zwei Dritteln (16,6 Mio. €) und das Oldenburgische Staatstheater zu 75 % (13,4 Mio. €) von der → Landesregierung unterstützt. Die restliche Finanzierung liegt bei den Kommunen.

Das **Staatstheater Braunschweig** kann auf eine über 300-jährige Geschichte zurückblicken. Heute kann das Vierspartenhaus sein Repertoire mit jährlich durchschnittlich 30 Premieren und einem abwechslungsreichen Konzertprogramm in drei Spielstätten anbieten: das *Große Haus* am Steinweg, das *Kleine Haus*, neu erbaut 1996, und der *Theaterspielplatz* als Kinder- und Jugendtheater im Magniviertel. Im Kleinen Haus und im Theaterspielplatz findet jedes Jahr auch die sog. „Braunschweiger Schultheaterwoche" statt, an der seit 1968 über 40 000 Schüler aus dem gesamten Regierungsbezirk teilgenommen haben. Unter dem derzeitigen Intendanten Wolfgang Gropper ist das Staatstheater Gastgeber verschiedener Festivals, z.B. des „TANZtheater INTERNATIONAL" oder der „Festlichen Tage Neuer → Musik" und seit 1996 auch der sog. *Theaterformen*, die mithilfe der Niedersachsen Stiftung aus der Taufe gehoben und u.a. mit Unterstützung der Nds. Lottostiftung gefördert werden (→ Stiftungen). Der Name ist Programm: theatrale Formenvielfalt, die für die internationale Theaterszene zurzeit charakteristisch ist. Das *Staatstheater Hannover* ist das größte Dreispartenhaus in Nds., berühmt durch sein fürs Musiktheater bedeutendes, 1984/85 renoviertes Opernhaus. Das neue *Schauspielhaus* (bis zur Zerstörung 1943 durch den Krieg spielte

man in der sog. „Schauburg") hat ein Großes Haus (Einweihung 1992) und eine weitere Bühne im historischen Ballhof mit einer zusätzlichen Experimentierbühne. Nach der Zerstörung im Krieg (1943) und Wiederaufbau (1950) wurde es aufgrund akustischer Probleme umgebaut und 1985 unter dem Intendanten Hans-Peter Lehmann wiedereröffnet.

Von 1993 bis Sommer 2000 setzte der damalige Intendant Professor Ulrich Khuon mit Uraufführungen beispielsweise von Autoren wie Dea Loher, Moritz Rinke, Friedrich Karl Waechter auch überregional bemerkenswerte Akzente. Eine Besonderheit stellt das „Theatermuseum" dar, das einzige seiner Art in Deutschland. Gegründet wurde es von Kurt Söhnlein und 1928 im Opernhaus eröffnet. Von Rudolf Schulz wurde es dann 1988 im Kröpke-Center neu eingerichtet und seit 1993 erweitert.

Das **Staatstheater Oldenburg** ist ein Dreispartentheater. Neben den Inszenierungen im Großen Haus finden seit 1998 auch Aufführungen im während der Intendanz von Prof. Stephan Mettin neugeschaffenem Kleinen Haus statt. Durch den Neubau des Kleinen Hauses fiel ein damals vorhandener Spielraum weg, den der heutige Intendant Rainer Mennicken anstatt einer alten Probebühne zusätzlich einrichtete. Hier werden vor allem Inszenierungen des Kinder- und Jugendtheaters und Late Nights eingerichtet. Zusätzlich ist dem Oldenburgischen Staatstheater die August Hinrichs Bühne angegliedert, die sich ganz der Pflege plattdeutscher → Sprache verschrieben hat.

Bereits 1938 wurde das Oldenburgische Theater als „Staatstheater" benannt. Aber erst 1948 erfolgte die Anerkennung als „Staatstheater des Bundeslandes Niedersachsen". Es verfolgt neben sorgfältiger klassischer Repertoirepflege in Oper, Operette, Musical,

Das Oldenburgische Theater ist zwar das kleinste Staatstheater Deutschlands, aber für die circa 300 000 Einwohner aus dem Einzugsgebiet von jeher ein wichtiger gesellschaftlicher Treffpunkt.

Schauspiel, Tanz und Konzert seinen Weg des Engagements auch für künstlerisch bedeutsame Avantgarde. Besonders erwähnenswert u.a. sind die unter der Intendanz von Hans Häckermann eingeführten „Internationalen Ballett Tage".

**Kommunale Theater und Landesbühnen** – Neben den drei Staatstheatern gibt es in Nds. noch weitere sieben öffentliche Theater, die vom Land mit ca. einem Drittel des Defizits gefördert werden.

Das Schlosstheater Celle, das Deutsche Theater Göttingen, die Stadttheater Hildesheim und Lüneburg, die Städtische Bühne Osnabrück sind kommunale Theater mit unterschiedlich großer Tradition. Die beiden Landesbühnen haben ihr Stammhaus in Hannover und in Wilhelmshaven und sind sog. Theater auf Rädern, weil sie die theaterlosen →

Städte in Nds. mit ihrem Repertoire bereisen. Die *Landesbühne Hannover* (Intendant Jörg Gade) hat 93 Beschäftigte (davon 43 im künstlerischen Bereich) und bespielt regelmäßig über 150 Spielstätten im Bereich zwischen Weser, Elbe, → Harz und Heide.

Die *Landesbühne Nord* (Wilhelmshaven) bespielt vor allem den nordwestlichen Teil Nds. Von Norderney über Emden, Delmenhorst, Meppen, Aurich bis nach Vechta ist der Thespiskarren unterwegs. Der Erfolg des Reisetheaters, das auch ein festes Haus in Wilhelmshaven hat, hängt von der Akzeptanz in den übrigen Spielorten ab. Über 100 000 Zuschauer hatte das Theater in der Spielzeit 2003/4. Das Repertoire weist neben Tradition auch viel Neues und viele Uraufführungen und Auftragswerke auf. Schon früh wurde engagiert sowohl für das → Senioren- aber besonders auch für das → Kinder- und Jugendtheater (unter den Intendanzen Mario Krüger und Georg Immelmann) gearbeitet.

Das *Schlosstheater Celle* ist das älteste regelmäßig bespielte Barocktheater Deutschlands. Es wurde 1674 für den Herzog Georg Wilhelm als „Theatrum" in den Nordflügel des Schlosses eingebaut und 1690 durch eine zweiten Rang vergrößert. Es ist vom Anspruch her als ein unprovinzielles Theater in der Provinz bekannt und hat eine Haupt- und eine Studiobühne, auf den jährlich etwa 300 bzw. 30 Aufführungen stattfinden.

Das *Deutsche Theater Göttingen* ist seit 1950 ein mehr oder weniger reines Schauspieltheater und steht im Ruf, eine der bedeutesten und namhaftesten Bühnen des deutschen Sprechtheaters zu sein. Vormals als städtisches Theater ein traditionelles Dreispartenhaus, begann mit der Intendanz von Heinz Hilpert (davor Nachfolger Max Reinhardts in Berlin am Deutschen Theater, an den Kammerspielen sowie am Wiener Theater in der Josephstadt) 1950/51 eine glanzvolle Epoche im Göttinger Theaterleben. Ein äußerst namhaftes Ensemble (Siegfried Breuer, Hilde Krahl, Brigitte Horney, Karl Raddatz, Angela Salocker, Karin Anselm, Günther Ungeheuer, Klaus Behrendt, Götz George) wurde von namhaften Regisseuren angeleitet und zog die künstlerische Aufmerksamkeit nach Göttingen. Das 1890 erbaute Theater ist inzwischen (1984) modernisiert worden.

Das *Stadttheater Hildesheim* ist ein Dreispartentheater mit langer Tradition. Der heutige Bau stammt aus dem Jahre 1909. Es hat heute 597 Plätze und bietet im Großen Haus und auf der Studiobühne Oper, Operette, Schauspiel, Tanztheater und Symphoniekonzerte an. Im sog. „theo" (Theater oben) und im „F1" widmet man sich zeitgenössischen Formen wie Performances, Soapoperas und der Kooperation mit freien Gruppen.

Im *Stadttheater Lüneburg* ist manches anders als anderswo. Zum einen gibt es dort das kleinste kommunale Mehrspartentheater, zum anderen wird dort nicht in einem historisch wichtigen Musentempel, sondern in einem umgebauten ehemaligen Kino gespielt. Zeitweilig war das Theater auch Sitz der Landesbühne, und sechs bis sieben Musiktheaterproduktionen (Oper, Operette, Musical und Ballett) sowie sechs Schauspielinszenierungen und ein Weihnachtsmärchen stehen jährlich auf dem Spielplan.

Die *Städtischen Bühnen Osnabrück* haben ihr Theatergebäude an Domhof. Es ist ein Dreispartentheater. 1909 entstand das schöne Jugendstilgebäude, wobei anfangs die Vorlieben des damaligen Intendanten Carl Ulrich bei den Klassikern wie z.B. Schiller und im Musiktheater bei Richard Wagners Opern lag. Später dann wurde auch ein jeweils der Zeit angepasster Spielplan erstellt. Die „Kammerspiele im Schloß" bestanden bis 1969. Dann wurde das Studio 99 in der Stadtkasse am Markt eingerichtet. Schließlich wurde der Umbau des Ernst-Moritz-Arndt-Gymnasiums zu einem Studio-, Kinder- und Jugendtheater (emmatheater) verwirklicht, das 1982 bezogen wurde. Neben dem kommunalen Theater gibt es noch eine Vielzahl von zum Teil halbsubventionierten Privattheatern und freien Theatergruppen, von denen hier nur einige genannt werden können wie z.B. das Junge Theater Göttingen, die Komödie in Braunschweig, das Neue Theater in Hannover, die Theaterwerkstatt Hannover, das rammbaff-theater Hannover, das LOT-Theater Braunschweig, das Theater Mahagoni Hildesheim sowie eine große Zahl von Figurentheatern wie zum Beispiel das Theater Fadenschein in Braunschweig oder Figurentheater Compagnie aus Wolfsburg.

Als Besonderheit sei noch erwähnt, dass in Nds. seit 1997 neben den beiden

Fächern Bildende Kunst und Musik auch das Fach Theater/Darstellendes Spiel im musischen Bereich eingeführt ist und dass man das Fachgebiet (nur in Nds.) seit 2001 auch als Lehramtsstudiengang in Braunschweig (HBK, TU), Hannover (Uni) und Hildesheim (Uni) studieren kann. *Harald Hilpert*

## Tourismus

**Begriff** – Tourismus umfasst neben den klassischen Urlaubsreisen (mindestens fünf Tage) und Kurzurlaubsreisen (mit einer Dauer von zwei bis vier Tagen) auch beruflich veranlasste Reisen, zu welchen auch Reisen zu Seminaren, Tagungen und Kongressen sowie zu → Messen und Ausstellungen zählen.

**Wirtschaftsfaktor** – Mit einem Anteil von 8 % am Bruttoinlandsprodukt ist der Tourismus für Deutschland ein bedeutender Wirtschaftsfaktor. Für Nds. betrug das Bruttoinlandsprodukt im Jahr 2002 rund 183 Mrd. €. Den durchschnittlichen Anteil von 8 % zugrunde gelegt, erwirtschaftet der Tourismus in Nds. rund 14,65 Mrd. €. Die Tourismuswirtschaft ist somit ein Schwerpunkt der nds. Dienstleistungsbranche (→ Dienstleistungen).

Die wichtigsten Anbieter im Tourismus sind das Beherbergungs- und Gaststättengewerbe, Reisemittler, Reiseveranstalter, Verkehrsunternehmen, Tourismusinstitutionen und Dienstleister aus dem Freizeit-, Kultur- und Gesundheitsbereich in den Zielgebieten. Darüber hinaus profitieren der Einzelhandel und Branchen, die Vorleistungen für Tourismusbetriebe erbringen, wie Banken, Baugewerbe etc. vom Tourismus.

Die lokalen Leistungsträger der Tourismusbranche sind standortgebunden, sodass die Arbeitsplätze nicht verlagert werden können. Die Branche ist zudem personalintensiv. So werden z.b. im nds. Gastgewerbe rund 130 000 Mitarbeiter in etwa 25 000 Betrieben beschäftigt. Außerdem stellt die Branche viele Ausbildungsplätze zur Verfügung: Im Jahr 2002 haben in Nds. Gastgewerbe 8 091 Auszubildende die Chance zum Einstieg in ihren späteren Beruf erhalten.

Die Gesamtzahl der vom Tourismus abhängigen Arbeitsplätze einschließlich Saison- und Teilzeitkräften in Deutschland beträgt 2,8 Mio. Daraus ergibt sich bundesweit ein Anteil von 8 % an den Gesamtbeschäftigten. Auf Nds. übertragen bedeutet dies, dass rund 195 000 Arbeitnehmerinnen und Arbeitnehmer unmittelbar oder mittelbar dem Tourismus zugeordnet werden können. In typischen Tourismusregionen ist der Anteil entsprechend höher.

Ein wichtiger Indikator für die Rolle des Tourismus als Wirtschaftsfaktor ist das Übernachtungsaufkommen. Auch in dieser Hinsicht kann die Tourismuswirtschaft beeindruckende Zahlen vorweisen: Über 110 Mio. Menschen (2003: 113 Mio.) aus dem In- und Ausland verbringen über 310 Mio. (2003: 315 Mio.) Nächte in den über 50 000 gewerblichen Unterkünften der BRD. Im bundesweiten Wettbewerb nimmt Nds. einen vorderen Platz ein. Hier wurden im Jahr 2003 rund 9,5 Mio. Ankünfte mit 32,3 Mio. Übernachtungen registriert. Gemessen an den Übernachtungszahlen belegte Nds. 2003 Platz 4 der meistbesuchten Bundesländer.

Der Tourismus in Nds. ist stark vom Binnentourismus geprägt. Rund 94 % der Übernachtungen werden von deutschen Gästen in Anspruch genommen. Beim Incoming-Tourismus, den Übernachtungen von Gästen aus dem Ausland, liegt Nds. im bundesweiten Vergleich daher nur auf Rang 7. Der größte Teil der ausländischen Gäste kam aus dem europäischen Ausland. Haupther-

Das Hochzeitshaus von Hameln lädt ein zu einer Reise zurück in die Epoche der Renaissance. Auf drei Etagen, die sich auf eine Fläche von 1 200 qm erstrecken, erlebt der Besucher aus der Perspektive der Einwohner Hamelns die Zeit um 1615.

kunftsländer der Gäste sind die Niederlande (rund 327 000 Übernachtungen), Dänemark (rund 163 000 Übernachtungen) sowie Großbritannien und Irland (rund 160 000 Übernachtungen). Für die Landeshauptstadt Hannover ist der Incoming-Tourismus von vergleichsweise großer Bedeutung: Von den 4,8 Mio. Übernachtungen in der Region Hannover entfallen über 12 % (600 000 Übernachtungen) auf ausländische Besucher.

Die durchschnittliche Aufenthaltsdauer der Gäste liegt über dem Bundesdurchschnitt von 3,0 Tagen, ist aber in den letzten zehn Jahren, dem allgemeinen Trend zu kürzeren Reisen folgend, von 3,8 Tagen auf 3,4 Tage gesunken.

In Nds. sind rund 6 000 statistisch erfasste Beherbergungsbetriebe (mehr als acht Betten) ansässig, in welchen über 260 000 Betten zur Verfügung stehen. Zu den gewerblichen Einrichtungen kommt eine große Anzahl privat vermieteter Ferienwohnungen und Zimmer. Zumindest saisonal werden diese noch um Stellplätze auf über 150 Campingplätzen ergänzt.

**Reiseziele** – Zu Nds. bedeutendsten Attraktionsfaktoren gehören seine vielfältigen Landschaften – von der Meeresküste bis zu den Bergen – sowie die Kultur. Hinzu kommen Unterhaltungsmöglichkeiten in Freizeit- und Erlebnisparks wie dem Heide-Park Soltau, die vor allem Familien anziehen.

Hauptreiseziel Nds. ist die Küste mit den vorgelagerten ostfriesischen Inseln. Zwischen Küste und Inseln sowie um die Inseln liegt der „Nationalpark Niedersächsisches Wattenmeer". Entlang der deutschen Nordseeküste verläuft die Ferienstraße „Grüne Küstenstraße" sowie die „Störtebekerstraße". Die Hochsaison liegt im Hochsommer, da in der Nordsee nur zwischen Juni und August

Badetemperaturen herrschen. Nichtsdestoweniger ist die Nordsee das ganze Jahr über ein reizvolles Reiseziel mit einem geschätzten Übernachtungsaufkommen von rund 23 Mio.

Der → Harz ist das nördlichste Mittelgebirge Deutschlands. Er dehnt sich über die nds. Landesgrenze auch auf das Gebiet Sachsen-Anhalts und Thüringens aus. In schneereichen Wintern wird im Harz Wintersport getrieben; im Sommer und Frühherbst ist der Naturpark Harz, der auch den Nationalpark Harz umfasst (→ Naturschutzgebiete, Nationalparks und Naturparks), besonders gut zum Wandern geeignet. Zudem liegen im Harz mittelalterliche → Städte mit Fachwerkhäusern und zahlreiche Kurorte. Daher ist der Tourismus der wichtigste Wirtschaftsfaktor im Harz.

Ein beliebtes Urlaubsreiseziel ist auch die Lüneburger Heide, Deutschlands größtes geschlossenes Heidegebiet, das durch einen Naturpark geschützt ist.

Der Städtetourismus hat sich seit einigen Jahren zu einem wichtigen Markt entwickelt. Bedeutendstes Städtereiseziel in Nds. und Mitglied der „Magic Cities Germany" ist Hannover. Im Jahr 2003 lag die durch ihre Messen bekannte Landeshauptstadt mit 1,26 Mio. Übernachtungen auf Platz 10 der meistbesuchten deutschen Städte. Weitere Städtereiseziele sind Braunschweig, das sich mit der Region für die Kulturhauptstadt 2010 bewirbt, Celle, die Rattenfängerstadt Hameln, Lüneburg sowie Oldenburg und Wilhemshaven.

Im Urlaubssegment Gesundheit und Wellness sind seit Jahren starke Zuwächse zu verzeichnen. In Nds. gibt es 40 Gemeinden oder Gemeindeteile, die als Heilbad oder Kurort anerkannt sind. Aber auch einzelne Hotels und sonstige Urlaubsorte bieten entsprechende Pauschalen und Programme an.

*Carmen Kissling*

# Umwelt- und Naturschutz

**Grundlagen** – Umweltschutz befasst sich mit der Reinhaltung und Sanierung von Boden, Wasser und Luft, Naturschutz mit der Bewahrung von Natur und Landschaft sowie der Erhaltung der Artenvielfalt von Lebewesen und Pflanzen (Biodiversität).

In Nds. sind die Probleme von Umwelt- und Naturschutz besonders vielfältig. In dem Bundesland, dem einzigen, das vom Meer bis zum Gebirge reicht, gibt es besonders viele der für Mitteleuropa typischen Landschaften: Lössregionen (→ Lössbörden), von eiszeitlichen Gletschern geprägte Gebiete, Bergländer wie den → Harz und das Wesergebirge, Gebirgsbäche und die Tieflandsflüsse Elbe, Weser und Ems mit deren Mündungen in die Nordsee, ursprünglich ausgedehnte Moore, Wattflächen, große und kleine Binnenseen. Nds. ist ein sehr vielgestaltiges Agrarland. Es umfasst auch wichtige Abbaugebiete von Rohstoffen sowie alte und neue Industriegebiete.

**Agrarische Nutzung der Umwelt** – Die agrarische Nutzung setzte, ausgehend von den Lössregionen, vor etwa 7000 Jahren ein. Wälder wurden gerodet, Äcker und Weideflächen wurden geschaffen. Im 18. und 19. Jh. begann eine umfassende Neugestaltung des Landes (Verkoppelung, Flurbereinigung, Intensivierung).

In Nds. liegen auch heute noch sehr wichtige Agrarregionen. Im Westen wird besonders intensive Viehhaltung betrieben. Die Börden am Nordrand der Mittelgebirge sind exzellente Anbaugebiete für Weizen und Zuckerrüben. Das Alte Land an der Elbe ist ein bedeutendes Obstbaugebiet. Intensive → Landwirtschaft bemüht sich um eine kostendeckende Ökonomie, kann aber Umweltprobleme verursachen. Die Viehhaltung (Rinder, Schweine, Geflügel) kann zu Verunreinigungen der Luft, des Wassers und des Bodens führen (Einleitungen von Nitrat und Phosphat in das Grundwasser). Nitrat stammt aber nicht nur aus Gülle, sondern wird auch von Bakterien, die in Gewässern und Erlenbruchwäldern vorkommen, aus Luftstickstoff produziert. Inwieweit natürliche Ursachen zur Nitratbelastung der Gewässer beitragen, ist noch zu wenig bekannt. In den Viehhaltungsgebieten wird viel Futtermais angebaut. Der Boden wird tief gepflügt und gelockert, der Mais beginnt später mit seinem Wachstum als andere Feldfrüchte; besonders bei Starkregen im Frühsommer kann von leichten Böden in Hanglagen die Bodenkrume abgeschwemmt werden.

Je mehr Wälder abgeholzt sind, desto ungleichmäßiger und schneller fließt Wasser ab, und desto höher fallen Hochwasserspitzen sowie die Bodenerosion aus. Der Wurzelbereich der Bäume und die Moosschichten am Boden halten Wasser zurück und geben dies nach Niederschlägen erst allmählich in die Gewässer ab. Dieser natürliche Speicher wird durch Rodung vernichtet. Zusätzlich fördern Flussbegradigungen und -kanalisierungen sowie die damit verbundene Auflösung natürlicher Überschwemmungsgebiete die Gefahren von stärkeren Hochwassern.

Besonders aufwendig ist Hochwasserschutz an den Küsten. Deiche müssen unterhalten werden, um Überflutungen der landwirtschaftlich intensiv genutzten Marsch zu verhindern. Wasser muss aus dem Land hinter dem Deich abgepumpt werden. Probleme bestehen durch die Sackung des Landes nach Austrocknung. Man befürchtet, auch als mögliche Folge der weltweiten Klimaerwärmung, dass die Sturmfluten höher werden. Der Küstenschutz spielt aufgrund Nds. geografischer Lage eine wichtige Rolle.

Ein weiteres Feld des Umweltschutzes stellt die gesamte Landwirtschaft dar. Hier spielen neben den schon erwähnten Problemen vor allem Fragen der Düngung eine wichtige Rolle. Gerade auch aus ökonomischen Gesichtspunkten sollte die landwirtschaftliche Nutzung ein vertretbares Maß zwischen Wirtschaftlichkeit (Kosten/Ertrag) und umweltschonender Anwendung aufweisen. Bei der Art und dem Umfang der Bodennutzung sowie dem Einsatz von Düngemitteln müssen vom jeweiligen Landwirt nicht nur landespolitische, sondern auch bundes- und vor allem auch EU-politische Auflagen erfüllt werden. Für eine umweltgerechte Agrarbewirtschaftung gibt es Förderprogramme des Umweltministeriums (PROLAND Niedersachsen).

**Rohstoffabbau** – Zahlreiche Umweltprobleme, die mit dem Abbau von Rohstoffen zusammenhängen, haben in Nds. ebenfalls eine lange Geschichte. Seit Jahrhunderten werden im Harz Erze abgebaut und geschmolzen; in den Schmelzöfen verfeuerte man Holz aus den weiträumig abgeholzten Harzwäldern. Schwermetalle gelangten in die Fließgewässer (Innerste, Oker) und vergifteten die Weideflächen. Eine umfassende Sanierung der dortigen Böden scheint zu kosten- und materialaufwendig. Darüber hinaus wird die dortige Schwermetallflora mit sehr seltenen Pflanzenarten heute besonders geschützt.

Nds. ist eines der Gebiete in Mitteleuropa, von dem aus die moderne Industrialisierung ihren Ausgang nahm. Der im 19. Jh. intensivierte Bergbau und die vielen Industriebetriebe, die seitdem entstanden, riefen vielfältige Umweltprobleme hervor. Man denke nur an Ölraffinerien, chemische Industrie oder die Stahlwerke. Weit zurück reicht der Salzabbau, etwa in Lüneburg. Die Erbschaft dieser Tätigkeit sind die weithin sichtbaren weißen Abraumhalden der Kalibergwerke. Durch Auswaschungen können die Rückstände in Gewässer gelangen, eine Gefahr, der durch aufwendige Schutzmaßnahmen wie Auffang- oder Klärbecken und Drainagesysteme entgegengearbeitet wird.

Zu den modernen Industrieanlagen zählen die zahlreichen Windkrafträder, mit denen erneuerbare Energie gewonnen wird. Seit 1990 erforscht in Nds. das Deutsche Windenergie-Institut (DEWI) die Nutzung von Windenergie. Aktuell werden vor allem Pläne zur Errichtung sog. Offshore-Windparks ausgearbeitet. Gegenüber der Windkraftnutzung finden sich allerdings auch Gegner, die Bedenken einer Gefährdung von Zugvögeln, Vorwürfe der „Lärmbelästigung" oder der Zerstörung des Landschaftsbildes vorbringen.

**Industrieanlagen** – In neuerer Zeit bekamen zwei Industrieanlagen in Nds. Symbolwert für den Umweltschutz. Das Gelände am Salzstock von Gorleben im Wendland wurde zum Zwischenlager für radioaktive Abfälle. Abgebrannte Brennstäbe aus Kernkraftwerken werden nach Gorleben gebracht; bei Transporten der radioaktiven Abfälle in den „Castor" genannten Spezialcontainern kommt es zu Demonstrationen von Atomkraftgegnern und der dort lebenden Bürger. Gopland ist ein Endlager für radioaktive Abfälle mit vernachlässigbarer Wärmeentwicklung im Schacht Konrad in Salzgitter. Das Problem der Endlagerung (oder besser der Wiederaufbereitung) radioaktiver Abfälle ist noch immer ungelöst.

Das Kohlekraftwerk Buschhaus bei Helmstedt wurde nach massivem Druck von Umweltschützern mit einer modernen Anlage zur Rauchgasentschwefelung nachgerüstet. Die im Kraftwerk verheizte Braunkohle hat einen hohen Schwefelanteil, der als Schwefeldioxid freigesetzt wird und als Schwefelsäureverbindung neben Stickoxiden bzw. entstehender Salpetersäure als wesentlichste Komponente von saurem Regen anzusehen ist. Saurer Regen galt zeitweise als alleiniger Verursacher der sog. neuartigen Waldschäden. Im Harz nahm das Waldsterben katastrophale Ausmaße an. Doch heute ist klar, dass saurer Regen nicht als alleinige Ursache des Waldsterbens anzusehen ist. Die abgestorbenen Fichten hatte man auf Flächen gepflanzt, die zuvor für den Bergbau abgeholzt worden waren. Die Böden waren verarmt. In saurem Bodenmilieu wurden die wichtigen Mineralstoffe Kalium und Magnesium kaum noch freigesetzt, stattdessen aber Aluminium, ein für Pflanzen tödliches Gift. Zur Übersäuerung des Bodens trug auch die saure Nadelstreu bei. Die flachen Fichtenwurzeln (Wurzelteller) hatten sich nicht optimal im Boden verankert. Schäden durch Windbruch nahmen zu. Die geschwächten Bäume wurden zusätzlich von Borkenkäfern befallen. An der Problematik des sog. Waldsterbens wird die Komplexität von Umwelteinflüssen, den vielschichtigen Wechselwirkungen und Ursachen deutlich.

Einige Regionen Nds. entwickelten sich unter dem Einfluss der Industrialisierung und durch Intensivierung der Landwirtschaft besonders schnell. Nach fast einem Jahrhundert wirtschaftlicher Produktion verharren einige alte industrielle Kerne nun in Problemen des → Strukturwandels. Dort stehen massive Altlastensanierungen an. Zahlreiche Böden sind mit diversen Abfällen kontaminiert. Alte Industrieanlagen müssen abgerissen werden. Besonders augenfällig sind diese Probleme im Harz und im Harz-Vorland.

**Altlasten** – Altlastensanierung vielfältiger Art ist heute ebenso in weiten Hei-

Disziplinlosigkeit der Bürger stellt den Umweltschutz vor zusätzliche Probleme: „Wildes" Abladen von Müll steht unter Strafe.

delandschaften notwendig, denn sie wurden jahrzehntelang als Truppenübungsplätze genutzt. Riesige Militärflächen wurden in den letzten Jahren aufgegeben, müssen nun saniert, die Böden etwa von Sprengstoffresten gereinigt und einer neuen Nutzung zugeführt werden. Bereits am Ende des 19. Jh., vor allem aber im frühen 20. Jh., entwickelte sich in Nds. eine besonders starke Gegenbewegung zur „unkontrollierten" Industrialisierung sowie zur Intensivierung der Landwirtschaft. Vor den Toren der Großstädte entdeckte man die „Natur", worunter man Gebiete verstand, die frei von Industrie und moderner Land- und Forstwirtschaft waren. Gebiete, die nicht nur in Nds., sondern weit über die Grenzen des Bundeslandes hinaus Symbolwert für den Naturschutz bekamen, sind die Moore bei Bremen, vor allem das

Teufelsmoor bei Worpswede, die Lüneburger Heide rings um den Wilseder Berg und die alten Wälder im Oldenburger Land, der Hasbruch bei Hude, der Neuenburger Urwald (Friesische Wehde) bei Varel und der Baumweg bei Ahlhorn. Für diese Gebiete wurden schon frühzeitig Schutzverordnungen erlassen. Praxis des Naturschutzes ist es meist, die Schutzgebiete sich nicht selbst zu überlassen, sondern sie in einer Weise zu pflegen, die ihren Zustand erhält. Die Erscheinungsbilder von Natur, die geschützt werden sollen, müssen klar anhand von Leitbildern und Pflegeplänen definiert werden (→ Naturschutzgebiete, Nationalparks und Naturparks).

**Landschaft** – Der Schutz des „Markenzeichens" Landschaft ist in intensiv genutzten Gebieten genauso notwendig wie in benachteiligten Regionen. Die Identität der Landschaft ist einerseits von der Intensivierung der Nutzung, andererseits von der natürlichen Sukzession bedroht (z.B. Ausbreitung von Wald auf ehemaligen Heideflächen). Strukturpolitische Entscheidungen betreffen dabei auch Fragen des Tourismus und der Schaffung von Naherholungsgebieten.

Mit dem Ausbau der Regionen für touristische Zwecke treten allerdings wiederum neue Schwierigkeiten auf. In touristischen Zentren (vor allem auf den Ostfriesischen Inseln) ist etwa die Trinkwasserversorgung sicherzustellen (Süßwasser wird in den Dünen gespeichert, wird ihnen aber zu viel Wasser entzogen, dringt Salzwasser nach und macht die Trinkwasserquellen unbrauchbar). Fragen der Bebauung und der Müllentsorgung stellen manche Tourismusprojekte vor teuere und weit reichende Probleme.

**Umweltschutz durch Organisationen** – Umwelt- und Naturschutz wird politisch auf verschiedensten gesellschaftlichen Ebenen praktiziert und organisiert. In Nds. finden sich neben den bekannten bundesweit agierenden Organisationen, wie etwa NABU, BUND oder Greenpeace, auch etliche kommunale bzw. regionale → Vereine und → Bürgerinitiativen, die sich mit aktuellen Umweltfragen „vor Ort" beschäftigen. Viele Vereine sind Mitglied im Nds. Heimatbund, der als Dachverband die Kontakte zwischen Laien, Vereinen und der Landesregierung herstellt. Der Heimatbund gibt jedes Jahr eine Rote Mappe heraus, in der auf Missstände im Land – vor allem auch in Umweltfragen – hingewiesen wird. Die Rote Mappe ist ein sehr wirksames Instrument der direkten Demokratie und eine Besonderheit Nds. Sie wird von der Landesregierung mit einer Weißen Mappe – also der Behebung der Missstände – beantwortet.

Aber auch die → Landesregierung engagiert sich in der Umsetzung eines breiten Spektrums von Umwelt- und Naturschutzfragen, sei es im Klimaschutz (Kyoto-Protokoll), dem geplanten Emissionshandel oder mit grundsätzlichen Ansätzen zur nachhaltigen Entwicklung (Agenda 21, UN-Konferenz in Rio de Janeiro 1992).

Mit der Agenda 21 soll ein Aktionsplan für konkrete Handlungsaufträge und Lösungen entwickelt und umgesetzt werden. Seit 1996 findet dazu ein regelmäßiger Austausch in interministeriellen Arbeitkreisen und an dem Runden Tisch statt, an dem einerseits die Landesregierung, andererseits verschiedenste gesellschaftliche Gruppen und Organisationen sitzen. *Hansjörg Küster*

## Universität / Hochschule / Fachhochschule

In Nds. gibt es 2004 eine Vielzahl von Hochschulen unterschiedlicher Art:
– 6 Universitäten,
– 2 Technische Universitäten,
– 2 Künstlerische Hochschulen,
– 1 Medizinische Hochschule,
– 1 Tierärztliche Hochschule,
– 1 Hochschule (Vechta),
– 6 staatliche Fachhochschulen,
– 1 Fachhochschule für Verwaltung und Rechtspflege,
– 7 private, staatlich anerkannte Fachhochschulen.

**Entwicklung bis zur Hochschulexpansion** – Diese Vielzahl und das Spektrum sind allerdings erst in den letzten 30 Jahren entstanden. Eine richtig traditionsreiche, „alte" Universität ist nur die 1737 gegründete Georg-August-Universität Göttingen, die sich deswegen auch „Landesuniversität" nannte. Sie trägt einen „Gründernamen", wie man es von vielen anderen Traditionsuniversitäten in Deutschland kennt. Sie geht aber – anders als das kleinstaatlich geprägte Universitätswesen, das sich im 15. und 16. Jh. aus dem Interesse der Landesherren entwickelte und dessen vornehmliche Aufgabe die Ausbildung von Staats- und Kirchendienern war – auf die Zeit des aufklärerischen Aufbruchs im 18. Jh. zurück. Göttingen ist auch insoweit die „klassische" Universität Nds., als hier neben den weltbekannten Naturwissenschaften in der Philosophischen Fakultät ein breites geisteswissenschaftliches Fächerspektrum angeboten wird, wie es sich an den anderen nds. Universitäten nicht findet. Die drei anderen auf das 19. Jh. zurückgehenden Universitäten sind ursprünglich rein technisch geprägt: die TU Carolo-Wilhelmina Braunschweig, die Universität Hannover, die bis 1978 noch „Technische Universität" hieß, und die Technische Universität Clausthal.

Wie überall in Deutschland standen auch die Universitäten in Nds. nach dem Ende des Zweiten Weltkrieges vor der Aufgabe des Neuanfangs und Wiederaufbaus. Es kam aber nicht zu einem merklichen Strukturwandel oder Personalaustausch.

Besonders wichtig waren Lehrer, die wegen der Kriegsverluste fehlten. Darum wurden bereits 1946 Pädagogische Hochschulen (PHs) in Hannover, Braunschweig, Alfeld, Göttingen, Lüneburg und Celle eröffnet, 1953 kamen noch Osnabrück und Vechta und eine eigene PH für Gewerbelehrer in Wilhelmshaven hinzu. Die langjährigen Bemühungen um eine Gleichstellung mit den Universitäten konnten 1969 durch die Zusammenfassung aller PHs in einer Pädagogischen Hochschule Niedersachsen (PHN) eingeleitet und 1978 mit der

Integration der einzelnen PH-Standorte in die Universitäten abgeschlossen werden. Dies war auch möglich, weil zu Beginn der 70er Jahre neue Universitäten gegründet worden waren – als sichtbares Zeichen der in Gang gekommenen Hochschulexpansion.

**Hochschulexpansion: Universitätsausbau und Neugründungen, Fachhochschulen** – Denn auch das Hochschulsystem in Nds. folgte dem bundesweiten Trend der 60er Jahre zum Ausbau der Bildungsinstitutionen, da man in der Bildung einen Produktionsfaktor und damit eine entscheidende Determinante des Wirtschaftswachstums sah. Damit einher ging die Forderung nach Bildungschancen für breitere Schichten der Bevölkerung, aus denen auch eine entsprechende Nachfrage kam. Nicht zuletzt die sprunghaft steigende Zahl von Hochschulberechtigten machte die Ausweitung des Angebots an Hochschulausbildung nötig. Dies wurde einerseits durch Neugründungen von Universitäten und Hochschulen sowie die Erhöhung der Studienplätze über Personaleinstellungen an den vorhandenen erreicht, andererseits durch die Einbeziehung von Bildungsangeboten, die bis dahin nicht zum Hochschulbereich zählten, besonders der Ingenieur- und Höheren Fachschulen.

In Nds. wurden die PH-Standorte Oldenburg (1973) und Osnabrück (1974) zu Universitäten ausgebaut, indem das vorhandene Fächerspektrum aus der Lehrerausbildung um die universitären Abschlüsse Magister und Diplom erweitert, die Fächer zu forschungsfähigen Einheiten ausgebaut und nach und nach neue Fachrichtungen wie Wirtschafts- und Sozialwissenschaften eingeführt wurden. Während die PH Vechta in diesem Prozess als Teil der Universität Osnabrück angegliedert wurde, blieben die Standorte Lüneburg und Hildesheim selbstständig, wurden um einige Studienangebote erweitert und zu „Hochschulen" ernannt.

Fast einer Neugründung gleich kam die Erweiterung der damaligen Technischen Universität Hannover, die seit 1969 systematisch um die Geistes- und Sozialwissenschaften und 1973 um Wirtschafts- und Rechtswissenschaften erweitert wurde. Die Landeshauptstadt verfügt mit der *Medizinischen Hochschule* (MHH), der traditionsreichen *Tierärztlichen Hochschule* (TiHo) (seit 1887 Hochschule, mit Promotions- und Habilitationsrecht Universitätsstatus), der *Hochschule für Musik und Theater* (HMTH), die 1973 den Universitätsstatus erhielt, und *zwei Fachhochschulen* über ein breites Angebot im Hochschulbereich.

Die Hochschulexpansion wurde schließlich auch durch die Einführung des neuen Typus der *Fachhochschule* erreicht, indem Bildungsinstitutionen aufgewertet wurden, die bis dahin zum berufsbildenden Sekundarbereich gehörten: Ingenieurschulen und höhere Fachschulen für Wirtschaft, Sozialpädagogik, Gestaltung und Landwirtschaft. Entsprechend sind im Gegensatz zu den Universitäten, deren Merkmal gerade die Vielfalt ist, einzelne Fächer oder Fächergruppen vertreten, vor allem Ingenieurwissenschaften (Maschinenbau, Elektrotechnik, Architektur), Wirtschaftswissenschaften und Sozialwesen. Die Professorinnen und Professoren genießen die akademischen Privilegien nicht in vollem Umfang, haben eine höhere Lehrverpflichtung und müssen Praxiserfahrung haben. Die Forschung ist anwendungsbezogen und regional orientiert. Das Studium an Fachhochschulen unterscheidet sich vom Universitätsstudium durch seinen besonderen Praxisbezug, der über hohe Praxisanteile der Ausbildung und die Einbindung in die regionale → Wirtschafts- und Beschäfti-

gungsstruktur erreicht wird, durch kürzere Studienzeiten (3 – 4 Jahre) und eine straffere Studienorganisation. Die Ausbildungen werden mit einem Diplom abgeschlossen, das zur Unterscheidung von dem der Universitäten den Zusatz FH bekommt.

Die Entstehungsgeschichte der Fachhochschulen hat dazu geführt, dass die Fachhochschulen in Nds. zum Teil mehrere Standorte haben. 2004 sind es die Fachhochschulen Braunschweig/Wolfenbüttel (Sitz: Wolfenbüttel), Hannover, Hildesheim/Holzminden/Göttingen (Sitz: Hildesheim), Nordostnds. (Sitz: Lüneburg), Oldenburg/Ostfriesland/Wilhelmshaven (Sitz: Emden), Osnabrück.

Sieben Ausbildungseinrichtungen privater Träger sind ebenfalls zu Fachhochschulen ausgebaut worden und haben für ihre Abschlüsse die staatliche Anerkennung erreicht: Evangelische FHS Hannover, Katholische FHS Norddeutschland, FHS Ottersberg, Private FHS Göttingen, FHS für die Wirtschaft Hannover, Privater FHS für Wirtschaft und Technik Vechta/Diepholz und die FHS im Deutschen Roten Kreuz Göttingen.

**Reformen an Strukturen und Studiengängen** – Die Studenten- und Assistentenbewegung Ende der 60er Jahre hatte die überholten Strukturen der Universität als „Ordinarienuniversität" angeprangert. Die Modernisierung sollte über eine Studien- und eine Strukturreform erreicht werden. Als Struktur wurde die „Gruppenuniversität" gefordert, die Mitbestimmung der Nicht-Professorengruppen (Wiss. Mitarbeiterinnen und Mitarbeiter, Studierende, Technik- und Verwaltungsbedienstete). Hierbei übernahm Nds. eine Vorreiterrolle durch das sog. „Vorschaltgesetz" (1973), in dem im Vorgriff auf ein Rahmengesetz des Bundes schon einmal die internen Entscheidungsstrukturen in den Selbstverwaltungsgremien Beteiligung der genannten Gruppen neu gestaltet wurden. Die heftigen politischen Kontroversen, die dieses Vorgehen auslöste, gipfelten in einer Verfassungsklage von Professoren, die sich in ihren grundgesetzlichen Rechten (Art. 5 GG) beeinträchtigt sahen. Das Bundesverfassungsgericht gab den Klägern insofern Recht, als es den entscheidenden Einfluss der Professorengruppe in allen Fragen von Lehre und Forschung forderte, andererseits aber das Prinzip der Gruppenuniversität ausdrücklich für verfassungskonform erklärte. So berücksichtigte das erste HRG die Erfahrungen aus Nds. bereits und regelte die Beteiligungsrechte der Gruppen in den Selbstverwaltungsgremien, wie sie dann im ersten Nds. Hochschulgesetz (NHG) 1978 ihren Niederschlag fanden.

Die Studienreform bestand einmal im Ausbau des Studienangebots rein quantitativ durch die Schaffung von zahlreichen neuen Stellen und die Einführung von Magisterstudiengängen, zum andern in ersten Bemühungen um eine Verbesserung der Lehre (Hochschuldidaktik) und eine Strukturierung der Studiengänge. Die Zahl von Studierenden in Nds. stieg von 90 000 1980 auf 160 000 1995. Diese Entwicklung widersprach den Erwartungen, die die → Bildungspolitik noch Ende der 70er Jahre hatte, als man von einem demografisch bedingten Rückgang der Studierendenzahlen in den 90er Jahren ausging und deswegen beschlossen hatte, den „Studentenberg" der 80er Jahre zu „untertunneln", also die Hochschulen nicht entsprechend den nachgefragten Studienplätzen auszustatten, vielmehr vom vorhandenen Personal zu erwarten, für eine Weile die „Überlast" zu bewältigen. Somit bestimmt seit der Hochschulexpansion Anfang der 70er Jahre die „Massenuniversität" das Bild vom Studium, das von schlechten Arbeitsbedingungen und ungünstiger Betreuungssituation geprägt ist.

Erst der Bologna-Beschluss 1999 der meisten europäischen Länder, europaweit das sukzessive Bachelor- und Master-System einzuführen, hat in den letzten Jahren zu einer wirklichen Veränderung in den Studienstrukturen an deutschen Hochschulen geführt und wird sich allem Anschein nach als Modell durchsetzen. In Nds. werden zunehmend solche Studiengänge eingeführt, auch für das Lehramtsstudium. Vor allem in den Geistes- und Sozialwissenschaften ist mit einer bis jetzt unbekannten Strukturierung des Studiums durch Module zu rechnen, wovon man sich ein zielgerichteteres Studieren mit geringerer Gefahr des Abbruchs oder der Verlängerung verspricht. Da das anschließende Masterstudium jedoch nur für einen Teil der Bachelorabsolventen vorgesehen ist, wird es zu einer anderen Struktur der Hochschulqualifikation kommen, die für die Mehrheit der Absolventen nur eine reduzierte wissenschaftliche Qualifikation, verbunden allerdings mit überfachlichen Schlüsselqualifikationen vorsieht. Wie sich dies im Beschäftigungssystem umsetzen lassen wird, ist sehr unklar.

Mit der Einführung der neuen Studienstruktur ist zugleich ein Wandel im Verhältnis von Staat und Hochschulen verbunden. Wurden Studiengänge und Prüfungsordnungen bisher letztlich von der Ministerialbürokratie entschieden, die auch für die Vergleichbarkeit innerhalb Deutschlands zu sorgen hatten, so werden die neuen Bachelor- und Masterstudiengänge durch Akkreditierungsagenturen auf ihre Standards hin überprüft und zugelassen und regelmäßig re-akkreditiert. Damit folgt man internationalen Verfahren der Qualitätssicherung. Diese Entwicklung ist Teil eines Paradigmenwechsels im Verhältnis von Staat und Hochschulen, der sich seit Beginn der 90er Jahre langsam durchgesetzt hat. Die Hochschulen sollen mit größerer Entscheidungsfreiheit auch mehr Verantwortung für den „Erfolg" ihrer Aufgaben in Forschung und Lehre bekommen und übernehmen. Ausgangspunkt waren die Bemühungen zur Verbesserung der Qualität der Lehre. Hierbei orientierte man sich an den Niederlanden, die ihr Hochschulsystem schon eher auf Qualitätskontrolle umgestellt und in diesem Zusammenhang Verfahren der Lehrevaluation entwickelt hatten, die nun auch in der BRD erprobt wurden. Nds. war neben NRW besonders aktiv in der Etablierung solcher Maßnahmen und führte als erstes Bundesland die regelmäßige Lehrevaluation für alle Hochschulen ein. Hierzu wurde die Zentrale Evaluationsagentur (ZEvA) mit Sitz in Hannover gegründet, die seitdem in fünfjährigem Abstand landesweit die Fächer durch Fachvertreter von außerhalb Nds. evaluieren lässt, die Empfehlungen zur Verbesserung der Lehrqualität geben. Ähnlich versucht das Wissenschaftsministerium seine Hochschulpolitik durch eine „Wissenschaftliche Kommission" zu unterstützen, die bei allen Strukturentscheidungen und bei der Forschungsförderung Gutachten erstellt. Allerdings spielen bei den Strukturentscheidungen letztlich andere Einflüsse die größte Rolle. So ist entgegen den Empfehlungen verschiedener Gutachten die Hochschule Vechta aufgrund des Konkordats mit dem Vatikan nicht aufgehoben worden und besteht jetzt als eigenständige Hochschule; die Hochschulen Lüneburg und Hildesheim sind zu Universitäten aufgewertet worden; die Lehrerausbildung für Grund-, Haupt- und Realschullehrer ist von Hannover nach Hildesheim verlagert worden.

Die aber wohl einschneidendste Veränderung ist die Entlassung der Hochschulen aus der Detailsteuerung durch

Jahreshaushalte mit kameralistischer Buchführung und die Einführung von *Globalhaushalten*. Von diesem neuen Steuerungsmodell erhofft man sich Effektivitäts- und Effizienzgewinne und mehr Flexibilität im Mitteleinsatz, allerdings sicher auch eine Vermeidung weiterer Ansprüche und leichtere Umsetzung von Sparbeschlüssen. Leistungsanreize sollen in diesem Modell durch Ziel- und Leistungsvereinbarungen erreicht werden. Nach einigen Jahren der Erprobung des Globalhaushalts an ausgewählten Hochschulen ist der Globalhaushalt mit dem NHG von 2002 für alle Hochschulen eingeführt worden.

Dieses Hochschulgesetz hat darüber hinaus eine Vorreiterrolle bei einschneidenden Veränderungen in der Rechtsform und der inneren Organisation der Hochschulen übernommen. Das traditionelle Selbstverwaltungssystem ist durch ein stärker hierarchisch strukturiertes ersetzt worden, in dem Hochschul- und Fakultätsleitungen exekutive Macht bekommen haben, die Gremien auf Kontrollfunktionen reduziert sind. Aber besonders bemerkenswert am NHG von 2002 ist die Einführung eines gänzlich neuen Strukturmodells für Hochschulen in Deutschland: die *Stiftungshochschule*. Damit wird die wirtschaftliche Verselbstständigung durch die rechtliche ergänzt, orientiert an staatsferneren Hochschulsystemen wie den angelsächsischen und mit dem Ziel, die gesellschaftliche Verantwortung für diese Einrichtungen im Sinne der Zivilgesellschaft zu erweitern, bis hin zur Mobilisierung von Privatmitteln. Zurzeit (2003) haben sich die Universitäten Göttingen, Hildesheim und Lüneburg, die Tierärztliche Hochschule Hannover und die FHS Osnabrück für dieses Modell entschieden. Seine Weiterentwicklung wird sicher bundesweit mit Interesse beobachtet werden.

Aktuelle und studienbezogene Informationen finden sich unter www.studieren-in-niedersachsen.de.

*Martin Lähnemann*

## Verbände

**Begriff** – Der Begriff „Verband" bezieht sich auf eine spezielle Form organisierter Interessen. Mitunter wird der Begriff auch als Synonym für Interessenorganisationen allgemein gebraucht. Verbände werden angesehen als (zumeist) auf freiwilliger Mitgliedschaft basierende (Abgrenzung zu → Kammern), nicht primär Gewinn orientiert ausgerichtete (Abgrenzung zu Wirtschaftsunternehmen) und nichtverfasste (Abgrenzung zu staatlichen Einrichtungen), relativ dauerhafte Organisationsgebilde (Abgrenzung zu informellen Gruppen). Interessenvermittlung, Kommunikation und Koordination sowie Dienstleistungserstellung sind häufig von Verbänden wahrgenommene Funktionen.

Sozialwissenschaftliche Verbandsdefinitionen betonen Überörtlichkeit, Mitgliederprinzip und Außenorientierung (politische Vertretung) als die Merkmale, die Verbände von anderen Formen organisierter Interessen wie z.B. Vereinen (→ Vereine) abgrenzen.

Die Verbändelandschaft in den Bundesländern und die Rolle von Verbänden in der Landespolitik ist erstaunlicherweise bis heute nur selten wissenschaftlich untersucht worden. Wenn zum Thema organisierte Interessen in Deutschland geforscht worden ist, dann standen meist die Bundesorganisationen im Vordergrund. Dabei sind Landesverbände historisch betrachtet vor den Bundesorganisationen entstanden. Die unterschiedlichen Politikebenen von Bund und Ländern (und zunehmend die

EU) stellen durchaus unterschiedliche Handlungsanforderungen an Verbände.

Die bisher einzige Bestandsaufnahme erbrachte auf der Basis des „Staatshandbuches, Teilausgabe Verbände" folgendes Bild: Es gab Ende der 80er Jahre in Westdeutschland mindestens 2 000 organisatorisch selbstständige, bundesweit tätige Verbände. Unter den Verbänden mit einem bundesweiten Aktionsradius hatten knapp 30 % eine territoriale Binnengliederung. Verbände mit territorialer Gliederung verfügen über Landes-, Regional- oder Bezirksverbände, deren Grenzen oft annähernd dem föderal-politischen Staatsaufbau entsprechen.

**Handlungsfelder** – Bei einer sehr eng gefassten Definition von Verbänden, also Kammern, Innungen, Parteien, Vereine, → Bürgerinitiativen und → Stiftungen nicht berücksichtigend, lassen sich für Nds. über 500 Landesverbände ermitteln. Interessengruppen können nach den Handlungsfeldern, auf denen sie primär aktiv sind, unterschieden werden. Mehr als die Hälfte der nds. Landesorganisationen ist dem Bereich Wirtschaft und Arbeit zuzurechnen. Hier sind → Gewerkschaften, → Arbeitgeber- und Unternehmensverbände, Berufs- und Verbraucherverbände zu finden. Dieser Bereich hat einen traditionell hohen Anteil an der Gesamtheit der Interessengruppen. Die Wohlfahrts-, Sozialanspruchs-, Familien- und Seniorenverbände sind im Sektor Soziales Leben und Gesundheit zusammengefasst. Hier war immerhin noch fast jeder fünfte Verband zu finden. Dicht dahinter folgen Organisationen, die dem Bereich → Freizeit und Erholung zugeordnet werden können. Ein Großteil entfällt hier auf Sport-, Kleingärtner- und Naturnutzerverbände, aber auch Verbände für Heimatpflege, Brauchtum und Geschichte. Den gesellschaftspolitischen Querschnittsbereich bilden hauptsächlich Organisationen, die von ihrer historischen Entwicklung her als Neue Soziale Bewegungen eingestuft werden. Es handelt sich hier um Umwelt- und Naturschutzverbände (→ Umwelt-/Naturschutz) sowie Interessengruppen, die für Menschenrechte oder Frieden eintreten. Organisationen aus dem Bildungs- und Kunstbereich sind schließlich im letzten Sektor Kultur, Bildung und Wissenschaft vertreten. Beide Handlungsfelder zusammen stellen ca. 10 % der nds. Landesverbände.

In der Landeshauptstadt Hannover, wo auch die Entscheidungsträger von Politik und → Verwaltung ansässig sind, hat der Großteil der Interessengruppen seinen Sitz. In zahlreichen Fällen ist auch eine organisatorische Verbindung zum Bundesland Bremen erkennbar. Das Gebiet des Stadtstaates Bremen wird in vielen Fällen von den nds. Landesverbänden mitbetreut, die dann auch in der Hansestadt ansässig sein können.

**Gliederung** – Unterhalb der Landesebene gibt es weitere Stufen der Verbandsorganisation. Allerdings sind die nds. Landesverbände hier höchst unterschiedlich strukturiert. Die einstufige Untergliederung kennt unterhalb der Landesebene eine weitere territoriale Ebene. Bei der zweistufigen Untergliederung finden wir unterhalb der Landesebene zwei weitere Hierarchiestufen, die meist auch schon auf die lokale Ebene abzielen. So bilden Kreisverbände und Ortsvereine die Basis des nds. Landesverbandes des *Deutschen Roten Kreuzes* (DRK). Der *DGB-Landesbezirk Nds./ Bremen* weist eine dreistufige Untergliederung auf. Der Landesbezirk ist zunächst in acht Regionen und dann noch in Kreisverbände und Ortsverbände aufgegliedert. Interessant ist auch die territoriale Gliederung des *Nds. Fußballverbandes* (NFV), da hier eine Orientierung an den politisch-administrativen Gren-

zen des Bundeslandes zu erkennen ist. Der Landesverband ist in vier Bezirksverbände, entsprechend den Regierungsbezirken, und Kreisverbände, entsprechend den Landkreisen bzw. kreisfreien Städten, untergliedert.

Die überwiegende Mehrzahl der nds. Verbände sind als Fachverbände einzustufen. Als überfachliche und Einzelorganisationen überspannende „Organisationskuppeln" können auf Arbeitnehmerseite die Gewerkschaftsdachverbände (DGB, DBB und CGB) und im Bereich der Wirtschaft die Unternehmerverbände Niedersachsen e.V. (UVN), die Dachorganisationen des Handwerks, der Landwirtschaft sowie der Dachverband der Verbände der Selbstständigen genannt werden. Umfassende „Organisationskuppeln" gibt es u.a. in den Bereichen → Frauen, → Jugend, → Sport, → Musik und Wohlfahrtspflege (Landesfrauenrat, Landesjugendring, Landessportbund, Landesmusikrat sowie Landesarbeitsgemeinschaft der Spitzenverbände der Freien Wohlfahrtspflege).
*Ralf Kleinfeld*

## Vereine

**Begriff** – Vereine sind Personenvereinigungen von Gleichgesinnten zur gemeinsamen Verfolgung von bestimmten, nicht primär wirtschaftlichen Interessen. Vereine sind Teil der Bürger- bzw. der Zivilgesellschaft.

**Entwicklung** – Vereine in Deutschland weisen seit 1945 einen ungebrochenen Wachstumstrend auf: Die Zahl der Vereinsmitglieder verdoppelte sich zwischen 1973 und 1988 im Westen Deutschlands und stieg auch in den 90er Jahren weiter an. Vereine, die aus Selbsthilfegruppen und Neuen Sozialen Bewegungen hervorgegangen sind, erweiterten die Formen- und Funktionsvielfalt. Die größte Zahl von Vereinen weist der Sportbereich (→ Sport) aus. Die genaue Zahl von Vereinen in Deutschland ist jedoch unbekannt, weil es dafür keine zentrale Erfassung gibt. Die in Untersuchungen genannten Zahlen entstehen durch Hochrechnungen, Schätzungen und Umfragen. Für 2003 wird die Gesamtzahl der eigenständigen Vereine in Westdeutschland auf knapp 145 000 beziffert. Eingetragene Vereine sind auch fast alle der mehr als 2 000 bundesweit tätigen → Verbände und viele ihrer rd. 20 000 Organisationseinheiten.

Alle Vereinsformen verfügen über mindestens fünf gemeinsame Merkmale:
– freiwillige Mitgliedschaft ohne Ausschließlichkeitsanspruch,
– demokratische Organisationsstruktur (Mitspracherechte und Wählbarkeit),
– Bindung des Vereinshandelns an die Mitgliederinteressen,
– Ehrenamtlichkeit der Vereinsführung,
– Unabhängigkeit des Vereins von Nichtmitgliedern (Selbstorganisation).
Die regionale Vereinsstruktur hängt stark von Siedlungsgröße und Siedlungscharakter ab. Das Vereinswesen ist in Kleinstädten und im ländlichen Raum stärker ausgeprägt und verankert als in Großstädten, wo Selbsthilfegruppen und vereinsförmig organisierte Trägereinrichtungen sozialer Dienstleistungen häufiger zu finden sind.

Als häufigste Gründe für eine Vereinsmitgliedschaft werden Spaß und Unterhaltung, Kontakt zu anderen Menschen mit ähnlichen Interessen, Anwendung der eigenen Fähigkeiten sowie die Möglichkeit zur Hobbyausübung genannt – also Freizeit-Aktivitäten (→ Freizeit).

**Ehrenamt** – Eine wachsende Zahl von Vereinen, Organisationen und Gruppierungen ist auf ehrenamtliche Mitarbeit angewiesen (→ Bürgerschaftliches En-gagement). Diese Bereitschaft liegt in Nds. mit 31 % im Bundesländervergleich eher im unteren Bereich (Durchschnitt alte Bundesländer: 35 %; Durchschnitt neue Bundesländer: 28 %). Traditionelles Engagement ist stärker in Vereinen und Verbänden, v.a. im Wohlfahrts- und im Sportbereich, ausgeprägt, während sich Formen eines „neuen" Ehrenamts etwa im Bereich der Selbsthilfegruppen finden. Die Hauptform des freiwilligen Engagements vollzieht sich im nahen Lebensumfeld und wird von Personen ausgeübt, die eine Anbindung an Formen der Berufsarbeit haben. Bildung und Einkommen erklären zusammen genommen recht gut, wer sich am ehesten freiwillig engagiert. In klassischen Vereinen (Sportvereine, lokale Traditionsvereine) stellen Männer und Berufstätige das größte Kontingent der Mitglieder und ehrenamtlichen Leitungskräfte; in neueren Vereinsformen (Selbsthilfegruppen, soziokulturelle Vereinigungen, → Bürgerinitiativen) findet sich ein deutlich höherer Anteil ehrenamtlich tätiger → Frauen, die auch im sozialen Bereich traditionell die Mehrheit stellen. Mit dem Ausbau von Dienstleistungsfunktionen geht häufig eine Zunahme hauptamtlicher, berufsmäßiger Vereinsmitarbeit einher (→ Dienstleistungssektor).

**Ziele** – Die meisten Vereine verfolgen gemeinnützige Ziele (Verfolgung auch steuerbegünstigter allgemeiner, öffentlicher, sozialer und/oder kultureller Belange) und weniger erwerbswirtschaftliche Zwecke, für die die Unternehmensform bessere Möglichkeiten bietet. Zum Funktionsspektrum der Vereine zählen auch die Übernahme von Dienstleistungen für Nichtmitglieder sowie ihre Beteiligung an öffentlichen Aufgaben. Viele Vereine arbeiten im lokalen Raum mit Trägern des Sozial- und Gesundheitswesens zusammen, einige Vereine beteiligen sich auch gezielt an der lokalpolitischen Willensbildung. Während Verbände hauptsächlich als Interessenvertreter auftreten, werden Vereine als Orte der „lebendigen Demokratie" sowie der Einübung bürgerschaftlicher Tugenden verstärkt wieder entdeckt. So sind die Vereine von erheblicher, in kleineren Gemeinden oft sogar von entscheidender Bedeutung für die Kommunalpolitik, weil sie Bürgerwünsche und -interessen artikulieren und bei der Rekrutierung von kommunalpolitischem Personal helfen.

**Wirtschaftliche Bedeutung** – Ehrenamtliche Arbeit in Vereinen und die finanziellen Zuwendungen an Vereine (Beiträge, Spenden und Zuschüsse) bilden darüber hinaus einen erheblichen Wirtschaftsfaktor. Allein die Vereinsbeiträge im Sport belaufen sich auf rd. 1,6 Mrd. € jährlich. Viele sog. Non-Profit-Unternehmen im Sozial-, Gesundheits-, Kultur- und Bildungsbereich haben sich für die Rechtsform des Vereins entschieden. Größere „traditionelle" Vereine (und Verbände) hingegen lagern ihre wirtschaftliche Tätigkeit vermehrt in „Service-Gesellschaften" (GmbH) aus. Vereine sind in Deutschland für eine große Zahl von Arbeitsplätzen (→ Arbeitsmarktpolitik) verantwortlich (Vereinigungen der Freien Wohlfahrt: ca. 700 000 hauptamtliche Mitarbeiter). Die Caritas ist auch in Nds. eine der größten privaten Arbeitgeber mit rd. 36 000 Vollzeitbeschäftigten (2003). In vielen Bereichen dienen Vereine auch als Träger von Qualifizierungs- und Beschäftigungsinitiativen. Gerade die sozialen (neben den produktionsnahen) Dienstleistungen, in denen Vereine und Verbände häufig auftreten, verfügen über ein besonders großes Wachstumspotenzial.

**Zahlenmäßige Ausdehnung** – Genauere Zahlenangaben zu Vereinen in Nds. gibt es nur für einzelne Vereinsbereiche. Besonders gut dokumentiert ist die Situation des organisierten Sports. Im Landessportbund Nds. sind 36 Fachverbände vertreten, die 58 Sportarten organisieren. Sie vertreten dabei knapp 9 500 Vereine, in denen mehr als 2,86 Mio. Mitglieder organisiert sind. Dies entspricht einem Organisationsgrad von knapp 36 %. Als regionale Besonderheit sind die rd. 42 000 organisierten Freunde des Klootschießens zu nennen. Die größten Mitgliederzahlen weisen der Turnsport mit rd. 750 000 Mitgliedern, Fußball mit 640 000 sowie der Schießsport mit 280 000 Mitgliedern auf. Der mitgliederstärkste Verein des Landes mit mehr als 7 000 Mitgliedern ist Eintracht Hildesheim von 1831.

**Zusammenarbeit mit Kommunen** – Zwischen Vereinen und Kommunen bzw. Vereinen und Land bestehen in Nds. oft gewachsene Formen der Zusammenarbeit. In den zurückliegenden Jahren hat sich das Bundesland Nds. im Bereich der sog. Engagementpolitik engagiert. Ein Anlass war das „Internationale Jahr der Freiwilligen" (2001). Ein von der damaligen SPD-Landesregierung bis Frühjahr 2003 eingesetztes Landesprogramm zu Bürgerengagement wird auch unter der CDU-Regierung unter Ministerpräsident Wulff weitergeführt. Allerdings ist eine Akzentverschiebung von eher struktureller Engagementförderung zur Betonung des „ehrenamtlichen" Engagements in den Bereichen Sport, Kinder- und Jugendkultur sowie soziale Bereiche zu erkennen. Der drastische Sparzwang in Land und Gemeinden führt auch in vielen Gemeinden, Städten und Kreisen dazu, dass freiwillige Aufgaben, zu denen die Aufwendungen für Vereine meist gehören (Ausnahmen sind z.B. der → Katastrophenschutz), am ehesten in das Blickfeld von Sparüberlegungen geraten. Dies führt zu Einschränkungen bei den (absolut gesehen) ohnehin nicht besonders hohen Förderleistungen für Vereine oder gar zum Wegfall oder zur drastischen finanziellen Reduzierung von Programmen, an denen viele Vereine partizipieren.

*Ralf Kleinfeld, Stefan Brieske*

## Verfassungsschutz

Verfassungsschutz ist im weiten Begriffsverständnis die Bezeichnung für alle verfassungsmäßigen institutionellen Sicherungen gegen die Gefährdung oder Beseitigung der Verfassung, insbesondere der freiheitlichen demokratischen Grundordnung. Im engeren Sinne bezeichnet Verfassungsschutz die dem Bundesamt für Verfassungsschutz (BfV) und den Landesämtern für Verfassungsschutz übertragene Aufgabe, ihren jeweiligen Regierungen Informationen über alle Bestrebungen zu liefern, die gegen die freiheitliche demokratische Grundordnung und den Bestand oder die Sicherheit des Bundes oder eines Landes gerichtet sind. Hauptarbeitsgebiete des Verfassungsschutzes sind der organisierte Links- und Rechtsextremismus (→ Extremismus), → Terrorismus und extreme oder gewaltbereite politische Organisationen von Ausländern. Darüber hinaus haben die Verfassungsschutzbehörden auch Informationen über geheimdienstliche Tätigkeiten fremder Mächte zu beschaffen. Diese Spionageabwehraufgabe ist nach dem Zerfall der kommunistischen Herrschaft in Osteuropa zurückgegangen. Stattdessen nimmt die Industrie- und Wirtschaftsspionage zu, sodass die Betreuung von Unternehmen in Fragen der Spionageabwehr vor allem in Hochtechnologiebereichen immer mehr wächst. Rechtsgrundlage für den Verfassungsschutz in Bund und Ländern, der als Beobachtungsbehörde ohne polizeilich-exekutive Befugnisse ausgestaltet ist, ist das Gesetz über die Zusammenarbeit des Bundes und der Länder in Angelegenheiten des Verfassungsschutzes und über das Bundesamt für Verfassungsschutz – Bundesverfassungsschutzgesetz (BVerfSchG). Für das Nds. Landesamt für Verfassungsschutz (NLfV) gelten das Nds. Verfassungsschutzgesetz (NVerfSchG) sowie weitere Gesetze. Das NLfV als obere Landesbehörde untersteht dem Nds. Ministerium für Inneres und Sport. Der Verfassungsschutz darf zur Erfüllung seiner Aufgaben die erforderlichen Informationen einschließlich personenbezogener Daten erheben, verarbeiten und nutzen, soweit nicht die Datenschutzgesetze des Bundes oder der Länder oder sonstige Vorschriften dem entgegenstehen. Zum überwiegenden Teil werden die Informationen aus offenen, also auch den Bürgerinnen und Bürgern zugänglichen Quellen gewonnen, indem z.B. Zeitungen, Broschüren, Satzungen und Programme von Vereinen und Parteien, Flugblätter und Werbematerialien ausgewertet werden, ebenso Rundfunk- und Fernsehsendungen sowie Veröffentlichungen im Internet. Außerdem besuchen Mitarbeiterinnen und Mitarbeiter des Verfassungsschutzes auch öffentliche Veranstaltungen. Ferner ist es dem Verfassungsschutz erlaubt, Methoden, Gegenstände und Instrumente zur heimlichen Informationsbeschaffung anzuwenden, wie z.B. den Einsatz von Informanten, Observationen, Bild- und Tonaufzeichnungen zum Abhören von Wohnungen (sog. *Lauschangriff*) oder Tarnmittel wie Tarnpapiere und Tarnkennzeichen. Nach den Terroranschlägen vom 11.9.2001 in den USA wurde in Deutschland das Terrorismusbekämpfungsgesetz verabschiedet, das den Verfassungsschutzbehörden gestattet, Informationen u.a. bei Banken, Luftverkehrsunternehmen und Telekommunikationsdienstleistern abzufragen.

Die geheimdienstliche Tätigkeit des Verfassungsschutzes greift in die Grundrechte ein, insbesondere in das Brief-, Post- und Fernmeldegeheimnis nach Art. 10 GG. Dies ist durch die Notstandsgesetzgebung von 1968 möglich geworden, die eine Schwächung des Grundrechts bewirkt: Verfassungsschutzeingriffe müssen dem betroffenen Grundrechtsträger nicht mitgeteilt werden, und an die Stelle des Rechtsweges tritt die Nachprüfung durch von der Volksvertretung bestellte Organe und Hilfsorgane. Die geheimdienstlichen Maßnahmen des Bundesamts für Verfassungsschutz (www.verfassungsschutz.de) werden durch das Parlamentarische Kontrollgremium des Deutschen Bundestages überwacht. In Nds. ist es die G 10-Kommission, deren Mitglieder vom → Landtag bestimmt werden.

Die mehr als 200 verbeamteten und angestellten Beschäftigten des NLfV, das einen Jahresetat von mehr als 12 Mio. € hat, kommen zum größten Teil aus der allgemeinen → Verwaltung Nds. und aus der Landespolizei. Polizeibeamte behalten im Verfassungsschutz ihren Polizeistatus, verlieren aber ihre exekutiven Befugnisse, weil die Tätigkeiten von Verfassungsschutz und → Polizei gesetzlich strikt getrennt sind.

Die gegenseitige Unterrichtung aller Verfassungsschutzbehörden erfolgt über das Nachrichtendienstliche Informationssystem (NADIS). Über die Ergebnisse seiner Tätigkeiten gibt der Verfassungsschutz jährlich einen eigenen Verfassungsschutzbericht heraus.

*Martin H.W. Möllers*

# Verkehr / Verkehrsinfrastruktur

Verkehr bezeichnet den Vorgang der Raumüberwindung von Gütern (Güterverkehr) und Personen (Personenverkehr). Dies gelingt mit unterschiedlichen Verkehrsträgern: Flugzeug, Bahn, Bus und Taxi gehören zum Öffentlichen Personenverkehr (ÖPV, im Nahverkehr von Stadt und Region: ÖPNV), während Pkw, Kraftrad, Fahrrad sowie Zufußgehen den Individualverkehr – bestehend aus motorisiertem und nichtmotorisiertem – bilden. Im Güterverkehr ist die Unterscheidung von öffentlichem und privatem Verkehr nicht gebräuchlich. Ferner hat das Zufußgehen darin keine nennenswerte Bedeutung, es kommen aber zu den genannten Verkehrsträgern noch das Binnenschiff und die Rohrfernleitungen (Pipelines) hinzu. Bis in die jüngere Zeit weist die Verkehrsstatistik einen Anstieg des Verkehrsvolumens aus, für das die Transporteinheiten multipliziert mit der Distanz (Tonnenkilometer, Personenkilometer) einen Maßstab bilden. Erst seit 1999 im Personen- und seit 2001 im Güterverkehr zeichnet sich eine Stagnationstendenz und sogar eine rückläufige Entwicklung ab. Es ist noch unklar, welche Faktoren dafür verantwortlich sind (z.B. Anstieg der Rohölpreise, Ökosteuer, alternde Gesellschaft) und ob dadurch eine Trendumkehr ausgelöst oder nur eine Pause im Wachstum eingelegt wird. Das Verkehrswachstum selbst ist schon seit mehr als zwei Jahrzehnten zu einem Gegenstand politischer und wissenschaftlicher Kritik geworden, da mit ihm nicht, wie man früher noch pauschal annahm, ein Nutzenzuwachs verbunden sein muss. So stieg beispielsweise im Personenverkehr die im Durchschnitt pro Tag und Person zurückgelegte Distanz von 31 km (1976) auf 39,9 km (1999), während die Zahl

Der Mittellandkanal ist mit 321,3 km die längste künstliche Wasserstraße in Deutschland

der damit verfolgten Wegezwecke bei 3,5 konstant geblieben ist. Mit anderen Worten: Für die gleiche Zahl von (Arbeits-, Ausbildungs-, Geschäfts-/Dienst-, Besorgungs- und Freizeit-)Wegen werden längere Strecken zurückgelegt, was mit mehr Energieaufwand und Schadstoffemissionen einhergeht.

**Verkehrsraum** – Nds. besitzt durch seine zentrale Lage in Mitteleuropa eine Transitfunktion für den Nordsüd- und Westostverkehr. Dies zeichnet sich nicht nur in der Lage wichtiger, stark belasteter Verkehrstrassen im Bahn- und Straßenverkehr (z.B. Autobahn 2 und 7) ab, auch in der Binnenschifffahrt besitzt Nds. mit Elbe/Elbe-Seiten-Kanal, Weser, Ems, Dortmund-Ems-, Küsten- und vor allem dem Mittellandkanal eine bedeutende Position. Der zentrale Verkehrsknotenpunkt für die drei genannten Verkehrsträger und zusätzlich für die Luftfahrt ist die Landeshauptstadt

Hannover. Lediglich die nds. Seehäfen, insbesondere Wilhelmshaven und Cuxhaven, hatten zwar zur Zeit der Industrialisierung und des Reise-/Auswanderungsverkehrs nach Übersee per Schiff eine gewisse Bedeutung, stehen aber in ihrer heutigen Frequentierung weit hinter den angrenzenden Stadtstaaten Hamburg und Bremen/Bremerhaven zurück.

**Verkehrsnetzentwicklung** – Während physisch-geographisch das dominierende Tiefland meist gute Voraussetzungen für die Verkehrserschließung bot, stellen die Höhen des Berglandes im Südwesten im Grenzraum zu Nordrhein-Westfalen (z.B. Deister, Ith, Hils, Solling), insbesondere aber der → Harz an der Grenze zu Sachsen-Anhalt regionale Barrieren dar. Gleichwohl war die „Harzbahn" zwischen Wolfenbüttel und Harzburg die erste Eisenbahn auf nds. Gebiet (1838–40), da die Erschließung der

## Verkehrsstrukturdaten Niedersachsen 2001/02

|  |  | **Anteil an BR Dtld.** |
|---|---|---|
| Fläche | 47 618 qkm | 13,3 % |
| Bevölkerung | 7,98 Mio. | 9,7 % |
| Autobahnen | 1 352 km | 11,5 % |
| Bundesstraßen | 4 820 km | 11,7 % |
| Landesstraßen | 8 300 km | 9,6 % |
| Kreisstraßen | 13 610 km | 15,0 % |
| Bahnstrecken<br>– darunter elektrifiziert | 3 495 km<br>1 599 km | 8,5 %<br>8,1 % |
| Binnenwasserstraßen | 1 700 km | 23,3 % |
| Kfz u. Krafträder<br>– darunter PKW | 4,94 Mio.<br>4,34 Mio. | 8,9 %<br>11,4 % |
| Pkw/1 000 Ew. | 545,6 | BR Dtld.: 642,0 |
| Straßenverkehrsunfälle mit Personenschaden | 39 200 | 10,8 % |
| Getötete | 832 | 12,2 % |
| Verletzte | 50 600 | 10,6 % |

Quelle: Verkehr in Zahlen 2003/2004, Niedersächsisches Landesamt für Statistik, Auskunft Dt. Bahn

Berg-/Hüttenwerke und des forstwirtschaftlichen Holzreservoirs große Bedeutung für die Industrialisierung besaß. Die weitere Entwicklung ist, wie im gesamten Deutschen Reich, durch eine schnelle Verdichtung des Schienenverkehrsnetzes bis zum Ersten Weltkrieg geprägt. Dies galt auch für den Straßenbau, der schon im 18. Jh. nach französischem Vorbild (gepflasterte Chausseen) begann, aber erst um die Wende vom 19. zum 20. Jh. eine der heutigen Situation bei Bundes- und Landesstraßen vergleichbare Netzdichte (wenn auch längst nicht Oberflächenqualität und Straßenbreite) erreichte. Seit den 1950er Jahren ist die Netzdichte im Eisenbahnverkehr rückläufig. Die Bundesbahn bzw. ihre Nachfolgerin, die Deutsche Bahn, verfolgt rationalisierungsbedingt einen „Rückzug aus der Fläche". Allerdings wird dieser Rückzug gebremst durch die Übernahme und zum Teil sogar Reaktivierung von Strecken durch privatwirtschaftliche Betreibergesellschaften (z.B.

NordWestBahn, Elbe-Weser-GmbH), die zusätzlich auch auf stark genutzten Strecken des Nahverkehrs der Deutschen Bahn Konkurrenz machen (z.B. Metronom zwischen Uelzen und Hamburg).

In der Binnenschifffahrt haben die künstlichen Wasserstraßen mit 588 km eine deutlich größere Bedeutung gegenüber den natürlichen Flussläufen (vor allem Elbe und Weser) mit 276 km. Das letzte große Ausbauprojekt wurde mit dem Elbe-Seitenkanal (115 km) zwischen Elbe und Mittellandkanal 1976 in Dienst gestellt.

Im Flugverkehr zählt nur Hannover-Langenhagen zu den internationalen Verkehrsflughäfen, allerdings bieten auch die Flughäfen des räumlich von Nds. „umschlossenen" Bremen sowie des angrenzenden Hamburg zahlreiche internationale Destinationen an.

**Verkehrspolitik** – Zwischen den die Landesregierungen tragenden Parteien (vor 2003 die SPD, seit 2003 CDU/FDP) bestehen nur geringfügige Unterschiede in der Verkehrspolitik. Einerseits wird Nds. als Transitland gesehen, für das es die notwendige Verkehrsinfrastruktur zur Vermeidung von Engpässen bereitzustellen gilt. So gehörte und gehört der dreispurige Ausbau der großen Autobahnverbindungen A 1, A 2 und A 7 zu den vordringlichen Zielen der Landes- und Bundespolitik. Bei anderen Vorhaben zum Ausbau des Straßennetzes mischen sich in die verkehrlichen (Entlastungs-)Überlegungen auch Motive der → Wirtschaftspolitik. So werden von Autobahnbauten regionalwirtschaftliche Wachstumsimpulse erwartet. Aktuell betrifft dies die Autobahnvorhaben A 20 (westliche Elbquerung mit Anschluss an den Bremer Raum), A 26 Harburg-Stade (ggf. mit späterer Verlängerung bis Cuxhaven) sowie die A 39 Lüneburg-Wolfsburg. Allerdings lassen wissenschaftliche Studien über den Autobahnbau bei bereits vorhandenem dichtem und qualitativ gutem Verkehrsnetz in anderen Teilen der BRD und im europäischen Ausland Zweifel an der Realisierbarkeit der ökonomischen Erwartungen aufkommen; andere Standortfaktoren scheinen für großräumige Betriebsverlagerungen weitaus bedeutender zu sein, z.B. Lohnkostenunterschiede und Subventionspolitik.

Bei anderen Vorhaben der Verkehrspolitik werden Akzente zur Bevorzugung umweltverträglicherer Verkehrsmittel oder zu Sicherheitsaspekten des Verkehrs gesetzt:
– Beschleunigung des Bahnverkehrs von/nach Hamburg und Bremen mittels einer Neubaustrecke (sog. Y-Trasse) ist in Planung.
– Güterverkehrszentren (GVZ) sollen der Koppelung von Straße und Schie-

ne im Güterverkehr dienen und die Nutzung der spezifischen Vorteile der Verkehrsträger nutzen helfen. Dies ist bei der Straße die Netzdichte, bei der Bahn die hohe Sicherheit und Schnelligkeit auf langen Strecken. Güterverkehrszentren vereinen nicht nur unterschiedliche Verkehrsträger, sondern auch Speditions-, Lager- und sonstige Transportdienstleistungsunternehmen. Das erste GVZ in Nds. „Emsland/Dörpen" ist bereits in Betrieb. Weitere Standorte in Hannover/ Lehrte, Wolfsburg, Salzgitter, Osnabrück und Göttingen sind im Bau oder für die nahe Zukunft geplant.
– Elektronische Verkehrsbeeinflussung im Großraum Hannover (A 2, A 7, A 37, B 3, B 6) soll Staus und Unfälle über eine Messung der Verkehrsdichte und adäquate Geschwindigkeitsvorgaben und Umleitungsempfehlungen („Wechselwegweiser") vermeiden helfen.
– Radwege – an mehr als der Hälfte der Landesstraßen sind keine Radwege vorhanden, was als Nachteil bei der touristischen Erschließung gesehen wird. Es existiert deshalb ein langfristiges Programm, um Netzlücken sukzessiv zu schließen.
Im städtischen ÖPNV hat Hannover mit der Gründung eines Großraumverbandes 1962 schon sehr früh einen Verkehrsverbund entwickelt, der Vorbildcharakter für ganz Deutschland besaß. Im auffallenden Gegensatz zu vielen anderen Städten blieb die Straßenbahn erhalten und erhielt durch eine unterirdische Führung im Zentrumsbereich und einen ansonsten von der Straße separierten Gleiskörper die Qualität einer modernen Stadtbahn.                *Peter Pez*

## Versicherungen

**Begriff** – Versicherungen sind private oder öffentlich-rechtliche Gesellschaften, die den durch bestimmte Ereignisse hervorgerufenen Schaden oder Vermögensbedarf über Verteilung der Lasten auf einen größeren Personenkreis (die Versichertengemeinschaft) abdecken. Zu unterscheiden sind in der BRD die gesetzliche Sozialversicherung und die Individualversicherung. Die gesetzliche Sozialversicherung schützt in erster Linie Arbeiter, Angestellte und Auszubildende bei bestimmten Wechselfällen des Lebens: bei Krankheit, Arbeitslosigkeit (→ Arbeitsmarktpolitik), vorzeitiger Berufs- und Erwerbsunfähigkeit, bei Alter (→ Senioren) und Tod sowie bei Eintritt der Pflegebedürftigkeit. Die Individualversicherung schützt den Versicherungsnehmer per Vertrag und gegen Zahlung von Prämien gegen die Folgen bestimmter, im jeweiligen Versicherungsvertrag festgelegter Risiken.

**Geschichtlicher Rückblick** – Die gesetzliche Sozialversicherung geht auf die Bismarck'sche Gesetzgebung in den 80er Jahren des 19. Jh. zurück (Krankenversicherung 1883, Unfallversicherung 1884, Invaliditäts- und Alterssicherung 1889). Später wurden die Arbeitslosenversicherung (1927) und die Pflegeversicherung (1995) geschaffen. Individualversicherungen gibt es in Deutschland seit Anfang des 19. Jh.

**Aktuelle Bedeutung** – Gesetzliche Sozial- und private Individualversicherung ergänzen sich vielfach. So gibt es zur gesetzlichen Renten-, Kranken-, Unfall- und Pflegeversicherung jeweils alternative bzw. ergänzende Angebote von Individualversicherungen. Insbesondere der privaten Rentenversicherung kommt dabei eine wachsende Bedeutung zu. Neu-

land betritt die nds. → Landesregierung jetzt mit Rahmenverträgen, durch die Personen während ihres → bürgerschaftlichen Engagements gegen Unfälle bzw. Unfallfolgen versichert sind.

Die Individualversicherung kennt rd. 300 Versicherungszweige und -arten: von der Ausbildungsversicherung über die Haftpflicht-, die Hausrat-, die Rechtsschutz- und die Tierversicherung bis hin zur Versicherung von Wertsachen, Reisegepäck oder Reiserücktrittskosten.

Neben den zahlreichen Niederlassungen bundesweit arbeitender und ausländischer Versicherungsunternehmen haben in Nds. insgesamt sieben öffentlich-rechtliche Versicherungsunternehmen ihren Hauptsitz, die in vier Versicherungsgruppen auf dem Markt auftreten (Versicherungsgruppe Hannover – VGH, Öffentliche Versicherung Braunschweig, Öffentliche Versicherung Oldenburg und Ostfriesische Landschaftliche Brandkasse). *Redaktion*

## Verwaltungsstruktur

Die Behördenstruktur in Nds. ist gekennzeichnet von einem Nebeneinander der Landesverwaltung (Vollzug staatlicher Aufgaben) und der Selbstverwaltung. Selbstverwaltungsaufgaben bewältigen beispielsweise die Gemeinden, die Landkreise und die → Kammern. Der öffentlichen Verwaltung kommt die Aufgabe zu, die programmatischen Entscheidungen des Bundes (→ Niedersachsen im Bund), der Europäischen Union (→ Niedersachsen und Europa), des Landes und der jeweiligen Selbstverwaltung (→ Gemeinden/Landkreise/Region Hannover, → Kammern) in die Praxis umzusetzen. Zu den programmatischen Entscheidungen zählen u.a. (Gesetze [z.B. das Bundesimmissionsschutzgesetz oder die Nds. Bauordnung]) und Programme ([z.b. Programm zur Förderung erneuerbarer Energien]).

**Verwaltung und Föderalismus** – Nach der Kompetenzordnung des Grundgesetzes sind die Ausübung staatlicher Befugnisse und die Erfüllung staatlicher Aufgaben grundsätzlich eine Angelegenheit der Länder (Art. 30, 83 ff GG). Damit unterliegt die Umsetzung von Bundesgesetzen regelmäßig den Verwaltungen der Länder. Nur in engen Grenzen kann der Bund Einfluss auf das Land Nds. beim Vollzug von Bundesgesetzen nehmen. Auch in Nds. bilden somit (Vollzugs-)Behörden des Bundes die Ausnahme.

**Verwaltung und Landesverfassung** – Nur wenige Vorgaben für den Aufbau und die Organisation der Landesverwaltung weist die Nds. Verfassung (NV → Landesverfassung) auf. Sie bestimmt, dass das Land seine Verwaltung durch die → Landesregierung und die ihr nachgeordneten Behörden ausübt (Art. 56 Abs. 1 NV); ferner dass die Landesregierung aus der → Ministerpräsidentin oder dem Ministerpräsidenten und den Ministerinnen und den Ministern besteht (Art. 28 Abs. 1 NV). Da in Nds. ein allgemeines Organisationsgesetz fehlt, sind Regelungen über den Verwaltungsaufbau und die Verteilung der Zuständigkeiten in einer großen Zahl von Gesetzen und Rechtsverordnungen zu finden. Erwähnt seien beispielsweise das Nds. Gesetz über die Öffentliche Sicherheit und Ordnung (§§ 87 ff), die Nds. Bauordnung (§§ 63 ff), die Verordnung über die Regelung von Zuständigkeiten im Gewerbe- und Arbeitsschutzrecht sowie in anderen Rechtsgebieten und die Allgemeine Zuständigkeitsverordnung für die Gemeinden und Landkreise zur Ausführung von Bundesrecht.

**Dreistufiger Verwaltungsaufbau** – In der Landesverwaltung sind 204 447 Mitarbeiter beschäftigt (Stand 2001).

Die Übersicht zeigt, dass viele Beschäftigte außerhalb des klassischen Verwaltungssektors tätig sind.

Kennzeichen der unmittelbaren nds. Landesverwaltung war über viele Jahrzehnte hinweg der dreistufige Verwaltungsaufbau. Die oberste Stufe ist die Landesregierung. Gegenwärtig bilden der Ministerpräsident mit der Staatskanzlei und neun Ministerien die Landesregierung. Es wurden folgende Ministerien gebildet (Stand 2004):
– Ministerium für Inneres und Sport,
– Finanzministerium,
– Ministerium für Soziales, Frauen, Familie und Gesundheit,
– Ministerium für Wissenschaft und Kultur,
– Kultusministerium,
– Ministerium für Wirtschaft, Arbeit und Verkehr,
– Ministerium für den ländlichen Raum, Ernährung, Landwirtschaft und Verbraucherschutz,
– Justizministerium,
– Umweltministerium.
Eine Sonderstellung nehmen der → Landesrechnungshof und der Präsident des Nds. → Landtages ein.

**Modernisierung** – Die Mittelstufe, geprägt durch obere Landesbehörden und Landesoberbehörden, unterliegt einem grundlegenden Umbau (→ Verwaltungsmodernisierung). Die Bezirksregierungen (in Braunschweig, Hannover, Oldenburg und Osnabrück) waren klassische Mittelbehörden der allgemeinen Landesverwaltung. Erklärtes Ziel der Landesregierung ist es, diese zu Beginn des Jahres 2005 aufzulösen. An ihre Stelle sollen sog. Regierungsbüros in Braunschweig, Lüneburg, Nienburg und Oldenburg treten. Der Aufgaben- und Personalbestand wird radikal schrumpfen. Statt Bündelungsbehörde, wie sie die Bezirksregierungen waren, sollen diese Regierungsbüros Mittler zwischen den Ministerien und den Kommunen sein. Sie sollen regionales Expertenwissen vorhalten und regionale Belange in die Entscheidungen der Fachressorts einbringen können. Die Regierungsbüros sollen eine Anbindung an das Ministerium für Inneres und Sport erhalten. Damit wird künftig in Nds. im Wesentlichen ein zweistufiger Verwaltungsaufbau vorherrschen. Dies schließt aber einen mehrstufigen Verwaltungsaufbau in einzelnen Aufgabenfeldern nicht aus. So wird beispielsweise die Finanzverwaltung Nds. dreistufig gegliedert sein. Die Oberstufe ist das Finanzministerium, die Mittelstufe die Oberfinanzdirektion und die Unterstufe bilden die Finanzämter. Spezialbehörden prägen die Struktur der Unterstufe der unmittelbaren Staatsverwaltung. Zu den Spezialbehörden zählte beispielsweise bisher die Gewerbeaufsicht. Den Löwenanteil der Verwaltung auf der Unterstufe der Staatsverwaltung stellt jedoch die Kommunalverwaltung dar. Zu nennen sind hier primär die 37 Landkreise, die Region Hannover und die kreisfreien Städte. Das Land Nds. verfügt also nur teilweise über eigene Unterbehörden (Verzeichnis der Landesbehörden siehe www.niedersachsen.de).

Ferner nehmen Körperschaften, Anstalten und → Stiftungen des öffentlichen Rechts (z.B. Berufskammer, landesbezogene Sozialversicherungen, → Sparkassen, der NDR) öffentliche Aufgaben wahr. Diese Einrichtungen unterliegen regelmäßig nur der (Rechts-)Aufsicht des Landes. *Holger Weidemann*

# Verwaltungsmodernisierung

**Ausgangssituation** – Die Verwaltungen in Nds. befinden sich in einem grundlegenden Veränderungsprozess. Dieser Modernisierungsprozess betrifft sowohl die Landesverwaltung als auch den kommunalen Sektor.

Die Ursachen der seit einigen Jahren laufenden Modernisierungswelle sind vielfältiger Natur. Bei den Bürgern ist die öffentliche Verwaltung in eine Akzeptanzkrise geraten. Begrenzte Mitwirkungsmöglichkeiten, bürokratische Abläufe und nicht immer nachvollziehbare Kostenstrukturen wurden hier genannt. Aus Sicht der Beschäftigten kennzeichnet den → Öffentlichen Dienst eine Attraktivitätslücke. Mangelnde Entscheidungskompetenz, starre Aufstiegsregelungen, Verdichtung der Arbeitssituation bei stagnierender Bezahlung, schwindende öffentliche Anerkennung spielen hier eine gewichtige Rolle. Politische und administrative Steuerungsdefizite geben einen weiteren Grund für Reformbestrebungen ab. Das traditionelle bürokratische System zeichnete sich vor allem durch Trennung der Ressourcen- von der Fachverantwortung aus. Die persönliche Leistungsverantwortung war praktisch aus der Verwaltung herausorganisiert worden. Überspitzt wurde von einem „System organisierter Unverantwortlichkeit" gesprochen. Die dramatische Entwicklung der kommunalen und staatlichen Haushalte runden das Bild ab und sorgen zugleich für eine Beschleunigung des Reformprozesses.

**Neue Entwicklungen** – Zu Beginn der 90er Jahre haben verstärkt betriebswirtschaftliche Elemente in die Verwaltung Einzug gehalten. Unter dem Stichwort

„Neue Steuerungsmodelle" erfolgte gerade in vielen Kommunen eine Umorientierung von eher input- zu outputorientierten Zielvorgaben. Als Leitbild diente zunehmend das Dienstleistungsunternehmen (Kommunal-)Verwaltung. Zentrale Elemente und Instrumente dieser Entwicklung sind die Zusammenführung von Ressourcen- und Fachverantwortung, die Budgetierung, der Produkthaushalt, das Kontraktmanagement, die Kosten- und Leistungsrechnung und schließlich Controllingsysteme. Einen weiteren Modernisierungsschub wird die Einführung des Neuen Kommunalen Rechnungswesens (NKR) bringen. Das Land Nds. wird, auf der Basis der Empfehlungen der Innenministerkonferenz, das kommunale Haushalts- und Kassenrecht umfassend reformieren. Künftig soll ein doppisches Haushalts- und Kassenrecht bei allen Kommunen eingeführt werden. Das NKR wird die bisher vorherrschende Kameralistik ablösen. Damit wird das kommunale Rechnungswesen dem im sonstigen Wirtschaftsleben vorherrschenden Rechnungswesen angenähert werden. In einer mehrjährigen Übergangsfrist (2005 bis voraussichtlich 2010) wird diese Umstellung von den Kommunen zu bewältigen sein.

Eine weitere Strategie, die öffentlichen Haushalte zu entlasten und die Verwaltung auf die Bewältigung von Kernaufgaben zu beschränken, besteht darin, bestimmte öffentliche Aufgaben zu privatisieren. Zwei grundlegende Ansätze sind hier zu unterscheiden. Bei der sog. materiellen Privatisierung wird eine öffentliche Aufgabe ganz auf eine private Stelle verlagert. Dies führt zu einer vollständigen Entlastung des Landes bzw. einer Kommune. Anders stellt sich die Situation dagegen bei der sog. formellen Privatisierung dar. Hier werden privatrechtliche Gesellschaften gegründet (z.B. GmbH oder AG), um eine bestimmte Aufgabe zu bewältigen. So werden beispielsweise in Nds. viele kommunale Krankenhäuser in die Rechtsform einer GmbH überführt. Die Steuerung privatrechtlicher Gesellschaften stellt die Verwaltungsführung und die politisch Verantwortlichen vor neue Herausforderungen.

**Ziele** – Seit 1994 beteiligt sich auch das Land Nds. an der Reform. Mit dem Regierungswechsel 2003 hat dieser Prozess eine neue Ausrichtung erfahren. Dabei orientieren sich die Reformbemühungen der neuen → Landesregierung (u.a.) an folgenden Grundsätzen:
– Konzentration des Landes auf seine Kernaufgaben,
– Privatisierung marktfähiger Leistungen der Landesverwaltung,
– Stärkung der berufsständischen Selbstverwaltung (→ Kammern),
– Stärkung der kommunalen Selbstverwaltung,
– Abschaffung der Bezirksregierungen und Neuordnung der staatlichen Mittelinstanz (→ Verwaltungsstruktur/-gliederung),
– Optimierung der Landesbehörden,
– Stärkung der länderübergreifenden Zusammenarbeit.
Über 6 000 Stellen sollen als Folge des Modernisierungsprozesses auf Landesebene entfallen. Mit der Abschaffung der Bezirksregierungen und der Neuordnung der Mittelinstanz erhält die nds. Landesverwaltung eine völlig neue Struktur. Die Modernisierung der Landesverwaltung wird begleitet von einer umfassenden Aufgabenkritik. Untersuchungsprojekte betrafen u.a. die Bereiche Katasterverwaltung, Flurbereinigung, Straßenbau, Städtebau, → Naturschutz und Wasserwirtschaft (→ Maritime Wirtschaft. Koordiniert und gesteuert wird die Verwaltungsmodernisierung von der Stabsstelle Verwaltungsmoder-

nisierung im Nds. Ministerium für Inneres und Sport (http//www.mi.niedersachsen.de).

Flankiert wird der Prozess mit der Straffung des Rechtsschutzes. So soll – zunächst für einen mehrjährigen Erprobungszeitraum – in weiten Bereichen das Widerspruchsverfahren entfallen. Bürger müssen damit unmittelbar (verwaltungs-)gerichtlichen Rechtsschutz begehren, wenn sie eine Verwaltungsentscheidung nicht akzeptieren wollen. Die Änderung des Verwaltungsverfahrensrechts wird eine deutliche Ausweitung der elektronischen Kommunikation bewirken. Künftig können auch öffentliche Verwaltungen auf elektronischem Wege verbindliche Regelungen treffen. Zudem ist eine Verringerung des Vorschriftenbestandes beabsichtigt.

**Perspektiven** – Die Verwaltungsmodernisierung erstreckt sich aber nicht nur auf die klassischen Verwaltungsbereiche des Landes und der Kommunen. So gibt es beispielsweise auch im Schul- und Hochschulwesen Reformprozesse. Ferner wird die vom Bund initiierte Zusammenlegung bestimmter Aufgabenbereiche der Bundesagentur für Arbeit und Bereiche der Sozialhilfe, die primär von den Kommunen gewährt wird (Stichwort: Hartz IV), die Verwaltungslandschaft in Nds. verändern.

Die Modernisierung der Verwaltung ist ein permanenter Prozess. Die jeweiligen Reformansätze sind aber von unterschiedlicher Qualität. Die aktuellen Modernisierungsstrategien werden eine tief greifende Veränderung der bisherigen Verwaltungslandschaft bewirken. In einem demokratischen Gemeinwesen laufen derartige Prozesse nicht ohne kontroverse Debatte ab. Auch in Nds. werden von politischen Parteien (→ Bündnis 90/Die Grünen, → CDU, → FDP, → SPD), → Gewerkschaften und Teilen

der Gesellschaft einzelne Reformschritte kritisch beurteilt. *Holger Weidemann*

## Wahlen

In Nds. wurden bisher 52 Wahlen, davon 16 Kommunalwahlen, je 15 Bundes- und Landtagswahlen sowie sechs Europawahlen abgehalten. Die Parteiensysteme Nds. und des Bundes weisen Gemeinsamkeiten und Unterschiede auf. Das lange Zeit dominierende Dreiparteiensystem aus → SPD, → CDU und → FDP bestand sowohl in Bonn als auch in Hannover. Seit dem Einzug von → Bündnis 90/Die Grünen stehen sich heute auf beiden Ebenen zwei Blöcke gegenüber, die untereinander koalitionsfähig sind und die parlamentarische Mehrheit erreichen können. Hierdurch kann ein Regierungswechsel durch Abwahl der bisherigen Regierung stattfinden. Ein wichtiger Unterschied des nds. Parteiensystems zu dem auf der Bundesebene besteht jedoch in der rückblickend zu beobachtenden Dominanz der SPD. Während die BRD überwiegend von Koalitionen unter CDU-Führung geprägt ist, stellte in Nds. überwiegend die SPD die Regierung, entweder in Koalitionen oder allein. Einen wichtigen das Wahlverhalten bestimmenden Faktor bilden in Nds. vier „Wahlregionen".

1. Das dünn besiedelte Gebiet um die Lüneburger Heide, das nach der Verschmelzung der Deutschen Partei (DP) mit der CDU zu einer christdemokratischen Hochburg wurde,
2. das protestantische, agrarisch-industrielle Nordwest-Niedersachsen mit Ostfriesland und dem nördlichen ehemaligen Land → Oldenburg, in dem überwiegend die SPD dominiert,

3. das katholische Oldenburger Münsterland um Cloppenburg und Vechta sowie das Emsland, wo die CDU bei Wahlen mitunter über 70 % der Stimmen erreicht und

4. das industrielle Südost-Niedersachsen, das lange Zeit SPD-Hochburg war, in dem jedoch die CDU seit Mitte der 70er Jahre zahlreiche Wahlkreise gewinnen konnte.

Die FDP ist im oldenburgischen Ammerland recht stark vertreten, während die Grünen in den Universitätsstädten und im Regierungsbezirk Lüneburg (Diskussion um den möglichen Endlager-Standort Gorleben) gute Ergebnisse erzielen. In Oldenburg erreichten sie bei der Europawahl 2004 gar ein besseres Ergebnis als die SPD.

**Kommunalwahlen** – Das Wahlsystem der Kommunen unterscheidet sich erheblich von dem der Landtags- und Bundestagswahlen. Es handelt sich um eine Verhältniswahl mit offenen Listen, durch die jeder einzelne Kandidat für den Stadt-, Gemeinderat oder Kreistag direkt wählbar ist (Personenstimme). Gewählt werden kann jedoch auch die Gesamtliste (Partei). Der Wähler hat drei Stimmen, die er beliebig verteilen (panaschieren) oder einem einzigen Kandidaten bzw. der Gesamtliste einer Partei geben kann (kumulieren). Auf diese Weise können auch Bewerber mit einem niedrigen Listenplatz auf den Einzug in das Kommunalparlament hoffen. In der Praxis überwiegen die Personenstimmen, da die Kandidaten den Wählern oft persönlich bekannt sind. Für die Sitzverteilung sind alle Stimmen, die eine Partei insgesamt bekommen hat, wichtig, da bei der Verrechnung zunächst die Stimmen der Gesamtliste mit denen der Bewerber zusammengezählt werden. Die Verteilung der Mandate erfolgt nach dem Divisorverfahren nach D'Hondt. Anschließend wird festgestellt, wer aus der Partei die ermittelten Sitze einnehmen wird. Mithilfe des Divisorverfahrens wird errechnet, wie viele Sitze durch die Partei- und durch die Personenlisten gestellt werden. Sind beispielsweise von sieben Mandaten, die eine Partei aufgrund aller Stimmen erhalten hat, fünf Sitze durch Personenwahl zustande gekommen, können die fünf Bewerber mit den meisten Stimmen unabhängig von ihrem Listenplatz in das Kommunalparlament einziehen. Die verbleibenden zwei Sitze nehmen dann die beiden auf der Liste höchstplatzierten Bewerber ein, die nicht bereits durch Personenwahl eingezogen sind.

Bei Kommunalwahlen spielen → Parteien eine weniger wichtige Rolle als bei Landtags- und Bundestagswahlen. In erster Linie ist entscheidend, wie bekannt die jeweiligen Kandidaten sind. Dabei spielen Mitgliedschaften oder Führungspositionen in Vereinen eine wichtige Rolle. Hinzu kommen die verschiedenen freien Wählergruppen, die sog. „Rathausparteien". Deren Selbstverständnis äußert sich in ihrem Ziel, in der Kommunalpolitik ohne parteipolitische Ideologie die beste Lösung von Sachfragen zu erreichen. Diese lockeren Zusammenschlüsse kommunalpolitisch interessierter Persönlichkeiten bilden in vielen Gemeinden starke Fraktionen, teilweise sogar die relative Mehrheit. Durch diese Umstände reihen sich die Wahlergebnisse weniger in landes- und bundespolitische Trends ein.

**Landtagswahlen** – Das Wahlsystem für die Landtagswahl ist – wie auch beim Bundestag – eine Mischung aus Mehrheitswahl und Verhältniswahl mit zwei Stimmen für jeden Wähler. Von den 155 Abgeordneten werden 100 Parlamentarier durch eine Mehrheitswahl in Wahlkreisen gewählt. Die Gewinner ihres Wahlkreises, die durch Auszählen der Erststimme ermittelt werden, erhalten in jedem Falle einen Sitz im → Landtag. Die verbleibenden 55 Plätze werden über die Listenwahl nach dem Verhältniswahlrecht besetzt. Über die Verteilung der Mandate unter den Parteien entscheidet die Zweitstimme. Durch die Vergabe von Überhang- und Ausgleichsmandaten wird die Mindestzahl von 155 Sitzen erhöht. Derzeit sitzen 183 Abgeordnete im nds. Parlament. Durch das Verhältniswahlrecht entsteht eine Sitzverteilung, die etwa dem politischen Meinungsspektrum der wählenden Bevölkerung entspricht. Eine Partei kann somit selten alleine regieren und muss Koalitionen eingehen.

Die Entwicklung des nds. Parteiensystems lässt sich in vier Phasen einteilen: In der Orientierungsphase (1947 – 1955) dominierte die SPD, deren Vorsprung vor der CDU anfangs mehr als 23 Prozentpunkte betrug. Neben SPD, CDU und der FDP waren bis zu sechs weitere Parteien im Landtag vertreten. Zum Teil beachtliche Erfolge konnten bei den Wahlen 1947, 1951 und 1955 der Bund der Heimatvertriebenen und Entrechteten (BHE), die Deutsche Partei (DP) und rechte Parteien wie die DRP (Deutsche Reichspartei) und die SRP (Sozialistische Reichspartei) erzielen. Die Konzentrationsphase (1955 – 1974) ist geprägt vom kontinuierlichen Anwachsen der großen Volksparteien CDU und SPD, deren gemeinsamer Stimmenanteil bis auf über 90 % anwuchs. Begünstigt wurde dies durch die Einführung der Fünf-Prozent-Sperrklausel, wodurch nur noch die FDP mit im Landtag vertreten war, mit Ausnahme der NPD zwischen 1967 und 1970. Die SPD stellte als stärkste Partei durchgehend den → Ministerpräsidenten. Während der christdemokratischen Dominanzphase (1974 – 1990) konnte die CDU ihre Position weiter verbessern und erreichte mit 50,7 % bei der Landtagswahl 1986 ihr bisher bestes Ergebnis.

Durch den Einzug der Grünen in den Landtag besteht seit 1982 ein Vierparteiensystem. Die SPD musste Verluste hinnehmen, konnte ab 1986 jedoch wieder an alte Erfolge anknüpfen. Mit der Regierungsübernahme durch Gerhard Schröder begann die sozialdemokratische Dominanzphase (1990 – 2003), in der die SPD ihren zurückgewonnenen Vorsprung etwas ausbauen konnte. Die CDU verlor dagegen deutlich und lag 1998 zwölf Prozentpunkte hinter der SPD. Diese Phase endete mit einer deutlichen Wende bei der Landtagswahl 2003, als der Christdemokrat Christian Wulff in die Staatskanzlei einziehen konnte. Bemerkenswert ist bei dieser Wahl die Intensität von Gewinn und Verlust. Während die CDU mehr als zwölf Prozentpunkte zulegte, verlor die SPD 14,5 Prozentpunkte. Die Verluste der Sozialdemokraten sind auf die Unzufriedenheit vieler Wähler mit der rot-grünen Bundesregierung zurückzuführen. Es ist insgesamt deutlich zu erkennen, dass das Wahlverhalten nicht nur langfristig durch die Wahlregionen bestimmt wird, sondern dass Landtagswahlen, zumindest bei Betrachtung der großen Parteien, eine bundespolitische Färbung erhalten und die Stimmen als „Denkzettel" fungieren. Insgesamt gaben im Mittel 41,31 % der Wähler der SPD ihre Stimme, die CDU erreichte durchschnittlich 38,75 %.

**Bundestagswahlen** – Auch bei einer Betrachtung der Bundestagswahlen in Nds. zeigt sich eine leichte Führung der SPD. Während sie im Durchschnitt 41,21 % der nds. Wählerstimmen erhielt, konnte die CDU 39,43 % auf sich ziehen. Auch hier wird der Unterschied zu den Ergebnissen auf Bundesebene deutlich (CDU 43,69 %, SPD 37,59 %). Bemerkenswert ist, dass es keine wirkliche Dominanzphase einer Partei gegeben hat. Zwischen 1957 und 1965 sowie zwischen

1983 und 1994 konnte die CDU zwar in mehreren Wahlen hintereinander das beste Ergebnis erzielen, jedoch teilweise mit sehr knappem Vorsprung. Bei den letzten zwei Wahlen 1998 und 2002 lag die SPD deutlich vor der CDU. Durch die Person Gerhard Schröders konnte sie auch Wähler aus den neuen Mittelschichten gewinnen.

**Europawahlen** – Die Wahl zum Europäischen Parlament 2004, bei der die SPD in Nds. 11,7 Prozentpunkte verlor und nur 27,8 % erreichte, bestätigte den Abwärtstrend der SPD, der sich nach der Bundestagswahl 2002 abzeichnete. Wie bei den Landtagswahlen bestimmen auch bei den Europawahlen bundespolitische Verhältnisse das Wahlverhalten. Trotz leichter Verluste gewann die CDU klar und erreichte in Nds. 45,5 %. Gewinner waren auch die Grünen, die mit 12,1 % ihren Stimmenanteil nahezu verdoppeln konnten sowie die FDP, die sich von 2,7 auf 6,3 % verbesserte. Dass Europa als politische Ebene bei vielen Wählern nicht als bedeutend erachtet wird, zeigt die Wahlbeteiligung, die seit der ersten Wahl 1979 gesunken ist und 1999 sowie 2004 bei unter 50 % lag.
*Tim Gburreck*

## Wald- und Forstwirtschaft

In Nds. wächst auf knapp 1,1 Mio. ha (11 000 qkm) Wald. Das sind rund 10 % der Waldfläche in der BRD. Damit liegt das Land hinter Bayern, Baden-Württemberg und Brandenburg bundesweit zwar an vierter Stelle, ist aber im Vergleich mit einem Waldanteil von 23 % an der Landesfläche eher waldarm (Bundesdurchschnitt: 30 %). Der Wald ist ungleichmäßig über das Land verteilt: In den östlichen und südlichen Regionen

zwischen Lüneburg und Göttingen sind durchschnittlich ca. 30 % der Flächen bewaldet – in Solling und Harz überwiegt der Wald sogar –, im Nordwesten dagegen nur rund 12 %. Diese Verteilung ist geschichtlich bedingt und das Ergebnis einer langen Entwicklung, die vor allem durch den starken Anstieg der → Bevölkerung während des Mittelalters beschleunigt wurde. In dieser Zeit rodeten die Menschen selbst in Mittelgebirgslagen großflächig den bis dahin im Land vorherrschenden Wald, um die nötigen Acker- und Siedlungsflächen zu schaffen. So erreichten sie bereits am Ende des 13. Jh. eine mit dem heutigen Zustand vergleichbare Landschaftseinteilung.

Die danach verbliebenen Wälder wurden in der folgenden Zeit durch Holzeinschlag, u.a. für Bergwerke (→ Harz), Salinen (Lüneburg!), Glashütten, Köhlerei sowie durch Waldweide und Streunutzung zunehmend beansprucht. Im 18. Jh. konnten die ausgebeuteten Wälder den weiter steigenden Bedarf nicht mehr decken. Diese Holznot führte zur Entwicklung einer geregelten, nachhaltigen Forstwirtschaft. 1745 stellte z.B. der Forstmann *Johann Georg von Langen* – später „Vater der regelmäßigen Forstwirtschaft" genannt – für den Herzog von Braunschweig einen Wirtschaftsplan für den Weserdistrikt auf, um dort die Holzversorgung zu verbessern und zu sichern. Diese Fortschritte in der Forstwirtschaft, aber auch nachfolgende Veränderungen in der industriellen und landwirtschaftlichen Produktion sowie großflächige Wiederaufforstungen vor allem in der Lüneburger Heide in der zweiten Hälfte des 19. Jh. entlasteten den Wald spürbar und sicherten seine Existenz.

Die nds. Landschaften unterscheiden sich heute auch durch bestimmte Waldtypen. Die Wesermittelgebirge besitzen einen überwiegend aus Buchen- und

Fichtenflächen gemischten Wald, den Harz kennzeichnen Fichtenwälder, und auf den Sandböden des Flachlands ist die Kiefer die Hauptbaumart. Insgesamt stehen auf zwei Dritteln der Waldfläche Nadelbäume (Kiefer, Fichte, Lärche, Douglasie) und auf einem Drittel Laubbäume (Buche, Eiche, Birken und Erlen). Die Forstwirtschaft ist nach der → Landwirtschaft die flächenmäßig bedeutendste Nutzungsform in Nds. Mehr als 4 000 Forstbetriebe und rund 22 000 land- und forstwirtschaftliche Betriebe erstellen mit ihren Wäldern vielfältige Leistungen zum Schutz der Umwelt (→ Umwelt-/Naturschutz) sowie für die Erholung der Bevölkerung und produzieren Holz, einen der derzeit umweltfreundlichsten Rohstoffe. Die Haupteinnahmequelle für die Waldbesitzer ist weiterhin das Holz. Bei der Holznutzung wird der natürliche Zuwachs nicht abgeschöpft: In den letzten Jahren wuchsen rund 6 Mio. Kubikmeter (cm) Holz zu, von denen 3,1 Mio. cm. 2,9 cm/ha Wald geerntet wurden. Dies entspricht 9 % der gesamten Rohholzproduktion in Deutschland. Die Leistungsfähigkeit der nds. Wälder wird jedoch weiterhin durch Umwelteinflüsse beeinträchtigt. Durchschnittlich die Hälfte aller Bäume weisen Kronenschäden auf, von den Eichen sogar 70 %. Luftreinhaltung und Klimaschutz sind daher weiterhin von großer Bedeutung, um den Wald (auch) in Nds. langfristig zu sichern und seine gesamten Leistungen auch zukünftig genießen zu können.          *Georg Leefken*

## Welfen

**Von den Anfängen bis zum 17. Jahrhundert** – Das Fürstenhaus der Welfen hat die Geschichte Nds. lange Zeit maßgeblich mitbestimmt. Die schon im 8. Jh. bezeugte Familie entstammte dem fränkischen Hochadel. Ein Zweig stieg zum Königtum in Burgund auf, ein anderer war später im Raum nördlich des Bodensees begütert und griff seit 1106 auch nach Norddeutschland über. Ihr bedeutendster Vertreter, Heinrich der Löwe, erbte umfangreichen Besitz, den sein Großvater und sein Vater erheiratet hatten. Er war Herzog in Sachsen und Bayern und versuchte von seiner Residenz Braunschweig aus, seine Macht zu einer königsgleichen Stellung auszubauen. Das brachte ihm die Feindschaft anderer Fürsten und seines Vetters Friedrich Barbarossa ein. 1180 wurden ihm alle Besitztümer aberkannt. Nach seiner Unterwerfung erhielt die Familie wenigstens ihre Eigengüter zurück; aus ihnen wurde 1235 das neue Herzogtum Braunschweig-Lüneburg gebildet. Schon 1198 wurde Heinrichs Sohn Otto IV. zum deutschen König gewählt, konnte sich aber nur in Teilen des Reichs gegen die staufische Partei durchsetzen. Seit dem späten 13. Jh. versuchten die Welfen mit Erfolg, ihre Vorrangstellung im deutschen Nordwesten zurückzugewinnen. Mithilfe von Erbverträgen, durch geschickte Politik, kluge Heiraten oder den Einsatz von Geld vergrößerten sie ihren Herrschaftsbereich kontinuierlich, zunächst bis an die Weser, dann auch darüber hinaus, und wurden bald wieder zur stärksten Kraft im nds. Raum. In Bremen und Verden, in Hildesheim und Halberstadt besetzten sie häufig die Bischofsstühle und mehrten auch dadurch den Einfluss der Familie. Im Reich spielten sie jedoch kaum noch eine Rolle; sie schwächten ihre Position dadurch, dass sie ihr Herzogtum immer wieder in mehrere Fürstentümer aufteilten, die eine eigenständige Politik trieben, nicht selten auch in Konfrontation zueinander. So fanden sie auch keine Aufnahme in das Kurfürstenkolleg, den engen Kreis der deutschen Königswähler.

Die Königlichen Gärten Herrenhausen (Hannover) mit dem Großen Garten: die einzige unverändert gebliebene Barockanlage Europas, 1666 angelegt, mit der höchsten Gartenfontaine (bis zu 82 m)

**18. Jahrhundert** – Erst um die Wende vom 17. zum 18. Jh. gelang die Wiederkehr auf die europäische Bühne. 1635 wurde letztmals eine Aufteilung des Gesamtbesitzes vorgenommen; nach dem Aussterben der Lüneburger Linie 1705 fiel deren Besitz an Calenberg, neben dem nun nur noch die Linie Wolfenbüttel eigenständig blieb. 1692 erwarb Herzog Ernst August aus der Linie Calenberg endlich die Kurwürde. Sein Sohn Georg Ludwig bestieg 1714 den englischen Thron und herrschte nun in Personalunion über zwei Staaten. Kurhannover erfuhr dadurch eine Aufwertung, die die Wolfenbütteler Vettern mit Neid betrachteten. Sie blieben auf eine nur regionale Bedeutung beschränkt, die allerdings der Anknüpfung von Heiratsverbindungen an den Kaiserhof in Wien und nach Russland zu den Zaren nicht hinderlich war.

**Vom 19. Jahrhundert bis zum Ende der Monarchie** – 1837 endete die Personalunion wegen unterschiedlicher Thronfolgeregelungen. In England, das den als landfremd empfundenen Hannoveranern keine sonderlichen Sympathien entgegengebracht hatte, begründete Königin Viktoria eine neue Dynastie, welche die welfischen Traditionen zu vergessen bemüht war und später den Namen „Haus Windsor" annahm. In Hannover begann die letzte Phase welfischer Herrschaft. Sie dauerte bis 1866. Durch eine unkluge Politik des blinden Königs Georg V. begünstigt, nutzte Bismarck die Chance der Auseinandersetzung mit Österreich, um den welfischen Nachbarstaat, der sich seit langem von Preußen bedroht sah, zu annektieren. Georg V. ging ins Exil; er und seine Nachkommen haben ihre Entmachtung niemals anerkannt. In Hannover sammelten sich ihre Anhänger in der Deutsch-hannoverschen Partei, die zwar zunehmend zu einer Minderheit wurde, das Banner der Welfentreue aber bis in das 20. Jh. hinein hoch hielt.

Das Braunschweig-Wolfenbütteler Herzogshaus starb 1884 aus. Den hannoverschen Welfen wurde die Erbfolge von Bismarck wegen ihrer unbeugsamen Haltung verweigert. Regentschaften fremder Fürsten wurden eingesetzt, bis 1913 die Heirat des Prinzen Ernst August von Braumschweig-Lüneburg, des Enkels Georgs V., mit Viktoria Luise, der Tochter Kaiser Wilhelms II., das Eis schmelzen ließ. Ohne formell auf Hannover verzichten zu müssen, konnte Ernst August die Herrschaft in Braunschweig, der „letzten Scholle welfischer Erde", wie ein preußischer Historiker ironisch anmerkte, antreten. Bereits fünf Jahre später setzte die Revolution von 1918 den Schlusspunkt unter die Ära der Monarchie; wie all seine fürstlichen Standesgenossen musste auch der Braunschweiger Herzog seinen Thronverzicht erklären. Damit endete nach acht Jahrhunderten auch dieses letzte Relikt welfischer Herrschaftsausübung in Nds., die nicht nur in in die Historie des Landes, sondern mit Burgen und Schlössern, → Denkmälern und Werken der Kunst auch in seinem Erscheinungsbild bleibende Spuren hinterlassen hat.

*Dieter Brosius*

## Wirtschaftspolitik

Politik wird zur Wirtschaftspolitik, wenn die ergriffenen Maßnahmen Einfluss darauf nehmen, wie und welche Waren und Dienstleistungen produziert werden und wer sie konsumiert.

Die wichtigsten Felder sind dabei die Geldpolitik, mit der man Inflation beeinflussen kann, die Finanzpolitik, mit der die Staatseinnahmen wie die Steuern

und die Staatsausgaben bestimmt werden und die Ordnungspolitik, mit der beispielsweise der Kündigungsschutz auf dem Arbeitsmarkt und Ladenöffnungszeiten festgelegt werden. Das Land Nds. hat dabei nur einen geringen Einfluss. Die Geldpolitik wird unabhängig von Weisungen der Regierungen von Bundesländern und Mitgliedsländern der Europäischen Union durch die Europäische Zentralbank gemacht (→ Landeszentralbank). Auf die Finanz- und Ordnungspolitik im engeren Sinne kann Nds. häufig nur indirekt über die Mitwirkung der Länder im Bundesrat Einfluss nehmen.

Wirtschaftspolitische Gestaltungsmöglichkeiten eines Landes wie Nds. konzentrieren sich deshalb auf die Felder der Wirtschaftsförderung (→ Strukturpolitik), der → Arbeitsmarktpolitik, der Verkehrspolitik und der Ordnungspolitik im weiteren Sinne. Darüber hinaus hält das Land Beteiligungen an ungefähr 50 Unternehmen wie an der Volkswagen AG, der Deutschen Messe AG (→ Messe) und der Norddeutschen Landesbank Girozentrale (→ Banken und Sparkassen) und kann dort seinen Einfluss ausüben, um schwache Regionen zu fördern, soziale Ziele zu verfolgen oder umweltpolitische Vorstellungen zu realisieren.

**Wirtschaftsförderung** – Wirtschaftsförderung heißt zum einen, dass das Land den Unternehmerinnen und Unternehmern Geld leiht (Kredite zu geringen Zinsen) oder schenkt (Subventionen). So soll es Existenzgründern, Mittelstand und → Handwerk erleichtert werden, auf dem Markt Erfolg zu haben, Arbeitsplätze bereitzustellen und Steuern zu bezahlen. Anlauf- und Verteilstelle ist die 2004 vom Land gegründete NBank, die darüber hinaus hilft, dass die Unternehmer Kredite und Subventionen auch vom Bund oder von der Europäi-

Karosserie-Montage imVW-Werk in Wolfsburg

schen Union erhalten. Damit nds. Unternehmen auch auf dem Weltmarkt konkurrenzfähig werden und bleiben, beteiligt sich das Land an den Kosten für Messestände im Ausland und versucht durch Auslandsreisen und Gegenbesuche dafür zu sorgen, dass nds. Unternehmer auf der ganzen Welt Kunden kennen lernen.

Weiß man, welche Produkte in der Zukunft erfolgreich verkauft werden können, dann hat man Schlüsseltechnologiefelder (z.b. Biotechnologie) identifiziert, in denen zukunftsträchtige Arbeitsplätze entstehen können. Durch Bereitstellung von Infrastruktur, Standortmarketing, Förderung eines Netzwerks, Managementberatung für Startups und bestehende Firmen und durch die Bereitstellung von Anschubfinanzierungen werden solche Industriebereiche unterstützt.

**Arbeitsmarktpolitik** – In der Praxis heißt Arbeitsmarktpolitik, dass die Weiterbildung von Mitarbeitern im Mittelstand finanziell gefördert wird, dass Unternehmen in Krisen beraten werden, und dass Unternehmen dazu bewegt werden, Ausbildungsplätze bereitzustellen. Gleichzeitig betreut die → Landesregierung Programme, an deren Finanzierung sich die Europäische Gemeinschaft mit dem Europäischen Fonds für regionale Entwicklung und dem Europäischen Sozialfonds beteiligt.

Die politischen Gestaltungsmöglichkeiten bestehen dann darin, die Mittelvergabe mit bestimmten Zielen zu verknüpfen: Das Geld erhält nur der, der diese Ziele verfolgt. Die → SPD-geführte Regierung betonte im Jahre 2000 die Ziele von „Gender Mainstreaming" (→ Frauen/Gleichstellung) und „Nachhaltigkeit", also berufliche Gleichstellung und Förderung von Frauen entsprechend ihrem Anteil an der jeweiligen Gruppe. Die → CDU/→ FDP-Regierung im Jahre 2004 dagegen betont, dass alle Programme sich hinsichtlich von Effektivität und Effizienz zu rechtfertigen haben und keinen Programm ein Anspruch auf dauerhafte Beibehaltung besitzt.

**Verkehrspolitik** – Die Verkehrspolitik ist für die wirtschaftliche Entwicklung wichtig, denn nur wenn der Transport von Rohstoffen, Waren, Dienstleistungen und Arbeitskräften zu den Betrieben hin und von den Betrieben weg günstig und schnell erfolgt, kann sich ein Land wie Nds. im weltweiten Wettbewerb von Standorten um die Ansiedlung von Unternehmen behaupten. Nds. hat dabei bestimmenden Einfluss auf den Bau von Land-, Kreis- und Ortsstraßen und konkurriert mit den anderen Bundesländern darum, welche Bundesstraßen oder Autobahnen vom Bund finanziert werden. Durch Güterverkehrszentren soll der mit der wirtschaftlichen Entwicklung steigende Güterverkehr von der Straße auf Schiene und Wasserwege verteilt werden, um die negativen Folgen auf die Umwelt zu reduzieren (→ Verkehr).

**Ordnungspolitik** – Ordnungspolitik im engeren Sinne, d.h. die Eigentumsordnung, die Regeln des wirtschaftlichen Wettbewerbs und die Regelung von Vertrags- und Haftungsrecht fallen nicht in die Kompetenzen der Landesregierung. Das Land Nds. greift aber mit vielen Verordnungen mittelbar in den Wirtschaftsprozess ein (Ordnungspolitik im weiteren Sinne). Beispielsweise wird durch die Festlegung der Sommerferientermine die wirtschaftliche Entwicklung der Tourismusbranche beeinflusst (→ Tourismus).                    *Gernot Sieg*

## Wirtschaftstrukturwandel

**Allgemeines** – Der Strukturwandel der Wirtschaft verläuft in Nds. wie auch in der BRD insgesamt bereits seit einigen Jahrzehnten zu Gunsten des → Dienstleistungssektors und zu Ungunsten des Produzierenden Sektors. Im Produzierenden → Gewerbe konnten dabei in Nds. die Industriezweige an Produktion und Beschäftigung gewinnen, die humankapitalintensiv produzieren, einen hohen Forschungs- und Entwicklungsanteil (F&E) haben und technologisch hochwertige Produkte international anbieten. Die Hersteller einfacher Konsum- und Investitionsgüter gehören hingegen zu den Verlierern des Strukturwandels. Der Dienstleistungssektor konnte stark an Produktion und Beschäftigung gewinnen, wobei eine höhere Innovationsorientierung und Outsourcing-Prozesse bestimmende Faktoren des Veränderungsprozesses sind.

Auch in jüngster Vergangenheit ist in Deutschland sowie in Nds. der Anteil der Dienstleistungen kontinuierlich gestiegen. Eine Gegenüberstellung der Anteile der einzelnen Wirtschaftsbereiche an der Bruttowertschöpfung macht dies deutlich.

Nds. konnte zwischen 1991 und 2003 entgegen dem Bundestrend den Anteil der → Forst- und → Landwirtschaft an der gesamten Wertschöpfung steigern. Die landwirtschaftliche Prägung des Landes zeigt sich ferner auch an einem hohen Anteil des Ernährungsgewerbes (→ Nahrungs- und Genussmittelindustrie) am Produzierenden Gewerbe insgesamt, wobei hier starke regionale Unterschiede zu beobachten sind (Fleisch – Weser/Ems, Backwaren – Hannover, Zuckerindustrie – Braunschweig, Hildesheim usw.). Stärker als das Ernährungsgewerbe ist lediglich der Straßenfahrzeugbau. Der Strukturwandel hat erhebliche Auswirkungen auf den Arbeitsmarkt (→ Arbeitsmarkpolitik) und den Bildungsbereich (→ Bildungspolitik). Am deutlichsten zeigt sich dies auf dem Ausbildungsstellenmarkt. Die Unternehmen im Dienstleistungsbereich haben traditionell eine niedrigere Ausbildungsquote als die Unternehmen im Baugewerbe, im Produzierenden Gewerbe oder in der Forst- und Landwirtschaft. Sinkt jedoch durch strukturellen Wandel der Anteil der tradionell stark ausbildenden Sektoren, so nimmt die Zahl der verfügbaren Ausbildungsplätze ab, auch wenn die Unternehmen der jeweiligen Sektoren ihre Ausbildungsquo-

**Anteil der Bruttowertschöpfung nach Wirtschaftsbereichen**

|  | Deutschland | | Niedersachsen | |
|---|---|---|---|---|
|  | 1991 | 2003 | 1991 | 2003 |
| Land- und Forstwirtschaft | 1,3 | 1,2 | 2,2 | 2,8 |
| Produzierendes Gewerbe ohne Bau | 28,1 | 23,1 | 28,0 | 23,8 |
| Baugewerbe | 6,3 | 4,5 | 6,0 | 5,1 |
| Handel, Gastgewerbe und Verkehr | 18,1 | 19,5 | 17,6 | 19,3 |
| Finanzierung, Vermietung und Unternehmens-dienstleistungen | 25,2 | 31,2 | 24,3 | 27,3 |
| Öffentliche und Private Dienstleister | 21,0 | 20,5 | 22,0 | 21,8 |

Quelle: Destatis, Nds. Landesamt für Statistik und eigene Berechnungen

te konstant halten bzw. sogar leicht erhöhen. Zwischen 1995 und 2002 hätte
beispielsweise die Zahl der Auszubildenden in Deutschland bei gegebenen
Ausbildungsquoten der Unternehmen
allein durch den strukturellen Wandel
um etwa 48 000 Personen sinken müssen. Dazu wäre ein weiterer Rückgang
der Zahl der Auszubildenden um knapp
44 000 Personen zu erwarten gewesen,
da die Zahl der abhängig Beschäftigten
insgesamt gesunken ist. Tatsächlich ist
jedoch in diesem Zeitraum die Zahl der
Auszubildenden um etwa 43 000 Personen gestiegen. Die Unternehmen haben
folglich ihre Ausbildungsanstrengungen
erhöht und konnten den Rückgang der
Beschäftigung insgesamt sowie dem
Strukturwandel erfolgreich trotzen.

Der Strukturwandel ist in Deutschland mit einem Höherqualifizierungs-
trend in der gesamten Volkswirtschaft
verbunden. Berufe mit hohem Qualifi-
kationsbedarf gewinnen an Beschäftigung, Berufe mit geringem Qualifika-
tionsbedarf verlieren stark an Bedeutung. Die Beschäftigung von Personen
ohne abgeschlossene Berufsausbildung
ist seit 1991 stark gesunken, die Arbeitslosigkeit innerhalb dieses Personenkrei-
ses entsprechend stark angestiegen. Die
Zahl der Beschäftigungen von Hoch-
schulabsolventen ist hingegen stark gestiegen, die Arbeitslosigkeit somit auf einem relativ geringen Niveau geblieben.
Der Strukturwandel führt insgesamt zu
veränderten Qualifikationsbedürfnissen.

*Axel Plünnecke*

## Wohnungspolitik

**Entwicklung in der Bundesrepublik** –
Zur Zeit der Gründung der Bundesrepublik standen 14,6 Mio. Haushalten nur
9,4 Mio. Wohnungen, einschließlich aller

Behelfsunterkünfte, gegenüber. Mit dem
1950 verabschiedeten Ersten Wohnungs-
baugesetz gelang es, den Wohnungsbau
entscheidend zu beleben. Investoren erhielten günstige Kredite und waren verpflichtet, für die Laufzeit der Darlehen
nur an Haushalte zu vermieten, die bestimmte Einkommensgrenzen nicht
überschritten. Bis 1960 wurden von den
4 Mio. Mietwohnungen 60 % durch öffentliche Förderung erstellt. Von 1950
bis 1990 sind von den knapp 19 Mio. gebauten Wohnungen etwa 7,5 Mio. So-
zialwohnungen. In den Jahren nach 1950
förderte der Bund insbesondere das
Wohneigentum.

Die Zurückführung staatlicher Aufsicht über den Wohnungsmarkt (Miet-
preisbegrenzungen) führte für viele
Haushalte zu belastenden Mietsteige-
rungen. Der Staat steuerte dagegen, indem er 1965 ein vom Einkommen, der
Haushaltsgröße und der Miethöhe ab-
hängiges Wohngeld einführte. 1971 wurde das Kündigungsschutzgesetz verabschiedet. Es schränkte Kündigungen erheblich ein; insbesondere verbot es die
Kündigung(sdrohung) zur Erreichung
einer höheren Miete. Ebenfalls 1971
wurde der Mietanstieg gesetzlich beschränkt; Mieterhöhungen müssen sich
seitdem an der ortsüblichen Vergleichsmiete (Mietspiegel) orientieren.

1986 zog sich der Bund aus der Förderung des Sozialen Wohnungsbaus zurück und hob 1990 das Wohnungsge-
meinnützigkeitsgesetz auf. 3,4 Mio.
Mietwohnungen (entsprechend einem
Viertel aller Mietwohnungen) der ge-
meinnützigen Wohnungsunternehmen
verloren damit ohne Gegenleistung ihre
Mietpreisbindung.

Bedingt durch starke Nachfrage nach
Wohnraum (Trends zu Ein-Personen-
Haushalten, Haushaltsgründungen ge-
burtenstarker Jahrgänge, ungleiche Ein-
kommens- und Vermögensentwicklung)
sowie durch Zuwanderung aus der DDR

und Osteuropa (1988 bis Mitte 1990: etwa 1,5 Mio. Menschen) bei gleichzeitig etwa konstantem Wohnungsbestand wurde Ende der 80er Jahre deutlich, dass der Wohnungsmarkt über keinerlei Angebotsreserven mehr verfügt. Durch ein verstärktes Engagement des Staates in den Wohnungsbau (v.a. Verbesserung der Abschreibungsmöglichkeiten für Mietwohnungen, höhere Förderung der Eigentumsbildung und durch Wiedereinstieg des Bundes in den Sozialen Wohnungsbau) wurden erhebliche Neubaueffekte erzielt, die vorrangig den oberen und mittleren Einkommensgruppen zugute kamen. Im unteren Preissegment gelang der Abbau von Wohnungsnot und Wohnungslosigkeit nur sehr begrenzt. Die Versorgungsprobleme trafen dabei v.a. junge Familien, Alleinerziehende, junge und alte Alleinstehende, Arbeitslose und Sozialhilfeempfänger sowie Ausländer. Mitte 1999 waren nach wie vor etwa 1 Mio. Menschen ohne Wohnung.

**Aktuelle Situation** – 1986 wurden in Nds. rund 20 000 Wohnungen fertig gestellt. Die Bautätigkeit erreichte in den Folgejahren einen Höhepunkt mit rund 60 000 fertig gestellten Wohnungen im Jahr 1994 und flachte ab bis zu einer Anzahl von rd. 20 000 Wohnungen jährlich in den drei Jahren seit 2001. Regierung, Parteien und Verbände stimmen darin überein, dass die Wohnungsmärkte entspannt sind, umso mehr, als ein starker Bevölkerungsrückgang ab dem Jahr 2010 zu erwarten ist.

**Aufgaben** – Die Bauaufgaben bestehen heute vor allem darin, den Wohnungsbestand an die veränderten sozialen, ökologischen und wirtschaftlichen Anforderungen durch Umbau und Modernisierung anzupassen. Beim Neubau und der Modernisierung von Wohnungen sind die Anforderungen an das altersge-

rechte Bauen stärker zu beachten. Das ökologische Bauen wird in Nds. im Sozialen Wohnungsbau besonders gefördert. Für die Sanierung von Gebäuden mit gesundheitsgefährdenden Baustoffen hat das Land Richtlinien erlassen. Die Raum-, Stadt- und Siedlungsentwicklung erfolgt auch unter besonderer Berücksichtigung der Belange von Frauen. Langfristig sollen hierbei Wohn- und Siedlungsformen entwickelt werden, die die tägliche Arbeitsbewältigung insbesondere von Frauen erleichtern, die Beruf und Familie miteinander vereinbaren möchten („Stadt der kurzen Wege").

**Maßnahmen** – Durch kontinuierliche Beobachtung und Analyse des Wohnungsmarktes durch das bei der Nds. Landestreuhandstelle für das Wohnungswesen (LTS) eingerichtete Wohnungsmarkt-Beobachtungssystem sowie auch durch regelmäßige Beteiligung der am Wohnungsmarkt beteiligten Akteure im Rahmen der „Konzertierten Aktion Bauen und Wohnen" werden wohnungspolitische Handlungsfelder erkannt; dies ermöglicht eine schnelle, flexible, zielgerichtete und marktorientierte Wohnungspolitik.

Das Land unterstützt die nds. Städte und Gemeinden bei der Durchführung von Stadterneuerungsprozessen durch Bereitstellung von Städtebauförderungsmitteln. Darüber hinaus werden in bestimmten Sanierungsgebieten auch Mittel des nds. „Ziel 2-Programms" aus dem Europäischen Fonds für regionale Entwicklung (EFRE) eingesetzt.

Das Land trägt über eine Stärkung der Innenstädte und die Wiedernutzung von brachgefallenen Flächen damit zu einer nachhaltig Siedlungsentwicklung bei.

Bund und Länder haben 1999 die Städtebauförderung um das Programm *„Stadtteile mit besonderem Entwicklungsbedarf – die soziale Stadt"* (kurz:

Soziale Stadt) ergänzt, um der sich verschärfenden sozialen und räumlichen Spaltung in den Städten gegenzusteuern. Dieses Programm ist sowohl auf Partizipation als auch auf Kooperation angelegt und stellt einen neuen integrativen Politikansatz für die Stadtteilentwicklung dar.

**Kritik** – Kritisiert wird in der aktuellen politischen Diskussion die Abschaffung der *Zweckentfremdungsverordnung,* also das Verbot, Mietwohnungen in Gewerberaum umzuwandeln. Ebenso die Abschaffung der *Sozialklauselverordnung,* die in Gebieten mit erhöhtem Wohnbedarf verlängerte Kündigungsfristen für die Mieter vorsah, wenn eine Mietwohnung in eine Eigentumswohnung umgewandelt werden soll. Als besonders schwer wiegendes Problem wird gesehen, dass im gesamten Land mit öffentlichen Mitteln bezuschusste Mietwohnungen fehlen, die niedrigere Mieten als die ortsübliche Vergleichsmiete ermöglichen. Der Bau von Mietwohnungen mit öffentlichen Mitteln wird im Hinblick auf ansteigende Arbeitslosigkeit, reduziertes Wohngeld und Einschränkung durch Hartz IV als dringend erforderlich angesehen. *Redaktion*

# Autorenverzeichnis

Muchtar Al-Ghusain, Niedersächsisches Ministerium für Wissenschaft und Kultur: **Musik**

Christina Amrhein, uni tranfer, Forschungs- und Technologiekontaktstelle der Universität Hannover: **Technologietransfer**

Peter Antes, Prof. Dr. Dr., Universität Hannover, Seminar für Religionswissenschaft: **Evangelische Kirche, Freikirchliche Gemeinden, Islam, Judentum, Katholische Kirche, (Neue) religiöse Gemeinschaften, Religion**

Peter Armbrust, Universität Hannover, Fachbereich Rechtswissenschaften: **Kommunalverfassung, Landesverfassung, Staatsgerichtshof**

Thorsten Bockmühl, Hochschule Vechta, Institut für Umweltwissenschaft: **Friesland, Küstenland, Naturschutzgebiete/Nationalparks/Naturparks**

Andreas Bohm M.A.: Lehrbeauftrager an der Katholischen Universität Eichstätt-Ingolstadt und Dozent an verschiedenen Einrichtungen der Erwachsenenbildung: **Bürgerbewegungen/-initiativen**

Udo Börchers, Universität Hannover, Institut für Berufspädagogik: **Schule (allgemein bildend), Berufsausbildung und Berufsbildende Schulen**

Kai Brackschulze, Universität Oldenburg, Institut für Betriebswirtschaftslehre, Finanzwissenschaft und Bankbetriebslehre: **Banken und Sparkassen, Börse, Landesbank**

Stefan Brieske, M.A., Diplom-Kommunikationswirt (FH), Lehrbeauftrager am Institut für Kommunikationsmanagement der Fachhochschule Osnabrück: **Gewerkschaften, Kammern, Vereine**

Dieter Brosius, Hannover: **Brauchtum/Tradition, Friesen, Landesbewusstsein, Landesgeschichte, Landeswappen, Welfen**

Andreas Bruns, Universität Oldenburg, Institut für Betriebswirtschaftslehre, Finanzwissenschaft und Bankbetriebslehre: **Banken und Sparkassen, Börse, Landesbank**

Thorsten Bullerdiek, Niedersächsischer Städte- und Gemeindebund: **Hannover Gemeinden/Landkreise, Landschaftsverbände, Niedersachsen im Bund, Niedersachsen in Europa, Städtepartnerschaften, Gemeindefinanzen**

Angelika Busch, Börsenverein des Deutschen Buchhandels, Landesverband Niedersachsen e.V.: **Buchverlage**

Jürgen Deiters, Prof. Dr., Professor für Wirtschaftsgeographie, Universität Osnabrück: **Landesplanung/Raumordnung**

Joachim Detjen, Prof. Dr., Lehrstuhl für Politikwissenschaft III, Katholische Universität Eichstätt-Ingolstadt: **Bürgerbeteiligung, Bürgerschaftliches Engagement**

Jürgen Dieckert, Prof. em. Prof. h.c. Dr. phil., Institut für Sportwissenschaft, Sportpädagogik/Sportwissenschaft, Universität Oldenburg: **Sport**

Lothar Eichhorn, Prof. Dr., Diplom-Sozialwissenschaftler, Honorarprofessor am Institut für Politische Wissenschaft der Universität Hannover, Referatsleiter im Niedersächsischen Landesamt für Statistik: **Fischerei, Industrie/Gewerbe, Maritime Wirtschaft, Nahrungs- und Genussmittelindustrie, Dienstleistung**

Cordula Englert, Hochschule Vechta, Institut für Umweltwissenschaft: **Braunschweig Land, Geest**

Rainer Ertel, Dr., Niedersächsisches Institut für Wirtschaftsforschung, Hannover: **Strukturpolitik**

Kerstin Fischer, Literaturbüro Lüneburg e.V.: **Literatur**

Hans-Werner Fuchs, PD. Dr., Bundeswehruniversität Hamburg: **Bildung, Bildungspolitik**

Martina Fuchs, Prof. Dr., Universität Lüneburg, Institut für Geographie: **Regionalpolitik**

Sven Gareis, Dr. phil., Lehrbeauftragter für Politikwissenschaft an der Westfälischen Wilhelms-Universität Münster: **Bundeswehr und alliierte Streitkräfte**

Tim Gburreck, Wissenschaftlicher Mitarbeiter im Fachbereich Sozialwissenschaften der Universität Osnabrück: **Landesregierung, Landtag, Ministerpräsident, Opposition, Wahlen**

Dietlinde Gipser, Prof. Dr., Universität Hannover, Institut für Sonderpädagogik: **Menschen mit Behinderung**

Hartmut M. Griese, Prof. Dr., Universität Hannover, Fachbereich Erziehungswissenschaften: **Jugend, Kinder**

Lothar Hagebölling, Niedersächsisches Finanzministerium: **Öffentliche Finanzstruktur, Landeshaushalt**

Hans-Dieter Haller, Prof. Dr., Universität Göttingen, Pädagogisches Seminar: **Jugendaustausch**

Sepp D. Heckmann, Deutsche Messe AG Hannover: **Messen**

Carina Herring, Kulturwissenschaftlerin, Kuratorin und Autorin, seit August 2004 Projektleiterin der Arbeitsgemeinschaft deutscher Kunstvereine, Hannover: **Bildende Kunst**

Harald Hilpert, Hochschule für Bildende Künste Braunschweig, Darstellendes Spiel: **Theater**

Volker Homuth, Niedersächsisches Landesamt für Verfassungsschutz Hannover: **Extremismus**

Jessica Huter, Historikerin, Lehrbeauftragte am Institut für Politische Wissenschaft der Universität Hannover: **Fischerei, Industrie/Gewerbe, Maritime Wirtschaft, Nahrungs- und Genussmittelindustrie**

Anne-Katrin Jacobs, Hochschule Vechta, Institut für Umweltwissenschaft: **Hannover Land, Oldenburger Land**

Carmen Kissling, Prof. Dr., Fachhochschule Braunschweig/Wolfenbüttel: **Tourismus**

Ralf Kleinfeld, Prof. Dr., Professor für Vergleichende Politikwissenschaft Universität Osnabrück: **Arbeitgeberverbände/Unternehmerverbände, Gewerkschaften, Verbände, Vereine**

Manfred Köhne, Universität Göttingen, Institut für Agrarökonomik: **Landwirtschaft**

Dorothea Krüger, Dr., Universität Hildesheim, Institut für Sozialwissenschaften: **Familienpolitik, Frauen/Gleichstellung**

Hansjörg Küster, Prof. Dr., Universität Hannover, Institut für Geobotanik: **Umwelt- und Naturschutz**

Martin Lähnemann, Dr., Universität Hannover: **Universität/Hochschule/Fachhochschule**

Gerd Laga, Universität Hannover, Institut für Sonderpädagogik: **Menschen mit Behinderung**

Wolfram Lamping, Dr., Universität Hannover, Abt. Sozialpolitik und Public Policy: **Gesundheitswesen, Sozialpolitik**

Dirk Lange, Prof. Dr., Universität Oldenburg, Institut für Politikwissenschaft: **Politische Bildung**

Georg Leefken, Universität Göttingen, Institut für Forstökonomie: **Wald- und Forstwirtschaft**

Britta Lietke, Universität Göttingen, Institut für Marketing und Handel: **Handel**

Hans Lochmann, Museumsverband Niedersachsen und Bremen e.V., Hannover: **Museen**

Henning Maas, Universität Hannover, Fachbereich Rechtswissenschaften: **Gerichtswesen/Rechtspflege**

Elmar Mittler, Prof. Dr., Niedersächsische Staats- und Universitätsbibliothek Göttingen: **Archive und Bibliotheken**

Martin H.W. Möllers, Prof. Dr., Fachkoordinator Gesellschaftswissenschaften an der Fachhochschule des Bundes für öffentliche Verwaltung, Fachbereich Bundesgrenzschutz, in Lübeck: **Datenschutz, Katastrophenschutz/Feuerwehr/Rettungsdienst, Kriminalität und Prävention, Opferhilfe, Polizei, Terrorismus, Verfassungsschutz**

Ingo Mose, Prof. Dr., Professor für Regionalwissenschaften, Universität Vechta: **Berg- und Hügelland, Harz**

Hiltrud Nassmacher, apl. Prof. Dr. rer. pol. habil., Institut für Politikwissenschaft Universität Oldenburg: **CDU, SPD, Grüne, FDP, Kleinere Parteien**

Wolfgang Oest, Niedersächsisches Umweltministerium: **Energiepolitik**

Jochen Oltmer, Prof. Dr., Universität Osnabrück, Institut für Migrationsforschung und Interkulturelle Studien: **Arbeitsmigranten, Asylbewerber, Aussiedler und Spätaussiedler, Flüchtlinge und Vertriebene**

Peter Pez, PD Dr., Universität Lüneburg, Institut für Geographie: **Verkehr**

Yvonne Pfannenschmid, Universität Hannover, Fachbereich Rechtswissenschaften: **Justizvollzug**

Axel Plünnecke, Dr., Referent für Bildungsökonomie am Institut der deutschen Wirtschaft Köln: **Wirtschaftsstruktur**

Martin Pries, Dr., Universität Lüneburg, Institut für Geographie: **Städte**

Holger Pump-Uhlmann, Dr., Technische Universität Braunschweig, Institut für Geschichte der Architektur: **Architektur**

Ulrich Reinhardt, BAT Freizeit-Forschungsinstitut, Hamburg: **Freizeit**

Klaus Rütters, Prof. Dr. Universität Hannover, Institut für Berufspädagogik: **Schule (allgemein bildend), Berufsausbildung und Berufsbildende Schulen**

Hildegard Sander, Vereinigung der Handwerkskammern Niedersachsens, Hannover: **Handwerk**

Norbert Schmid, Dr., IuK Netzwerk Osnabrück: **IuK-Technologien**

Anja Schmidt, Stiftung Kulturregion Hannover: **Stiftungswesen**

Wolfgang Schneider, Prof. Dr., Universität Hildesheim, Institut für Kulturpolitik: **Kulturpolitik**

Wolf-Dieter Scholz, Prof. Dr., Universität Oldenburg, Arbeitsstelle für Sucht- und Drogenforschung: **Drogenpolitik und Suchthilfesystem**

Reiner Schomann, Niedersächsisches Landesamt für Denkmalpflege Hannover: **Gärten und Parks**

Henning Schridde, Dr. Universität Hannover, Abt. Sozialpolitik und Public Policy: **Arbeitsmarktpolitik, Gesundheitspolitik**

Volkhard Schuster, Verband Nordwestdeutscher Zeitungsverlage e.V. Hannover: **Fernsehen, Presse, Rundfunk**

Horst Siebert, Prof. Dr. Universität Hannover, Institut für Erwachsenenbildung: **Erwachsenenbildung/Weiterbildung**

Gernot Sieg, Prof. Dr., Technische Universität Braunschweig, Abt. Volkswirtschaftslehre: **Wirtschaftspolitik**

Dieter Stellmacher, Prof. Dr., o. Prof. für Niederdeutsche Philologie an der Universität Göttingen (seit 1976), Vorsitzender der Internationalen Gesellschaft für Dialektologie des Deutschen (seit 1998), Herausgeber des Niedersächsischen Wörterbuches (seit 1982): **Sprache**

Heinz Thoermer, Dr., Niedersächsischer Landesrechnungshof Hildesheim: **Landesrechnungshof**

Knut Tielking, Dr., Universität Oldenburg, Abt. für Sucht- und Drogenforschung: **Drogenpolitik und Suchthilfesystem**

Christoph Unger, Leitender Ministerialrat Niedersächsisches Ministerium für Inneres und Sport: **Spielbank/Lotterie**

Holger Weidemann, Prof. Dr., stellv. Leiter des Niedersächsischen Studieninstituts für kommunale Verwaltung Hannover e.v.: **Verwaltungsgliederung, Verwaltungsmodernisierung, Öffentlicher Dienst**

Wilfried Wiedemann, Niedersächsische Landeszentrale für politische Bildung, Hannover: **Gedenkstätten**

Stephan Zielke, Dr., Universität Göttingen, Institut für Marketing und Handel: **Handel**

Rainer Zittlau, Dr., Niedersächsisches Landesamt für Denkmalpflege, Hannover: **Denkmalpflege**

Einzelne Beiträge sind mit „Redaktion" gezeichnet. Hier hatte es Probleme mit den verpflichteten Autoren gegeben, sodass die Beiträge seitens der Redaktion zusammengestellt wurden. Dies geschah mit größtmöglicher Sorgfalt. Besonders verpflichtet sind wir hier Herrn Prof. Dr. Karl Heinz Schneider, Universität Hannover, dessen Internet-Text über Schaumburg-Lippe eine wesentliche Hilfe darstellte.


**Fotonachweis**

Wo nicht anders angegeben, stellte die Niedersächsische Landeszentrale für politische Bildung die Fotos zur Verfügung, bzw. konnten die Urheber bislang nicht ermittelt werden.

Weitere Fotos stellten zur Verfügung: Feuerwehr Hannover (153); Georgsmarienhütte (140); Hans Lochmann (162); Meyer Werft (197, 237); Rainer Schomann (112, 124, 304); Stadt Osnabrück (171); Volkswagenwerk (220, 306). Wir danken für die freundlich erteilte Genehmigung zum Abdruck.

# Neu im Programm
# Politikwissenschaft

Martin Greiffenhagen,
Sylvia Greiffenhagen (Hrsg.)
## Handwörterbuch zur politischen Kultur der Bundesrepublik Deutschland
2., völlig überarb. und akt. Aufl. 2002.
674 S. Geb. EUR 44,90
ISBN 3-531-13209-1

In diesem Handwörterbuch wird die Summe der politischen Kulturforschung in Deutschland vorgelegt. Die 115 Beiträge des Bandes erschließen vollständig das gesamte Fachgebiet. Dabei wurde für die völlig erneuerte 2. Auflage besonders die Entwicklung der politischen Kultur seit der deutschen Vereinigung berücksichtigt. Das Buch dient sowohl als Grundlage für Studium, Beruf und politische Bildung als auch als Lesebuch zu allen wichtigen Grundfragen unseres Gemeinwesens.

Thomas Leif, Rudolf Speth (Hrsg.)
## Die stille Macht
Lobbyismus in Deutschland
2003. 385 S. Br. EUR 32,90
ISBN 3-531-14132-5

Lobbyisten scheuen das Licht der Öffentlichkeit, gewinnen in der Berliner Republik aber immer mehr an politischem Einfluss. In diesem Buch wird der Lobbyismus umfassend analysiert und der ständig wachsende Einflussbereich von Wirtschaft auf politische Entscheidungen neu vermessen. Die politische und wissenschaftliche Analyse zur aktuellen Entwicklung der politischen Lobbyarbeit wird durch neue Studien und zahlreiche Fallbeispiele ergänzt. Erstmals werden unbekannte Einflusszonen aufgedeckt, die wichtigsten Akteure und ihre Machttechniken beschrieben.

Jürgen Hartmann
## Das politische System der Bundesrepublik Deutschland im Kontext
Eine Einführung
2004. 311 S. Br. EUR 21,90
ISBN 3-531-14113-9

Diese Einführung in das politische System der Bundesrepublik schildert den Parlamentarismus, den Bundesstaat, die Parteien, die Gesetzgebung und die politische Verwaltung, die Praxis der Koalitionsregierung und das Verfassungsgericht. Das Buch wählt eine vergleichende Perspektive, um diese tragenden Strukturen des politischen Systems zu beleuchten.

Erhältlich im Buchhandel oder beim Verlag.
Änderungen vorbehalten. Stand: Juli 2004.

**www.vs-verlag.de**

**VS VERLAG FÜR SOZIALWISSENSCHAFTEN**

Abraham-Lincoln-Straße 46
65189 Wiesbaden
Tel. 0611.7878-722
Fax 0611.7878-400